高等学校桥梁工程方向研究生教材

WIND RESISTANCE DESIGN OF BRIDGES
桥梁抗风设计

同 济 大 学	葛耀君	杨詠昕	赵 林	
西南交通大学	廖海黎	郑史雄	马存明	
东 南 大 学	王 浩			主 编
长沙理工大学	韩 艳			
重庆交通大学	郭增伟			
湖 南 大 学	陈政清	刘志文		主 审
长 安 大 学	刘健新			

人民交通出版社股份有限公司

北 京

内 容 提 要

本书作为高等学校桥梁工程相关专业的桥梁抗风设计研究生课程教材，全面介绍了桥梁抗风设计基本理论和方法，涵盖理论分析、风洞试验和数值模拟方法，涉及桥梁结构的静风性能验算、颤振稳定检验、驰振稳定检验、抖振响应分析、涡振性能检验、风致振动控制等抗风设计研究。全书共15章，内容包括绪论、抗风设计基础、边界层风特性、桥梁空气动力学基础、结构动力特性分析、桥梁静风性能验算、桥梁风振稳定检验、桥梁抖振响应分析、桥梁涡振性能检验、桥梁风致振动控制、桥梁风洞试验方法、桥梁数值风洞方法、拱式桥抗风设计研究、斜拉桥抗风设计研究和悬索桥抗风设计研究。

本书可作为高等学校土木工程、交通运输工程等专业的桥梁抗风设计研究生教材，也可供相关专业的技术人员参考。

图书在版编目(CIP)数据

桥梁抗风设计/同济大学等主编. — 北京：人民交通出版社股份有限公司，2023.9
ISBN 978-7-114-18284-6

Ⅰ.①桥… Ⅱ.①同… Ⅲ.①桥梁工程—抗风结构—结构设计—高等学校—教材 Ⅳ.①U442.5

中国版本图书馆 CIP 数据核字(2022)第 195382 号

高等学校桥梁工程方向研究生教材
Qiaoliang Kangfeng Sheji

书　　名：	桥梁抗风设计
著 作 者：	同济大学　西南交通大学　东南大学　长沙理工大学　重庆交通大学
责任编辑：	卢俊丽　王景景
责任校对：	赵媛媛
责任印制：	刘高彤
出版发行：	人民交通出版社股份有限公司
地　　址：	(100011)北京市朝阳区安定门外外馆斜街3号
网　　址：	http://www.ccpcl.com.cn
销售电话：	(010)59757973
总 经 销：	人民交通出版社股份有限公司发行部
经　　销：	各地新华书店
印　　刷：	北京虎彩文化传播有限公司
开　　本：	787×1092　1/16
印　　张：	28.125
字　　数：	700千
版　　次：	2023年9月　第1版
印　　次：	2023年9月　第1次印刷
书　　号：	ISBN 978-7-114-18284-6
定　　价：	92.00元

(有印刷、装订质量问题的图书，由本公司负责调换)

代序

《桥梁抗风设计》教材的编审工作是在高等学校交通运输与工程教材建设委员会桥梁工程分委员会统一部署和指导下开展的。2020年11月21日在湖南大学举行的分委员会第五次会议决定,启动第三轮桥梁工程专业本科生和研究生教材的多校联合编审工作,确定第三批联合编写的研究生教材有《桥梁抗震设计》《桥梁抗风设计》《大跨桥梁养护与管理》三部,并指定同济大学葛耀君教授担任本教材联合编审组召集人,先后召开了三次编审组研讨会并进行了五轮书稿审核,最终完成本教材的编写和审核工作。

2020年12月16日,桥梁工程分委员会召开了"桥梁工程专业教材编写会"暨"《桥梁抗风设计》教材第一次编审组研讨会"(视频会议),会议制定了多校联合编审原则:"参编自愿、合编共用、编用合一",即教材的参编单位自愿申请,多校参与联合编写教材,参编单位承诺使用该教材。会议确定《桥梁抗风设计》教材主审单位为湖南大学和长安大学,主编单位为同济大学、西南交通大学、东南大学、长沙理工大学和重庆交通大学。会议明确了编写思路:"涵盖全部、自由选择";确定了教材编写内容涵盖桥梁抗风设计方法和风致效应,前者包括空气动力学理论、边界层风洞试验方法和计算流体动力学方法等,后者涵盖桥梁结构静风性能、随机抖振、颤振稳定、驰振稳定、涡激共振和风致振动控制等;分工安排了教材大纲的编写人员和编写工作。

2021年1月27日,线上召开了《桥梁抗风设计》教材第二次编审组研讨会,会议主要集体讨论和审核了教材详细大纲,并最终确定了教材第12、13章内容,同时明确了编写人员的分工和下一步的工作要求;会议明确教材详细大纲修改后提请主审进行审核,并安排每位编写人员编写一章样章。2021年2月28日,完成了教材第一轮审核工作——主审审核教材详细大纲。

2021年9月5日,线上召开了《桥梁抗风设计》教材第三次编审组研讨会,会议集体讨论和审核已经完成的11章教材内容,并逐一提出修改意见和建议;会议讨论决定将"桥梁限幅振动"拆分成抖振和涡振两章,进行修改和完善;会议确定教材共12章,9月底修改完善后提交主审;会议讨论了最后一章(第13章)的内容——桥梁抗风展望。会议完成了教材第二轮审核工作——编审组统一审核教材初稿。

2021年10月28日,经过编写组内部修改,教材编写稿共13章修改完成,送主审湖南大学陈政清院士和刘志文教授、长安大学刘健新教授审核。2021年12月10日,完成了教材第三轮审核工作——主审审核教材修改稿,并将其意见返回编写人员,编写人员据此对教材进行修改,特别是根据主审意见将第13章改为大跨度桥梁抗风设计研究案例。

2022年2月,对书稿进行了第四轮审核和修改工作,主要修改内容包括格式统一、符号统一、思考题与习题、参考文献等,特别是将书稿第13章扩充为第13章拱式桥抗风设计研究、第14章斜拉桥抗风设计研究和第15章悬索桥抗风设计研究,所以,未能在2月底将书稿提交出版社。2022年4月和5月,又对书稿进行了修改,并且在2022年5月进行了最后一轮审核和修改工作。经主编和主审人员的共同努力,终于在2022年6月16日确定了最后书稿,并提交人民交通出版社。

由于联合编审组成员专业水平有限,虽然尽了最大的努力,召开了三次编审组研讨会,完成了五轮书稿审核,但是仍然无法完全保证书稿的质量,编写中难免有错漏之处,敬请同行专家和专业读者批评指正。

葛耀君

2022年6月于同济大学

前言

《桥梁抗风设计》是面向土木工程专业,特别是桥梁工程相关专业研究生(包括硕士研究生和博士研究生)的一门专业课程,其任务是通过理论和实践教学环节,使学生在本科阶段专业基础课和专业课的基础上系统掌握桥梁抗风设计基本理论和应用方法,并具有桥梁抗风设计研究的理论分析和数值计算能力,以适应研究生阶段的教学要求。本教材可作为高等学校土木工程专业和交通运输工程专业的结构动力学研究生教材,也可供相关专业的技术人员参考。

本教材是在国内外桥梁抗风设计研究基础上,结合同济大学、西南交通大学、东南大学、长沙理工大学和重庆交通大学五个主编单位,湖南大学和长安大学两个主审单位多年桥梁抗风设计教学经验和教材储备等编写而成的。全书共15章。第1章绪论,主要介绍地表自然风、结构风灾害、结构风荷载和桥梁风效应等;第2章抗风设计基础,主要介绍桥梁抗风设计步骤、减小静力风荷载、抑制抗风失稳和降低风振振幅等;第3章边界层风特性,主要介绍平均风特性、脉动风特性和风特性模拟等;第4章桥梁空气动力学基础,主要介绍流体动力学控制方程、钝体截面二维气动力、无量纲参数和钝体绕流三维特性等;第5章结构动力特性分析,主要介绍结构动力特性、有限元分析、结构模态阻尼和桥梁动力特性计算等;第6章桥梁静风性能验算,主要介绍风的静力作用、静力三分力系数、等效静阵风风速和荷载、静风稳定验算、静风荷载组合及验算和实桥静风性能验算等;第7章桥梁风振稳定检验,分别介绍桥梁颤振稳定检验和桥梁驰振稳定检验等;第8章桥梁抖振响应分析,主要介绍桥梁随机抖振、抖振气动力和抖振响应分析等;第9章桥梁涡振性能检验,主要介绍涡激气动力模型、涡激气动力识别和涡振分析方法等;第10章桥梁风致振动控制,主要介绍桥梁风致振动控制概述、桥梁颤振控制、桥梁涡激共振控制、斜拉索风雨激振控制和风振主动控制等;第11章桥梁风洞试验方法,主要介绍边界层风洞试验设备、紊流风场风洞模拟、风洞试验类型和相似准则、节段模型风洞试验、气动弹性模型试验和施工阶段风洞试验等;第12章桥梁数值风洞方法,主要介绍数值风洞基本概念、计算流体动力学基本原理、计算流体动力学分析软件、边界层风场数值风洞模拟、桥梁气动参数数值识别和桥梁风振流固耦合数值模拟等;第13章拱式桥抗风设计研究;第14章斜拉桥抗风设计研究;第15章悬索桥抗风设计研究。

本教材由同济大学、西南交通大学、东南大学、长沙理工大学和重庆交通大学主编。其中,第1章、第2章、第13章和第14章由同济大学葛耀君教授编写,第3章由长沙理工大学韩艳教授编写,第4章由西南交通大学郑史雄教授编写,第5章和第10章由同济大学杨詠昕教授编写,第6章由重庆交通大学郭增伟教授编写,第7章和第15章由西南交通大学廖海黎教授编写,第8章和第9章由同济大学赵林教授编写,第11章由西南交通大学马存明教授编写,第12章由东南大学王浩教授编写。本教材由湖南大学和长安大学主审,湖南大学陈政清院士和刘志文教授,长安大学刘健新教授提出了许多宝贵的审核修改意见。

在教材编写过程中得到了同济大学、西南交通大学和人民交通出版社等有关单位的支持和帮助,特此一并致谢。

由于编者的业务水平有限,编写中难免有错漏之处,敬请同行专家和专业读者批评指正。

编 者

2022年6月

目录

第1章 绪论 ··· 1
  1.1 地表自然风 ··· 1
  1.2 结构风灾害 ··· 6
  1.3 结构风荷载 ·· 12
  1.4 桥梁风效应 ·· 16
  思考题与习题 ·· 19
  本章参考文献 ·· 19

第2章 抗风设计基础 ··· 21
  2.1 桥梁抗风设计步骤 ··· 21
  2.2 减小静力风荷载 ··· 30
  2.3 抑制抗风失稳 ··· 36
  2.4 降低风振振幅 ··· 38
  思考题与习题 ·· 40
  本章参考文献 ·· 40

第3章 边界层风特性 ··· 42
  3.1 平均风特性 ·· 42
  3.2 脉动风特性 ·· 50
  3.3 风特性模拟 ·· 56
  思考题与习题 ·· 65
  本章参考文献 ·· 65

第4章 桥梁空气动力学基础 ·· 68
  4.1 流体动力学控制方程 ··· 68
  4.2 钝体截面二维气动力 ··· 73
  4.3 无量纲参数 ·· 80

4.4　钝体绕流三维特性……84
　　思考题与习题……85
　　本章参考文献……86

第5章　结构动力特性分析……87
　5.1　结构动力特性……87
　5.2　有限元分析……90
　5.3　结构模态阻尼……102
　5.4　桥梁动力特性计算……107
　　思考题与习题……118
　　本章参考文献……118

第6章　桥梁静风性能验算……120
　6.1　风的静力作用……120
　6.2　静力三分力系数……122
　6.3　等效静阵风风速和荷载……125
　6.4　静风稳定验算……127
　6.5　静风荷载组合及验算……132
　6.6　实桥静风性能验算……134
　　思考题与习题……142
　　本章参考文献……143

第7章　桥梁风振稳定检验……145
　7.1　桥梁颤振稳定检验……145
　7.2　桥梁驰振稳定检验……165
　　思考题与习题……170
　　本章参考文献……171

第8章　桥梁抖振响应分析……172
　8.1　桥梁随机抖振……172
　8.2　抖振气动力……173
　8.3　抖振响应分析……186
　　思考题与习题……200
　　本章参考文献……201

第9章　桥梁涡振性能检验……204
　9.1　涡激气动力模型……205
　9.2　涡激气动力识别……209
　9.3　涡振分析方法……222
　　思考题与习题……226
　　本章参考文献……226

第10章　桥梁风致振动控制……230
　10.1　桥梁风致振动控制概述……230

10.2 桥梁颤振控制 ……………………………………………………………………… 233
   10.3 桥梁涡激共振控制 …………………………………………………………………… 243
   10.4 斜拉索风雨激振控制 ………………………………………………………………… 247
   10.5 风振主动控制 ………………………………………………………………………… 249
   思考题与习题 ……………………………………………………………………………… 250
   本章参考文献 ……………………………………………………………………………… 251

第 11 章 桥梁风洞试验方法 …………………………………………………………………… 252
   11.1 边界层风洞试验设备 ………………………………………………………………… 252
   11.2 紊流风场风洞模拟 …………………………………………………………………… 257
   11.3 风洞试验类型和相似准则 …………………………………………………………… 260
   11.4 节段模型风洞试验 …………………………………………………………………… 263
   11.5 气动弹性模型试验 …………………………………………………………………… 268
   11.6 施工阶段风洞试验 …………………………………………………………………… 272
   思考题与习题 ……………………………………………………………………………… 274
   本章参考文献 ……………………………………………………………………………… 274

第 12 章 桥梁数值风洞方法 …………………………………………………………………… 275
   12.1 概述 …………………………………………………………………………………… 275
   12.2 计算流体动力学基本原理 …………………………………………………………… 276
   12.3 计算流体动力学分析软件 …………………………………………………………… 277
   12.4 边界层风场数值风洞模拟 …………………………………………………………… 280
   12.5 桥梁气动参数数值识别 ……………………………………………………………… 286
   12.6 桥梁风振流固耦合数值模拟 ………………………………………………………… 291
   思考题与习题 ……………………………………………………………………………… 296
   本章参考文献 ……………………………………………………………………………… 296

第 13 章 拱式桥抗风设计研究 ………………………………………………………………… 298
   13.1 上海卢浦大桥抗风设计 ……………………………………………………………… 298
   13.2 桥位风特性统计分析 ………………………………………………………………… 300
   13.3 结构动力特性分析 …………………………………………………………………… 304
   13.4 节段模型测力风洞试验 ……………………………………………………………… 307
   13.5 节段模型测振风洞试验 ……………………………………………………………… 311
   13.6 静风稳定性数值分析 ………………………………………………………………… 315
   13.7 全桥气动弹性模型风洞试验 ………………………………………………………… 319
   13.8 等效风荷载组合分析 ………………………………………………………………… 334
   13.9 拱式桥抗风设计研究结论与建议 …………………………………………………… 342
   本章参考文献 ……………………………………………………………………………… 344

第 14 章 斜拉桥抗风设计研究 ………………………………………………………………… 345
   14.1 东海大桥主航道桥抗风设计 ………………………………………………………… 345
   14.2 桥位风特性统计分析 ………………………………………………………………… 347

14.3	结构动力特性分析	351
14.4	节段模型测力风洞试验	354
14.5	节段模型测振风洞试验	356
14.6	静风稳定性数值分析	362
14.7	全桥气动弹性模型风洞试验	364
14.8	等效风荷载组合分析	378
14.9	颤振失稳概率性评价	386
14.10	斜拉桥抗风设计研究结论与建议	393

本章参考文献 ·· 395

第15章 悬索桥抗风设计研究 396

15.1	深中通道伶仃洋大桥抗风设计	396
15.2	桥位风特性参数分析	398
15.3	结构动力特性分析	399
15.4	常规尺度节段模型颤振风洞试验	401
15.5	大尺度节段模型涡振风洞试验	404
15.6	节段模型测力风洞试验	408
15.7	静风稳定性计算与三维非线性颤振分析	411
15.8	全桥气动弹性模型风洞试验	418
15.9	施工阶段抗风稳定性计算分析	431
15.10	悬索桥主要研究结论	436

本章参考文献 ·· 439

第 1 章
绪论

桥梁抗风是风工程的一个重要分支,是指桥梁结构抵抗风荷载的能力,涉及风荷载和桥梁结构两个方面。作用在桥梁结构上的风荷载是由大气边界层的自然风引起的,一般包括季风、台风或飓风、局地风等。强风曾经给人类带来了巨大的灾难——风灾害,对桥梁结构等造成了极大的破坏,风工程理论研究和工程设计实践需要建立风荷载模型,包括平均风荷载、阵风风荷载和动力风荷载等。任何一座桥梁都会受到风荷载的作用,桥梁结构在风荷载作用下的响应主要取决于气动外形和结构刚度。当桥梁结构气动外形为流线型时,桥梁结构所受的风荷载及其风致响应就会比较小;反之,当气动外形比较钝时,风荷载及其风致响应就会比较大。当桥梁结构刚度较大、变形较小时,桥梁结构风致响应只需考虑阵风风荷载作用;反之,不仅需要计入阵风风荷载,而且需要考虑动力风荷载。桥梁抗风设计是专门研究桥梁结构特别是大跨度桥梁结构,抵抗风荷载特别是强风荷载的工程设计理论和方法。

1.1 地表自然风

人类居住在被一层厚达1000km的大气所环绕的地球上,这一环绕地球的大气层从上到下可分为热层、中间层、平流层和对流层。其中,对流层是地球表面以上约10km范围内的大气,人类活动主要在对流层中进行,例如飞机常常飞行在近万米的高空,地球上最高的山峰——珠穆朗玛峰的高度为8848.86m,桥梁结构更加仅限于在对流层内。太阳辐射在地球表面分布的不均匀性和地球表面水陆分布、高低分布的不均匀性以及地球的自转等因素,造成了太阳对地表加热的时空不均匀性,使得对流层中大气温度分布存在时空不均匀性,引起大气的竖向对流和水平流动,从而产生了风。简单地讲,风是空气相对于地球表面的流动,主要由太阳对地球大气加热的时空不均匀性所引起。当空气变冷时,其单位体积重量增加,就会往下沉;当空气变热时,其单位体积重量减轻,就会往上升。热空气上升后,冷空气就会从周围流过来填补其空缺,由此主要形成了水平流动的风。风的类型一般可以根据其具体成因的不同来划分,主要包括季风、台风或飓风、局部地区风等。

1.1.1 季风

季风是指由热力造成的冬季大陆高压和夏季大陆低压所引起的盛行风向的季节性变化自然风。季风(monsoon)一词源于阿拉伯语"mausim",意思是季节(season)。早期,季风被用来表示印度洋特别是阿拉伯海沿海地区地面风向的季节性反转,即一年中西南风和东北风各盛行半年。随着人们对季风认识的不断加深,原有季风的概念得到了很大程度的扩展,从单纯表示风向的季节性反转扩展到表示几乎与亚洲、非洲、大洋洲的热带、副热带大陆以及毗邻海洋地区的所有天气年循环相关的现象。

随着高空观测资料的增加和高空天气学的发展,季风的内容变得更加丰富。人们发现,在北半球的冬季,南亚高压位于马来西亚东部,南亚大陆高空盛行偏西气流;在北半球的夏季,青藏高原为高空反气旋所盘踞,南亚大陆高空盛行气流由冬季的偏西气流转变为夏季的东北气流,即所谓的"高空季风"。这种高空和低空的季风互相协调组成大气环流系统中的一个重要部分——季风环流系统,而季风则是组成季风环流系统的几支气流,是大气流中出现得最为频繁的风。季风主要在赤道以北的亚洲和非洲的热带和副热带地区(包括北非、印度、中国和日本)盛行,南半球的大洋洲北部也有小部分地区受到季风的影响。

季风主要受海陆分布、大气环流、地形地貌等因素影响,在大范围内以一年为周期周而复始。季风大小是用风速来衡量的,风速是指空气在单位时间内流动的水平距离。1805年,英国人蒲福(Francis Beaufort)根据风对地面物体或海面的影响程度,将风速的大小分为13个等级,称为风力等级,简称风级或"蒲福风级",现在世界气象组织(WMO)又将其进一步扩充到18个等级,如表1-1所示。

蒲 福 风 级　　　　　　　　表1-1

风力等级	名称		离地10m高度处相当风速(m/s)		陆上地物特征	海面和渔船特征	海面大概波浪高(m)	
	中文	英文	范围	中值			一般	最高
0	静风	calm	0.0~0.2	0	静,烟直上	海面平静	—	—
1	软风	light air	0.3~1.5	1	烟能表示风向,风向标不能转动	微波如鱼鳞状,没有浪花;一般渔船略觉摇动,正好能使舵	0.1	0.1
2	轻风	light breeze	1.6~3.3	2	人面感觉有风,风向标能转动	小波,波长尚短,但波形显著;渔船张帆每小时可行1~2n mile(1n mile≈1852m)	0.2	0.3

续上表

风力等级	名称		离地10m高度处相当风速(m/s)		陆上地物特征	海面和渔船特征	海面大概波浪高(m)	
	中文	英文	范围	中值			一般	最高
3	微风	gentle breeze	3.4~5.4	4	树叶及小枝摇动不息,旗子展开	小波加大,波峰开始破裂;渔船张帆每小时可行3~4n mile	0.6	1.0
4	和风	moderate breeze	5.5~7.9	7	能吹起地面灰尘和纸张,树枝摇动	小浪,波长变长,白浪成群出现;渔船满帆可使船身倾侧	1.0	1.5
5	清风	fresh breeze	8.0~10.7	9	有叶的小树摇摆,内陆的水面有小波	中浪,具有较显著的长波形状;渔船需缩帆一部分	2.0	2.5
6	强风	strong breeze	10.8~13.8	12	大树枝摇动,电线呼呼有声,撑伞困难	轻度大浪开始形成;渔船缩帆大部分	3.0	4.0
7	疾风	near gale	13.9~17.1	16	全树摇动,迎风步行感觉不便	轻度大浪,浪碎成白沫沿风向呈条状;渔船不再出港	4.0	5.5
8	大风	gale	17.2~20.7	19	小枝折断,人迎风前行感觉阻力甚大	有中度的大浪,波长较长;所有近海渔船都要靠港	5.5	7.5
9	烈风	strong gale	20.8~24.4	22	建筑物有损毁,屋瓦被掀起,大树枝折断	狂浪,白沫沿风向呈浓密的条带状;机帆船航行困难	7.0	10.0
10	狂风	storm	24.5~28.4	26	树木可被吹倒,一般建筑物遭破坏	狂涛,波峰长而翻卷;机帆船航行颇危险	9.0	12.5
11	暴风	violent storm	28.5~32.6	30	大树被吹倒,一般建筑物遭严重破坏	异常狂涛;能见度受影响,机帆船航行极危险	11.5	16.0
12	飓风	hurricane	32.7~36.9	34	陆上少见,其摧毁力极大	海浪滔天,海面完全变白,能见度严重地受到影响	14.0	≥16
13	台风	typhoon	37.0~41.4	38	陆上绝少,其摧毁力极大	海面巨浪滔天,不堪设想	≥14	≥16
14	台风	typhoon	41.5~46.1	43	陆上绝少,其摧毁力极大	海面巨浪滔天,不堪设想	≥14	≥16
15	强台风	strong typhoon	46.2~50.9	48	陆上绝少,其摧毁力极大	海面巨浪滔天,不堪设想	≥14	≥16
16	强台风	strong typhoon	51.0~56.0	53	陆上绝少,范围较大,摧毁力极大	海面巨浪滔天,不堪设想	≥14	≥16
17	超强台风	super typhoon	≥56.1	≥58	陆上绝少,范围最大,摧毁力超级大	海面巨浪滔天,不堪设想	≥14	≥16

1.1.2 台风或飓风

台风(typhoon)是西太平洋海域上生成的风力达到12级或以上的热带气旋,飓风(hurricane)是东太平洋或大西洋海域上生成的风力达到12级或以上的热带气旋。热带气旋是生成于热带或副热带洋面上的中尺度或天气尺度的暖性气旋,是一种在低纬度(5°~20°)海洋上的低气压中心产生的气旋性涡旋风暴,受地转偏向力的影响,热带气旋在北半球做逆时针方向旋转,在南半球做顺时针方向旋转。热带气旋在形成后离开赤道朝高纬度方向移动,路径一般受3~5km高空的气流的引导,移动速度也同高空气流的流速有关系,平均移动速度大多为20~30km/h,转向时移速较慢,转向后移速加快。寿命从几天至几周不等,有时可达20多天之久。台风或飓风的全部能量都来源于热带气旋中的水汽冷凝所释放的潜热。赤道及低纬度地区的海洋水面受日照影响而生成热而湿的水汽,水汽向上升起形成庞大的水汽柱和低气压。

台风或飓风是暖性的低压涡旋,呈上大下小的巨大漏斗状,高度可达15km以上,顶部直径可达1000km,底部直径为300~500km。图1-1显示了成熟阶段台风的垂直结构和径向垂直环流,从图中可见,它主要由风眼区(Ⅰ)、涡旋区(Ⅱ)、外流层(Ⅲ)、涡状区(Ⅳ)和边界层组成(Ⅴ)。

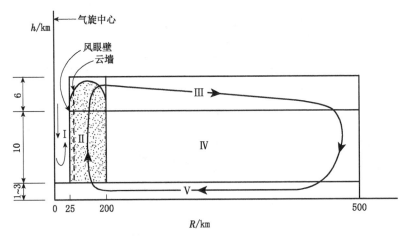

图1-1 台风结构和环流示意图
Ⅰ-风眼区;Ⅱ-涡旋区;Ⅲ-外流层;Ⅳ-涡状区;Ⅴ-边界层

根据中国气象局制定的国家标准,热带气旋按中心附近地面最大风力可以划分为六个等级,如表1-2所示。

热带气旋风力等级   表1-2

序 号	分 类	风力等级	风速(m/s)	陆上地物特征
1	热带低压	6~7	10.8~17.1	树木摇摇晃晃
2	热带风暴	8~9	17.2~24.4	树叶飞天
3	强热带风暴	10~11	24.5~32.6	树木被吹断
4	台风	12~13	32.7~41.4	屋顶瓦掉了、电线杆倒了
5	强台风	14~15	41.5~50.9	(具有灾难性)
6	超强台风	≥16	≥51.0	(具有严重灾难性)

1.1.3 局部地区风

局部地区风(local wind)是指可以忽略大气环流影响的局部场地风,简称局地风。局地风的强度有时很大,在某些情况下将决定桥梁结构的设计风荷载。局地风的成因和种类较多,风力较大的有以下三种。

1) 下山风

气流越过山岗时会受上山坡的影响而被迫抬升,当气流上升至足够高时,在山的迎风侧将会因为空气的绝热冷却而发生水汽凝结和雨、雪或冰雹等形式的降水。失去了大部分原有水汽的冷空气在越过山顶后,会在重力的作用下沿下山坡被迫下沉。在这一下沉过程中,冷空气不仅会在重力作用下发生位能和动能的转变,使运动不断加速,而且会由于绝热压缩而使温度不断升高,从而形成下山风(mountain downslope wind),冷空气到达山脚时的速度有时可与台风一样高。如图1-2(a)所示,当越过山岗的空气不够冷或是暖空气时,空气到达山顶时的温度也不会太低,下坡时重力作用对空气的加速效应较小,而由绝热压缩所致的空气升温是起风的主要原因,此时所形成的下山风是温暖的,常被称为焚风(foehn wind);当越过山地的是非常寒冷的气团时,下沉时的绝热压缩增温不足以使它形成焚风型的暖风,随着仍然很冷的空气靠重力下沉到背风侧的暖区,其势能转变成动能,形成了寒冷的下山风,常被称为布拉风(bora),如图1-2(b)所示。

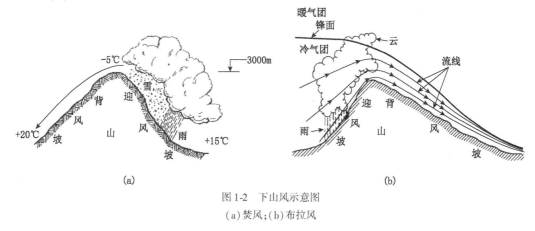

图1-2 下山风示意图
(a)焚风;(b)布拉风

2) 龙卷风

龙卷风(tornado)是一种绕竖向或倾斜轴旋转的大气涡旋,空气绕龙卷轴快速旋转,受龙卷中心气压极度减小的吸引,近地面几十米厚的一薄层空气内,气流从四面八方被吸入涡旋的底部,并随即变为绕轴心向上的涡流(图1-3)。龙卷风是最强的风,其中心的气压可以比周围气压低10%,最大切向速度可达100m/s左右,甚至更高。因此,龙卷风犹如一个强大的吸泵,能把其所扫过区域上的东西(如沙、水、树木、房屋构件等)都卷到高空,移到某地再随暴雨降到地面。当龙卷风扫过建筑物和车辆等封闭结构时,除了强风引起的直接破坏力外,气压的急剧下降也是一个重要的破坏因素。当一个封闭建筑或车辆的门窗均关闭时,其内压在龙卷风经过期间保持不变,而外压会在短时间内骤降,由此造成的内外压差可能会引起结构的"爆炸"。此外,龙卷风卷起的飞掷物引起的撞击也是一个重要的破坏因素。

3) 雷暴风

雷暴(thunderstorm)是一种春夏季常见的天气现象,巨大的雷雨云可以厚达10km,有时还会穿透对流层进入平流层。在这些乌黑的雷雨云中,必须具有极强烈的暖湿上升气流,才能在高空形成高耸的对流云。因此,雷暴通常只有在冷锋上或是被烈日晒得炙热的地面上空才可能形成,这也是热带和亚热带地区总是在午后出现雷阵雨的原因。此外,温带的内陆地区在历经了长时期的炎热天气后,也常会形成雷电交加的风暴,引起暖湿气流上升运动的原因,可能是热力不稳定性,或山坡和锋面的抬升作用。强雷暴会产生很高的风速,有时甚至会诱发龙卷风,由雷暴引起的非旋转型风称为雷暴风(thunderstorm wind),强雷暴风又称为下击暴流风(downburst wind)(图1-4)。

图1-3 发生于美国俄克拉何马州的龙卷风

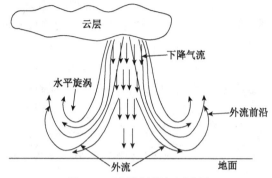

图1-4 下击暴流风剖面示意图

1.2 结构风灾害

风灾是全球最常见和最严重的自然灾害之一,年复一年地给人类社会带来巨大的生命和财产损失,造成大量工程结构的损伤和破坏,严重影响了我们的经济和社会活动。风灾具有发生频率高、次生灾害大(如暴雨、巨浪、风暴潮、洪水、泥石流等)、持续时间长等特点。20世纪后50年国际十大自然灾害统计结果表明,风灾发生的次数最多,约占总灾害次数的51%;风灾导致的死亡人数最多,约占41%;风灾造成的经济损失最大,约占40%。2005年世界十大自然灾害中有2个是风灾,其中美国"卡特里娜"飓风造成房屋损坏、桥梁倒塌、城市淹没、交通中断,导致约2000人死亡,直接经济损失高达2000亿美元以上。

我国是世界上少数几个受风灾影响最严重的国家之一。我国地处西北太平洋西岸,全世界最严重的热带气旋——台风大多数是在西北太平洋上生成的,并沿着西北或偏西路径移动,曾经正面袭击过我国的海南、广西、广东、台湾、福建、浙江、上海、江苏、山东、天津、辽宁等10多个沿海省、自治区、直辖市,而且风灾发生频度很高,平均每年在我国沿海地区登陆的台风有7个,引起严重风暴潮灾害6次。2005年,我国十大自然灾害中有4个是风灾,造成直接经济损失551亿元,约占十大自然灾害全部损失的2/3。根据世界气象组织台风委员会年度报告提供的1970年到2019年的数据,我国由台风造成的平均经济损失是日本的1.7倍,菲律宾的4.7倍,韩国的2.2倍,越南的9.6倍;在平均总伤亡和失踪人数方面,中国比菲律宾少,约为菲律宾的1/3,但比越南多,约为越南的2倍。

1.2.1 桥梁结构风毁

1940年11月7日,美国华盛顿州建成才4个月的主跨853m(当时世界第三大跨度)的塔科马海峡桥(Tacoma Narrows Bridge),在风速18~20m/s的八级大风作用下发生了强烈的风致振动,桥面经历了70min的振幅不断增大的扭转振动后,最终折断坠落到峡谷中,如图1-5所示。塔科马海峡桥这一可怕的风毁事故强烈地震惊了当时的桥梁工程界和空气动力学界,并拉开了全面研究大跨度桥梁风致振动和气动弹性理论的序幕。然而,在为调查事故原因而收集的有关桥梁风毁的历史资料中,人们惊奇地发现,从1818年起,至少已有11座桥梁毁于强风(表1-3),而且从目击者所描述的风毁景象中可以明显地感觉到,事故的主要原因是风引起的强烈振动,虽然当时还不可能对这种风致振动的机理做出科学的解释。

(a) (b)

图1-5 美国塔科马海峡桥的风毁
(a)风致扭转振动;(b)桥面折断坠落

有历史记载的桥梁风毁事故 表1-3

桥 名	所 在 地	跨径(m)	毁坏年份(年)
Dryburgh Abbey Bridge(干镇修道院桥)	苏格兰	79	1818
Union Bridge(联合桥)	德国	140	1821
Nassau Bridge(纳索桥)	英格兰	75	1834
Brighton Chain Pier Bridge(布兰登桥)	英格兰	80	1836
Montrose Bridge(蒙特罗斯桥)	苏格兰	130	1838
Menai Straits Bridge(梅奈海峡桥)	威尔士	180	1839
Roche-Bernard Bridge(罗奇-伯纳德桥)	法国	195	1852
Wheeling Bridge(威灵桥)	美国	310	1854
Niagara-Lewiston Bridge(尼亚加拉-利文斯顿桥)	美国	320	1864
Tay Bridge(泰河桥)	苏格兰	74	1874
Niagara-Clifton Bridge(尼亚加拉-克立夫顿桥)	美国	380	1889
Tacoma Narrows Bridge(塔科马海峡桥)	美国	853	1940

在塔科马海峡桥风毁之前的很长时间内,人们都把风对结构的作用看成一种由风压形成的静力作用,在设计中仅考虑平均风荷载的作用。塔科马海峡桥风毁后的80多年里,经过世界各国研究人员的共同努力,人们对各种桥梁风致振动的现象和机理有了基本的认识,桥梁风致振动理论和方法也得到了很大的发展,虽然桥梁结构的跨度已经超过了2000m,但是像塔科马海峡桥那样的严重风毁事故没有重现。

1.2.2 冷却塔群风毁

英国渡桥(Ferry Bridge)热电厂冷却塔群,由8个高116m、最大直径93m的冷却塔组成,平面分布如图1-6(a)所示。1965年11月1日,在一场平均风速为18~20m/s的大风作用下,位于下游的4个冷却塔中的3个被彻底推毁,其余幸免于难,如图1-6(b)所示。在事故原因的调查过程中发现:这次破坏是冷却塔的迎风侧壳体上出现了巨大的拉力引起的,而这一巨大的拉力是由塔群的群体干扰效应所致。一方面,来流在上游相邻冷却塔间隙中产生了"穿堂风",增大了作用在下游冷却塔上的平均风荷载;另一方面,下游冷却塔处于上游冷却塔的尾流区边缘,从而会受到由尾流脉动引起的很大的脉动风荷载。基于事后的冷却塔群风洞试验数据的计算结果表明,在当时的风速情况下,作用在3个倒塌冷却塔上的风荷载超过了设计允许风荷载,而作用在其他5个幸存冷却塔上的风荷载小于允许值。实践证明,冷却塔群中部分塔的风效应要比孤立单个冷却塔严重得多。

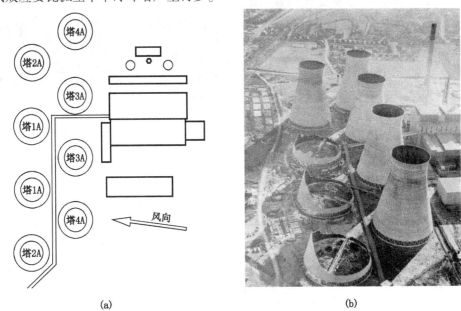

图1-6 英国渡桥热电厂冷却塔群的风毁
(a)冷却塔群平面;(b)冷却塔群风毁

1.2.3 房屋建筑破坏

风对房屋建筑造成的破坏也可能是十分严重的,可以主要分为低矮建筑风毁,多、高层建筑受损,以及幕墙、饰面破坏。大量的调查结果表明,风灾中造成巨大人员伤亡和财产损失的主要是低矮建筑的风毁。例如,2003年6月23日,"飞燕"台风造成福建省宁德市6000多间房屋倒塌,32万多间房屋损坏;2004年8月12日,"云娜"台风造成浙江省4万多间房屋倒塌,受灾人数近千万;2006年8月10日,"桑美"台风造成福建省福鼎市沿海20km之内没有一间房屋幸免于难,倒塌房屋8万多间,如图1-7所示。

与低矮建筑抗风设计相比,对多、高层建筑的抗风投入和关注程度比较高,因此风灾中多、高层建筑作为整体结构受到破坏的情况几乎没有,但是局部破坏的现象还是有所发生。例如,1926年的一次大风使得美国一座叫Meyer-Kiser的十多层大楼的钢框架发生塑性变形,造成围护结构严重破坏,大楼在风暴中严重摇晃;又如图1-8所示,在"卡特里娜"飓风的袭击下,美国新奥尔良市的一幢多层建筑一角被吹塌。

(a)   (b)

图 1-7 "桑美"台风对低矮建筑的破坏

(a)村庄几乎被夷为平地;(b)平房被严重摧毁

强风对多、高层建筑造成的灾害更多地表现在对幕墙和饰面的破坏上。例如,1971年9月建成的美国波士顿约翰汉考克大楼(John Hancock Building),高241m,共60层,仅1972年夏天至1973年春天的大风,就造成了大约16块幕墙玻璃破碎、49块严重损坏、100块开裂(图1-9),后来不得不更换了所有(10348块)幕墙玻璃,费用超过700万美元。2005年8月29日,"卡特里娜"飓风摧毁了凯悦摄政王酒店(Hyatt Regency Hotel)等许多建筑的窗户、幕墙和外墙饰面,使其砸毁了大量停在楼下的汽车等,图1-10是该酒店破坏情况。

图 1-8 飓风对多层建筑的破坏   图 1-9 约翰汉考克大楼幕墙破坏   图 1-10 飓风对凯悦摄政王酒店的破坏

1.2.4 大跨屋盖破坏

体育场馆、会展建筑、交通枢纽等大型空间结构的大跨屋盖也常常遭受风灾。2002年8月,江苏某体育场约200m²的悬挑屋盖的覆面被大风掀起(图1-11),江苏某体育馆屋顶覆面也被大风掀起1000多平方米(图1-12);同年,"鹿莎"台风袭击了即将举行亚运会的韩国釜山市,有四座体育场馆遭到不同程度的破坏,其中亚运会体育场棚顶被掀;2005年8月,"麦莎"

台风的袭击,使浙江省宁波市北仑体艺中心屋顶7块PTFE顶膜中的1块在经历了约1h的狂风后被彻底撕毁,致使场馆内出现严重漏水现象,训练馆里一片汪洋;2005年8月29日,由于遭受"卡特里娜"飓风的袭击,美国新奥尔良市著名的"超级穹顶"体育馆的金色屋顶上的许多金属片被刮走,导致屋顶漏水,图1-13为该体育馆在受飓风袭击前后的情景的对比。

图1-11　江苏某体育场屋盖覆面被掀起　　　　　图1-12　江苏某体育馆屋顶覆面被掀起

图1-13　美国"超级穹顶"体育馆遭"卡特里娜"飓风袭击前后情景对比

1.2.5　高耸结构破坏

高耸结构主要涉及电视塔、输电塔和各种桅杆,由于结构刚度小,在风荷载作用下经常会产生较大幅度的振动,从而容易导致其疲劳或强度受到破坏。世界范围内曾发生多起桅杆和输电塔倒塌事故,例如,1955年11月,捷克一桅杆在30m/s风速作用下因失稳而倒塌;1969年3月,英国约克郡高386m的Ernley Morr钢管电视桅杆被风吹倒;1985年,位于联邦德国Bielstein一座高298m的无线电视桅杆在风荷载作用下倒塌;1988年,位于美国Missouri一座高610m的电视桅杆被阵风吹倒,造成3人死亡;1996年9月9日,"莎莉"台风把湛江至茂名的22万伏高压输电塔拦腰折断;1999年9月16日,"约克"台风吹倒了香港某大楼的屋顶桅杆(图1-14);2005年8月6日,"麦莎"台风摧毁了位于无锡的高压输电塔(图1-15)。

图 1-14 "约克"台风吹倒的香港某大楼桅杆

图 1-15 "麦莎"台风吹倒的无锡高压输电塔

1.2.6 其他结构破坏

除了上述提到的工程结构之外,强风还会对其他结构造成破坏,例如,广告牌、标语牌、港口设施等。图 1-16 为被"云娜"台风撕烂的台温高速公路温岭段旁的巨大广告牌,图 1-17 为被"麦莎"台风摧毁的浙江玉环县城街头巨型广告牌,图 1-18 是遭受"莎莉"台风袭击被刮翻的广东湛江港门式起重机,图 1-19 为被"约克"台风吹入海里的香港码头的一批货柜。

图 1-16 "云娜"台风撕烂的温岭市广告牌

图 1-17 "麦莎"台风摧毁的玉环县广告牌

图 1-18 "莎莉"台风刮翻的湛江港门式起重机

图 1-19 被"约克"台风吹入海里的香港码头货柜

1.3 结构风荷载

风是地球上流动的空气,具有一定的动能。当风受到结构物阻碍时,它的部分动能将转化为作用在结构物上的外力功,这种外力就是所谓的风荷载。当风绕过非流线型(钝体)截面的桥梁结构时,会产生涡旋和流动的分离,形成复杂的空气作用力——风荷载。当桥梁结构的跨度较小(譬如跨度在200m以下的铁路或公路桥梁)、刚度较大时,结构基本保持静止不动,这种空气力的作用相当于静力作用或静风荷载,其中包括平均风荷载和阵风风荷载;而当桥梁结构跨度较大(譬如跨度在200m以上的铁路或公路桥梁)时,较小的刚度使得结构振动很容易被激发,这种风的作用不仅具有静力特性,而且具有动力特性或动力风荷载。

1.3.1 平均风荷载

人类第一次定量估算风荷载的尝试可以追溯到1759年,甚至比英国人蒲福定义风力等级还要早。全世界"第一位土木工程师"英国人约翰·施密敦(John Smeaton)历史上首次提出了风荷载估算公式,风荷载可以简单表达为1.2倍的风速平方,即

$$F = 1.2 \times U^2 \tag{1-1}$$

式中,F表示结构表面风压引起的风荷载,Pa或N/m²;U表示垂直于结构表面的风速,m/s。

同时,约翰·施密敦基于式(1-1)提出了风荷载计算表(表1-4),给出了风速和风荷载的大小相关关系及描述。

约翰·施密敦风荷载表　　　　　表1-4

风速		风荷载		风荷载说明
英里/h	m/s	磅/ft²	N/m²	
1	0.45	0.005	0.24	几乎无感觉
2	0.89	0.020	0.96	刚好能感觉
3	1.34	0.044	2.11	
4	1.79	0.079	3.78	温和宜人的风力
5	2.24	0.123	5.89	
10	4.47	0.492	23.60	宜人大风
15	6.71	1.107	53.00	
20	8.94	1.968	94.20	大风
25	11.10	3.075	147	
30	13.40	4.429	212	疾风
35	15.70	6.027	289	
40	17.90	7.873	377	强风
45	20.10	9.963	477	
50	22.40	12.300	589	风暴
60	26.80	17.715	848	强风暴

续上表

风速		风荷载		风荷载说明
英里/h	m/s	磅/ft²	N/m²	
80	35.80	31.490	1508	飓风
100	44.70	49.200	2356	强飓风

现有的结构风荷载阻力分量计算可以采用下式：

$$F_D = \frac{1}{2}\rho U^2 C_D \tag{1-2}$$

式中，F_D 表示结构风荷载阻力分量，Pa 或 N/m²；ρ 表示空气质量密度，kg/m³；C_D 表示结构风荷载阻力系数，为无量纲参数。

比较式(1-2)与施密敦风荷载估算公式[式(1-1)]，不难发现，当空气质量密度取 1.2kg/m³，结构风荷载阻力系数取 2 时，式(1-2)就变成了式(1-1)。目前，大多数国家的空气质量密度为 1.2~1.25kg/m³，而平板的二维阻力系数相当于 1.9，证明 260 多年前施密敦风荷载估算公式对于二维结构不仅具有较高精度，而且是偏于安全的。尽管施密敦的开创性工作并没有得到足够的承认和重视，甚至不为现代抗风研究人员所熟知；但是，他的工作的的确确是结构风荷载的第一个历史转折点，即从无到有的定量计算风荷载方法。由于式(1-1)中的风速 U 一般是指平均风速，例如 10min 平均风速或 1h 平均风速，因此，他的公式也被称为平均风荷载计算公式。

1.3.2 阵风风荷载

在施密敦提出平均风荷载计算公式后的 100 多年时间里，虽然不像现在的结构风荷载规范那样被严格执行，但是，绝大多数工程结构，特别是桥梁结构和房屋结构都参考了这一简单方法。然而，1879 年和 1889 年发生的两件大事，彻底改变了这种方法的命运。

1879 年 12 月 28 日晚上 7 点，英国一辆由爱丁堡(Edinburgh)驶往敦提(Dundee)的旅客列车，在通过泰河湾大桥(Firth of Tay Bridge)时，因大风引发桥梁坍塌而坠河，造成车上 75 人全部遇难，震惊了整个世界。泰河湾大桥全长 3.26km，由 72 孔最大跨径 44m 的非通航孔钢板梁和 13 孔最大跨径 75.3m 的通航孔钢桁架梁组成，是当时世界上最长的桥梁。当蒸汽机旅客列车(图 1-20)通过该桥通航孔时，一阵狂风将全部 13 孔通航孔和旅客列车吹翻落水，如图 1-21 所示。

图 1-20 经过泰河湾大桥的蒸汽机车

图 1-21 通航孔垮塌后的泰河湾大桥

泰河湾大桥的设计师是托马斯·邦奇（Thomas Bouch）爵士，当初该项目由于经费问题，桥梁设计一再被要求简化，因此安全度有所降低，这成为通车两年后其被毁于大风的原因之一。除了事故调查中发现的桥墩和桁梁等设计施工中的不足之外，与桥梁风毁事故直接相关的是通航孔结构风荷载的取值。当时邦奇爵士在咨询了有关专家后选定的结构风荷载是20psf（958Pa）到30psf（1438Pa），按照施密敦风荷载估算公式推算得到的设计风速是28.3～34.6m/s；而事发当晚的实测风力在10级（风速26m/s）到11级（风速30m/s），虽临近结构极限状态，但由于结构安全度的存在，应不至于引起桥梁结构的整体垮塌。最大的可能性是没有考虑瞬时最大风，即阵风的影响，阵风风速 U_g 一般大于平均风速 U，两者之比称为阵风系数 G_V，可表示为

$$U_g = G_V \times U \tag{1-3}$$

大量的大风实测结果表明，阵风系数 G_V 的数值一般大于1.3，即阵风风速一般大于平均风速的1.3倍，而用阵风风速代替平均风速后的阵风风荷载就是平均风荷载的 $1.3^2 (\approx 1.7)$ 倍。虽然没有事发当晚阵风系数的实测值，但即使按照最小的阵风系数1.3估算，泰河湾大桥也要承受比设计值高出70%的风荷载，这肯定超过了结构的安全冗余度。

1889年3月31日，由亚历山大·古斯塔夫·埃菲尔（Alexandre Gustave Eiffel）设计的法国巴黎埃菲尔铁塔落成。为1889年巴黎世博会而建的埃菲尔铁塔，由4个水泥浇灌的塔墩支撑，塔身全部采用钢铁镂空结构，从塔座到塔顶共有1711级阶梯，共使用7000t钢铁，12000个金属部件，259万只铆钉，总高度325m，相当于100层楼高，是世界上第一座钢铁结构的高塔，就建筑高度来说，比当时最高的建筑高出1倍以上。

设计如此高耸的建筑结构，结构风荷载是关键。为此，埃菲尔提出了结构风荷载的两大创举：一是首次明确提出按照阵风风荷载设计，二是采用两种不同分布形式的阵风风荷载模式。在阵风风荷载设计方面，他通过不同离地高度的风速现场实测，包括铁塔建成后在塔顶的风速实测，首次明确提出阵风系数应为1.4～1.7，这一结论在100年后的加拿大多伦多CN电视塔的风速实测中得到验证。基于阵风系数的阵风风荷载，沿高度采用两种不同的分布模式：第一种模式是沿塔高均匀分布的阵风风荷载61.5psf（3000Pa），相当于设计平均风速32m/s、阵风系数1.55；第二种模式是塔底阵风风荷载41psf（2000Pa），相当于设计平均风速24m/s、阵风系数1.7，沿塔高线性变化到塔顶阵风风荷载82psf（4000Pa），相当于设计平均风速41m/s、阵风系数1.4，如图1-22所示。埃菲尔铁塔建成后经历130多年的风风雨雨，至今完好无损地屹立在巴黎市中心塞纳河畔，结构风荷载的合理取值是其成功的主要原因之一。

自1759年平均风荷载估算公式问世以来，经过130多年实际工程结构抗风的失败教训和成功经验总结，到19世纪末结构风荷载迎来了第二个历史转折点，即从平均风荷载到阵风风荷载，可以用升力、阻力和升力矩三个分量来表示：

$$F_L = \frac{1}{2}\rho U_g^2 B C_L \tag{1-4}$$

$$F_D = \frac{1}{2}\rho U_g^2 H C_D \tag{1-5}$$

$$M_T = \frac{1}{2}\rho U_g^2 B^2 C_M \tag{1-6}$$

式中，F_L、F_D 和 M_T 分别表示静阵风风荷载升力分量、阻力分量和升力矩分量，简称静力三分力，N/m；B 和 H 分别表示结构竖向投影宽度和侧向投影高度，m；C_L、C_D 和 C_M 分别表示静阵风风荷载静力三分力的升力系数、阻力系数和升力矩系数，简称静力三分力系数，为无量纲参数。

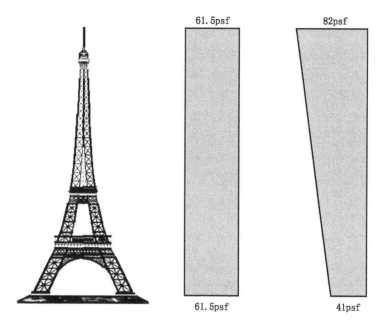

图 1-22　埃菲尔铁塔设计阵风风荷载模式

1.3.3　动力风荷载

结构风荷载的第三个历史转折点出现在 1940 年秋天美国塔科马海峡桥风毁以后。塔科马海峡桥位于美国华盛顿州的塔科马海峡上（图 1-23），是一座主跨 853m、两个边跨 335m 的三跨悬索桥，为当时全世界第三大跨度桥。该桥由美国著名桥梁工程师列昂·莫伊塞夫（Leon Moisseiff）设计，采用了业已流行四分之一世纪的挠度理论，加劲梁选用的是事后被证明直接导致风毁破坏的工字形钢板梁结构（图 1-24）。

图 1-23　美国塔科马海峡桥（1940 年）

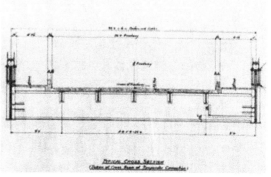

图 1-24　塔科马海峡桥加劲梁断面

1940年7月1日建成通车的塔科马海峡桥,一开始就经常在3~6m/s的微风下出现桥面竖向弯曲振动,根据华盛顿大学法库哈森(F. B. Farquharson)教授的观察,主要表现为频率0.13Hz和最大振幅0.6m的第一阶对称竖向弯曲振动以及频率为0.19Hz和最大振幅为0.8m的第二阶对称竖向弯曲振动。1940年11月7日,塔科马海峡桥在18~22m/s的大风作用下,出现了第七阶对称竖向弯曲振动($f=0.6$Hz)和第八阶反对称竖向弯曲振动($f=0.7$Hz)。桥面竖向弯曲振动几个小时后,当风速达到19m/s时,突然出现了频率为0.23Hz的第一阶反对称扭转振动[图1-5(a)],扭转振幅迅速增大,几乎达到±45°,跨中连接主缆和加劲梁的吊杆首先断裂,随后加劲梁被撕裂,整体坍塌,如图1-5(b)所示。

事故发生后,美国联邦政府立即成立了由安曼(Othmar Ammann)、冯·卡门(Theodore von Karman)和伍德拉夫(G. B. Woodruff)组成的事故调查小组,一年后提交的调查报告指出,华盛顿州没有为大桥筹集到足够的资金,同时代理商以欺诈手段贪污了部分款项,是桥梁施工出现质量问题并最终引起桥梁风毁的原因之一。值得注意的是,两位著名桥梁专家和一位著名空气动力学专家,将大桥风毁的直接原因归结为阵风引起的桥面竖向弯曲强迫振动——抖振,而不是现在大家熟悉的桥面扭转自激振动——颤振,显然在那个时期还很难正确区分各种类型的桥梁风致振动。这份调查报告在历史上首次认定了桥梁风毁是风引起的动力作用而非静力作用造成的,因为大桥可以承受几乎2倍于风毁时的阵风风荷载。塔科马海峡桥风毁事故引起了人们对桥梁结构动力风荷载的极大关注和高度重视。

英国柯特·斯克滕(Kit Scruton)曾将塔科马海峡桥风毁之前所发生的几座悬索桥的风毁也归因于风振破坏。例如,他提到的1826年由汤姆斯·戴尔福德(Thomas Telford)设计的英国梅奈(Menai)海峡桥,是一座跨径183m的悬索桥,通车6周后即遭风振破坏,重修15年后再遭风毁;1833年建成的由英国人布朗(Samuel Brown)设计的布兰登桥(Brighton Chain Pier Bridge),1836年发生了反对称扭转颤振发散,与塔科马海峡桥风振非常类似。

1940年美国塔科马海峡桥风毁后,结构风荷载迎来了第三个历史转折点,即从阵风风荷载转向了动力风荷载,彻底结束了人类单纯考虑风荷载静力作用的时代,开启了桥梁和结构动力风荷载的新纪元。

1.4 桥梁风效应

风荷载作用下的桥梁结构响应称为桥梁风效应,当桥梁结构的跨度较小(譬如200m以下)、刚度较大时,桥梁结构基本缓慢变形且无振动,这种风荷载的作用相当于静力风作用,只需考虑平均风荷载和阵风风荷载产生的桥梁风效应——内力和变形;而当桥梁结构的跨度较大(譬如200m以上)、刚度较小时,桥梁结构会产生风致振动,这种风荷载不仅会引发静力风作用产生的桥梁风效应,而且具有动力风作用,包括强迫风荷载和自激风荷载产生的桥梁风效应——抖振(buffeting)、涡振(vortex induced vibration)、颤振(flutter)和驰振(galloping)等。桥梁风荷载及其风效应分类可以用图1-25表示。此外,斜拉桥的拉索还会在风或风雨共同作用下发生不同形式的振动,例如拉索涡振、参数振动、尾流驰振和风雨振动等。

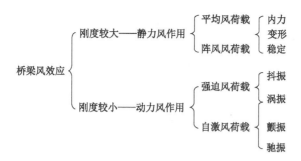

图 1-25 桥梁结构风荷载及其风效应

1.4.1 静力风荷载效应

静力风荷载可以采用平均风荷载或阵风风荷载来表示,20 世纪 70 年代,加拿大著名风工程专家达文波特(A. G. Davenport)教授提出用风荷载链的方法来表达风荷载,特别适合静力风荷载,目前世界主要国家风荷载规范中都采用了基于风荷载链方法的多系数静力风荷载 F 表达公式,即

$$F = qC_e C_p C_g \tag{1-7}$$

式中,q 表示基本风压(reference wind pressure)或参考风压,主要取决于风速,Pa 或 N/m^2,且

$$q = \frac{1}{2}\rho U^2 \tag{1-8}$$

其中,ρ 是空气质量密度;U 是基本风速且与两个因素有关,即平均时距(风速时程记录数据进行统计分析时所采用的采样长度)和重现期(基本风速事件出现或发生的平均时间间隔);C_e 表示风场条件系数(exposure factor),主要取决于地形地理和离地高度等,前者是指场地开阔程度,可以用场地类别系数表示,后者泛指离开水面或地面的高度,风速随离地高度的增加而增加,并呈现一定的规律性,譬如指数率;C_p 表示风压体型系数(pressure coefficient related to structural shape),主要取决于结构气动外形,桥梁体型系数一般采用静力风荷载的三个主要分量——升力 F_L 或 F_N、阻力 F_D 或 F_H 和升力矩 M_T 的系数来表示;C_g 表示风速随高度变化的系数(gradient factor)。

平均风荷载或阵风风荷载所引起的桥梁风效应,主要有内力和变形,一般采用理论分析或数值计算方法确定桥梁结构主要构件的内力和变形,并将风荷载引起的内力和变形与其他荷载产生的内力和变形进行组合,按照桥梁设计规范要求进行强度和刚度验算。必须说明的是,平均风荷载特别是阵风风荷载还会引起桥梁钝体断面主梁的静风稳定问题,需要按照桥梁抗风设计规范的要求验算静风稳定性。

1.4.2 强迫风荷载效应

在惯性坐标系中,动力风荷载一般可以分解为与脉动风速直接相关部分(强迫风荷载)和与脉动风速引起的结构振动间接相关部分(自激风荷载),因此,可以表达为随时间变化的脉动风速 $\psi(t)$ 和结构位移 $\delta(t)$ 及其随时间的变化率速度 $\dot{\delta}(t)$ 和加速度 $\ddot{\delta}(t)$ 的函数,即

$$\boldsymbol{F}(t) = \boldsymbol{F}(\psi(t), \delta(t), \dot{\delta}(t), \ddot{\delta}(t))$$

$$= \boldsymbol{F}(u(t),w(t),h(t),p(t),\alpha(t),\dot{h}(t),\dot{p}(t),\dot{\alpha}(t),\ddot{h}(t),\ddot{p}(t),\ddot{\alpha}(t)) \quad (1\text{-}9)$$

式中,$u(t)$、$w(t)$分别表示脉动风速水平分量和竖直分量;$h(t)$、$p(t)$、$\alpha(t)$分别表示结构位移三个分量;$\dot{h}(t)$、$\dot{p}(t)$、$\dot{\alpha}(t)$分别表示结构速度三个分量;$\ddot{h}(t)$、$\ddot{p}(t)$、$\ddot{\alpha}(t)$分别表示结构加速度三个分量。

当动力风荷载仅仅与脉动风速相关,而与结构位移、速度和加速度无关时,一般称为强迫风荷载,基于线性假定的抖振力可以表示为脉动风速$u(t)$和$w(t)$的线性组合,即

$$F_b(t) = Au(t) + Bw(t) \quad (1\text{-}10)$$

式中,A、B分别表示两个不随时间变化的常数。

强迫风荷载所引起的桥梁风效应主要有抖振和涡振,一般采用理论分析、数值计算或风洞试验方法确定桥梁结构特别是主梁的振幅、频率和相应风速,将由抖振或涡振引起的内力或等效风荷载内力与其他荷载所产生的内力进行组合,按照桥梁设计规范要求进行强度验算;涡振还需要按照桥梁抗风设计规范要求验算振幅和锁定风速。

1.4.3 自激风荷载效应

当动力风荷载与脉动风速无关,而与结构位移、速度和加速度相关时,一般称为自激风荷载,也称为自激气动力,包括涡激力、颤振力和驰振力。基于线性假定的自激气动力可以表示为结构位移$\delta(t)$、速度$\dot{\delta}(t)$和加速度$\ddot{\delta}(t)$的线性组合,即

$$F_{si}(t) = A\delta(t) + B\dot{\delta}(t) + C\ddot{\delta}(t) \quad (1\text{-}11)$$

式中,A、B和C分别表示三个不随时间变化的常数。

根据动力风荷载三分力计算模型,结构位移$\delta(t)$、速度$\dot{\delta}(t)$和加速度$\ddot{\delta}(t)$各有三个分量,所以,式(1-11)可以表示为9个常数的函数,即

$$F_{si}(t) = A_h h(t) + A_p p(t) + A_\alpha \alpha(t) + A_{\dot{h}}\dot{h}(t) + A_{\dot{p}}\dot{p}(t) + A_{\dot{\alpha}}\dot{\alpha}(t) + A_{\ddot{h}}\ddot{h}(t) + A_{\ddot{p}}\ddot{p}(t) + A_{\ddot{\alpha}}\ddot{\alpha}(t) \quad (1\text{-}12)$$

桥梁结构风致振动分析一般假定振动是简谐的,且振幅是微小的,因此,位移y、速度$\dot{y}$和加速度$\ddot{y}$之间的关系为

$$y = y_m \sin\omega t \quad (1\text{-}13a)$$

$$\dot{y} = y_m \omega \cos\omega t \quad (1\text{-}13b)$$

$$\ddot{y} = -y_m \omega^2 \sin\omega t = -\omega^2 y \quad (1\text{-}13c)$$

式中,y_m表示振动位移幅值;ω表示振动圆频率。

利用式(1-13),可以得到

$$A_y y + A_{\ddot{y}}\ddot{y} = A_y y + A_{\ddot{y}}(-\omega^2 y) = (A_y - \omega^2 A_{\ddot{y}})y = B_y y \quad (1\text{-}14)$$

即位移项的系数A_y和加速度项的系数$A_{\ddot{y}}$不是独立的,因此,可以合并成一个系数,也就是说,式(1-14)中每个自激气动力分量中的9个常数可以简化为6个常数。

自激风荷载所引起的桥梁风效应有颤振、驰振和涡振,一般采用理论分析、数值计算或风洞试验方法确定桥梁结构特别是主梁的颤振或驰振的临界风速和振动频率等,按照桥梁抗风设计规范要求进行颤振或驰振稳定性验算。

思考题与习题

1. 地球表面自然风可以根据具体成因划分为哪几类？分别具有什么特点？
2. 为什么说风灾是全球最常见和最严重的自然灾害之一？有哪些结构风灾害？
3. 结构风荷载包括哪几个组成部分？各引起怎样的结构灾害？
4. 桥梁风效应主要包括哪些静力风效应和动力风效应？

本章参考文献

[1] KINSMAN B. Historical notes on the original Beaufort scale [J]. Marine Observer, 1969, 39: 116-124.

[2] SMEATON J. Reports of the late John Smeaton [M]. London: M. Taylor, 1837.

[3] SAUCIER W J. Principles of meteorological analysis[J]. Quarterly Journal of the Royal Meteorological Society, 1956(352):76-78.

[4] BIGGS J M. Wind forces on structures: final report[M]. ASCE Task Committee on Wind Forces, 1961.

[5] SCRUTON C. Introductory review of wind effects on buildings and structures[C]. Proceedings of the Conference Held at the National Physical Laboratory, Teddington, UK, June 26-28, 1963. HMSO, London, 1965.

[6] SIMIU E, SCANLAN R H. Wind effects on structures [M]. New York: John Wiley & Sons, 1986.

[7] TANAKA H. Wind engineering, prepared for CVG 5133 [A]. University of Ottawa, Canada, 1998.

[8] AMMANN O H, KARMAN V Th, WOODRUFF G B. The failure of the Tacoma Narrows Bridge [A]. Report to the Federal Works Agency, March 28, 1941.

[9] DAVENPORT A G. Buffeting of a suspension bridge by storm winds [J]. Journal of the structural Division, 1962, 88(6):233-264.

[10] SCANLAN R H, TOMKO J J. Airfoil and Bridge Deck Flutter Derivatives [J]. Journal of the Engineering Mechanics Division, 1971, 97(6): 1717-1737.

[11] 张相庭. 结构风压和风振计算[M]. 上海:同济大学出版社,1985.

[12] 李国豪. 桥梁结构稳定与振动[M]. 北京:中国铁道出版社,1992.

[13] 项海帆. 公路桥梁抗风设计指南[M]. 北京:人民交通出版社,1996.

[14] 陈英俊,于希哲. 风荷载计算[M]. 北京:中国铁道出版社,1998.

[15] 项海帆. 现代桥梁抗风理论与实践[M]. 北京:人民交通出版社,2005.

[16] 中交公路规划设计院. 公路桥梁抗风设计规范:JTG/T D60-01—2004[S]. 北京:人民交通出版社,2004.

[17] 陈政清. 桥梁风工程[M]. 北京:人民交通出版社,2005.

[18] 葛耀君. 大跨度悬索桥抗风[M]. 北京:人民交通出版社,2011.

[19] 葛耀君.大跨度拱式桥抗风[M].北京:人民交通出版社,2014.
[20] 葛耀君.大跨度斜拉桥抗风[M].北京:人民交通出版社股份有限公司,2019.
[21] 同济大学.公路桥梁抗风设计规范:JTG/T 3360-01—2018[S].北京:人民交通出版社股份有限公司,2019.

第 2 章
抗风设计基础

桥梁抗风设计是指针对桥梁结构抗风性能进行的设计或验算,桥梁抗风设计应遵循如下原则:在桥梁设计使用期限内可能出现的最大风速下,结构不应发生毁坏性发散性自激振动;在最不利设计风荷载与其他作用的共同组合下,结构应具有规定的强度和刚度,并不应发生静力失稳;结构非破坏性风致振动的振幅应满足行车安全、疲劳强度和行车舒适度的要求。结构的抗风能力可通过气动措施、结构措施和机械措施予以提高。

2.1 桥梁抗风设计步骤

桥梁抗风设计始于设计风速和风荷载的确定,不同地区桥梁设计风速和风荷载是不同的,确定设计风速的主要依据是当地气象台站连续风速实测统计分析,设计风荷载还与气动外形和结构刚度有关,设计风速和风荷载是桥梁抗风设计的基础。桥梁结构动力特性一般与桥梁跨度有关,跨度越大、结构刚度越小、自振频率越低、结构阻尼越小、桥梁风效应越大,结构动力特性是桥梁抗风设计的关键。设计风速和风荷载作用在桥梁结构上产生风效应,桥梁风效应包括内力、变形和振动等,动力风效应与结构动力特性直接相关,需要进行强度、刚度和稳定性验算。当桥梁抗风稳定性无法满足安全要求时,必须采取抗风稳定控制措施;当桥梁风致限幅振动超出抗风设计要求时,必须采取限幅振动控制措施。

2.1.1 设计风速和风荷载模型

1)风速模型

大气边界层自然风特性主要包括随时间变化的特性和随空间变化的特性。为了考察大气边界层自然风随空间高度变化的规律,选取同一地点三个不同高度处进行 8min 风速实测记录,如图 2-1 所示。不同高度风速实测记录表明,风速是随时间变化的,并且是非平稳的;风速的平均值随高度增加而增大,并且是非线性的;风速的均方差随高度增加而减小,并且是非定常的。

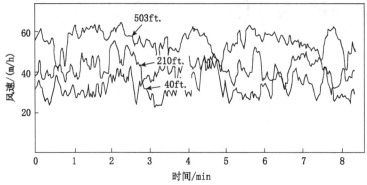

图 2-1 边界层自然风不同高度风速实测记录

为了研究大气边界层自然风随时间周期变化的规律,根据大量自然风实测结果统计,可以建立自然风功率谱密度回归模型,如图 2-2 所示,可以发现:自然风能量主要集中在 1 年、4d、1d 和 1min 4 个卓越周期附近,自然风的能量主要通过长周期的平均风携带短周期的脉动风输运,因此,自然风风速模型可以考虑平均风速叠加脉动风速,这个平均风速的平均时距可以选择功率谱密度值较小的 10min 至 1h 之间。

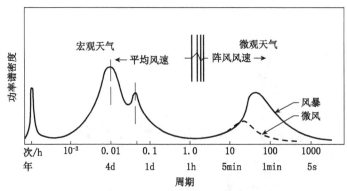

图 2-2 边界层自然风功率谱密度回归模型

大量风速实测记录表明:大气边界层自然风风速时程曲线中包含两种成分,即周期在 10min 以上的长周期成分和周期仅有几秒的短周期成分。根据这两种成分,抗风设计研究中常把自然风分为长周期的平均风或平均风速和短周期的脉动风或脉动风速。因此,桥梁设计风速一般分为设计平均风速和设计脉动风速,前者是指风速时程按照一定时距统计得到的平均风速,后者一般是指风速脉动时程或功率谱密度。

(1)平均风速。

设计平均风速最基础的数据是设计基本风速,其定义为桥位现场离地高度 10m、10min 平均时距、100年一遇期望风速。当桥梁所在地区的气象台站具有足够的连续风速观测数据时,可以采用当地气象台站年最大风速的统计分析结果;当桥梁所在地区没有气象台站或气象台站的风速观测数据不足时,可以采用相应规范规定的基本风速值,也可以在桥位所在地区设立风速观测塔,对观测塔的连续风速观测数据与附近气象台站的平行观测数据进行相关性分析,统计回归确定基本风速;当桥梁跨越狭窄的海峡或峡谷等复杂地形时,可采用实地风速观测、地形模型风洞试验、数值模型计算等可靠方法,确定基本风速或特定基准高度处的基准风速。

基于设计基本风速还需要推算其他基准高度处的风速,一般称为设计基准风速。由于地表摩阻力的存在,一般认为自然风平均风速在地表处为0,并随离地高度的增加而增大,这种影响只有当离地高度达到梯度风高度时才逐渐消失,此时平均风速趋于常量。描述平均风速随高度变化的规律称为风速廓线或风剖面,可以采用指数率模型、对数率模型、复合率模型等。

设计基准风速沿竖直高度方向的分布,一般采用指数率模型计算(图2-3):

$$U_2 = U_1 \left(\frac{z_2}{z_1}\right)^{\alpha_0} \tag{2-1}$$

式中,z_1和z_2分别表示两个不同的基准高度,m;U_1和U_2分别表示基准高度z_1和z_2处的设计基准风速,m/s;α_0表示地表粗糙度系数,为无量纲系数,与地表粗糙度z_0有关。

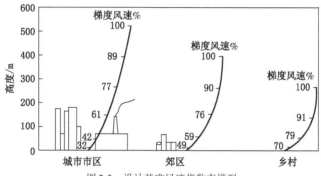

图2-3 设计基准风速指数率模型

(2)脉动风速。

在桥梁抗风设计中,脉动风速主要与桥梁抖振相关。脉动风速可以认为是由许多涡旋叠加引起的,每一涡旋的特点是以圆频率$\omega = 2\pi n$做周期运动。相应地,脉动风速的总动能可以认为是气流中每一涡旋贡献的总和。脉动风速是一个随机过程,必须用统计方法加以描述。描述设计脉动风速的主要参数有阵风因子、紊流强度、紊流积分尺度、功率谱密度等。

阵风因子(gust factor)又称紊流因子,是描述脉动风速峰值大小的重要参数,空间坐标系x、y、z三个方向上的阵风因子定义为

$$G_u = \frac{U + u_{\max}}{U} \tag{2-2a}$$

$$G_v = \frac{v_{\max}}{U} \tag{2-2b}$$

$$G_w = \frac{w_{\max}}{U} \tag{2-2c}$$

式中,$u_{\max}$、$v_{\max}$和$w_{\max}$分别表示x、y和z三个方向的最大脉动风速。阵风因子一般通过现场实测或风洞试验确定。

紊流强度(turbulence intensity)是描述脉动风速均值大小的重要参数,空间坐标系 x、y、z 三个方向上的紊流强度定义为

$$I_u = \frac{\sigma_u}{U} \tag{2-3a}$$

$$I_v = \frac{\sigma_v}{U} \tag{2-3b}$$

$$I_w = \frac{\sigma_w}{U} \tag{2-3c}$$

式中,σ_u、σ_v 和 σ_w 分别表示 x、y、z 三个方向脉动风速的均方差。紊流强度一般也是通过现场实测或风洞试验确定的。

紊流积分尺度(turbulence integrated scale)是描述紊流涡旋平均尺寸的重要参数,空间坐标系 x、y、z 三个方向上的紊流积分尺度定义为

$$L_u^x = \frac{1}{\sigma_u^2} \int_0^\infty R_{u_1 u_2}(x)\,\mathrm{d}x \tag{2-4a}$$

$$L_v^x = \frac{1}{\sigma_v^2} \int_0^\infty R_{v_1 v_2}(y)\,\mathrm{d}y \tag{2-4b}$$

$$L_w^x = \frac{1}{\sigma_w^2} \int_0^\infty R_{w_1 w_2}(z)\,\mathrm{d}z \tag{2-4c}$$

式中,$R_{s_1 s_2}(\gamma)$($s = u, v, w$;$\gamma = x, y, z$)分别表示两个脉动风速的互协方差函数。如果互协方差函数是距离的快速递减函数,那么积分尺度很小,紊流的影响也很小;反之,如果递减很慢,那么积分尺度很大,紊流的影响也很大。相隔距离远远超过积分尺度的空间上的两点,脉动速度是不相关的,因此它们在结构部件的作用将互相抵消。

2)设计风荷载

在桥梁抗风设计中规定的设计静力风荷载,包括平均风荷载和阵风风荷载,由于阵风风速大于平均风速,所以阵风风荷载大于平均风荷载,这样就只需要规定控制设计的阵风风荷载,也称为静阵风荷载。

桥梁主梁单位长度上的横桥向阵风风荷载 F_H 可以按照下列公式计算:

$$F_H = \frac{1}{2}\rho U_g^2 C_H H \tag{2-5}$$

式中,C_H 表示主梁的阻力系数;H 表示主梁投影高度,m,宜计入栏杆或防撞护栏以及其他桥梁附属物的实体高度;U_g 表示阵风风速,m/s,且

$$U_g = G_v U_d \tag{2-6}$$

其中,U_d 表示设计基准风速;G_v 表示阵风因子,可按照表 2-1 取值。

阵风因子 G_v 表 2-1

地表类别	水平加载长度(m)											
	<20	60	100	200	300	400	500	650	800	1000	1200	>1500
A	1.29	1.28	1.26	1.24	1.23	1.22	1.21	1.20	1.19	1.18	1.17	1.16
B	1.35	1.33	1.31	1.29	1.27	1.26	1.25	1.24	1.23	1.22	1.21	1.20
C	1.49	1.48	1.45	1.41	1.39	1.37	1.36	1.34	1.33	1.31	1.30	1.29
D	1.56	1.54	1.51	1.47	1.44	1.42	1.41	1.39	1.37	1.35	1.34	1.32

桥梁主梁单位长度上的顺桥向阵风风荷载 F_f 可以按风与主梁表面之间产生的摩擦力计算：

$$F_f = \frac{1}{2}\rho U_g^2 C_f S \tag{2-7}$$

式中，C_f 表示风与主梁的摩擦系数，可按照表 2-2 取值；S 表示主梁截面周长，m。当桥梁跨度小于 200m 时，实体桥梁截面可取 $F_f = 0.25 F_H$，桁架桥梁截面可取 $F_f = 0.50 F_H$。

摩擦系数 C_f 表 2-2

桥梁主梁上下表面情况	摩擦系数 C_f
光滑表面(光滑混凝土、钢)	0.01
粗糙表面(混凝土表面)	0.02
非常粗糙表面(加肋)	0.04

桥梁的桥墩、桥塔和吊杆上的阵风风荷载以及主缆和斜拉索横桥向的阵风风荷载可以按照下式计算：

$$F_H = \frac{1}{2}\rho U_g^2 C_H A_n \tag{2-8}$$

式中，C_H 表示桥梁各个构件的阻力系数；A_n 表示桥梁各构件顺风向投影面积，主缆、吊杆、斜拉索可取直径乘投影高度。

2.1.2 动力特性及分析

1）自振频率与振型

结构动力特性主要是指结构自振频率或周期、振型和阻尼以及相应的主梁单位长度等效质量和等效质量惯性矩。桥梁结构动力特性反映了桥梁振动的固有特性，是桥梁抗风设计的基础，特别是对于动力风荷载作用，不仅用于桥梁结构原型，而且用于桥梁结构模型(风洞试验)，是桥梁抗风设计和风洞试验的基本特性，需要保证足够的精度和可靠性，应采用有限单元法精确计算。

桥梁抗风设计涉及的结构自振振型，主要包括主梁竖向弯曲振型、横向或侧向弯曲振型、扭转振型等三种，可以根据相应自振频率从小到大依次排序，或按自振周期从大到小排序，每一个自振频率或周期对应一阶自振振型，还可以将对称桥梁结构的自振振型分为对称振型和反对称振型。

桥梁主梁单位长度等效质量 m_{eq} 和等效质量惯性矩 I_{meq} 应按下式计算：

$$m_{eq} = \frac{\int m\phi^2 dx}{\int_D \phi_h^2 dx} \tag{2-9}$$

$$I_{meq} = \frac{\int I_m \phi^2 dx}{\int_D \phi_t^2 dx} \tag{2-10}$$

式中，m 和 I_m 分别表示主梁单位长度质量和质量惯性矩，单位分别为 kg/m 和 kg·m²/m；ϕ、ϕ_h 和 ϕ_t 分别表示全桥振型、主梁竖向弯曲振型和主梁扭转振型。

2)主梁计算模型

在桥梁结构有限元动力特性计算中,一般采用梁单元模拟桥梁主梁,而梁单元计算模型与主梁断面形式有很大关系。典型主梁断面可包括开口、半开口、闭口、分体、桁梁等类型,如图2-4所示。

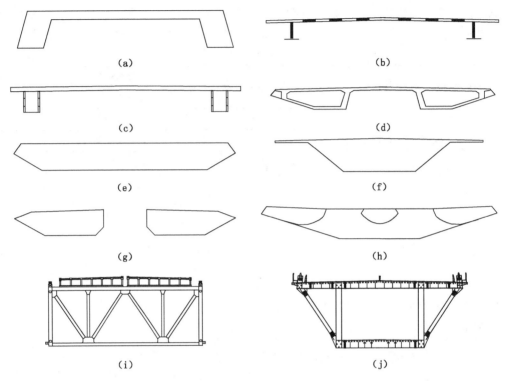

图2-4 典型主梁断面示意图

(a)开口断面;(b)双工字梁开口断面;(c)双边箱梁开口断面;(d)半开口断面;(e)闭口断面;(f)长悬臂箱梁断面;(g)整幅分体双箱梁断面;(h)整幅分体三箱梁断面;(i)板桁分离断面;(j)板桁结合断面

结构动力特性有限元计算模型的选用宜考虑主梁的断面形式和扭转刚度的影响。因此,有必要将典型主梁断面进行分类,以便选取合适的主梁计算模型。

对于自由扭转刚度以及质量和质量惯性矩较小的开口断面[图2-4(a)和图2-4(b)]和分离边箱梁的半开口断面[图2-4(c)和图2-4(d)],由于约束扭转刚度较大,因此,宜采用三主梁计算模型,如图2-5所示。三主梁计算模型一般将主梁的竖弯刚度、侧弯刚度和自由扭转刚

图2-5 三主梁计算模型示意图
1-边主梁;2-中主梁;3-刚臂

度赋予中主梁,即

$$A_1 = A, \quad A_2 = 0 \tag{2-11}$$
$$I_{y1} = I_y, \quad I_{y2} = 0 \tag{2-12}$$
$$J_{d1} = J_d, \quad J_{d2} = 0 \tag{2-13}$$

约束扭转刚度和竖向弯曲刚度由中主梁和边主梁共同承担,即

$$I_{z1} = I_z - I_{z2}, \quad I_{z2} = \frac{I_\omega}{2b^2} \tag{2-14}$$

式中,A 表示主梁截面面积;I_y 表示主梁截面侧弯惯性矩;I_z 表示主梁截面竖弯惯性矩;J_d 表示自由扭转惯性矩;I_ω 表示约束扭转惯性矩;b 表示中主梁到边主梁中心的距离;下标 1 和 2 分别表示中主梁和边主梁。需要注意:在有限元建模时,中主梁和边主梁都采用三维梁单元模拟;如果采用主从结点关系来建立中主梁和边主梁之间的连接,边主梁结点的 6 个自由度中除了绕横向轴的转角自由度独立外,其他 5 个自由度均从属于相应的中主梁结点;如果采用刚性横梁连接中主梁和边主梁,则横梁本身的轴向扭转刚度必须设为零。

对于自由扭转刚度较大的闭口箱梁断面[图 2-4(e)和图 2-4(f)],自由扭转刚度较大,而约束扭转刚度可以忽略,因此,宜采用单主梁计算模型,并将竖弯、侧弯和扭转等全部刚度赋予主梁,如图 2-6 所示。

对于分体箱梁断面[图 2-4(g)和图 2-4(h)],虽然箱体是由横梁连接起来的,但每个箱体的刚度是独立的,因此,宜采用双主梁、三主梁或多主梁计算模型,并将箱体的刚度赋予相应主梁。双主梁计算模型如图 2-7 所示,边主梁模拟每个独立箱体的轴向刚度、竖向刚度、侧向刚度和自由扭转刚度。

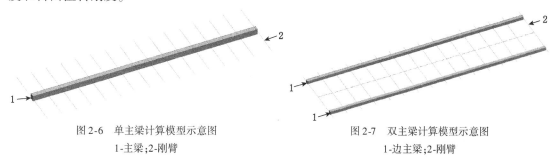

图 2-6 单主梁计算模型示意图
1-主梁;2-刚臂

图 2-7 双主梁计算模型示意图
1-边主梁;2-刚臂

对于桁架梁断面[图 2-4(i)和图 2-4(j)],由于桁架与桥面板形体具有差异,应采用梁单元模拟桁架、板壳单元模拟桥面板,如图 2-8 所示。

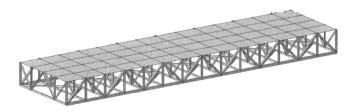

图 2-8 桁架梁计算模型示意图

桥梁结构的其他构件计算模型应遵循以下原则:对于具有抗弯和抗扭刚度的构件,应采用三维梁单元;对于斜拉桥的斜拉索,一般只模拟轴向刚度,宜采用三维受拉杆单元,若采用单个杆单元模拟,应考虑斜拉索垂度效应的影响;对于悬索桥的主缆和吊杆,一般只模拟轴向刚度,

宜采用三维受拉杆单元,并考虑主缆重力刚度效应的影响,对其施加初应力,基于现有悬索桥加劲梁施工中节段临时连接形式及其精细化有限元模型分析结果,加劲梁整体刚度有较大折减,需要准确模拟实际的临时连接件;板型拱肋宜采用空间单主梁模型;一般情况下,桥梁约束装置包括阻尼器、液压缓冲器、基础隔震装置等,具有一定的刚度,应考虑其对结构动力特性的影响;对于高桩承台基础,应考虑承台质量的影响,将基础约束移至桩基反弯点处;对于非高桩承台基础,应将基础约束设置在承台顶面。

3)桥梁结构阻尼

桥梁结构阻尼是反映结构体系振动过程中能量耗散特征的参数,是影响桥梁结构振动响应的重要因素。在桥梁结构振动分析过程中,与弹性力和惯性力相比,阻尼力一般在数值上较小。然而,在某些特定的条件下,结构阻尼的大小将起到很重要的作用,如果没有阻尼存在,振动体系在共振时将达到非常大的幅值。此外,阻尼可以改善结构的振动状况,可以利用阻尼消耗强风等对结构有破坏作用的振动产生的能量。

桥梁结构阻尼是指与桥梁结构振型相关的振型(等效)阻尼,影响阻尼的主要因素有结构材料、结构形式、结构部件的连接方式、非结构部件数量等。阻尼值一般根据实测结果确定,实测值受测量方法、振动幅度、环境风速等多种因素的影响,现有阻尼实测值有较大的离散性。桥梁结构阻尼取值偏大会导致风洞试验得到的颤振或驰振临界风速偏高,涡振和抖振振幅偏小,结论偏于危险。

桥梁结构阻尼一般采用阻尼比 ζ 或对数衰减率 δ 表示,参考国内外大跨度桥梁结构阻尼实测结果和相关规范规定,钢桥结构应取阻尼比0.003或对数衰减率0.019,钢与混凝土组合梁桥结构应取阻尼比0.007或对数衰减率0.044,混凝土桥结构应取阻尼比0.010或对数衰减率0.063,如表2-3所示。

桥梁结构阻尼取值　　　　表2-3

桥梁类型	阻尼比 ζ	ζ 的取值范围	对数衰减率 δ	δ 的取值范围
钢桥	0.003	0.003~0.005	0.019	0.019~0.031
钢与混凝土组合梁桥	0.007	0.007~0.010	0.044	0.044~0.063
混凝土桥	0.010	0.010~0.020	0.063	0.063~0.126

2.1.3 抗风稳定验算

桥梁抗风稳定验算包括静风稳定验算、驰振稳定验算、颤振稳定验算三种情况,确保桥梁结构的静风失稳、驰振失稳和颤振失稳的临界风速大于相应风速的限值。

1)静风稳定验算

桥梁结构在风荷载的静力作用下,有可能因为升力矩过大而引发扭转发散或因为阻力过大而引发横向屈曲等两种形式的静风失稳,需要验算静风失稳临界风速 U_{cs}:

$$U_{cs} \geq [U_{cs}] = K_{cs} U_g = K_{cs} G_v U_d \tag{2-15}$$

式中,$[U_{cs}]$ 表示静风失稳临界风速限值,m/s;K_{cs} 表示静风稳定安全系数,应取1.2;U_g 和 U_d 分别表示阵风风速和设计基准风速。

桥梁结构静风失稳临界风速 U_{cs} 包括扭转发散或横向屈曲的临界风速,应当采用可靠的理论分析、数值计算或风洞试验方法确定。

2）驰振稳定验算

当桥梁结构主要构件的截面较钝、阻尼较小时，在风荷载的动力作用下，有可能发生构件的动力驰振失稳，需要验算驰振失稳临界风速 U_{cg}：

$$U_{cg} \geqslant [U_{cg}] = K_{cg}\mu_f U_d \tag{2-16}$$

式中，$[U_{cg}]$表示驰振失稳临界风速限值，m/s；K_{cg}表示驰振稳定安全系数，应取 1.2；μ_f表示平均风速脉动修正系数，应按照表 2-4 取用。

平均风速脉动修正系数 μ_f 表 2-4

地表类别	主梁跨度（m）							
	100	200	400	600	800	1000	1200	>1500
A	1.30	1.27	1.24	1.22	1.21	1.20	1.20	1.19
B	1.36	1.33	1.29	1.27	1.26	1.25	1.24	1.22
C	1.43	1.39	1.35	1.31	1.30	1.28	1.27	1.25
D	1.49	1.44	1.40	1.36	1.35	1.33	1.31	1.29

桥梁结构驰振失稳临界风速 U_{cg}，应当采用可靠的理论分析、数值计算或风洞试验方法确定。

3）颤振稳定验算

桥梁结构在风荷载的动力作用下，有可能发生主梁的动力颤振失稳，需要验算颤振失稳临界风速 U_{cf}：

$$U_{cf} \geqslant [U_{cf}] = K_{cf}\mu_f U_d \tag{2-17}$$

式中，$[U_{cf}]$表示颤振失稳临界风速限值，m/s；K_{cf}表示颤振稳定安全系数，应取 1.2。

桥梁结构颤振失稳临界风速 U_{cf}，应当采用可靠的理论分析、数值计算或风洞试验方法确定。

2.1.4 风致限幅振动

桥梁抗风风致限幅振动包括随机抖振、涡激共振、拉索振动三种情况，桥梁抗风需确保结构的风致限幅振动不影响结构的安全性、舒适性和耐久性。

1）随机抖振

桥梁结构在风荷载的动力作用下，有可能发生主梁或其他构件的随机抖振。应当采用风洞试验或数值计算方法，确定最大设计基准风速下平均风荷载最大内力和脉动风荷载所引起的桥梁结构内力和变形，并与其他荷载效应进行组合后验算结构强度和刚度。

2）涡激共振

桥梁结构在风荷载的动力作用下，有可能发生主梁或其他构件的涡激共振，需要验算涡激共振锁定风速 U_{cv}：

$$U_{cv} = [U_{cv}] = K_{cv} U_d \tag{2-18}$$

式中，$[U_{cv}]$表示涡激共振锁定风速限值，m/s；K_{cv}表示涡激共振安全系数，应取 1.2。

桥梁主梁应检验涡激共振性能，检验标准是跨径小于 200m 的主梁，竖向弯曲涡振和扭转涡振振幅应分别满足下列公式规定：

$$h_v = [h_v] = 0.04/f_h \tag{2-19}$$

$$\theta_v = [\theta_v] = 4.56/(Bf_t) \tag{2-20}$$

式中,h_v 和 $[h_v]$ 分别表示竖向弯曲涡振振幅和其限值,m;θ_v 和 $[\theta_v]$ 分别表示扭转涡振振幅和其限值,°;f_h 和 f_t 分别表示竖向弯曲涡振和扭转涡振频率,Hz;B 表示主梁宽度,m。对于桥梁结构跨径大于 200m 的主梁,需要按照舒适度验算涡激共振。

3) 拉索振动

斜拉桥的斜拉索在风荷载的动力作用下有可能出现参数振动、涡激共振或风雨激振等振动,需要进行拉索振动检验。

2.2 减小静力风荷载

浸没在气流中的任何物体,都会受到气流的作用,气流绕过非流线型或钝体截面的桥梁结构时,会产生静力风荷载的三个分量,即静力风荷载的升力分量 F_L 或 F_N、阻力分量 F_D 或 F_H 和升力矩分量 M_T。由式(1-4)~式(1-6)定义的桥梁静力风荷载的这三个分量,与设计风速、截面形式和结构尺寸三个因素有关。设计风速是由基本风速、场地粗糙度和离地高度等条件决定的;在相同的基本风速条件下,地表粗糙度越大的场地,平均风速越小,但脉动风速或阵风风速会越大;平均风速随离地高度的增加而增加,脉动风速随离地高度的增加而减小。因此,截面形式和结构尺寸对静力风荷载的影响较大,特别是主梁、桥塔、主缆、吊索等构件。

2.2.1 主梁或拱肋

桥梁结构主梁或拱肋的截面形式和结构尺寸对静力风荷载的影响很大。从总体上看,截面形式越接近流线型,静力风荷载就越小;反之,截面形式越类似于钝体,静力风荷载就越大。影响静力风荷载的主要结构尺寸是主梁截面的宽度和高度,宽高比越大,静力风荷载就越小;反之,宽高比越小,静力风荷载就越大。

图 2-9 给出了六种常用的混凝土主梁截面,其中,形式(a)静力风荷载最小,形式(f)次最小,因为宽高比很大,接近流线型;形式(b)静力风荷载最大,形式(c)次最大,因为宽高比很小,接近钝体;形式(d)和(e)介于前两组最小和最大之间。

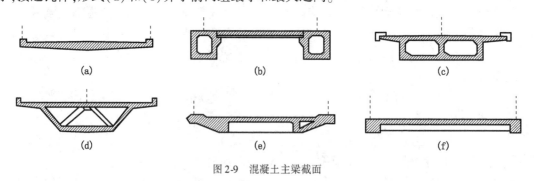

图 2-9 混凝土主梁截面

图 2-10 给出了六种钢实腹主梁截面,其中,形式(a)、(b)、(c)和(e)静力风荷载较大,因为直腹板接近钝体;形式(d)和(f)较小,因为斜腹板流线型较好。

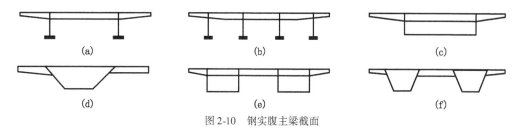

图 2-10　钢实腹主梁截面

图 2-11 给出了四种钢箱主梁截面,其中,形式(b)静力风荷载最小,因为高宽比最大;形式(a)和(c)静力风荷载其次,且两者相近,因为前者梁高较大,但设置了长风嘴,后者尽管没有设置风嘴,但梁高较小;形式(d)是分体式钢箱加劲梁截面,静力风荷载稍大于以上三种形式,但风振性能特别是颤振稳定性较好。

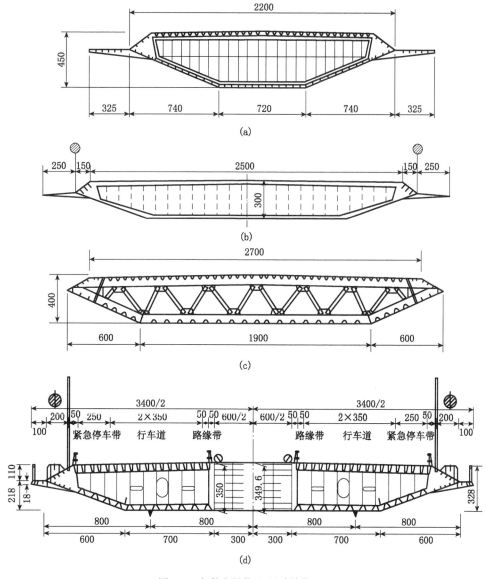

图 2-11　钢箱主梁截面(尺寸单位:cm)

2.2.2 桥塔或桥墩

桥塔或桥墩一般是竖直或小角度倾斜的构件,一方面,这类构件截面是沿着高度方向变化的,风速大小也是变化的,因此,静力风荷载沿高度方向变化十分复杂;另一方面,这类构件截面的长宽比与主梁相比较小,一般可以忽略升力和升力矩分量,因此,静力风荷载只需考虑阻力分量一项。桥塔的静力风荷载一般是指某个高度构件的静风阻力,简单几何形状截面的桥塔静风阻力系数取值参考表2-5。

桥塔或桥墩阻力系数   表2-5

截面形状	t/w	桥墩或桥塔的高宽比 h/w						
		1	2	4	6	10	20	40
风向→ w、t（竖长矩形）	≤1/4	1.3	1.4	1.5	1.6	1.7	1.9	2.1
风向→ 矩形	1/3~1/2	1.3	1.4	1.5	1.6	1.8	2.0	2.2
风向→ 矩形	2/3	1.3	1.4	1.5	1.6	1.8	2.0	2.2
风向→ 正方形	1	1.2	1.3	1.4	1.5	1.6	1.8	2.0
风向→ 横长矩形	3/2	1.0	1.1	1.2	1.3	1.4	1.5	1.7
风向→ 横长矩形	2	0.8	0.9	1.0	1.1	1.2	1.3	1.4
风向→ 横长矩形	3	0.8	0.8	0.8	0.9	0.9	1.0	1.2
风向→ 横长矩形	≥4	0.8	0.8	0.8	0.8	0.8	0.9	1.1
风向→ ◇ 正方形或八边形 风向→ ⬡		1.0	1.1	1.1	1.2	1.2	1.3	1.4

续上表

截面形状		t/w	桥墩或桥塔的高宽比 h/w						
			1	2	4	6	10	20	40
○	十二边形		0.7	0.8	0.9	0.9	1.0	1.1	1.3
○	光滑表面圆形 若 $dU_d \geqslant 6\text{m}^2/\text{s}$		0.5	0.5	0.5	0.5	0.5	0.6	0.6
○	1. 光滑表面圆形若 $dU_d<6\text{m}^2/\text{s}$ 2. 有粗糙面或带凸起的圆形		0.7	0.7	0.8	0.8	0.9	1.0	1.2

注:表中 t 为断面顺风向宽度,w 为断面迎风面宽度,d 为圆形断面直径,h 为桥墩或桥塔的高度。

当桥塔的高度很大时,静力风荷载会很大,有时必须兼顾塔柱截面的建筑外形和静力风荷载。主跨 1650m 的舟山西堠门大桥,桥塔断面就曾经进行了多次气动选型,例如,比较了常用的双矩形截面的选型四种偏角形式,即简单矩形、外凸圆形、内凹圆形和内凹矩形,如图 2-12 所示。四种不同偏角形式的双塔柱截面的横桥向静风阻力系数 C_x 和顺桥向静风阻力系数 C_y 如表 2-6 所示,外凸圆形偏角后的最大横桥向和顺桥向静风阻力系数只有不偏角的 1/4 左右;内凹圆形和内凹矩形两种倒角相差不大,都可以减小大约 30% 的静风阻力系数。所以,在满足结构要求的前提下,应当结合建筑外形设计,考虑对矩形截面进行适当的偏角处理,以减小静风荷载。

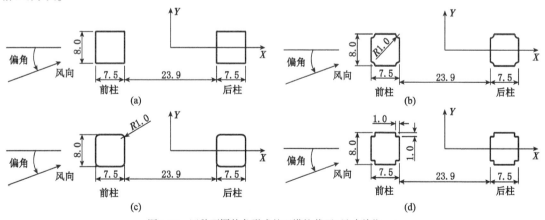

图 2-12 四种不同偏角形式的双塔柱截面(尺寸单位:m)

四种不同偏角形式的双塔柱截面静风阻力系数　　　　表 2-6

静风阻力系数	偏角	简单矩形		外凸圆形		内凹圆形		内凹矩形	
		前柱	后柱	前柱	后柱	前柱	后柱	前柱	后柱
横桥向	0°	1.45	1.88	0.37	0.34	1.06	0.49	1.03	0.50
	45°	1.19	1.65	0.98	0.79	1.27	1.28	1.23	1.34
	90°	0.10	−0.11	−0.04	0.05	0.10	−0.15	0.10	−0.08

续上表

静风阻力系数	偏角	简单矩形		外凸圆形		内凹圆形		内凹矩形	
		前柱	后柱	前柱	后柱	前柱	后柱	前柱	后柱
顺桥向	0°	0.01	0.01	0.01	−0.01	−0.10	0.00	0.00	0.03
	45°	1.49	1.71	1.21	0.95	1.49	1.36	1.58	1.41
	90°	1.95	1.91	0.54	0.54	1.40	1.38	1.36	1.37

主跨1088m的苏通长江公路大桥,桥塔断面也曾进行了气动外形的比较,有图2-13所示的四种塔柱截面形式。表2-7给出了不同截面的静风阻力系数,截面形式一和截面形式四的静风阻力系数在横桥向有20%以上的差别,在顺桥向有30%以上的差别,对于300m高的桥塔而言,其静力风荷载是相当可观的。

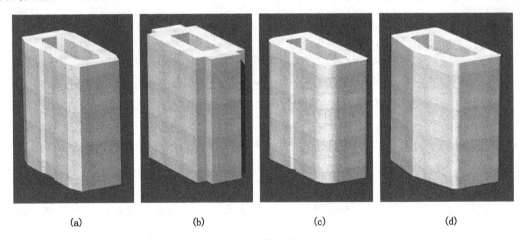

图2-13 四种塔柱截面形式
(a)截面形式一;(b)截面形式二;(c)截面形式三;(d)截面形式四

四种不同塔柱截面的静风阻力系数 表2-7

静风阻力系数	截面形式一	截面形式二	截面形式三	截面形式四
横桥向	1.449	1.491	1.511	1.789
顺桥向	1.125	1.160	1.197	1.504

2.2.3 主缆或拉索

悬索桥中的主缆及吊索和斜拉桥中的拉索,具有流线型的圆截面,会受到静力风荷载的作用,与桥塔一样,一般只需要考虑阻力分量。

现代大跨度悬索桥的平行丝股主缆一般都是由钢丝(wire)组成的钢丝束股(strand),然后将若干束股编成一根主缆。采用预制平行钢丝束股法(PPWS)的束股通常按照正六边形平行排列,常用的钢股丝数有19、37、61、91、127、169、217等,组成形状稳定的正六边形,如图2-14所示。这种排列方式除了方便施工之外,还可以最大限度地减小束股与束股之间的空隙率,达到减小主缆截面外径的目的。悬索桥主缆的静风阻力系数一般不变,单根主缆取值在0.7左右,所以外径越小,静风阻力就越小,两者成正比。

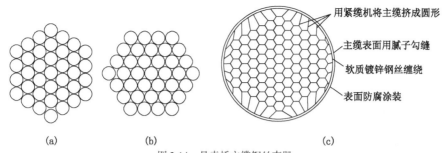

图 2-14 悬索桥主缆钢丝束股
(a)尖顶型丝股;(b)平顶型丝股;(c)紧缆后丝股

大跨度斜拉桥的斜拉索构造基本上分为整体安装的平行钢丝索和分散安装的平行钢绞线索两种。平行钢丝索由 $\phi 5mm$ 或 $\phi 7mm$ 高强度镀锌钢丝组成,一般排列成六角形,表层由玻璃丝布包扎定型后用热挤高密度聚乙烯(HDPE)塑造成正圆形截面,如图 2-15(a)所示,这种斜拉索具有厚镀锌层和厚 PE 层的双重防腐保护。平行钢绞线索一般是由 $\phi 15mm$ 钢绞线表面涂油(或蜡)后外套双层聚乙烯管而制成,平行钢绞线索断面如图 2-15(b)所示。一般钢绞线索外径比钢丝索更大,迎风面积较大,即使紧缩型钢绞线索的直径也要比钢丝索大 10%~15%;但是,钢绞线索阻尼比要比钢丝索大一些,对于拉索减振有利。

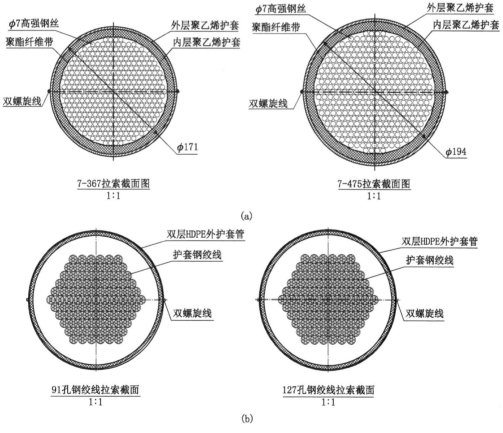

图 2-15 斜拉桥的斜拉索的主要种类
(a)平行钢丝索断面;(b)平行钢绞线索断面

2.3 抑制抗风失稳

桥梁抗风稳定控制措施主要包括结构措施、气动措施和机械措施,确保采取控制措施后桥梁结构的静风稳定性、驰振稳定性和颤振稳定性满足抗风设计要求。

2.3.1 静风失稳控制

桥梁结构静风失稳主要包括扭转发散和横向屈曲两种形式,静风失稳控制分别针对静风扭转发散和静风横向屈曲。

1) 静风扭转发散

桥梁结构静风扭转发散是指当桥梁结构跨度较大时,静风的扭转力矩会使桥面断面产生扭角,这一扭角既增大了主梁断面的有效风攻角,又使扭转力矩增大,达到临界风速时,静风扭转力矩的增量超过了结构抵抗力矩的增量,出现了临界的扭转发散状态。

在平均风荷载作用下,单位长度桥面的静风扭转力矩 M_T 为

$$M_T = \frac{1}{2}\rho U^2 B^2 C_M(\alpha_a) = \frac{1}{2}\rho U^2 B^2 (C_{M0} + C'_{M0}\alpha) \tag{2-21}$$

式中,B 表示桥面宽度;$C_M(\alpha_a)$ 表示风攻角为 α_a 时的升力矩系数;C_{M0} 和 C'_{M0} 分别表示 0°风攻角处的升力矩系数和升力矩系数对风攻角的导数(升力矩系数斜率)。

根据静风扭转力矩与结构抵抗力矩相等的条件 $M_T = K_\alpha \alpha$,并将 α 趋向于无穷大作为扭转发散条件,可以得到静风扭转发散临界风速 U_{cst}:

$$U_{cst} = \sqrt{\frac{2K_\alpha}{\rho B^2 C'_{M0}}} \tag{2-22}$$

式中,K_α 表示结构抗扭刚度。

从静风扭转发散临界风速计算公式中可以发现,控制静风扭转发散就是提高静风扭转发散临界风速,可以采用增大结构抗扭刚度 K_α 的结构措施或减小 0°风攻角处升力矩系数导数的气动措施。

2) 静风横向屈曲

桥梁结构静风横向屈曲是指当桥梁结构跨度较大时,桥面所受到的横向风荷载超过了横向屈曲临界荷载,从而出现临界的横向屈曲状态。

在平均风荷载作用下,单位长度桥面的静风横向风荷载 F_H 为

$$F_H = \frac{1}{2}\rho U^2 H C_H \tag{2-23}$$

式中,H 表示桥面截面高度;C_H 表示桥面截面阻力系数。桥面静风横向屈曲临界风速 U_{csh} 为

$$U_{csh} = \sqrt{\frac{2F_H}{\rho H C_H}} \tag{2-24}$$

静风横向风荷载 F_H 与桥面结构刚度、气动外形和缆索形式等因素有关,对于最不利的单跨悬索桥反对称静风失稳,F_H 可以表达为

$$F_H = \frac{8\pi^3 \sqrt{EI \cdot GJ_d}}{L^3 \sqrt{K}\sqrt{K+1+\dfrac{C'_L B_c}{C_H H}}} \tag{2-25}$$

$$\overline{EI} = EI + \frac{l}{2\pi^2}H_g \tag{2-26}$$

$$\overline{GJ_d} = GJ_d + EI_\omega \frac{4\pi^2}{L^2} + \frac{B_c^2}{2}H_g \tag{2-27}$$

$$K = \frac{1}{4}\left(\frac{4\pi^2}{3} + 1\right) = 3.54 \tag{2-28}$$

式中,EI、GJ_d 和 EI_ω 分别表示主梁抗弯刚度、自由扭转刚度和约束扭转刚度,单位分别是 $N \cdot m^2$、$N \cdot m^2$ 和 $N \cdot m^4$;H_g 表示恒载作用下主缆水平拉力,kN;B_c 表示主缆中心距,m;C_L' 表示主梁截面静风升力系数的斜率。

控制静风横向屈曲就是提高静风横向屈曲临界风速,可以采用增大主梁结构刚度(抗弯刚度 EI、自由扭转刚度 GJ_d 和约束扭转刚度 EI_ω)的结构措施和减小阻力系数 C_H 的气动措施。

2.3.2 驰振失稳控制

桥梁驰振是一种发散性的横风向弯曲自激振动,当其达到临界风速时,振动的主梁通过气流的反馈作用不断吸收能量克服结构自身阻尼,导致振幅逐步增大直至结构破坏。单自由度桥梁驰振方程可以表示为

$$\ddot{h} + 2\zeta_h\omega_h\dot{h} + \omega_h^2 h = \frac{F_{cg}}{m} \tag{2-29}$$

式中,h 表示横向或竖向弯曲振动自由度位移,m;m 表示结构质量,kg;ω_h 和 ζ_h 分别表示自由度振动圆频率和阻尼比;F_{cg} 表示与时间相关的驰振力,可以表达为

$$F_{cg} = -\frac{1}{2}\rho U^2 B(C_L' + C_D)\alpha = -\frac{1}{2}\rho UB(C_L' + C_D)\dot{h} \tag{2-30}$$

将式(2-30)代入式(2-29)后可得

$$\ddot{h} + \left[2\zeta_h\omega_h + \frac{1}{2m}\rho UB(C_L' + C_D)\right]\dot{h} + \omega_h^2 h = 0 \tag{2-31}$$

在桥梁驰振方程式(2-31)中,发生驰振的条件是等式左边第二项系数为负,所以只有 $C_L' + C_D < 0$ 才有可能发生驰振。为了控制驰振失稳,可以采用设置正的升力矩系数斜率的气动措施,理论上提高结构阻尼比 ζ_h 的机械措施也是有效的,但是工程代价较大。

2.3.3 颤振失稳控制

桥梁颤振是一种发散性的纯扭转或弯曲和扭转耦合的自激振动,当其达到临界风速时,振动的主梁通过气流的反馈作用不断吸收能量克服结构自身阻尼,导致振幅逐步增大直至结构破坏。两自由度桥梁颤振方程可以表示为

$$\ddot{h} + 2\zeta_h\omega_h\dot{h} + \omega_h^2 h = \frac{L_f}{m} \tag{2-32a}$$

$$\ddot{\alpha} + 2\zeta_\alpha\omega_\alpha\dot{\alpha} + \omega_\alpha^2\alpha = \frac{M_f}{I_m} \tag{2-32b}$$

式中,α 表示扭转振动位移,rad;I_m 表示结构单位长度质量惯性矩,$kg \cdot m^2/m$;ω_α 和 ζ_α 分别表示自由度 α 振动圆频率和阻尼比;L_f 和 M_f 分别表示颤振力升力和升力矩分量,可以表达为

$$L_{\mathrm{f}} = -\frac{1}{2}\rho U^2 B \left(KH_1^* \frac{\dot{h}}{U} + KH_2^* \frac{B\dot{\alpha}}{U} + K^2 H_3^* \alpha + K^2 H_4^* \frac{h}{B} \right) \tag{2-33a}$$

$$M_{\mathrm{f}} = -\frac{1}{2}\rho U^2 B^2 \left(KA_1^* \frac{\dot{h}}{U} + KA_2^* \frac{B\dot{\alpha}}{U} + K^2 A_3^* \alpha + K^2 A_4^* \frac{h}{B} \right) \tag{2-33b}$$

将式(2-33)代入式(2-32)后可得

$$\ddot{h} + \left[2\zeta_h \omega_h + \frac{1}{2m}\rho UB(KH_1^* + KA_1^*) \right]\dot{h} + \left[\omega_h^2 + \frac{1}{2m}\rho U^2(K^2 H_4^* + K^2 A_4^*) \right]h = 0 \tag{2-34a}$$

$$\ddot{\alpha} + \left[2\zeta_\alpha \omega_\alpha + \frac{1}{2m}\rho UB^2(KH_2^* + KA_2^*) \right]\dot{\alpha} + \left[\omega_\alpha^2 + \frac{1}{2m}\rho U^2 B(K^2 H_3^* + K^2 A_3^*) \right]\alpha = 0 \tag{2-34b}$$

式中，K表示折算频率，且$K = B\omega/U$；H_i^*和A_i^*($i = 1,2,3,4$)分别表示试验实测的8个颤振导数，是折算频率K的函数。

在桥梁颤振方程式(2-34)中，发生颤振的条件是等式左边第二项或第三项的系数为负。在第二项中，由于$\zeta_h\omega_h$或$\zeta_\alpha\omega_\alpha$始终为正或零，所以只有$KH_1^* + KA_1^* < 0$或$KH_2^* + KA_2^* < 0$才有可能为负，这两项就是气动阻尼项，为了控制颤振失稳，可以采用气动阻尼较大的气动措施，或者提高结构阻尼的机械措施；在第三项中，由于ω_h或ω_α的平方项始终为正或零，所以只有$K^2 H_4^* + K^2 A_4^* < 0$或$K^2 H_3^* + K^2 A_3^* < 0$才有可能为负，这两项就是气动刚度项，为了控制颤振失稳，也可以采用气动刚度较大的气动措施，或者提高结构刚度、增大振动频率的结构措施。

2.4 降低风振振幅

除了桥梁抗风稳定验算之外，桥梁抗风设计还需要进行风致限幅振动验算，当桥梁风致限幅振动振幅不能满足设计要求时，也需要采取控制措施降低桥梁风致振动振幅，以满足风振振幅要求。桥梁风致限幅振动控制措施同样包括结构措施、气动措施和机械措施，确保采取控制措施后桥梁结构的随机抖振、涡激共振和缆索风振满足抗风设计要求。

2.4.1 随机抖振控制

桥梁结构抖振是一种随机性的强迫振动，主要是由自然风中的脉动成分、桥梁结构自身绕流或其他结构物特征紊流等引起的。现有桥梁抖振分析理论主要针对脉动风引起的抖振，而风洞试验则可以包括桥梁结构自身绕流，或其他结构物特征紊流的影响。根据现有的研究成果，桥梁抖振虽然不会像桥梁颤振那样引起灾难性的失稳破坏，但是过大的抖振响应在桥梁施工期间可能危及施工人员和机械设备的安全，在成桥运营阶段则会带来结构刚度问题，影响行人和车辆的舒适性，并引起交变应力从而影响疲劳寿命。桥梁抖振分析一般采用频域分析方法和时域分析方法。

桥梁随机抖振是一种风致限幅振动，其振动响应主要涉及结构多阶振型位移和内力。理论分析和现场实测表明，桥梁抖振位移响应主要受最低几阶振型及其气动耦合控制，高阶振型的贡献很小,气动耦合的影响也不明显,因此,对于以竖向弯曲振型、侧向弯曲振型和扭转振型为主的振动位移响应,可近似选取各种振型中的前几阶振型单独计算后进行叠加,这样就可以得到足够精确的抖振位移响应,目前桥梁抗风设计还没有对抖振响应幅值做出具体规定;桥梁抖振内力响应不仅涉及低阶振型的贡献,而且不能忽略高阶振型的影响,往往需要计入各种振型中十几阶甚至几十阶振型的叠加作用,目前桥梁抗风设计要求将抖振引起的内力与其他荷载内力进行组合,后统一进行强度验算,并没有规定对抖振响应内力进行单独验算。

2.4.2 涡激共振控制

桥梁涡激共振主要是指主梁或桥面涡振。当风流过一般为钝体截面的桥梁主梁时,会发生流动分离与再附形成旋涡的脱落,产生交替变化的涡激力,当旋涡脱落频率接近或等于结构的某阶自振频率时,就会激发结构的涡激共振,简称涡振。涡振虽然不会像颤振和驰振那样引起整个结构的发散性振动,导致结构动力失稳破坏,但是当涡振频率接近结构固有频率时,会出现较大的振幅,形成涡激共振,这种兼具自激和强迫特性的振动轻则引起舒适度和行车问题,重则可能造成结构的过大变形甚至强度破坏。

桥梁涡激共振是一种风致限幅振动,其振动响应主要涉及结构单一振型位移和加速度。理论分析和现场实测表明,评价涡振响应的主要指标有两个:第一,涡振锁定风速,即涡振发生风速,只有当涡振锁定风速小于设计基准风速时才需要考虑涡振问题;第二,涡振最大振幅,即对应于结构某阶振型的最大振幅,包括基于设计刚度要求的位移限值(适合于跨度200m以下桥梁)和基于适用舒适要求的加速度限值。只有当涡振锁定风速小于设计基准风速且涡振最大振幅大于限值要求时,才需要采取涡激共振控制措施,确保涡振振幅满足抗风设计要求。

桥梁涡激共振控制措施主要包括:改变主梁断面气动外形、减小或消除涡旋的气动措施;增加结构阻尼、减小涡振振幅的机械措施;增大结构刚度、提升涡振风速的结构措施,但是,涡振控制结构措施效果比较差,因为桥梁结构从低到高分布有很多阶振型。从理论上讲,如果涡振锁定风速小于设计基准风速,并且涡振最大振幅大于允许值,就必须考虑采取涡振控制措施,但是,考虑到采用涡振控制措施所要付出的经济代价,最新研究进展表明,可以通过对涡振发生的频度进行分析,用桥梁设计基准期内首次发生涡振频率和累计涡振时间两个指标来衡量是否需要采用涡振控制措施。

2.4.3 缆索风振控制

桥梁缆索包括悬索桥主缆和吊索以及斜拉桥拉索,甚至中承式或下承式拱桥也有吊索,桥梁缆索的气动外形一般呈圆柱形,非圆截面缆索风振问题需要专门研究。圆形截面桥梁缆索的风致振动主要包括随机抖振、涡激共振、尾流驰振、风雨激振等。

1)随机抖振

各种缆索包括主缆、吊索和斜拉索都会发生随机抖振,但是,缆索抖振位移和内力响应都很小,不至于引起结构安全和适用舒适性问题,所以,缆索随机抖振一般不予控制。

2)涡激共振

气流流经缆索圆形断面,会出现交替发生的旋涡脱落现象,从而激发竖直吊索或倾斜拉索的涡激共振。由于吊索或拉索的直径较小,旋涡脱落频率通常很高,当风速使旋涡脱落频率与缆索自振频率较为接近时,可以引发涡激共振。吊索和斜拉索涡振控制的主要措施有:两端安装阻尼器或下端安装外置式阻尼器的机械措施、索体表面绕线的气动措施以及斜拉索辅助索系的结构措施。

3）尾流驰振

尾流驰振是发生在一定间距的两个平行拉索的下游索上的发散性自激振动。悬索桥的一组吊索通常由多根竖直平行索组成，斜拉桥的拉索也可能由多根倾斜平行索组成，当上、下游的两根拉索的距离小于尾流驰振的某个临界距离时，就有可能发生振幅较大的尾流驰振。下游索发生尾流驰振的临界距离为拉索直径的 6～10 倍，因此，设计时增大上、下游拉索间的距离可以避免尾流驰振的发生，在两根或多根拉索之间安装刚性或弹性连接器也可以避免尾流驰振发生。

4）风雨激振

斜拉索风雨激振是一种在风、雨共同作用下发生的拉索大幅低频振动，是目前已知拉索振动中振幅最大、危害最严重的一种振动，已经成为大跨度斜拉桥设计最为关注的关键问题之一。理论分析、现场实测和风洞试验都已发现，当斜拉索发生风雨激振时，拉索表面会形成一条下水线或上、下两条水线，拉索表面的雨水沿倾斜拉索表面的水线向下排出。斜拉索风雨激振控制的主要措施有：拉索表面压制凹坑、缠绕螺旋线或间隔缠绕带状物的气动措施，两端安装阻尼器或下端安装外置式阻尼器的机械措施，以及斜拉索辅助索系的结构措施。

思考题与习题

1. 如何确定大气边界层自然风特性及其风速模型？如何确定桥梁设计风荷载？
2. 简述桥梁结构动力特性及其有限元分析方法。
3. 简述桥梁抗风稳定性分类和桥梁风致限幅振动分类。
4. 如何减小静力风荷载？如何抑制抗风失稳？如何降低风振振幅？

本章参考文献

[1] DAVENPORT A G. Buffeting of a suspension bridge by storm winds [J]. Journal of the structural Qivision, 1962, 88(6): 233-264.

[2] SCANLAN R H, TOMKO J J. Airfoil and bridge deck flutter derivatives [J]. Journal of Engineering Mechanics Division, 1971, 97(6): 1717-1737.

[3] SCANLAN R H. The action of flexible bridges under wind, I: flutter theory [J]. Journal of Sound and Vibration, 1978, 60(2): 187-199.

[4] SIMIU E, SCANLAN R H. Wind effects on structures [M]. New York: John Wiley & Sons, 1986.

[5] TANAKA H. Wind engineering, prepared for CVG 5133 [A]. University of Ottawa, Canada, 1998.

[6] 李国豪. 桥梁结构稳定与振动 [M]. 北京：中国铁道出版社，1992.

[7] 项海帆.公路桥梁抗风设计指南[M].北京:人民交通出版社,1996.
[8] 项海帆.现代桥梁抗风理论与实践[M].北京:人民交通出版社,2005.
[9] 中交公路规划设计院.公路桥梁抗风设计规范:JTG/T D60-01—2004[S].北京:人民交通出版社,2004.
[10] 陈政清.桥梁风工程[M].北京:人民交通出版社,2005.
[11] 葛耀君.大跨度悬索桥抗风[M].北京:人民交通出版社,2011.
[12] 葛耀君.大跨度拱式桥抗风[M].北京:人民交通出版社股份有限公司,2014.
[13] 葛耀君,等.桥梁风洞试验指南[M].北京:人民交通出版社股份有限公司,2018.
[14] 葛耀君.大跨度斜拉桥抗风[M].北京:人民交通出版社股份有限公司,2019.
[15] 葛耀君,等.桥梁结构风洞试验标准[M].北京:人民交通出版社股份有限公司,2021.
[16] 同济大学.公路桥梁抗风设计规范:JTG/T 3360-01—2018[S].北京:人民交通出版社股份有限公司,2019.

第 3 章
边界层风特性

空气在运动过程中与地面发生摩擦,地面会对空气的流动产生阻力,导致流动减慢。通常而言,随着高度的增加,这种阻力会逐渐减小。到达某一高度之后,该高度以上的空气流动可以忽略地面摩擦的影响,沿等压线以梯度风速流动。我们将该高度称为大气边界层高度或者边界层厚度,其大小与风力、地面粗糙度和纬度有关,可达几百米至上千米。大气边界层最下层为近地层,是大多数土木工程结构物所处的高度范围。因此,大气边界层内的风特性,尤其是近地风特性,是工程设计者需要关注的。

在大气边界层高度范围内,由于受地理位置、地形条件、地面粗糙程度、高度、温度、湿度等因素的影响,风的速度与方向随时间和空间随时发生变化。大量的风速实测记录表明,大气边界层内风速时程包含两种成分,即周期在 10min 以上的长周期成分和周期仅有几秒的短周期成分,根据上述两种成分,在研究风对工程结构物的作用时,往往把自然风划分为平均风和脉动风两个部分。

3.1 平均风特性

3.1.1 平均风速

对于台风、飓风、下击暴流风和龙卷风等较少出现的风,我们称之为极端风或异常风,而将除此之外的风称为良态风。接下来所述的内容主要针对良态风。

如图3-1所示,在大气边界层内,由于地表摩阻力的作用,平均风速随高度的增加而增大,通常认为在离地300~500m时平均风速受地表摩阻力的影响较弱,此时气流在气压梯度的作用下能自由流动并达到梯度风速,出现这种速度的高度就称为梯度风高度,即边界层厚度。在梯度风高度范围内,描述平均风速随高度变化的曲线称为风剖面,风剖面形状无论是从理论分析还是从现场实测结果来看都十分复杂,它受动力因素(如地面粗糙程度)与热力因素(如大气稳定度)的影响。对于风工程而言,风特性的研究以中性条件的强风气候为前提,在中性条件下,工程中普遍采用对数律或指数律公式来描述风剖面。

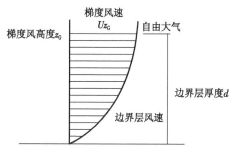

图3-1 大气边界层示意图

微气象学研究表明,对数律表示大气边界层底层强风风剖面时比较理想,在100m高度内可较好地模拟实际风速分布,强风时适用范围可达到200m,其表达式为:

$$U(z) = \frac{u_*}{k}\ln\left(\frac{z}{z_0}\right) \tag{3-1}$$

式中,z为地面或水面以上的高度,m;$U(z)$为高度z处的平均风速,m/s;z_0为地表粗糙高度,m;u_*为气流摩阻速度或剪切速度,m/s;k为Karman常数,$k \approx 0.4$。当地表树木或建筑物的高度大于z_0时,处于树木或建筑物高度以下的风剖面不满足上述对数律公式,此时可对式(3-1)进行修正:

$$U(z) = \frac{u_*}{k}\ln\left(\frac{z-z_d}{z_0}\right) \tag{3-2}$$

式中,z_d为零平面高度,m。可按下式计算:

$$z_d = \overline{H} - \frac{z_0}{k} \tag{3-3}$$

式中,$\overline{H}$为周围建筑物的平均高度,m。

相对于对数律,指数律计算更方便,且与对数律相差不大,目前大部分国家的规范均倾向于采用指数律来描述风剖面,即假定大气边界层内风速随高度的分布服从幂指数律,其表达式如下:

$$\frac{U_{z_2}}{U_{z_1}} = \left(\frac{z_2}{z_1}\right)^{\alpha_0} \tag{3-4}$$

式中,U_{z_1}和U_{z_2}分别为高度z_1和z_2处的风速,m/s;α_0为地表粗糙度系数。

根据我国《公路桥梁抗风设计规范》(JTG/T 3360-01—2018),地表类别分为A、B、C和D四类,不同类别的地表粗糙度系数、地表粗糙高度及梯度风高度如表3-1所示。

地表分类   表3-1

地表类别	地表状况	地表粗糙度系数 α	地表粗糙高度 z_0（m）	梯度风高度 z_G（m）
A	海面、海岸、开阔水面、沙漠	0.12	0.01	300
B	田野、乡村、丛林、平坦开阔地及低层建筑物稀少地区	0.16	0.05	350
C	树木及低层建筑物等密集地区、中高层建筑物稀少地区、平缓的丘陵地	0.22	0.30	400
D	中高层建筑物密集地区、起伏较大的丘陵地	0.30	1.00	450

3.1.2 设计风速

对于一段风速时程，假定其初始时刻为 t_0，时距为 T，则平均风速可以通过下式计算：

$$U_T = \frac{1}{T}\int_{t_0}^{t_0+T} U(t)\,dt \tag{3-5}$$

随着时距 T 的变化，平均风速也会发生变化。当时距缩短时，对应的最大平均风速将会增加，因为在较短的时间内集中反映了较大波峰的影响。因此，在设计风速计算中需要指定相应的时距。当前不同国家指定的时距存在差异，包括我国在内的许多国家指定的风速时距为10min，加拿大取1h，而美国采用的是3s。

根据研究，在同一高度 z 情况下，时距为 T 的平均风速 $U_T(z)$ 与时距为1h 的平均风速 $U_{3600}(z)$ 存在如下关系：

$$U_T(z) = U_{3600}(z)\left[1 + \frac{k\sqrt{\beta}c(T)}{\ln(z/z_0)}\right] \tag{3-6}$$

式中，β 是量纲为一的系数，对于不同的地表粗糙高度 z_0，取值可参考表3-2；$c(T)$ 是与 T 有关的一个系数，是通过对风速资料的统计分析得到的，取值可参考表3-3。

β 取值   表3-2

z_0（m）	0.005	0.07	0.30	1.00	2.5
β	6.5	6.0	5.25	4.85	4.00

$c(T)$ 取值   表3-3

$T(s)$	1	10	20	30	50	100	200	300	600	1000	3600
$c(T)$	3.00	2.32	2.00	1.73	1.35	1.02	0.70	0.54	0.36	0.16	0.00

由于桥梁的设计基准期是100年，因此，在抗风设计中需要考虑在长期使用情况下可能出现的强风作用。通常而言，我们用指定重现期下的风速来衡量可能出现的强风，即多少年一遇的大风。给定重现期为 R 年，则相应的风速 u_R 满足如下关系：

$$F_a(u_R) = 1 - \frac{1}{R} \tag{3-7}$$

式中，F_a 表示年最大风速分布。

将历年的年最大风速作为概率统计的样本，拟合得到年最大风速的概率分布，即可获得相应重现期下的风速取值。对于风速而言，可以将其概率分布称为母体分布，而将年最大风速分布视为极值分布。极值分布的形式可以分为三类:极值Ⅰ型分布(Gumbel 分布)、极值Ⅱ型分布(Fréchet 分布)和极值Ⅲ型分布(Weibull 分布),其形式如下:

$$F_{\text{I}}(u) = \exp\left[-\exp\left(-\frac{u-\mu}{\sigma}\right)\right] \tag{3-8}$$

$$F_{\text{II}}(u) = \exp\left[-\left(\frac{u-\mu}{\sigma}\right)^{-r}\right] \tag{3-9}$$

$$F_{\text{III}}(u) = \exp\left[-\left(-\frac{u-\mu}{\sigma}\right)^{r}\right] \tag{3-10}$$

式中,u 为年最大风速分布中的某个具体值;μ、σ 和 r 分别为位置参数、尺度参数和形状参数。通过分析,上述三种分布形式可以用一种统一的形式表达,即广义极值分布(Generalized Extreme Value Distribution,GEVD),具体表达如下:

$$F_{\text{GEVD}}(u) = \exp\left\{-\left[1+\frac{\xi(u-\mu)}{\sigma}\right]^{-1/\xi}\right\} \tag{3-11}$$

式中,u 为年最大风速分布中的某个具体值;μ、σ 和 ξ 分别为位置参数、尺度参数和形状参数;$\xi=0$、$\xi>0$ 和 $\xi<0$ 分别对应极值Ⅰ型、极值Ⅱ型和极值Ⅲ型分布。

上述三种极值分布形式中,只有极值Ⅲ型分布是有界的,符合风速有上限的实际情况。然而,基于该分布得到的极值风速偏低。目前而言,大多数国家均采用极值Ⅰ型分布。

对于极值Ⅰ型分布,有

$$E(U) = \mu + \gamma\sigma; \quad \sigma_U = \frac{\pi}{\sqrt{6}}\sigma \tag{3-12}$$

式中,$\gamma \approx 0.5772$,为欧拉常数;$E(U)$ 和 σ_U 分别为变量的均值和标准差。根据式(3-12),采用矩估计方法即可求得参数 μ 和 σ。

根据式(3-8),有

$$u = \mu + \sigma\{-\ln[-\ln F_{\text{I}}(u)]\} = \mu + \sigma y \tag{3-13}$$

对比等式左右两边第二项知,$y = -\ln[-\ln F_{\text{I}}(u)]$。假定已经提取了 N 年的年最大风速,还可以通过如下步骤估算极值Ⅰ型分布的参数:

(1)将历年的年最大风速从小到大排列,得到序列 $\{u_i\}$,$u_1 \leq u_2 \leq \cdots \leq u_N$;

(2)对于 $u_i(i=1,2,\cdots,N)$,有 $P_i = P(U \leq u_i) = i/(N+1)$;

(3)计算 $y_i = -\ln(-\ln P_i)$,基于 u 和 y 为线性关系,通过线性拟合即可得到参数 μ 和 σ。

当数据有限,无法得到足够的年最大风速样本时,可以考虑采用月最大风速进行推算。假定月最大风速满足独立同分布,此时有

$$\begin{aligned}
F_a(u) &= P(U_a \leq u) = P[\max(U_{m1}, U_{m2}, \cdots, U_{m12}) \leq u] \\
&= P(U_{m1} \leq u, U_{m2} \leq u, \cdots, U_{m12} \leq u) \\
&= P(U_{m1} \leq u)P(U_{m2} \leq u)\cdots P(U_{m12} \leq u) \\
&= [P(U_m \leq u)]^{12} = [F_m(u)]^{12}
\end{aligned} \tag{3-14}$$

式中,F_a 和 F_m 分别为年最大风速和月最大风速分布。采用广义极值分布拟合月最大风速分布,有

$$F_m(u) = \exp\{-[1+\xi_m(u-\mu_m)/\sigma_m]^{-1/\xi_m}\} \tag{3-15}$$

式中,μ_m、σ_m 和 ξ_m 分别为月最大风速分布的位置参数、尺度参数和形状参数。基于式(3-15),年最大风速分布同样服从广义极值分布,相应参数满足如下关系:

$$\xi_a = \xi_m; \quad \sigma_a = 12^{\xi_m}\sigma_m; \quad \mu_a = \mu_m + \frac{12^{\xi_m} - 1}{\xi_m}\sigma_m \tag{3-16}$$

式中,μ_a、σ_a 和 ξ_a 分别为年最大风速分布的位置参数、尺度参数和形状参数。当 $\xi_m = 0$ 时,有

$$F_m(u) = \exp\left\{-\exp\left[-\frac{(u - \mu_m)}{\sigma_m}\right]\right\} \tag{3-17}$$

年最大风速分布也服从极值 I 型分布,相应参数有如下关系:

$$\mu_a = \mu_m + \sigma_m \ln 12; \quad \sigma_a = \sigma_m \tag{3-18}$$

除了直接利用极值数据,还可以通过超阈值分布推算年最大风速分布。具体做法是针对风速数据,设置一个较大的阈值 u_0,提取超过该阈值的数据拟合超阈值分布。超阈值分布的定义如下:

$$F_{ex}(u) = P(U \leqslant u | U > u_0) \tag{3-19}$$

研究表明,广义 Pareto 分布(Generalized Pareto Distribution, GPD)是描述超阈值分布的一个合理模型,其形式如下:

$$F_G(u) = 1 - \left[1 + \frac{\xi^*(u - u_0)}{\sigma^*}\right]^{-1/\xi^*} \tag{3-20}$$

式中,ξ^* 和 σ^* 分别为超阈值分布的形状参数和尺度参数。根据穿越理论,年最大风速分布可以表示为:

$$F_a(u) = \exp[-v^+(u)T] = \exp\{-v^+_{u_0}T[1 - F_G(u)]\} \tag{3-21}$$

式中,T 为考虑的时距,此处为一年;$v^+(u)$ 和 $v^+_{u_0}$ 分别表示 u 和 u_0 的平均上穿率,$v^+_{u_0}$ 可通过下式估计:

$$v^+_{u_0} = \frac{1}{n_t}\sum_{i=2}^{n} I(u_i > u_0 | u_{i-1} \leqslant u_0) \tag{3-22}$$

式中,$\{u_i\}(i = 2, \cdots, n)$ 为风速时程数据;n_t 为数据的采样时间;$I(\cdot)$ 为示性函数,当括号内的事件为真时,其值为 1,反之,其值为 0。将式(3-20)代入式(3-21),有

$$F_a(u) = \exp\left\{-v^+_{u_0}T\left[1 + \frac{\xi^*(u - u_0)}{\sigma^*}\right]^{-1/\xi^*}\right\} \tag{3-23}$$

式(3-23)能转变为广义极值分布,相关参数关系如下:

$$\xi = \xi^*; \quad (v^+_{u_0}T)^{-\xi^*} = \sigma^*/\sigma; \quad \sigma^* - \sigma = \xi^*(u_0 - \mu) \tag{3-24}$$

使用 GPD 时,一个重要问题是阈值的选取。由于 GPD 的平均超出量函数 $e(u) = E(U - u | U > u)$ 是线性的,所以可以将数据的平均超出量变化作为阈值选取的依据。此外,一个经验阈值为均值加上 1.4 倍的标准差。将两者结合,综合确定合适的阈值。阈值选取之后,可以通过最大似然估计得到 GPD 其余的参数。而后,根据式(3-24)可以得到极值分布的相应参数。

为了便于设计参考,《公路桥梁抗风设计规范》(JTG/T 3360-01—2018)中定义了基本风速,其概念如下:开阔平坦地貌(B 类地貌)下,地面以上 10m 高度处,100 年重现期的 10min 平均年最大风速。具体而言,基本风速的定义涉及以下六个方面:标准高度的规定、地貌的规定、平均风速的时距、最大风速的样本、最大风速的概率分布类型及最大风速的重现期。当风速资料不满足上述六个条件时,需要做相应的换算。

需要注意的是,基本风速不是以桥址区的风速定义的,而是以包括桥址区在内的气象台站所辖的较大范围地区的代表性地貌(即开阔平坦地貌)的风速定义的。当桥梁所在地区的气

象台站具有足够的连续风速观测资料时,可通过上述方法推算基本风速;而当桥梁所在地区缺乏风速观测资料时,基本风速可依据《公路桥梁抗风设计规范》(JTG/T 3360-01—2018)中附图"全国基本风速分布值及分布图"或附表"全国主要地区不同重现期的风速值"选取。

得到基本风速后,结合桥址处的地貌类型,根据不同地貌类型下梯度风高度处风速一致,有

$$U_{s10}\left(\frac{U_{z_G}}{10}\right)^{\alpha} = U_{10}\left(\frac{U_{z_{G0}}}{10}\right)^{\alpha_0} \quad (3-25)$$

式中,U_{10} 和 U_{s10} 分别为基本风速和桥址处 10m 高度处的年最大风速,后者为桥梁设计基本风速;$U_{z_{G0}}$ 和 U_{z_G} 分别为规范地貌和桥址地貌的梯度风高度;α_0 和 α 分别为规范地貌和桥址处的地表粗糙度系数。

结合表3-1中的数据,根据式(3-25),可以得到

$$U_{s10} = k_c U_{10} \quad (3-26)$$

式中,k_c 表示基本风速地表类别转换系数,不同类别下的取值如表3-4所示。

基本风速地表类别转换系数　　　　　　　　　　　　　　表3-4

地表类别	A	B	C	D
转换系数 k_c	1.174	1.000	0.785	0.564

得到桥梁设计基本风速后,桥梁或构件的设计基准风速可通过下式计算:

$$U_d = k_f U_{s10}\left(\frac{z}{10}\right)^{\alpha} \quad (3-27)$$

式中,k_f 为抗风风险系数,按表3-5取值;z 为桥梁或构件的基准高度,取值参考表3-6,其中水面以河流或海面的最低水位为参考面。

抗风风险系数　　　　　　　　　　　　　　表3-5

风险区域	R1	R2	R3
基本风速 U_{10} (m/s)	$U_{10} > 32.6$	$24.5 < U_{10} \leq 32.6$	$U_{10} \leq 24.5$
抗风风险系数 k_f	1.05	1.02	1.00

基准高度 z 的取值　　　　　　　　　　　　　　表3-6

构件	悬索桥、斜拉桥	拱桥	其他桥型
主梁	主梁主跨桥面距水面或地面的平均高度	主梁主跨桥面距水面或地面的平均高度	取下列两项中的较大值: (1)支点平均高度 +(桥面最大高程 - 支点平均高度)×0.8; (2)桥梁设计高度
吊杆、拉索或主缆	构件的平均高度距水面或地面的高度	吊杆的中点距水面或地面的高度	—
桥塔(墩、柱)	水面或地面以上塔(墩、柱)65%高度处	立柱的中点距水面或地面的高度	水面或地面以上塔(墩、柱)65%高度处
拱肋	—	拱顶距水面或地面的高度	—

对于跨越深切河谷或山谷的桥梁及构件的基准高度 z,可根据下列方式选取：

(1) 主梁的基准高度 $z=\dfrac{2}{3}z_b$,其中 z_b 为桥面距水面或谷底的高度；

(2) 除主梁外,其他构件的基准高度 z 可取构件中点位置或桥塔 65%高度位置与地面或水面之间的距离。

3.1.3 风速与风向联合分布

受地形和植被等障碍物的影响,风的主流方向可能相对于水平面产生一定的夹角,这种夹角称为风攻角。此外,风的主流方向在水平面的投影与桥轴线的垂直面之间也可能存在一定的夹角,这个夹角称为风偏角。风攻角和风偏角的示意图如图 3-2 所示。对于风攻角,通常以风吹向结构底部为正,反之则为负。在平坦开阔场地,平均风攻角一般在 ±3°以内；针对山区等复杂地形,考虑 ±5°以内的风攻角；当桥梁处于弯道或平行于山坡等特殊情况时,考虑 ±7°以内的风攻角。

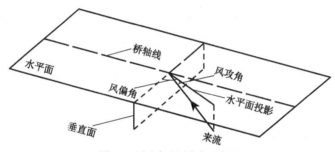

图 3-2 风攻角和风偏角示意图

不同风向下的平均风特性存在差异,结构在不同方向下对风的敏感性也存在差异。因此,平均风对结构的影响,除了与风速大小有关之外,还与风向有关。为了更合理地考虑风对结构的影响,有必要探讨风速风向的联合作用。目前而言,主要有三种方法：平稳随机过程法、最大风向系数法和联合分布概率模型法。

1) 平稳随机过程法

对于随机过程 $U(t)$,某一确定值 u 的上穿率可以通过下式计算：

$$N^+(u) = \int_0^\infty \dot{u} f_{U\dot{U}}(u,\dot{u})\mathrm{d}\dot{u} \tag{3-28}$$

式中, $f_{U\dot{U}}(u,\dot{u})$ 表示 $U(t)$ 和 $\dot{U}(t)=\mathrm{d}U(t)/\mathrm{d}t$ 的联合概率密度函数。

对于高斯随机过程, $U(t)$ 和 $\dot{U}(t)$ 相互独立,且 $\dot{U}(t)$ 也服从高斯分布,因此式(3-28)可以变成

$$N^+(u) = \sqrt{2\pi}N_0^+\sigma_U f_U(u) = \sqrt{2\pi}\dfrac{\sigma_{\dot{U}}}{2\pi\sigma_U}\sigma_U f_U(u) \tag{3-29}$$

式中, N_0^+ 为 $U(t)$ 均值 μ_X 的平均上穿率； σ_U 和 $\sigma_{\dot{U}}$ 分别为 $U(t)$ 和 $\dot{U}(t)$ 的标准差； $f_U(u)$ 是 $U(t)$ 的概率密度函数。

考虑风向的影响,将风速视为包含大小 U 和方向 α 的随机矢量,有

$$N^+(x) = \sqrt{2\pi}N_0^+\sigma_X\int_0^{2\pi}\sqrt{1+\left[\frac{1}{u_x(\alpha)}\frac{du_x(\alpha)}{d\alpha}\right]^2}f_{U,\alpha}(u_x(\alpha),\alpha)d\alpha \quad (3\text{-}30)$$

式中，x 表示风荷载或风致响应，可以表示成

$$x = 0.5\rho[u_x(\alpha)]^2 C(u_x,\alpha) \quad (3\text{-}31)$$

式中，ρ 为空气质量密度，通常取 1.225kg/m^3；$C(u_x,\alpha)$ 表示结构风荷载或风致响应系数，对于刚性结构而言，它仅与风向有关，而对于柔性结构而言，它是风速大小和风向的函数。根据式(3-31)，有

$$u_x(\alpha) = \sqrt{\frac{2x}{\rho C(u_x,\alpha)}} \quad (3\text{-}32)$$

根据泊松假设，年最大结构风荷载或风致响应可表述为

$$F_{X_a}(x) = \exp[-N^+(x)T] \quad (3\text{-}33)$$

式中，T 表示时距，此处为一年。然而，由于日常风速与大风之间没有太多关联，基于风速分布难以准确描述年最大风速特性，因此该方法应用较少。

2) 最大风向系数法

假定有 N 年的风速数据，风向分为 M 个，$u_{a,ij}(i=1,2,\cdots,M;j=1,2,\cdots,N)$ 表示第 i 个风向第 j 年的年最大风速。相应地，第 i 个风向第 j 年的极值风荷载或者风致响应计算如下：

$$x_{a,ij} = 0.5\rho u_{a,ij}^2 C_i \quad (3\text{-}34)$$

式中，C_i 表示第 i 个风向的风荷载或风致响应系数。由此，第 j 年的年最大风荷载或风致响应 $x_{a,j} = \max\{x_{a,1j},x_{a,2j},\cdots,x_{a,Mj}\}$。定义等效风速如下：

$$u_{aeq,j} = \sqrt{\frac{2x_{a,j}}{\rho C_0}} \quad (3\text{-}35)$$

式中，$C_0 = \max\{C_1,C_2,\cdots,C_M\}$。基于等效风速样本，拟合年最大风速分布后，可以得到相应重现期的结构风荷载或风致响应。

该方法将 C_i 视为常数，没有考虑气动弹性和动力放大效应，适用于刚度较大的结构。

3) 联合分布概率模型法

将风向分为 M 个，每个风向的风速视为一个变量。假定第 i 个风向的风速变量和风荷载或风致响应分别为 U_{ai} 和 X_{ai}，有

$$\begin{aligned}F_{X_a}(x) &= P(X_a \leq x) = P[\max(X_{a1},X_{a2},\cdots,X_{aM}) \leq x]\\&= P(X_{a1} \leq x, X_{a2} \leq x, \cdots, X_{aM} \leq x)\\&= P(U_{a1} \leq u_1, U_{a2} \leq u_2, \cdots, U_{aM} \leq u_M)\\&= F_{U_a}(u_1,u_2,\cdots,u_M)\end{aligned} \quad (3\text{-}36)$$

式中，F_{X_a} 表示年最大风荷载或风致响应分布；F_{U_a} 为考虑风向的年最大风速分布；$X_i = 0.5\rho U_i^2 C_i(U_i)$；$x = 0.5\rho u_i^2 C_i(u_i)$。假设各风向的风速独立，有

$$F_{X_a}(x) = F_{U_a}(u_1,u_2,\cdots,u_M) = \prod_{i=1}^{M}F_{U_{ai}}(u_i) \quad (3\text{-}37)$$

假设各风向的风速全相关，有

$$F_{X_a}(x) = F_{U_a}(u_1,u_2,\cdots,u_M) = \min\{F_{U_{a1}}(u_1),F_{U_{a2}}(u_2),\cdots,F_{U_{aM}}(u_M)\} \quad (3\text{-}38)$$

式(3-37)和式(3-38)中，$F_{U_{ai}}(u_i)(i=1,2,\cdots,M)$ 为第 i 个风向的年最大风速分布。通常，在指

定重现期下,根据式(3-37)得出的结果较为保守,而式(3-38)则低估了实际情况,实际结果处于式(3-37)和式(3-38)之间。

3.2 脉动风特性

3.2.1 紊流强度

以平均风速 U 的来流方向为 x 轴,z 轴与 x 轴垂直并与 x 轴构成竖平面,y 轴垂直于 x 轴和 z 轴,且 x 轴、y 轴和 z 轴的方向符合右手定则。将风分为平均风和脉动风后,脉动风分量可以分为三个方向,x 方向为水平纵向分量 u,y 方向为水平横向分量 v,z 方向为竖向分量 w,如图3-3所示。

紊流强度是描述大气紊流最简单的参数,它反映了风的脉动程度。风在水平纵向(x 方向)、水平横向(y 方向)及竖直方向(z 方向)上的紊流强度定义分别为:

$$I_u = \frac{\sigma_u}{U} \quad (3-39)$$

$$I_v = \frac{\sigma_v}{U} \quad (3-40)$$

$$I_w = \frac{\sigma_w}{U} \quad (3-41)$$

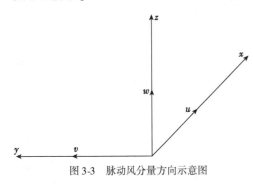

图3-3 脉动风分量方向示意图

式中,I_u、I_v、I_w 分别为 x、y、z 三个方向上的紊流强度;σ_u、σ_v、σ_w 分别为 x、y、z 三个方向上脉动风速的均方差;U 为平均风速。

紊流强度随地表粗糙高度和离地高度变化而变化,一般可通过现场实测或风洞试验确定。在大气边界层中,风在水平纵向上的紊流强度分量 I_u 要比其他两个垂直方向的紊流强度分量 I_v、I_w 大,缺乏实际数据时,可分别取 $I_v = 0.88 I_u$,$I_w = 0.50 I_u$。

3.2.2 紊流积分尺度

空间中某点气流的脉动速度,可以认为是由平均风所输送的一些理想涡旋叠加引起的,每一个涡旋都在该点引起周期脉动,其脉动频率为 n,若定义涡旋的波长为 $\lambda = U/n$,则这个波长就是涡旋大小的量度,而紊流积分尺度则是气流中紊流涡旋平均尺寸的量度。由于涡旋的三维特性,对于纵向、横向及竖向脉动风速 u、v、w 的涡旋,每个涡旋在 x、y、z 三个方向上又可定义尺度,因此一共有9个紊流积分尺度。纵向脉动风速 u 在 x 方向上的紊流积分尺度定义如下:

$$L_u^x = \frac{1}{\sigma_u^2} \int_0^\infty R_{u_1 u_2}(x) \mathrm{d}x \quad (3-42)$$

式中,$R_{u_1 u_2}(x)$ 为 (x_1, y_1, z_1, t) 与 $(x_1 + x, y_1, z_1, t)$ 两点间脉动风速分量 u 的互协方差函数。类似地,可定义其余8个紊流积分尺度。

根据紊流积分尺度的定义可知，紊流积分尺度是与紊流空间相关性有关的参数，最理想的分析方法是在空间中实现多点同步测量，但实际上多点同步测量往往很难实现，工程上一般利用 Taylor 假设将空间相关性转化为时间相关性，由此就可将多点测量简化为单点测量。根据 Taylor 假设，纵向脉动风速 u 在 x 方向上的紊流积分尺度可改写为：

$$L_u^x = \frac{U}{\sigma_u^2} \int_0^\infty R_u(\tau) \mathrm{d}\tau \quad (3\text{-}43)$$

式中，$R_u(\tau)$ 为脉动风速 u 的自相关函数，$R_u(0) = \sigma_u^2$。同理可求其余 8 个紊流积分尺度。通常当自相关函数很小时，Taylor 假设的误差会增大，研究认为，当式(3-43)的积分上限取 $R_u(\tau) = 0.05\sigma_u^2$ 时为最佳。

3.2.3 功率谱密度函数

脉动风是一个随机过程，必须用统计的方法加以描述，为研究脉动风中涡旋的统计特性，通常采用功率谱密度函数的方法。脉动风速的功率谱密度函数（以下简称脉动风谱）表示紊流中各频率成分的涡旋所贡献能量的大小，建立在一定假设的基础上，它可由理论推导得到，也可由大量气象台站实测风速记录经统计分析得到。几十年来，风工程专家对脉动风谱进行了大量的研究，提出了多种形式的脉动风谱。由于脉动风分为三个方向，相应的风谱也包括三个风向：顺风向、竖向和横向。

1）顺风向脉动风谱

（1）Karman 谱。

1948 年，基于紊流各向同性假设，Von Karman 提出了如下形式的卡门（Karman）谱：

$$\frac{nS_u(z,n)}{\sigma_u^2} = \frac{4f}{(1 + 70.8f^2)^{5/6}} \quad (3\text{-}44)$$

式中，z 为高度，m；n 为频率，Hz；σ_u 为脉动风风速的标准差；$f = \frac{nL_u(z)}{U_z}$，其中 $L_u(z) = 100(z/30)^{0.5}$ 为纵向紊流积分尺度，U_z 为 z 高度处的平均风速。

假定 $z = 10\text{m}$，$U_z = 30\text{m/s}$，$\sigma_u = 2.4\text{m/s}$，则 Karman 谱形式如图 3-4 所示。

（2）Davenport 谱。

1961 年，Davenport 根据全球不同地点、不同高度实测得到的 90 多次强风记录，提出了第一个大气边界层中的顺风向脉动风功率谱，其形式如下：

$$\frac{nS_u(n)}{U_{10}^2} = \frac{4\alpha x^2}{(1 + x^2)^{4/3}} \quad (3\text{-}45)$$

式中，$x = 1200n/U_{10}$，U_{10} 表示 10m 高度处的平均风速；α 为地表粗糙度系数；$\sigma_u^2 = 6kU_{10}^2 = 6u_*^2$，其中 u_* 为摩擦速度。

假定 $U_{10} = 30\text{m/s}$，$k = 0.003$，则 Davenport 谱形式如图 3-5 所示。

（3）Harris 谱。

1968 年，基于风洞试验结果，Harris 对 Davenport 谱进行了修正，提出了 Harris 谱，其形式如下：

$$\frac{nS_u(n)}{U_{10}^2} = \frac{4kx}{(2+x^2)^{5/6}} \tag{3-46}$$

式中,$x = 1800n/U_{10}$。

假定 $U_{10} = 30\text{m/s}$,$k = 0.003$,则 Harris 谱形式如图 3-6 所示。

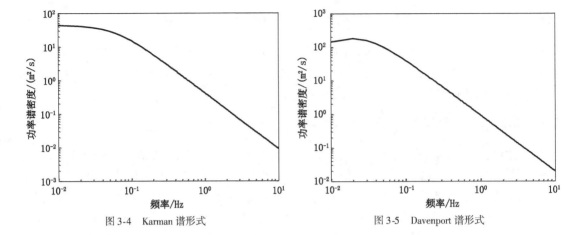

图 3-4 Karman 谱形式　　　图 3-5 Davenport 谱形式

(4) Irwin 谱。

基于 Karman 谱,Irwin 提出了紊流积分尺度随高度变化的水平脉动风谱,形式如下:

$$\frac{nS_u(z,n)}{\sigma_u^2} = \frac{4f}{(1+70.8f^2)^{5/6}} \tag{3-47}$$

式中,$f = nL_u^x/U(z)$,L_u^x 为紊流积分尺度。

假定 $L_u^x = 60\text{m}$,$U(z) = 30\text{m/s}$,$\sigma_u = 2.4\text{m/s}$,则 Irwin 谱形式如图 3-7 所示。

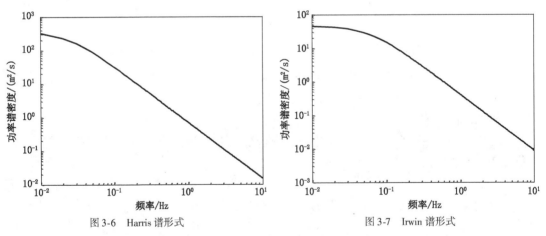

图 3-6 Harris 谱形式　　　图 3-7 Irwin 谱形式

(5) Hino 谱。

1971 年,盐谷和新井提出了如下形式的脉动风谱:

$$\frac{nS_u(z,n)}{u_*^2} = \frac{2.85f}{(1+f^2)^{5/6}} \tag{3-48}$$

式中,$f = \dfrac{n}{1.169 \times 10^{-2} U_{10} \dfrac{\sqrt{6}\alpha_0}{10} \left(\dfrac{z}{10}\right)^{4\alpha_0-1}}$,$\alpha_0$ 为地表粗糙度系数。

假定 $z=10\text{m}, U_{10}=30\text{m/s}, k=0.3, \alpha_0=0.16$，则 Hino 谱形式如图 3-8 所示。

(6) Simiu 谱。

1974 年，Simiu 提出了如下形式的脉动风谱：

$$\frac{nS_u(z,n)}{u_*^2} = \frac{200f}{(1+50f)^{5/3}} \tag{3-49}$$

式中，$f=nz/[U_{10}(z/10)^2]$。当 $f>0.2$ 时，宜用下列形式：

$$\frac{nS_u(z,n)}{u_*^2} = \frac{0.26}{f^{2/3}} \tag{3-50}$$

基于式(3-50)，假定 $z=12\text{m}, U_{10}=30\text{m/s}, u_*=1.8\text{m/s}$，则 Simiu 谱形式如图 3-9 所示。

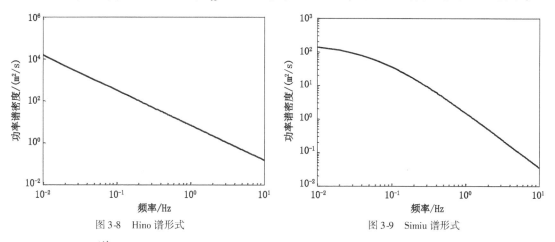

图 3-8 Hino 谱形式　　　　图 3-9 Simiu 谱形式

(7) Kaimal 谱。

卡曼提出的脉动风谱表达式为

$$\frac{nS_u(z,n)}{u_*^2} = \frac{200f}{(1+50f)^{5/3}} \tag{3-51}$$

式中，$f=nz/U_z$，为相似率坐标或莫宁(Monin)坐标。

假定 $z=10\text{m}, U_z=30\text{m/s}, u_*=2\text{m/s}$，Kaimal 谱形式如图 3-10 所示。

(8) 西安热工所谱。

1978 年，基于西安热工所对我国南部地区开展的顺风向脉动风谱实测，得到的脉动风谱形式如下

$$\frac{nS_u(n)}{u_*^2} = 1.611\exp[-1.849(\lg f-0.61)^2] \tag{3-52}$$

式中，$f=1200n/U_{10}$。

假定 $U_{10}=30\text{m/s}, u_*=2\text{m/s}$，则西安热工所谱形式如图 3-11 所示。

可以看到，Davenport 谱、Harris 谱和西安热工所谱不随高度变化，Karman 谱、Irwin 谱、Hino 谱、Simiu 谱和 Kaimal 谱则考虑了高度的影响，其中 Karman 谱和 Irwin 谱考虑了近地表层紊流积分尺度随高度发生的变化。

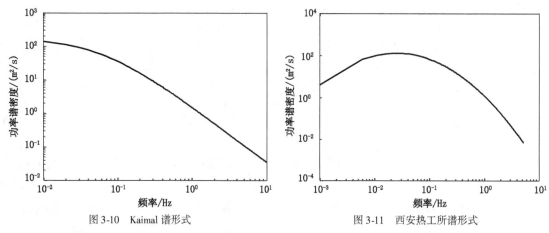

图 3-10　Kaimal 谱形式　　　　　　图 3-11　西安热工所谱形式

2) 竖向脉动风谱

(1) Panofsky 谱。

1959 年, Panofsky 等提出如下随高度变化的脉动风谱:

$$\frac{nS_w(z,n)}{u_*^2} = \frac{6f}{(1+4f)^2} \tag{3-53}$$

式中, $f = nz/U_z$。

假定 $z = 10\text{m}, U_z = 30\text{m/s}, u_* = 2\text{m/s}$, 则 Panofsky 谱形式如图 3-12 所示。

(2) Lumley-Panofsky 谱。

1964 年, 基于 Panofsky 谱, Lumley 和 Panofsky 进行了修正, 得出如下形式的脉动风谱:

$$\frac{nS_w(z,n)}{u_*^2} = \frac{3.36f}{1+10f^{5/3}} \tag{3-54}$$

式中, $f = nz/U_z$。

假定 $z = 10\text{m}, U_z = 30\text{m/s}, u_* = 2\text{m/s}$, 则 Lumley-Panofsky 谱形式如图 3-13 所示。

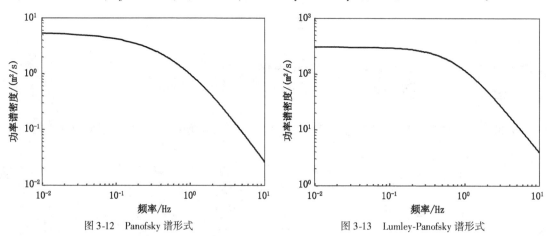

图 3-12　Panofsky 谱形式　　　　　　图 3-13　Lumley-Panofsky 谱形式

(3) Irwin 谱。

根据水平脉动风谱(式), Irwin 得出如下形式的竖向脉动风谱:

$$nS_w(z,n) = \frac{2\sigma_w^2 L_z}{U_z} \cdot \frac{1+188.8f^2}{(1+70.8f^2)^{11/6}} \tag{3-55}$$

式中,$L_z = 0.8z$;σ_w表示竖向脉动风风速标准差;$f = \dfrac{nL_w^z}{U_z}$,L_w^z为竖向脉动风的紊流积分尺度。

假定$z = 10\text{m}$,$U_z = 30\text{m/s}$,$L_w^z = 20\text{m}$,$\sigma_w = 1.5\text{m/s}$,则Irwin谱形式如图3-14所示。

3)横向脉动风谱

根据Kaimal等的研究,横向风谱可采用如下形式:

$$\frac{nS_v(z,n)}{u_*^2} = \frac{15f}{(1+9.5f)^{5/3}} \tag{3-56}$$

式中,$f = nz/U_z$。

假定$z = 10\text{m}$,$U_z = 30\text{m/s}$,$u_* = 2\text{m/s}$,则Kaimal谱形式如图3-15所示。

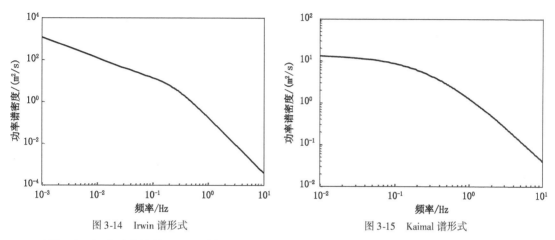

图3-14　Irwin谱形式　　　　　图3-15　Kaimal谱形式

目前,我国《公路桥梁抗风设计规范》(JTG/T 3360-01—2018)中采用的水平纵向脉动风谱为Kaimal风谱,竖直方向的脉动风谱为Panofsky风谱。一般而言,风垂直于桥轴线吹向桥梁时为最不利情况,因此在抗风设计中,考虑风向为风垂直于桥轴线情况,没有给出横向风谱的形式。

3.2.4　脉动风速空间相关性

当空间中某点的脉动风速达到最大值时,与该点有一定距离的另一点的脉动风速一般不会同时达到最大值,在一定范围内,距离该点越远,脉动风速同时达到最大值的可能性就越小,空间中脉动风速具有的这种性质称为脉动风速的空间相关性。这种相关性可以通过相干函数予以描述,其定义如下:

$$\rho(r,n) = \frac{S_{u_1 u_2}(n)}{\sqrt{S_{u_1 u_1}(n) S_{u_2 u_2}(n)}} \tag{3-57}$$

式中,$\rho(\cdot)$表示相干函数;r表示两点之间的距离。

Davenport通过对强风的观测,提出了如下相干函数表达式:

$$\rho(y_1, y_2, z_1, z_2) = \exp\left\{ -\frac{n\left[C_y^2(y_1-y_2)^2 + C_z^2(z_1-z_2)^2\right]^{\frac{1}{2}}}{[U(z_1)+U(z_2)]/2} \right\} \tag{3-58}$$

式中,y_1、y_2、z_1及z_2分别为空间两点的水平横向坐标和竖向坐标;$U(z_1)$和$U(z_2)$分别为两点的平均风速;C_y、C_z为衰减因子,取值范围为7~20,一般可取$C_y = 8$,$C_z = 7$。

3.3 风特性模拟

为了计算结构的风致响应,需要获取具有相应风特性的风场,为此,可以从理论分析、风洞试验及数值模拟方面开展风特性模拟研究。

3.3.1 理论分析

风速是随机的,可以用随机过程来描述。大量的实测结果分析表明,对于开阔平坦地带的脉动风而言,其时频特性满足平稳随机过程的条件,且其概率分布服从高斯分布,即脉动风速场可看作平稳高斯过程。对于平稳高斯脉动风速场,目前使用较多的是谐波合成法和 AR(p) 线性滤波法。

1) 谐波合成法

经典的谐波合成法有 Shinozuka 法、Deodatis 法等。对于常规结构的计算,经典的 Deodatis 法已经足够满足研究需要,且精度能得到保证。因此本节仅介绍 Deodatis 提出的经典谐波合成法,对其余改进方法感兴趣的读者可参考相应文献。

以一维三变量零均值平稳随机过程为例,其自相关函数矩阵如下式所示:

$$\boldsymbol{R}^0(\tau) = \begin{bmatrix} R_{11}^0(\tau) & R_{12}^0(\tau) & R_{13}^0(\tau) \\ R_{21}^0(\tau) & R_{22}^0(\tau) & R_{23}^0(\tau) \\ R_{31}^0(\tau) & R_{32}^0(\tau) & R_{33}^0(\tau) \end{bmatrix} \tag{3-59}$$

其功率谱密度矩阵为:

$$\boldsymbol{S}^0(\omega) = \begin{bmatrix} S_{11}^0(\omega) & S_{12}^0(\omega) & S_{13}^0(\omega) \\ S_{21}^0(\omega) & S_{22}^0(\omega) & S_{23}^0(\omega) \\ S_{31}^0(\omega) & S_{32}^0(\omega) & S_{33}^0(\omega) \end{bmatrix} \tag{3-60}$$

由平稳随机过程的性质可知

$$R_{jj}^0(\tau) = R_{jj}^0(-\tau) \quad (j = 1,2,3) \tag{3-61}$$

$$R_{jk}^0(\tau) = R_{kj}^0(-\tau) \quad (j = 1,2,3; k = 1,2,3; j \neq k) \tag{3-62}$$

由 Wiener-Khintchine 关系可知自相关函数矩阵与功率谱密度矩阵之间存在如下关系:

$$S_{jk}^0(\omega) = \frac{1}{2\pi} \int_{-\infty}^{+\infty} R_{jk}^0(\tau) e^{-i\omega\tau} d\tau \quad (j,k = 1,2,3) \tag{3-63}$$

$$R_{jk}^0(\tau) = \int_{-\infty}^{+\infty} S_{jk}^0(\omega) e^{i\omega\tau} d\omega \quad (j,k = 1,2,3) \tag{3-64}$$

同样,由平稳随机过程的性质可得出如下关系:

$$S_{jj}^0(\omega) = S_{jj}^0(-\omega) \quad (j = 1,2,3) \tag{3-65}$$

$$S_{jk}^0(\omega) = S_{jk}^{0*}(-\omega) \quad (j \neq k) \tag{3-66}$$

$$S_{jk}^0(\omega) = S_{kj}^{0*}(\omega) \quad (j \neq k) \tag{3-67}$$

假设一维三变量零均值平稳随机过程为 $f_j^0(t)$ ($j=1,2,3$),而模拟出的平稳随机过程为 $f_j(t)$ ($j=1,2,3$),为了能对原平稳随机过程进行模拟,其功率谱密度矩阵必须分解成如下形式:

$$S^0(\omega) = H(\omega)H^{T*}(\omega) \tag{3-68}$$

式中,上标 T 表示矩阵的转置,上述分解可用 Cholesky 方法进行,其中 $H(\omega)$ 为下三角矩阵,即

$$H(\omega) = \begin{bmatrix} H_{11}(\omega) & 0 & 0 \\ H_{21}(\omega) & H_{22}(\omega) & 0 \\ H_{31}(\omega) & H_{32}(\omega) & H_{33}(\omega) \end{bmatrix} \tag{3-69}$$

式中,对角项为 ω 的实非负函数,非对角项通常为 ω 的复函数,矩阵中的各元素有如下关系:

$$H_{jj}(\omega) = H_{jj}(-\omega) \quad (j = 1, 2, 3) \tag{3-70}$$

$$H_{jk}(\omega) = H_{jk}^*(-\omega) \quad (j = 2, 3; k = 1, 2; j > k) \tag{3-71}$$

式(3-69)中非对角项元素也可写成以下指数形式:

$$H_{jk}(\omega) = |H_{jk}^*(-\omega)| e^{i\theta_{jk}(\omega)} \quad (j = 2, 3; k = 1, 2; j > k) \tag{3-72}$$

$$\theta_{jk}(\omega) = \arctan\left\{\frac{\mathrm{Im}[H_{jk}(\omega)]}{\mathrm{Re}[H_{jk}(\omega)]}\right\} \tag{3-73}$$

功率谱密度矩阵 $S^0(\omega)$ 分解后,随机过程 $f_j^0(t)(j=1,2,3)$ 可用下式进行模拟(当 N 趋于无穷大时):

$$f_j(t) = 2\sum_{m=1}^{j}\sum_{l=1}^{N}|H_{jm}(\omega_{ml})|\sqrt{\Delta\omega}\cos[\omega_{ml}t - \theta_{jm}(\omega_{ml}) + f_{ml}] \quad (j = 1, 2, 3) \tag{3-74}$$

或者可用如下分项形式表示:

$$f_1(t) = 2\sum_{l=1}^{N}|H_{11}(\omega_{1l})|\sqrt{\Delta\omega}\cos[\omega_{1l}t - \theta_{11}(\omega_{1l}) + \varphi_{1l}] \tag{3-75}$$

$$f_2(t) = 2\sum_{l=1}^{N}|H_{21}(\omega_{1l})|\sqrt{\Delta\omega}\cos[\omega_{1l}t - \theta_{21}(\omega_{1l}) + \varphi_{1l}] +$$
$$2\sum_{l=1}^{N}|H_{22}(\omega_{2l})|\sqrt{\Delta\omega}\cos[\omega_{2l}t - \theta_{22}(\omega_{2l}) + \varphi_{2l}] \tag{3-76}$$

$$f_3(t) = 2\sum_{l=1}^{N}|H_{31}(\omega_{1l})|\sqrt{\Delta\omega}\cos[\omega_{1l}t - \theta_{31}(\omega_{1l}) + \varphi_{1l}] +$$
$$2\sum_{l=1}^{N}|H_{32}(\omega_{2l})|\sqrt{\Delta\omega}\cos[\omega_{2l}t - \theta_{32}(\omega_{2l}) + \varphi_{2l}] +$$
$$2\sum_{l=1}^{N}|H_{33}(\omega_{3l})|\sqrt{\Delta\omega}\cos[\omega_{3l}t - \theta_{33}(\omega_{3l}) + \varphi_{3l}] \tag{3-77}$$

式中,$\varphi_{1l}, \varphi_{2l}, \varphi_{3l}(l=1,2,\cdots,N)$ 为相互独立的在 $[0, 2\pi]$ 上均匀分布的随机相位角序列。上式中带有双下标的频率定义如下:

$$\omega_{1l} = l\Delta\omega - \frac{2}{3}\Delta\omega \quad (l = 1, 2, \cdots, N) \tag{3-78}$$

$$\omega_{2l} = l\Delta\omega - \frac{1}{3}\Delta\omega \quad (l = 1, 2, \cdots, N) \tag{3-79}$$

$$\omega_{3l} = l\Delta\omega \quad (l = 1, 2, \cdots, N) \tag{3-80}$$

$$\Delta\omega = \frac{\omega_{\mathrm{up}}}{N} \tag{3-81}$$

$$\theta_{jm}(\omega_{ml}) = \arctan\left\{\frac{\mathrm{Im}[H_{jm}(\omega_{ml})]}{\mathrm{Re}[H_{jm}(\omega_{ml})]}\right\} \tag{3-82}$$

式中,ω_{up}为截断频率,其大小通常由功率谱密度矩阵中各项与ω的函数关系决定,即所选取的ω_{up}必须充分大且使功率谱密度矩阵中各项趋于零,这样,无论是从数值计算角度还是从物理意义上,大于ω_{up}的频率成分都不会再造成影响。

模拟的随机过程$f_j(t)(j=1,2,3)$是周期函数,其周期如下:

$$T_0 = 3\frac{2\pi}{\Delta\omega} \tag{3-83}$$

从式(3-83)可以看出,在给定的截断频率ω_{up}下,N越大,则模拟随机过程的周期越长。此外,由中心极限定理可以证明,当N趋于无穷大时,所模拟的随机过程趋向于高斯过程。

根据随机相位角序列$\varphi_{1l}^{(i)}$、$\varphi_{2l}^{(i)}$、$\varphi_{3l}^{(i)}(l=1,2,\cdots,N)$可得到随机风速样本:

$$f_j^{(i)}(t) = 2\sum_{m=1}^{j}\sum_{l=1}^{N}|H_{jm}(\omega_{ml})|\sqrt{\Delta\omega}\cos[\omega_{ml}t - \theta_{jm}(\omega_{ml}) + \varphi_{jm}^{(i)}] \quad (j=1,2,3) \tag{3-84}$$

用式(3-84)产生随机样本时,为避免产生频率混淆问题,时间步长Δt须满足以下公式:

$$\Delta t \leq \frac{\pi}{\omega_{up}} \tag{3-85}$$

按式(3-84)产生的随机序列振幅值有如下限制:

$$f_j^{(i)}(t) = 2\sum_{m=1}^{j}\sum_{l=1}^{N}|H_{jm}(\omega_{ml})|\sqrt{\Delta\omega} \quad (j=1,2,3) \tag{3-86}$$

用FFT技术,式(3-86)可以改写成以下形式:

$$f_1^{(i)}(p\Delta t) = \mathrm{Re}\left\{h_{11}^{(i)}(p\Delta t)\cdot\exp\left[\mathrm{i}\left(\frac{\Delta\omega}{3}\right)(p\Delta t)\right]\right\} \quad (p=0,1,\cdots,3M-1) \tag{3-87}$$

$$f_2^{(i)}(p\Delta t) = \mathrm{Re}\left\{h_{21}^{(i)}(p\Delta t)\cdot\exp\left[\mathrm{i}\left(\frac{\Delta\omega}{3}\right)(p\Delta t)\right]\right\} +$$
$$\mathrm{Re}\left\{h_{22}^{(i)}(p\Delta t)\cdot\exp\left[\mathrm{i}\left(\frac{2\Delta\omega}{3}\right)(p\Delta t)\right]\right\} \quad (p=0,1,\cdots,3M-1) \tag{3-88}$$

$$f_3^{(i)}(p\Delta t) = \mathrm{Re}\left\{h_{31}^{(i)}(p\Delta t)\cdot\exp\left[\mathrm{i}\left(\frac{\Delta\omega}{3}\right)(p\Delta t)\right]\right\} +$$
$$\mathrm{Re}\left\{h_{32}^{(i)}(p\Delta t)\cdot\exp\left[\mathrm{i}\left(\frac{2\Delta\omega}{3}\right)(p\Delta t)\right]\right\} +$$
$$\mathrm{Re}\left\{h_{33}^{(i)}(p\Delta t)\cdot\exp[\mathrm{i}(\Delta\omega)(p\Delta t)]\right\} \quad (p=0,1,\cdots,3M-1) \tag{3-89}$$

式中,$h_{jm}^{(i)}(p\Delta t)(j=1,2,3,m=1,2,3,j\geq m)$表达如下:

$$h_{jm}^{(i)}(p\Delta t) = \begin{cases} g_{jm}^{(i)}(p\Delta t) & (p=0,1,\cdots,M-1) \\ g_{jm}^{(i)}[(p-M)\Delta t] & (p=M,\cdots,2M-1) \\ g_{jm}^{(i)}[(p-2M)\Delta t] & (p=2M,\cdots,3M-1) \end{cases} \tag{3-90}$$

式中,g定义如下:

$$g_{11}^{(i)}(p\Delta t) = \sum_{l=0}^{M-1}B_{11l}\cdot\exp[\mathrm{i}(l\Delta\omega)(p\Delta t)] \quad (p=0,1,2,\cdots,M-1) \tag{3-91}$$

$$g_{21}^{(i)}(p\Delta t) = \sum_{l=0}^{M-1}B_{21l}\cdot\exp[\mathrm{i}(l\Delta\omega)(p\Delta t)] \quad (p=0,1,2,\cdots,M-1) \tag{3-92}$$

$$g_{22}^{(i)}(p\Delta t) = \sum_{l=0}^{M-1}B_{22l}\cdot\exp[\mathrm{i}(l\Delta\omega)(p\Delta t)] \quad (p=0,1,2,\cdots,M-1) \tag{3-93}$$

$$g_{31}^{(i)}(p\Delta t) = \sum_{l=0}^{M-1}B_{31l}\cdot\exp[\mathrm{i}(l\Delta\omega)(p\Delta t)] \quad (p=0,1,2,\cdots,M-1) \tag{3-94}$$

$$g_{32}^{(i)}(p\Delta t) = \sum_{l=0}^{M-1} B_{32l} \cdot \exp[\mathrm{i}(l\Delta\omega)(p\Delta t)] \quad (p = 0,1,2,\cdots,M-1) \tag{3-95}$$

$$g_{33}^{(i)}(p\Delta t) = \sum_{l=0}^{M-1} B_{33l} \cdot \exp[\mathrm{i}(l\Delta\omega)(p\Delta t)] \quad (p = 0,1,2,\cdots,M-1) \tag{3-96}$$

其中:

$$B_{11l} = 2\left|H_{11}\left(l\Delta\omega + \frac{\Delta\omega}{3}\right)\right|\sqrt{\Delta\omega} \cdot \exp\left[-\mathrm{i}\theta_{11}\left(l\Delta\omega + \frac{\Delta\omega}{3}\right)\right]\exp[\mathrm{i}\varphi_{1l}^{(i)}] \tag{3-97}$$

$$B_{21l} = 2\left|H_{21}\left(l\Delta\omega + \frac{\Delta\omega}{3}\right)\right|\sqrt{\Delta\omega} \cdot \exp\left[-\mathrm{i}\theta_{21}\left(l\Delta\omega + \frac{\Delta\omega}{3}\right)\right]\exp[\mathrm{i}\varphi_{1l}^{(i)}] \tag{3-98}$$

$$B_{22l} = 2\left|H_{22}\left(l\Delta\omega + \frac{\Delta\omega}{3}\right)\right|\sqrt{\Delta\omega} \cdot \exp\left[-\mathrm{i}\theta_{22}\left(l\Delta\omega + \frac{\Delta\omega}{3}\right)\right]\exp[\mathrm{i}\varphi_{2l}^{(i)}] \tag{3-99}$$

$$B_{31l} = 2\left|H_{31}\left(l\Delta\omega + \frac{\Delta\omega}{3}\right)\right|\sqrt{\Delta\omega} \cdot \exp\left[-\mathrm{i}\theta_{31}\left(l\Delta\omega + \frac{\Delta\omega}{3}\right)\right]\exp[\mathrm{i}\varphi_{1l}^{(i)}] \tag{3-100}$$

$$B_{32l} = 2\left|H_{32}\left(l\Delta\omega + \frac{\Delta\omega}{3}\right)\right|\sqrt{\Delta\omega} \cdot \exp\left[-\mathrm{i}\theta_{32}\left(l\Delta\omega + \frac{\Delta\omega}{3}\right)\right]\exp[\mathrm{i}\varphi_{2l}^{(i)}] \tag{3-101}$$

$$B_{33l} = 2|H_{33}(l\Delta\omega + \Delta\omega)|\sqrt{\Delta\omega} \cdot \exp[-\mathrm{i}\theta_{33}(l\Delta\omega + \Delta\omega)]\exp[\mathrm{i}\varphi_{3l}^{(i)}] \tag{3-102}$$

式中,Δt 与 $\Delta\omega$ 的关系如下:

$$3M\Delta t = T_0 = 3\frac{2\pi}{\Delta\omega} \tag{3-103}$$

前面已经指出,为防止出现频率混淆问题,Δt 必须满足如下条件:

$$\Delta t \leqslant \frac{\pi}{\omega_{\mathrm{up}}}$$

比较式(3-81)、式(3-85)与式(3-103)可知,与之等效的条件为:

$$M \geqslant 2N \tag{3-104}$$

用式(3-104)计算出来的 Δt 将自动满足式(3-85)的条件。

基于谐波合成法,接下来用一个实例予以展示。以三个模拟点为例,假设模拟点所在高度 $z = 30\mathrm{m}$,平均风速 $U_z = 20\mathrm{m/s}$,地表粗糙高度 $z_0 = 0.03\mathrm{m}$,风谱采用 Kaimal 谱,相干函数衰减因子 $C_z = 16$,点与点之间的间距 $\Delta x = 10\mathrm{m}$,功率谱截断频率 $\omega_{\mathrm{up}} = 4\pi(\mathrm{rad/s})$。模拟点 1 的脉动风速时程如图 3-16 所示。其自相关函数和功率谱密度函数结果如图 3-17 所示。

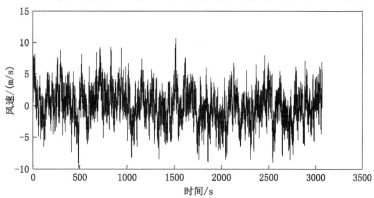

图 3-16 模拟点 1 的脉动风速时程

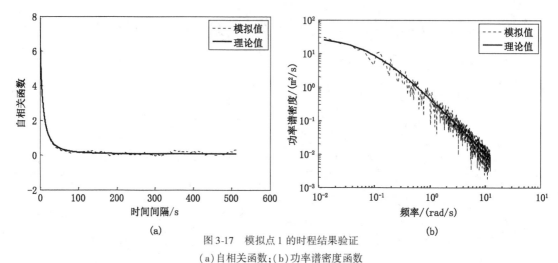

图 3-17 模拟点 1 的时程结果验证
(a) 自相关函数；(b) 功率谱密度函数

2) AR(p) 线性滤波法

基于线性滤波技术的线性滤波器法，常见的有自回归线性滤波器 AR 法、移动平均（MA）算法和自回归滑动平均线性滤波器 ARMA 法。其中，多变量随机过程的自回归模型 AR(p) 在线性滤波法中运用最多，本节主要介绍 AR(p) 线性滤波法。

对于一维多变量随机过程，假设具有 n 个变量的一维随机矢量过程 Y 是平稳、零均值、各态历经的高斯过程，设其第 r 个样本函数 Y_r 为

$$\boldsymbol{Y}_r = \{y_1(r\Delta t), y_2(r\Delta t), \cdots, y_n(r\Delta t)\}^{\mathrm{T}} \quad (r = 1, 2, \cdots) \tag{3-105}$$

式中，Δt 为采样时间间隔。

具有 n 个变量的一维随机矢量过程的 AR(p)（p 为 AR 系统的阶数）模型的第 r 个样本 Y_r，可由 p 个先前时刻的响应值与同一时刻的激励值按下式算出：

$$\boldsymbol{Y}_r = \sum_{i=1}^{p} \boldsymbol{A}_i \boldsymbol{Y}_{r-i} + \boldsymbol{B}_0 \boldsymbol{W}_r \tag{3-106}$$

式中，$\boldsymbol{A}_i$ 为 $p \times p$ 阶的自回归系数矩阵；$\boldsymbol{W}_r$ 为零均值、方差为 1 的标准白噪声；$\boldsymbol{B}_0$ 是 $\boldsymbol{W}_r$ 的系数矩阵，也是 $p \times p$ 阶。

在式（3-106）的两边右乘 $\boldsymbol{Y}_{r-j}^{\mathrm{T}}(j=0,1,2,\cdots,p)$ 并取数学期望，得到下列方程：

$$\boldsymbol{R}_{YY^{\mathrm{T}}}(j) = \sum_{i=1}^{p} \boldsymbol{A}_i \boldsymbol{R}_{YY^{\mathrm{T}}}(i-j) \quad (j=1,2,\cdots,p) \tag{3-107}$$

$$\boldsymbol{R}_{YY^{\mathrm{T}}}(0) = \sum_{i=1}^{p} \boldsymbol{A}_i \boldsymbol{R}_{YY^{\mathrm{T}}}(i) + \boldsymbol{B}_0 \boldsymbol{R}_{WY^{\mathrm{T}}}(0) \tag{3-108}$$

在式（3-106）的两边右乘 $\boldsymbol{W}_r^{\mathrm{T}}$ 并取数学期望，得到 $\boldsymbol{R}_{YW^{\mathrm{T}}}(0) = \boldsymbol{B}_0$。将 $\boldsymbol{R}_{WY^{\mathrm{T}}}(0) = \boldsymbol{R}_{YW^{\mathrm{T}}}^{\mathrm{T}}(0) = \boldsymbol{B}_0$ 代入式（3-108）中得

$$\boldsymbol{R}_{YY^{\mathrm{T}}}(0) = \sum_{i=1}^{p} \boldsymbol{A}_i \boldsymbol{R}_{YY^{\mathrm{T}}}(i) + \boldsymbol{B}_0 \boldsymbol{B}_0^{\mathrm{T}} \tag{3-109}$$

解式（3-107）的 Yule-Walker 方程组，可以得到系数矩阵 $\boldsymbol{A}_i$。已知 $\boldsymbol{A}_i$，可以通过式（3-109）解得下三角矩阵 $\boldsymbol{B}_0$。将这些系数矩阵代入式（3-106）中并进行递归计算，便可以生成所需的一维多变量随机过程。

3.3.2 风洞试验

风洞试验中要确保桥梁模型所处流场与实际大气边界层中桥梁结构所处流场相似，通常

要满足的相似条件有:①平均风速随高度的变化,即风剖面形状;②紊流强度与紊流积分尺度随高度的变化;③顺风向、横风向及垂直方向的紊流谱与紊流互谱。目前,在进行风洞流场模拟时主要有两种方式,即被动模拟方式和主动模拟方式,其中被动模拟方式主要是指尖劈和粗糙元技术,主动模拟方式主要是指多风扇主动控制风洞技术。具体如下:

1) 尖劈和粗糙元技术

尖劈和粗糙元技术可以适当地模拟各种地形的风剖面形状和大尺度紊流,模拟的紊流度可以与大气边界层相吻合,且装置简易、经济,因而被比较广泛地应用于边界层风洞试验中,如图 3-18 所示。尖劈和粗糙元技术主要涉及尖劈和粗糙元的设计,一般可采用 Irwin 的经验公式。尖劈设计方法有以下步骤:

(1) 选定要求的边界层厚度 d。

(2) 选定要求的风剖面形状,从而确定其指数律的幂指数 α_0。

(3) 根据下式求出尖劈高度 h_a(图 3-19):

$$h_a = \frac{1.39d}{1 + \frac{\alpha_0}{2}} \tag{3-110}$$

(4) 根据图 3-20 求出尖劈底边宽度,图中 H_w 为风洞试验段高度。

根据以上设计方案,可以在尖劈下游 $6h_a$ 的地方出现所要求的风剖面形状。

图 3-18 尖劈 + 粗糙元流场模拟

在尖劈和粗糙元技术中,需要在尖劈的下游风洞底壁铺设粗糙元,对于粗糙元,如边长为 k 的立方体粗糙元,其尺寸应满足如下关系:

$$k/d = \exp\{(2/3)\ln(D_r/\delta) - 0.1161 \times [(2/C_f) + 2.05]^{1/2}\} \tag{3-111}$$

式中,D_r 为粗糙元的间距;C_f 根据下式计算:

$$C_f = 0.136\left(\frac{\alpha_0}{1 + \alpha_0}\right)^2 \tag{3-112}$$

以上设计方法适用于 $30 < dD_r^2/k^3 < 2000$。

总体来讲,尖劈的主要作用是在风洞中产生总体的风剖面和紊流度剖面,而粗糙元主要作用是调整近地面的风剖面和紊流度剖面。由于各风洞试验段的尺寸不同,一般需要在上述经验公式的基础上反复调整,有时还需要增设格栅或挡板才能得到比较满意的流场特性。

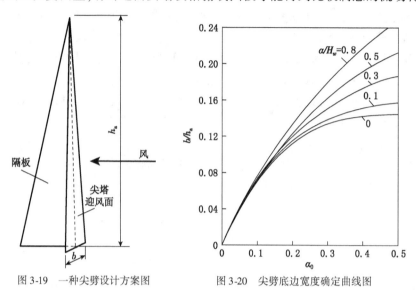

图 3-19　一种尖劈设计方案图　　　图 3-20　尖劈底边宽度确定曲线图

2) 多风扇主动控制风洞技术

尖劈和粗糙元模拟技术在模拟较小缩尺比(1∶500~1∶300)的风场时基本能满足试验要求,但对于较大缩尺比(1∶150~1∶100)的风场,常规的尖劈和粗糙元被动模拟方式略显不足(如在紊流积分尺度方面)。因此,研究人员发展了多风扇主动模拟方式。多风扇主动模拟方式的思想最早来自 Teunissen 提出的多射流风洞技术。后来,日本学者用风扇阵列代替射流管,且每个风扇由计算机和变频调速器独立控制,并将风场模拟由二维扩展到三维,以此形成多风扇主动控制风洞技术。日本宫崎大学和我国同济大学的多风扇主动控制风洞如图 3-21 所示。随着控制技术的不断成熟,多风扇主动控制风洞技术模拟的风剖面、紊流度、紊流积分尺度、紊流谱甚至风速时程都能与目标值吻合较好(图 3-22),适用于具有较高紊流度、较大紊流积分尺度,以及具有强切变特性的非平稳特殊气流模拟。

此外,针对风洞中紊流场的模拟,根据试验用途,还有格栅紊流模拟方式、振动尖劈紊流模拟方式等,该部分内容将在本书第 11 章"桥梁风洞试验方法"中做具体介绍。

3.3.3　数值模拟

随着计算流体动力学(Computational Fluid Dynamics, CFD)方法的不断改进和计算机软硬件水平的飞速提高,CFD 成为风工程研究的重要工具,并逐渐发展成一个重要分支,被称为计算风工程(Computational Wind Engineering, CWE)。其中,风特性的数值模拟一般包括平均风特性模拟和脉动风特性模拟,模拟过程主要包括计算域的选取、网格划分、湍流模型选取与计算参数的确定等。目前地形风特性的模拟区域可达数十千米,湍流模型也由以往的 RANS 湍流模型逐渐向 LES 模型过渡,常用的风场特性模拟软件有 ANSYS Fluent、CFX、OpenFOAM、Star CCM+ 等。

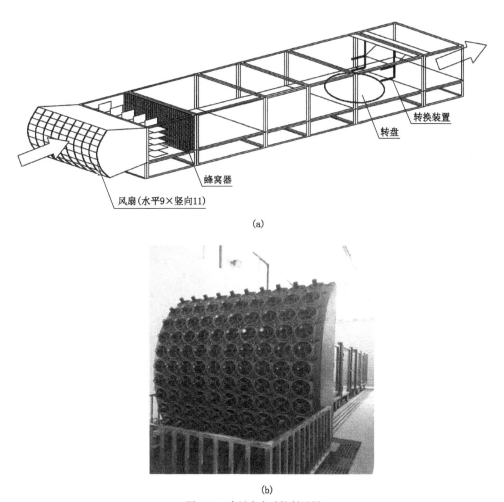

(a)

(b)

图3-21 多风扇主动控制风洞

(a)日本宫崎大学多风扇主动控制风洞(9×11风扇阵列,2.6m宽,1.8m高,15.5m长);(b)同济大学多风扇主动控制风洞(10×12风扇阵列,1.5m宽,1.8m高,9.6m长)

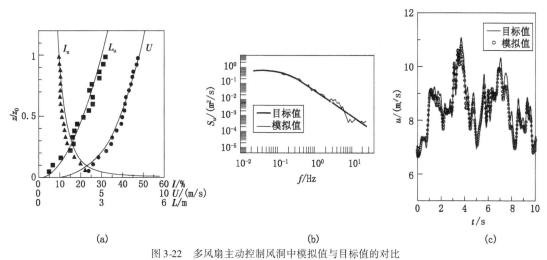

图3-22 多风扇主动控制风洞中模拟值与目标值的对比

(a)风剖面、紊流度、紊流积分尺度对比;(b)紊流谱对比;(c)风速时程对比

1) 平均风特性模拟

对于平坦地区,平均风特性可通过用户自定义函数(UDF)在CFD计算区域入口以函数形式给定,如A、B、C、D类风剖面可用对数律或指数律函数描述。对于山区峡谷等复杂地形,一方面,由于地势起伏,地形复杂多样,不同区域高差较大;另一方面,由于所考虑的桥址区地形范围有限,地形模型在到桥址区有限距离处被截断,此时地形模型边缘与计算域底部(或风洞地板)存在一定的高度差,即出现高程跃变问题,被形象地称为"人为峭壁",如图3-23所示。在计算该类地形的风特性时,若继续采用常规的对数律或指数律、入口边界条件,会导致误差较大。为解决该问题,目前常用的手段是在地形模型周围设置边界过渡段,过渡段形式有斜坡、抛物线和多次曲线形式等。此外,还可利用气象模式基于多尺度耦合技术将气象研究和报告(Weather Research and Forecasting,WRF)的计算结果作为CFD计算的平均风速入口边界条件。对于植被覆盖的森林冠层区域,因受计算资源限制,地面植被或小尺度障碍物的模拟可进行适度简化。植被对风场的减速拖曳作用,可采用在流体控制方程中附加源项的方式予以考虑。

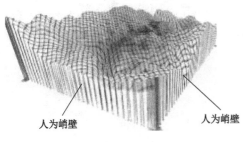

图3-23 边界高程跃变导致的"人为峭壁"问题

2) 脉动风特性模拟

脉动风特性模拟是当前CFD风场模拟中的难点问题。对于雷诺平均方法(RANS)而言,常用的双方程模型可利用UDF在入口位置设置对应的湍动能和耗散率,能基本满足所需的脉动信息。但不足的是,RANS只能计算各种变量的平均值,对大气边界层的湍流模拟存在较大的弊端。相比RANS方法,大涡模拟是对大于网格尺度的湍流脉动进行直接模拟,对小于网格尺度的湍流脉动采用亚格子模型来描述的非稳态模拟方法。在湍流模拟方面,大涡模拟具有较大的优势。特别是随着当前计算机能力的不断提高,它可以模拟较高雷诺数和较复杂的湍流运动,正逐渐成为当前湍流模拟的主流模型。

利用大涡模拟方法进行湍流模拟时,目前常用的技术手段有尖劈和粗糙元被动模拟技术(图3-24)、循环域湍流模拟技术(图3-25)与序列合成湍流模拟技术。其中,序列合成湍流模拟技术由于具有计算效率高、可控性强、适用范围广等优点,近年来得到了广泛应用。对其细分又可分为谱方法、涡方法和滤波方法,详细内容可见本书第12章。需要说明的是,目前商业软件对各向异性的湍流模拟均需要通过自编程序实现,具有一定的技术门槛。在对湍流进行模拟时,受滤波和网格耗散的影响,很容易出现湍流衰减问题,即入口处湍流特性不能与目标区域保持一致。对于RANS模型,可通过修正源项的办法实现湍动能和耗散率的自平衡。对于LES模型,则需通过加密网格或优化亚格子模型来改善湍流的频率衰减问题。

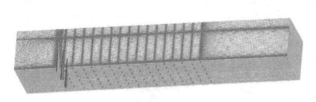

图3-24 尖劈和粗糙元被动模拟技术

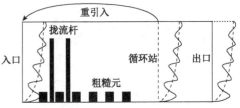

图3-25 循环域湍流模拟技术

思考题与习题

1. 重现期为100年的平均风速是否意味着100年只出现一次？如果不是，那么对于重现期为100年的平均风速，100年内的出现概率为多少？

2. 理解基本风速、桥梁设计基本风速和桥梁设计基准风速等概念，并思考进行桥梁结构抗风设计时，应该参考哪个风速。

3. 根据某城市气象站记录，1989—2004年的年最大风速数据如表3-7所示。假定年最大平均风速服从极值 I 型分布，试计算100年重现期下的平均风速。

1989—2004年的年最大风速   表3-7

年 份	年最大风速(m/s)	年 份	年最大风速(m/s)
1989	30.9	1997	27.3
1990	26.7	1998	27.8
1991	30.3	1999	28.8
1992	28.3	2000	30.9
1993	30.3	2001	26.2
1994	34	2002	25.7
1995	28.8	2003	24.7
1996	30.3	2004	42.2

本章参考文献

[1] 陈政清.桥梁风工程[M].北京：人民交通出版社，2005.

[2] 项海帆.现代桥梁抗风理论与实践[M].北京：人民交通出版社，2005.

[3] 黄本才，汪丛军.结构抗风分析原理及应用[M].北京：同济大学出版社，2008.

[4] 同济大学.公路桥梁抗风设计规范：JTG/T 3360-01—2018[S].北京：人民交通出版社股份有限公司，2019.

[5] JENKINSON A F. The frequency distribution of the annual maximum (or minimum) values of meteorological elements[J]. Quarterly Journal of the Royal Meteorological Society, 1955, 81(348):158-171.

[6] GRIGORIU M. Estimates of extreme winds from short records[J]. Journal of Structural Engineering, 1984, 110(7): 1467-1484.

[7] PICKANDS J. Statistical inference using extreme order statistics[J]. Annals of Statistics, 1975, 3(1): 119-131.

[8] 史道济.实用极值统计方法[M].天津：天津科学技术出版社，2006.

[9] HOLMES J D, MORIAETY W W. Application of the generalized Pareto distribution to extreme value analysis in wind engineering[J]. Journal of Wind Engineering & Industrial Aerodynamics, 1999, 83(1):1-10.

[10] MORIARTY P J, HOLLEY W E, BUTTERFIELD S P. Extrapolation of extreme and fatigue

loads using probabilistic methods[R]. National Renewable Energy Laboratory, 2004.

[11] RICE S O. Mathematical analysis of random noise[J]. Bell System Technical Journal, 1944, 23(3): 282-332.

[12] DAVENPORT A G. The prediction of risk under wind loading[C]. Proceedings of the 2nd International Conference on Structural Safety and Reliability, Munich, Germany, 1977.

[13] SIMIU E, SCANLAN R H. Wind effects on structures: fundamentals and application to design[M]. New York: John Wiley & Sons, 1996.

[14] SIMIU E, FILLIBEN J J. Wind tunnel testing and the sector-by-sector approach to wind directionality effects[J]. Journal of Structural Engineering, 2005, 131(7): 1143-1145.

[15] IRWIN P A, GARBER J, HO E. Integration of wind tunnel data with full scale wind climate [C]. Proceedings of the 10th Americas Conference on Wind Engineering, Baton Rouge, Louisiana, USA, 2005.

[16] IRWIN H P A H. The design of spires for wind simulation[J]. Journal of Wind Engineering and Industrial Aerodynamics, 1981, 7(3): 361-366.

[17] 李永乐,卢伟,李明水,等.风洞短试验段中基于被动技术的大气边界层模拟[J].实验流体力学,2007,21(3):82-85.

[18] TEUNISSEN H W. Simulation of the planetary boundary layer in a multiple-jet wind tunnel [J]. Atmospheric Environment, 1975, 9(2):145-174.

[19] CAO S Y, NISHI A, KIKUGAWA H, et al. Reproduction of wind velocity history in a multiple fan wind tunnel[J]. Journal of Wind Engineering & Industrial Aerodynamics, 2002, 90 (12-15): 1719-1729.

[20] TAYLOR G I. The spectrum of turbulence[C]. Proceedings of the Royal Society a: Mathematical Physical and Engineering Sciences. London: Royal Society Publishing, 1938.

[21] VON KÁRMÁN T. Progress in the statistical theory of turbulence[J]. Proceedings of the National Academy of Sciences of the United States of America, 1948, 34 (11): 530-539.

[22] DAVENPORT A G. The spectrum of horizontal gustiness near the ground in high winds[J]. Quarterly Journal of the Royal Meteorological Society, 1962,88(376):197-198.

[23] HARRIS R I. The nature of the wind, modern designing of wind sensitive structures[R]. London: Construction Industry Research and Information Association, 1971.

[24] HINO M. Spectrum of gusty wind[C]. Proceedings of the 3rd International Conference on Wind Effects on Buildings and Structures, Tokyo, Japan, 1971.

[25] SIMIU E. Wind spectra and dynamic alongwind response[J]. Journal of the Structural Division, 1974, 100(9): 1897-1910.

[26] PANOFSKY H A, MCCORMICK R A. The spectrum of vertical velocity near the surface[J]. Quarterly Journal of the Royal Meteorological Society, 1960, 86(370): 495-503.

[27] LUMLEY J L, PANOFSKY H A. The structure of atmospheric turbulence[M]. New York: Wiley, 1964.

[28] DAVENPORT A G. The dependence of wind load upon meteorological parameters[C]. Proceedings of the International Research Seminar on Wind Effects on Buildings and Structures.

Ottawa: University of Toronto Press, 1968.
[29] KAIMAL J C, WYNGAARD J C, IZUMI Y, et al. Spectral characteristics of surface-layer turbulence[J]. Quarterly Journal of the Royal Metereological Society, 1972, 98(417): 563-589.
[30] SHINOZUKA M, DEODATIS G. Simulation of stochastic processes by spectral representation [J]. Applied Mechanics Review, 1991, 44(4): 191-204.
[31] DEODATIS G. Simulation of ergodic multivariate stochastic processes[J]. Journal of engineering mechanics, 1996, 122(8): 778-787.
[32] LI Y L, HU P, XU X Y, et al. Wind characteristics at bridge site in a deep-cutting gorge by wind tunnel test[J]. Journal of Wind Engineering and Industrial Aerodynamics, 2017, 160: 30-46.
[33] HAN Y, SHEN L, XU G J, et al. Multiscale simulation of wind field on a long-span bridge site in mountainous area[J]. Journal of Wind Engineering and Industrial Aerodynamics, 2018, 177: 260-274.

第 4 章
桥梁空气动力学基础

1940年美国塔科马海峡桥的风毁事故,使工程界认识到设计大跨度桥梁时不仅要考虑自然风对桥梁结构的静力作用,还必须注意风的动力作用及其引起的振动问题。桥梁风致振动的早期研究主要基于航空工程及机翼空气动力学的理论而开展,但是,桥梁断面的非流线型特点,使研究者逐渐认识到不能简单地照搬势流理论,而必须采用理论分析和风洞模型试验相结合的方法,建立作用于复杂钝体截面上的空气作用力模型。

桥梁结构风致响应与大气边界层内空气流动特性、风与结构(或构件)的相互作用特性以及桥梁结构动力特性相关。其中风与桥梁结构(或构件)的相互作用特性研究的理论基础是钝体空气动力学,桥梁空气动力学主要研究桥梁结构(或构件)在与气体做相对运动情况下的受力特性、气体流动规律和伴随发生的流动变化。经过土木、航空、气象和流体力学各学科的研究人员半个多世纪的研究,桥梁风工程学及抗风设计理论日趋完善。

4.1 流体动力学控制方程

流动的流体要遵守基本的守恒定律,这些基本定律包括质量守恒定律、动量守恒定律和能量守恒定律。而控制方程就是这些基本定律的数学描述。下面逐一介绍这些基本方程。

4.1.1 质量守恒方程

任何流体的流动,都必须遵守质量守恒原则。该原则的含义为:单位时间内流入流体微元体的净质量等于该时间内微元体质量的增加。根据这一原则,可得质量守恒方程(也常被称为连续方程):

$$\frac{\partial \rho}{\partial t} + \frac{\partial (\rho u)}{\partial x} + \frac{\partial (\rho v)}{\partial y} + \frac{\partial (\rho w)}{\partial z} = 0 \quad (4\text{-}1)$$

式中,ρ 表示流体密度;t 表示时间;u、v、w 分别表示流体速度矢量在 x、y、z 方向上的分量。

引入矢量符号[即 $\mathrm{div}(\vec{a}) = \frac{\partial a_x}{\partial x} + \frac{\partial a_y}{\partial y} + \frac{\partial a_z}{\partial z}$],简化式(4-1),则有:

$$\frac{\partial \rho}{\partial t} + \mathrm{div}(\rho \vec{u}) = 0 \quad (4\text{-}2)$$

式中,$\vec{u}$ 表示流体的速度矢量。

以上给出的是瞬态三维可压流体的质量守恒方程,若流体不可压,即 ρ 为常数,那么式(4-1)可变为:

$$\frac{\partial u}{\partial x} + \frac{\partial v}{\partial y} + \frac{\partial w}{\partial z} = 0 \quad (4\text{-}3)$$

若流体处于稳态,即 ρ 不随时间变化,则式(4-1)可变为:

$$\frac{\partial (\rho u)}{\partial x} + \frac{\partial (\rho v)}{\partial y} + \frac{\partial (\rho w)}{\partial z} = 0 \quad (4\text{-}4)$$

4.1.2 动量守恒方程

如同质量守恒原则一样,任何流动的系统也都必须满足动量守恒原则。该原则可用牛顿第二定律来解释,即一个微元体中流体的动量对时间的变化率等于外界作用在该微元体上的所有外力之和。根据这一原则,可得 x、y 和 z 三个方向上的动量守恒方程(也常被称为运动方程或 Navier-Stokes 方程):

$$\begin{cases} \dfrac{\partial (\rho u)}{\partial t} + \mathrm{div}(\rho u \vec{u}) = -\dfrac{\partial p}{\partial x} + \dfrac{\partial \tau_{xx}}{\partial x} + \dfrac{\partial \tau_{yx}}{\partial y} + \dfrac{\partial \tau_{zx}}{\partial z} + F_x \\ \dfrac{\partial (\rho v)}{\partial t} + \mathrm{div}(\rho v \vec{u}) = -\dfrac{\partial p}{\partial y} + \dfrac{\partial \tau_{xy}}{\partial x} + \dfrac{\partial \tau_{yy}}{\partial y} + \dfrac{\partial \tau_{zy}}{\partial z} + F_y \\ \dfrac{\partial (\rho w)}{\partial t} + \mathrm{div}(\rho w \vec{u}) = -\dfrac{\partial p}{\partial z} + \dfrac{\partial \tau_{xz}}{\partial x} + \dfrac{\partial \tau_{yz}}{\partial y} + \dfrac{\partial \tau_{zz}}{\partial z} + F_z \end{cases} \quad (4\text{-}5)$$

式中,p 表示微元体上的压力;F_x、F_y 和 F_z 分别表示作用在微元体 x、y 和 z 三个方向上的体力;τ_{xx}、τ_{xy}、τ_{xz} 等分别表示作用在微元体表面上的黏性应力 $\vec{\tau}$ 的分量。

式(4-5)中:第一项是非定常项,用来描述流场随时间的变化;第二项是对流项,用来描述流体中的对流效应。前两项描述的都是流体运动的加速度,也可以说是惯性力,雷诺数中的惯性力特指的是第二项,即对流项。第三项是压力项,第四项是黏性项(扩散项),分别描述压力和黏性力对流体的影响;另外,压力和黏性力都属于表面力。第五项描述的是体积力,如重力等。

式(4-5)中的动量守恒方程对任何种类的流体都适用,包括非牛顿流体(即不满足牛顿黏性实验定律的流体,其剪应力与剪切应变率之间不是线性关系)。特别地,对于牛顿流体,其黏性应力 $\bar{\tau}$ 与流体变形率成比例,有如下关系:

$$\begin{cases} \tau_{xx} = 2\mu \dfrac{\partial u}{\partial x} + \lambda \operatorname{div}(\vec{u}) \\[4pt] \tau_{yy} = 2\mu \dfrac{\partial v}{\partial y} + \lambda \operatorname{div}(\vec{u}) \\[4pt] \tau_{zz} = 2\mu \dfrac{\partial w}{\partial z} + \lambda \operatorname{div}(\vec{u}) \\[4pt] \tau_{xy} = \tau_{yx} = \mu \left(\dfrac{\partial u}{\partial y} + \dfrac{\partial v}{\partial x} \right) \\[4pt] \tau_{xz} = \tau_{zx} = \mu \left(\dfrac{\partial u}{\partial z} + \dfrac{\partial w}{\partial x} \right) \\[4pt] \tau_{yz} = \tau_{zy} = \mu \left(\dfrac{\partial v}{\partial z} + \dfrac{\partial w}{\partial y} \right) \end{cases} \tag{4-6}$$

式中,μ 表示动力黏度;λ 表示第二黏度。根据 Stokes 假设,可得 $\lambda = -\dfrac{2}{3}\mu$。

将式(4-6)代入式(4-5)可得:

$$\begin{cases} \dfrac{\partial(\rho u)}{\partial t} + \operatorname{div}(\rho u \vec{u}) = \operatorname{div}[\mu \cdot \operatorname{grad}(u)] - \dfrac{\partial p}{\partial x} + S_u \\[6pt] \dfrac{\partial(\rho v)}{\partial t} + \operatorname{div}(\rho v \vec{u}) = \operatorname{div}[\mu \cdot \operatorname{grad}(v)] - \dfrac{\partial p}{\partial y} + S_v \\[6pt] \dfrac{\partial(\rho w)}{\partial t} + \operatorname{div}(\rho w \vec{u}) = \operatorname{div}[\mu \cdot \operatorname{grad}(w)] - \dfrac{\partial p}{\partial z} + S_w \end{cases} \tag{4-7}$$

式中,$\operatorname{grad}(\ ) = \dfrac{\partial(\ )}{\partial x} + \dfrac{\partial(\ )}{\partial y} + \dfrac{\partial(\ )}{\partial z}$;$S_u$、$S_v$ 和 S_w 分别表示动量守恒方程的广义源项。

为了便于理解,式(4-7)还可以改写为:

$$\begin{cases} \dfrac{\partial(\rho u)}{\partial t} + \dfrac{\partial(\rho uu)}{\partial x} + \dfrac{\partial(\rho uv)}{\partial y} + \dfrac{\partial(\rho uw)}{\partial z} \\[6pt] = \dfrac{\partial}{\partial x}\left(\mu \dfrac{\partial u}{\partial x}\right) + \dfrac{\partial}{\partial y}\left(\mu \dfrac{\partial u}{\partial y}\right) + \dfrac{\partial}{\partial z}\left(\mu \dfrac{\partial u}{\partial z}\right) - \dfrac{\partial p}{\partial x} + S_u \\[6pt] \dfrac{\partial(\rho v)}{\partial t} + \dfrac{\partial(\rho vu)}{\partial x} + \dfrac{\partial(\rho vv)}{\partial y} + \dfrac{\partial(\rho vw)}{\partial z} \\[6pt] = \dfrac{\partial}{\partial x}\left(\mu \dfrac{\partial v}{\partial x}\right) + \dfrac{\partial}{\partial y}\left(\mu \dfrac{\partial v}{\partial y}\right) + \dfrac{\partial}{\partial z}\left(\mu \dfrac{\partial v}{\partial z}\right) - \dfrac{\partial p}{\partial y} + S_v \\[6pt] \dfrac{\partial(\rho w)}{\partial t} + \dfrac{\partial(\rho wu)}{\partial x} + \dfrac{\partial(\rho wv)}{\partial y} + \dfrac{\partial(\rho ww)}{\partial z} \\[6pt] = \dfrac{\partial}{\partial x}\left(\mu \dfrac{\partial w}{\partial x}\right) + \dfrac{\partial}{\partial y}\left(\mu \dfrac{\partial w}{\partial y}\right) + \dfrac{\partial}{\partial z}\left(\mu \dfrac{\partial w}{\partial z}\right) - \dfrac{\partial p}{\partial z} + S_w \end{cases} \tag{4-8}$$

式中,$S_u = F_x + s_x$, $S_v = F_y + s_y$, $S_w = F_z + s_z$。而s_x、s_y和s_z可由下式求得:

$$\begin{cases} s_x = \frac{\partial}{\partial x}\left(\mu\frac{\partial u}{\partial x}\right) + \frac{\partial}{\partial y}\left(\mu\frac{\partial v}{\partial x}\right) + \frac{\partial}{\partial z}\left(\mu\frac{\partial w}{\partial x}\right) + \frac{\partial}{\partial x}[\lambda\operatorname{div}(\vec{u})] \\ s_y = \frac{\partial}{\partial x}\left(\mu\frac{\partial u}{\partial y}\right) + \frac{\partial}{\partial y}\left(\mu\frac{\partial v}{\partial y}\right) + \frac{\partial}{\partial z}\left(\mu\frac{\partial w}{\partial y}\right) + \frac{\partial}{\partial y}[\lambda\operatorname{div}(\vec{u})] \\ s_z = \frac{\partial}{\partial x}\left(\mu\frac{\partial u}{\partial z}\right) + \frac{\partial}{\partial y}\left(\mu\frac{\partial v}{\partial z}\right) + \frac{\partial}{\partial z}\left(\mu\frac{\partial w}{\partial z}\right) + \frac{\partial}{\partial z}[\lambda\operatorname{div}(\vec{u})] \end{cases} \quad (4-9)$$

式中,s_x、s_y和s_z属于小量。特别地,对于不可压缩流体,有$s_x = s_y = s_z = 0$。

4.1.3 能量守恒方程

能量守恒原则特指具有热交换的流动系统所必须满足的基本原则。该原则可用热力学第一定律来解释,即微元体中能量随时间的增加率等于该微元体中净热量加上体力和表面力对该微元体做的功。根据这一原则,可得以T为变量的能量守恒方程:

$$\frac{\partial(\rho T)}{\partial t} + \operatorname{div}(\rho\vec{u}T) = \operatorname{div}\left[\frac{k_h}{c_p}\operatorname{grad}(T)\right] + S_T \quad (4-10)$$

将式(4-10)展开可得:

$$\frac{\partial(\rho T)}{\partial t} + \frac{\partial(\rho uT)}{\partial x} + \frac{\partial(\rho vT)}{\partial y} + \frac{\partial(\rho wT)}{\partial z} = \frac{\partial}{\partial x}\left(\frac{k_h}{c_p}\frac{\partial T}{\partial x}\right) + \frac{\partial}{\partial y}\left(\frac{k_h}{c_p}\frac{\partial T}{\partial y}\right) + \frac{\partial}{\partial z}\left(\frac{k_h}{c_p}\frac{\partial T}{\partial z}\right) + S_T$$

$$(4-11)$$

式中,T表示温度;c_p表示比热容;S_T表示黏性耗散项;k_h表示传热系数。

值得注意的是,式(4-11)表示流动与传热的关系。对于不可压缩流体,其热交换很小甚至可以忽略时,可不考虑能量守恒方程,仅需要联立质量守恒方程与动量守恒方程进行求解。

因为桥梁处于大气边界层内,且空气流速远小于音速,故不考虑空气的密度变化,可将其当作不可压缩流体。此外,还需要说明,式(4-11)的推导针对的是牛顿流体,对于非牛顿流体,式(4-11)不再适用。

4.1.4 控制方程通用形式

观察式(4-1)、式(4-7)和式(4-10),可以发现它们具有类似的表达形式,为了方便分析,可将其改写为统一形式:

$$\frac{\partial(\rho\phi)}{\partial t} + \operatorname{div}(\rho\vec{u}\phi) = \operatorname{div}[\Gamma\operatorname{grad}(\phi)] + S \quad (4-12)$$

式(4-12)的展开形式为:

$$\frac{\partial(\rho\phi)}{\partial t} + \frac{\partial(\rho u\phi)}{\partial x} + \frac{\partial(\rho v\phi)}{\partial y} + \frac{\partial(\rho w\phi)}{\partial z} = \frac{\partial}{\partial x}\left(\Gamma\frac{\partial\phi}{\partial x}\right) + \frac{\partial}{\partial y}\left(\Gamma\frac{\partial\phi}{\partial y}\right) + \frac{\partial}{\partial z}\left(\Gamma\frac{\partial\phi}{\partial z}\right) + S$$

$$(4-13)$$

式中,ϕ表示通用变量;Γ表示广义扩散系数;S表示广义源项。对于每一个具体的控制方程,ϕ、Γ和S可按表4-1取值。

通用方程中各符号的取值　　　　　　　　　　表 4-1

控制方程	Γ	ϕ	S
质量守恒方程	0	1	0
动量守恒方程	μ	u_i	$-\partial p/\partial x_i + S_i$
能量守恒方程	k_h/c_p	T	S_T

4.1.5　伯努利方程

如果流体不可压缩,且是无黏性($\mu=0$)、无旋的,体力可忽略,则式(4-7)或式(4-12)可以简化为:

$$\begin{cases} \dfrac{\partial(\rho u)}{\partial t} + \mathrm{div}(\rho u \vec{u}) = -\dfrac{\partial p}{\partial x} \\ \dfrac{\partial(\rho v)}{\partial t} + \mathrm{div}(\rho v \vec{u}) = -\dfrac{\partial p}{\partial y} \\ \dfrac{\partial(\rho w)}{\partial t} + \mathrm{div}(\rho w \vec{u}) = -\dfrac{\partial p}{\partial z} \end{cases} \quad (4\text{-}14)$$

流体力学理论认为:气体或液体流动时,如果流体中任何一点的压力、速度、密度等物理量都不随时间变化,则这种流动就称为定常流动,也可称为"稳态流动"或者"恒定流动";当然,只要流体流动时,压力、速度和密度中任意一个物理量随时间而变化,则称为非定常流动或时变流动。

以坐标 x 方向为流体流动方向,y、z 方向与流体流动方向垂直,如果流动是定常的,则式(4-14)可变为:

$$\mathrm{div}(\rho u \vec{u}) + \frac{\partial p}{\partial x} = 0 \quad (4\text{-}15)$$

积分后可得伯努利方程:

$$\frac{1}{2}\rho u^2 + p = \mathrm{const}(常数) \quad (4\text{-}16)$$

式中,u 为沿某流线的流速,$\frac{1}{2}\rho u^2$ 为流体的动压,从而,压力与流速之间的关系由伯努利方程得到,且对于任一条流线,其常数为不变的定值。

基于上述方程可知,流体所受的力可以分为惯性力、压力、黏性力和其他体积力(重力等),而这些力在不同的流场下可以表现为阻碍或促进流体运动的力。譬如,当黏性力阻碍流体运动时就是摩擦阻力,当压力阻碍流体运动时就是压差阻力。

4.1.6　控制方程求解

流体力学微分方程组是描述流体运动的普遍适用的方程组,要确定某种具体的流体运动,需找出方程组的一组确定的解,还需要给出定解条件。定解条件就是初始时刻流体运动应该满足的初始状态,即初始条件和在流体流动区域边界上方程组的解应该满足的边界条件。

流体力学的基本方程组非常复杂,在考虑黏性作用时更是如此,一般情况下,只有比较简单或特殊的情形才能简化欧拉方程或 N-S 方程,进而得到理论解。

桥梁风工程中结构断面多为钝体,其空气绕流特征比流线型断面复杂得多,难以通过对方程的理论推导获得解析解,一般只能借助计算机,基于数值计算对方程进行求解,或基于模型试验来研究桥梁风工程相关问题。

数学的发展、计算机技术的不断进步以及流体力学各种计算方法的发明,使许多原来无法用理论分析求解的复杂流体力学问题有了求得数值解的可能性,这又促进了流体力学计算方法的发展,并形成了"计算流体动力学"。计算流体动力学是一门用数值计算方法直接求解流动主控方程(Euler 或 Navier-Stokes 方程)以发现各种流动现象规律的学科,它综合了计算数学、计算机科学、流体力学、科学可视化等多种学科。

CFD 方法和传统的理论分析方法、实验测量方法组成了研究流体流动问题的完整体系。其中:理论分析方法的优点在于所得结果具有普遍性,是指导实验研究和数值计算的理论基础,但是它要求对问题进行抽象和简化,难以适用于非线性等复杂问题;实验测量方法所得到的实验结果真实可信,它是理论分析和数值方法的基础,但实验往往受到模型尺寸、流场流动和测量精度的限制。CFD 方法能克服前两种方法的弱点,在计算机上实现一个特定的计算,就好像在计算机上做一个物理实验,当然它也有一定的局限性,如计算软件的编制、数学模型参数的确定、计算模型的建立在很大程度上取决于经验和技巧,只能得到离散点上的数值解。

根据 CFD 对流动控制方程的离散方式及原理的不同,数值计算方法大体有有限差分法、有限元法、有限体积法等。常用的 CFD 商用软件有 FLUENT、CFX、PHOENICS、FIDAP 等。

4.2 钝体截面二维气动力

流体(包括气体和液体)的重要特征是易变形、具有黏性,当流体流过固体时,受流体的质量惯性、黏性、内摩擦及固体表面粗糙度的影响,在近固体表面会形成较薄的附面边界层,形成钝体截面的二维气动力。

4.2.1 表面扰流

当黏性流体沿物体表面流动时,在接触面上紧贴物体表面的流体由于分子引力的作用,完全黏附于物体表面上,与物体的切向相对速度为零。当黏性流体在物体表面流动时,虽然空气的黏性系数很小,但它也能通过黏性效应阻滞或减慢靠近物体表面的一薄层空气的分布及流动速度,流速随与接触面的距离变远而增大;这个靠近物体表面的、流动受到阻滞并产生很大速度梯度的区域称为边界层或附面边界层,边界层内充满动量和涡量的交换,流动形式体现为紊流特征。所以,虽然空气的黏性系数比较小,在一般流动中可以忽略,但在接近物体表面的附面边界层内,其对空气流动的影响很大,黏性是不可忽略的。

黏性力的持续作用减慢了靠近壁面的流体层的流动速度,这些缓慢流动的流体层又减慢了它们上方的流体层的速度,因此,速度边界层的厚度会随流体流向下游逐渐变大,如图 4-1 所示。

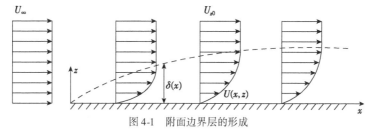

图 4-1 附面边界层的形成

有一定速度的气流流过固体,先与固体接触附着,形成附面边界层,然后流体由于惯性变化而与固体分离,气流甚至倒流,如图4-2所示。显然,这种流动、附着、分离特征与固体形状有关。有明显尖角的固体,流体与固体的分离点就位于尖角处;而没有明显尖角的固体或为曲线外形的固体,流体与固体的分离点的位置则与空气流动速度、固体尺度及固体表面特征有关。

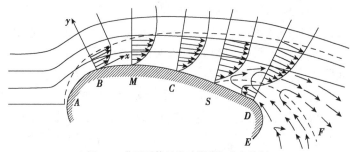

图4-2 曲面固体的流动附着与分离特征

当流体经过固体表面形态变化处(如尖角、孔等),由于流动惯性效应,流线无法随固体表面形态变化,边界层内动量与涡量交换不连续,形成压力梯度,从而使流体在该表面形态变化处与固体分离,又由于空气的黏性作用,流固分离后,气流呈逆向流动,其边界层厚度增加,在分离点后面形成一个旋涡尾流区,图4-3给出了流体流经方形截面或长宽比为5:1的矩形截面时的流动分离及尾流区。

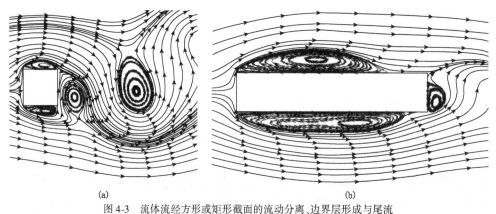

图4-3 流体流经方形或矩形截面的流动分离、边界层形成与尾流
(a)方形截面;(b)长宽比5:1的矩形截面

流体流经方形截面、矩形截面等钝体截面时,流体在角点处与固体产生流动分离,形成较宽的紊流尾流;当截面宽高比较大时,如扁形、矩形截面,则可能先在前缘拐角处发生流固分离,然后在其下游处发生再附着,最后在后缘再次分离。

可见,在一定的条件下,已经分离了的边界层可能重新再附着于固体表面,并在分离与附着区形成空腔,而且新附着层大多是紊流的。如果在边界层分离之前流动已处于紊流状态,那么边界层增厚,且以紊流边界层的形式重新附着于固体表面,形成一种气泡式的局部分离流动,这种紊流重新附着将使边界层厚度急剧增加。

固体迎着流体的钝面、固体的流向长度、总体形状等均会对尾流形式产生明显的影响。研究表明,钝体截面的流动分流点基本不变,均发生在拐角处。方形截面流动分离后,不易发生再附着,如图4-4(a)所示。短边迎风的矩形截面易产生流动分离与再附着现象,如

图 4-4(b)所示。典型的流线型桥梁的扁平箱主梁断面,宽高比较大,可能发生多次分离及多次附着现象,分离点也可能并不明显,如图 4-5 所示。

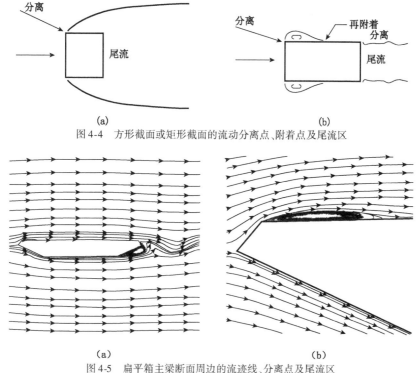

(a)　　　　　　　　　　　　　　(b)

图 4-4　方形截面或矩形截面的流动分离点、附着点及尾流区

(a)　　　　　　　　　　　　　　(b)

图 4-5　扁平箱主梁断面周边的流迹线、分离点及尾流区
(a)整体流线分布;(b)迎风侧风嘴局部放大

与钝体截面边界层分离点固定在棱角的前缘的绕流特性不同,流线型断面的绕流,其分离点会随风速大小变化,尾流中的剪切层的发展也与风速大小有关。譬如典型的流线型圆截面,图 4-6 为不同雷诺数(风速不同)时圆截面的绕流,不同雷诺数的气流在圆柱体上的脱落点不同,因而其对圆柱体的作用也不同,尾流也明显不同。

研究表明,无论是钝体截面还是流线型断面,流动分离及尾流区的旋涡脱落现象与截面的宽高比相关。

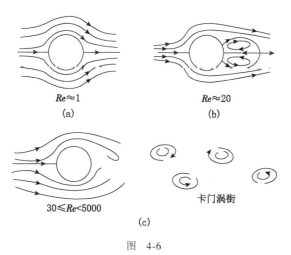

图 4-6

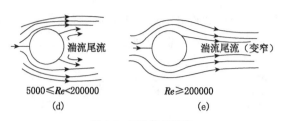

图 4-6 圆柱体的绕流

在一定条件下的定常来流绕过某些物体时,物体两侧会周期性地脱落出旋转方向相反、排列规则的双列旋涡,称为卡门涡街。卡门涡街是流体力学中重要的现象,在自然界中常可遇到,如水流过桥墩,风吹过高塔、烟囱、电线等都可能会形成卡门涡街。

钝体的空气动力学特征与流线体有本质上的不同,飞机翅膀等流线体具有圆头、薄的外形以及锋利的后缘,它们的尾流较小且攻角较小,而钝体有分开的尾流和不平稳的气流。

4.2.2 表面风压

大气流动遇到结构物阻碍时,并不是停滞在结构物的表面,而是以不同的方式从结构物表面绕过,结构形式不同,这种绕流方式与绕流速度也会有较大的不同,近固体表面的附面边界层外的绕流流动风压仍满足伯努利方程。

$$\frac{1}{2}\rho u^2 + p = \text{const}(常数) \tag{4-17}$$

根据伯努利方程,流体在固体表面会形成压力,在固体表面的流速不同,压力也不同,流速加快时,物体与流体接触面上的压力会减少,反之压力会加大。由于黏性的作用,表面分离也将导致风压产生变化,通过对风压积分可获得空气气动力,由于受流体分离、附着及附面边界层内紊流的影响,气动力包括定常部分与时变非定常部分。

气流遇到结构物的阻碍后,会在结构的边缘某处产生分离流线,分离流线将气流分隔成两部分,外区气流不受流体黏性的影响,可按理想气体的伯努利方程来确定气流压力与速度的关系,而分离流线以内是尾涡区,尾涡区的形状和近尾回流的分布与结构物的截面形状有关。一般来说,要完全从理论上确定任意受气流影响的物体表面的压力十分困难,一般是基于试验(如风洞模型测压试验)来确定。

在风的作用下,矩形截面迎风面由于气流正面受阻产生风压力,侧风面和背风面由于分离、尾流及旋涡作用产生吸力,图 4-7 为流体流经矩形截面的平均风压分布,图 4-8 为流体流经扁平箱主梁断面的平均风压分布。

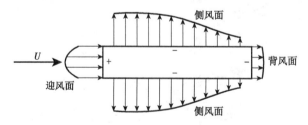

图 4-7 流体流经矩形截面的平均风压分布

结构风工程学科将流动流体经过物体时产生的与流动方向相同的气动合力称为阻力,将与流动方向相垂直的气动合力称为升力,将绕截面形心的气动合力矩称为气动力矩。

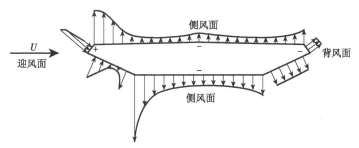

图 4-8　流体流经扁平箱主梁断面的平均风压分布

流体产生的压力垂直作用在物体的表面,流体的黏性和物体表面的不光滑性,使物体表面与流体之间相对移动产生剪切力,物体上的阻力、升力分别是物体表面压力和剪切力沿着流动方向上的合力或沿流动垂直方向上的合力。

垂直于流动方向的一个极薄的平板只有压差阻力,平行于流动方向的一个极薄的平板只有表面摩擦力。钝体不是流线型,其阻力主要来自压力,且一般来讲,物体前部受到的压力比后部更大,流动分离时前后部的压差阻力大于流动不分离时,因此,工程上可通过抑制流动分离来降低阻力。

摩擦阻力由流体的黏性或黏度产生,取决于流体的黏度系数和物体表面的边界层剖面梯度,因此,表面摩擦阻力是黏性的强函数,取决于边界层为层流还是湍流。

正如前文所述,流体流动会在物体表面处分离,产生一个反向压力梯度的区域,分离取决于表面摩擦度和湍流,钝体之后的分离区域被称为尾流,这些因素严重影响物体的气动阻力和气动升力。

结构物各表面的风压大小分布是不均匀的,其一般取决于来流风速、结构物平面形状、尺度比等。工程上为了简便,一般将结构表面风压无量纲化,即将表面所测得的风压与远前方来流平均动压 $\frac{1}{2}\rho u_0^2$ 相比,得到无量纲风压,这样,该比值(无量纲风压)与来流风速大小无关,而仅与结构截面形状相关,故也称为无量纲风压系数 C_p,无量纲风压系数一般可由风洞测压模型试验确定。

$$C_p = \frac{p - p_0}{\frac{1}{2}\rho U^2} \tag{4-18}$$

式中,U 为远前方来流参考风速的平均值;$p - p_0$ 为当地表面风压 p 与远前方上游风压 p_0 之差。

假定流场中的两点符合伯努利方程,则有

$$\frac{1}{2}\rho u^2 + p = \frac{1}{2}\rho U^2 + p_0 \tag{4-19}$$

$$C_p = \frac{p - p_0}{\frac{1}{2}\rho U^2} = \frac{\frac{1}{2}\rho(U^2 - u^2)}{\frac{1}{2}\rho U^2} = 1 - \left(\frac{u}{U}\right)^2 \tag{4-20}$$

可知,风速 $u=0$ 时,无量纲风压系数 $C_p = 1$,即为驻值点;而当风速 $u > U$ 时,无量纲风压系数 $C_p < 0$,即为风吸负压;当风速 $u < U$ 时,无量纲风压系数 $C_p > 0$,即风压为正。因此,速度大小分布决定了风压的分布。

如果前方来流的风速是随时间变化的,风速是时间的函数,且可以表示为平均风速 U 与脉动风速 $u(t)$ 之和,即 $U(t) = U + u(t)$,则物体表面的风压也随时间变化(脉动风压),用 $p(t)$ 表示,有:

$$p(t) = \frac{1}{2}C_p\rho U(t)^2 = \frac{1}{2}C_p\rho[U + u(t)]^2 = \frac{1}{2}C_p\rho[U^2 + u(t)^2 + 2Uu(t)] \quad (4-21)$$

式中,C_p 为无量纲风压系数,当脉动风速 $u(t)$ 相比平均风速 U 是小量时,式(4-21)变为:

$$p(t) \approx \frac{1}{2}C_p\rho[U^2 + 2Uu(t)] = \frac{1}{2}\rho C_p U^2 + \rho C_p U u(t) \quad (4-22)$$

式中,第一项为平均风压,后一项为脉动风压。

严格地说,伯努利方程在分离流和尾流区域是无效的,因此,式(4-22)难以精确计算实际断面的风压系数及其分布,但是通过把风速看成剪切层和尾流区域外接近该区域的风速,由式(4-22)可以合理地近似估计表面风压系数。

4.2.3 气动力

钝体截面气动力是截面外周分布风压的总体力学效应,而分布风压受二维绕流特性的控制,因而,任何影响截面二维绕流特性的因素均对气动力有影响。

截面形状、截面相对来流的姿态角、流体的三维流动、截面尺寸等不同,气动绕流特性及风压分布也就不同,所以即使在相同来流风速作用下,截面的气动力也可能是不同的。

自然风来流的湍流、涡会导致流动变化或产生特征流(即物体引起的湍流),使流动(风速或压力)产生脉动,阻力、升力、力矩等量将随时间变化,或引起结构的振动,结构的振动又会改变结构与气流的相对速度与姿态角。因此,截面的气动力与来流紊流度、结构振动效应有关。桥梁风工程学通过测量脉动风压或作用力时程,来确定截面的气动力平均值和谱密度分布。

一般来讲,湍流会减少气流分离,促进边界层内层流向湍流转化,或影响物体后面尾流的形成方式,并对物体后面和两侧的最终压力有很大影响,进而影响气动力。气流中的高湍流会加快自由流湍流进入或流出分离剪切层,从而使尾流流体变窄,剪切层边界径向压力梯度降低,剪切层内部压力降低。

近固体表面的气流摩擦效应、气流黏性效应、物体表面粗糙度等对气动绕流特性也有明显的影响,自然也影响结构的气动力。

研究桥梁结构在紊流风场中的气动效应,需明确作用于结构的风荷载气动力,即确定作用于桥梁断面的空气动力荷载模型。通常,桥梁风工程中将作用于桥梁断面的荷载分为三部分:平均风引起的静风力,结构与流场相互作用产生的自激力,脉动风引起的抖振力。其中,静风力仅与来流平均风速有关,各时刻保持不变,自激力和抖振力则是时间的函数。

桥梁风工程中将不随时间变化的气动力定义为定常气动力;将随时间变化,大小除了与风攻角有关,还与经历的非定常过程有关的气动力称为非定常气动力。所以平均风引起的静风力为定常气动力,结构与流场相互作用产生的自激力及脉动风引起的抖振力为非定常气动力。

(1)平均风荷载(定常气动力)。

由于自然风的长周期远大于一般结构的自振周期,因而平均风速比较稳定,其对结构的动力影响很小,可以忽略,可将其等效为静力作用。

将结构表面由于空气绕流产生的风压沿风向、垂直风向及截面形心积分,可得到三个气动力分量,称为静力气动力或三分力,分别为气动阻力 F_D、气动升力 F_L 及气动力矩 F_M,如图 4-9 所示。

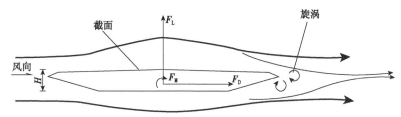

图 4-9 流体流经扁平箱梁截面产生的定常作用

桥梁风工程中将主梁上作用的定常气动力定义为:

气动阻力:

$$F_D = \frac{1}{2}\rho U^2 H l C_D \tag{4-23a}$$

气动升力:

$$F_L = \frac{1}{2}\rho U^2 B l C_L \tag{4-23b}$$

气动力矩:

$$F_M = \frac{1}{2}\rho U^2 B^2 l C_M \tag{4-23c}$$

式中,ρ 为空气密度;H、B、l 分别为主梁的迎风高度、宽度、纵向长度;$\frac{1}{2}\rho U^2$ 为气流的动压;C_D、C_L、C_M 分别为主梁的阻力系数、升力系数和力矩系数,统称静力三分力系数,通常情况下需要通过风洞模型试验获得。

自然风对主梁的作用,除了有定常气动力外,还有具有时变特性的非定常气动力。由于自然风对桥梁的作用十分复杂,尤其是三维非定常气动力的数学描述十分困难,桥梁风工程一般是近似基于二维模型及准(拟)定常假定,进行简化处理。

所谓准(拟)定常假定,就是假定结构表面风压和来流的风速压同步脉动,即认为风荷载体型系数不随时间变化。在这个假定前提下,通过一系列推导可以建立风压脉动与风速脉动的关系,从而可以用风速脉动的度量(湍流度)来定量描述风压脉动。

(2)非定常气动力。

非定常气动力的确定,目前有多种方法和模型,其中最简单的一种是基于准定常假设的非定常气动力表达式,即把非定常过程中任意一个时刻假设为等效(风攻角)的定常工况,认为此等效条件下的气动力为该时刻的非定常气动力,这种准定常方式意味着不考虑频率的影响。当然,由于流动绕流和尾流不断变化,真实的非定常气动力没有准定常假设那么简单。

非定常气动力包括自激气动力和脉动风引起的抖振力。自激气动力是由结构本身的运动使风场发生变化而引起的作用在结构上的空气力。由于大跨度桥梁采用的扁平加劲箱梁断面的气动失稳与机翼的颤振在形式上非常类似,早期的桥梁结构颤振研究很自然地沿用了薄翼的非定常气动力模型。然而,大多数的桥梁断面表现出典型的钝体特性,采用薄翼的方法无法建立流场特征与结构响应之间的联系。

受机翼断面气动导数试验测试方法的启发，20 世纪 60 年代一些学者开始在风洞内测量作用于桥梁节段模型上的非定常气动力，近些年，基于 Scanlan 及诸多学者的研究，发展了包括竖向挠曲 h、横向挠曲 p 和扭转运动 α 3 个自由度，18 个无量纲颤振导数的自激气动力模型，即

$$\begin{cases} L_{ae}(t) = \dfrac{1}{2}\rho U^2 B \left(KH_1^* \dfrac{\dot{h}}{U} + KH_2^* B \dfrac{\dot{\alpha}}{U} + K^2 H_3^* \alpha + K^2 H_4^* \dfrac{h}{B} + KH_5^* \dfrac{\dot{p}}{U} + K^2 H_6^* \dfrac{p}{B} \right) \\ D_{ae}(t) = \dfrac{1}{2}\rho U^2 B \left(KP_1^* \dfrac{\dot{p}}{U} + KP_2^* \dfrac{B\dot{\alpha}}{U} + K^2 P_3^* \alpha + K^2 P_4^* \dfrac{p}{B} + KP_5^* \dfrac{\dot{h}}{U} + K^2 P_6^* \dfrac{h}{B} \right) \\ M_{ae}(t) = \dfrac{1}{2}\rho U^2 B^2 \left(KA_1^* \dfrac{\dot{h}}{U} + KA_2^* \dfrac{B\dot{\alpha}}{U} + K^2 A_3^* \alpha + K^2 A_4^* \dfrac{h}{B} + KA_5^* \dfrac{\dot{p}}{U} + K^2 A_6^* \dfrac{p}{B} \right) \end{cases} \quad (4\text{-}24)$$

式中，H_i^*、P_i^*、A_i^* ($i=1,2,\cdots,6$) 是随折算频率 $K = \dfrac{\omega B}{U}$ 变化的气动导数，Scanlan 称之为颤振导数。

桥梁结构抖振气动力的描述，通常沿用的是经典空气动力学中处理二维问题的一些方法，即近似认为每一主梁断面均是二维平面流，横向流动效应可以忽略不计，沿展向的脉动阵风完全相关，从而利用二维平面流的研究成果来计算三维气动力。再引入拟定常假设，近似认为紊流风作用下脉动抖振气动力仅与当前时刻的脉动风速有关，而与以前时刻的脉动风速无关，也就是说，各种频率的脉动风具有相同的产生抖振力的能力。然而，由于拟定常假设有明显局限性，在描述抖振力时，需引入气动导纳函数的概念加以修正。

Davenport 首先开始大跨度桥梁结构抖振分析，研究了近地紊流风场的风速谱，并首次将概率统计的概念引入桥梁结构的抖振分析中，在随机振动理论的基础上将机翼抖振分析的方法用于桥梁结构，气动力表达式为

$$\begin{cases} P(t) = \overline{P} + 2\overline{P}\chi_1(n) \dfrac{u(t)}{U} \\ L(t) = \overline{L} + 2\overline{L}\chi_2(n) \dfrac{u(t)}{U} + \dfrac{dL}{d\alpha}\chi_3(n) \dfrac{w(t)}{U} \\ M(t) = \overline{M} + 2\overline{M}\chi_4(n) \dfrac{u(t)}{U} + \dfrac{dM}{d\alpha}\chi_5(n) \dfrac{w(t)}{U} \end{cases} \quad (4\text{-}25)$$

式中，χ_i ($i = 1 \sim 5$) 为气动导纳函数；$\dfrac{dL(t)}{d\alpha}$、$\dfrac{dM(t)}{d\alpha}$ 分别为升力和力矩随风攻角的变化率；$\overline{P}$、$\overline{L}$、$\overline{M}$ 分别为由平均风速 U 引起的阻力、升力和力矩；u、w 分别为水平和竖向脉动风速；n 为脉动风速的频率。

4.3 无量纲参数

流体力学（包括空气动力学）理论在求解控制方程或在模型试验模拟时，一般会对一些物理量进行无量纲化处理，得到无量纲参数，以简化方程与计算，消除结构尺度、物理单位等的限

制,有利于风洞模型试验设计、试验物理量的相似换算以及同类物理量之间的对比。

对物理量进行无量纲化后,模型的无量纲物理量与实际结构的无量纲物理量是相同的,因而无量纲参数的通用性更强,但其数值的物理直观性较差。

桥梁空气动力学风洞模型试验要求模型能反映实桥,模型试验物理量能换算至实桥,这就要求试验模型与实桥几何相似、运动相似及动力相似,且遵循同一相似律,当然也要求边界条件及初始条件相似。

几何相似即模型尺寸、外形等与实桥满足统一的相似比例,模型与实桥全部对应线形长度的比值为一定常数,用 λ_l 表示,即

$$\lambda_l = \frac{l_m}{l_p} \tag{4-26}$$

式中,l 表示长度;下标 m、p 分别表示模型与实桥。

运动相似要求实桥与模型所处的气流运动情况(流场)相似,物理量包括空气密度 ρ、时间 t、流动速度 $U(t)$、加速度 $a(t)$、流量、运动黏性等,其中空气密度 ρ、流动速度 $U(t)$ 的比例分别用 λ_ρ、λ_U 表示,桥梁风洞模型试验时,λ_ρ 一般为 1.0。

动力相似即要求模型与实桥间相应部位或质点上作用力相似,所有相应的力维持同一比例关系,用 λ_F 表示,即

$$\lambda_F = \frac{F_m}{F_p} \tag{4-27}$$

式中,下标 m、p 分别表示模型与实桥;F 表示作用力,包括重力、惯性力、压力、弹性力、表面张力、黏滞力等。由于作用力是长度、时间、密度、风速等的函数,所以力的比例关系 λ_F 可以用 λ_l、λ_ρ、λ_U 等表示。风洞模型试验时,根据实桥与模型的无量纲参数相等的条件,实现相似律的统一,以及实桥与模型间物理量的换算。

常用的无量纲参数是两个具有相同量纲的物理量的比值,桥梁空气动力学中主要的无量纲参数有牛顿数、弗劳德数、欧拉数、雷诺数、柯西数、斯特劳哈尔数、马赫数等。

马赫数是气流速度与音速的比值,由于桥梁风工程中所关注的风速一般远低于音速,空气认为是不可压缩的,马赫数较小,常略去其影响。

4.3.1 牛顿数

牛顿数是作用力与惯性力的比值,用 Ne 表示,即

$$Ne = \frac{F}{\rho l^2 U^2} \tag{4-28}$$

式中,F 表示作用力;ρ 为空气密度;l 为特征长度;U 为流速;$\rho l^2 U^2$ 表示流动惯性力。

牛顿数相等表示实桥与模型之间,流动作用力合力与惯性力比值相等。若实桥与模型所受到的流场动力相似,则它们的牛顿数必定相等,反之亦然,这便是由牛顿第二定律引出的牛顿相似准则。不论何种性质的力,要保证两种流场的动力相似,它们都要服从牛顿相似准则。牛顿相似准则是判断两个系统流动相似的一般准则。

牛顿数中作用力包括重力、压力、黏滞力、弹性力、表面张力、惯性力等,选取不同的作用力,可以演化得到其他无量纲参数。

4.3.2 弗劳德数

当牛顿数中的作用力为重力 $\rho l^3 g$ 时，

$$Ne = \frac{\rho l^3 g}{\rho l^2 U^2} = \frac{lg}{U^2} \tag{4-29}$$

定义弗劳德数，即

$$Fr = \frac{1}{\sqrt{Ne}} = \frac{U}{\sqrt{lg}} \tag{4-30}$$

式中，ρ 为空气密度；l 为特征长度；U 为流速；g 为重力加速度。

弗劳德数是惯性力与重力的比值，表示流动的重力作用相似率，也就是说，如果两种流动的弗劳德数相等，则其重力作用相似，反之亦然。

若模型与原型的重力相似，则其弗劳德数必定相等，反之亦然。这就是重力相似准则，又称弗劳德准则。

4.3.3 欧拉数

当气流运动的作用力只有压力时，牛顿数中的作用力为压力，此时的牛顿数变为欧拉数 Eu。

$$Ne = \frac{pl^2}{\rho l^2 U^2} = \frac{p}{\rho U^2} = Eu \tag{4-31}$$

式中，ρ 为空气密度；l 为特征长度；U 为流速；p 为压强或压强差。

欧拉数是总压力与惯性力的比值。在压力作用下相似的流动，其压力场必须相似，若两种流动的压力作用相似，则它们的欧拉数必定相等，反之亦然。

若模型与原型的压力相似，则其欧拉数必定相等，反之亦然。这就是压力相似准则，即欧拉准则。

4.3.4 雷诺数

对于不可压缩的牛顿流体，空气流经固体的绕流特性不仅与固体形状、流速有关，还与流动惯性效应、流动黏性效应及其相对关系有关。为了描述这些因素的影响规律，引入了一个无量纲参数——雷诺数，将雷诺数定义为惯性力 $\rho l^2 U^2$ 与黏性力 $\mu l U$ 之比，其表达式为

$$Re = \frac{\rho l^2 U^2}{\mu l U} = \frac{\rho U l}{\mu} = \frac{Ul}{\nu} \tag{4-32}$$

式中，l 是固体的特征长度；ρ 是流体的密度；U 是流体的速度；μ 是流体黏性系数；$\nu = \frac{\mu}{\rho}$，是流体运动黏性系数。在自然风条件下，空气的密度 $\rho \approx 1.225 \mathrm{kg/m^3}$，运动黏性系数 $\nu = 1.45 \times 10^{-5} \mathrm{m^2/s}$。

若模型与原型的黏性力相似，则其雷诺数必定相等，反之亦然。这就是黏性力相似准则，即雷诺准则。当作用力为黏性力时，牛顿数就是雷诺数的倒数。

雷诺数 Re 是反映流体流动时惯性效应与黏性效应的相对强弱关系的一个无量纲参数，流体的流动速度越大，线性尺度越大，黏性系数越小，雷诺数就越大。当雷诺数较大时，惯性效应起主要作用；当雷诺数较小时，黏性效应较强。随着雷诺数的增大，流体将会出现一系列变化很大的流动现象。

研究表明,雷诺数不同,黏性流体运动有两种形态,即层流和紊流,当雷诺数超过一定数值时,流动可由层流转化为紊流。层流的特征是流体运动规则,各部分分层流动、互不掺混,质点的轨线是光滑的,而且流场稳定。紊流的特征则完全相反,流体运动极不规则,各部分激烈掺混,质点的轨线杂乱无章,而且流场极不稳定。这两种截然不同的运动形态可以互相转化,雷诺数 Re 是层流向紊流过渡的决定性参数。层流刚好变为紊流时所对应的雷诺数称为临界雷诺数。

层流一般比紊流的摩擦阻力小,当飞机机翼周围的气流是层流时,飞机就飞得平稳;当飞机机翼周围的气流是紊流时,飞机就飞得颠簸。因而在飞行器设计中,应尽量使边界层流动保持层流状态。

4.3.5 柯西数

当气流运动的作用力只考虑弹性力时,牛顿数中的作用力为弹性力,将弹性力的一般式表示为 $F = kl^2$,则

$$Ne = \frac{kl^2}{\rho l^2 U^2} = \frac{k}{\rho U^2} \tag{4-33}$$

式中,ρ 为空气密度;l 为特征长度;U 为流速;k 为弹性系数。

定义柯西数,即

$$Ca = \frac{U^2}{k/\rho} = \frac{1}{Ne} \tag{4-34}$$

可见,柯西数是惯性力与弹性力的比值,无论是可压缩流场还是不可压缩流场,只要两种流场的弹性力相似,则两者柯西数相等,反之亦然。这便是弹性力相似准则,又称柯西准则。当空气的可压缩性有显著影响时,在考虑动态相似性的惯性力时,也需要考虑弹性力。

若模型与原型的弹性力相似,则其柯西数必定相等,反之亦然。

4.3.6 斯特劳哈尔数

对于非定常流动,流动速度 $U(t)$ 随时间变化,流动(迁移)惯性力为 $F = m\frac{\partial U(t)}{\partial t} \approx \rho l^3 \frac{U}{t}$,将该迁移惯性力与当地惯性力相比得到牛顿数,即

$$Ne = \frac{\rho l^3 \frac{U}{t}}{\rho l^2 U^2} = \frac{l}{tU} \tag{4-35}$$

式中,ρ 为空气密度;l 为特征长度;U 为流速;t 为时间变量。

流体力学中定义斯特劳哈尔数 $Sr = Ne$,以表征当地惯性力与迁移惯性力的比值。当两非恒定流动相似时,两者的斯特劳哈尔数相等,反之亦然。

斯特劳哈尔数也称谐时数,对于非定常流动的模型试验,必须保证模型与原型的流动随时间的变化(非定常流动)相似;若模型与原型的非定常流动相似,则其斯特劳哈尔数必定相等,反之亦然。这就是非定常斯特劳哈尔数相似准则。

前面斯特劳哈尔数物理定义及相关研究表明,流固绕流的旋涡脱落现象也可以用一个无量纲参数来描述,流体经过一确定的固体,分离产生的旋涡脱落频率与来流风速呈正比关系,并定义无量纲参数 St 如式(4-36)所示,该参数与前面的 Sr 具有相同的物理意义,因而可认为

是斯特劳哈尔数的另一种形式,桥梁空气动力学用该形式来表征非定常流相似特性。

$$St = \frac{fD}{U} \tag{4-36}$$

式中,D 是物体的特征尺度;U 是流体的速度;f 是旋涡脱落频率。

如果斯特劳哈尔数是常数,那么对应一个风速,就有一个固定的旋涡脱落周期。研究表明,旋涡脱落的频率或斯特劳哈尔数 St 与气流的雷诺数 Re 有关,当固体断面形状及尺寸确定时,在常规雷诺数范围内,斯特劳哈尔数 St 是个常数。

在实际工程中,空气流动通常会受到很多力的作用。理论上,模型试验应同时满足上述各准则,即要求模型、原型的弗劳德数、欧拉数、雷诺数、柯西数、斯特劳哈尔数等一一对应相等,实际上很难实现。好在大部分工程问题中空气运动过程中的某些作用力经常不发生作用或产生的影响很小,因此只需考虑某一种主要作用力满足上述比例关系,以此准则来设计模型进行试验研究。

在许多情况下,流体流动的相似仅考虑重力或黏性力相似,即以重力为主要作用力的重力相似(弗劳德准则)和以黏性力为主要作用力的阻力相似(雷诺数准则)。但是,也有一些情况,重力和黏性力都是重要作用力,都必须考虑。

4.4 钝体绕流三维特性

自然紊流风沿某一主方向流动时,还伴随与其相垂直的另外两个速度分量,因此大气边界层内的空气流动是三维流动,即空气流动本身包含三维特性。另外,当单方向流动的气流流动至与物体边界相接触时,流动将朝各个方向偏转,同时还将形成附面边界层及速度梯度,因此,大多数钝体绕流都具有三维特征。

流体流动的一般方程仍适用于三维流动,但由于三维流动相当复杂,所以这类问题很少能够用纯解析的方式成功地得到解决,大多数三维流动研究部分或全部依靠试验。

大跨度桥梁的主梁断面一般沿跨向(或展向)是相同的,且其轴向尺寸比横向尺寸大很多,在横桥向来流时,流动主要表现出二维绕流特征,桥梁空气动力学中为了简化分析,一般可近似用二维流模型进行求解。类似于一根方形截面的长柱体,处于平均速度均匀并垂直于柱体的侧向气流中,此时,除了靠近柱体两端外,实际计算分析时可以认为其平均流动是二维的。

这种将沿结构物长度方向各个断面的气流作用看成是相互独立的,研究分析时可以截取结构物中的一小段或者"片条"来开展的近似假定,称为"片条假设"。利用"片条"模型,结构物上总的阻力和升力就可以看作沿物体长度方向将各片条的阻力和升力集合而成。

当结构为一钝体,或者说结构在任一方向的尺寸并未达到可以看成一"线状"结构或"片条"模型时,结构的端部效应不应忽略,流体的流动呈现强烈的三维特性,流体的分离和再附、结构尾部的旋涡脱落等复杂现象都会显著影响结构的运动。此时,脉动气动力的描述只能借助风洞试验来确定。

受流动脉动的影响,同一来流风速的均匀流场中,长柱体不同截面的风压特征是不一样的,而且任一时刻这种差别将随各截面的间距增大而增大。图4-10表示长柱体处于层流或紊流来流时不同截面上、下中心线之间的压力差的展向相关。可以看到,流动的三维特性表现为压差值展向相关系数 R_{AB} 随 A 截面、B 截面间距的增大而减小,当来流中有紊流时,这种相关系数的衰减率显著增大。

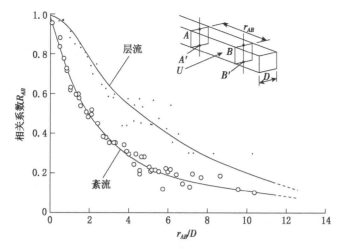

图 4-10 处于层流或紊流来流时长柱体截面上、下中心线之间脉动压差的展向相关

横桥向来流时,大跨度桥梁的主梁的绕流特征类似于长柱体,流体的脉动现象(包括旋涡脱落现象)沿主梁跨向一般是不可能完全均匀的,也就是说,即使来流平均速度、主梁断面的几何形状都是均匀的,气流脉动也不会均匀。

在大气边界层中,受地表的影响,气流流动具有紊流特性。流动的三维特性及绕流的三维特性均会减弱结构尾流中脱落旋涡的相关性及特征。

然而,在桥梁风工程针对大跨度桥梁主梁断面的相关分析与研究中,为简化起见,仍近似假定,桥梁主梁是平直等截面梁,在横桥向来流时,每一个断面都有相同的气动性能,流动主要表现出二维流特征,可近似用二维流模型进行求解。需要考虑三维流动影响时,也可以在二维流动模型分析的基础上进行修正。

思考题与习题

1. 流体力学控制方程包括哪三个守恒定律?
2. 写出直角坐标系下的三维 Navier-Stokes 方程,并将其无量纲化。
3. 流体流经固体时,为何会在固体表面形成附面边界层?
4. 请分析流体流经固体时产生分离、附着及涡脱的原因。
5. 气流流经钝体截面时会产生哪些气动力?
6. 什么是定常气动力?什么是非定常气动力?
7. 桥梁空气动力学中常用的无量纲参数有哪些?各有何物理意义?
8. 什么是片条假设?
9. 箱形断面的三维绕流特征主要表现在哪几个方面?

本章参考文献

[1] 陈政清.桥梁风工程[M].北京:人民交通出版社,2005.
[2] 项海帆.现代桥梁抗风理论与实践[M].北京:人民交通出版社,2005.
[3] 葛耀君.大跨度悬索桥抗风[M].北京:人民交通出版社,2011.
[4] SIMIU E, SCANLAN R H. Wind effects on structures[M]. 3rd ed. New York:John Wiley & Sons,1996.
[5] 贺德馨.风工程与工业空气动力学[M].北京:国防工业出版社,2006.
[6] 吴瑾,夏逸鸣,张丽芳.土木工程结构抗风设计[M].北京:科学出版社,2007.
[7] 同济大学.公路桥梁抗风设计规范:JTG/T 3360-01—2018[S].北京:人民交通出版社股份有限公司,2019.
[8] 中国建筑科学研究院,广东省建筑科学研究院.建筑工程风洞试验方法标准:JGJ/T 338—2014[S].北京:中国建筑工业出版社,2014.
[9] 阎超.计算流体力学方法及应用[M].北京:航空航天大学出版社,2006.
[10] 王福军.计算流体动力学分析——CFD 软件原理与应用[M].北京:清华大学出版社,2004.
[11] 郑史雄,马存明,贾宏宇.桥梁抗风抗震与车桥[M].北京:科学出版社,2021.

第 5 章
结构动力特性分析

结构动力特性,是结构在不受外荷载作用时发生的动力响应所表现出来的基本特征,包括固有振型、固有频率和结构阻尼。在外部动力荷载作用下,结构的动力响应除了与荷载特性相关以外,很大程度上取决于结构固有的动力特性。因此,掌握结构动力特性是研究结构各种动力行为的基础。结构动力特性分析,是通过求解结构无阻尼自由振动方程获得结构固有振型和固有频率的过程。目前,桥梁结构设计方案的固有振型和固有频率通常都是采用有限单元法计算得到的。结构阻尼无法通过分析方法获取,一般是在对实桥测量和模型测试数据进行统计分析的基础上按经验取值。

5.1 结构动力特性

结构动力特性是结构固有的动力响应特征,取决于结构自身的物理和几何特性,而与包括荷载在内的外部因素无关。因此,只要对结构在无外荷载作用下的自由振动进行分析或观测,就可以获取结构的固有动力特性参数。其中,通过对结构自由振动方程的求解,可以获得固有振型和固有频率;通过对结构自由振动响应的观测,可以获得结构阻尼参数的统计结果。

5.1.1 固有振型和频率

在得到初始能量输入并且没有后续外荷载作用下,结构会发生自由振动。在自由振动的过程中,结构弹性势能和动能之间不断发生相互转换。如果处于无阻尼的理想状态,那么这种能量转换将会伴随着结构的振动一直持续下去,结构弹性势能达到最大时的结构基本几何形态就是其固有振型,而表征结构以该振型的形式进行弹性势能与动能之间能量转换时间的就是结构固有频率或固有周期。例如,结构相邻两次达到弹性势能最大状态之间的时间,即为固有周期的1/2。

获取结构固有振型和固有频率或固有周期最直接的方法,就是建立和求解结构的无阻尼自由振动方程。图5-1所示的简支梁已离散化为单自由度质点形式的振动体系,梁上质点只计其竖向自由度,其基本运动方程为:

$$m\ddot{y}(t) + ky(t) = 0 \tag{5-1}$$

式中,$y(t)$和$\ddot{y}(t)$分别为质点的竖向运动位移和加速度;m为质点质量;k为简支梁约束质点竖向运动所提供的刚度。

图5-1 简支梁单自由度集中质量离散化模型

该常微分方程的通解形式为$y(t) = Ae^{st}$,代入式(5-1)后得到特征方程:

$$(ms^2 + k)A = 0 \tag{5-2}$$

方程有非零解的条件为括号内的运算式等于零,由此得到频率方程:

$$ms^2 + k = 0 \tag{5-3}$$

求解特征方程可得到一对共轭复特征值$s_1 = \pm i\omega_n$,特征值虚部$\omega_n = \sqrt{k/m}$,为结构固有圆频率。因为是单自由度振动体系,所以只能求得结构的第一阶固有振型,令质点竖向位移为1,即可得到归一化的振型函数。

如果想求得该简支梁的第二阶固有振型及其对应的固有频率,就需要将离散化后振动体系的质点数即自由度数增加到两个以上。这一原理同样适用于采用广义坐标法或有限单元法来对实际为连续体系的简支梁进行离散化的情况。由此,对离散化为n个自由度的简支梁模型进行无阻尼自由振动分析,就能得到结构的前n阶固有振型及其对应的固有频率。此时,结构基本运动方程为:

$$\boldsymbol{M}\ddot{\boldsymbol{y}}(t) + \boldsymbol{K}\boldsymbol{y}(t) = 0 \tag{5-4}$$

式中,$\boldsymbol{y}(t)$和$\ddot{\boldsymbol{y}}(t)$分别为n维多自由度体系的位移和加速度矢量;$\boldsymbol{M}$为质量矩阵;$\boldsymbol{K}$为刚度矩阵。代入通解形式$\boldsymbol{y}(t) = \hat{\boldsymbol{y}}\sin(\omega t + \theta)$后,即可得到特征方程:

$$(\boldsymbol{K} - \omega^2 \boldsymbol{M})\hat{\boldsymbol{y}} = 0 \tag{5-5}$$

方程有非零解的条件为系数行列式等于零,由此得到频率方程:

$$|\boldsymbol{K} - \omega^2 \boldsymbol{M}| = 0 \tag{5-6}$$

将频率方程中的行列式展开后即为ω^2的n次代数方程。对于正定系统,求解该代数方程就能得到ω^2的n个正实根,这样就求得结构的前n阶固有圆频率。然后将各阶固有圆频率代入特征方程,即可求解各阶固有振型,如图5-2所示。

上述求解多自由度体系固有频率和振型的过程,展示了多自由度体系结构动力特性分析的基本原理。在数学上,这属于特征值问题,结构的各阶振型及其对应的固有频率分别对应特征值问题中的特征向量和特征值。所以,结构动力特性分析其实就是特征值问题的求解过程。

特征值和特征向量都是从特征方程或广义特征方程中分析得到的。特征方程的一般形式为：

$$(A - \lambda I)q = 0 \quad (5-7)$$

对多自由度体系而言，矩阵 A 等于其质量矩阵的逆同刚度矩阵的乘积。设 A 为 n 阶方阵，如果有数 λ 和 n 维非零列向量 q 使特征方程成立，那么数 λ 称为矩阵 A 的特征值，非零向量 q 称为矩阵 A 对应特征值 λ 的特征向量。

前文将系数行列式展开成多项式并直接计算特征值和特征向量的方法称为特征方程法，是求解矩阵特征值最基本的方法。当矩阵阶数较小的时候，特征方程法是可行的。但当矩阵阶数增大时，计算工作量将迅速增加，而且特征多项式系数出现微小误差就可能导致求出的根完全不正确。此外，特征值确定后求解特征矢量的过程仍然很复杂。

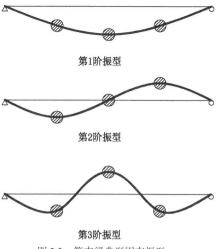

图 5-2 简支梁典型固有振型

所以，特征方程法不是求解矩阵特征值的一般方法，仅适用于矩阵阶数小于或等于 3 的情况。对于绝大多数的特征值问题，需要寻求更有效的计算方法，如应用非常广泛的相似变换法。相似变换法的基本原理是对原 n 阶矩阵 A 同时左乘和右乘 n 阶非奇异矩阵，得到特征值保持不变而求解过程却更为容易的相似矩阵 $\overline{A}$。通常相似变换需要分多步、逐次进行。最后一般会变换为对角矩阵、三对角矩阵或三角矩阵，以便求解特征值。比较有代表性的相似变换法有 Jacobi 对角化方法、Givens 三对角化方法、Householder 三对角化方法、Heisenberg 上三角化方法、LR 变换法、QR 或 QL 变换法、QZ 变换法等。

对于桥梁结构而言，即使离散化为多自由度体系，一般也不需要关注其所有阶固有振型及其对应的固有频率。此时，可采用矢量迭代法求解系统特征方程的前若干阶特征值和特征向量。随着电子计算机运算能力的提高，精确迭代计算的振型阶数已经从前十阶提高到两百阶以上，因此矢量迭代法在有限元数值计算特征值问题中得到了进一步的推广。有限元软件中常用的矢量迭代法有子空间迭代法、同时迭代法和 Lanczos 迭代法。其中，子空间迭代法适用于对称矩阵的实特征值问题，而同时迭代法和 Lanczos 迭代法可用于不对称矩阵的复特征值计算问题。

目前桥梁结构动力特性分析一般采用有限元方法开展，因此桥梁设计和研究人员应用最多的固有振型和固有频率计算方法是矢量迭代法，其中最有代表性的就是子空间迭代法和 Lanczos 迭代法。

5.1.2 结构阻尼

上述求解结构固有振型和固有频率的基本方程是无阻尼自由振动方程，而无阻尼自由振动方程所描述的只是一种理想状态。实际结构在振动过程中总是会受到阻尼的影响，结构阻尼消耗振动能量，使结构振动衰减，对于维持桥梁的动力稳定性和抑制振动都是有利的。然而，结构阻尼的形成机制非常复杂，既来源于构件材料分子间的内摩擦力，也有结构连接处构件间摩擦的贡献，还与结构周围的介质相关。因此，合理而准确地计算和模拟结构阻尼是结构动力学尚未解决的问题。

为了进行实际结构有阻尼状态的振动分析，需要针对阻尼的影响效应建立相对合理而又便于计算的近似理论模型。在基于各种假定的近似阻尼模型中，应用最多的是线性阻尼模型，包括黏滞阻尼模型和复刚度滞变阻尼模型。黏滞阻尼模型假定阻尼力大小与位移（变形）的速度成正比、方向与速度方向相反，因此数学模型简单、计算分析方便。但采用黏滞阻尼模型计算得到的每周期能量耗散值依赖于激励频率，这与大量试验结果是不符的。为了消除阻尼力对激励频率的依赖，可假定阻尼力大小与位移（变形）成正比，而相位与位移（变形）则相差90°，因此在数学上为复数形式的模型，一般称为复刚度滞变阻尼模型。然而，采用复刚度滞变阻尼模型进行结构动力分析时会出现考虑阻尼时振动频率略有提高的问题。总体而言，两种线性阻尼模型各有优劣，而得到最广泛应用的是黏滞阻尼模型。

在单自由度自由振动方程[式(5-1)]中引入黏滞阻尼模型的阻尼力：

$$m\ddot{y}(t) + c\dot{y}(t) + ky(t) = 0 \tag{5-8}$$

式中，$c\dot{y}(t)$ 为阻尼力，其关键参数为阻尼系数 c。振动系统的刚度系数 k 和质量系数 m 都可根据结构的几何参数和物理参数计算出准确数值，而由于结构阻尼来源的复合性与复杂性，阻尼系数 c 无法经计算分析得到，只有通过对结构原型的振动实测或结构模型的振动试验才能获得。

当然，结构动力分析时一般也并不会直接使用黏滞阻尼系数或等效黏滞阻尼系数。通过求解式(5-8)可知，阻尼对结构自由振动的影响主要体现在两个方面：一是降低结构固有频率，延长自振周期；二是影响衰减运动的形式。结构在阻尼影响下的衰减运动形式则取决于阻尼系数与临界阻尼系数的相对关系，临界阻尼系数定义为：

$$c_c = 2m\omega = 2\sqrt{km} \tag{5-9}$$

当阻尼系数小于临界阻尼系数时，衰减运动为振动形式，而这是符合一般桥梁结构的实际情况的。所以，为了便于对阻尼的测量以及阻尼值在分析中的应用，通常采用阻尼系数与临界阻尼系数的比值，即无量纲化的临界阻尼比 ζ 为阻尼测量与计算取值的标准，简称阻尼比。

$$\ddot{y}(t) + 2\zeta\omega\dot{y}(t) + \omega^2 y(t) = 0 \tag{5-10}$$

工程结构的阻尼比一般在 0.1%~5% 之间，通常不超过 20%。就阻尼对结构自由振动的影响而言，考虑阻尼影响的结构固有频率 ω_D 与无阻尼结构固有频率 ω 之间差别并不大，所以结构动力特性分析往往仅针对无阻尼体系进行。然而，阻尼对结构自由振动的衰减速度有显著影响，利用这一原理，可通过对结构原型或者结构模型自由振动的观测来测量结构的阻尼比。当然，基于结构阻尼对强迫振动振幅的影响规律，亦可采用强迫振动法测量结构阻尼比。

5.2 有限元分析

实际桥梁结构最准确的力学模型，是质量和刚度均为连续分布的连续体。在求解动力响应时，连续体的振动需要表达为时间和空间坐标的连续函数，其基本运动方程是偏微分方程，计算求解比较困难。为了提高计算效率，一般将桥梁结构离散为多自由度振动体系。结构离散化的基本方法包括集中质量法和广义坐标法，二者各有优缺点。而把两种方法的优点结合在一起的是有限单元法，这也是目前应用最多、最广泛的结构离散化方法。

按照有限单元法中单元的维度,可将其分为三维体单元、二维板壳单元和一维梁杆单元。采用三维体单元可以最准确地模拟实际桥梁结构,但由于其具有复杂性,计算量很大,对计算条件的要求也最高。桥梁是由很多构件组成的空间结构,这些构件包括主梁、桥塔、桥墩、拉索、主缆、吊杆等,它们具有一个共性:沿轴向的尺度一般远大于其横截面的尺度。即使采用一维梁杆单元模拟,仍然可以实现较好的精度,同时具备更高的计算效率,所以在桥梁整体结构分析中应用最为广泛。梁杆单元建模中,对于主梁、桥塔、桥墩等以受弯为主的构件一般用梁单元模拟,而对于拉索、主缆、吊杆等以受轴向力为主的构件则用杆(索)单元模拟。相比梁单元,杆(索)单元的自由度数较少,只有平动自由度而没有转动自由度。

从5.1节求解多自由度体系固有动力特性的频率方程可以看出,结构的固有振型及对应的固有频率取决于结构刚度、质量的大小及其空间分布。因此,要想通过有限元数值分析得到桥梁动力特性的准确结果,就必须在结构离散化的建模过程中实现刚度、质量及其空间分布的准确模拟。那么有限元建模中主要有哪些因素会影响结构刚度和质量的大小及其空间分布呢?首先是梁杆单元的空间位置和姿态,这些几何信息会影响所模拟构件的刚度和质量在结构整体刚度和质量中的比重;其次是单元自身的刚度和质量,因其直接反映了所模拟构件的刚度和质量特性;最后是构件间的连接和结构外部约束的模拟。

所以,为了建立适合进行结构动力特性分析的桥梁有限元模型,这三个步骤是最为紧要的:①通过几何建模准确模拟桥梁各主要构件的空间构型;②通过合适的单元选择和参数赋值准确模拟各构件的刚度和质量特性;③通过合适的连接和约束模型准确模拟桥梁各构件间的相互连接(支承)和外部约束。接下来我们结合桥梁的梁杆有限单元建模分别展开说明。

5.2.1 几何建模

由于几何建模是与桥梁的有限单元法离散化过程紧密结合在一起的,所以几何建模通常是有限元建模的首个步骤。几何建模最核心的目的是确保结构离散化后各个单元的空间位置和几何姿态能够准确模拟所对应构件的空间构型。因为梁杆单元是一维杆系单元,只能沿着对应构件的长度方向布置,在构件的横截面上则缩减为一个点。梁杆单元所代表的这个"点"应该置于构件横截面的什么位置,实际上是一个比较重要的问题。从力学角度而言,单元的质量应置于构件截面的质心,单元的刚度应参考刚度计算的主轴位置确定。对于均质材料组成的截面,质量应置于截面形心,抗弯刚度可参考形心主惯性轴确定,这样将梁杆单元设置在构件各截面形心连接而成的形心轴上似乎是合理的。然而,桥梁抗风研究中主梁或加劲梁的扭转变形至关重要,与之紧密相关的截面抗扭惯性矩是参考截面的扭转中心计算的,而截面的扭心和形心可能并不重合,因而产生的对结构动力特性分析结果的影响需要认真比较和鉴别。不过对于结构设计中采用最多的多边形、圆形实体截面和闭口箱形截面,截面扭心和形心之间的差异并不明显,此时可简单地将梁杆单元设置于构件的形心轴上,忽略扭心偏移造成的影响,所有的截面刚度和质量特性均赋予形心轴上的梁杆单元。这种几何建模方式所形成的有限元模型也称为单轴线模型,即所有构件均用位于单根轴线上的梁杆单元模拟,如图5-3所示。

如果截面的扭心和形心相对偏差较远,仍然采用一般的单轴线模型,忽略扭心偏移造成的影响并不合适。此时可考虑对单轴线模型进行修正:主梁单元改设在截面扭心处,主梁质量由附加质量单元模拟,通过虚拟的刚臂单元连接在主梁下方,如图5-4所示。图中竖向刚臂单元的长度为断面质量中心到扭转中心的竖直距离。

图 5-3　单轴线有限元模型

另外,桥梁设计中也会采用开口截面形式的主梁。相较于闭口箱形截面主梁,开口截面主梁抵抗扭转的能力更加依赖于截面的翘曲刚度。也就是说,截面板件的弯曲变形会参与截面整体扭转变形,并依靠其抗弯刚度为构件提供额外的抗扭力。但有限元软件的梁单元一般并未考虑翘曲刚度,因此会对涉及主梁扭转变形的结构动力特性分析结果产生影响。为此,可考虑在主梁模拟中采用三轴线模型:保留主梁轴线上的一排梁单元,在其两侧各增设一排虚拟边梁单元,通常可设在索梁交接处,通过调整两侧边梁的竖向抗弯刚度来模拟主梁截面的整体翘曲刚度。三排主梁间可通过刚臂单元连接,如图 5-5 所示。

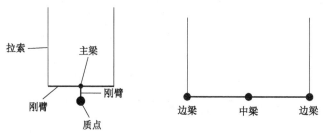

图 5-4　修正的单轴线有限元模型　　图 5-5　主梁三轴线模型

此外,当构件在其横截面上是由两个及以上相对独立的部分连接而成且其受力时横截面以整体变形为主时,仍然可以采用单轴线模型进行有限元几何建模,如分体箱形主梁、桁架式主梁等。但如果要追求计算精度,则需考虑更精细的几何建模方式。对分体双箱主梁、分体三箱主梁,可分别采用双轴线模型和三轴线模型进行模拟,每根轴线都位于所代表箱体的形心或扭心,如此则实现了截面整体翘曲刚度的模拟。不过,此处的主梁三轴线模型和前文引入两侧虚拟边梁的三轴线模型在本质上是不同的。对于桁架式主梁,为模拟桁架和桥面板在受力变形上的差异,可采用等效板壳单元模拟桥面板,采用梁杆单元模拟桁架中的各根杆件,从而形成复杂的复合单元模型。

采用梁杆单元建模时,一维的单元仅位于所模拟构件的轴线上而缩减了其横向两个维度上的尺寸,由此带来的一个问题是:相互连接的构件,因彼此的轴线不相交,其离散化后的梁杆单元无法交会。为此,可设立额外的虚拟单元来连接这些构件的离散化单元。为避免这些虚拟单元的柔度影响分析结果,通常为其赋予较大的刚度值,所以也可称其为刚臂单元。如图 5-3 中的单轴线有限元模型,因主梁离散化后缩减为位于形心轴上的梁单元,无法与两侧的斜拉索单元连接,所以设置了横向的刚臂单元以模拟实际三维结构中主梁和斜拉索的连接。

在桥塔的梁杆单元离散化中也会出现类似的问题(图 5-6)。如上塔柱为独柱形、中塔柱横向分成两肢的钻石形桥塔或倒 Y 形桥塔,在上、中塔柱的接合面上就会因各自的轴线不相交而出现其离散化后的梁单元无法交会的问题。此时,也可借助额外的刚臂单元来模拟实际构件的连接状态。

桥梁构件相互连接处也称为节点。在梁杆单元几何建模中节点位置除了会出现轴线不相交问题外,还可能出现节点刚性区问题。如图5-7所示,在中塔柱、下塔柱和下横梁相交的节点,三个构件的形心轴线可能交会于一点。但在该节点区域内的结构刚度相当大,刚性区内各构件轴线上的梁单元如果仍按各自构件的截面刚度赋值,就会造成结构动力特性分析结果产生偏差。为了解决这个问题,可在结构的节点刚性区内用刚臂单元代替普通梁单元,以避免梁杆单元几何建模中因维度缩减带来的这一问题。

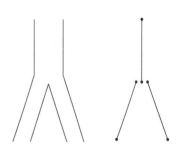

图5-6 桥塔建模中的轴线不相交问题

 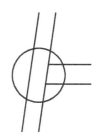 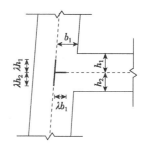

图5-7 节点刚性区

总而言之,作为有限元模型建立的第一个步骤,几何建模与桥梁结构的离散化紧密结合。当采用梁杆单元离散结构时,须注意单元轴线的选择,除了通用的单轴线模型外,必要时可引入额外的轴线与单元轴线形成多轴线模型。一维梁杆单元对桥梁三维构件的维度缩减会带来几何建模中的轴线不相交、节点刚性区等问题,可通过设置额外或替代的刚臂单元予以解决。桥梁几何建模的基本步骤是:

(1) 设定总体坐标系,计算桥梁各构件的几何坐标;
(2) 计算桥梁各构件控制截面的形心、扭心等几何中心位置,确定各构件的轴线几何坐标;
(3) 沿轴线将桥梁各构件离散化,确定各个节点的坐标;
(4) 在节点间建立单元,用单元来模拟对应构件的空间构型。

5.2.2 构件模拟

几何建模中创建的单元仅模拟了桥梁各个构件的空间位置和姿态,只有在正确赋予其对应构件的刚度和质量特性后,才能完成桥梁构件的力学模拟。

构件模拟的第一步是为桥梁的不同构件选择适合的单元类型。对于以受弯为主的主梁(加劲梁)、桥塔、桥墩等构件,应选择具备抗弯刚度的梁单元模拟;而对于以轴向变形为主的主缆、斜拉索、吊杆等构件,则可以选择只有轴向刚度的杆单元或索单元模拟。

接下来需要将准确的刚度特性赋予各个单元,当然,在此之前还应对各构件的刚度进行尽可能精确的计算。构件的刚度是一个复合影响变量:既包含构件材料物理特性的影响,如弹性模量、剪切模量、泊松比等;也包含构件截面几何参数的影响,如面积、惯性矩等。前者取值较容易,按照构件所用材料类型取用对应的物理参数,并以材料特性参数的形式赋予对应单元即可。而构件截面面积、惯性矩等截面几何特性的计算工作量较大,构件采用变截面设计时,单个构件就可能需要计算数十个截面的几何特性。对于外形简单的构件截面,其几何特性可以利用公式手算。而对于外形较为复杂的构件截面,则只能按照几何特性的定义进行积分计算,此时手算较为困难,一般采用数值积分的方法进行。好在目前通用结构有限元软件一般会提供截面几何特性分析的小工具,可供大家学习和使用。

计算得到构件各个截面的几何特性后,就可将其以几何特性参数的形式赋予对应的单元。对于单轴线有限元模型,构件由位于其轴线的单排梁杆单元模拟,因此将全部的截面几何特性参数赋予这些单元就可以了。而对于多轴线有限元模型,如上一节介绍的三轴线模型,还存在截面几何特性在三排梁单元之间的分配问题。由于引入三轴线模型的目的是模拟主梁扭转时的翘曲刚度,所以其几何特性的分配原则应根据截面扭转控制方程确定。根据扭转控制方程,截面扭矩 M 与扭转角 θ 之间的关系为:

$$M = GJ_d\theta' - EI_\omega\theta''' \tag{5-11}$$

式中,G、E 分别为剪切模量和弹性模量;J_d、I_ω 分别为截面的自由扭转惯性矩和翘曲常数。

根据图 5-8 中的截面受力情况分析,其扭矩平衡条件为:

$$M = 2M_{d2} + M_{d1} + 2Q_2 b \tag{5-12}$$

式中,M_{d1}、M_{d2} 分别为中梁和边梁的扭转力矩;Q_2 为边梁的竖向剪力;b 为边梁质心到中梁质心的距离。中梁和边梁的扭矩与截面扭转角之间的关系为:

$$M_{d1} = GJ_{d1}\theta'; \quad M_{d2} = GJ_{d2}\theta' \tag{5-13}$$

式中,J_{d1}、J_{d2} 分别为中梁和边梁的自由扭转惯性矩。

而边梁的竖向剪力 Q_2 可表示为:

$$Q_2 = -EI_{z2}y_2''' = -EI_{z2}b\theta''' \tag{5-14}$$

式中,I_{z2} 为边梁的竖弯惯性矩。将式(5-13)和式(5-14)代入式(5-12)后得:

$$M = G(J_{d1} + 2J_{d2})\theta' - 2EI_{z2}b^2\theta''' \tag{5-15}$$

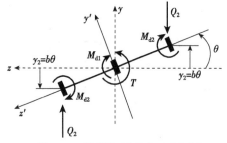

图 5-8 三轴线模型中的截面受力分析

将式(5-15)同式(5-11)比较可得:

$$J_{d1} + 2J_{d2} = J_d \tag{5-16}$$

$$I_{z2} = \frac{I_\omega}{2b^2} \tag{5-17}$$

再考虑截面竖向弯曲刚度的等效,三排单元间的竖向弯曲刚度分配原则为:

$$I_{z1} = I_z - 2I_{z2} = I_z - \frac{I_\omega}{b^2} \tag{5-18}$$

由此,中、边梁的竖弯刚度分配可以通过式(5-17)和式(5-18)确定的原则实行。截面的自由扭转惯性矩 J_d 可以根据式(5-16)任意地分配给中梁和边梁,而截面轴向刚度及侧向刚度的等效则可以通过下式得到:

$$A_1 + 2A_2 = A \tag{5-19}$$

$$I_{y1} + 2I_{y2} + 2A_2 b^2 = I_y \tag{5-20}$$

值得一提的是,主缆、斜拉索等柔性构件的刚度特性除了取决于材料模量和截面面积以外,还与构件截面的初始应变(应力)相关。所以对于模拟主缆、斜拉索、吊杆等的杆单元、索单元,在赋值刚度特性时还须赋予初应变参数。要确定主缆各单元的初应变,首先应进行主缆线形的计算,推荐按照分段悬链线方程迭代计算。而斜拉索单元初应变的确定,则依赖于合理索力的计算,具体取值取决于所追求的索力优化目标。

主缆、斜拉索等柔性构件的另一个力学特征,是在竖向荷载作用下的垂度效应,这属于刚度非线性中的几何非线性问题。为了进行准确的模拟,可以采用考虑垂度效应的索单元来模拟这些柔性构件,也可将构件分段,采用多个杆单元组成的多链杆模型进行模拟。悬索桥主缆一般采用多链杆模型进行模拟,当杆单元数量足够时,计算精度可以得到保证。而斜拉桥的斜拉索目前采用多链杆模型模拟的情况并不多,仍普遍采用单根杆单元模拟,此时为计入斜拉索下垂引起的几何非线性对结构刚度的削弱,可采用修正弹性模量的方法来模拟构件刚度的下降,如下面的 Ernst 公式:

$$E_{eq} = \frac{E_e}{1 + \frac{(\gamma_{cable} L_{cable})^2}{12\sigma^3} E_e} \quad (5-21)$$

式中,E_e 为斜拉索弹性模量;γ_{cable} 为斜拉索的线重度;L_{cable} 为斜拉索的水平投影长度;σ 为斜拉索应力。

计算并赋予各单元刚度特性后,还需要赋予其对应构件的质量特性才能完成桥梁构件力学特性的有限单元模拟。质量特性是衡量结构振动中惯性力大小的重要参数,在结构动力特性分析中与刚度特性具有同等重要的地位。以自由度来区分,结构惯性力分为线位移方向的平动惯性力和转动位移方向的转动惯性力,前者以质量来衡量,后者以质量惯性矩(转动惯量)来衡量。因此,需要先计算桥梁各构件的质量和质量惯性矩,然后赋值给对应的梁杆单元。

质量的赋值有两种方式。对于均质材料截面,如钢主梁由顶板、底板、斜腹板、纵向隔板、加劲肋组成的主体部分截面,可将材料密度以材料特性参数的形式、将截面面积以几何特性参数的形式分别赋予对应的单元,由有限元分析软件自行计算单元的质量数值。而对于非均质材料的部分,如钢主梁的横隔板、锚板、桥面附属设施等,则需要以集中质量单元的形式施加于相应的节点上。当然,质量的赋值也可以全部采用第二种方式进行,即单元材料密度赋零值,计算出构件全部质量后以集中质量单元的形式模拟。

相应地,质量惯性矩的赋值也有两种方式。对于均质材料截面,可将材料密度以材料特性参数的形式、将截面抗弯惯性矩以几何特性参数的形式分别赋予对应的单元,由有限元分析软件自行计算单元的质量惯性矩数值:

$$I_m = \rho(I_z + I_y) \quad (5-22)$$

式中,I_m 为每延米质量惯性矩;I_z 为主梁截面竖弯惯性矩;I_y 为主梁截面侧弯惯性矩。对于非均质材料部分,则将其质量惯性矩与前述的质量一起以集中质量单元的方式施加。当然,也可与质量赋值一样采用第二种方式,计算出构件的全部质量和质量惯性矩后统一以集中质量单元的形式施加在该构件轴线的相应节点上。因为主梁的扭转振动在桥梁抗风设计中占有重要地位,所以主梁截面质量惯性矩的计算务求精准。主梁截面质量惯性矩模拟的失真是不少初学者在桥梁结构动力特性分析中无法求得准确扭转固有振型及频率的主要原因。主梁截面质量惯性矩的计算应按照理论力学中刚体动力学的原理进行,必要时可采用数值积分计算。

与刚度特性赋值时相似,对于多轴线有限元模型,如三轴线模型,还存在质量参数在三排梁单元之间的分配问题。中梁和边梁的质量分配原则由下面两式决定：

$$m_1 + 2m_2 = m \tag{5-23}$$

$$I_1 + 2I_2 + 2m_2 b^2 = I_m \tag{5-24}$$

式中，m_1 和 I_1 为中梁的质量和质量惯性矩；m_2 和 I_2 为边梁的质量和质量惯性矩；b 为中边梁的间距；m 和 I_m 为截面整体的质量和质量惯性矩。

总结起来，构件模拟的要义是确保各单元能够准确模拟所对应构件的刚度和质量特性，这是保证结构动力特性分析正确性的重要前提。构件模拟的基本步骤如下：

(1) 为桥梁各构件选用适合的单元类型；

(2) 根据构件的材料类型，将模量、泊松比等物理参数以材料特性参数的形式赋予对应的单元，计算构件的截面面积、抗弯惯性矩、抗扭惯性矩等几何参数，并以几何特性参数的形式赋予对应的单元，确保所有单元具备所模拟构件的准确刚度参数；

(3) 计算构件的质量和质量惯性矩，以输入材料密度并由有限元软件自动计算或施加附加质量单元的形式将其赋予对应的单元，确保所有单元具备所模拟构件的准确质量参数。

5.2.3 连接约束模拟

几何建模实现了桥梁结构连续体的有限单元离散化，并通过单元的空间位置和姿态确保了桥梁各构件相对位置和几何构型的模拟，构件模拟确保所有单元可以准确模拟对应构件的刚度和质量特性，但此时的桥梁有限元模型还是不完整的。只有通过恰当的连接模型才能准确模拟桥梁各构件间的相互支承或连接，这样所有的单元才能真正组成一个整体。然而，如果没有外部支承或约束，这个有限单元组成的整体就是一座空中楼阁，无法进行荷载计算或动力特性分析，所以最后还要通过合适的约束模型来模拟桥梁结构所受到的所有外部约束。

桥梁构件间的连接有很多，总体上可以分为两种类型。第一类为直接连接，即两个及以上构件在同一个节点固结，如斜拉索在主梁和桥塔上的连接、吊杆在主缆和加劲梁上的连接等，在有限元模型中只要保证这些构件的对应单元共用同一节点即可。从力学性能上分析，梁单元之间的共节点模拟相当于刚性连接；而杆单元与梁单元或其他杆单元共节点时，其端部可视为铰接连接。第二类为支承连接，即两个及以上构件采用支座或阻尼装置进行连接，最典型的情况就是在桥塔下横梁及桥墩盖梁上设置固定或滑动支座来支承主梁，以及在主梁和桥塔之间设置水平纵向阻尼装置等。与直接连接不同，支承连接只针对构件间个别自由度上的相对运动进行约束或限制。例如，固定支座约束主梁和桥塔、桥墩之间的相对竖向和水平位移，而滑动支座通常只约束它们之间的相对竖向位移。有限单元法中对于构件之间的支承连接可以采用主从节点的方式进行模拟，即强迫从节点在指定自由度方向的位移与主节点相同。

桥梁构件连接中比较特殊的是主梁所受到的水平纵向约束。对于全漂浮体系或半漂浮体系的缆索承重桥梁，设计中允许主梁发生水平顺桥向的位移，所以在有限元建模时一般采用沿纵向放松的主从节点约束来模拟主梁与桥塔或桥墩间的支承情况，即完全不约束主梁的顺桥向运动，这在主梁发生较大振幅的运动时是合理的。对于主梁在环境激励下发生的小振幅运动，梁与支座间的摩擦力却可以在一定程度上起到阻碍主梁顺桥向运动的效果，此时主梁与桥塔或桥墩间的纵向支承更接近固定支座。与之相似，主梁纵向阻尼器的刚度影响也应该加以模拟。

此外，大跨度缆索承重桥梁往往会在主梁和塔柱之间设置板式橡胶支座或聚四氟乙烯盆式橡胶支座以限制主梁在横向风荷载作用下的水平侧向位移,这种抗风支座对主梁的侧向运动约束效果类似于侧向的弹性支承。如果采用理想的侧向刚性支承进行模拟,就会得到偏高的主梁侧弯运动固有频率。

悬索桥中主缆和桥塔的连接也比较特殊。实际建造时,主缆通过鞍座支承在桥塔顶端,施工过程中允许主缆和塔顶的相对纵向位移,而在施工完成进入运营阶段以后就会约束这种相对运动。所以,如果针对成桥状态的悬索桥进行有限元建模,可以简单地采用主从节点的形式约束边中跨主缆相交节点与塔顶节点的所有相对线位移。此外,悬索桥在施工期架设加劲梁的时候,梁段之间一般只采用临时连接,处于临时连接状态的加劲梁整体弯曲和扭转刚度相较于永久刚性连接有很大削弱,这一影响也应体现在悬索桥施工阶段的结构有限元模型中。

桥梁外部支承或约束的模拟即为桥梁计算模型的边界条件,其重要性不言自明。当然,计算边界的选择取决于计算目的和计算模型所模拟的结构范围。对于大跨度桥梁常用的桩基础,如果采用高桩承台,后者必须计入桩土作用对结构动力特性的影响,需要将承台和桩群与桥梁上部和下部结构一起在计算模型中加以模拟。此时,计算模型的边界就主要集中在桩土之间,边界条件的模拟比较复杂。而对于一般的以桥梁抗风设计为目的的结构动力特性分析,将计算边界放在桥塔底部、桥墩底部和地锚缆索的地锚点,即计算模型仅模拟桥梁的上、下部结构,是可以满足工程计算精度要求的。这种模拟方式的边界条件设置也非常简单:桥塔底部和桥墩底部约束所有六个自由度的位移,地锚缆索地锚点约束所有三个线位移自由度的位移。

至此,通过几何建模、构件模拟和连接约束模拟就可以完成桥梁动力特性分析的结构有限元建模。有限元软件会按照多自由度体系自由振动分析的方法来计算桥梁的结构动力特性,目前用于求解结构固有振型和固有频率的常用方法为矢量迭代法中的子空间迭代法和Lanczos迭代法。在求解过程中如果可以控制计算条件,建议在形成质量矩阵时选择一致质量矩阵,在形成切线刚度矩阵时激活大变形刚度矩阵(总体拉格朗日列式中)和几何刚度矩阵。需要提醒大家的是,对于缆索承重桥梁应先进行重力作用下的结构静力分析,并在保留结构刚度矩阵的基础上进行动力特性分析。

5.2.4 振型识别

有限元计算结束,并不意味着桥梁结构动力特性分析的完成,在计算得到的诸多结果中识别出我们所关心的振型及其固有频率并非轻而易举之事。

桥梁振型识别最直观的方法是图示判别法,即输出各阶振型的三视图、轴测图等,根据结构运动方向和振动形态识别各个振型。一般情况下我们最关心的是主梁固有振型,其识别可从振动自由度方向和振型阶次两方面开展。对主梁振动主方向的判断可借助振型三视图和轴测图进行,当主梁沿主方向的振动在一个振型中占据绝对主导地位时,这种直观的图示判别法是非常有效的。由此可以确定某个振型为主梁的竖向弯曲振型,还是侧向弯曲振型或扭转振型。而主梁振型沿跨长方向的形状,通常按照数学中的正弦函数曲线比拟。完整的一个周期的正弦曲线包含一正一负两个半波曲线,大多数情况下,在主跨内主梁振型呈现一个半波正弦形状的为竖向、侧向或扭转方向的第一阶振型,其固有频率也最低,两个半波正弦形状的为相应方向的第二阶振型,依次类推。如果桥梁结构沿跨中竖直线对称,那么第一阶、第三阶、第五阶等奇数阶振型就是对称形态的振型,也可称其为相应振动方向的第一阶对称振型、第二阶对称振型、第三阶对称振型等。相应地,各偶数阶振型也可称为各振动方向的第一阶反对称振型、第二阶反对称振型、第三阶反对称振型等。如此，就能按照阶次 + 振动方向或者阶次 + 对称性 + 振动方向为主梁各阶振型贴上"标签"。对于主梁外其他构件的振型，也可以采用图示判别法识别。

然而，在大跨度桥梁的不少振型中，主梁沿主方向的振动并不占据绝对主导地位，可能其他方向的振动也有参与，或者还有桥塔、主缆、斜拉索等其他构件参与该振型的振动。此时，通过图示判别法可能很难分辨主梁振动的主方向。为此，可采用等效质量法，借助定量的分析结果来识别桥梁各阶振型。等效质量法的基本原理是比较任意一阶振型中所有构件的总能量与主梁在某个振动方向的能量，当二者很接近时，就说明主梁在该方向的振动主导了该阶振型。

5.1 节已说明，桥梁结构在无阻尼自由振动中结构弹性势能和动能之间不断发生相互转换，结构最大动能等于最大弹性势能，也等于总能量。桥梁所有构件的最大动能可用广义质量表示，即 $\int m\phi^2 \mathrm{d}x$，这里 m 为各构件分布质量，ϕ 为振型函数，积分运算是对所有构件在所有自由度方向进行的。如果输出振型时对质量矩阵做了归一化处理，则该广义质量值等于 1。而主梁在 s 方向上的最大动能可表示为 s 方向的广义质量 $\int_{L_{\mathrm{girder}}} m_{\mathrm{girder}} \phi_s^2 \mathrm{d}x$，其中 m_{girder} 为主梁分布质量；ϕ_s 为 s 方向的主梁振型函数，s 代表振动方向，可以为纵向 x、竖向 y、侧向 z 或者扭转 $rotx$。这个积分运算是对主梁在 s 自由度方向进行的，如果主梁质量沿跨向均布，该积分式可简化为 $m_{\mathrm{girder}} \int_{L_{\mathrm{girder}}} \phi_s^2 \mathrm{d}x$。

考虑一种极端情况，某一阶振型中主梁只在 s 方向振动，主梁在其余方向以及其他构件均未发生振动。此时，这两个最大动能(广义质量)值应该相等：

$$\int m\phi^2 \mathrm{d}x = m_{\mathrm{girder}} \int_{L_{\mathrm{girder}}} \phi_s^2 \mathrm{d}x \tag{5-25}$$

或

$$\frac{\int m\phi^2 \mathrm{d}x}{\int_{L_{\mathrm{girder}}} \phi_s^2 \mathrm{d}x} = m_{\mathrm{girder}} \tag{5-26}$$

式(5-26)左端分式具有分布质量的量纲，定义其为 s 方向等效主梁质量，简称等效质量，即

$$m_{\mathrm{eq\_s}} = \frac{\int m\phi^2 \mathrm{d}x}{\int_{L_{\mathrm{girder}}} \phi_s^2 \mathrm{d}x} \tag{5-27}$$

显然，一般情况下 s 方向的等效质量不会正好等于主梁的均布质量，只要主梁有其余方向的振动，或者有其他构件的振动参与，其等效质量都会大于主梁的均布质量。因此，只要比较某一阶振型主梁各方向的等效质量与主梁分布质量的接近程度，就可以判断出该阶振型的主振方向。

如果主梁各方向的等效质量均比其分布质量高出一个数量级，就说明该振型中主梁在不同方向的振动可能呈高度耦合状态，也可能是桥塔、缆索等其他构件占据振型主导地位或与主梁振动高度耦合。此时，可基于等效质量法，比较桥梁该阶振型中所有构件的总能量与桥塔或主缆等非主梁构件在某个振动方向的能量，以寻找该阶振型的主导构件及其相应的主振自由

度方向。这样,依照结构固有频率的顺序由低到高进行识别,就能辨明通过有限单元法计算出的桥梁各阶振型的主导、参与构件和主要振动方向,并从中挑选出我们所关心的振型参与后续的理论分析或风洞试验等抗风设计工作。

基于片条假定的节段模型风洞试验需要选择振型函数相似度较高的扭转和弯曲振型作为模拟对象,振型相似系数 C_s 定义如下:

$$C_s = \frac{(\boldsymbol{\nu}^T \boldsymbol{\nu})^2}{(\boldsymbol{\nu}^T \boldsymbol{\nu})(\boldsymbol{\theta}^T \boldsymbol{\theta})} \tag{5-28}$$

式中,$\boldsymbol{\nu}$ 和 $\boldsymbol{\theta}$ 分别为弯曲和扭转振型的振型函数向量。

5.2.5 基频估算

尽管采用有限单元法计算桥梁的结构动力特性具有非常显著的优越性,但从本章前述内容可以看出,精确的有限元分析结果建立在对桥梁各构件准确的有限单元离散,以及对结构整体、局部力学性能精准的模拟和量化的基础上,而这些都需要完整、详细的桥梁设计图纸和数据的支撑。然而,在大跨度桥梁的构思和概念设计阶段,往往就需要对结构在不同极限状态下的性能进行初步的分析与评价,其中就包括桥梁在动力荷载作用下的动力响应性能。但要分析桥梁结构的动力响应性能就必须先掌握其固有动力特性,特别是结构固有频率,尤其是主梁各方向的第一阶固有振型所对应的频率,也称为基础频率或基频。而此时,一般并不具备开展精确的有限单元法结构动力特性分析的设计基础。

要化解这一困境,就必须抓住问题的主要矛盾。尽管影响桥梁基频的因素很多,但在桥梁早期设计阶段结构设计尚不完善、设计细节并不完备之时,完全可以围绕主控因素,特别是设计之初就必须选择的设计控制参数,基于理论分析或实测拟合建立桥梁基频的估算方法、总结基频估算公式,然后根据估算得到的桥梁基频来对结构在动力荷载作用下的动力响应性能进行初步的分析和评价,并结合其他极限状态下的桥梁性能评价结果调整、修正和完善桥梁的总体设计。

《公路桥梁抗风设计规范》(JTG/T 3360-01—2018)中分别给出了悬索桥和斜拉桥基频估算公式,其中悬索桥基频估算公式是在单跨简支悬索桥基本动力方程的理论解基础上简化得到的,其竖弯与扭转对称和反对称振型的基频估算公式如下。

主跨 500m 以上双塔悬索桥的反对称竖弯基频:

$$f_b^a = \frac{1.16}{\sqrt{f_{sg}}} \tag{5-29}$$

式中,f_{sg} 为主缆矢高,m;f_b^a 为反对称竖弯基频,Hz。

双塔悬索桥的对称竖弯基频:

$$f_b^s = \frac{0.1}{l} \sqrt{\frac{E_C A_C}{m}} \tag{5-30}$$

式中,E_C 为主缆弹性模量,Pa;f_b^s 为对称竖弯基频,Hz;A_C 为单根主缆截面积,m²。

双塔悬索桥的反对称扭转基频:

$$f_t^a = \frac{1}{l} \sqrt{\frac{GJ_d + \frac{H_g B^2}{2} + EI_w \left(\frac{2\pi}{l}\right)^2}{m_d r^2 + m_c \left(\frac{B}{2}\right)^2}} \tag{5-31}$$

式中，H_g 为主缆水平力，N；B 为桥面宽度，m；l 为跨径，m；G 为剪切模量，Pa；J_d 为主梁自由扭转常数，m^4；I_w 为主梁约束扭转常数，m^4。

双塔悬索桥的对称扭转基频：

$$f_t^s = \frac{1}{2l}\sqrt{\frac{GJ_d + 0.05256E_{C}A_{C}\left(\frac{B}{2}\right)^2}{m_d r^2 + m_c\left(\frac{B}{2}\right)^2}} \tag{5-32}$$

斜拉桥基频计算没有解析解，《公路桥梁抗风设计规范》（JTG/T 3360-01—2018）中的基频估算公式都是通过实桥现场实测的结果总结得到的，且仅针对双塔三跨斜拉桥。

双塔斜拉桥的对称竖弯基频如下。

无辅助墩斜拉桥：

$$f_b^s = \frac{110}{l} \tag{5-33}$$

有辅助墩斜拉桥：

$$f_b^s = \frac{150}{l} \tag{5-34}$$

式中，l 为斜拉桥主跨跨径，m；f_b^s 为斜拉桥对称竖弯基频，Hz。

双塔斜拉桥的对称扭转基频：

$$f_t^s = \frac{C}{\sqrt{l}} \tag{5-35}$$

式中，C 为斜拉桥扭转基频经验系数（取决于主梁横截面形式、材料及斜拉索索面形式）；f_t^s 为斜拉桥对称扭转基频，Hz。

以上的缆索承重桥梁基频估算公式的计算精度如何？表 5-1～表 5-3 列举了悬索桥反对称竖弯、对称竖弯和对称扭转基频估算公式的一些误差评估结果，可以发现估算误差超过 10% 的情况不少，最大偏差达到 20% 以上。

悬索桥反对称竖弯基频估算公式误差评估 表 5-1

单跨双铰悬索桥	跨径 （m）	公式值 （Hz）	实测/有限单元法 （Hz）	相对误差
重庆鱼嘴两江大桥	616	0.1477	0.1275	15.85%
西堠门大桥	1650	0.0903	0.0791	14.14%
宜昌长江公路大桥	1206	0.1184	0.1050	12.75%
宜都长江公路大桥	960	0.1100	0.1593	-30.92%
阳逻长江大桥	1280	0.1050	0.0887	18.38%
润扬长江公路大桥	1490	0.0950	0.0830	14.46%

悬索桥对称竖弯基频估算公式误差评估 表 5-2

单跨双铰悬索桥	跨径 （m）	公式值 （Hz）	实测/有限单元法 （Hz）	相对误差
宜昌长江公路大桥	1206	0.1712	0.1607	6.55%
宜恩公路四渡河特大桥	900	0.1570	0.1774	-11.49%

续上表

单跨双铰悬索桥	跨径（m）	公式值（Hz）	实测/有限单元法（Hz）	相对误差
重庆鱼嘴两江大桥	616	0.2396	0.2131	12.46%
宁波庆丰桥	280	0.3180	0.4430	−28.22%
西堠门大桥	1650	0.1163	0.1003	15.97%

悬索桥对称扭转基频估算公式误差评估 表 5-3

单跨双铰悬索桥	跨径（m）	公式值（Hz）	实测/有限单元法（Hz）	相对误差
宜昌长江公路大桥	1206	0.3187	0.3374	−5.57%
重庆鱼嘴两江大桥	616	0.4799	0.4294	11.77%
西堠门大桥	1650	0.2591	0.2512	3.14%

表 5-4 列举了斜拉桥基频估算公式的一些误差评估结果，可以看到个别估算结果的精度很高，但也存在误差较大的情况。

斜拉桥基频估算公式误差评估 表 5-4

序号	桥名	跨度（m）	辅助墩	竖弯基频（Hz）			扭转基频（Hz）		
				有限元	估算	误差	有限元	估算	误差
1	上海颗珠山大桥	332	无	0.3381	0.3313	−2.01%	0.5287	0.5488	3.80%
2	海口世纪大桥	340	有	0.2765	0.4412	59.57%	0.6088	0.7593	24.72%
3	上海南浦大桥	423	有	0.3521	0.3546	0.71%	0.4203	0.4376	4.12%
4	荆州长江大桥	500	有	0.1819	0.3000	64.93%	0.3851	0.6261	62.58%
5	上海杨浦大桥	602	有	0.2732	0.2492	−8.78%	0.5096	0.4891	−4.02%
6	青州闽江大桥	605	有	0.2784	0.2479	−10.96%	0.8692	0.4879	−43.87%
7	南京长江二桥	628	有	0.2754	0.2389	−13.25%	0.7684	0.8380	9.06%
8	苏通长江大桥	1088	有	0.1754	0.1379	−21.38%	0.5320	0.6367	19.68%

为了提高缆索承重桥梁基频估算公式的精度，可以在对各基频影响因素定量分析的基础上，针对主要误差源开展参数分析，并拟合形成必要的修正系数。以单跨悬索桥反对称竖弯基频估算公式为例，主缆水平力、加劲梁刚度和结构措施的影响是其估算误差的主要来源，拟合相应的误差修正即可得到改进后的估算公式：

$$f_b^a = K_1 K_2 \frac{1.184}{\sqrt{f_{sg}}} \qquad (5\text{-}36)$$

式中，$K_1 = 0.7312 + 2.688k$，反映矢跨比 k 对基频产生的影响；无中央扣时 $K_2 = 1$，含中央扣时 $K_2 = 1.0121 - 0.001 f_{sg}$，反映中央扣对基频产生的影响。

表 5-5 列举了单跨悬索桥反对称竖弯基频估算公式改进前后的误差对比，误差极值由 14.5% 降低至 7.4%。

悬索桥反对称竖弯基频估算公式修正前后误差对比　　　　　　　　　　表5-5

序号	桥名	跨径（m）	原公式值（Hz）	误差	修正后公式值（Hz）	误差
1	重庆鱼嘴两江大桥	616	0.148	8.8%	0.151	7.4%
2	西陵长江大桥	900	0.109	4.5%	0.110	4.1%
3	龙江大桥	1196	0.109	6.9%	0.126	-7.2%
4	阳逻长江大桥	1280	0.105	10.9%	0.111	6.3%
5	江阴长江大桥	1385	0.101	-0.2%	0.102	-1.1%
6	润扬长江公路大桥	1490	0.095	-14.5%	0.085	-2.0%
7	洞庭湖二桥	1800	0.086	-11.6%	0.073	5.5%

5.3　结构模态阻尼

5.1节已经介绍了结构阻尼的基本概念，也明确了在实际应用中一般都采用无量纲化的临界阻尼比作为阻尼测量与计算取值的标准。进行动力分析时，桥梁结构一般都离散为多自由度振动体系。在应用最广泛的线性频域动力分析中，基于比例黏滞阻尼模型和振型的正交性，可将多自由度体系的运动方程解耦成若干个广义单自由度体系的运动方程。在每个广义单自由度运动方程中，结构阻尼参数一般以更方便的阻尼比形式表达。因为此时结构阻尼比取值依赖于对应模态的固有频率和广义质量，所以通常称之为模态阻尼比。针对实际桥梁工程及桥梁气动弹性模型的阻尼测试对象，均为所关心振动模态的模态阻尼比。

5.3.1　结构模态阻尼实测

桥梁模态阻尼现场实测的基本原理，是直接从桥位获取桥梁结构受到激励后的振动响应信号，然后应用系统识别技术获得各阶振型的模态阻尼比。依据激励的方式，实测方法可分为两大类：若激励没有任何人工控制，则称之为环境激励测试；若激励是人为可控的，则称之为强迫振动测试。

环境激励测试是采集结构在风荷载、波浪荷载等环境荷载作用下产生的随机振动响应信号，并识别结构模态阻尼比的方法。环境激励测试不影响结构的正常使用，且测试装备简单，只需数据采集设备，无需激励设备。但在模态阻尼比测试中的精度相对较低，用不同识别算法得到的阻尼比测试结果离散性较大。

强迫振动测试是采用一定的激振设备使结构产生较大振幅的强迫振动，从而采集其响应信号并识别结构模态阻尼比的方法。常用的强迫振动激励方法有稳态激振法、突然卸载法、跳车激振法等。

稳态激振法利用专门的激振器对桥梁结构施加激振力，使结构产生强迫振动，记录激振力时程信号和结构振动响应时程信号，然后应用系统模态识别理论，同时识别出包括模态阻尼比在内的结构动力特性信息。测试时连续改变激振器频率进行"频率扫描"，可以获得结构模态的幅频、相频响应曲线，从而计算模态阻尼比等模态参数，这一方法可获得很高的信噪比，因此可以说是最为准确的一种试验方法。该方法一般适用于中小跨桥梁,而大跨、超大跨桥梁的低阶振型频率一般位于 0~1Hz 的超低频区域,稳态激振困难,需要开发专门的大型激振设备,费用较为昂贵。

突然卸载法的原理是通过在极短时间内释放预先施加在结构上的静力荷载的方式,使结构产生较大振幅的自由衰减运动。这可以通过在主梁下方用缆绳悬挂一个质量,然后突然剪断缆绳来实现,利用力传感器或应变计记录力的变化时程。该方法的优点是响应输出的信噪比较高,一个典型的实例是美国 Vasco da Gama 桥将一个重达 60t 的船舶吊起,然后突然释放,产生的巨大冲击力可以获得长达 10min 的有效自由振动信号。

跳车激振法利用单辆载重汽车的后轮在指定位置从三角形垫块上突然下落,对桥梁产生冲击作用并激起桥梁的振动,通常称为"跳车试验"。此方法适用于采用其他方法不易激振、刚度较大的桥梁,如石拱桥、小跨径梁式桥。

在通过环境激励或者强迫激励获取了桥梁结构的振动时程信号后,接下来的重点就是如何进行模态阻尼比的识别。目前的阻尼比识别方法总体可分为频域和时域两大类,其中有代表性的是增强频域分解法、随机子空间法等。

增强频域分解法的原理是将白噪声激励下各响应的互功率谱密度矩阵进行奇异值分解,得到解耦以后各广义单自由度模态的自功率谱密度和振型函数,再由功率谱密度在峰值附近的区间确定模态的频率和阻尼比,这里的区间大小由模态置信因子的阈值确定。随机子空间法是用于线性结构平稳激励下参数识别的时域分析方法,对输出噪声有一定的抗干扰能力。基于协方差函数的随机子空间法以输出响应的相关函数构建的 Hankel 矩阵为基础,经过奇异值分解得到结构系统的特征矩阵和输出矩阵,并进一步确定结构固有频率、阻尼比和模态振型。此外,对于环境激励下桥梁振动响应,也可以在各特征振动频率点前后进行窄带带通滤波,获得对应各特征频率的响应分量,这些响应分量在激励结束后会有一段近似于自由衰减的信号,因此可以用此条件下具有同样衰减率的等效黏滞阻尼比来近似代表结构的实际阻尼比。

表 5-6 列出了西堠门大桥在通车前进行的模态阻尼比实测结果。现场实测中激励方法为环境激励,首先将各测点采集的振动数据通过带通滤波去除高、低频信号成分,再应用增强频域分解法和随机子空间法进行加劲梁模态振动频率和阻尼比识别。在 0~1Hz 的低频区间共获得西堠门大桥 32 阶振型的频率和模态阻尼比。

西堠门大桥通车前模态阻尼比实测结果 表 5-6

阶次	频率(Hz)		实测阻尼比(%)		振型
	实测值	理论值	EFDD 法	SSI 法	
1	0.054	0.047	1.42~2.60	1.95~2.25	加劲梁、主缆侧向弯曲(0.5 个波)
2	0.095	0.094	1.12~2.64	1.80~2.18	加劲梁、主缆竖向弯曲(1 个波)
3	0.103	0.102	1.39~2.33	1.02~1.62	加劲梁、主缆竖向弯曲(0.5 个波)
4	0.123	0.103	0.82~2.54	1.54~2.02	加劲梁、主缆侧向弯曲(1 个波)
5	0.133	0.132	0.84~2.32	0.90~1.46	加劲梁、主缆竖向弯曲(1.5 个波)
6	0.183	0.178	0.18~1.02	0.37~0.61	加劲梁、主缆竖向弯曲(2 个波)
7	0.202	0.192	0.38~0.64	0.28~0.48	主缆侧向弯曲(两根主缆反相)
8	0.208	0.174	0.23~0.57	0.43~0.67	加劲梁侧向弯曲(1.5 个波)

续上表

阶次	频率(Hz)		实测阻尼比(%)		振型
	实测值	理论值	EFDD法	SSI法	
9	0.209	0.202	0.22~0.68	0.18~0.60	主缆侧向弯曲(两根主缆反相)
10	0.229	0.224	0.27~0.65	0.48~0.94	加劲梁、主缆扭转(0.5个波)
11	0.229	0.229	0.21~0.59	0.23~0.62	加劲梁、主缆竖向弯曲(2.5个波)
12	0.233	0.233	0.25~0.41	0.77~0.95	加劲梁、主缆扭转(1个波)
13	0.268	0.260	0.16~0.94	0.21~0.43	边跨加劲梁竖向弯曲(1个波)
14	0.276	0.273	0.34~1.14	0.43~0.83	加劲梁、主缆竖向弯曲(3个波)
15	0.327	0.323	0.35~0.63	0.36~0.68	加劲梁、主缆竖向弯曲(3.5个波)
16	0.349	0.346	0.40~0.82	0.42~0.88	加劲梁、主缆扭转(1.5个波)
17	0.379	0.372	0.09~0.75	0.44~0.72	加劲梁、主缆竖向弯曲(4个波)
18	0.380	0.374	0.16~0.60	0.17~0.51	加劲梁、主缆侧向弯曲(2个波)
19	0.418	0.399	0.15~0.65	0.28~0.84	边跨加劲梁竖向弯曲(1.5个波)
20	0.435	0.426	0.25~0.79	0.21~0.37	加劲梁、主缆竖向弯曲(4.5个波)
21	0.470	0.444	0.18~0.32	0.29~0.59	主缆侧向弯曲(2.5个波)
22	0.491	0.479	0.30~0.58	0.10~0.50	加劲梁、主缆竖向弯曲(5个波)
23	0.505	0.507	0.03~0.25	0.05~0.37	主缆侧向弯曲(3个波)
24	0.549	0.529	0.11~0.45	0.18~0.64	加劲梁、主缆竖向弯曲(5.5个波)
25	0.550	0.516	0.16~0.82	0.06~0.24	加劲梁、主缆侧向弯曲(3.5个波)
26	0.612	0.600	0.12~0.40	0.22~0.56	加劲梁、主缆竖向弯曲(6个波)
27	0.675	0.658	0.04~0.40	0.20~0.48	主缆侧向弯曲(4个波)
28	0.724	0.704	0.04~0.38	0.36~0.84	加劲梁、主缆竖向弯曲(6.5个波)
29	0.739	0.737	0.08~0.34	0.12~0.48	主缆侧向弯曲(4.5个波)
30	0.764	0.749	0.04~0.41	0.09~0.33	加劲梁、主缆竖向弯曲(7个波)
31	0.784	0.780	0.23~0.45	0.46~0.90	加劲梁、主缆竖向扭转(3.5个波)
32	0.827	0.805	0.20~0.62	0.26~0.78	加劲梁、主缆竖向弯曲(7.5个波)

从西堠门大桥现场实测振动特性及其与理论值比较结果可以看出：

(1)实测得到的各阶固有振动频率及振型阶次与理论计算值吻合良好,说明理论模型采用的刚度、质量、边界条件等参数能够比较精确地反映桥梁结构的实际力学特性,这也是我们在桥梁结构动力特性分析的有限元建模中始终如一的追求目标。

(2)表中第二阶振型为加劲梁反对称竖弯耦合纵漂的振型,此处理论值为将加劲梁两端纵向阻尼器模拟为纵向约束时的结果;若在有限元模型中将加劲梁的纵向约束释放,则本阶频率的理论计算值为0.078Hz。

(3)实测模态阻尼比具有离散性,因此阻尼比结果采用数据区间的形式表示。

(4)在环境激励振动下,桥梁前五阶振型的阻尼比均值介于1.18%~2.10%之间,其他高阶振动阻尼比均值相对较小,在0.15%~0.74%之间。

下面将国内一些悬索桥和斜拉桥的基频和阻尼比实测结果展示在表5-7中,实测中基本采用环境激励法。

国内悬索桥/斜拉桥实测频率和阻尼比　　　　表5-7

序号	桥名	跨度(m)	主梁材料	一阶竖弯基频(Hz)	一阶扭转基频(Hz)	竖弯阻尼比	扭转阻尼比
1	巴东长江大桥	388	混凝土	0.36	0.72	0.009	0.0052
2	武汉长江二桥	400	混凝土	0.27	0.701	0.0152	0.0118
3	南浦大桥	423	钢混组合	0.36	0.525	0.0127	0.0113
4	香港汲水门大桥	430	钢混组合	0.39	0.83	0.028	0.015
5	滨海公路辽河特大桥	436	钢	0.37	1.10	0.0556	0.0313
6	香港汀九大桥	475	钢混组合	0.165	0.547	0.0141	0.0041
7	安庆长江公路大桥	510	钢	0.273	0.957	0.007	0.006
8	福建青洲闽江大桥	605	钢混组合	0.226	0.555	0.007	0.004
9	上海长江大桥	730	钢	0.24	0.7	0.023	0.0091
10	虎门大桥	888	钢	0.1344	0.3748	0.0079	—
11	苏通大桥	1088	钢	0.185	0.580	0.0147	0.0056
12	青马大桥	1377	钢	0.114	0.265	0.00687	0.002
13	江阴长江大桥	1385	钢	0.0918	0.2646	0.0146	0.006
14	润扬长江公路大桥	1490	钢	0.144	0.2398	0.0113	0.0159
15	西堠门大桥	1650	钢	0.095	0.229	0.0112	0.0027

5.3.2 规范阻尼比取值

我国《公路桥梁抗风设计规范》(JTG/T 3360-01—2018)中将桥梁结构振型按以主梁振动为主的振型和以桥塔振动为主的振型分类,采用不同的模态阻尼比取值标准。同一类振型中,阻尼比按照构件材料取值,如表5-8和表5-9所示。而无附加阻尼装置的斜拉索和吊杆的结构阻尼比按0.001取值。

以主梁振动为主的振型阻尼比　　　　表5-8

主梁形式	阻尼比	主梁形式	阻尼比
钢箱梁	0.003	钢混组合梁	0.01
钢桁架主梁	0.005	混凝土梁	0.02

以桥塔振动为主的振型阻尼比　　　　表5-9

桥塔形式	阻尼比	桥塔形式	阻尼比
钢桥塔	0.005	钢混组合桥塔	0.01
混凝土桥塔	0.02	—	—

《公路桥梁抗风设计规范》(JTG/T 3360-01—2018)将以钢箱梁振动为主振型的结构阻尼比下调到0.003,符合近年来钢箱梁桥梁的模态阻尼比实测结果所展示的趋势,这对于提高桥梁抗风设计的安全性和准确性是有利的。但需要注意的是,随着振型阶次的增加,模态阻尼比

呈降低的趋势,正如表5-6中所显示的实测结果。而大跨度桥梁固有频率很低的振型众多,风荷载激发出的主梁振动的主振型可能并不是基础振型,而是第三阶、第四阶甚至更高阶次的振型,此时钢箱梁桥梁的结构阻尼比可能比0.003更低。另外,大跨度悬索桥中钢主缆对桥梁动力特性的影响处于主导地位,加劲梁材料对于结构阻尼比的影响没有材料自身黏滞阻尼特性的差异大,这也应当体现在结构阻尼比的取值标准中。

下面列出我国《公路悬索桥设计规范》(JTG/T D65-05—2015)和日本、英国、美国的相关规范标准中对桥梁结构阻尼比的取值规定,以供大家参考。

《公路悬索桥设计规范》(JTG/T D65-05—2015)中有关抗风计算时桥梁结构阻尼比取值如表5-10所示。其中下限值对应高阶振动模态,上限值对应一阶或低阶振动模态。

《公路悬索桥设计规范》(JTG/T D65-05—2015)桥梁结构阻尼比取值　　表5-10

加劲梁类型	阻尼比 ζ	对数衰减率 δ
钢箱梁	0.002~0.004	0.013~0.025
钢桁架梁	0.003~0.005	0.019~0.031
钢-混凝土组合梁	0.005~0.008	0.031~0.050
钢筋混凝土箱梁	0.010~0.015	0.063~0.094

日本《本州四国连络桥耐风设计基准(2001)》中有关桥梁结构阻尼比取值如表5-11所示,表中数据是根据多座桥的实测数据统计给出的对抗风有利的下限值。日本的大桥钢塔、钢梁较多,因而阻尼比取值较小。

《本州四国连络桥耐风设计基准(2001)》桥梁结构阻尼比取值　　表5-11

桥梁种类	阻尼比 ζ	对数衰减率 δ
悬索桥及主梁为桁架的斜拉桥	0.0048	0.030
实腹主梁斜拉桥	0.0032	0.020
自立状态桥	0.0016	0.010
施工、成桥状态桥	0.0032	0.020
斜拉桥	0.0005	0.003

英国 Eurocode 1: Actions on Structures-Part 1-4: General Actions-Wind Actions (BS EN 1991-1-4:2005)有关桥梁结构阻尼比的取值如表5-12所示,表中的阻尼比为弯曲基本振型的结构阻尼比。

Eurocode 1 桥梁结构阻尼比取值　　表5-12

桥梁种类			阻尼比 ζ	对数衰减率 δ
钢桥	缆索承重结构	焊接	0.0024	0.015
		高强螺栓	0.0037	0.023
		普通螺栓	0.0060	0.038
	其他结构	焊接	0.0032	0.020
		高强螺栓	0.0048	0.030
		普通螺栓	0.0080	0.050

续上表

桥梁种类			阻尼比 ζ	对数衰减率 δ
钢混组合桥	缆索承重结构		0.0048	0.030
	其他结构		0.0064	0.040
混凝土桥	缆索承重结构	预应力无裂缝	0.0048	0.030
		有裂缝	0.0119	0.075
	其他结构	预应力无裂缝	0.0064	0.040
		有裂缝	0.0159	0.100
斜拉桥	平行钢丝		0.0010	0.006
	钢绞线		0.0032	0.020

美国 *AASHTO LRFD Bridge Design Specifications*（SI Units Third Edition, 2005 Interim Revisions）有关桥梁结构阻尼比的取值如表 5-13 所示。此处的结构阻尼比是用于结构动力分析时的取值。

AASHTO LRFD Bridge Design Specifications 桥梁结构阻尼比取值　　表 5-13

桥梁种类	阻尼比 ζ	对数衰减率 δ
焊接和螺栓连接的钢桥	0.01	0.063
混凝土桥	0.02	0.126

5.4　桥梁动力特性计算

为了让大家对桥梁结构动力特性的有限单元法计算过程有一个直观的认识，现以一座悬索桥为例，展示结构有限元建模和分析的主要过程。

5.4.1　大跨度桥梁实例

西堠门大桥是中国浙江省舟山市连岛工程中的跨海大桥，连接了金塘岛和册子岛，是甬舟高速公路的重要组成部分。

综合考虑桥址自然地理环境及交通、航运等需求，上部结构设计方案如下：
(1) 桥梁总体布置情况如图 5-9 所示，主要参数如下：
桥型：双跨吊双主缆悬索桥。
主缆矢跨比：1∶10。
主缆跨径布置：578m + 1650m + 485m = 2713m。
平行主缆间距：31.4m。
(2) 加劲梁采用分体双箱钢梁，其横截面如图 5-10 所示。箱梁中心高度 3.51m，全宽 36m，中央槽宽 6m。
(3) 桥塔采用混凝土门式刚架结构，如图 5-11 所示。双塔柱均采用变截面设计。

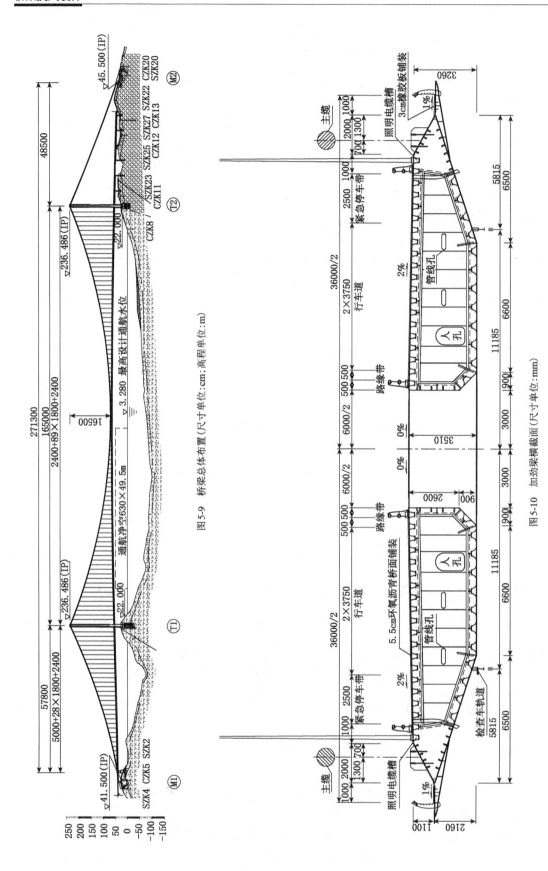

图 5-9 桥梁总体布置（尺寸单位：cm；高程单位：m）

图 5-10 加劲梁横截面（尺寸单位：mm）

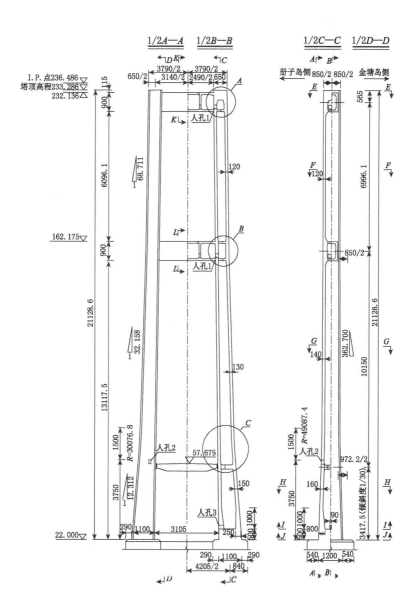

图 5-11

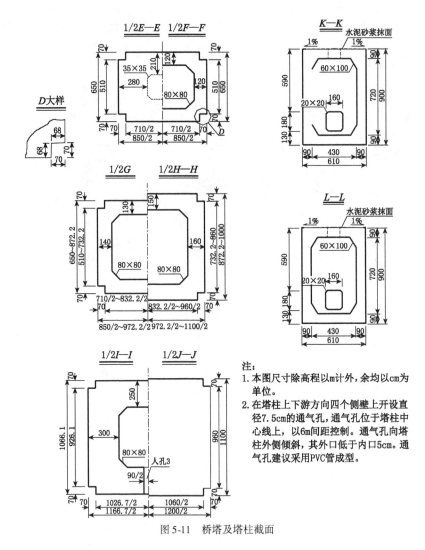

图 5-11 桥塔及塔柱截面

5.4.2 有限元计算模型

1）几何建模

几何建模中要确保模型与实桥的空间构型一致，所以模型的参数化表达十分重要。选取合适的坐标系，能减少建模的计算量，对模型的空间认识也更准确。

如图 5-12 所示，以纵桥向为 x 轴方向，左跨主缆的锚固点 x 坐标为 0，这样各节点坐标的 x 值即表示该点到结构最左端的距离。以竖向即高程方向为 y 轴方向，y 坐标与地面高程一致，这样对模型的高度认识更直观。以横桥向为 z 轴方向，主梁的横截面中心轴线上各点 z 坐标为 0，则结构关于 xOy 平面对称，可以减少几何建模中的计算量。

确立坐标系后，结构位置均可以准确表达。对于悬索桥的主要构件，选取关键截面计算截面形心、扭心等几何中心位置，将关键截面的几何中心连线作为构件轴线。桥塔的关键截面包括塔底、塔顶、与横梁相接处等；主缆的关键截面包括起始点、与吊杆连接处等；加劲梁由于是等截面结构，其轴线计算相对简单。

图 5-12　悬索桥几何建模

在得到结构的主要轴线之后,即可对各构件进行离散化。主缆的离散化可以根据吊杆间距确定单元大小和节点坐标。桥塔为门式刚架结构,离散化中应考虑横梁位置,在横梁轴线与塔柱轴线的交点处生成节点,方便生成单元。加劲梁的离散除考虑吊点间距的影响以外,在吊点之间的钢箱梁一般要进一步划分为 2 段或 3 段。此外,考虑西堠门大桥加劲梁为分体双箱梁,更适合的加劲梁计算模型为双轴线模型,横向两个箱室各用一排梁单元模拟,其间采用横梁单元和刚臂单元连接,如图 5-13 所示。

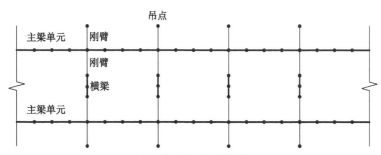

图 5-13　加劲梁双轴线模型图示

2) 构件模拟

对于悬索桥的不同构件,因其结构刚度和质量特性不同,需要选择不同的单元类型。西堠门大桥建模选取的单元类型共有三类:加劲梁、桥塔、刚臂等以受弯为主的构件选择具有抗弯刚度的空间梁单元模拟;主缆和吊杆等以受拉为主的构件选择单向受拉的空间杆单元模拟;采用空间质量单元模拟构件中除主体结构以外的附加质量。

桥塔为变截面构件,不同位置横截面的面积、抗弯惯性矩、抗扭惯性矩等参数均不同,计算量较大,可以借助计算机完成相应的工作,图 5-14 为桥塔截面的几何特性计算图示。由于主缆自身重力与吊杆拉力的作用,不同位置的缆内轴力也不相等,因此需要先行计算主缆线形,并计算得到各个单元的初始应变或应力。

将准确计算得到的截面几何特性、初应变、质量特性连同相应的材料物理特性赋予桥梁的各个构件后,就完成了有限单元建模中的构件模拟。

3) 连接和约束

成桥状态下,需要约束主缆和桥塔顶部的相对位移,西堠门大桥建模采用在塔顶与对应主缆节点之间生成刚臂单元的方式模拟。

加劲梁与桥塔之间的连接,即桥塔横梁对加劲梁的支承作用,为沿桥梁纵向放松,在另外两个方向上进行约束,因此采用主从节点模拟塔梁连接。

西堠门大桥动力特性分析中不需要考虑承台、桩群的影响,因此在桥梁外部约束模拟中只需约束主缆两侧锚碇点和塔底节点的各方向运动。

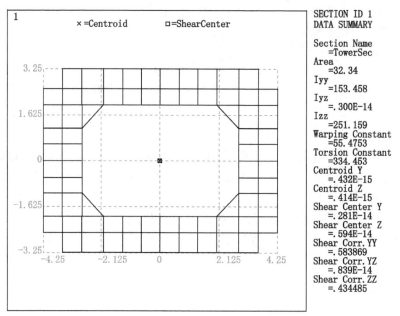

图 5-14　桥塔截面的几何特性计算图示

完成构件连接和外部约束设置之后,桥梁有限元模型如图 5-12 所示。

5.4.3　频率和振型分析

桥梁固有振型及频率的求解方法众多,西堠门大桥计算采用子空间迭代法得到结构固有动力特性。为了准确识别各阶振型,综合应用了图示判别法和等效质量法。

加劲梁主要振型参见图 5-15～图 5-20,各阶振型图示均采用"四格漫画"形式,左上、右上、左下和右下分别为正视图、侧视图、俯视图和轴测图。在本例中,根据振型图中加劲梁振动形状曲线的半波数和位移的主方向,我们可以很方便地识别出第 1 阶为一阶正对称侧弯振型,第 2 阶为一阶反对称竖弯振型,第 3 阶为一阶正对称竖弯振型,第 4 阶为一阶反对称侧弯振型,第 16 阶为一阶正对称扭转振型,第 17 阶为一阶反对称扭转振型。

由式(5-27)可得,等效质量 $m_{\text{eq\_s}} = \dfrac{\int m\phi^2 \mathrm{d}x}{\int_{L_{\text{girder}}} \phi_s^2 \mathrm{d}x}$,在结构动力特性有限元分析的后处理模块中,可将振型函数按质量矩阵进行归一化处理,即令 $\int m\phi^2 \mathrm{d}x = 1$。输出归一化后的各阶振型函数后,用离散化求和的方法即可计算加劲梁各阶等效质量,加劲梁第 n 阶振型 s 方向的等效质量为:

$$m_{\text{eq}_{ns}} = \dfrac{1}{(\sum\limits_{i=1}^{\text{num}} \phi_{ns_i}^2 l_i)} \tag{5-37}$$

式中,ϕ_{ns_i} 为加劲梁第 n 阶振型 s 方向(s 可以是 x、y、z 或 $rotx$)第 i 个梁段的振型函数;l_i 是第 i 个梁段的长度;num 是加劲梁分段数量。

本算例将加劲梁沿纵向共划分为 268 段,其第一阶振型在 269 个节点的函数值如表 5-14 所示,用各梁段端节点振型函数值的平均值来代表梁段的振型函数值,则主梁第一阶振型 x 方向的等效质量为:

$$m_{eq_{1x}} = \frac{1}{\sum\limits_{i=1}^{268} \left(\frac{UX_i + UX_{i+1}}{2} \right)^2 d_{i,i+1}} \tag{5-38}$$

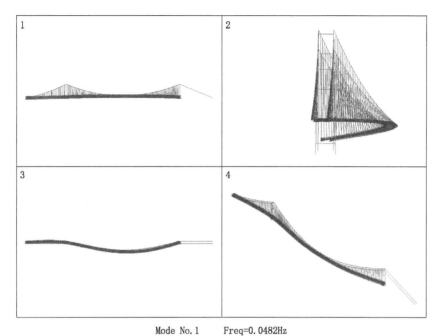

Mode No.1   Freq=0.0482Hz

图 5-15   一阶正对称侧弯振型图

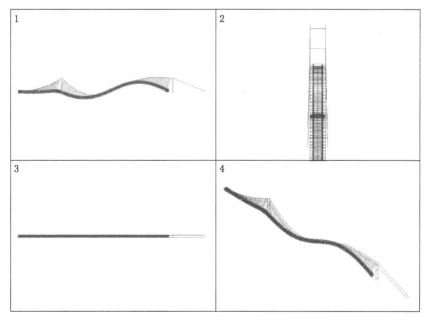

Mode No.2   Freq=0.0790Hz

图 5-16   一阶反对称竖弯振型图

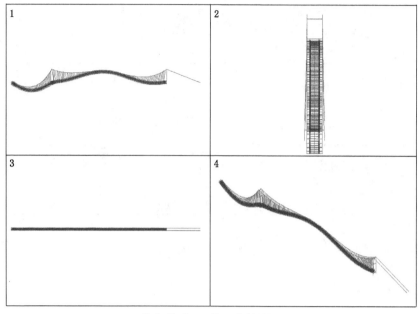

图 5-17 一阶正对称竖弯振型图

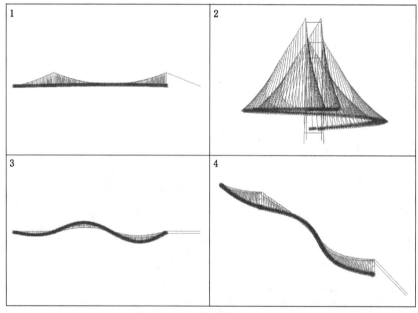

图 5-18 一阶反对称侧弯振型图

式中,UX_i 为第 i 个节点 x 方向的振型值;$d_{i,i+1}$ 为节点 i 和节点 $i+1$ 的距离,即第 i 个梁段的长度。用同样的方法可以计算各阶振型不同自由度方向的等效质量和等效质量惯性矩,桥梁前 20 阶振型的等效质量和质量惯性矩如表 5-15 所示。

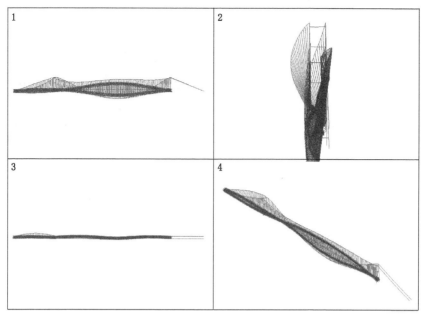

Mode No. 16　　Freq=0.2305Hz

图 5-19　一阶正对称扭转振型图

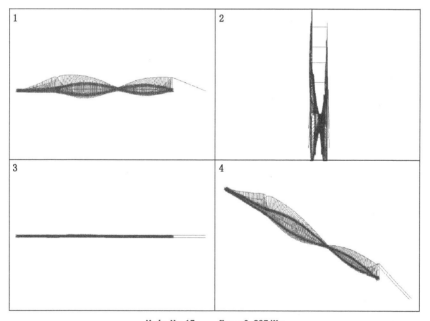

Mode No. 17　　Freq=0.2374Hz

图 5-20　一阶反对称扭转振型图

加劲梁第一阶振型函数值　　　　　　　　表 5-14

节点 i	1	2	3	...	267	268	269
UX	-1.05×10^{-11}	-1.05×10^{-11}	-1.05×10^{-11}	...	-1.09×10^{-11}	-1.09×10^{-11}	-1.09×10^{-11}
UY	-1.79×10^{-17}	-4.69×10^{-14}	-9.65×10^{-14}	...	6.78×10^{-13}	3.40×10^{-13}	-1.99×10^{-16}

续上表

节点 i	1	2	3	...	267	268	269
UZ	-3.61×10^{-12}	-1.51×10^{-6}	-3.02×10^{-6}	...	1.20×10^{-5}	5.99×10^{-6}	1.99×10^{-8}
$ROTX$	2.37×10^{-11}	-2.96×10^{-10}	-6.49×10^{-10}	...	3.41×10^{-9}	1.54×10^{-9}	-2.13×10^{-9}

前20阶振型的等效质量和质量惯性矩 表5-15

阶数	等效质量 $\bar{m}_x$ (kg/m)	等效质量 $\bar{m}_y$ (kg/m)	等效质量 $\bar{m}_z$ (kg/m)	等效质量惯性矩 $\bar{j}_x$ (kg·m²/m)
1	1.30×10^{19}	2.80×10^{19}	2.47×10^{4}	1.33×10^{11}
2	4.44×10^{4}	4.74×10^{4}	4.70×10^{18}	3.66×10^{19}
3	5.90×10^{5}	2.78×10^{4}	2.37×10^{18}	3.24×10^{19}
4	3.08×10^{18}	1.27×10^{18}	2.09×10^{4}	2.41×10^{10}
5	3.40×10^{4}	5.89×10^{4}	1.38×10^{18}	5.63×10^{19}
6	1.79×10^{6}	2.75×10^{4}	6.34×10^{19}	9.99×10^{19}
7	6.89×10^{7}	2.69×10^{4}	3.29×10^{17}	8.24×10^{18}
8	2.92×10^{19}	1.15×10^{16}	2.25×10^{4}	3.92×10^{9}
9	1.82×10^{7}	2.73×10^{4}	9.77×10^{15}	7.43×10^{18}
10	5.78×10^{15}	7.04×10^{12}	4.85×10^{20}	9.00×10^{24}
11	2.19×10^{16}	8.74×10^{14}	3.80×10^{20}	1.01×10^{26}
12	1.28×10^{22}	3.35×10^{19}	1.25×10^{5}	3.00×10^{10}
13	8.93×10^{20}	7.12×10^{18}	8.41×10^{4}	4.56×10^{9}
14	5.38×10^{18}	1.31×10^{15}	6.15×10^{4}	1.04×10^{8}
15	1.15×10^{8}	2.67×10^{4}	1.05×10^{15}	1.43×10^{16}
16	3.96×10^{17}	9.01×10^{13}	1.76×10^{6}	3.82×10^{6}
17	3.86×10^{19}	2.59×10^{16}	4.17×10^{7}	4.07×10^{6}
18	2.44×10^{16}	3.38×10^{13}	1.43×10^{22}	4.57×10^{24}
19	1.57×10^{21}	1.24×10^{19}	3.00×10^{4}	7.79×10^{9}
20	4.54×10^{7}	2.79×10^{4}	3.93×10^{19}	5.48×10^{19}

5.4.4 典型桥梁动力特性

本小节分桥型列出了一些代表性桥梁的动力特性,见表5-16～表5-19,以供读者参考。结合表5-6与表5-7的数据,可以归纳得到以下结论:

(1)相近跨径下,四种桥型的基频值对比可以直观反映出结构刚度由高到低的位次:梁桥、拱桥、斜拉桥和悬索桥。

(2)同一种桥型且主梁截面形式相同的桥梁,其同阶频率值随跨径增加而降低。

(3)通过不同主梁形式的对比可以明显看出,钢桁架梁的刚度相比其他形式主梁具有较大优势。

典型梁桥的基频值 表 5-16

序号	桥名	跨径布置(m)	主梁形式	结构体系	侧弯基频(Hz)	竖弯基频(Hz)	扭转基频(Hz)
1	芜湖长江大桥(引桥)	144×3	板桁结合梁	三跨连续	0.805	1.442	1.852
2	钱塘江大桥	48.8×4	钢桁架梁	多跨连续	0.990	3.430	2.080
3	牛角双线坪特大桥	118+192+118	预应力混凝土箱梁	连续刚构	0.673	1.117	1.742
4	富绥松花江公路大桥	85+150×6+85	混凝土箱梁	连续刚构	0.875	0.600	—
5	东江南特大桥	143+264+143	钢桁架梁	三跨连续	0.519	0.802	1.302
6	砂金坪黄河特大桥	132+240+132	钢桁架梁	三跨连续	0.4731	0.518	1.514
7	Sesia 大桥	43.6×8	钢桁架梁	多跨连续	—	3.690	8.780
8	朔黄铁路芦沟特大桥	32×8+24×1+32×3	T形梁	简支体系	2.11	3.680	15.620
9	老河口汉江特大桥	69.05+112×2+69.05	预应力箱梁	多跨连续		0.972	—
10	渡口河特大桥	72+128+72	箱梁	连续刚构	0.781	1.758	2.235

注:"—"表示此阶频率未出现在前15阶频率或者该振型未单独出现。

典型拱桥的基频值 表 5-17

序号	桥名	主跨跨径(m)	主梁形式	结构体系	侧弯基频(Hz)	竖弯基频(Hz)	扭转基频(Hz)
1	丹东沙河口大桥	150	钢筋混凝土梁	中承式无铰拱	0.354	0.955	—
2	千岛湖1号特大桥	252	钢管混凝土梁	上承式拱桥	0.363	0.619	2.002
3	南沙凤凰三桥	308	钢箱梁	中承式系杆拱	0.598	0.647	1.609
4	万州长江大桥	360	钢桁架梁	中承式系杆拱	0.410	0.688	0.775
5	菜园坝大桥	420	钢箱梁	中承式系杆拱	0.331	0.598	0.845
6	新光大桥	428	钢桁架梁	三联拱	0.244	0.5283	—
7	猛洞河大桥	450	钢桁架梁	上承式无铰拱	0.285	0.660	2.197
8	巫山长江大桥	492	钢管混凝土梁	中承式钢管拱	—	0.552	0.552
9	卢浦大桥	550	钢箱梁	中承式系杆拱	0.422	0.585	1.252
10	朝天门大桥	552	钢桁架梁	中承式系杆拱	0.291	0.499	0.661

注:"—"表示此阶频率未出现在前30阶频率或者该振型未单独出现。

典型斜拉桥的基频值 表 5-18

序号	桥名	主跨跨径(m)	主梁形式	结构体系	侧弯基频(Hz)	竖弯基频(Hz)	扭转基频(Hz)
1	德州新河大桥(主桥)	90	混凝土梁	半漂浮	0.434	0.649	—
2	飞龙岛大桥	150	钢混组合梁	固结	1.495	0.389	3.681
3	泸州泰安长江大桥	270	混凝土梁	固结	0.752	0.352	0.102
4	东营黄河大桥	288	钢梁	半漂浮	0.719	0.442	0.912
5	巴东长江大桥	388	混凝土梁	全漂浮	0.33	0.360	0.72
6	武汉长江二桥	400	混凝土梁	半漂浮	0.756	0.252	0.670

续上表

序号	桥名	主跨跨径（m）	主梁形式	结构体系	侧弯基频（Hz）	竖弯基频（Hz）	扭转基频（Hz）
7	鄂东长江公路大桥	926	钢混组合梁	半漂浮	0.098	0.222	0.521
8	苏通大桥	1088	钢梁	半漂浮	0.081	0.185	0.580

注："—"表示此阶频率未出现在前30阶频率或者该振型未单独出现。

典型悬索桥的基频值　　表5-19

序号	桥名	主跨跨径（m）	主梁形式	结构体系	侧弯基频（Hz）	竖弯基频（Hz）	扭转基频（Hz）
1	宁波庆丰桥	280	钢混组合梁	单跨双铰	—	0.508	1.305
2	虎门大桥	888	钢梁	单跨双铰	0.086	0.111	0.348
3	宜昌长江公路大桥	960	钢梁	单跨双铰	0.100	0.164	0.375
4	青马大桥	1377	钢梁	双跨	0.0526	0.105	0.250
5	江阴长江大桥	1385	钢梁	单跨双铰	0.0549	0.0891	0.264
6	西堠门大桥	1650	钢梁	双跨	0.0489	0.1003	0.251

注："—"表示此阶频率未出现在前30阶频率或者该振型未单独出现。

思考题与习题

1. 对桥梁结构的固有动力特性进行分析的结构动力学基础是什么？在数学上又属于哪一类问题？求解这类问题有哪些常用的方法？请针对这些求解方法的原理、发展和优缺点开展调研，并形成综述报告。

2. 黏滞阻尼和滞变复刚度阻尼在数学模型、基本原理、动力学求解方面分别存在哪些异同？各有什么优点和缺点？

3. 桥梁的主梁断面可分为五类：开口、半开口、闭口、分体、桁梁。请比较各主梁断面在有限单元法几何建模和构件模拟中存在的主要差异。

4. 为什么在进行悬索桥结构动力特性分析前需要先开展主缆线形计算？主缆线形计算的基本原理是什么？主要方法又有哪些？

5. 约束体系对主梁的固有频率和固有振型分别有什么影响？在有限单元法建模过程中应如何进行合理的模拟？

6. 主梁的扭转基本振型和基本频率在很大程度上决定了桥梁的风致稳定性，那么，有哪些主要因素会影响主梁的扭转基频？在这一问题上，悬索桥和斜拉桥存在怎样的差异？

本章参考文献

[1] WILSON J C, GRAVELLE W. Modelling of a cable-stayed bridge for dynamic analysis[J].

Earthquake Engineering and Structural Dynamics,1991,20(8):707-721.

[2] ZHU L D, XIANG H F, XU Y L. Triple-girder model for modal analysis of cable-stayed bridges with warping effect[J]. Engineering Structures, 2000,22(10):1313-1323.

[3] 杨咏昕,陈艾荣,项海帆.桥梁结构动力特性分析中节点刚性区问题的处理[J].土木工程学报,2001,34(1):14-18.

[4] ERNST J H. Der e-modul von seilen unter berucksichtigung des durchhanges[J]. Der Bauingenieur,1965,40(2):52-55.

[5] BROWNJOHN J M W, MAGALHAES F, CARTANO E, et al. Ambient vibration retesting and operational modal analysis of the Humber Bridge[J]. Engineering Structures, 2010,32(8):2003-2018.

[6] LIU J F, ZHANG Q W. Dynamic characteristics of a thousands-meter scale cable-stayed bridge [C]. Proceedings of SPIE-The International Society for Optical Engineering, 2010.

[7] 同济大学.公路桥梁抗风设计规范:JTG/T 3360-01—2018[S].北京:人民交通出版社股份有限公司,2019.

[8] YANG Y X, MA T T, GE Y G. Evaluation on bridge dynamic properties and VIV performance based on wind tunnel test and field measurement[J]. Wind and Structures, 2015,20(6):719-737.

[9] 刘弋.缆索承重桥梁结构模态阻尼的理论模型、识别方法和统计特征[D].上海:同济大学,2014.

[10] 中交公路规划设计院有限公司.公路悬索桥设计规范:JTG/T D65-05—2015[S].北京:人民交通出版社股份有限公司,2015.

[11] 日本本州四国连络桥工团.本州四国连络桥耐风设计基准[S].2001.

[12] British standards institution. Eurocode 1: Actions on structures-part 1-4: general actions-wind actions:BS EN 1991-1-4:2005[S].2005.

[13] American association of state highway and transportation officials. AASHTO LRFD bridge design specifications:SI units third edition, 2005 interim revisions[S].2005.

第 6 章
桥梁静风性能验算

当风以一定速度吹向建筑物时,建筑物将对其产生阻塞和扰动作用,从而改变该建筑物周围风的流动特性。反过来,风的这种流动特性改变引起的空气动力效应将对结构产生作用。风对结构物的作用力可以分为不随时间变化的静力作用和随时间变化的动力作用。不同类型的桥梁结构对风荷载的敏感程度不同,相比于中小跨径桥梁,大跨径桥梁结构更容易发生风致振动现象,风荷载的动力作用可能会成为大跨径桥梁设计的控制荷载,另外,高风速下桥梁结构还可能出现静风失稳现象。对于量大面广的中小跨径桥梁而言,虽然风的动力作用并不显著,但风荷载的静力作用依然是桥梁设计中的重要荷载,承载能力极限状态和正常使用极限状态验算时风荷载也需要参与荷载组合计算。本章将结合《公路桥梁抗风设计规范》(JTG/T 3360-01—2018),着重介绍风的静力作用、静力三分力系数、等效静阵风风速和荷载、静风稳定验算、静风荷载组合及验算等相关内容,使读者能更好地了解并掌握桥梁静力风荷载的计算方法,进而开展桥梁静风性能验算。

6.1 风的静力作用

6.1.1 风荷载特点

自然风的紊流特性、旋涡脱落引起的绕流变化或物体引起的特征紊流等因素会使物体周围的绕流随时间发生变化,导致风荷载在时间和空间上具有随机性,因此风对结构的作用包含了静力作用和动力作用两个方面。静力作用表征了不随时间变化的平均风荷载对结构的作用,一般使用设计基准期内的极大值作为设计值;动力作用表征了随时间变化的脉动荷载对结构的作用,一般需要进行随机振动分析来获得结构的动力响应。

物体外形对风荷载影响甚大,人们可以按一定的气动力要求来设计物体的外形,例如,为了达到阻力最小和升力最大的目的设计出了类似翼型的形状;而在设计汽车的外形时除要求达到阻力最小的目的外,还要求升力尽可能小,以增加高速行驶中车辆的稳定性。而在许多土木工程应用中,结构的形状一般根据纯气动力因素以外的一些设计要求和设计目的确定,因此,风荷载仍是主要设计荷载之一,必须通过适当方法(如风洞试验)来确定。对于大跨度桥梁、高层建筑等大型结构,风荷载往往是一个起控制作用的关键设计荷载,因此在必要时需要采取适当的气动措施来降低结构所受的风荷载。

风荷载对断面形体的依赖性主要是因为钝体断面表面形状的些许改变都会影响钝体表面压力场分布。例如,大小相当的高尔夫球、网球和乒乓球(图6-1)飞行距离的不同就是它们表面气动外形的差异造成的,高尔夫球飞行距离大于网球、乒乓球。高尔夫球的光滑表面"凹坑密布",而网球则做成"毛面"。

(a) (b) (c)

图6-1 球类表面形状
(a)高尔夫球;(b)网球;(c)乒乓球

6.1.2 静力风荷载

桥梁结构一般为柔长结构,在桥跨方向上有较大的尺度,而在其他两个方向上相对尺度较小,风对桥梁结构的作用近似满足片条假定,即假定桥跨方向不同断面上的风压分布模式大体相同,并使用空间相关系数描述风荷载沿桥梁展向的空间随机性。

当桥梁断面处于风场中,把其看成固定不动的刚体。流体流经断面必然会发生绕流现象,其表面位置不同,表面压强不尽相同。为了便于描述作用于结构上的静力荷载,一般会将作用于物体上的风压进行积分后获得的气动合力作为静力风荷载,由于风压在结构物表面分布不对称,风压的全截面积分在产生合力的同时也会产生合力矩。

风压积分坐标系的不同必然导致风压积分结果的不同,工程上一般使用风轴坐标系(图6-2)和体轴坐标系(图6-3)作为风压积分坐标系。

将风压在顺风向投影并积分获得的净风力称为气动阻力,一般用 D 或 F_D 表示;将风压在横风向投影并积分获得的净风力称为气动升力,一般用 L 或 F_L 表示;升力与阻力形成的合力作用点大多与桥梁断面的形心不吻合,因此形成了对形心的力矩 M。阻力、升力和力矩通常被称为风轴坐标系下的气动静力三分力,取决于物体的形状和雷诺数大小。

除了沿风轴坐标系的积分外,对桥梁断面前、后壁面的压强差的表面积分形成的力,称为阻力 F_H(忽略气流与结构表面的摩擦力)。同理,对桥梁断面上、下壁面的压强差的表面积分形成的力,称为升力 F_V。升力与阻力形成的合力作用点大多与桥梁断面的形心不吻合,因此形成了对形心的力矩 M。

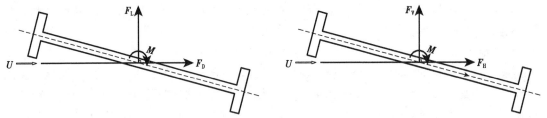

图 6-2　风轴坐标系下的三分力　　　　图 6-3　体轴坐标系下的三分力

体轴坐标系与风轴坐标系下静力风荷载可以使用式(6-1)进行转换。

$$\begin{pmatrix} F_V \\ F_H \end{pmatrix} = \begin{pmatrix} \cos\alpha & \sin\alpha \\ -\sin\alpha & \cos\alpha \end{pmatrix} \begin{pmatrix} F_L \\ F_D \end{pmatrix} \tag{6-1}$$

式中,α 为风攻角,当物体下表面迎风时为正。当风攻角为 0° 时,风轴和体轴一致。

6.2　静力三分力系数

6.2.1　三分力系数定义

对于细长结构,可近似按二维流动来考虑,此时只需研究作用在单位长度物体上的气动力,考虑风荷载与结构外形密切相关,为了便于应用,一般通过考察与风速和结构尺寸无关的无量纲气动力系数来研究结构的气动力性能。风轴坐标系下的无量纲气动阻力系数 C_D、气动升力系数 C_L 和气动力矩系数 C_M 定义如下:

$$C_D = \frac{F_D}{\rho U^2 H/2} \tag{6-2}$$

$$C_L = \frac{F_L}{\rho U^2 B/2} \tag{6-3}$$

$$C_M = \frac{M}{\rho U^2 B^2/2} \tag{6-4}$$

式中,C_D 为阻力系数;H 为断面迎风侧高度;F_D 为风轴系下阻力;C_L 为升力系数;B 为断面特征宽度;F_L 为风轴系下升力;C_M 为力矩系数;M 为风轴系下升力矩;ρ 为空气密度;U 为来流速度。

体轴坐标系下三分力系数的计算有两种方法,一种是使用体轴坐标系下的静风阻力、升力和升力矩,并使用式(6-2)~式(6-4)进行求解;另一种是利用体轴坐标系和风轴坐标系之间的坐标转换关系,直接将风轴坐标系下的三分力系数 C_D、C_L 和 C_M 转换为体轴坐标系下的三分力系数 C_H、C_V 和 C_M:

$$\begin{Bmatrix} C_V \\ C_H \\ C_M \end{Bmatrix} = \begin{bmatrix} \cos\alpha & \sin\alpha & 0 \\ -\sin\alpha & \cos\alpha & 0 \\ 0 & 0 & 1 \end{bmatrix} \begin{Bmatrix} C_L \\ C_D \\ C_M \end{Bmatrix} \tag{6-5}$$

静风力系数除与结构断面形式密切相关外,还与气流流动特性密切相关,不同的风速下同一断面的静风力系数也不尽相同。图6-4为光滑圆柱体截面的平均阻力系数 C_D 随雷诺数 Re 的变化曲线。在亚临界区($Re = 30 \sim 2 \times 10^5$)平均阻力系数 C_D 基本稳定在1.2左右。在临界区($Re = 2 \times 10^5 \sim 5 \times 10^5$),圆柱表面边界层处于从层流过渡到紊流状态,而边界层内的紊流掺混有助于将动量高的流体输送到柱体表面,使分离点向下游运动,尾流明显变窄,从而使 C_D 急剧下降到只有最大值的约1/3。在超临界区($Re = 5 \times 10^5 \sim 4 \times 10^6$)和高超临界区($Re > 4 \times 10^6$),随着雷诺数的增大,$C_D$ 值再次缓慢增加,但数值小于最大值的约1/2。

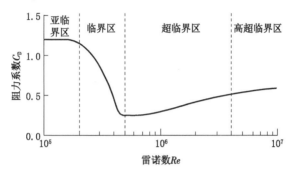

图6-4 不同雷诺数下光滑圆柱体截面的平均阻力系数

6.2.2 典型构件三分力系数

严格来说,桥梁结构断面的静力三分力系数需要通过风洞测力、测压试验获得,但中小跨径桥梁结构刚度大,风荷载一般不会是控制荷载,且钝体断面的阻力相比升力、升力矩大很多,因此《公路桥梁抗风设计规范》(JTG/T 3360-01—2018)中给出了一些典型断面的阻力系数,用于确定中小跨径桥梁的静力风荷载。

对于跨度小于或等于200m的桥梁,主梁断面的阻力系数 C_D 可以根据其断面形式按照式(6-6)确定。

对于工字形、Π形、分离式边箱等开口截面形式的主梁,截面阻力系数与主梁的宽高比有关,随主梁宽高比的增大近似呈线性减小,因此其阻力系数 C_D 可按式(6-6)计算:

$$C_D = \begin{cases} 2.1 - 0.1\left(\dfrac{B}{H}\right) & 1 \leqslant \dfrac{B}{H} < 8 \\ 1.3 & 8 \leqslant \dfrac{B}{H} \end{cases} \quad (6-6)$$

式中,B 为主梁特征宽度,m;H 为主梁的投影高度。

气流流经闭口箱梁截面时,气流的分离现象相对开口截面更弱,截面阻力系数也相对更小。表6-1给出了国内一些采用扁平流线型钢箱梁断面的大跨径缆索承重桥梁的阻力系数,显然,其阻力系数大多不超过1.0。

闭口流线型箱梁的阻力系数　　　　　　表6-1

桥名	桥型	梁宽(m)	梁高(m)	宽高比	成桥状态 C_D	施工状态 C_D
苏通长江大桥	斜拉桥	41.0	4.0	10.3	0.979	0.353
九江长江大桥	斜拉桥	38.9	3.6	10.8	0.992	0.773
润扬长江大桥	悬索桥	35.9	3.0	12.0	0.791	0.406

续上表

桥名	桥型	梁宽(m)	梁高(m)	宽高比	成桥状态 C_D	施工状态 C_D
珠江黄埔大桥(悬索桥)	悬索桥	39.6	3.5	11.3	0.680	0.529
珠江黄埔大桥(斜拉桥)	斜拉桥	41.0	3.5	11.7	0.645	0.563
江阴长江大桥	悬索桥	36.9	3.0	12.3	1.063	—
泰州长江大桥	悬索桥	39.1	3.5	11.2	0.839	—
宜昌长江大桥	悬索桥	30.0	3.0	10.0	0.925	—

风洞试验表明,闭口箱梁的阻力系数随其腹板倾角 β_d(图6-5)的增大而减小,为计算方便,可以使用式(6-7)定义的折减系数 η_c 对式(6-6)进行折减,从而获得闭口箱梁的阻力系数:

$$\eta_c = \begin{cases} 1 - 0.005 \times \beta_d & 0° \leq \beta_d \leq 60° \\ 0.7 & \beta_d \geq 60° \end{cases} \quad (6-7)$$

式中,β_d 为箱梁腹板倾角,(°)。

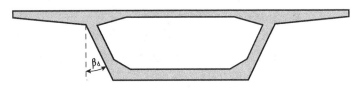

图6-5 斜腹板倾角示意图

桁架式断面的主梁腹杆布置形式复杂且变化多样,桁架间距、高度、桥梁整体宽度差异显著,因此桁架式断面的阻力系数一般由风洞试验确定。作为参考,表6-2统计了不同形式的桁架式主梁的阻力系数。对比表6-1和表6-2不难发现:桁架式主梁和流线型箱梁的阻力系数相差不大,但桁架式主梁的梁高相比流线型箱梁更大,因此相比于流线型箱梁,桁架式主梁所受的阻力更大。

桁架式主梁的阻力系数 表6-2

桥名	桥型	主梁全宽(m)	桁高(m)	成桥状态 C_H	施工状态 C_H
洞庭湖二桥	悬索桥	36.1	9.00	1.010	0.830
北盘江大桥(镇胜高速公路)	悬索桥	28.0	7.57	1.049	0.950
抵母河大桥	悬索桥	27.0	4.50	0.982	—
四渡河大桥	悬索桥	26.0	6.50	1.036	—
北盘江大桥(杭瑞高速公路)	斜拉桥	27.0	8.00	0.742	0.632
上海闵浦大桥	斜拉桥	44.0(上层) 28.2(下层)	11.62	0.886	0.810
武汉天兴洲长江大桥	斜拉桥	30.0	15.20	0.894	0.848
安庆长江大桥	斜拉桥	28.0	15.00	0.979	0.847
铜陵长江大桥	斜拉桥	35.0	15.50	0.709	0.563
重庆韩家沱长江大桥	斜拉桥	18.0	14.00	0.835	0.789

桥墩、桥塔断面一般为矩形或者圆形,矩形断面的阻力系数与其长宽比密切相关,不同长宽比下矩形断面、圆形断面的桥墩、桥塔阻力系数可以参见表2-5。

6.3 等效静阵风风速和荷载

6.3.1 等效静阵风风速

结构设计时风荷载的标准值是指设计基准期内某一概率水平下的分位值,为了考虑风速的瞬时极值效应,结构风工程通常使用静阵风系数。桥梁是一种细长的结构,桥跨方向的尺寸远远大于截面内构造尺寸,因此不同断面处风速不可能同时出现极大值,作用于构件上的静阵风系数会随构件长度的增大而减小。因此反映风速瞬时极值效应的阵风系数需要同时考虑风速在时间和空间的相关性。我国《公路桥梁抗风设计规范》(JTG/T 3360-01—2018)把考虑结构或构件上风的空间相关性的阵风风速称为等效静阵风风速 U_g,可按下式计算:

$$U_g = G_V U_d \tag{6-8}$$

式中,U_d 为构件设计基准风速;G_V 为等效静阵风系数,为了保证式(6-8)计算得到的等效静阵风风速为统计意义上的极大值,G_V 需要使用极值分布理论进行求解。

结构风工程一般将风速 $U(x,t)$ 分为不随时间和空间变化的平均风速 U 以及随时间和空间变化的零均值脉动风速 $u(x,t)$ 两部分。即:

$$U(x,t) = U + u(x,t) \tag{6-9}$$

式中,x 为空间坐标。准定常假定认为气流流经结构断面后扰流产生的气动荷载可以忽略不计,结构上一点所受的脉动风荷载只与该点处来流的速度有关。那么图 6-6 所示的主梁 x 处单位长度所受风压为:

$$P(x,t) = \frac{1}{2}\rho C_D H [U + u(x,t)]^2 = \overline{P} + \frac{2\overline{P}}{U} u(x,t) \tag{6-10}$$

式中,平均风压 $\overline{P}$ 为平均风速 U 在结构上产生的风压,为均布荷载;ρ 为空气密度;C_D 为主梁的阻力系数;H 为主梁特征高度。

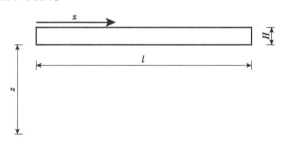

图 6-6 水平方向的结构物示意图
z-主梁的基准高度;l-主梁的长度;H-主梁特征高度

则主梁上的总压力为:

$$P_{l0} = \int_0^l P(x,t)\,\mathrm{d}x = \overline{P} + \int_0^l \frac{2\overline{P}}{U} u(x,t)\,\mathrm{d}x = \overline{P} + P(t) \tag{6-11}$$

式中,$P(t)$ 为主梁上总脉动风压;$\overline{P}$ 为平均风压。按照随机过程的理论,脉动风压 $P(t)$ 的谱密度函数 $S_p(\omega)$ 为:

$$S_{\mathrm{p}}(\omega) = \left(\frac{2\overline{P}}{U}\right)^2 S_{\mathrm{u}}(\omega) \frac{1}{l^2} \int_0^l \int_0^l e^{\frac{-K_1 n}{U}|x_1 - x_2|} \mathrm{d}x_1 \mathrm{d}x_2 \quad (6\text{-}12)$$

式中,$S_{\mathrm{u}}(\omega)$ 为脉动风速的谱密度函数;ω 为频率;l 为构件长度;K_1 为脉动风速的空间相关系数,一般取 7~21。

Davenport 系统研究并提出了风压的极值分布理论,认为极值风压 $P_{t0,\max}$ 的期望值为:

$$E[P_{t0,\max}] = \overline{P} + g_{\mathrm{f}} \sigma_{\mathrm{p}} \quad (6\text{-}13)$$

$$g_{\mathrm{f}} = \sqrt{2\ln(vT_{\mathrm{w}})} + \frac{0.5772}{\sqrt{2\ln(vT_{\mathrm{w}})}} \quad (6\text{-}14)$$

$$v = \left[\int_0^\infty \omega^2 S_{\mathrm{p}}(\omega) \mathrm{d}\omega\right]^{\frac{1}{2}} / \sigma_{\mathrm{p}} \quad (6\text{-}15)$$

式中,T_{w} 为风速平均时距;σ_{p} 为风压的标准差。

若将等效静阵风风压系数定义为最大风压期望值和平均风压值之比:

$$G_{\mathrm{p}} = \frac{E[P_{t0,\max}]}{\overline{P}} = 1 + g_{\mathrm{f}} \cdot \sigma_{\mathrm{p}}/\overline{P} \quad (6\text{-}16)$$

则等效静阵风系数可表示为:

$$G_{\mathrm{V}} = \sqrt{G_{\mathrm{p}}} \quad (6\text{-}17)$$

显然,等效静阵风系数与风速平均时距 T_{w}、构件长度 l、脉动风速的空间相关系数 K_1 等因素有关。《公路桥梁抗风设计规范》(JTG/T 3360-01—2018)中计算了不同基本风速、不同地表类别和几种相关系数以及不同桥面高度的等效静阵风系数,计算表明,对于同类地表,等效静阵风系数随基本风速变化较小,随桥面高度虽有变化,但亦很小;随水平相关系数的变化不大,但地表类别变化影响较大。因此,为使用方便,《公路桥梁抗风设计规范》(JTG/T 3360-01—2018)给出了不同地表类别、加载长度下的等效静阵风系数,如表6-3所示。

等效静阵风系数 G_{V} 表6-3

地表类别	水平加载长度(m)											
	≤20	60	100	200	300	400	500	650	800	1000	1200	1500	≥2000
A	1.29	1.28	1.26	1.24	1.23	1.22	1.21	1.20	1.19	1.18	1.17	1.16	1.15
B	1.35	1.33	1.31	1.29	1.27	1.26	1.25	1.24	1.23	1.22	1.21	1.20	1.18
C	1.49	1.48	1.45	1.41	1.39	1.37	1.36	1.34	1.33	1.31	1.30	1.29	1.26
D	1.56	1.54	1.51	1.47	1.44	1.42	1.41	1.39	1.37	1.35	1.34	1.32	1.30

需要特别说明的是,当使用式(6-8)计算构件上的等效静阵风风速时,需要根据构件的水平加载长度选择合适的等效静阵风系数。不同的桥梁有不同的选取方法,对于悬臂施工中的桥梁,水平加载长度按该施工状态已拼装主梁的长度选取;多联多跨连续桥梁的水平加载长度按其结构单联长度确定;对于其他形式的桥梁,成桥状态下水平加载长度为主桥全长。

6.3.2 等效静阵风荷载

作用于桥梁上的阵风荷载包含横桥向的风荷载和顺桥向的风荷载。获得等效静阵风系数后可方便求解得到统计意义上的瞬时风速的极大值 U_{g},从而得到作用于单位长度桥梁构件上的等效静阵风荷载。

(1) 横桥向作用于构件单位长度上的顺风向等效静阵风荷载 F_g 可表示为：

$$F_g = \frac{1}{2}\rho C_D U_g^2 D_b \tag{6-18}$$

式中，D_b 为构件的特征长度。对于主梁，D_b 为主梁梁高；对于桥墩、桥塔、吊杆（索）等竖向构件，D_b 为构件单位长度上顺风向的投影面积；对于斜拉索、主缆等斜向构件，D_b 为索体外径。

在 W1 风作用水平（具体概念见 6.5 节）下，考虑风荷载与汽车荷载组合时，如果桥梁上未安装风障，横桥向作用于构件单位长度上的顺风向等效静阵风荷载应包含作用于车辆上的横向荷载，即需要额外增加 1.5kN/m 的均布荷载；如果安装风障，则可不考虑 1.5kN/m 均布荷载的增加。

(2) 顺桥向作用于单位长度主梁上的顺风向等效静阵风荷载 F_{fr} 可表示为：

$$F_{fr} = \frac{1}{2}\rho C_f U_g^2 s \tag{6-19}$$

式中，s 为主梁断面周长，桁架断面为梁体外轮廓周长；C_f 为摩擦系数，可按照表 6-4 选用。

不同类型主梁的摩擦系数 C_f 表 6-4

主梁上下表面情况		摩擦系数 C_f
光滑表面（光滑混凝土、钢）		0.01
粗糙表面（混凝土）		0.02
非常粗糙表面（加肋）		0.04
桁架断面	单层行车	0.065
	双层行车	0.1

当桥梁跨径小于 200m 时，实体式主梁顺桥向单位长度的风荷载简化为横桥向风荷载的 25%，桁架式主梁顺桥向单位长度的风荷载简化为横桥向风荷载的 50%。

(3) 顺桥向作用于单位长度斜拉索上的顺风向等效静阵风荷载 F_g 可表示为：

$$F_g = \frac{1}{2}\rho C_D U_g^2 D_c \sin^2\alpha_c \tag{6-20}$$

式中，α_c 为斜拉索倾角；D_c 为斜拉索外径。

(4) 顺桥向作用于单位长度主缆上的顺风向等效静阵风荷载可取为横桥向风荷载的 15%，必要时也可通过风洞试验确定。

6.4 静风稳定验算

6.4.1 静风失稳概念

静风失稳从结构失稳过程来讲是指结构在给定风速作用下，主梁或者主拱发生弯曲和扭转，一方面改变了结构的几何构形和刚度，另一方面改变了风荷载的大小，改变后的风荷载可能进一步加剧结构的变形，最终导致结构失稳。静风失稳从静风与结构抗力的关系来讲是指在静气动力作用下，结构的变形引起的附加气动力超过了结构抵抗能力的增量而出现变形不断增大的失稳或发散现象，包含静风横向失稳与静风扭转发散。静风稳定性为桥梁在静气动力作用下维持平衡状态而不出现静风失稳的能力。

桥梁的静风失稳模式会因桥型的不同表现出较大的差异。对于缆索承重结构,如大跨度悬索桥或单索面斜拉桥,可能的失稳模式有扭转发散与侧向弯扭屈曲,前者升力矩是主因,后者阻力是主因。从风洞试验结果来看,扭转发散更危险,而且可能在颤振前发生。对于大跨度拱桥,其静风荷载主要是主拱结构上的阻力,且风荷载对主拱或加劲梁的变形依赖性不强,因此其可能失稳的模式表现为主拱的侧向屈曲。大跨度缆索承重桥梁扭转发散的力学计算特点是要充分考虑结构的几何非线性与外荷载非线性,材料非线性通常可忽略。大跨度拱桥侧向屈曲失稳的力学计算特点是要充分考虑结构的几何与材料非线性,而外荷载非线性表现不强。

6.4.2 静风失稳机理

大跨度悬索桥或斜拉桥静风扭转发散的主要驱动荷载为加劲梁所受的静气动扭矩,该气动扭矩对加劲梁的扭转变形依赖性很强:给定风速下主梁断面会出现扭转变形,进而引起风攻角的改变,而桥梁断面的静力三分力系数是风攻角的函数,这就意味着主梁断面的变形会产生额外的升力矩,额外的升力矩会产生附加风攻角,这种风荷载和静风力的耦合作用即所谓的风荷载变形依赖性,可以用图 6-7 形象阐述。

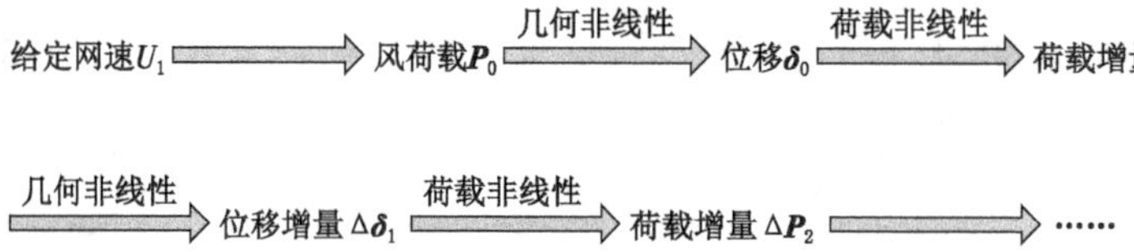

给定网速U_1 → 风荷载P_0 —几何非线性→ 位移δ_0 —荷载非线性→ 荷载增量ΔP_1

—几何非线性→ 位移增量$\Delta \delta_1$ —荷载非线性→ 荷载增量ΔP_2 → ……

图 6-7　静风荷载的变形依赖性示意图

从图 6-7 中可以看出,在给定风速的情况下,结构承受初始风荷载,在风荷载作用下桥梁结构会产生变形,静力三分力系数是结构变形(扭转角)的函数,因此变形增量会反过来影响风荷载,从而产生一个外荷载增量。

发散机理在数学上可以用下式表示:

$$\delta = \delta_0 + \Delta\delta_1 + \Delta\delta_2 + \cdots + \Delta\delta_n + \cdots \tag{6-21}$$

给定风速下结构是否会出现扭转发散在数学上归结于以上无穷级数的收敛问题,通常假设级数项小于某一给定收敛向量 ε 时认为级数收敛。

由于静力风荷载的变形依赖性,研究斜拉桥和悬索桥的静风失稳机理需要跟踪其失稳过程。缆索承重桥梁的失稳一般从初始平衡状态开始,随着风速的增加,结构发生扭转变形,导致风与结构的有效风攻角发生改变,并使得作用于结构上的静风荷载也发生改变。当升力荷载由负逐渐变正时,相应主梁由向下位移逐渐转为向上位移,结构切线刚度由大变小。风速继续增加,结构扭转变形不断增大,升力荷载急剧增加,结构迅速向上运动,随着结构迅速向上运动,结构的部分区域发生明显的软化,此时,结构发生静风失稳。

这一现象也可以用图 6-8 所示的单自由度结构抗力与风速的关系加以说明。图中,P 表示结构抗力和静风荷载;V 表示风速;V_{cr} 表示失稳风速。从图 6-8 中可知,结构的抗力随着风速的增加呈现明显的非线性下降,而结构静风荷载却呈非线性增

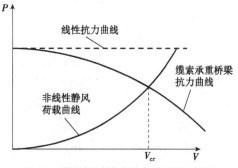

图 6-8　单自由度结构抗力与风速的关系图

大,当风速增大到某值时,结构的抗力与作用于其上的静风荷载相互抵消,此时,结构出现静风失稳。

与此相比,大跨度拱桥的主体结构为主拱肋,拱肋在静风荷载作用下主要产生侧向变形,侧向变形本身几乎不会进一步引起静风荷载的变化,即没有明显的变形依赖性且不具有很大的气动负刚度。相较于缆索承重桥梁,拱桥静风失稳主要是由静风荷载增大导致结构达到极限承载力所致。

对于大跨度拱桥,一方面,考虑位移对结构几何形状的影响后,拱桥的极限承载力会明显降低;另一方面,拱结构在几何失稳前(出现塑性铰)有可能发生弹塑性屈曲,因此大跨度拱桥三维弹塑性静风稳定性研究目前还无法通过合适的风洞模型试验来实现,只能借助有限元数值计算方法。采用有限元数值计算模型,将结构恒载和静风荷载同时作用于计算模型上,采用变形全过程跟踪计算法,在静风荷载随风速不断增长的计算条件下,考虑结构的几何与材料非线性,采用内增量与外增量结合的迭代方法建立如下有限元平衡方程:

$$K(\pmb{\delta})\Delta(\pmb{\delta}) = \Delta P(\pmb{\delta}) \tag{6-22}$$

式中,$K(\pmb{\delta})$为结构的切线刚度矩阵;$\Delta(\pmb{\delta})$为结构位移增量向量;$\Delta P(\pmb{\delta})$为结构所受外荷载增量向量。

可能发生的结构静风失稳情况有3种(图6-9):

(1)在各级风速下结构都收敛。随着外荷载的增加,结构变形不断增大,但总是存在一个风速使得结构在这个基础上再发生微小位移增量时,拱桥控制截面最不利受力点的应力达到材料屈服极限,这个风速即对应结构弹性失稳临界状态。

(2)随着静风荷载的增加,也存在某一级风速使拱桥控制截面全截面应力达到材料屈服极限,这一位置为结构弹性失稳极限状态。

(3)随着静风荷载继续增加,同样存在某一级风速使整个拱桥结构上形成足够多的应力屈服截面或塑性铰,拱桥结构已经成为机构,以致静风荷载无法进一步增加,定义此时的结构状态为结构塑性失稳临界状态。

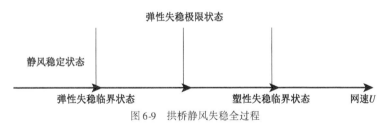

图6-9 拱桥静风失稳全过程

6.4.3 静风失稳分析

桥梁设计时,可以首先采用简化的二维分析来计算桥梁结构的静风失稳临界荷载,当计算得到的静风失稳临界风速与设计基准风速较为接近时,需要采用更为准确的三维分析方法进行计算。

扭转发散的定义可以追溯到早期航空工程对薄机翼静气动稳定性的研究,桥梁静风扭转发散分析方法最早是由 E. Simiu 和 R. H. Scanlan 等学者提出的,为了建立二维线性扭转发散分析方法,考虑如图6-10所示的单自由度扭转发散简化分析模型,它可以用由扭转弹簧固定的任意断面在均匀来流作用下绕某一支点(或弹性中心)转动来表示。

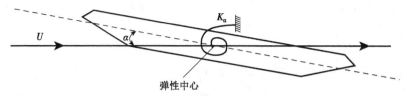

图 6-10　单自由度扭转发散简化分析模型

对于二维桥梁断面,其单位长度的静气动扭转可以表示为风攻角的函数,即:

$$M_{ae} = \frac{1}{2}\rho U^2 C_M(\alpha) B^2 \tag{6-23}$$

式中,ρ 为空气密度;U 为平均风速;C_M 为静力扭转力矩系数,为风攻角 α 的函数;B 为断面的参考尺度,一般取宽度或高度。

假定一个只有扭转自由度的二维桥梁断面在弹性中心处用一扭转刚度为 K_α 的弹簧支承,断面与水平轴的初始夹角为 α_0,当平均风速为 U 的水平气流作用到模型上后,断面在气流所形成的扭矩作用下,其转角会从初始值 α_0 变成 $\Delta\alpha + \alpha_0$。为了求得扭转角增量 $\Delta\alpha$,根据外力矩(气动力矩)与结构抗力矩相等的原则可列出以下静力平衡方程:

$$K_\alpha \cdot \Delta\alpha = \frac{1}{2}\rho U^2 B^2 C_M(\alpha_0 + \Delta\alpha) \tag{6-24}$$

假定扭转力矩系数与风攻角的关系为线性关系(在比较大的风攻角范围内,理想流线型断面扭转力矩系数对风攻角的斜率为一定值 $\pi/2$),则将式(6-24)右边展开为:

$$K_\alpha \cdot \Delta\alpha = \frac{1}{2}\rho U^2 B^2 [C_M(\alpha_0) + C'_M(\alpha_0) \cdot \Delta\alpha] \tag{6-25}$$

式中,$C'_M = \left.\dfrac{dC_M}{d\alpha}\right|_{\alpha=\alpha_0}$,为扭转力矩系数对风攻角的导数。从而可以解得:

$$\Delta\alpha = \frac{\frac{1}{2}\rho U^2 B^2 C_M(\alpha_0)}{K_\alpha - \frac{1}{2}\rho U^2 B^2 C'_M(\alpha_0)} \tag{6-26}$$

从式(6-26)可知,分母中的第二项与结构扭转刚度 K 相似,又是由气动力引起的,因此称为气动刚度。对于 $C'_M > 0$ 的情况,第二项气动刚度取负值,即气动负刚度,随着风速的增加,一方面处于分子的初始气动扭转力矩会不断增加,另一方面处于分母的气动负刚度会不断削弱结构刚度 K_α。当风速增加到某一特定值使得式(6-26)分母刚好等于零时,扭转角增量在数学上将趋于无穷大,因而对应着物理层面上的结构扭转发散,这一特定的风速值称为静风扭转发散临界风速,可表示为:

$$U_{cr} = \sqrt{\frac{2K_\alpha}{\rho B^2 C'_M}} \tag{6-27}$$

式(6-27)表达的风速正是 Simiu 和 Scanlan 提出的桥梁静风扭转发散临界风速的简化计算公式。很明显,该定义建立在静风荷载线性化假定的基础上,认为一旦达到临界风速值,结构的扭转变形就会无限增大。实际工程中,无限大的变形是不现实的,因而更合理的扭转发散临界风速值为达到该风速时,断面的扭转变形快速增大直至结构破坏。通常我们只关注临界风速值,但仍有一些研究者关注超临界应力状态,并以此预测结构的可靠性。

二维扭转发散模型实际上是一种理想化的第一类稳定问题,在力学模型方面也做了许多简化,主要表现在三个方面:第一是结构的扭转恢复力非线性模型被简化为线性模型,同时气动力对风攻角的非线性函数也被简化为线性函数;第二是扭转刚度的确定,实际结构扭转发散时,一般不会以单一的模态失稳,而是一种弯扭耦合失稳,因此简化为二维模型后广义扭转刚度不好确定;第三是静力三分力系数直接用于二维计算模型本身有很大的近似性,实际作用在桥梁上的三分力沿桥轴线方向有一定分布特性,若按振型展开,所有力表现为广义的静力三分力,因而用节段模型的三分力特性直接代替广义力特性是不严格的。

二维单自由度模型可以很方便地解释静风扭转发散的机理,然而依据该模型所得到的扭转发散临界风速仅仅适用于静风荷载和结构抗力都是线性的情况,忽略了气动力随风攻角的非线性、扭转角及气动力沿展向非均匀分布、结构材料非线性、几何非线性等复杂因素,通常情况下,式(6-27)确定的临界风速会远高于实际桥梁的静风扭转发散临界风速。因此,对于大跨度桥梁而言,偏于危险的计算结果并无多大的工程实际意义,建立全桥三维有限元模型进行静风稳定精细化分析十分必要。方明山、陈进等考虑了结构的几何与材料非线性、扭转角沿桥轴线的不均匀分布以及初始风攻角的影响,采用内增量与外增量结合的迭代方法求解桥梁的静风失稳临界风速,并将静风失稳的发散机理描述为:

$$\{\delta\} = \{\delta_0\} + \{\Delta\delta_1\} + \{\Delta\delta_2\} + \cdots + \{\Delta\delta_n\} + \cdots \quad (6-28)$$

给定风速下结构是否会出现扭转发散在数学上归结于以上无穷级数的收敛问题,通常假设级数项小于某一给定收敛向量时则认为级数收敛。实际应用中常采用内外增量迭代的非线性有限元方法进行大跨度桥梁静风扭转发散风速的求解,计算步骤如下。

(1)确定给定风速下全桥静力三分力分布。

(2)形成初始风荷载在沿桥梁轴线方向加载截面处的扭转角向量:

$$\boldsymbol{\theta}_0 = \{\theta_1, \theta_2, \cdots, \theta_n\}^T = \{\theta_0, \theta_0, \cdots, \theta_0\}^T \quad (6-29)$$

扭转角增量向量可以初始化为零:

$$\Delta\boldsymbol{\theta}_0 = \{\Delta\theta_1, \Delta\theta_2, \cdots, \Delta\theta_n\}^T = \{0, 0, \cdots, 0\}^T \quad (6-30)$$

(3)采用完全 Newton-Rapson 方法进行非线性求解。

(4)求扭转角向量 $\boldsymbol{\theta}_1 = \{\theta_{11}, \theta_{21}, \cdots, \theta_{n1}\}^T$,由本级与上级扭转角向量的差值,可以求出扭转角增量向量 $\Delta\boldsymbol{\theta}_1 = \{\Delta\theta_{11}, \Delta\theta_{21}, \cdots, \Delta\theta_{n1}\}^T$,其中 $\Delta\theta_{mi} = \theta_{mi} - \theta_{m(i-1)} - \Psi\theta_{m(i-1)}$。

(5)检查扭转角增量是否小于收敛范数(通常取 $0.001°$)。

(6)如果不满足步骤(5),则根据结构新的状态修正三分力,重复步骤(1)到步骤(5),进行三分力修正的扭转角向量按下式取值:

$$\{\theta\}_{n+1} = \{\theta\}_n + \psi\{\Delta\theta_n\} \quad (6-31)$$

式中,ψ 为松弛因子,可根据具体情况取值,通常在 0 到 1 之间。

若迭代次数超过预定的次数,说明本级风速难以收敛,将风速步长减半,返回步骤(1),重新计算。

(7)如果满足步骤(5),则本级风速收敛,调整风速进入下一级风速计算。

这种方法是通过方程左右两边(即结构抗力和静风荷载)双重迭代来求解结构在某一风速下的变形平衡点。

6.5 静风荷载组合及验算

当风速超过一定值(通常为25m/s)后,行车安全不能得到保障,高风速下一般会进行交通管制,桥上不会有车辆和行人荷载,因此风荷载与其他可变荷载进行组合时需要根据风速大小加以区分。当风速超过25m/s后,不与车辆荷载进行组合;当风速低于25m/s时,可与车辆荷载进行组合。为此,《公路桥梁抗风设计规范》(JTG/T 3360-01—2018)将桥梁抗风设计作用水平分为两种:W1风作用水平和W2风作用水平。

W1风作用水平是指重现期10年内超越概率65.1%的设计风速,且主梁上的风速值超过25m/s后,取25m/s。在W1风作用水平下,桥梁结构能与车辆荷载进行组合,既需要满足承载能力极限状态下结构强度和静力稳定性的要求,还需要满足正常使用极限状态下刚度、疲劳、行车安全性和舒适性的要求。

W2风作用水平是指重现期100年内超越概率63.2%的设计风速。在W2风作用水平下,风荷载不能与车辆荷载进行组合,桥梁结构需要满足承载能力下结构强度、静力稳定性、静风稳定性和颤振稳定性的要求,并不能发生涡激共振。

6.5.1 承载能力极限状态

公路桥涵结构按承载能力极限状态设计时,应采用基本组合(永久作用设计值和可变作用设计值相结合)及偶然组合两种作用效应组合。静风荷载是可变作用,属于基本组合,《公路桥涵设计通用规范》(JTG D60—2015)规定,作用基本组合的效应设计值可按下式计算:

$$S_{ud} = \gamma_0 S(\sum_{i=1}^{m}\gamma_{G_i}G_{ik},\gamma_{Q_1}\gamma_L Q_{1k},\psi_c\sum_{j=2}^{n}\gamma_{L_j}\gamma_{Q_j}Q_{jk}) \quad (6-32)$$

式中,S_{ud}为承载能力极限状态下作用基本组合的效应设计值;$S(\ )$为作用组合的效应函数;γ_0为结构重要性系数,设计安全等级一级、二级和三级分别取1.1、1.0和0.9;γ_{G_i}为第i个永久作用的分项系数;γ_{Q_1}为最大可变荷载效应的分项系数,通常为汽车荷载(含汽车冲击力、离心力),采用车道荷载计算时取$\gamma_{Q_1}=1.4$,采用车辆荷载计算时取$\gamma_{Q_1}=1.8$;Q_{1k}为最大可变荷载效应的标准值;γ_{Q_j}为在作用组合中除最大可变荷载效应以外的其他第j个可变作用的分项系数,除风荷载的分项系数取$\gamma_{Q_j}=1.1$外,其余取$\gamma_{Q_j}=1.4$;Q_{jk}为在作用组合中除最大可变荷载效应外的其他第j个可变作用的标准值;ψ_c为可变作用的组合值系数,取$\psi_c=0.75$;γ_{L_j}为第j个可变作用的结构设计使用年限荷载调整系数。

考虑风荷载时,桥梁结构承载能力极限状态的荷载组合需要根据风作用水平分别加以计算。

(1) W1风作用水平下风荷载分项系数与组合系数。

《公路桥梁抗风设计规范》(JTG/T 3360-01—2018)规定:W1风作用水平下风荷载可以与汽车荷载进行组合,当车辆荷载效应最大时,风荷载的分项系数$\gamma_{Q_j}=1.1$,组合值系数$\psi_c=1.0$;当风荷载效应最大时,风荷载的分项系数$\gamma_{Q_j}=1.4$。

(2) W2风作用水平下风荷载分项系数与组合系数。

《公路桥梁抗风设计规范》(JTG/T 3360-01—2018)规定:W2风作用水平下风荷载不能与

汽车荷载进行组合,有风荷载的工况汽车荷载不参与组合,风荷载的分项系数 $\gamma_{Q_j} = 1.4$。

W1 和 W2 风作用水平下,桥梁结构承载能力极限状态的验算内容包括:桥梁设计规范中规定的拉、压、弯、剪、扭、局部承压、冲切承载力和应力验算,整体和局部稳定验算,静风稳定验算。

对于主跨跨径超过 400m 的斜拉桥、主跨跨径超过 600m 的悬索桥,W2 风作用水平下,桥梁的静风稳定性检验应满足的要求为:

$$U_{csh} > \gamma_{ai} U_d \tag{6-33}$$

$$U_{cst} > \gamma_{ai} U_d \tag{6-34}$$

式中,U_{csh} 为静风横向失稳临界风速,m/s;U_{cst} 为静风扭转发散临界风速,m/s;U_d 为桥梁结构或构件的设计基准风速,m/s;γ_{ai} 为静风稳定性分项系数,取值应遵循下列规定:①当采用式(6-35)、式(6-37)计算静风失稳临界风速时,取 $\gamma_{ai} = 2.0$;②当采用仅考虑气动力非线性与几何非线性的计算方法分析静风失稳临界风速时,取 $\gamma_{ai} = 1.6$;③当采用全桥气动弹性模型风洞试验获取静风失稳临界风速时,取 $\gamma_{ai} = 1.4$;④当采用考虑气动力非线性、几何非线性及材料非线性的计算方法分析静风失稳临界风速时,取 $\gamma_{ai} = 1.3$。

当斜拉桥、悬索桥主跨跨径分别不超过 800m、1200m 时,其静风失稳临界风速可以使用《公路桥梁抗风设计规范》(JTG/T 3360-01—2018)给出的计算公式直接计算。

悬索桥的静风横向失稳临界风速可按式(6-35)、式(6-36)计算:

$$U_{csh} = K_{csh} \cdot f_t \cdot B \tag{6-35}$$

$$K_{csh} = \sqrt{\frac{\pi^3 \dfrac{B}{H} \mu \dfrac{r}{b}}{1.88 C_D \varepsilon \sqrt{4.54 + \dfrac{C'_L B_c}{C_D H}}}} \tag{6-36}$$

式中,U_{csh} 为静风横向失稳临界风速,m/s;B 为主梁的特征宽度,m;b 为主梁特征宽度的一半,m,按 $B/2$ 计算;H 为主梁特征高度,m;B_c 为主缆中心距,m;r 为桥梁的惯性半径,m,$r = (I_m/m)^{0.5}$,m 为桥面系及主缆单位长度质量,kg/m,I_m 为桥面系及主缆单位长度质量惯性矩,kg·m²/m;μ 为桥梁单位长度的质量与空气密度比,$\mu = m/(\pi \rho b^2)$;f_t 为主梁扭转基频,Hz;ε 为扭弯频率比,$\varepsilon = f_t/f_b$,f_b 为主梁竖向弯曲基频,Hz;C_D 为主梁断面的阻力系数;C'_L 为风攻角为 0°时主梁升力系数 C_L 的斜率,可通过风洞试验或虚拟风洞试验获得。

悬索桥和斜拉桥的静风扭转发散临界风速可按式(6-37)、式(6-38)计算:

$$U_{cst} = K_{cst} f_t B \tag{6-37}$$

$$K_{cst} = \sqrt{\frac{\pi^3}{2} \mu \left(\frac{r}{b}\right)^2 \cdot \frac{1}{C'_M}} \tag{6-38}$$

式中,U_{cst} 为静风扭转发散临界风速,m/s;C'_M 为主梁扭转力矩系数 C_M 的斜率,可通过风洞试验或虚拟风洞试验得到。

对主跨大于 800m 的斜拉桥、主跨大于 1200m 的悬索桥,除按式(6-35)、式(6-37)计算静风失稳临界风速外,尚应进行考虑几何非线性及气动力非线性效应的静风稳定性分析,必要时可通过全桥气动弹性模型试验进行检验。

6.5.2 正常使用极限状态

W1 风作用水平下,除承载能力极限状态外,桥梁结构还需进行正常使用极限状态的验算,且根据验算内容分别采用频遇组合、准永久组合效应。

(1)作用频遇组合的效应设计值可按下式计算：

$$S_{fd} = S(\sum_{i=1}^{m} G_{ik}, \psi_{f1} Q_{1k}, \sum_{j=2}^{n} \psi_{qj} Q_{jk}) \quad (6-39)$$

式中,S_{fd}为作用频遇组合的效应设计值;ψ_{f1}为最大可变荷载效应的频遇系数,当汽车荷载(不计汽车冲击力)效应值最大时,$\psi_{f1} = 0.7$,当风荷载效应值最大时,$\psi_{f1} = 1.0$;ψ_{qj}为可变荷载的准永久值系数,风荷载的准永久值系数$\psi_{qj} = 1.0$,其余可变荷载$\psi_{qj} = 0.4$。

(2)作用准永久组合的效应设计值可按下式计算：

$$S_{qd} = S(\sum_{i=1}^{m} G_{ik}, \sum_{j=1}^{n} \psi_{qj} Q_{jk}) \quad (6-40)$$

式中,S_{qd}为作用准永久组合的效应设计值;ψ_{qj}为汽车荷载(不计汽车冲击力)准永久值系数,风荷载的准永久值系数取1.0,其余可变荷载取0.4。

W1风作用水平下,桥梁结构正常使用极限状态的验算内容包括桥梁设计规范中规定的结构刚度、耐久性、行车或行人安全及舒适性验算。

W2风作用水平下,桥梁结构正常使用极限状态的验算内容主要是结构疲劳易损构件的抗疲劳性能。

6.6 实桥静风性能验算

6.6.1 大跨度悬索桥成桥状态静风性能验算

西堠门大桥位于浙江省舟山市,起于册子岛桃夭门岭,于门头山经老虎山跨越西堠门水道,止于金塘岛上雄鹅嘴。该桥为578m + 1650m + 485m的悬索桥,如图5-9所示,其中北边跨、中跨两跨连续设有吊索,主梁采用连续钢箱梁截面形式,南边跨为连续梁引桥、不设置吊索,主梁采用预应力混凝土连续箱梁截面形式;西堠门大桥北跨、中跨两跨组成连续半漂浮体系,主梁采用分离式双箱加劲梁,标准节段长18m,高3.5m,横桥向全宽36m,如图5-10所示;桥塔结构形式采用钢筋混凝土门式框架结构,南北塔净高214.38m,承受来自主缆的巨大压力,北锚及南塔墩处设置纵向活动、竖向约束支座,北塔墩处仅设置横向抗风支座。桥址位置基本风速U_{10}为41.12m/s,加劲梁距离海平面62.6m。

通过节段模型测力试验得到不同风攻角下西堠门大桥成桥状态的主梁断面的风轴三分力系数,结果如图6-11所示。

1)设计基准风速与静阵风风速

《公路桥梁抗风设计规范》(JTG/T 3360-01—2018)(以下简称"抗风规范")第4.2.6条规定,桥梁构件基准高度处的设计基准风速按下式计算：

$$U_d = k_f \left(\frac{z}{10}\right)^{\alpha_0} U_{s10} \quad (6-41)$$

式中,U_d为桥梁或构件基准高度z处的设计基准风速,m/s;U_{s10}为桥梁设计基本风速,m/s;α_0为桥址处的地表粗糙度系数,可按抗风规范表4.2.1选取;k_f为抗风风险系数,根据桥梁抗风风险区域按抗风规范表4.2.6-1确定。

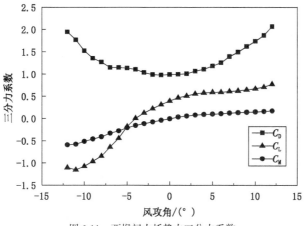

图 6-11 西堠门大桥静力三分力系数

根据设计资料,西堠门大桥桥址 10m 高度处百年一遇的基本风速为 41.12m/s > 32.6m/s,为 R1 风险区域,按照抗风规范表 4.2.6-1 规定,k_f 取 1.05。桥址环境为典型的 A 类地貌,地表粗糙度系数 α_0 为 0.12,基本风速地表转换系数 $k_c = 1.174$,因此,桥址位置处的设计基本风速 $U_{s10} = 1.174 \times 41.12$m/s $= 48.27$m/s > 25m/s。W1 风作用水平下 U_{s10} 取 25m/s,W2 风作用水平下 U_{s10} 为 48.27m/s。

根据抗风规范第 4.2.2 条,主梁基准高度取桥面距离海平面的高度,该桥为 62.6m;桥塔基准高度取 65% 位置与水面之间的距离,该桥为 $0.65 \times 233.206 = 151.584$(m);主缆、吊杆基准高度取构件的平均高度距水面的高度,该桥为 $(236.486 - 165/2) - 3.28 = 150.706$(m)。

抗风规范第 5.2.1 条规定,等效静阵风风速 U_g 可按式(6-42)计算:

$$U_g = G_V U_d \tag{6-42}$$

式中,G_V 为等效静阵风系数,可按抗风规范表 5.2.1 取值。西堠门大桥加劲梁加载长度为 578m + 1650m = 2228m > 2000m, $G_V = 1.15$。

W2 风作用水平下,西堠门大桥的设计基准风速、等效静阵风风速计算结果如表 6-5 所示。

西堠门大桥的风速计算(W2 风作用水平下) 表 6-5

构件	U_{s10}(m/s)	z(m)	α_0	k_f	G_V	U_d(m/s)	U_{g2}(m/s)
主梁	48.27	62.600	0.12	1.05	1.15	63.16	72.64
桥塔	48.27	151.584	0.12	1.05	1.15	70.23	80.77
主缆	48.27	150.706	0.12	1.05	1.15	70.18	80.71
吊杆	48.27	150.706	0.12	1.05	1.15	70.18	80.71

抗风规范第 3.2.2 条规定,W1 风作用水平下,以主梁高度处 25m/s 的风速为与车辆荷载组合的风速限值,需要按照风速剖面计算桥塔和主缆、吊杆对应的设计基准风速。

风速沿竖直高度方向的分布可按下式计算:

$$U_{z_2} = \left(\frac{z_2}{z_1}\right)^{\alpha_0} \cdot U_{z_1} \tag{6-43}$$

W1 风作用水平下,西堠门大桥风荷载参与汽车荷载组合时的设计基准风速、等效静阵风风速计算结果如表 6-6 所示。

西塄门大桥的风速计算(W1 风作用水平下参与汽车荷载组合)　　　　表6-6

构件	$z(m)$	α_0	k_f	G_V	$U_d(m/s)$	$U_{g1}(m/s)$
主梁	62.600	0.12	1.05	1.15	25.00	28.75
桥塔	151.584	0.12	1.05	1.15	27.80	31.97
主缆	150.706	0.12	1.05	1.15	27.78	31.95
吊杆	150.706	0.12	1.05	1.15	27.78	31.95

2) 静阵风荷载

作用于桥梁上的阵风荷载包含横桥向的风荷载和顺桥向的风荷载。获得统计意义上的瞬时风速的极大值(等效静阵风风速) U_g,即可通过本章6.3.2节的式(6-18)、式(6-19)得到作用于单位长度主梁上的等效静阵风荷载。

根据抗风规范第5.3.7条规定,主梁的静气动力系数宜选用风攻角在 $-3°\sim+3°$ 范围的最不利值,该桥取 $C_D=1.07$;西塄门大桥主梁为分体钢箱梁,主梁摩擦系数取值时按照光滑表面处理,根据本章6.3.2节的表6-4可以确定该桥主梁的摩擦系数 C_f 为0.01,主梁断面周长 $s=(16+2.28+6.93+11.5)\times2=73.42(m)$。

因此,W2 风作用水平下,作用在该桥主梁上的静阵风荷载为:

$$\begin{cases}横桥向: F_g = \frac{1}{2}\rho C_D U_{g2}^2 D_b = 12385.76N/m \\ 顺桥向: F_{fr} = \frac{1}{2}\rho C_f U_{g2}^2 s = 9685.14N/m\end{cases} \tag{6-44}$$

抗风规范第5.3.8条规定,在 W1 风作用水平下,风荷载与汽车荷载组合时,主梁的风荷载应包括作用在车辆上的横向荷载,其增加值可取 1.5kN/m;当设置风障或声屏障时,可不考虑作用在车辆上的横向荷载。

因此,W1 风作用水平下,风荷载与汽车荷载组合时,作用在该桥主梁上的静阵风荷载为:

$$\begin{cases}横桥向: F_g = \frac{1}{2}\rho C_D U_{g1}^2 D_b + 1500 = 3440.20N/m \\ 顺桥向: F_{fr} = \frac{1}{2}\rho C_f U_{g1}^2 s = 1517.16N/m\end{cases} \tag{6-45}$$

桥塔、主缆、吊杆(索)上的风荷载以及横桥向风作用下斜拉索和主缆的等效静阵风荷载可按下式计算。

$$F_g = \frac{1}{2}\rho U_g^2 C_D A_n \tag{6-46}$$

式中,C_D 为各构件的阻力系数,按抗风规范第5.4.2条规定取值;A_n 为构件单位长度上顺风向的投影面积,m^2/m,斜拉索、主缆和吊杆取外径计算。

根据设计资料,该桥桥塔的矩形截面尺寸从塔顶的 $8.5m\times6.5m$ 变化至塔底的 $12m\times11m$。为简化计算,取塔柱截面尺寸为 $11m\times10m$,高宽比为20。故横桥向、顺桥向 C_D 皆取 1.8,A_n 分别取 11m、10m。

因此,W2 风作用水平下,作用在该桥桥塔上的静阵风荷载为:

$$\begin{cases}横桥向: F_g = \frac{1}{2}\rho C_D U_{g2}^2 A_n = 80731.94N/m \\ 顺桥向: F_{fr} = \frac{1}{2}\rho C_D U_{g2}^2 A_n = 73392.67N/m\end{cases} \tag{6-47}$$

W1 风作用水平下,作用在该桥桥塔上的静阵风荷载为:

$$\begin{cases} 横桥向:F_g = \frac{1}{2}\rho C_D U_{g1}^2 A_n = 12648.25\text{N/m} \\ 顺桥向:F_{fr} = \frac{1}{2}\rho C_D U_{g1}^2 A_n = 11498.41\text{N/m} \end{cases} \quad (6\text{-}48)$$

抗风规范第 5.4.4 条规定,当悬索桥主缆的中心间距为直径的 4 倍及以上时,每根缆索的风荷载宜独立考虑,单根主缆的阻力系数可取 0.7。该桥主缆外直径为 0.86m,主缆中心距 31.4m,故 C_D 取 0.7,A_n 取 0.86m。抗风规范第 5.4.7 条规定,在顺桥向风作用下,悬索桥主缆单位长度上的顺桥向水平风荷载取其横桥向风荷载的 15%。

因此,W2 风作用水平下,作用在该桥主缆上的静阵风荷载为:

$$\begin{cases} 横桥向:F_g = \frac{1}{2}\rho C_D U_{g2}^2 A_n = 2450.93\text{N/m} \\ 顺桥向:F_{fr} = 0.15 F_g = 367.64\text{N/m} \end{cases} \quad (6\text{-}49)$$

W1 风作用水平下,作用在该桥主缆上的静阵风荷载为:

$$\begin{cases} 横桥向:F_g = \frac{1}{2}\rho C_D U_{g1}^2 A_n = 384.08\text{N/m} \\ 顺桥向:F_{fr} = 0.15 F_g = 57.61\text{N/m} \end{cases} \quad (6\text{-}50)$$

抗风规范第 5.4.4 条规定,当悬索桥吊索(杆)的中心距离为直径的 4 倍及以上时,每根吊杆的阻力系数可取 1.0。该桥吊杆外直径 0.06m,吊杆中心距 31.4m,故吊杆的阻力系数 C_D 取 1.0。抗风规范中尚未规定吊杆顺桥向风作用下的风荷载的计算。

因此,W2 风作用水平下,作用在该桥吊杆上的静阵风荷载为:

$$F_g = \frac{1}{2}\rho C_D U_{g1}^2 A_n = 244.28\text{N/m} \quad (6\text{-}51)$$

W1 风作用水平下,作用在该桥吊杆上的静阵风荷载为:

$$F_g = \frac{1}{2}\rho C_D U_{g1}^2 A_n = 38.28\text{N/m} \quad (6\text{-}52)$$

W2 风作用水平下,西堠门大桥各构件的横桥向静阵风荷载 F_g、顺桥向静阵风荷载 F_{fr} 计算结果如表 6-7 所示。

西堠门大桥的静阵风荷载标准值(W2 风作用水平下) 表 6-7

构件	ρ (kg/m³)	C_D	U_{g2} (m/s)	$D_b(A_n)$ (m)	C_f	s (m)	F_g (N/m)	F_{fr} (N/m)
主梁	1.25	1.07	72.64	3.51	0.04	73.42	12385.76	9685.14
桥塔		1.8	80.77	11(10)	—	—	80731.94	73392.67
主缆		0.7	80.71	0.86			2450.93	367.64
吊杆		1.0	80.71	0.06	—	—	244.28	

W1 风作用水平下,西堠门大桥风荷载参与汽车荷载组合时的横桥向静阵风荷载 F_g、顺桥向静阵风荷载 F_{fr} 计算结果如表 6-8 所示。

西堠门大桥的静阵风荷载标准值（W1 风作用水平下）　　　　表 6-8

构件	ρ (kg/m³)	C_D	U_{gl} (m/s)	$D_b(A_n)$ (m)	C_f	s (m)	F_g (N/m)	F_{fr} (N/m)
主梁		1.07	28.75	3.51	0.04	73.42	3440.20	1517.16
桥塔	1.25	1.8	31.97	11(10)	—	—	12648.25	11498.41
主缆		0.7	31.95	0.86	—	—	384.08	57.61
吊杆		1.0	31.95	0.06	—	—	38.28	—

3）荷载组合

根据本章 6.5 节，在 W1 风作用水平下，桥梁结构能与车辆荷载进行组合。在 W2 风作用水平下，静风荷载不能与车辆荷载进行组合。静风荷载在承载能力极限状态和正常使用极限状态下的系数分别见表 6-9、表 6-10。

承载能力极限状态下的静风荷载组合系数　　　　表 6-9

承载能力极限状态	W1 风作用水平				W2 风作用水平	
	车辆荷载效应最大时		风荷载效应最大时		组合系数 ψ_c	风分项系数 γ_{Qj}
	组合系数 ψ_c	风分项系数 γ_{Qj}	组合系数 ψ_c	风分项系数 γ_{Qj}		
	1.0	1.1	0.75	1.4	0.75	1.4

正常使用极限状态下的静风荷载组合系数　　　　表 6-10

正常使用极限状态	作用频遇组合				作用准永久组合
	车辆荷载效应最大时		风荷载效应最大时		
	频遇系数 ψ_{fl}	风准永久值系数 ψ_{ql}	频遇系数 ψ_{fl}	风准永久值系数 ψ_{ql}	风准永久值系数 ψ_{ql}
	0.7	1.0	1.0	1.0	1.0

因此，采用不同方法计算西堠门大桥的静风失稳临界风速在主梁桥面高度的检验风速，如表 6-11 所示。

不同计算方法下的检验风速　　　　表 6-11

计算方法	(1)	(2)	(3)	(4)
U_d (m/s)	63.16	63.16	63.16	63.16
γ_{ai}	2.0	1.6	1.4	1.3
$U_{lb}(U_{td})$ (m/s)	126.32	101.06	88.42	82.11

4）静风稳定验算

悬索桥的静风横向失稳临界风速可按本章 6.5 节式（6-35）、式（6-36）计算，悬索桥和斜拉桥的静风扭转发散临界风速可按本章 6.5 节式（6-37）、式（6-38）计算。为得到西堠门大桥的线性静风稳定临界风速，计算各项参数并列表，如表 6-12 所示。

抗风规范线性静风稳定计算参数表　　　　表 6-12

参数	B (m)	b (m)	D (m)	B_c (m)	m (kg/m)	r (m)	I_m (t·m)
结果	36.000	18.000	3.510	31.400	25605.680	8.550	1871.839
参数	μ	f_t (Hz)	f_b (Hz)	ε	C_D	C'_L	C'_M
结果	20.135	0.215	0.104	2.077	0.786	3.213	0.702

因此,得到西堠门大桥的静风横向失稳临界风速、静风扭转发散临界风速:

$$U_{\text{csh}} = K_{\text{csh}} f_t B = 116.1 \text{m/s} \tag{6-53}$$

$$U_{\text{cst}} = K_{\text{cst}} f_t B = 112.7 \text{m/s} \tag{6-54}$$

西堠门大桥的 ANSYS 有限元模型如图 6-12 所示。根据 6.4.3 节介绍的增量迭代法,计算荷载包括恒荷载和静风荷载,并且同时考虑了气动力非线性、几何非线性和材料非线性的影响。静风稳定性分析时以 0°为初始风攻角,取结构承受恒载为初始状态,逐级增加风速,计算各级风速下桥梁结构在静风荷载和恒载共同作用下的侧向、扭转位移。加劲梁主跨中点的横向位移和扭转角随风速变化的曲线如图 6-13 所示。图中的风速为主梁桥面基准高度处的风速。当风速较低时,加劲梁侧向和扭转位移都较小,随着风速的增加,加劲梁的侧向位移和扭转位移逐渐增加,并且增加得越来越快。当风速大于 60m/s 时,侧向位移和扭转位移随着风速的增加急剧增加,直到风速达到 98.0m/s 时丧失稳定性。

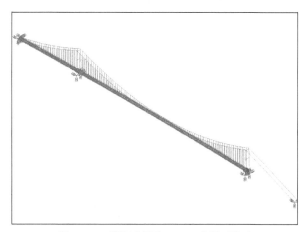

图 6-12 西堠门大桥的 ANSYS 有限元模型

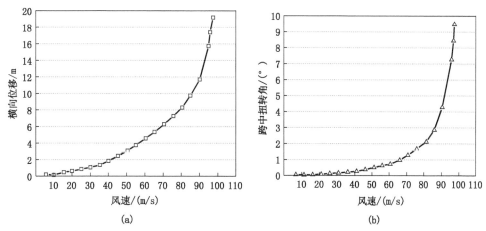

图 6-13 0°初始风攻角下的主梁位移-风速曲线及扭转角-风速曲线
(a)主跨跨中横向位移变化曲线;(b)主跨跨中扭转角变化曲线

线性方法和非线性方法结果汇总如表 6-13 所示。由表 6-13 可见,线性计算得到的静风失稳临界风速都小于静风稳定检验风速,按照抗风规范的线性计算方法,该桥不满足检验风速的要求。然而实际桥梁在风荷载的作用下必定同时受到气动力、材料、几何非线性的影响,而由非线性方法计算得到的静风失稳临界风速大于静风稳定检验风速,说明西堠门大桥的静风稳定性满足设计要求。

抗风规范线性静风稳定计算参数表 表6-13

计算方法	规范计算线性方法		ANSYS非线性计算方法
失稳形式	横向失稳	扭转发散	扭转发散
静风失稳临界风速(m/s)	116.1	112.7	98.0
静风稳定检验风速(m/s)	126.32	126.32	82.11
是否通过检验	否	否	是

6.6.2 大跨度拱桥施工阶段静风性能验算

某上承式劲性骨架混凝土拱桥,主桥长624m,计算跨径600m,矢高120m,矢跨比1/5。桥面按两幅桥设置,单幅桥桥面总宽12.25m。拱轴线采用拱轴系数 $m=1.6$ 的悬链线,横向设置两片平行式箱形拱肋,拱脚截面 12m×6.5m,拱顶截面 8m×6.5m。两片拱肋横向中心距16.5m,通过15片型钢混凝土横撑连接成整体。拱上结构主梁为3联4×40m预应力混凝土先简支后连续T梁,拱桥总体布置如图6-14所示。

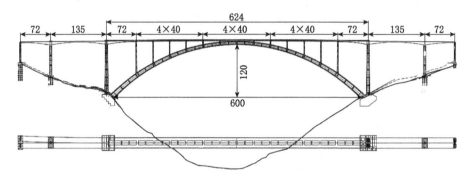

图6-14 某上承式拱桥立面布置图(尺寸单位:m)

混凝土拱肋采用劲性骨架分环、分段外包混凝土施工,施工过程中箱形拱肋腹板浇筑即将结束但未合龙时,拱肋刚度最小但受载最大,是施工阶段抗风性能最差的状态,因此特针对此时的结构静风性能展开验算。通过CFD数值计算得到不同风攻角下该桥拱肋的风轴三分力系数,结果如图6-15所示。

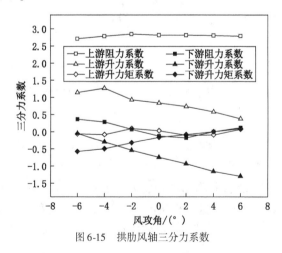

图6-15 拱肋风轴三分力系数

1)设计基准风速与静阵风风速

根据设计资料,该桥桥址 10m 高度处百年一遇的基本风速为 23.6m/s,为 R3 风险区域,按照抗风规范表 4.2.6-1 中规定,k_f 取 1.0。桥址环境为典型的 D 类地貌,地表粗糙度系数 α_0 为 0.3,基本风速地表转换系数 $k_c = 0.564$。因此,桥址位置处的设计基本风速 $U_{s10} = 0.564 \times 23.6\text{m/s} = 13.31\text{m/s} < 25\text{m/s}$。

按照抗风规范 4.2.9 条的规定,施工阶段的设计风速需要考虑施工期抗风风险系数 k_{sf}。该桥采用劲性骨架外包混凝土施工,施工周期较长,因此取 $k_{sf} = 0.84$。鉴于施工过程中主梁未合龙,不存在汽车荷载,只考虑 W2 风作用水平下的风荷载,此时设计基本风速为 $0.84 \times 13.31\text{m/s} = 11.1\text{m/s}$。

根据抗风规范 4.2.2 条和 4.2.3 条的规定,偏安全地将拱肋基准高度取为拱顶距水面的高度,该桥为 160.000m,则拱肋设计基准风速为 25.50m/s。按照抗风规范 5.2.1 条的规定,等效静阵风风速 U_g 可按式(6-42)计算,该桥拱肋静风加载长度为拱轴线弧线长度 660.6m,故该桥取 $G_V = 1.34$。W2 风作用水平下,作用于拱肋上的等效静阵风风速为 $25.50\text{m/s} \times 1.34 = 34.17\text{m/s}$。

2)静阵风荷载

根据抗风规范 5.4.8 条的规定,拱肋风荷载的阻力系数可以通过虚拟风洞试验确定,该桥取上游 C_D 为 2.81,下游 C_D 为 -0.13。主拱特征高度偏安全地取 $D_b = 12\text{m}$。

因此,W2 风作用水平下,作用在该桥主拱上的静阵风荷载为:

$$\begin{cases} \text{上游拱肋}: F_g = \frac{1}{2}\rho C_D U_{g2}^2 D_b = 24606.94\text{N/m} \\ \text{下游拱肋}: F_g = \frac{1}{2}\rho C_D U_{g2}^2 D_b = -1138.40\text{N/m} \end{cases} \quad (6-55)$$

3)荷载组合

主拱施工过程的主要荷载包括自重荷载和静风荷载。该桥的桥梁安全等级为一级,因此根据式(6-32)取 γ_0 为 1.1。按承载能力极限状态验算该桥在施工阶段的承载力,根据《公路桥涵设计通用规范》(JTG D60—2015)表 4.1.5-2 取自重的分项系数为 1.2,根据抗风规范 3.3.2 条取 W2 风作用水平下的风荷载分项系数为 1.4。因此,该桥拱肋在静风作用下的荷载组合为:按式(6-32)取 $S_{ud} = 1.1 \times (1.2 \times \text{自重} + 1.4 \times \text{风荷载})$。

4)静风稳定验算

钢管混凝土劲性骨架拱桥在成桥后刚度较大,在静风荷载的作用下一般不会发生静风失稳,拱肋未合龙前结构处于悬臂状态,刚度较小,对风荷载影响更敏感,因此拱桥静风稳定验算主要针对施工状态的拱肋进行。该桥箱形拱肋腹板浇筑即将结束但未合龙时,拱肋刚度最小但受载最大,是施工阶段抗风性能最差的状态。因此,本节以此时的结构为分析对象计算其静风失稳临界风速。

该桥拱肋腹板混凝土浇筑即将结束但未合龙时结构的 ANSYS 有限元模型如图 6-16 所示。静风稳定性采用增量迭代法计算,同时考虑了气动力

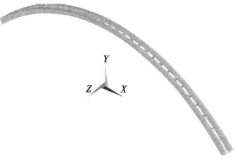

图 6-16 算例主拱的 ANSYS 有限元模型

非线性、几何非线性和材料非线性的影响，并采用了以下假定：①以拱顶高度处的设计风速为准，拱桥各构件在其高度 z 处的相应风速按指数律计算；②静风稳定性分析中仅计入结构恒载和静风荷载；③假设上下游拱肋的相对位移不会影响静风气动三分力的分布。静风稳定性分析时以 0° 为初始风攻角，取结构承受恒载为初始状态，逐级增加风速，计算各级风速下桥梁结构在静风荷载和恒载共同作用下的侧向、竖向、扭转位移，如图 6-17 所示。由图 6-17 可见，上下游拱肋的横桥向位移和扭转位移在不同风速下基本一致，但竖向位移的变形方向相反，这是由上下游的升力系数反号引起的。当风速较低时，主拱变形较小，随着风速的增加，主拱的变形逐渐增加，并且增加得越来越快。当风速大于 35m/s 时，侧向位移和扭转位移随着风速的增加急剧增加，直到风速达到 55.0m/s 时丧失稳定性。主拱的失稳临界风速 55.0m/s > 检验风速 $1.3 \times 25.50 = 33.15$(m/s)，说明该桥在该阶段的静风稳定性满足要求。

依据 6.4.2 节的拱桥静风失稳机理，将劲性骨架主拱划分为弦管、核心混凝土、腹杆、横撑和外包混凝土 5 个部分，得到了静风荷载下的各构件应力随风速的变化曲线，如图 6-18 所示。由图 6-18 可见，除了横撑外，其他构件的应力水平较低，在风速达到失稳临界风速前基本处于弹性工作状态。对于肋间横撑，当风速达到 37m/s 时首次出现材料屈服，此时对应着弹性失稳临界状态。随着风速继续增加，应力最不利控制点所在截面的屈服面积不断扩大，并且有更多横撑开始屈服。当拱桥控制截面全截面应力达到材料屈服极限时即在主拱肋形成了第一个塑性铰，这一状态为主拱的弹性失稳极限状态。当风速达到 55m/s 时，主拱内已经产生了多个塑性铰，结构已退化为机构，此时 ANSYS 迭代发散，计算结束，故可认为风速 55m/s 对应的状态为结构塑性失稳临界状态。

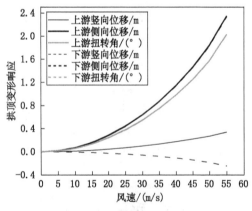

图 6-17 静风荷载下主拱变形响应图
注：图中"上游侧向位移"和"下游侧向位移"线条重叠；"上游扭转角"与"下游扭转角"线条重叠。

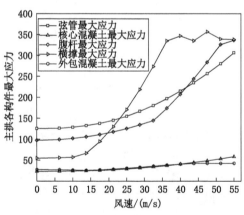

图 6-18 静风荷载下各构件应力图

思考题与习题

1. 请结合力的三要素（大小、方向、作用点）思考并总结风荷载的特点。

2. 简要描述风轴和体轴坐标系下静风三分力的区别,并论述其适用场景。

3. 分析典型构件的三分力系数的大小,思考应该从哪些方面减小作用于结构上的风阻力。

4. 桥梁静风验算时为什么要考虑等效静阵风风速?等效静阵风风速与哪些因素有关?

5. 《公路桥梁抗风设计规范》(JTG/T 3360-01—2018)中为何将 25m/s 的风速作为 W1 风作用水平的风速上限?

6. 某斜拉桥跨径布置为 384m+1108m+384m,全桥斜拉索为 168 根,最短拉索长 135.771m,最长拉索长 579.83m,请问:横桥向作用于斜拉索上顺风向静力风荷载大约是作用于主梁上的同方向静力风荷载的百分之几?

7. 为什么要考虑顺桥向作用于主梁上顺风向等效静阵风荷载?

8. 在进行桥梁施工阶段的静风性能验算时,为何要对设计基本风速进行折减?

9. 缆索承重桥梁的静风失稳与大跨度拱桥的静风失稳有哪些异同?

10. 当把静力风荷载加入荷载组合时,总结 W1 风和 W2 风作用水平下桥梁正常使用极限状态的验算工况。

本章参考文献

[1] 谷岩.桥梁抗震与抗风[M].天津:天津大学出版社,2014.

[2] 吴志强.大跨悬索桥静风稳定性检验风速确定标准研究[D].成都:西南交通大学,2018.

[3] 项海帆.现代桥梁抗风理论与实践[M].北京:人民交通出版社,2005.

[4] 贾楠.苏通大桥风致风险分析[D].南京:东南大学,2015.

[5] 陈政清.桥梁风工程[M].北京:人民交通出版社,2005.

[6] 张明哲.悬索桥四索股吊索尾流致振特性及雷诺数效应的试验研究[D].长沙:湖南大学,2020.

[7] 同济大学.公路桥梁抗风设计规范:JTG/T 3360-01—2018[S].北京:人民交通出版社股份有限公司,2019.

[8] 葛耀君.大跨度拱式桥抗风[M].北京:人民交通出版社股份有限公司,2014.

[9] 邓勇.基于数值模拟的起重机主梁风致效应特性研究[D].成都:西南交通大学,2019.

[10] 栗小祜.大跨度双幅桥面桥梁涡激振动响应气动干扰效应研究[D].长沙:湖南大学,2009.

[11] 辛锦炀.开口主梁斜拉桥静风非线性稳定分析[D].广州:华南理工大学,2020.

[12] 韩冬良.钢拱结构桥梁抗风稳定性分析[D].石家庄:石家庄铁道大学,2014.

[13] 张雪.宽箱单索面混凝土斜拉桥施工稳定性控制研究[D].哈尔滨:哈尔滨工业大学,2020.

[14] 段玮.大跨径非对称支撑悬索桥静风稳定性分析[D].西安:长安大学,2016.

[15] 程进,肖汝诚,项海帆.大跨径悬索桥非线性静风稳定性全过程分析[J].同济大学学报(自然科学版),2000(6):717-720.

[16] 熊辉,晏致涛,李正英,等.大跨度中承式拱桥静风稳定性分析[J].重庆大学学报,2012,35(10):51-56.

[17] 于洪刚.大跨度拱桥气动参数识别及风致响应研究[D].上海:同济大学,2008.

[18] SIMIU E, SCANLAN R H. Wind effects on structures [M]. 3rd ed. New York: John Wiley & Sons, 1996.

[19] DOWELL E H, CLARK R, et al. A modern course in aeroelasticity [M]. 4th ed. Dordrecht: Kluwer Academic Publishers, 2004.

[20] 徐鲍. 超大跨径空间缆索体系悬索桥的力学性能分析与试验研究[D]. 南京: 东南大学, 2016.

[21] 中交公路规划设计院有限公司. 公路桥涵设计通用规范: JTG D60—2015[S]. 北京: 人民交通出版社股份有限公司, 2015.

[22] 包海峰. 考虑静风位移的大跨度桥梁斜风抖振响应频域分析[D]. 上海: 同济大学, 2008.

[23] 宋晖, 王晓冬. 舟山大陆连岛工程西堠门大桥总体设计[J]. 公路, 2009, 53(1): 8-16.

第 7 章
桥梁风振稳定检验

颤振和驰振都是由自激气动力引起的发散性振动,可能导致桥梁结构迅速垮塌或在短期内损毁,因而在抗风设计中必须杜绝其发生。本章分别围绕桥梁颤振和驰振,介绍自激气动力表达、振动状态方程及其求解方法、抗风设计中确定临界风速的方法和设计检验准则。

7.1 桥梁颤振稳定检验

颤振是机翼、大跨度桥梁等弹性结构在自激气动力、弹性力、惯性力、阻尼力等耦合作用下发生的空气动力失稳现象。对于现代桥梁而言,颤振主要发生于大跨度悬索桥和大跨度斜拉桥,呈现主梁纯扭转或竖弯与扭转耦合的振动形态,当自然风平均风速超过桥梁固有的颤振临界风速之后,振幅急剧增大(振动发散)。

1940年发生的美国塔科马海峡桥风毁事件(图7-1)是桥梁颤振的典型实例,这个事件为桥梁颤振理论研究和桥梁风工程学的开端。经过80多年的发展,关于桥梁颤振的研究及计算理论取得了巨大进步,形成了较为成熟的、理论与试验相结合的理论体系和抗风设计方法,从而一方面可准确地确定桥梁颤振临界风速,为大跨度桥梁抗风设计提供有力手段;另一方面可深入研究、阐释桥梁颤振机理,为提高桥梁颤振稳定性提供理论指引。

颤振根据其振动形态,分为分离流扭转颤振和弯扭耦合颤振(亦称经典颤振),这两类颤振均具有发散振动性质,可使用统一的状态方程(特征方程)来表达,并按数学特征值问题进行求解,进而获得颤振临界风速值。本节介绍的颤振计算理论仍属于线性理论,适用于发散性颤振的计算分析。大跨度桥梁还可能发生非发散性的、振动随风速缓慢增大的所谓的"软颤振"。软颤振的计算理论和设计评价准则,目前尚处于研究、发展阶段,本书未述及。

图 7-1　美国塔科马海峡桥风毁照片

7.1.1　桥梁断面的自激气动力

处于气流中的弹性体,若其自身发生变形或振动,那么这种变形或振动相当于气流边界条件的改变,将引起气流速度的局部改变,并引起弹性体周围气压的改变,从而导致弹性体上气动力的变化;变化了的气动力又反过来作用于弹性体,使其产生新的变形或振动。这种气动力与结构之间相互作用的现象称为气动弹性耦合(流固耦合)作用,其中因物体运动而产生并随物体运动而变化的气动力称为自激气动力。由于颤振的折算频率较高,不能忽略气动力与运动之间的时间滞后效应,其自激气动力表达形式必须是包含运动速度项的非定常气动力,这是颤振与驰振在气动力表达上的重要区别。

1) 理想平板自激气动力

图 7-2 所示的宽度为 B、厚度无限趋近于零、长度无限的直平板称为理想平板。当风速为 U 的均匀流场流过理想平板时,风攻角为 $0°$,若平板绝对静止,则它对流场没有任何干扰作用,静力风荷载为零,相应的静力三分力系数也为零。如果平板受到扰动而产生竖向和扭转微小振动,则此时的气动力就不再为零,即存在随着平板运动而变化的自激气动力。

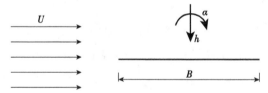

图 7-2　处于均匀来流中的理想平板

Theodorsen 在 1935 年利用势流理论证明了平板本身的微振动扰动了平板上下表面的气流,被扰动的气流反过来产生作用于平板的气动力。这个随时间变化的气动力,即非定常气动力,与平板振动的速度、位移有关。假定平板做频率为 ω 的简谐振动,即

$$\begin{cases} 竖向: h = h_0 \cos\omega t \\ 扭转: \alpha = \alpha_0 \cos\omega t \end{cases} \tag{7-1}$$

根据势流理论,Theodorsen 导出的理想平板非定常气动力理论解为:

$$\begin{cases} L = \pi\rho b\{-b\ddot{h} - 2UC(k)\dot{h} - [1+C(k)]Ub\dot{\alpha} - 2U^2C(k)\alpha\} \\ M = \pi\rho b^2 \left\{ UC(k)\dot{h} - \dfrac{b^2\ddot{\alpha}}{8} + \left[-\dfrac{1}{2} + \dfrac{1}{2}C(k)\right]Ub\dot{\alpha} + U^2C(k)\alpha \right\} \end{cases} \tag{7-2}$$

式中，L、M 分别是平板单位长度上的升力和扭矩；ρ 为空气密度；b 为平板半宽，板宽 $B=2b$；h、α 分别为平板竖向位移与扭转角；k 为无量纲折算频率，$k=b\omega/U$，ω 为振动圆频率，rad/s；$C(k)$ 为 Theodorsen 循环函数，当用 Bessel 函数表示时可以写成：

$$\begin{cases} C(k) = F(k) + iG(k) \\ F(k) = \dfrac{J_1(J_1+Y_0) + Y_1(Y_1-J_0)}{(J_1+Y_0)^2 + (Y_1-J_0)^2} \\ G(k) = \dfrac{J_1 J_0 + Y_1 Y_0}{(J_1+Y_0)^2 + (Y_1-J_0)^2} \end{cases} \tag{7-3}$$

由式(7-2)可以看出，非定常气动力是竖向速度和竖向加速度的线性函数，也是扭转角、扭转角速度及扭转角加速度的线性函数。显然，气动力是由平板运动引起的，其大小随平板运动的变化而变化，因此称为自激气动力。

Theodorsen 建立的自激气动力理论模型在后续大量飞行器风洞试验中得到了验证，奠定了机翼颤振研究和后来其他细长结构颤振研究的理论基础，也是古典耦合颤振理论的基础。

Bleich 认为悬索桥桁架加劲梁的上板梁接近平板，而空腹桁架上所受到的气动力相对较小、可忽略不计，因而可直接采用 Theodorsen 气动力表达式来近似描述作用于悬索桥加劲梁上的自激气动力，进而得到悬索桥加劲梁的二维颤振运动微分方程：

$$\begin{cases} m\ddot{h} + m\omega_h^2(1+ig_h)h = L \\ I\ddot{\alpha} + m\omega_\alpha^2(1+ig_\alpha)\alpha = M \end{cases} \tag{7-4}$$

式中，m、I 分别为桥面每延米的质量和质量惯性矩；ω_h、ω_α 分别为悬索桥的竖向弯曲基频和扭转基频；g_h、g_α 分别为弯曲和扭转振动的复阻尼系数；L、M 分别为采用 Theodorsen 函数表示的平板自激气动升力和扭矩。

在此基础上，一些学者提出了桥梁颤振临界风速的近似计算公式，以简化颤振计算。然而，这些研究均以 Theodorsen 古典耦合颤振分析理论为基础，也就是基于势流理论，并未考虑桥梁断面流动分离的影响。对于桥梁断面等钝体结构，流动分离与再附是其突出特性，因而势流理论不再适用于求解此类断面的颤振问题。这也是利用 Bleich 方法计算的塔科马海峡桥的颤振临界风速与实际风速之间存在显著差别的原因。

2) 桥梁断面的自激气动力——颤振导数

当气流流经一个振动着的钝体断面结构时，气流会发生分离，分离的气流可能会形成旋涡脱落，也可能会再附于钝体表面，流态十分复杂。基于 Theodorsen 理想平板气动力解析式的桥梁古典耦合颤振计算理论忽略了分离流的影响，运用此理论求解存在流动分离的钝体结构颤振问题时会产生较大误差。于是就有学者试图寻求与分离流有关的理论来推导钝体断面的非定常气动力表达式，但一直没能成功。为了规避理论上的困难，有人开始运用风洞试验方法（直接测量法和间接测量法）来测定机翼和桥梁断面的非定常气动力。

日本学者 Ukeguchi 等在 1966 年将 Halfman 运用强迫振动技术直接测量机翼非定常气动力的方法首次应用到桥梁工程领域，测量获得了桥梁节段模型的非定常气动力。后来这种强迫振动技术还在日本被广泛用于测定钝体断面的非定常气动力。

非定常气动力的风洞试验间接测量方法由著名空气动力学家 R. H. Scanlan 于 1967 年创立,这种方法因其试验设备简单很快在世界范围内推广普及。Scanlan 认为,对于存在流动分离的钝体断面,不能直接采用根据 Theodorsen 理论推导的薄平板非定常气动参数,提出采用风洞试验方法获得钝体断面的非定常气动参数。随后 Scanlan 通过专门设计的节段模型试验测定小振幅条件下的非定常气动参数,即颤振导数,并像 Theodorsen 理想平板气动力公式那样把非定常气动力表示成颤振导数与振动状态向量(位移和速度)的线性组合,建立了半试验半理论的线性非定常气动力模型。

下面以图 7-3 所示的处于二维均匀流场中的常见流线型箱梁断面为例,对此表达式的推导进行说明。与平板一样,桥梁断面的微振动也会扰动周围的气流,从而产生自激气动力。若只考虑断面的竖向运动 h 和扭转运动 α,则它的运动形式由状态向量唯一确定。鉴于自激气动力是来流速度 U、振动频率 f 以及状态向量的函数,可以表示为:

$$\begin{cases} L = L(U, \omega, \dot{h}, \dot{\alpha}, \alpha, h) \\ M = M(U, \omega, \dot{h}, \dot{\alpha}, \alpha, h) \end{cases} \tag{7-5}$$

假定振动是微幅的,可将式(7-5)展开成相对于静平衡状态 $(\dot{h}_0, \dot{\alpha}_0, \alpha_0, h_0)$ 的泰勒级数。以升力 L 为例:

$$L = L(U, \omega, \dot{h}, \dot{\alpha}, \alpha, h) = L(U, \omega, \dot{h}_0, \dot{\alpha}_0, \alpha_0, h_0) + \left(\frac{\partial L}{\partial \dot{h}} \dot{h} + \frac{\partial L}{\partial \dot{\alpha}} \dot{\alpha} + \frac{\partial L}{\partial h} h + \frac{\partial L}{\partial \alpha} \alpha \right) + \Delta(L)$$

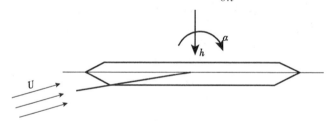

图 7-3 处于二维均匀流场中的桥梁断面

由于自激气动力的定义本身不包含物体静平衡状态下所受的定常气动力,因此,平衡状态下物体的自激气动力为[此时 $L(U, \omega, \dot{h}_0, \dot{\alpha}_0, \alpha_0, h_0) = 0$]:

$$\begin{cases} L = \left(\dfrac{\partial L}{\partial \dot{h}} \dot{h} + \dfrac{\partial L}{\partial \dot{\alpha}} \dot{\alpha} + \dfrac{\partial L}{\partial h} h + \dfrac{\partial L}{\partial \alpha} \alpha \right) + \Delta(L) \\ M = \left(\dfrac{\partial M}{\partial \dot{h}} \dot{h} + \dfrac{\partial M}{\partial \dot{\alpha}} \dot{\alpha} + \dfrac{\partial M}{\partial h} h + \dfrac{\partial M}{\partial \alpha} \alpha \right) + \Delta(M) \end{cases} \tag{7-6}$$

式(7-6)中前四项之和为自激气动力的线性主部,$\Delta(L)$ 和 $\Delta(M)$ 项表示泰勒展开的非线性余项。基于风洞试验数据,Scanlan 认为只要是在小振幅条件下,实际的桥梁断面无论是近似流线体还是钝体,余项 Δ 的影响均很小,可以略去。

通过引入 8 个无量纲的颤振导数(也称为气动导数)H_i^*、A_i^* ($i = 1, 2, 3, 4$),自激气动力可近似地表达为物体运动状态向量的线性函数,即:

$$\begin{cases} L = -\dfrac{1}{2} \rho U^2 B \left(K H_1^* \dfrac{\dot{h}}{U} + K H_2^* \dfrac{B\dot{\alpha}}{U} + K^2 H_3^* \alpha + K^2 H_4^* \dfrac{h}{B} \right) \\ M = -\dfrac{1}{2} \rho U^2 B^2 \left(K A_1^* \dfrac{\dot{h}}{U} + K A_2^* \dfrac{B\dot{\alpha}}{U} + K^2 A_3^* \alpha + K^2 A_4^* \dfrac{h}{B} \right) \end{cases} \tag{7-7}$$

对比式(7-6)和式(7-7),可以发现颤振导数是自激气动力对状态向量的一阶偏导数(故称为颤振导数),颤振导数与状态向量的线性组合表示了自激气动力的线性主部,并实现了与Theodorsen 表达式的统一。

式(7-7)中括号内的因子都是无量纲量。其中 $K=B\omega/U$,为折减频率,B 为桥面宽度;$\dot{h}$、$\dot{\alpha}$、α、h 表征断面的运动状态,$\dot{h}/U$、h/B、$B\dot{\alpha}/U$ 分别表征竖向速度、竖向位移和扭转速度的等效风攻角;而 8 个颤振导数则是表征断面自激气动力特性的一组无量纲量,其中 H_1^*、H_4^* 和 H_2^*、H_3^* 分别表征竖向运动和扭转运动对气动升力的贡献,A_1^*、A_4^* 和 A_2^*、A_3^* 分别表征竖向运动和扭转运动对气动力矩的贡献。式(7-7)是目前我们广泛使用的用颤振导数表示的线性自激气动力模型,其构成了两自由度颤振状态方程。颤振导数代表了弹性体在运动状态下的非定常气动力,反映了作用在弹性体上的自激气动力与运动物体相关自由度(竖向、侧向或扭转)之间的关系,不同颤振导数的组合不仅表征着气动力大小与运动状态之间的关系,也隐含着不同自由度之间的相位关系。

在某些情形下,侧向自激气动力成为不可忽略的因素,譬如斜拉桥的颤振分析。这促使研究人员在颤振分析中进一步考虑与侧向位移相关的颤振导数。Sarkar 和 Jones 又将自激气动力表达式由两自由度拓展到包括侧向运动的三自由度,具体的表达式则是在 8 个颤振导数的基础上扩充到 18 个:

$$\begin{cases} L_{se} = \frac{1}{2}\rho U^2 B \left(KH_1^* \frac{\dot{h}}{U} + KH_2^* \frac{B\dot{\alpha}}{U} + K^2 H_3^* \alpha + K^2 H_4^* \frac{h}{B} + KH_5^* \frac{\dot{p}}{U} + K^2 H_6^* \frac{p}{B} \right) \\ D_{se} = \frac{1}{2}\rho U^2 B \left(KP_1^* \frac{\dot{p}}{U} + KP_2^* \frac{B\dot{\alpha}}{U} + K^2 P_3^* \alpha + K^2 P_4^* \frac{p}{B} + KP_5^* \frac{\dot{h}}{U} + K^2 P_6^* \frac{h}{B} \right) \\ M_{se} = \frac{1}{2}\rho U^2 B^2 \left(KA_1^* \frac{\dot{h}}{U} + KA_2^* \frac{B\dot{\alpha}}{U} + K^2 A_3^* \alpha + K^2 A_4^* \frac{h}{B} + KA_5^* \frac{\dot{p}}{U} + K^2 A_6^* \frac{p}{B} \right) \end{cases} \quad (7-8)$$

式中,P_i^*、H_i^*、A_i^*($i=1,\cdots,6$)分别为桥梁断面侧向、竖向和扭转方向的颤振导数,其他参数意义同前。

基于 Scanlan 自激气动力模型及颤振导数概念,国内外学者还建立了其他形式的线性自激气动力表达式,如意大利学者 Zasso 提出了一个统一的自激气动力表达式。我国学者陈政清为提升高风速和低风速下的气动参数的识别精度,提出将折算频率 K 与式(7-7)颤振导数合并,形成新的颤振导数表达式。

3) 颤振导数的获取方法

通过风洞试验获得桥梁主梁等钝体断面颤振导数的测定方法主要有两种,分别为自由振动法和强迫振动法(详见本书第 11 章)。

自由振动法是在自由衰减振动条件下测量节段模型振动位移或加速度时程,然后基于线性自激气动力表达式间接识别出颤振导数。自由振动法的优点是设备较简单,易于实现。但该方法需要施加初始激励,对噪声信号较敏感,识别精度一般,且高折算风速下竖向振动衰减迅速,难以精确识别高风速特别是临近颤振临界风速时的颤振导数。

强迫振动法是利用专门的机械装置驱动桥梁节段模型做指定振幅和频率的简谐运动,通过测力天平或表面测压直接测量作用在模型上的自激气动力,进而识别出断面的颤振导数。

较之自由振动法,强迫振动法具有更高的识别精度。

为进一步说明不同主梁断面颤振导数的特性,通过强迫振动法测试获得了大跨度桥梁常用的流线型闭口箱梁(宽高比约为11)和边主梁叠合梁的颤振导数。图7-4 为两种典型桥梁主梁断面的示意图。

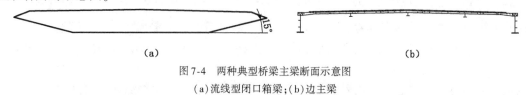

图 7-4　两种典型桥梁主梁断面示意图
(a)流线型闭口箱梁;(b)边主梁

图 7-5 为上述两种断面在 0°风攻角下颤振导数随折算风速变化的情况,同时也给出了理想平板颤振导数的理论曲线,以作比较。由该图可见,通过强迫振动识别得到的流线型箱梁断面颤振导数与理想平板的颤振导数较为接近,且断面的 A_2^* 值为负,即扭转振动提供了气动正阻尼,而气动负阻尼由耦合项提供,因此流线型箱梁的颤振形态多为弯扭耦合颤振。此外,可以发现边主梁断面的颤振导数与理想平板以及流线型箱梁的颤振导数相差较大,且随着折算风速的增加,A_2^* 值由负变正,并不断增大。这表明边主梁的扭转振动提供了气动负阻尼,因此边主梁断面的颤振形态通常表现为分离流扭转颤振。

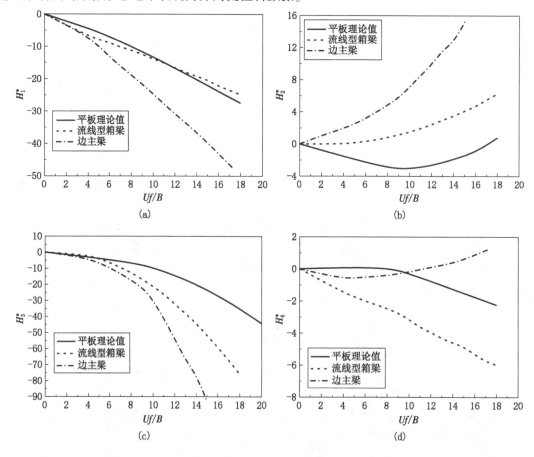

图　7-5

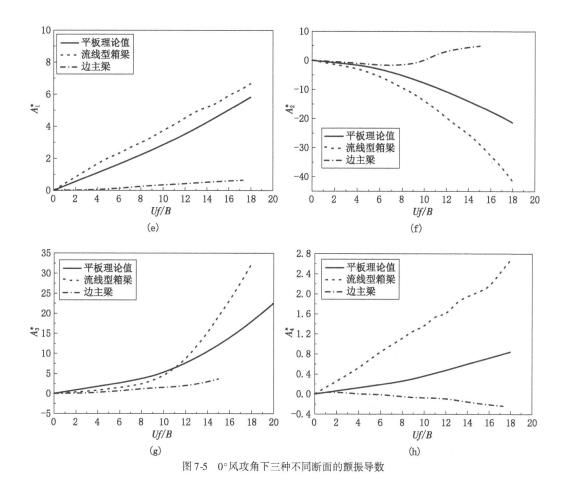

图7-5 0°风攻角下三种不同断面的颤振导数

7.1.2 颤振状态方程及其求解方法

众多学者经过努力探索,建立和发展了多种桥梁颤振状态描述方程及其求解方法。本节介绍两自由度颤振状态方程及其求解方法、三维颤振状态方程以及三维颤振频域分析方法和三维颤振时域分析方法。

1)两自由度颤振状态方程及其求解方法

在竖向和扭转为小振幅情况下,可基于 Scanlan 提出的两自由度非定常气动力模型对桥梁进行二维颤振分析,将三维桥梁颤振问题简化为竖向与扭转耦合的两自由度颤振问题。具有竖向和扭转两个自由度的振动系统在流动空气中的运动方程为:

$$\begin{cases} m(\ddot{h} + 2\xi_h\omega_h \dot{h} + \omega_h^2 h) = L_{se} \\ I(\ddot{\alpha} + 2\xi_\alpha\omega_\alpha \dot{\alpha} + \omega_\alpha^2 \alpha) = M_{se} \end{cases} \quad (7-9)$$

式中,m 和 I 分别是结构单位长度的质量和质量惯性矩;h 和 α 分别是竖向位移和扭转位移;L_{se} 和 M_{se} 分别是自激升力和力矩。

Scanlan 提出的两自由度颤振自激气动力表达式,可采用6个颤振导数表示为:

$$\begin{cases} L_{se} = \dfrac{1}{2}\rho U^2 B \left[KH_1^*(K)\dfrac{\dot h}{U} + KH_2^*(K)\dfrac{B\dot\alpha}{U} + K^2 H_3^*(K)\alpha \right] \\ M_{se} = \dfrac{1}{2}\rho U^2 B^2 \left[KA_1^*(K)\dfrac{\dot h}{U} + KA_2^*(K)\dfrac{B\dot\alpha}{U} + K^2 A_3^*(K)\alpha \right] \end{cases} \quad (7\text{-}10)$$

式中，B 为桥梁宽度；H_i^*、A_i^* ($i=1\sim3$) 为颤振导数；$K=B\omega/U$，为折减频率，其中 ω 为振动频率。

将式(7-10)代入式(7-9)，并引入无量纲时间坐标 $t^*=Ut/B$ 可得：

$$\begin{cases} \dfrac{h''}{B} + 2\xi_h K_h \dfrac{h'}{B} + K_h^2 \dfrac{h}{B} = \dfrac{\rho B^2}{m}\left(KH_1^*\dfrac{h'}{B} + KH_2^*\alpha' + K^2 H_3^*\alpha\right) \\ \alpha'' + 2\xi_\alpha K_\alpha \alpha' + K_\alpha^2 \alpha = \dfrac{\rho B^4}{I}\left(KA_1^*\dfrac{h'}{B} + KA_2^*\alpha' + K^2 A_3^*\alpha\right) \end{cases} \quad (7\text{-}11)$$

式中，$K_h=B\omega_h/U$；$K_\alpha=B\omega_\alpha/U$；上角撇表示对 t^* 的微分。

假设运动方程式(7-9)的解为：

$$\dfrac{h}{B} = \dfrac{h_0}{B}\mathrm{e}^{\mathrm{i}Ks}, \quad \alpha = \alpha_0 \mathrm{e}^{\mathrm{i}Ks} \quad (7\text{-}12)$$

将上述解代入式(7-11)中得到：

$$\begin{cases} \left(-K^2 + 2\mathrm{i}\xi_h K_h K + K_h^2 - \dfrac{\rho B^2}{m}\mathrm{i}K^2 H_1^*\right)\dfrac{h_0}{B} - \left(\dfrac{\rho B^2}{m}\mathrm{i}K^2 H_2^* + \dfrac{\rho B^2}{m}\mathrm{i}K^2 H_3^*\right)\alpha_0 = 0 \\ \left(-\dfrac{\rho B^4}{I}\mathrm{i}K^2 A_1^*\right)\dfrac{h_0}{B} - \left(-K^2 + 2\mathrm{i}\xi_\alpha K_\alpha K + K_\alpha^2 - \dfrac{\rho B^4}{I}\mathrm{i}K^2 A_2^* - \dfrac{\rho B^4}{I}\mathrm{i}K^2 A_3^*\right)\alpha_0 = 0 \end{cases} \quad (7\text{-}13)$$

引入未知变量：

$$X = \dfrac{\omega}{\omega_h} = \dfrac{K}{K_h} \quad (7\text{-}14)$$

由分母行列式等于零的条件可知，必须使实部和虚部均为零。由此得到关于未知量 X 的四次多项式，其中实部对应方程为：

$$\begin{aligned} & X^4\left(1 + \dfrac{\rho B^4}{I}A_3^* - \dfrac{\rho B^2}{m}\cdot\dfrac{\rho B^4}{I}A_2^* H_1^* + \dfrac{\rho B^2}{m}\cdot\dfrac{\rho B^4}{I}A_1^* H_2^*\right) + \\ & X^3\left(2\xi_\alpha \dfrac{\omega_\alpha}{\omega_h}\cdot\dfrac{\rho B^2}{m}H_1^* + 2\xi_h \dfrac{\rho B^4}{I}A_2^*\right) + X^2\left(-\dfrac{\omega_\alpha^2}{\omega_h^2} - 4\xi_h\xi_\alpha - 1 - \dfrac{\rho B^4}{I}A_3^*\right) + \\ & X\cdot 0 + \left(\dfrac{\omega_\alpha}{\omega_h}\right)^2 = 0 \end{aligned} \quad (7\text{-}15)$$

虚部对应方程为：

$$\begin{aligned} & X^3\left(\dfrac{\rho B^4}{I}A_2^* + \dfrac{\rho B^2}{m}H_1^* + \dfrac{\rho B^2}{m}\cdot\dfrac{\rho B^4}{I}A_3^* H_1^* - \dfrac{\rho B^2}{m}\cdot\dfrac{\rho B^4}{I}A_1^* H_3^*\right) + \\ & X^2\left(-2\xi_\alpha \dfrac{\omega_\alpha}{\omega_h} - 2\xi_h - 2\xi_h \dfrac{\rho B^4}{I}A_3^*\right) + X\left(-\dfrac{\rho B^2}{m}H_1^*\dfrac{\omega_\alpha^2}{\omega_h^2} - \dfrac{\rho B^4}{I}A_2^*\right) + \\ & \left(2\xi_h \dfrac{\omega_\alpha^2}{\omega_h^2} + 2\xi_\alpha \dfrac{\omega_\alpha}{\omega_h}\right) = 0 \end{aligned} \quad (7\text{-}16)$$

分别作式(7-15)以及式(7-16)关于变量 K 的曲线，两条曲线的交点 (X_c, K_c) 即为颤振临

界点,由此可计算出颤振频率为:

$$\omega_c = X_c \omega_h \tag{7-17}$$

对应的颤振临界风速为:

$$U_c = B\omega_c/K_c \tag{7-18}$$

上述两自由度颤振计算方法属半逆解法,需要联立求解四次多项式方程组。为了避免在颤振求解中进行繁复的数学运算,陈新中教授提出了一种基于颤振导数形式气动力的两自由度颤振计算闭合解法,与上述半逆解法具有同等精度。

本节介绍的两自由度颤振状态方程是节段模型颤振试验及 Van der Put 颤振近似计算公式的理论基础。在进行节段模型颤振试验设计或运用近似计算公式时,需正确地选取参与颤振的竖弯模态频率和扭转模态频率。选取模态时,除了依据扭弯频率比之外,还须考虑两模态振型的相似程度。可用振型相似指数来描述两振型的相似程度,振型相似指数的定义如下:

$$S = \frac{[\boldsymbol{\phi}(x)^T \boldsymbol{\Phi}(x)]^2}{[\boldsymbol{\phi}(x)^T \boldsymbol{\phi}(x)][\boldsymbol{\Phi}(x)^T \boldsymbol{\Phi}(x)]} \tag{7-19}$$

式中,$\boldsymbol{\phi}(x)$ 和 $\boldsymbol{\Phi}(x)$ 分别为竖向和扭转振型向量。

显然,节段模型由于做刚体运动,其振型相似指数 $S=1$;对于两端简支的等直梁,$S=1$;对于大跨度桥梁,$S<1$。对桥梁进行两模态耦合颤振计算时,S 值越小,得到的颤振临界风速值越大。

2) 三维颤振分析方法

两自由度颤振分析方法由于无法考虑大跨度桥梁颤振的三维效应及结构多模态之间的耦合效应,因而仅能给出偏保守的近似解答。为此,国内外学者在借鉴飞行器颤振分析理论的基础上,发展建立了多种适用于大跨度桥梁的三维颤振分析方法。这些方法大致可分为两类:频域分析方法和时域分析方法。

频域分析方法一般将含有自激气动力的桥梁结构运动方程用模态坐标来表示,自激气动力采用颤振导数形式,通过求解模态坐标下自激运动方程的广义特征值问题来获得桥梁的颤振稳定性解答。频域分析方法又分为实频域方法和复频域方法。限于篇幅,本章首先重点介绍一种复频域多模态颤振分析方法,随后简要介绍基于有理函数的时域颤振分析方法。

(1) 三维复频域多模态颤振分析方法。

由二维发展到三维,需将主梁单位长度的自激气动力改用 18 个颤振导数表示,即增加与主梁侧向运动相关的颤振导数,则主梁上气动升力项、阻力项、扭转力矩项可分别表示为:

$$\begin{cases} L_{se} = \frac{1}{2}\rho U^2 (2B) \left(KH_1^* \frac{\dot{h}}{U} + KH_2^* \frac{B\dot{\alpha}}{U} + K^2 H_3^* \alpha + K^2 H_4^* \frac{h}{B} + KH_5^* \frac{\dot{p}}{U} + K^2 H_6^* \frac{p}{B} \right) \\ D_{se} = \frac{1}{2}\rho U^2 (2B) \left(KP_1^* \frac{\dot{h}}{U} + KP_2^* \frac{B\dot{\alpha}}{U} + K^2 P_3^* \alpha + K^2 P_4^* \frac{h}{B} + KP_5^* \frac{\dot{p}}{U} + K^2 P_6^* \frac{p}{B} \right) \\ M_{se} = \frac{1}{2}\rho U^2 (2B^2) \left(KA_1^* \frac{\dot{h}}{U} + KA_2^* \frac{B\dot{\alpha}}{U} + K^2 A_3^* \alpha + K^2 A_4^* \frac{h}{B} + KA_5^* \frac{\dot{p}}{U} + K^2 A_6^* \frac{p}{B} \right) \end{cases} \tag{7-20}$$

式中,h、p、α 分别为主梁的竖向、横向和扭转位移;$\dot{h}$、$\dot{p}$、$\dot{\alpha}$ 分别为主梁的竖向、横向和扭转运动速度；H_i^*、P_i^*、A_i^* ($i=1\sim6$) 分别为与竖向、横向和扭转气动力相关的颤振导数。其中 H_i^*、A_i^* 可通过风洞试验测得，P_i^* 可采用准定常气动力形式：

$$\begin{cases} P_1^* = -2C_D/K, \quad P_2^* = (C_L - C_D')/2K, \quad P_3^* = C_D'/K^2 \\ P_5^* = (C_D' - C_L)/K \\ P_4^* = P_6^* = H_6^* = A_6^* = 0 \end{cases} \tag{7-21}$$

式中，C_L、C_D 分别为主梁断面的升力系数、阻力系数；$C_D' = \dfrac{\mathrm{d}C_D}{\mathrm{d}\alpha}$，为阻力系数对风攻角的导数。

假定在自激气动力的作用下，主梁上的点在各个方向上做简谐振动，运动位移表示为：

$$\begin{cases} h = h_0 \mathrm{e}^{\mathrm{i}\omega t} \\ p = p_0 \mathrm{e}^{\mathrm{i}\omega t} \\ \alpha = \alpha_0 \mathrm{e}^{\mathrm{i}\omega t} \end{cases} \tag{7-22}$$

求式(7-22)一阶导数和二阶导数：

$$\begin{Bmatrix} \dot{h} \\ \dot{p} \\ \dot{\alpha} \end{Bmatrix} = \mathrm{i}\omega \begin{Bmatrix} h \\ p \\ \alpha \end{Bmatrix}; \quad \begin{Bmatrix} \ddot{h} \\ \ddot{p} \\ \ddot{\alpha} \end{Bmatrix} = -\omega^2 \begin{Bmatrix} h \\ p \\ \alpha \end{Bmatrix} \tag{7-23}$$

将式(7-23)代入式(7-20)得：

$$\begin{cases} L_{se} = \omega^2 \rho B^2 (C_{Lh} h + C_{Lp} p + B C_{L\alpha} \alpha) \\ D_{se} = \omega^2 \rho B^2 (C_{Dh} h + C_{Dp} p + B C_{D\alpha} \alpha) \\ M_{se} = \omega^2 \rho B^2 (B C_{Mh} h + C_{Mp} p + B^2 C_{M\alpha} \alpha) \end{cases} \tag{7-24}$$

对比式(7-24)和式(7-21)得到：

$$\begin{cases} C_{Lh} = H_4^* + \mathrm{i}H_1^* \quad & C_{L\alpha} = H_3^* + \mathrm{i}H_2^* \quad & C_{Lp} = H_6^* + \mathrm{i}H_5^* \\ C_{Dh} = P_4^* + \mathrm{i}P_1^* \quad & C_{Dp} = P_6^* + \mathrm{i}P_5^* \quad & C_{D\alpha} = P_3^* + \mathrm{i}P_2^* \\ C_{Mh} = A_4^* + \mathrm{i}A_1^* \quad & C_{Mp} = A_6^* + \mathrm{i}A_5^* \quad & C_{M\alpha} = A_3^* + \mathrm{i}A_2^* \end{cases} \tag{7-25}$$

桥梁三维颤振运动方程为：

$$\boldsymbol{M}\ddot{\boldsymbol{X}} + \boldsymbol{C}\dot{\boldsymbol{X}} + \boldsymbol{K}\boldsymbol{X} = \boldsymbol{F}_{se} \tag{7-26}$$

式中，$\boldsymbol{M}$ 为结构质量矩阵；$\ddot{\boldsymbol{X}}$ 为加速度向量；$\boldsymbol{C}$ 为结构阻尼矩阵；$\dot{\boldsymbol{X}}$ 为速度向量；$\boldsymbol{K}$ 为结构刚度矩阵；$\boldsymbol{X}$ 为位移向量；$\boldsymbol{F}_{se}$ 为主梁等效节点自激气动力。

单位长度等效节点自激气动力表示为：

$$\boldsymbol{F}_{se}^e = \omega^2 \boldsymbol{A}_{se}^e \boldsymbol{X}_{se}^e \tag{7-27}$$

$$\boldsymbol{A}_{se}^e = \begin{bmatrix} \boldsymbol{A}_1 & \boldsymbol{0} \\ \boldsymbol{0} & \boldsymbol{A}_1 \end{bmatrix} \tag{7-28}$$

式中，$\boldsymbol{X}_{se}^e$ 为单位节点位移向量；$\boldsymbol{A}_{se}^e$ 为单位气动矩阵，其中：

$$A_1 = \frac{1}{2}\rho B^2 L \begin{bmatrix} 0 & 0 & 0 & 0 & 0 & 0 \\ 0 & C_{Lh} & C_{Lp} & BC_{L\alpha} & 0 & 0 \\ 0 & C_{Dh} & C_{Dp} & BC_{D\alpha} & 0 & 0 \\ 0 & BC_{Mh} & BC_{Mp} & B^2 C_{M\alpha} & 0 & 0 \\ 0 & 0 & 0 & 0 & 0 & 0 \\ 0 & 0 & 0 & 0 & 0 & 0 \end{bmatrix} \quad (7\text{-}29)$$

进行坐标系的转换,得到各节点由局部坐标系变为整体坐标系的等效自激气动力向量:

$$F_{se} = \omega^2 A_{se} X \quad (7\text{-}30)$$

将式(7-30)代入式(7-26)可得:

$$M\ddot{X} + C\dot{X} + KX = \omega^2 A_{se} X \quad (7\text{-}31)$$

其中位移向量为:

$$X = R e^{st} \quad (7\text{-}32)$$

令

$$s = (-\zeta + i)\omega$$

式中,ζ 为结构复模态阻尼比;ω 为结构圆频率;R 为结构的复模态响应;s 为结构的复频率。

将式(7-31)和式(7-32)代入式(7-30)可得特征方程:

$$(s^2 M + sC + K - \omega^2 A_{se}) R e^{st} = 0 \quad (7\text{-}33)$$

结构的复模态响应为:

$$R = \phi q \quad (7\text{-}34)$$

式中,ϕ 为固有模态矩阵;q 为广义坐标矩阵。

将式(7-34)代入多模态分析的特征方程,可得到结构的广义特征方程:

$$(s^2 \overline{M} - \omega^2 \overline{A}_{se} + s \overline{C} + \overline{K}) q e^{st} = 0 \quad (7\text{-}35)$$

式中,$\overline{M} = \phi^T M \phi$,为广义质量矩阵;$\overline{K} = \phi^T K \phi$,为广义刚度矩阵;$\overline{C} = \phi^T C \phi$,为广义阻尼矩阵。

当结构复模态阻尼比 $\zeta = 0$ 时,结构处于颤振临界状态,式(7-35)中 ω 可表示为:

$$\omega = -is \quad (7\text{-}36)$$

将式(7-36)代入式(7-35)得:

$$[s^2 (\overline{M} + \overline{A}_{se}) + s \overline{C} + K] q e^{st} = 0 \quad (7\text{-}37)$$

将式(7-37)转化为状态空间向量的表达式:

$$(A - s \overline{M}) \overline{q} e^{st} = 0 \quad (7\text{-}38)$$

式中,

$$\overline{q} = \begin{Bmatrix} q \\ sq \end{Bmatrix}, \quad A = \begin{bmatrix} 0 & \overline{M} \\ -M^c & -M^c \overline{C} \end{bmatrix}, \quad M^c = (\overline{M} - \overline{A}_{se})^{-1} \quad (7\text{-}39)$$

如式(7-38)有解,则:

$$(A - s \overline{M}) \overline{q} = 0 \quad (7\text{-}40)$$

因此可得:

$$A \overline{q} = s \overline{M} \overline{q} \quad (7\text{-}41)$$

给定一个折算频率 K 值,利用式(7-41)可求得其对应的 s 与 $\overline{q}$ 值,表达式如下:

$$s = (-\xi + i)\omega, \quad \bar{q} = a + ib \tag{7-42}$$

通过迭代计算得到 $\xi = 0$ 时对应的 K 值,此时 K 即为颤振临界状态对应的折算频率 K_f,对应颤振圆频率为 ω_f。

各个固有模态在实际桥梁中多以耦合形式出现,其相位为:

$$\varphi_k = \arctan(b_k/a_k) \tag{7-43}$$

其振动幅值为:

$$|q_k| = \sqrt{a_k^2 + b_k^2} \tag{7-44}$$

对应颤振临界风速为:

$$U_{cr} = \frac{B\omega_f}{K_f} \tag{7-45}$$

处于颤振临界状态的桥梁节点位移为:

$$X(t) = \sum_{i=1}^{m} \phi_i |q_i| \sin(\omega_f t + \varphi_i) = X_0 \sin(\omega_f t + \bar{\varphi}) \tag{7-46}$$

式中,m 为多模态颤振分析的固有模态参与系数;ϕ_i 为第 i 阶桥梁结构固有模态振型;X_0 为振幅;$\bar{\varphi}$ 为相位。

其结构广义模态坐标为:

$$q(t) = |q_i| \sin(\omega_f t + \varphi_i) \tag{7-47}$$

式中,φ_i 为第 i 阶振型相位角。

颤振状态下桥梁结构的总能量为:

$$E = \frac{1}{2} X^T K X + \frac{1}{2} \dot{X}^T M \dot{X} \tag{7-48}$$

将式(7-46)代入式(7-48)可得颤振临界状态时各阶模态的参与能量比:

$$E_i(t) = \frac{1}{4} q_i^2 (\omega_i^2 + \omega_f^2) - \frac{1}{4} q_i^2 (\omega_i^2 - \omega_f^2) \cos(\omega_f t - \varphi_i) \tag{7-49}$$

式中,ω_i 为第 i 阶固有圆频率。

(2)三维颤振时域分析方法。

颤振频域分析方法比较成熟、描述气动力准确度较高,因此大跨度桥梁颤振分析一般在频域中进行。与频域分析方法相比,颤振时域分析方法具有自身优势,它方便与结构物理坐标的有限元计算模型相结合,又能考虑几乎所有的非线性效应,并且在桥梁颤振、抖振响应分析中也具有较大的优越性。近年来国内外学者通过研究形成了一些颤振时域分析方法。

颤振时域分析方法的关键在于寻找一个合适的、与颤振导数相对应的过渡函数,从而有效地实现自激气动力的时域表达。目前自激气动力时域表达方法主要有两种:阶跃函数法与有理函数法。本小节简要介绍有理函数法。

Bucher 和 Lin 等人在模拟桥梁自激气动力时直接引入了脉冲响应函数,建立了如下非定常气动力的表达式:

$$\begin{cases} L_{se}(t) = 0.5\rho U^2 \left[\int_{-\infty}^{t} f_{L\alpha}(t-\tau)\alpha(\tau)d\tau + \int_{-\infty}^{t} f_{Lh}(t-\tau)h(\tau)d\tau \right] \\ \qquad = L_{se\alpha}(t) + L_{seh}(t) \\ M_{se}(t) = 0.5\rho U^2 \left[\int_{-\infty}^{t} f_{M\alpha}(t-\tau)\alpha(\tau)d\tau + \int_{-\infty}^{t} f_{Mh}(t-\tau)h(\tau)d\tau \right] \\ \qquad = M_{se\alpha}(t) + M_{seh}(t) \end{cases} \tag{7-50}$$

式中,$f_{L\alpha}$、f_{Lh}、$f_{M\alpha}$、f_{Mh} 为脉冲响应函数,其物理意义为单位脉冲位移引起的自激气动力。

基于折算频率 K,对式(7-50)进行傅立叶变换后得到:

$$\begin{cases} \overline{L}_{se}(K) = 0.5\rho U^2(\bar{f}_{L\alpha}\bar{\alpha} + \bar{f}_{Lh}\bar{h}) \\ \overline{M}_{se}(K) = 0.5\rho U^2(\bar{f}_{M\alpha}\bar{\alpha} + \bar{f}_{Mh}\bar{h}) \end{cases} \tag{7-51}$$

式中,上横杠表示对应变量的傅立叶变换。

此外,对 Scanlan 自激气动力公式[式(7-10)]进行傅立叶变换,可得到:

$$\begin{cases} \overline{L}_{se}(K) = 0.5\rho U^2 BK^2 \left[(\mathrm{i}H_2^* + H_3^*)\bar{\alpha} + (\mathrm{i}H_1^* + H_4^*)\dfrac{\bar{h}}{B} \right] \\ \overline{M}_{se}(K) = 0.5\rho U^2 B^2 K^2 \left[(\mathrm{i}A_2^* + A_3^*)\bar{\alpha} + (\mathrm{i}A_1^* + A_4^*)\dfrac{\bar{h}}{B} \right] \end{cases} \tag{7-52}$$

对比式(7-51)、式(7-52),可得脉冲响应函数与颤振导数的关系如下:

$$\begin{cases} \bar{f}_{Lh} = K^2(\mathrm{i}H_1^* + H_4^*) \\ \bar{f}_{L\alpha} = BK^2(\mathrm{i}H_2^* + H_3^*) \\ \bar{f}_{Mh} = BK^2(\mathrm{i}A_1^* + A_4^*) \\ \bar{f}_{M\alpha} = B^2K^2(\mathrm{i}A_2^* + A_3^*) \end{cases} \tag{7-53}$$

引入 Roger 有理函数来表示脉冲响应函数的傅立叶变换:

$$\bar{f}_{xy}(\mathrm{i}\omega) = b_{xy1} + b_{xy2}\left(\dfrac{\mathrm{i}\omega B}{U}\right) + \sum_{i=3}^{m}\left(\dfrac{b_{xyi}\mathrm{i}\omega}{\mathrm{i}\omega + c_{xyi}U/B}\right) \tag{7-54}$$

式中,b_{xy1}、b_{xy2}、b_{xyi}、$c_{xyi}(i=3,\cdots,m,m$ 为有理函数项数;其中 $c_{xyi} \geq 0$,$x = L$、M,$y = h$、α)为待识别的系数。

对式(7-54)进行傅立叶逆变换,得到其时域表达式为:

$$f_{xy}(t) = b_{xy1}\delta(t) + b_{xy2}\dfrac{B}{U}\delta(t) + \sum_{i=3}^{m}b_{xyi}c_{xyi}\dfrac{U}{B}\exp\left(-c_{xyi}\dfrac{U}{B}t\right) \tag{7-55}$$

式中,$\delta(t)$ 为狄拉克 δ 函数。将式(7-55)代入式(7-51)并做分部积分可得:

$$\begin{cases} L_{seh}(t) = 0.5\rho U^2\left[b_{Lh1}h(t) + b_{Lh2}\dfrac{B}{U}\dot{h}(t) + \sum_{i=3}^{m}b_{Lhi}\displaystyle\int_{-\infty}^{t}\mathrm{e}^{-\frac{c_{Lhi}}{B}(t-\tau)}\dot{h}(\tau)\mathrm{d}\tau\right] \\ L_{se\alpha}(t) = 0.5\rho U^2\left[b_{L\alpha1}\alpha(t) + b_{L\alpha2}\dfrac{B}{U}\dot{\alpha}(t) + \sum_{i=3}^{m}b_{L\alpha i}\displaystyle\int_{-\infty}^{t}\mathrm{e}^{-\frac{c_{L\alpha i}}{B}(t-\tau)}\dot{\alpha}(\tau)\mathrm{d}\tau\right] \\ M_{seh}(t) = 0.5\rho U^2\left[b_{Mh1}h(t) + b_{Mh2}\dfrac{B}{U}\dot{h}(t) + \sum_{i=3}^{m}b_{Mhi}\displaystyle\int_{-\infty}^{t}\mathrm{e}^{-\frac{c_{Mhi}}{B}(t-\tau)}\dot{h}(\tau)\mathrm{d}\tau\right] \\ M_{se\alpha}(t) = 0.5\rho U^2\left[b_{M\alpha1}\alpha(t) + b_{M\alpha2}\dfrac{B}{U}\dot{\alpha}(t) + \sum_{i=3}^{m}b_{M\alpha i}\displaystyle\int_{-\infty}^{t}\mathrm{e}^{-\frac{c_{M\alpha i}}{B}(t-\tau)}\dot{\alpha}(\tau)\mathrm{d}\tau\right] \end{cases} \tag{7-56}$$

式(7-56)为采用有理函数表达的时域自激气动力模型,简称 RF 型自激气动力模型。RF 型自激气动力模型被广泛用于桥梁结构的气动弹性效应描述与颤振时域分析。

对式(7-53)与式(7-55)进行分析,可以得到有理函数的参数与颤振导数之间的等式关系:

$$\begin{cases} H_1^*(K) = \dfrac{b_{Lh2}}{K^2} + \sum_{i=3}^{m} \dfrac{b_{Lhi}c_{Lhi}}{K \cdot c_{Lhi}^2 + K^3}, & H_4^*(K) = \dfrac{b_{Lh1}}{K^2} + \sum_{i=3}^{m} \dfrac{b_{Lhi}}{c_{Lhi}^2 + K^2} \\[2mm] H_2^*(K) = \dfrac{1}{B}\left(\dfrac{b_{L\alpha 2}}{K^2} + \sum_{i=3}^{m} \dfrac{b_{L\alpha i}c_{L\alpha i}}{K \cdot c_{L\alpha i}^2 + K^3} \right), & H_3^*(K) = \dfrac{1}{B}\left(\dfrac{b_{L\alpha 1}}{K^2} + \sum_{i=3}^{m} \dfrac{b_{L\alpha i}}{c_{L\alpha i}^2 + K^2} \right) \\[2mm] A_1^*(K) = \dfrac{1}{B}\left(\dfrac{b_{Mh2}}{K^2} + \sum_{i=3}^{m} \dfrac{b_{Mhi}c_{Mhi}}{K \cdot c_{Mhi}^2 + K^3} \right), & A_4^*(K) = \dfrac{1}{B}\left(\dfrac{b_{Mh2}}{K^2} + \sum_{i=3}^{m} \dfrac{b_{Mhi}}{c_{Mhi}^2 + K^2} \right) \\[2mm] A_2^*(K) = \dfrac{1}{B^2}\left(\dfrac{b_{M\alpha 2}}{K^2} + \sum_{i=3}^{m} \dfrac{b_{M\alpha i}c_{M\alpha i}}{K \cdot c_{M\alpha i}^2 + K^3} \right), & A_3^*(K) = \dfrac{1}{B}\left(\dfrac{b_{M\alpha 1}}{K^2} + \sum_{i=3}^{m} \dfrac{b_{M\alpha i}}{c_{M\alpha i}^2 + K^2} \right) \end{cases} \quad (7\text{-}57)$$

根据式(7-57)建立的关系确定有理函数的各个参数值。可以通过求解下面四个函数的极小值来识别有理函数的各个参数。

$$\begin{cases} \Gamma(H_1^*, H_4^*) = \sum_{j=1}^{n} \left\{ \left[H_1^*(K_j) - \left(\dfrac{b_{Lh2}}{K_j^2} + \sum_{i=3}^{m} \dfrac{b_{Lhi}c_{Lhi}}{K_j \cdot c_{Lhi}^2 + K_j^3} \right) \right]^2 + \left[H_4^*(K_j) - \left(\dfrac{b_{Lh1}}{K_j^2} + \sum_{i=3}^{m} \dfrac{b_{Lhi}}{c_{Lhi}^2 + K_j^2} \right) \right]^2 \right\} \\[3mm] \Gamma(H_3^*, H_2^*) = \sum_{j=1}^{n} \left\{ \left[H_3^*(K_j) - \left(\dfrac{b_{L\alpha 2}}{K_j^2} + \sum_{i=3}^{m} \dfrac{b_{L\alpha i}c_{L\alpha i}}{K_j \cdot c_{L\alpha i}^2 + K_j^3} \right) \right]^2 + \left[H_2^*(K_j) - \dfrac{1}{B}\left(\dfrac{b_{L\alpha 1}}{K_j^2} + \sum_{i=3}^{m} \dfrac{b_{L\alpha i}}{c_{L\alpha i}^2 + K_j^2} \right) \right]^2 \right\} \\[3mm] \Gamma(A_1^*, A_4^*) = \sum_{j=1}^{n} \left\{ \left[A_1^*(K_j) - \dfrac{1}{B}\left(\dfrac{b_{Mh2}}{K_j^2} + \sum_{i=3}^{m} \dfrac{b_{Mhi}c_{Mhi}}{K_j \cdot c_{Mhi}^2 + K_j^3} \right) \right]^2 + \left[A_4^*(K_j) - \dfrac{1}{B}\left(\dfrac{b_{Mh1}}{K_j^2} + \sum_{i=3}^{m} \dfrac{b_{Mhi}}{c_{Mhi}^2 + K_j^2} \right) \right]^2 \right\} \\[3mm] \Gamma(A_3^*, A_2^*) = \sum_{j=1}^{n} \left\{ \left[A_3^*(K_j) - \dfrac{1}{B^2}\left(\dfrac{b_{M\alpha 2}}{K_j^2} + \sum_{i=3}^{m} \dfrac{b_{M\alpha i}c_{M\alpha i}}{K_j \cdot c_{M\alpha i}^2 + K_j^3} \right) \right]^2 + \left[A_2^*(K_j) - \dfrac{1}{B^2}\left(\dfrac{b_{Lh1}}{K_j^2} + \sum_{i=3}^{m} \dfrac{b_{M\alpha i}}{c_{M\alpha i}^2 + K_j^2} \right) \right]^2 \right\} \end{cases} \quad (7\text{-}58)$$

式中,$H_i^*(K_j)$、$A_i^*(K_j)$ ($i=1,2,3,4$)为颤振导数。

将上述气动力时域表达式代入结构振动方程,然后采用时域数值方法(如 Newmark-β 法、龙格-库塔法、Newton-Raphson 迭代法等)求解得到结构振动时程,进而获得颤振临界风速等。

7.1.3 确定颤振临界风速的方法

桥梁颤振的理论分析方法,不仅能够在获得精确的自激气动力的基础上获得颤振临界风速的准确解答,还为深入认识、研究桥梁颤振的形态、特征、参数影响以及动力学机理提供了有力手段。然而,在实际的桥梁抗风设计中,确定颤振临界风速并不经常采用理论分析方法,原因在于获得精确的自激气动力是繁复且技术难度较大的工作。下面介绍桥梁抗风设计中确定颤振临界风速常用的几种方法。

1) 近似计算公式

为了在桥梁方案设计阶段能够快速地估算出颤振临界风速,国内外学者提出了多种便于工程师使用的近似计算公式。

1963 年,Selberg 在 Theodorsen 自激气动力理论公式[式(7-2)]的基础上,借鉴 Bleich 的颤振求解方法[式(7-4)],提出了一种用于桥梁颤振临界风速近似计算的经验公式:

$$U_{cr} = 6.58 b f_\alpha \left\{ \frac{\mu r}{b} \left[1 - \left(\frac{\omega}{\omega_\alpha} \right)^2 \right] \right\}^{\frac{1}{2}} \quad (7\text{-}59)$$

式中,b 为桥面半宽;f_α 为扭转频率;$\mu = m/(\pi \rho b^2)$,为桥面密度与空气密度比,其中 m 为桥面单位长度质量,ρ 为空气密度;r 为断面惯性半径;ω 为竖弯圆频率;ω_α 为扭转圆频率。对于气动性能较好的流线型桥梁断面,当颤振频率与竖向频率之比大于 1.5 时,该近似计算公式具有较好的精度。

由于 Bleich 的颤振分析方法存在逐次逼近过程,计算工作量很大,为方便工程师运用,Klöppel 和 Thiele 将其运算过程编成程序,并绘制了一套便于计算查询的诺谟图,利用该图可以直接求解平板在不同动力参数下的颤振临界风速。Van der Put 在诺谟图的基础上,偏安全地忽略结构阻尼的影响,提出理想平板颤振临界风速的实用计算公式:

$$U_{cr} = \left[1 + (\varepsilon - 0.5) \sqrt{\left(\frac{r}{b} \right) 0.72 \mu} \right] \omega_h b \quad (7\text{-}60)$$

式中,$\varepsilon = \dfrac{\omega_\alpha}{\omega_h}$,为扭弯频率比,其余参数意义同式(7-59)。

同济大学项海帆院士将 Klöppel 诺谟图近似地拟合成通过原点的直线,并对斜率做适当调整,此时可消去影响较小的参数 ε,得到更为简化的近似计算公式:

$$U_{cr} = 2.5 \sqrt{\mu \frac{r}{b}} B f_t \quad (7\text{-}61)$$

上述近似计算公式均以平板为对象。由于实际的桥梁断面为钝体,并且需要考虑风攻角的影响,在实际工程中,还须根据断面形状和风攻角对上述公式获得的平板颤振临界风速值进行修正。我国《公路桥梁抗风设计规范》(JTG/T 3360-01—2018)给出了考虑断面形状和风攻角影响,对上述近似计算公式进行修正的颤振临界风速的估算公式:

$$U_{cr} = \eta_s \eta_\alpha U_{co} \quad (7\text{-}62)$$

式中,η_s、η_α 分别为断面形状系数和风攻角效应系数;U_{co} 为平板颤振临界风速。

2) 节段模型颤振试验

节段模型颤振试验是动力节段模型风洞试验的一种,是直接获得桥梁颤振临界风速的便捷途径,也是对主梁进行气动外形优化的主要手段。节段模型颤振试验是将三维桥梁颤振系统简化为竖向和扭转的两自由度颤振系统,其给出的颤振临界风速等价于两自由度颤振计算的结果,故而两者是近似的。由于节段模型模拟了主梁气动外形,从而模拟了自激气动力,因而对实桥颤振临界风速的预测精度远高于近似公式。节段模型颤振试验须按照动力节段模型相似准则进行设计(详见第 11 章),通常在均匀流条件下进行风洞试验,获得模型振动响应随风速变化的关系,从而近似确定桥梁的颤振临界风速。图 7-6 为节段模型颤振试验获得的主跨 1200m 的某大跨度悬索桥振幅-风速曲线。可见,当风速(已换算至实桥)超过 71.4m/s 时,主梁扭转振幅陡然增大，表明发生了颤振失稳，所以颤振临界风速为71.4m/s。

节段模型颤振试验试验周期短、花费少，在桥梁初步设计阶段的断面选型和初步确定颤振临界风速等方面具有优越性，因而在桥梁抗风设计中得到普遍应用。

3) 全桥气动弹性模型试验

全桥气动弹性模型风洞试验能够较为全面地模拟结构与风的相互作用，反映大跨度桥梁复杂的多模态耦合、结构非线性和气动力非线性等因素对颤振的影响，因而是确定桥梁颤振临界风速及颤振特性最为准确、可靠的手段。与节段模型颤振试验相比，全桥气动弹性模型试验过程复杂、周期长、成本高，因而一般仅在对重要大跨度桥梁进行施工图设计时，通过全桥气动弹性模型试验对成桥状态和典型施工阶段的颤振稳定性及其他抗风性能进行最终检验。图7-7为主跨1200m的某大跨度悬索桥全桥气动弹性模型试验获得的实桥主梁不同位置处振动响应与风速之间的关系。显而易见，当风速达到84m/s后，主梁颤振发散，即颤振临界风速为84m/s。

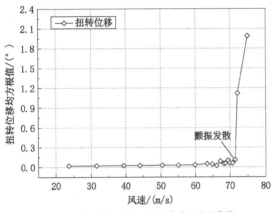

图7-6 节段模型颤振试验的振幅-风速曲线　　图7-7 全桥气动弹性模型试验的振幅-风速曲线

4) CFD数值模拟计算

桥梁与风之间复杂的流固耦合作用，可通过CFD进行模拟，因此可采用CFD数值模拟方法求解桥梁颤振临界风速。根据实现路径的不同，可将CFD求解桥梁颤振临界风速的方法分为两种：

一种方法是直接对桥梁颤振全过程进行流固耦合数值模拟，即在某一级风速下通过CFD流体计算获得结构瞬时气动力，然后将瞬时气动力代入振动方程进行动力学求解，获得结构运动状态，并将新的结构运动状态传递给CFD进行流体计算，如此循环获得结构的振动时程，最后根据不同风速下的时程曲线是否发散来确定桥梁颤振临界风速。

图7-8给出了采用直接获取法得到的不同折算风速下某分体式双箱梁断面的扭转位移时程曲线。如该图所示，当折算风速$U^*=15.3$时，断面扭转振幅随时间逐渐衰减至趋于静止；当折算风速$U^*=15.6$时，断面扭转振幅几乎不变，即处于颤振临界状态；当折算风速$U^*=15.9$时，断面扭转振幅迅速增长直至发散，即发生颤振失稳。

另一种方法是采用CFD数值方法获取桥梁断面在不同折减风速下的颤振导数，然后采用7.1.2节中介绍的颤振求解方法，计算得到桥梁的颤振临界风速。

CFD数值模拟方法与物理风洞试验相比，其优势是效率高、费用少。然而，目前CFD方法用于桥梁风致振动的模拟，在精度和可靠性方面尚不及物理风洞试验，在抗风设计中宜作为辅助手段。

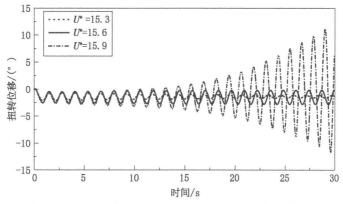

图 7-8　不同折算风速下某分体式双箱梁断面的扭转位移时程曲线

7.1.4　颤振的影响因素及改善颤振性能的措施

1) 颤振的影响因素

桥梁结构的颤振特性与主梁断面形状及结构动力特性密切相关。根据桥梁颤振时主梁运动特征,一般将颤振主要分为单自由度分离流扭转颤振和弯扭耦合颤振(也称经典颤振)两种类型。

当空气流经较为流线型的断面(譬如平板、流线型箱梁)时,自激气动力驱动断面发生弯扭耦合运动,颤振导数表征的自激气动力各分量与结构的惯性力、弹性力及阻尼力共同作用,支配两自由度振动系统扭转和竖弯运动之间的振幅比以及相位关系。当风速增加到颤振临界点附近时,耦合运动产生的系统气动负阻尼急剧增大;当系统气动负阻尼足以抵消结构固有阻尼时(参见图7-9中的虚线),运动系统发生弯扭耦合颤振,振幅随风速增加而迅速发散。当空气流过较钝的桥梁断面时,发生显著流动分离的气流驱动主梁发生扭转运动。随着风速增加,当依赖扭转运动的气动负阻尼增大到足以抵消结构固有阻尼时(参见图7-9中的实线),遂发生单自由度扭转颤振。颤振导数 A_2^* 表征扭转运动气动阻尼,其数值为正值(代表气动阻尼为负值)是发生单自由度扭转颤振的必要条件。因此,可依据颤振导数曲线来判断桥梁可能会发生何种类型的颤振。试验和理论分析表明,结构阻尼对单自由度扭转颤振临界风速影响甚大,对弯扭耦合颤振临界风速影响不显著。上述现象的机理可通过图7-9所示的系统气动阻尼随风速的变化关系来解释。对于单自由度扭转颤振,气动阻尼-风速曲线在负阻尼区的斜率不是非常大;当结构固有阻尼从 ζ_{s1} 增加到 ζ_{s2} 时,气动负阻尼也需要从 ζ_{a1} 增加到 ζ_{a2},这样才能满足结构总阻尼为零的颤振条件,因而对应的风速 U 需要从 U_{cr1} 增加到 U_{cr2},其增长十分显著。对于弯扭耦合颤振,由于其气动阻尼-风速曲线在颤振临界点附近的斜率很大,结构固有阻尼变化对颤振临界风速的影响甚微。因此在实际工程中,并不能通过提高结构阻尼来有效提高耦合颤振的临界风速。

除了上述两种典型的颤振类型之外,实际桥梁也会发生运动特征介于两者之间、以扭转运动为主,同时含有一定竖向运动成分的颤振。对于这种形态的颤振,与扭转运动相关的因素起支配作用,与耦合运动相关的因素起补充作用。当风速超过颤振临界风速以后,如果振幅迅速增大而发散,俗称"硬颤振"。如果实际桥梁存在没有颤振临界点、振幅随风速增加而缓慢增大或随风速增加而保持一个较大振幅的情况,这种振动俗称"软颤振"。软颤振涉及非线性自激气动力,目前其计算理论尚未成熟,本书介绍的线性颤振理论仅适用于硬颤振分析。

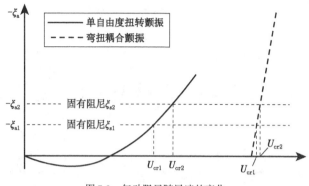

图 7-9 气动阻尼随风速的变化

影响颤振的气动因素,除了桥梁断面基本外形之外,还有风攻角、栏杆外形和透风率、检修车轨道位置等因素。风攻角增大通常会加剧流动分离,因此同一个主梁断面在不同风攻角下,也可能发生不同类型的颤振。

结构参数对桥梁颤振也有直接影响。从式(7-59)可见,对于弯扭耦合颤振,桥梁的扭转基频、扭弯频率比、主梁质量及质量惯性矩等参数越大,发生耦合颤振的临界风速越高。对于单自由度扭转颤振,桥梁的扭转基频、扭转阻尼及质量惯性矩越大,颤振临界风速越高。式(7-59)还表明,颤振临界风速与主梁宽度的二分之一次方成反比。然而,随着主梁宽度增大,实际桥梁的质量惯性矩也增大。因此,判断主梁宽度变化对桥梁颤振的影响时,须考虑上述诸参数变化的综合效应。

2) 改善颤振性能的措施

基于颤振机理,国内外学者提出了多种改善桥梁颤振性能的工程措施,大体可分为气动措施和结构措施。

以减小主梁自激气动力为目的,优化主梁断面形式或在主梁基本断面上附加或优化干扰流场的构件,称为气动措施。气动措施由于从减小振动激励入手,往往具有"四两拨千斤"的效果,因而是抗风设计中普遍采用的高效、经济的抑振措施。在基本断面选型时,由于流线型箱梁具有优良的颤振稳定性,常常被用作大跨度缆索承重桥梁的主梁。分体式箱梁比流线型箱梁具有更好的颤振稳定性,因而更多被用于超大跨度桥梁。桁梁桥桥面中央开缝是一种有效的气动措施。主梁风嘴形状、栏杆透风率、检修车轨道的位置及尺寸,都是优化气动措施的着力点。中央稳定板、风嘴水平导流板等附加构件也常常被用于提高颤振稳定性。寻求改善颤振性能的气动措施,须兼顾对桥梁其他抗风性能的影响,抗风设计中主要借助节段模型颤振试验进行研究。

结构措施是从改善结构动力特性入手,通过优化结构体系、增大构件刚度、增设辅助索等方式增大结构的总体刚度,从而提高扭转频率或扭弯频率比,进而提高桥梁的颤振稳定性。

主梁选型时,除了考虑气动外形对颤振稳定性的影响之外,在结构方面主要应考虑尽量采用抗扭刚度大的主梁形式。箱梁、桁梁具有比边主梁更大的抗扭刚度,从而导致更高的扭转基频,因而对提高颤振稳定性更为有利。增大箱梁高度有助于提高抗扭刚度,但同时也可能会恶化气动性能。在悬索桥施工架梁阶段,通过加强梁段之间的临时连接件以提高扭转频率、优化架梁顺序,都是改善颤振稳定性的结构措施。此外,将悬索桥、斜拉桥等体系组合形成新的结构体系,也是提高桥梁跨越能力及颤振稳定性的有效途径。

除上述两类措施之外,机械措施常常被用于风振控制。机械措施是从耗能机制入手,通过增加结构振动阻尼来控制振动。目前尚未见将机械措施用于桥梁颤振控制的工程实践。

7.1.5 颤振稳定性检验准则及颤振计算示例

1) 颤振设计检验准则

我国《公路桥梁抗风设计规范》(JTG/T 3360-01—2018)规定,应在均匀流场风攻角0°、+3°和－3°工况下对桥梁的颤振稳定性进行检验;对于山区等风攻角较为明显的地区,宜增加－5°和+5°风攻角下的检验工况;对于某些特殊地形地区,可增加－7°和+7°风攻角下的检验工况。

桥梁颤振稳定性的检验准则如下:

$$U_{cr} > \gamma_f \gamma_t \gamma_\alpha U_d \tag{7-63}$$

式中,U_{cr}为桥梁的颤振临界风速;U_d为桥梁的设计基准风速;γ_f为颤振稳定性分项系数,当采用规范方法估算颤振临界风速时取1.4,采用风洞试验方法获取颤振临界风速时取1.15,采用虚拟风洞试验方法时取1.25;γ_t为风速脉动空间影响分项系数;γ_α为攻角效应分项系数,当风攻角α为+3°、0°、-3°时,取1.0,当风攻角α为+5°或-5°时,可取0.7,当风攻角α为+7°或-7°时,可取0.5。

此外,当采用节段模型振动试验进行颤振稳定性检验时,若无明显颤振发散现象,即出现"软颤振"现象时,可在模拟阻尼比的条件下取扭转位移标准差为0.5°时对应的试验风速经换算后作为名义上的颤振临界风速值。

2) 悬索桥颤振计算实例

本小节以深中通道伶仃洋大桥为例,采用7.1.2节的三维颤振频域分析方法,分别在考虑和不考虑静风非线性效应的情况下,对大跨度悬索桥进行颤振计算分析。

伶仃洋大桥为双门型桥塔平行索面整体钢箱梁悬索桥,跨径组合为500m + 1666m + 500m,如图7-10所示;主梁宽度为49.7m,梁高4m,并设有1.2m高的中央稳定板,如图7-11所示。

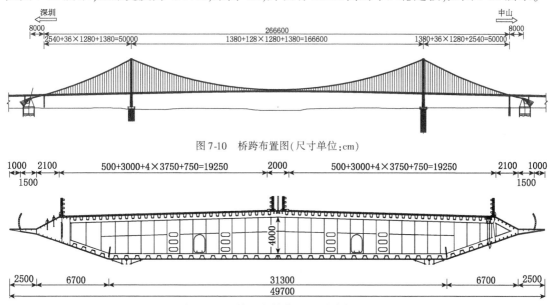

图7-10 桥跨布置图(尺寸单位:cm)

图7-11 主梁标准梁横截面(尺寸单位:mm)

首先对伶仃洋大桥成桥状态进行有限元建模,然后通过动力特性求解,获得结构的模态及频率,主要模态特性如表 7-1 所示。

伶仃洋大桥主要模态特性计算结果　　　　表 7-1

阶次	模态	频率(Hz)	阶次	模态	频率(Hz)
1	L-S-1	0.056	6	V-S-2	0.135
2	纵漂 + V-A-1	0.076	9	V-A-2	0.179
3	V-A-1	0.100	13	V-S-3	0.205
4	V-S-1	0.101	16	T-S-1	0.220
5	L-A-1	0.134	17	T-A-1	0.226

注:L-横弯,V-竖弯,T-扭转,S-正对称,A-反对称,如 V-S-1 为第一阶正对称竖弯模态。

通过风洞试验测取主梁静力三分力系数(图 15-13),采用强迫振动法获取主梁在 $-5°\sim5°$ 风攻角下的颤振导数(图 15-15)。

考虑静风非线性效应的多模态颤振分析的具体流程如下:

(1)采用 7.1.2 节三维颤振分析方法得到颤振临界风速 U_1;

(2)U_1 风速作用下进行三维非线性静风响应(位移和内力)计算和结构动力特性计算;

(3)提取桥跨各点附加攻角 $[\theta_1]$ 以及频率振型,更新结构矩阵和气动力矩阵,并计算获得颤振临界风速 U_2;

(4)$U_3 = (U_1 + U_2)/2$,在 U_3 风速作用下进行三维非线性静风响应(位移和内力)计算和结构动力特性计算;

(5)更新桥跨各点处结构矩阵和气动力矩阵,计算获得颤振临界风速 U_4;

(6)重复上述步骤,直到 $|\theta_i - \theta_{i-1}| \leq \xi$ 或 $|U_i - U_{i-1}| \leq \xi$,得到此工况下的颤振临界风速 $U_{cr} = U_i$。

按照上述计算流程,编制考虑静风非线性效应的三维颤振分析程序,对伶仃洋大桥成桥状态进行考虑静风非线性效应的三维颤振频域分析,得到的颤振临界风速如表 7-2 所示。表中还列出了节段模型试验结果、不考虑静风影响的计算结果、仅考虑主梁附加攻角影响的计算结果和全桥气弹模型试验结果,以作对比。

伶仃洋大桥成桥状态颤振临界风速　　　　表 7-2

方法	0°初始风攻角下临界风速(m/s)	+3°初始风攻角下临界风速(m/s)	-3°初始风攻角下临界风速(m/s)
节段模型试验	81.3	80.8	81.5
不考虑静风影响三维分析	107.2	102.2	96.7
仅考虑主梁附加攻角三维分析	104.8	96.1	93.5
考虑静风非线性效应三维分析	103.7	94.5	91.2
全桥气动弹性模型试验	100.7	93.2	88.7

对比表 7-2 中三维颤振分析结果和试验结果可见,仅考虑主梁附加攻角影响的颤振临界风速比不考虑静风影响的颤振临界风速低。而考虑静风非线性效应(结构动力特性的改变和主梁附加攻角的影响)分析得到的颤振临界风速相较于前两者更低,且与全桥气动弹性模型试验结果更吻合。

此外,图 7-12 给出了 0°初始风攻角下颤振临界状态各模态的能量占比,可见参与颤振的主要模态为第一阶正对称竖弯、第三阶正对称竖弯以及第一阶正对称扭转。

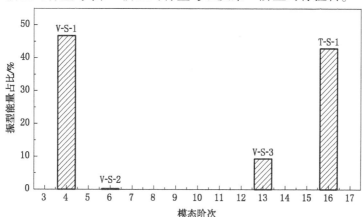

图 7-12　颤振临界状态各模态能量百分比

7.2　桥梁驰振稳定检验

与颤振现象相似,驰振也是一种发散性的自激振动。驰振主要有两种,即横风向驰振和尾流驰振。横风向驰振是具有特殊横截面形状(矩形、"D"形等非流线型断面)的细长结构物在定常风的作用下,由于横风向平移振动气动阻尼变负而产生的一种气动失稳现象。尾流驰振是当结构物处于上一个结构尾流时,由上游结构尾流不稳定作用引发的下游结构气动失稳现象,尾流驰振往往表现出横风向大振幅的极限环振荡。

驰振这一现象首先在表面裹冰的输电线上被发现,由驰振引起的振动波在两根电线杆间传播,犹如快马奔腾,故而得名。对于桥梁结构而言,悬吊体系结构中的拉索、吊杆最有可能发生驰振,处于施工状态中的自立桥塔也可能发生驰振失稳。

7.2.1　驰振状态方程与驰振力系数

对于钝体断面的驰振分析,目前仍以准定常驰振理论为主,已有的非定常驰振分析模型也多基于准定常驰振分析的理论框架。准定常驰振理论假设结构物周围的流动是定常的,因此结构上气动力的变化是由风攻角变化导致的,而风攻角的变化则来自结构振动形成的相对风攻角。下面对准定常驰振理论进行简要介绍。

如图 7-13 所示,当物体受到风攻角为 α_0、风速为 U 的来流作用,产生竖向的振动速度 $\dot{y}$,根据勾股定理可以得到等效风速 U_r:

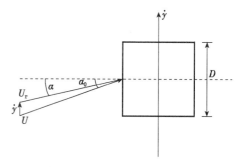

图 7-13　有风攻角的驰振示意图

$$U_r^2 = (U\cos\alpha_0)^2 + (U\sin\alpha_0 - \dot{y})^2 = U^2 + \dot{y}^2 - 2U\sin\alpha_0\dot{y} \tag{7-64}$$

有效风攻角 α 则为:

$$\alpha = \arctan\frac{U\sin\alpha_0 - \dot{y}}{U\cos\alpha_0} = \arctan\left(\tan\alpha_0 - \frac{\dot{y}}{U\cos\alpha_0}\right) \tag{7-65}$$

那么将等效风速和有效风攻角代入振动方程,得:

$$m(\ddot{y} + 2\zeta\omega\dot{y} + \omega^2 y) = \frac{1}{2}\rho U_r^2 DC_V(\alpha)$$

$$= \frac{1}{2}\rho(U^2 + \dot{y}^2 - 2U\sin\alpha_0\dot{y})DC_V\left(\arctan\frac{U\sin\alpha_0 - \dot{y}}{U\cos\alpha_0}\right) \tag{7-66}$$

式中,$C_V(\alpha)$ 为结构在体轴下的升力系数。

将 $C_V(\alpha)$ 按照无穷级数展开,并且只保留一次项,即可得:

$$C_V(\alpha) = C_V\left(\alpha_0 - \frac{\dot{y}}{U}\cos\alpha_0\right) = C_V(\alpha_0) - \frac{\dot{y}}{U}\cos\alpha_0 \cdot \frac{dC_V}{d\alpha_0} \tag{7-67}$$

将式(7-67)代入式(7-66),可得:

$$m(\ddot{y} + 2\zeta\omega\dot{y} + \omega^2 y) = \frac{1}{2}\rho D\left[\left(-\cos\alpha_0\frac{dC_V}{d\alpha_0} - 2\sin\alpha_0 C_V(\alpha_0)\right)\frac{\dot{y}}{U} + U^2 C_V(\alpha_0)\right] \tag{7-68}$$

由于式(7-68)等号右边后半部分不随时间变化,只会产生一个不变的位移,可在驰振分析中忽略,因此式(7-68)可改为:

$$m(\ddot{y} + 2\zeta\omega\dot{y} + \omega^2 y) = \frac{1}{2}\rho D\left(-\cos\alpha_0\frac{dC_V}{d\alpha_0} - 2\sin\alpha_0 C_V(\alpha_0)\right)\frac{\dot{y}}{U} \tag{7-69}$$

以上公式推导都是在体轴坐标系下进行的,风轴坐标系下的推导过程和上面一致。

式(7-66)中的右侧准定常气动力可以写为:

$$F_y = \frac{1}{2}\rho(U^2 + \dot{y}^2 - 2U\sin\alpha_0\dot{y})D(C_D\sin\alpha + C_L\cos\alpha) \tag{7-70}$$

将式(7-70)按照一次多项式展开,并去掉不随时间变化的0次项,可以得到:

$$F_y = \frac{1}{2}\rho DU^2\left[\left(\frac{dC_D}{d\alpha_0} + C_L\right)\sin\alpha_0\cos\alpha_0 + \frac{dC_L}{d\alpha_0}\cos^2\alpha_0 + C_D\sin^2\alpha_0 + C_D\right]\left(-\frac{\dot{y}}{U}\right) \tag{7-71}$$

因此,用风轴气动力表示的结构振动方程为:

$$m(\ddot{y} + 2\zeta\omega\dot{y} + \omega^2 y)$$
$$= \frac{1}{2}\rho DU^2\left[\left(\frac{dC_D}{d\alpha_0} + C_L\right)\sin\alpha_0\cos\alpha_0 + \frac{dC_L}{d\alpha_0}\cos^2\alpha_0 + C_D\sin^2\alpha_0 + C_D\right]\left(-\frac{\dot{y}}{U}\right) \tag{7-72}$$

当初始风攻角为 $0°$,即 $\alpha_0 = 0°$ 时,式(7-71)表达的准定常自激气动力为:

$$F_y = -\frac{1}{2}\rho DU^2\left(\frac{dC_L}{d\alpha} + C_D\right)\frac{\dot{y}}{U} \tag{7-73}$$

式(7-73)即为 Den-Hartog 公式中的准定常自激气动力表达式。

将式(7-73)代入式(7-72),并将右侧项移至左侧,可以发现速度项 $\dot{y}$ 的系数表示系统的总阻尼,用 d 表示:

$$d = 2m\zeta\omega + \frac{1}{2}\rho DU^2\left(\frac{dC_L}{d\alpha} + C_D\right)\frac{\dot{y}}{U}\bigg|_{\alpha=0} \tag{7-74}$$

显然,只有当

$$\left(\frac{dC_L}{d\alpha} + C_D\right)\bigg|_{\alpha=0} < 0 \tag{7-75}$$

时才能出现气动失稳现象。因此,式(7-75)左侧又称为驰振力系数。

需要指出的是,上述准定常驰振分析理论忽略了振动结构周围流场中的非定常效应,因此该理论存在一定的适用范围。Fung 和 Blevins 等学者通过研究先后给出了准定常驰振理论的适用条件。Blevins 认为结构物在振动过程中的旋涡脱落代表其非定常效应,当涡脱频率 f_V 大于结构自振频率 f 的 2 倍时,可以认为涡脱对周围流场的影响很小,即可认为流场是准定常的。鉴于常见驰振断面的 Strouhal 数在 0.2 附近,即涡脱频率 $f_V = 0.2U/D$,那么准定常驰振理论的适用条件为:

$$\frac{U}{fD} > 10 \tag{7-76}$$

式中,f 为振动频率;D 为断面特征尺寸。

7.2.2 驰振临界风速的确定和设计检验准则

如果在某一风速作用下,结构系统总阻尼为零,那么结构发生驰振,该风速也就为驰振临界风速 U_g。由上一小节中式(7-72)可知,当系统总阻尼为零时可得到

$$2m\zeta w + \frac{1}{2}\rho DU \left[\left(\frac{dC_D}{d\alpha_0} + C_L\right)\sin\alpha_0\cos\alpha_0 + \frac{dC_L}{d\alpha_0}\cos^2\alpha_0 + C_D\sin^2\alpha_0 + C_D \right] = 0 \tag{7-77}$$

此时,驰振临界风速 U_g 为:

$$U_g = -\frac{4m\zeta w}{\rho D \left[\left(\frac{dC_D}{d\alpha_0} + C_L\right)\sin\alpha_0\cos\alpha_0 + \frac{dC_L}{d\alpha_0}\cos^2\alpha_0 + C_D\sin^2\alpha_0 + C_D \right]} \tag{7-78}$$

同样当初始风攻角为 $0°$,即 $\alpha_0 = 0°$ 时,驰振临界风速 U_g 为:

$$U_g = -\frac{4m\zeta w}{\rho D \left(\frac{dC_L}{d\alpha_0} + C_D\right)} \tag{7-79}$$

我国《公路桥梁抗风设计规范》(JTG/T 3360-01—2018)要求对桥梁或其构件的驰振稳定性进行检验,且应满足下式:

$$U_g > \gamma_g U_d \tag{7-80}$$

式中,U_d 为桥梁或其构件的设计基准风速,m/s;γ_g 为驰振稳定性的分项系数,取 1.2。

7.2.3 桥梁驰振振幅计算及实例

桥梁驰振振幅可通过求解式(7-68)获得。求解该式有两种方法,一种是对体轴下的升力系数进行样条插值计算,求出升力关于速度项 $\dot{y}$ 的表达式,然后利用数值计算求出风速位移曲线;另一种方法是将升力系数拟合为关于风攻角的多项式形式,然后求出振动方程的近似解析解。下面重点介绍第二种方法。

当风攻角为 α_0 时,振动方程等号右边气动升力为:

$$F_y = \frac{\rho DU^2}{2}\left[1 + \left(\frac{\dot{y}}{U}\right)^2 - 2\sin\alpha_0\frac{\dot{y}}{U}\right]C_V(\alpha) \tag{7-81}$$

由 7.2.1 节可知,等效风攻角 α 的正切值是:

$$\tan\alpha = \tan\alpha_0 - \frac{\dot{y}}{U\cos\alpha_0} \tag{7-82}$$

将升力系数表达为风攻角正切值的多项式形式：

$$C_V(\tan\alpha) = c_1\tan\alpha + c_3(\tan\alpha)^3 + c_5(\tan\alpha)^5 + c_7(\tan\alpha)^7 \tag{7-83}$$

将式(7-83)代入式(7-81)，只保留奇次幂项和常数项，可得：

$$F_y = \frac{\rho D U^2}{2}\left[A_0 + A_1\frac{\dot{y}}{U} + A_3\left(\frac{\dot{y}}{U}\right)^3 + A_5\left(\frac{\dot{y}}{U}\right)^5 + A_7\left(\frac{\dot{y}}{U}\right)^7\right] \tag{7-84}$$

其中

$$\begin{cases} c^7 A_0 = c^6 s(c_1 - c_3 + c_5 - c_7) + c^4 s(c_3 - 2c_5 + 3c_7) + c^2 s(c_5 - 3c_7) + sc_7 \\ c^7 A_1 = c^8(2c_1 - 2c_3 + 2c_5 - 2c_7) + c^6(-3c_1 + 7c_3 - 11c_5 + 15c_7) + \\ \qquad\quad c^4(-5c_3 + 16c_5 - 33c_7) + c^2(29c_7 - 7c_5) - 9c_7 \\ c^7 A_3 = c^6(-c_1 + 9c_3 - 25c_5 + 49c_7) + c^4(-10c_3 + 60c_5 - 182c_7) + \\ \qquad\quad c^2(217c_7 - 35c_5) - 84c_7 \\ c^7 A_5 = c^4(-c_3 + 20c_5 - 105c_7) + c^2(231c_7 - 21c_5) - 126c_7 \\ c^7 A_7 = c^2(35c_7 - c_5) - 36c_7 \\ c = \cos\alpha_0 \\ s = \sin\alpha_0 \end{cases} \tag{7-85}$$

令

$$\tau = \omega t;\quad Y = \frac{y}{h};\quad Y' = \frac{\mathrm{d}Y}{\mathrm{d}\tau} = \frac{\dot{y}}{\omega h};\quad Y'' = \frac{\ddot{y}}{\omega^2 h};\quad U^* = \frac{U}{\omega h} \tag{7-86}$$

忽略常数项，振动方程可以写成：

$$\begin{cases} Y'' + Y = \eta\left[\left(A_1 - \frac{2\zeta U^*}{\eta}\right)\frac{Y'}{U} + A_3\left(\frac{Y'}{U^*}\right)^3 + A_5\left(\frac{Y'}{U^*}\right)^5 + A_7\left(\frac{Y'}{U^*}\right)^7\right] \\ \eta = \frac{\rho D U^2}{2m\omega^2 h} \end{cases} \tag{7-87}$$

假定结构驰振时振动为简谐振动，振幅保持不变，且振动频率和零风速时保持一致，即

$$Y = a\sin\tau;\quad Y' = a\cos\tau$$

一般情况下 η 远小于1，则式(7-87)满足弱非线性条件，可以求得近似解析解。则振幅随时间变化为：

$$\dot{a}(\tau) = -\frac{\eta}{2\pi}\int_0^{2\pi} f(-a(\tau)\sin\psi)\sin\psi\,\mathrm{d}\psi$$

$$= \frac{\eta}{2}\left[\left(A_1 - \frac{2\zeta U^*}{\eta}\right)\frac{a}{U^*} + \frac{3}{4}A_3\left(\frac{a}{U^*}\right)^3 + \frac{5}{8}A_5\left(\frac{a}{U^*}\right)^5 + \frac{35}{64}A_7\left(\frac{a}{U^*}\right)^7\right] \tag{7-88}$$

令上式两边为0，可以得到稳态解方程：

$$\left(A_1 - \frac{2\zeta U^*}{\eta}\right)\frac{a}{U^*} + \frac{3}{4}A_3\left(\frac{a}{U^*}\right)^3 + \frac{5}{8}A_5\left(\frac{a}{U^*}\right)^5 + \frac{35}{64}A_7\left(\frac{a}{U^*}\right)^7 = 0 \tag{7-89}$$

方程(7-89)存在7个解，其中两个为稳态解，对应驰振的两个极限环。为获得真实存在的稳定振幅解，需要利用能量方法判定。一个振动周期内阻尼力和自激力做功之和为：

$$T = \oint F\mathrm{d}y = \oint F\frac{\mathrm{d}y}{\mathrm{d}Y}\mathrm{d}Y = \int_0^{2\pi} hFY'\mathrm{d}\tau$$

$$= h^2 m\omega^2 \eta \left[\left(A_1 - \frac{2\zeta U^*}{\eta}\right)\frac{a}{U^*}a + \frac{3}{4}A_3\left(\frac{a}{U^*}\right)^3 a + \frac{5}{8}A_5\left(\frac{a}{U^*}\right)^5 a + \frac{35}{64}A_7\left(\frac{a}{U^*}\right)^7 a \right] \quad (7\text{-}90)$$

令振幅的平方为 x,即 $x = a^2$,可得:

$$T(x) = mh^2\omega^2\eta\left[\left(A_1 - \frac{2\zeta U^*}{\eta}\right)\frac{x}{U^*} + \frac{3}{4}A_3\frac{x^2}{U^{*3}} + \frac{5}{8}A_5\frac{x^3}{U^{*5}} + \frac{35}{64}A_7\frac{x^4}{U^{*7}}\right] \quad (7\text{-}91)$$

当实际驰振为稳态振动,即达到稳态振幅时,一个周期内外力做功必然为零;且当振幅发生微小改变时,外力做功不为零,使得其振幅均能收敛到该稳态振幅。因此,实际驰振为稳定振动的条件可表达为:

$$\left.\frac{\mathrm{d}T}{\mathrm{d}x}\right|_{x=x_i} < 0 \quad (7\text{-}92)$$

只有满足式(7-92)条件时,才可认为 x_i 为驰振的稳态振幅。

下面以桥梁 H 形吊杆为例,采用上述计算方法得到驰振稳态振幅,并与风洞试验获取的驰振稳态振幅进行比较。

试验节段模型截面为 H 形,高宽比为 0.845:1,模型长度为 1m,竖向为 y 方向,如图 7-14 所示。试验在西南交通大学 XNJD-1 风洞第二试验段中进行,流场为均匀流。

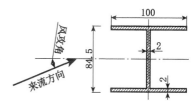

图 7-14 有风攻角的试验模型截面
(尺寸单位:mm)

通过测力试验获得断面的静力三分力系数,如图 7-15 所示。由图可见,在 0°~10°风攻角及 75°~90°风攻角范围内,断面升力系数的斜率为负,表明有可能发生驰振。

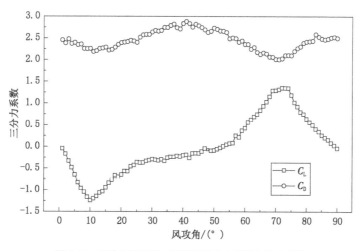

图 7-15 风轴坐标系下 H 形断面的升力系数和阻力系数

本节研究 0°~10°风攻角范围内的驰振振幅。首先根据上述气动力系数,利用三次样条插值拟合升力系数。在此基础上,采用上述振幅计算方法求解 H 形断面的驰振振幅,并与试验结果进行对比,如图 7-16 所示。可见,在风攻角分别为 0°、6°和 8°时,采用上述振幅计算方法获得的驰振振幅与试验结果吻合良好。

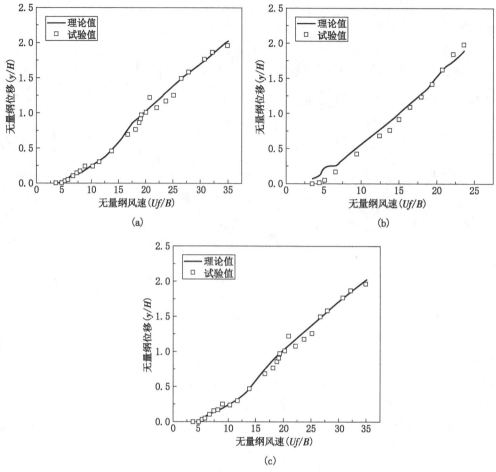

图 7-16 驰振振幅理论计算与试验对比
(a)0°风攻角;(b)6°风攻角;(c)8°风攻角

思考题与习题

1. 利用近似公式或节段模型试验确定颤振临界风速时,如何根据桥梁结构动力特性的振型特征选取竖弯频率和扭转频率?

2. 利用近似公式或节段模型试验确定颤振临界风速时,为什么要采用等效质量和等效质量惯性矩,而不是采用主梁的单位长度质量和单位长度质量惯性矩?

3. 结构阻尼对不同类型的颤振分别有什么影响?对于弯扭耦合颤振,增加结构阻尼能否有效提高桥梁的颤振临界风速?

4. 相对于混凝土桥塔,钢结构桥塔为什么更易发生驰振?

本章参考文献

[1] 项海帆.现代桥梁抗风理论与实践[M].北京:人民交通出版社,2005.

[2] 陈政清.桥梁风工程[M].北京:人民交通出版社,2005.

[3] 同济大学.公路桥梁抗风设计规范:JTG/T 3360-01—2018[S].北京:人民交通出版社股份有限公司,2019.

[4] THEODORSON T. General theory of aerodynamic instability and mechanism of flutter [R]. NACA Report, No. 496,1935.

[5] BLEICH F. Dynamic instability of truss-stiffened suspension bridges under wind action [J]. Proceedings of ASCE,1948,74(8):1269-1314.

[6] SIMIU E,SCANLAN R H. Wind effects on structures:fundamentals and applications to design [M]. New York:John Wiley,1996.

[7] SCANLAN R H,TOMKO J J. Airfoil and bridge deck flutter derivatives [J]. Journal of Engineering Mechanics,1971,97(6):1717-1737.

[8] Van der Put. Rigidity of structures against aerodynamic forces[C]. International Association of Bridge and Structural Engineering,1976.

[9] BLEVINS R D. Flow-induced vibration[M]. New York:Van Nostrand Reinhold Company,1977.

[10] SCANLAN R H, JONES N P. Aeroelastic analysis of cable-stayed bridges [J]. Journal of Structural Engineering,1990,116(2):279-297.

[11] SARKAR P P,JONES N P,SCANLAN R H. Identification of aeroelastic parameters of flexible bridges[J]. Journal of Engineering Mechanics,1994,120(8):1718-1741.

[12] WU B,WANG Q,LIAO H L,et al. Flutter derivatives of a flat plate section and analysis of flutter instability at various wind angles of attack[J]. Journal of Wind Engineering and Industrial Aerodynamics,2020,196:104046.

[13] 丁泉顺.大跨度桥梁耦合颤抖振响应的精细化分析[D].上海:同济大学,2001.

[14] 杨咏昕.大跨度桥梁二维颤振机理及其应用研究[D].上海:同济大学,2002.

[15] 陈政清,于向东.大跨桥梁颤振自激力的强迫振动法研究[J].土木工程学报,2002,35(5):34-41.

[16] CHEN X Z. Improved understanding of bimodal coupled bridge flutter based on closed-form solutions [J]. Journal of Structural Engineering,2007,133(1):22-31.

[17] 熊龙.考虑静风效应及自激气动力跨向相关性的大跨度悬索桥精细化颤振分析方法[D].成都:西南交通大学,2017.

[18] 王骑,李郁林,李志国,等.不同风攻角下薄平板的颤振导数[J].工程力学,2018,35(10):10-16.

[19] 黄林.计算流体力学在桥梁风工程中的应用研究[M].成都:西南交通大学出版社,2017.

[20] PARKINSON G V,BROOKS N P H. On the aeroelastic instability of bluff Cylinders[J]. Journal of Applied Mechanics,1961,28(2):252-258.

[21] NOVAK M,TANAKA H. Effect of turbulence on galloping instability[J]. Journal of the Engineering Mechanics Division,1974,100(1):27-47.

[22] 谢兰博.H形截面结构非线性自激气动力及驰振特性研究[D].成都:西南交通大学,2016.

第 8 章
桥梁抖振响应分析

8.1 桥梁随机抖振

桥梁的抖振是指在紊流场作用下的随机振动。结构的抖振现象可大致分为三类,即结构物自身尾流引起的抖振、其他结构物特征紊流引起的抖振和自然风中的脉动成分引起的抖振。在这三者之中,大气中脉动风引起的抖振占主要地位,也是桥梁抖振研究的主要内容。抖振是一种限幅振动,由于它发生频率高,可能会引起结构疲劳,而且过大的抖振振幅会让人感觉不适,甚至危及桥上高速行车的安全等,因此抖振分析已经成为桥梁抗风设计中日益重要的课题。

抖振分析基于 Davenport 强迫抖振力与 Scanlan 自激力,有时域法与频域法两类分析方法。时域法可以考虑的非线性因素较多,近年来,考虑部分非线性因素的频域法也被建立。同时由于风荷载表达式的同一性,诸多学者将颤振与抖振统一为颤抖振分析体系,在低风速下桥梁主要受抖振力影响出现抖振效应,在高风速下桥梁主要受自激力影响出现颤振效应。除了风荷载表达式以及颤抖振分析体系的理论突破以外,全桥气动弹性模型风洞试验作为研究桥梁风致抖振的重要一环,为桥梁抖振响应计算和气动参数识别提供了重要依据。

8.2 抖振气动力

8.2.1 抖振气动力模型

桥梁风振问题主要是针对大跨度桥梁而言的,目前世界上最大跨径的桥梁结构主要有三种形式,即悬索桥、斜拉桥和拱桥。这几种桥型的主要组成部分包括主梁、拉索、桥塔和拱肋。为了研究桥梁结构系统的风振可靠性,首先必须研究各个主要组成部分的风振可靠性,然后利用条件概率的方法研究桥梁结构的系统风振可靠性。

《建筑结构可靠性设计统一标准》(GB 50068—2018)规定结构在正常使用与突发事件中必须满足以下要求:

(1)能承受在正常施工和正常使用时可能出现的各种作用;
(2)在正常使用时具有良好的工作性能;
(3)在正常维护下具有足够的耐久性;
(4)在偶然事件发生时及发生后,仍能保持必要的整体稳定性。

以上四点实际反映了结构的安全性、使用性、适用性与耐久性、稳定性要求。其中,安全性和稳定性可以归结为承载能力极限状态,而使用性、适用性与耐久性可以归结为正常使用极限状态。因此,桥梁结构抗风设计的要求可以归结为风振安全可靠性、风振舒适可靠性、风振疲劳可靠性和风振稳定可靠性。由于桥梁结构各主要组成部分受力上的特殊性,主梁一般需要进行全部四项可靠性分析,拉索需要分析风振疲劳可靠性和风振稳定可靠性,桥塔需要分析风振安全可靠性和风振疲劳可靠性,拱肋需要分析除风振舒适可靠性之外的三项可靠性。

最初,Scanlan 用六个颤振导数来描述作用于桥面上的由气流与结构运动之间的相互作用产生的自激升力和力矩。后来 Huston 将竖向位移的影响考虑进去,得到了用八个颤振导数描述的自激力表达式。这种自激力模型得到了广泛的应用,它不仅可以求解经典颤振问题,还可以用于分离流颤振计算。目前,在国内使用最广泛的基于节段模型试验的气动导数识别方法为瞬态激励的自由振动方法,张若雪和丁泉顺分别在 ITD 时域识别气动导数方法上结合改进的最小二乘法改善了气动导数识别结果的稳定性,但在较高风速作用下存在颤振导数识别困难和耦合颤振导数识别结果不连续的问题。其他的导数识别方法,如基于随机信号处理的紊流风场自由振动随机减量法,尽管可以在较高的风速区间稳定求解导数,但在低风速作用区间,信噪比较高,识别的颤振导数存在较大的误差。自从 Sears 在 20 世纪 40 年代建立了"气动导纳"概念之后,抖振分析都是在准定常理论基础上以 Sears 气动导纳函数为计算准则的,但是在实际工程中发现,真实的抖振响应与预测值之间存在无法忽视的误差。

进行桥梁抖振分析时首先要将风速三向脉动分量转换为作用于物体上的力与力矩。Davenport 对紊流风场的特性进行了相关研究,提出采用基于气动导纳函数修正的脉动风速谱与抖振力谱的转换关系,形成了目前比较实用的抖振分析方法,即以 Davenport 准定常理论为基础,并引入气动导纳修正。陈伟综合了上述抖振分析理论的特点,借鉴地震分析中反应谱分析方法的思想,提出了应用于大跨度桥梁抖振问题的反应谱方法。葛耀君进一步对该方法加以补充,提出了考虑来流风攻角影响和峰值系数变化的修正反应谱抖振分析方法。基于随机振动理论,Jain 发展了 Scanlan 颤抖振分析方法,考虑了多模态及模态耦合效应对桥梁抖振响应的影响。其他一些学者也对大跨度桥梁的耦合抖振问题进行过一些研究。上述的桥梁结构颤振和抖振分析均在频域中进行,具有简单、实用、高效的特点。尽管如此,也要认识到结构响应频域分析存在局限性。它不能全面地反映结构的非线性行为,不能考虑气动非线性因素,并且在频域中研究紊流对桥梁颤振稳定性的影响也存在较大的难度。

针对上述频域研究方法的问题,时域分析方法则提供给研究者更便利的条件。结合谐波合成法(WAWS)可以较真实地再现大气紊流的基本特征。Scanlan、Lin 提出的以阶跃函数和脉冲响应函数为基础的气动力模型可以完整地描述桥梁断面三个方向的耦合气动力。基于上述自激力模型,我国同济大学刘春华、曹映泓、丁泉顺和朱乐东对大跨度桥梁结构颤抖振频域及时域分析进行了较为深入的研究,得出一些有意义的结论,为进一步开展大跨度桥梁风振响应概率分析奠定了坚实的基础。

8.2.2 气动导纳识别

1)识别方法

抖振分析中的抖振力模型一般采用 Scanlan 准定常理论再引入气动导纳表示对静力系数随频率变化的修正。气动导纳的概念最早是由 Sears 等人研究机翼在非定常气流中的抖振问题时引入的,即所谓的 Sears 气动导纳函数。由于 Sears 函数形式较为复杂,为便于应用,Liepmann 简化了 Sears 气动导纳函数的表达形式:

$$|\varphi(K)|^2 = \frac{1}{1+2\pi K} = \frac{1}{1+2\pi\frac{\omega B}{U}} \tag{8-1}$$

式中,K 为折减频率;B 为桥梁断面的宽度;U 为平均风速。该函数只针对流线型的机翼断面,并假定了可能的机翼运动形式。在气动导纳的概念被引入桥梁抖振问题中时,桥梁断面的钝体性质和边界层大气紊流的复杂性,使气动导纳不再有类似于机翼的理论解,同气动导数一样,它也需要通过试验确定。由于获取导纳函数的过程较复杂,在实际计算中主要有两种近似值可以选择,即取 1 或者取 Sears 函数的 Liepmann 表达式,然而两类取值的响应结果差别会达到一倍以上,导致桥梁的抖振计算精度大为下降。

气动导纳的试验研究一般有直接测量和系统识别两个途径。Sarke 利用高频天平和热线风速仪测量抖振力谱和风速谱,假定了以二次多项式表达的五个气动导纳函数关系式,而事实上,气动导纳函数关系可能并非简单的二次多项式所能描述,容易证明对于流线型断面的 Liepmann 导纳函数的非二次项性。而后同济大学顾巍、靳欣华沿用同样的试验手段,进一步研究了气动导纳函数的多种影响因素。Larose 采取节段模型测压的方式,直接测得表面力和力矩,结合 Davenport 抖振升力谱公式计算得出横风向气动导纳函数,但未对关于气动力矩的导纳函数进行测试。张若雪采用系统识别的方法识别了江阴长江公路大桥的导纳函数。以上各类做法得出的结果既不同于 Sears 函数,也不为 1,而且略有差异。综上所述,针对气动导纳研究开展的工作远不能满足对桥梁进行精确抖振分析的需要,通常在抖振分析中,导纳函数或取 1 或取 Liepmann 表达式,实际上这两种做法都不能反映实际情况。

现存的各种导纳函数识别方法几乎都是基于两点假定:其一,忽略脉动风速水平和竖向分量的互功率谱,即 $S_{uw} = S_{wu} = 0$;其二,假定脉动风速的水平和竖向分量对抖振力的互功率谱函数作用等效,即

$$\chi_{uF} = \chi_{wF} = \chi_F \quad F = L, D, M \tag{8-2}$$

对于第一点假设,可以实际考查风洞试验室和现场实测风速结果,如图8-1所示。

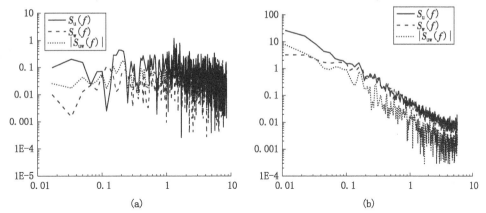

图 8-1　脉动风速水平与竖向分量的自谱与互谱函数
(a)同济大学 TJ-1 风洞模拟风谱;(b)上海崇明岛侯家镇气象站实测风谱

可知,脉动风速的互谱函数与自谱函数有相近的分布形式和量值,对于抖振力谱的贡献有待进一步确证。对于第二项假定,可由式(8-3)出发,实际衡量 χ_{uF}、χ_{wF},如果两者对抖振力谱的贡献相同,由于三分力系数导数 C_F' 常常为 C_F 的数倍,可以确认在抖振力表达式中来流竖向脉动分量对抖振力起到主要的贡献作用,这一点也是值得商榷的地方。

目前,存在多种桥梁节段模型的气动导纳表达关系,其中靳欣华推导的六个导纳函数为基础,本章借鉴其推导过程,并进行改进,针对上述两个问题进行基于测压试验的导纳函数识别,以下简述推导过程。

对于 Scanlan 建议的抖振力关系,结合气动导纳函数修正:

$$\begin{cases} L_b(t) = \rho U b \{ 2 C_L(\alpha) \chi_{Lu} u(t) + [C_L'(\alpha) + C_D(\alpha)] \chi_{Lw} w(t) \} \\ D_b(t) = \rho U b [2 C_D(\alpha) \chi_{Du} u(t) + C_D'(\alpha) \chi_{Dw} w(t)] \\ M_b(t) = \rho U b^2 [2 C_M(\alpha) \chi_{Mu} u(t) + C_M'(\alpha) \chi_{Mw} w(t)] \end{cases} \tag{8-3}$$

式中,χ 为气动导纳;b 为半桥面宽;C 为气动力系数;C' 为气动力系数对风攻角的导数;u、w 分别为脉动风速的水平和竖向分量。当忽略脉动风速互谱影响时,式(8-3)的功率谱表达式为:

$$\begin{cases} S_L(\omega) = \rho^2 U^2 b^2 \{ 4 C_L^2(\alpha) |\chi_{Lu}|^2 S_u(\omega) + [C_L'(\alpha) + C_D(\alpha)]^2 |\chi_{Lw}|^2 S_w(\omega) \} \\ S_D(\omega) = \rho^2 U^2 b^2 [4 C_D^2(\alpha) |\chi_{Du}|^2 S_u(\omega) + C_D'^2(\alpha) |\chi_{Dw}|^2 S_w(\omega)] \\ S_M(\omega) = \rho^2 U^2 b^4 [4 C_M^2(\alpha) |\chi_{Mu}|^2 S_u(\omega) + C_M'^2(\alpha) |\chi_{Mw}|^2 S_w(\omega)] \end{cases} \tag{8-4}$$

由式(8-3)可知,气动导纳函数一共应有6个,而方程仅有3个,尚需补充气动力与脉动风速之间的互功率谱函数关系来求解导纳函数。以升力为例,求得 $L(t)$ 和 $u(t)$、$w(t)$ 之间的互相关函数:

$$\begin{cases} R_{Lu}(\tau) = \rho U b \{ 2 C_L(\alpha) \chi_{Lu}(\omega) R_u(\tau) + [C_L'(\alpha) + C_D(\alpha)] \chi_{Lw}(\omega) R_{wu}(\tau) \} \\ R_{Lw}(\tau) = \rho U b \{ 2 C_L(\alpha) \chi_{Lu}(\omega) R_{uw}(\tau) + [C_L'(\alpha) + C_D(\alpha)] \chi_{Lw}(\omega) R_w(\tau) \} \end{cases} \tag{8-5}$$

对式(8-5)两端进行傅立叶变换,得升力和脉动风速两分量之间的互功率谱方程:

$$S_{Lu}(\omega) = \rho U b \{ 2 C_L(\alpha) \chi_{Lu}(\omega) S_u(\omega) + [C_L'(\alpha) + C_D(\alpha)] \chi_{Lw}(\omega) S_{wu}(\omega) \} \tag{8-6a}$$

$$S_{Lw}(\omega) = \rho U b \{ 2 C_L(\alpha) \chi_{Lu}(\omega) S_{uw}(\omega) + [C_L'(\alpha) + C_D(\alpha)] \chi_{Lw}(\omega) S_w(\omega) \} \tag{8-6b}$$

联立式(8-6a)与式(8-6b),可求解升力气动导纳的两个分量:

$$\begin{cases} \chi_{Lu}(\omega) = \dfrac{S_w(\omega)S_{Lu}(\omega) - S_{wu}(\omega)S_{Lw}(\omega)}{2\rho UbC_L(\alpha)[S_u(\omega)S_w(\omega) - S_{wu}(\omega)S_{uw}(\omega)]} \\ \chi_{Lw}(\omega) = \dfrac{S_u(\omega)S_{Lw}(\omega) - S_{uw}(\omega)S_{Lu}(\omega)}{\rho Ub[C'_L(\alpha) + C_D(\alpha)][S_u(\omega)S_w(\omega) - S_{uw}(\omega)S_{wu}(\omega)]} \end{cases} \quad (8\text{-}7)$$

式中,S_u、S_w 分别为脉动风速水平和竖向分量自功率谱;$S_{wu} = \overline{S}_{uw}$,两者互为共轭复数,为脉动风速水平和竖向分量的互功率谱;S_{Lu}、S_{Lw} 分别为脉动升力和脉动风速水平、竖向两分量之间的互功率谱。

同理,可以求得扭矩和阻力气动导纳的两个分量:

$$\begin{cases} \chi_{Mu}(\omega) = \dfrac{S_w(\omega)S_{Mu}(\omega) - S_{wu}(\omega)S_{Mw}(\omega)}{4\rho Ub^2 C_M(\alpha)[S_u(\omega)S_w(\omega) - S_{wu}(\omega)S_{uw}(\omega)]} \\ \chi_{Mw}(\omega) = \dfrac{S_u(\omega)S_{Mw}(\omega) - S_{uw}(\omega)S_{Mu}(\omega)}{2\rho Ub^2 C'_M(\alpha)[S_u(\omega)S_w(\omega) - S_{uw}(\omega)S_{wu}(\omega)]} \\ \chi_{Du}(\omega) = \dfrac{S_w(\omega)S_{Du}(\omega) - S_{wu}(\omega)S_{Dw}(\omega)}{2\rho UbC_D(\alpha)[S_u(\omega)S_w(\omega) - S_{wu}(\omega)S_{uw}(\omega)]} \\ \chi_{Dw}(\omega) = \dfrac{S_u(\omega)S_{Dw}(\omega) - S_{uw}(\omega)S_{Du}(\omega)}{\rho UbC'_D(\alpha)[S_u(\omega)S_w(\omega) - S_{uw}(\omega)S_{wu}(\omega)]} \end{cases} \quad (8\text{-}8)$$

基于以上推导过程,可以采用两种途径(随机振动测量法和离散频率测量法)识别导纳函数。离散频率测量法结果比较准确,但是需要精度极高的紊流发生装置,投资成本过高;随机振动测量法更适用于普通的风洞条件,但是测量精度稍差。在理论上,离散频率测量法认为结构表面的压力脉动是来流紊流脉动线性作用的结果,而忽略了绕流的非线性效应,特别是非流线型的钝体绕流,这明显是不合理的;随机振动测量法将脉动风场所激发的所有形态的流动都计算在内,在理论上比较合理,而且从这一角度来讲,有利于建立包含抖振、涡振等所有形态风致振动的一体化气动导纳理论。

2) 紊流场识别

为了比较风速和紊流特性对导纳函数的影响,本章设计了四组不同的风速与紊流度组合,如表 8-1 所示。紊流场采用格栅被动紊流方法产生,通过调节格栅的间隔和宽度来改变格栅下游局部范围的紊流度,本章的格栅布置可参见参考文献[27]。不同流场脉动风速分量的自谱与互谱函数见图 8-2。

模型高度处风速与紊流度组合　　　　表 8-1

工况组合	脉动分量	风速均值(m/s)	风速均方值(m/s)	紊流度(%)
大紊流场高风速	顺风向 u	9.17	1.32	14.42
	横风向 w	0.31	1.19	12.97
大紊流场低风速	顺风向 u	4.61	0.67	14.45
	横风向 w	0.19	0.59	12.76
小紊流场高风速	顺风向 u	6.61	0.43	6.51
	横风向 w	0.39	0.42	6.37
小紊流场低风速	顺风向 u	3.13	0.20	6.51
	横风向 w	0.23	0.19	6.17

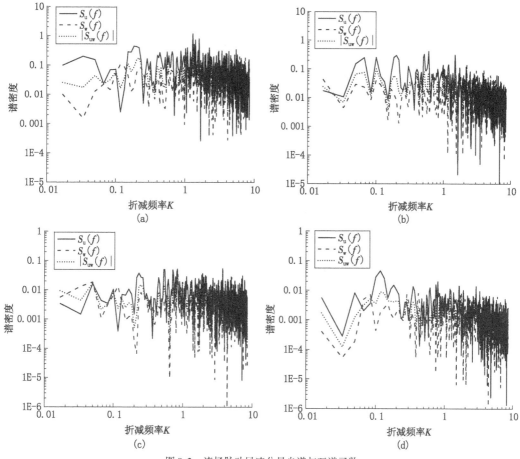

图 8-2　流场脉动风速分量自谱与互谱函数

3）测压法气动导纳识别

通常的抖振分析都是以由气动导纳计算得到的抖振力为输入量,得到抖振响应,一般忽略了气动弹性效应。气动导纳在本质上应当是对来流脉动分量的力传递函数,从流体力学的角度上讲是将来流中各种不同尺度的流动特征结构的选择性放大。现在已经发现,气动导纳函数不仅是外形的函数,还受到来流条件和流动条件发展形态的极大影响。

综合气动导纳研究的要求和现有试验条件,在进行风洞试验时需要考虑以下因素:

(1) 由于气动导纳与物体的外形有关,而且与来流的湍流度和湍流尺度也有极大的相关性,在本节中,暂时以任意湍流度的风场为研究的基础;选择三种有代表性的桥梁节段模型——平板模型、流线模型、钝体模型作为研究目标。

(2) 基于二维流假定,可以认为在风洞中沿节段模型展向,脉动风速具有完全的相关性,且考虑任意点脉动风速横风向和顺风向的相关性。

(3) 为了简化涉及复杂流动相关性的问题,本节选用刚体节段模型,采用夹具固定节段模型的运动,也就是说,忽略节段模型的气动弹性效应,并且联合接受函数取 1。

4）试验结果比较

气动导纳的理论研究与试验识别工作已经开展多年,目前可以达到一些共同的认识,即在模拟近于 Sears 理论推导的条件(刚性机翼 + 正弦阵风及谐波组合阵风)时,在高频段(折减频率大于0.6)理论值与试验值能够较好地吻合,而在低频段试验值低于Sears函数理论值,可能的原因为波的形式为非正弦形式。而后,Larose、Matsuda和蒋永林等人在识别桥梁断面气动导纳函数时,同样发现在低频段试验值较Sears函数理论值偏低的情况。与此同时,具有钝体性质的桥梁断面导纳函数识别结果也存在另外一种趋势,认为在箱形桥梁断面中采用Sears函数修正抖振力谱将低估测量的响应值,即Sears函数不一定是钝体气动导纳的保守估计。

本章在定义导纳函数时考虑了实际流场脉动分量的耦合作用,摒弃了脉动分量对导纳函数作用相同的假定,因此从理论分析的角度来说,本章识别的六个导纳函数不同于Sears函数理论值,见图8-3~图8-7。

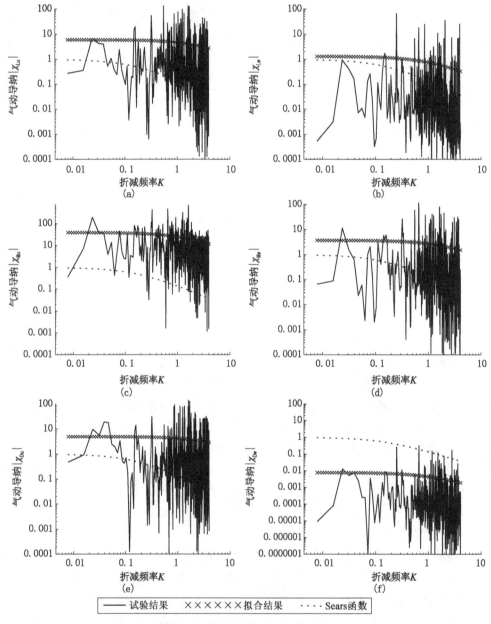

图8-3 大紊流高风速流场中流线模型导纳函数(-5°风攻角)

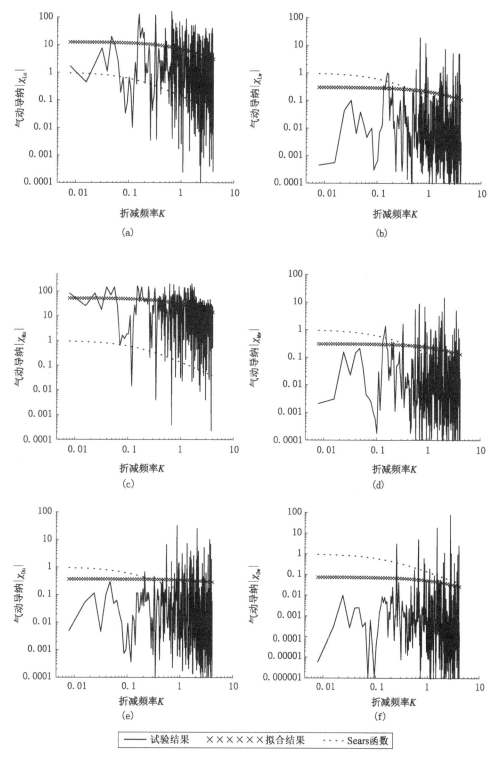

图 8-4　大紊流高风速流场中流线模型导纳函数（-3°风攻角）

为了与 Sears 导纳函数理论解进行比较,本章根据导纳函数与抖振力谱的换算关系[（式8-4）]将识别的六个导纳函数等效地换算为比较 Sears 函数的表达形式：

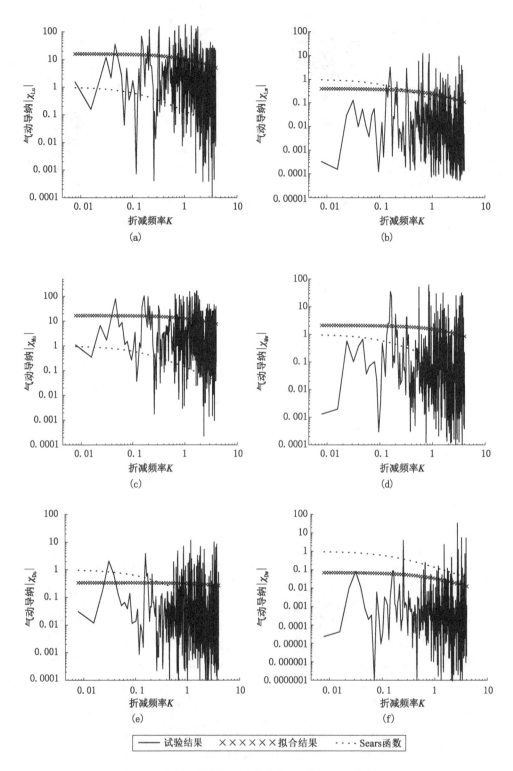

图 8-5 大紊流高风速流场中流线模型导纳函数(0°风攻角)

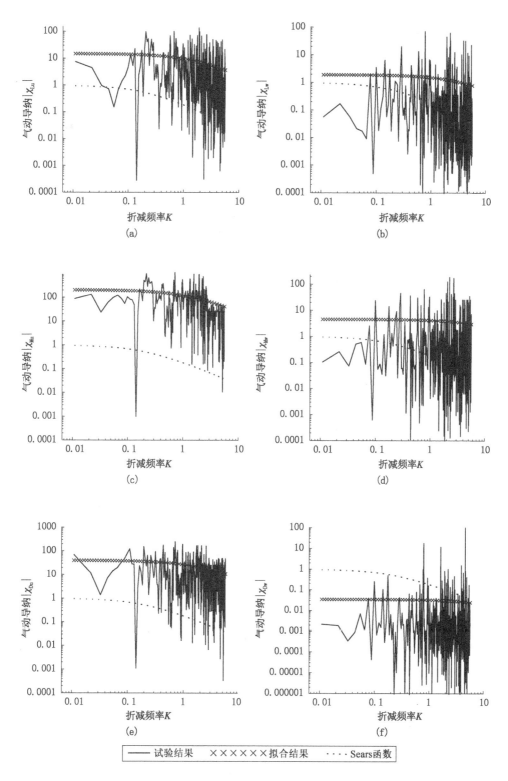

图 8-6 大紊流高风速流场中流线模型导纳函数(+3°风攻角)

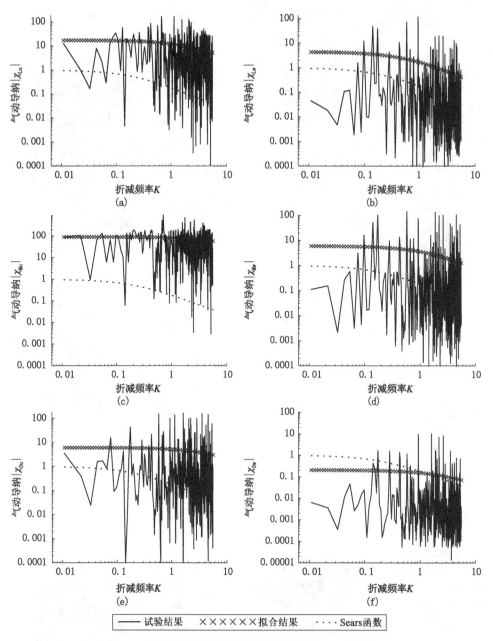

图 8-7 大紊流高风速流场中流线模型导纳函数（+5°风攻角）

$$\begin{cases} R_L(K) = \dfrac{S_{L,\text{fitting}}(K)}{S_{L,\text{sears}}(K)} = \dfrac{4C_L^2(\alpha)|\chi_{Lu}|^2 S_u(K) + [C_L'(\alpha) + C_D(\alpha)]^2 |\chi_{Lw}|^2 S_w(K)}{\{4C_L^2(\alpha)S_u(K) + [C_L'(\alpha) + C_D(\alpha)]^2 S_w(K)\}|\varphi^2(K)|} \\ R_M(K) = \dfrac{S_{M,\text{fitting}}(K)}{S_{M,\text{sears}}(K)} = \dfrac{4C_M^2(\alpha)|\chi_{Mu}|^2 S_u(K) + C_M'^2 |\chi_{Mw}|^2 S_w(K)}{[4C_M^2(\alpha)S_u(K) + C_M'^2 S_w(K)]|\varphi^2(K)|} \\ R_D(K) = \dfrac{S_{D,\text{fitting}}(K)}{S_{D,\text{sears}}(K)} = \dfrac{4C_D^2(\alpha)|\chi_{Du}|^2 S_u(K) + C_D'^2 |\chi_{Dw}|^2 S_w(K)}{[4C_D^2(\alpha)S_u(K) + C_D'^2 S_w(K)]|\varphi^2(K)|} \end{cases} \quad (8\text{-}9)$$

比较结果按式(8-8)进行拟合，得：

$$R(K) = \frac{a}{1 + 2\pi bK} \tag{8-10}$$

将图 8-3 ~ 图 8-7 所示的六个导纳函数转换为可与 Sears 函数比较的等效导纳函数,见表 8-2 ~ 表 8-5。

流线模型在大紊流场高风速作用下等效导纳函数拟合结果　　　表 8-2

工况组合	风攻角	等效导纳	a	$Err(a)$	b	$Err(b)$
流线模型 + 大紊流场 高风速	-5°风攻角	R_L	1.02	0.40	-0.084	0.050
		R_M	11.97	0.40	-0.076	0.052
		R_D	0.019	0.0081	0.15	0.22
	-3°风攻角	R_L	0.56	0.19	-0.073	0.049
		R_M	1.24	0.73	-0.0031	0.15
		R_D	0.041	0.020	-0.075	0.069
	0°风攻角	R_L	1.055	0.46	-0.0041	0.11
		R_M	5.89	0.87	-0.004	0.13
		R_D	0.029	0.015	-0.057	0.090
	+3°风攻角	R_L	0.64	0.19	-0.10	0.027
		R_M	4.043	0.86	-0.11	0.034
		R_D	0.014	0.0065	-0.094	0.049
	+5°风攻角	R_L	0.32	0.095	-0.092	0.033
		R_M	0.78	0.31	-0.11	0.027
		R_D	0.021	0.0093	-0.10	0.039

流线模型在小紊流场高风速作用下等效导纳函数拟合结果　　　表 8-3

工况组合	风攻角	等效导纳	a	$Err(a)$	b	$Err(b)$
流线模型 + 小紊流场 高风速	-5°风攻角	R_L	0.12	0.10	-0.22	0.0013
		R_M	57.82	0.35	-0.14	0.043
		R_D	0.046	0.019	-0.21	0.0043
	-3°风攻角	R_L	1.86	0.49	-0.19	0.013
		R_M	1.65	0.68	-0.094	0.090
		R_D	0.064	0.021	-0.21	0.0048
	0°风攻角	R_L	3.01	0.96	-0.17	0.024
		R_M	11.05	0.89	-0.18	0.017
		R_D	0.081	0.027	-0.19	0.017
	+3°风攻角	R_L	3.29	0.032	-0.18	0.020
		R_M	6.96	0.84	-0.18	0.026
		R_D	0.079	0.038	-0.10	0.10
	+5°风攻角	R_L	3.22	0.16	-0.029	0.11
		R_M	7.59	0.28	-0.040	0.13
		R_D	0.20	0.13	-0.0097	0.24

流线模型在大紊流场低风速作用下等效导纳函数拟合结果　　　　表 8-4

工况组合	风攻角	等效导纳	a	$Err(a)$	b	$Err(b)$
流线模型+大紊流场低风速	−5°风攻角	R_L	0.98	0.35	−0.070	0.059
		R_M	13.59	0.35	−0.057	0.091
		R_D	0.010	0.0047	−0.039	0.090
	−3°风攻角	R_L	0.52	0.27	−0.050	0.094
		R_M	0.77	0.36	−0.0034	0.12
		R_D	0.033	0.018	0.012	0.15
	0°风攻角	R_L	0.46	0.16	−0.099	0.034
		R_M	2.26	0.92	−0.082	0.051
		R_D	0.018	0.0087	−0.10	0.036
	+3°风攻角	R_L	0.98	0.33	−0.042	0.066
		R_M	5.30	0.86	−0.033	0.073
		R_D	0.017	0.0098	0.012	0.16
	+5°风攻角	R_L	0.38	0.21	−0.063	0.090
		R_M	0.87	0.38	−0.072	0.062
		R_D	0.032	0.014	−0.052	0.077

流线模型在小紊流场低风速作用下等效导纳函数拟合结果　　　　表 8-5

工况组合	风攻角	等效导纳	a	$Err(a)$	b	$Err(b)$
流线模型+小紊流场低风速	−5°风攻角	R_L	3.97	0.60	−0.12	0.017
		R_M	21.33	0.16	−0.11	0.029
		R_D	0.082	0.041	−0.12	0.019
	−3°风攻角	R_L	1.79	0.63	−0.10	0.030
		R_M	0.75	0.38	−0.12	0.027
		R_D	0.073	0.032	−0.13	0.010
	0°风攻角	R_L	3.94	0.85	−0.091	0.048
		R_M	13.15	0.45	−0.09	0.044
		R_D	0.10	0.033	−0.12	0.014
	+3°风攻角	R_L	2.80	0.21	−0.11	0.024
		R_M	5.51	0.71	−0.13	0.008
		R_D	0.10	0.064	−0.098	0.057
	+5°风攻角	R_L	1.78	0.66	−0.10	0.030
		R_M	3.14	0.17	−0.11	0.023
		R_D	0.12	0.07	−0.10	0.048

本节初步尝试了考虑平板气动弹性效应的导纳函数识别情况,如表 8-6、表 8-7 所示。两者识别结果有一定差别,而不考虑脉动风谱耦合效应的导纳函数识别结果(表 8-8)与前述两者差别更大。在实际情况中,大紊流场中的桥梁在脉动风的作用下具有一定的运动特

性,尤其对于大跨度桥梁,这一现象更加明显,因此在识别导纳函数的过程中,有必要进一步考虑结构本身的动力特性,这一点与传统的气动导纳定义不尽相同,但值得深入研究。

平板模型在大紊流场低风速作用下等效导纳函数拟合结果　　　　　表 8-6

工况组合	风攻角	等效导纳	a	$Err(a)$	b	$Err(b)$
平板模型+大紊流场低风速	-5°风攻角	R_L	0.081	0.032	-0.071	0.058
		R_M	0.18	0.082	-0.10	0.038
		R_D	0.0011	0.00057	-0.040	0.096
	-3°风攻角	R_L	0.081	0.031	-0.094	0.040
		R_M	0.14	0.049	-0.12	0.017
		R_D	0.00074	0.00036	-0.089	0.054
	0°风攻角	R_L	0.20	0.083	-0.096	0.040
		R_M	0.25	0.11	-0.080	0.058
		R_D	0.0020	0.00089	-0.065	0.067
	+3°风攻角	R_L	0.18	0.079	-0.084	0.051
		R_M	0.87	0.28	-0.081	0.041
		R_D	0.0051	0.0026	-0.078	0.068
	+5°风攻角	R_L	0.12	0.067	-0.083	0.068
		R_M	2.58	0.88	-0.12	0.015
		R_D	0.00065	0.00037	-0.10	0.054

平板模型在大紊流场低风速作用下等效导纳函数拟合结果(考虑气动弹性效应)　　表 8-7

工况组合	风攻角	等效导纳	a	$Err(a)$	b	$Err(b)$
平板模型+大紊流场低风速	-5°风攻角	R_L	0.058	0.023	-0.11	0.028
		R_M	0.33	0.15	-0.035	0.094
		R_D	0.0012	0.0007	-0.046	0.100
	-3°风攻角	R_L	0.20	0.089	-0.11	0.031
		R_M	0.21	0.095	-0.10	0.038
		R_D	0.0014	0.00084	-0.084	0.072
	0°风攻角	R_L	0.24	0.12	-0.047	0.091
		R_M	0.13	0.058	-0.11	0.028
		R_D	0.0029	0.0015	0.015	0.160
	+3°风攻角	R_L	0.084	0.031	-0.089	0.041
		R_M	0.99	0.41	-0.061	0.067
		R_D	0.0034	0.0014	-0.13	0.012
	+5°风攻角	R_L	0.12	0.052	-0.071	0.063
		R_M	5.60	0.74	-0.098	0.030
		R_D	0.00048	0.0002	-0.058	0.068

平板模型在大紊流场低风速作用下等效导纳函数拟合结果（不考虑耦合效应） 表8-8

工况组合	风攻角	等效导纳	a	$Err(a)$	b	$Err(b)$
平板模型+大紊流场低风速	-5°风攻角	R_L	0.15	0.048	-0.061	0.051
		R_M	0.31	0.12	-0.11	0.027
		R_D	0.0017	0.00076	-0.036	0.087
	-3°风攻角	R_L	0.43	0.26	-0.037	0.120
		R_M	0.40	0.13	-0.082	0.042
		R_D	0.0014	0.00058	-0.038	0.081
	0°风攻角	R_L	0.42	0.15	-0.093	0.038
		R_M	0.32	0.11	-0.094	0.038
		R_D	0.0024	0.00078	-0.080	0.041
	+3°风攻角	R_L	0.22	0.079	-0.11	0.025
		R_M	1.59	0.58	-0.099	0.035
		R_D	0.007	0.0028	-0.069	0.060
	+5°风攻角	R_L	0.10	0.035	-0.083	0.043
		R_M	4.83	0.621	-0.11	0.023
		R_D	0.00069	0.00028	-0.075	0.056

最初的气动导纳理论认为，结构的气动导纳仅与结构气动外形有关，与结构的动力特性无关。然而，实际结构的抖振力与来流的风谱特性、结构外表及结构的动力特性均有关系，特别是气动弹性引起的大跨度桥梁气动外形改变比较明显，从而导致脉动风速与动态结构形成相互激励作用，使其机理更加复杂，这样在实际结构运动形态中，抖振、涡振和颤振难以孤立分解，即经典理论的线性叠加不尽合理，在某些特殊状态下甚至是完全不合理的。因此有必要重新理解气动导纳的概念，在风洞试验中，更应该模拟模型实际运动形态，建立考虑气动弹性效应和多种运动形态的导纳识别理论，这也是导纳函数今后研究的方向。

8.3 抖振响应分析

8.3.1 抖振响应频域分析

1) 频域计算公式

大跨度桥梁的风致振动一直是研究的重点。大跨度桥梁具有轻、柔的特点，很容易在风的作用下产生风致振动，进而影响桥梁的抗风性能安全。而抖振是由脉动风引起的限幅强迫振动，虽不会引起灾难性的破坏，但是过大的抖振响应会缩短桥梁构件的疲劳使用寿命，降低行车的舒适性。本章对某大跨度桥梁多模态耦合下的频域分析理论进行推导，编写了MATLAB程序，同时对程序进行了验证，为随后台风作用下的响应计算提供技术支持。

桥梁上的各个位置处某一时刻的位移可以用广义坐标系下的模态坐标表示，即：

$$h(x,t) = \sum_i h_i(x) B\xi_i(t) \tag{8-11a}$$

$$p(x,t) = \sum_i p_i(x) B \xi_i(t) \tag{8-11b}$$

$$\alpha(x,t) = \sum_i \alpha_i(x) \xi_i(t) \tag{8-11c}$$

式中,$h(x,t)$、$p(x,t)$、$\alpha(x,t)$为顺桥向x位置处t时刻的竖向位移、横向位移、扭转位移;$h_i(x)$、$p_i(x)$、$\alpha_i(x)$为第i阶模态x位置的特征函数;$\xi_i(t)$为第i阶模态的广义坐标。桥梁断面的线性动力响应是通过标准模态展开得到的。根据式(8-11),利用桥梁各阶模态,根据标准模态展开推导计算求得桥梁的线性动力响应。

因此,第i阶模态的广义运动方程式为:

$$I_i [\ddot{\xi}_i + 2\zeta_i \omega_i \dot{\xi}_i + \omega_i^2 \xi_i] = Q_i(t) \tag{8-12}$$

式中,I_i和$Q_i(t)$是第i阶模态的广义惯性矩和广义力;ω_i和ζ_i是第i阶模态的圆频率和模态阻尼比。

假设桥梁断面的质量和质量惯性矩不随桥梁长度产生变化,那么就可以分别用单位长度下的质量m_0和质量惯性矩I_0来表示,则式(8-12)中的模态惯性矩可以简单地表示为:

$$I_i = \int_0^l [m_0 h_i^2(x) B^2 + m_0 p_i^2(x) B^2 + I_0 \alpha_i^2(x)] \mathrm{d}x \tag{8-13}$$

式中,l为桥梁全长。

因此,广义模态力同样可以按照上述形式来表示:

$$Q_i(t) = \int_0^l [F_L(x,t) h_i(x) B + F_D(x,t) p_i(x) B + M_T(x,t) \alpha_i(x)] \mathrm{d}x \tag{8-14}$$

式中,$F_L(x,t)$、$F_D(x,t)$、$M_T(x,t)$分别为桥梁单位长度所受的升力、阻力和力矩。这三个方向的力可以分为自激力和抖振力两个独立的部分,即:

$$F_L = L_{ae} + L_b \tag{8-15a}$$

$$F_D = D_{ae} + D_b \tag{8-15b}$$

$$M_T = M_{ae} + M_b \tag{8-15c}$$

式中,下标ae和b分别代表自激力和抖振力,假定自激力是线性的。对于频率为ω的简谐运动来说,自激力可以表示为:

$$F_D = \rho U^2 B \left[K_p P_1^* \frac{\dot{p}}{U} + K_\alpha P_2^* \frac{B\dot{\alpha}}{U} + K_\alpha^2 P_3^* \alpha + K_p^2 P_4^* \frac{p}{B} + K_h P_5^* \frac{\dot{h}}{U} + K_h^2 P_6^* \frac{h}{B} \right] \tag{8-16a}$$

$$F_L = \rho U^2 B \left[K_h H_1^* \frac{\dot{h}}{U} + K_\alpha H_2^* \frac{B\dot{\alpha}}{U} + K_\alpha^2 H_3^* \alpha + K_h^2 H_4^* \frac{h}{B} + K_p H_5^* \frac{\dot{p}}{U} + K_p^2 H_6^* \frac{p}{B} \right] \tag{8-16b}$$

$$M_T = \rho U^2 B^2 \left[K_h A_1^* \frac{\dot{h}}{U} + K_\alpha A_2^* \frac{B\dot{\alpha}}{U} + K_\alpha^2 A_3^* \alpha + K_h^2 A_4^* \frac{h}{B} + K_p A_5^* \frac{\dot{p}}{U} + K_p^2 A_6^* \frac{p}{B} \right] \tag{8-16c}$$

式中,ρ为空气密度;U为桥梁断面处来流的平均风速;$K = \omega B/U$,为折减频率;$\dot{h}$、$\dot{p}$、$\dot{\alpha}$为竖向、横向和扭转方向的加速度;H_i^*、P_i^*、A_i^* ($i=1,2,\cdots,6$)为桥梁断面的颤振导数。

桥梁单位长度的抖振力是波动的荷载,可以用准定常理论来描述。脉动风速的部分取决于顺风向风速u和竖向风速w,它们是随时间t和位置x变化的随机变量,对于小振幅的运动,可以通过在该平均风速下的一阶展开来得到抖振力的公式,该展开公式以风攻角α为条件,即单位桥梁长度下的抖振升力、阻力和力矩为:

$$L_b(t) = \frac{1}{2} \rho U^2 B \left[2 C_L \chi_{Lu} \frac{u(t)}{U} + (C_L' + C_D) \chi_{Lw} \frac{w(t)}{U} \right] \tag{8-17a}$$

$$D_b(t) = \frac{1}{2}\rho U^2 B \left[2C_D \chi_{Du} \frac{u(t)}{U} + C_D' \chi_{Dw} \frac{w(t)}{U} \right] \tag{8-17b}$$

$$M_b(t) = \frac{1}{2}\rho U^2 B^2 \left[2C_M \chi_{Mu} \frac{u(t)}{U} + C_M' \chi_{Mw} \frac{w(t)}{U} \right] \tag{8-17c}$$

式中，χ 表示与升力、阻力和力矩相关的气动导纳；$u(t)$、$w(t)$ 分别为顺风向和竖向两个不同方向的脉动分量；C_L、C_D、C_M、C_L'、C_D'、C_M' 分别为静力三分力系数以及它们的导数（对风攻角的导数）。

对于单个模态分析来说，式(8-17)可以简单表示为：

$$h(x,t) \cong h(x) B\xi(t) \tag{8-18a}$$

$$p(x,t) \cong p(x) B\xi(t) \tag{8-18b}$$

$$\alpha(x,t) \cong \alpha(x)\xi(t) \tag{8-18c}$$

类似地，广义模态力荷载同样也可以表示成标量形式。受力荷载 $Q_i(t)$ 可以分为自激力 $Q_{ae}(t)$ 和抖振力 $Q_b(t)$。由式(8-16)可知，自激力与桥梁断面的运动位移和运动速度是线性相关的，因此，自激力可以通过式(8-17)的广义位移和速度来表示，自激力对桥梁的影响可以解释为在风速 U 下等效修正的结构刚度和阻尼比效应，因此可以将式(8-18)简化为：

$$[\ddot{\xi}_i + 2\zeta_i \omega_i \dot{\xi}_i + \omega_i^2 \xi_i] + \frac{Q_{ae,i}(t)}{I_i} = \frac{Q_{b,i}(t)}{I_i} \tag{8-19}$$

式(8-19)左边可以改写成刚度和阻尼项，并用矩阵表示为：

$$\boldsymbol{I}\boldsymbol{\xi}'' + \boldsymbol{A}\boldsymbol{\xi}' + \boldsymbol{B}\boldsymbol{\xi} = \boldsymbol{Q}_b(s) \tag{8-20}$$

式中，$\boldsymbol{\xi}$ 为广义坐标矢量；$\boldsymbol{\xi}'$ 为对无量纲时间的导数；$s = U_t/B$；$\boldsymbol{I}$ 为惯性矩阵；实系数矩阵 $\boldsymbol{A}$ 和 $\boldsymbol{B}$ 分别为桥梁系统的阻尼矩阵和刚度矩阵，并且由于模态耦合（模态耦合是气动荷载通过流固耦合引起的），该矩阵不是对角矩阵；$\boldsymbol{Q}_b$ 为广义的抖振力矢量。因此，$\boldsymbol{A}$、$\boldsymbol{B}$、$\boldsymbol{Q}_b$ 可以分别表示为：

$$A_{ij}(K) = 2\zeta_i K_i \delta_{ij} - \frac{\rho B^4 l K}{2 I_i} [H_1^* G_{h_i h_j} + H_2^* G_{h_i \alpha_j} + H_5^* G_{h_i p_j} +$$

$$P_1^* G_{p_i p_j} + P_2^* G_{p_i \alpha_j} + P_5^* G_{p_i h_j} + A_1^* G_{\alpha_i h_j} + H_2^* G_{\alpha_i \alpha_j} + H_5^* G_{\alpha_i p_j}] \tag{8-21}$$

$$B_{ij}(K) = K_i^2 \delta_{ij} - \frac{\rho B^4 l K^2}{2 I_i} [H_3^* G_{h_i \alpha_j} + H_4^* G_{h_i h_j} + H_6^* G_{h_i p_j} +$$

$$P_3^* G_{p_i \alpha_j} + P_4^* G_{p_i p_j} + P_6^* G_{p_i h_j} + A_3^* G_{\alpha_i \alpha_j} + H_4^* G_{\alpha_i h_j} + H_6^* G_{\alpha_i p_j}] \tag{8-22}$$

$$Q_{b_i}(s) = \frac{\rho B^4 l}{2 I_i} \int_0^l \{L_b(x,s) h_i + D_b(x,s) p_i + M_b(x,s) \alpha_i\} \frac{\mathrm{d}x}{l} \tag{8-23}$$

式中，$K_i = \omega_i B/U$，为第 i 阶模态的折减频率；δ_{ij} 为 Kronecker 函数，定义为：

$$\delta_{ij} = \begin{cases} 1 & i = j \\ 0 & i \neq j \end{cases} \tag{8-24}$$

可以注意到，式(8-21)和式(8-22)的对角矩阵上代表了单自由度（未耦合）的方程，非对角矩阵为通过颤振导数和两个模态之间积分表示的耦合项。下面给出任意两个模态积分项，为：

$$G_{r_i s_j} = \int_0^l r_i(x) s_j(x) \frac{\mathrm{d}x}{l} \tag{8-25}$$

式中，$r_i = h_i$、p_i 或者 α_i；$s_j = h_j$、p_j 或者 α_j。

式(8-25)的时域方程可以通过傅立叶变换得到频域方程，即：

$$\bar{f}(K) = \int_0^\infty f(s) \mathrm{e}^{-\mathrm{i}Ks} \mathrm{d}s \tag{8-26}$$

式中，$s = Ut/B$；$\mathrm{i} = \sqrt{-1}$。因此，式(8-26)导出了一个完全取决于折减频率的方程，即：

$$\boldsymbol{E}\,\bar{\boldsymbol{\xi}} = \bar{\boldsymbol{Q}}_\mathrm{b} \tag{8-27}$$

式中，$\bar{\boldsymbol{\xi}}$ 和 $\bar{\boldsymbol{Q}}_\mathrm{b}$ 是通过对 $\bar{\xi}(K) = \int_0^\infty \xi(s) \mathrm{e}^{-\mathrm{i}Ks} \mathrm{d}s$ 和 Q_b 进行傅立叶变换得到的。$\boldsymbol{E}$ 矩阵表示为：

$$E_{ij} = -K^2 \delta_{ij} + \mathrm{i}K A_{ij}(K) + B_{ij}(K) \tag{8-28}$$

抖振力的推导基于 Jain 和 Katsuchi 提出的理论。抖振力是一种动力现象，由脉动风引起。来流紊流或者特征紊流导致桥梁的振动是随机的，并且在桥梁断面的流动分离现象和再循环现象进一步加强了桥梁的振动。因此，式(8-27)的右边可以表示为：

$$\bar{\boldsymbol{Q}}_\mathrm{b} = \frac{\rho B^4 l}{2} \begin{Bmatrix} \dfrac{1}{I_1} \int_0^l \bar{F}_{b_1} \dfrac{\mathrm{d}x}{l} \\ \dfrac{1}{I_2} \int_0^l \bar{F}_{b_2} \dfrac{\mathrm{d}x}{l} \\ \vdots \\ \dfrac{1}{I_n} \int_0^l \bar{F}_{b_n} \dfrac{\mathrm{d}x}{l} \end{Bmatrix} \tag{8-29}$$

式(8-29)中的被积式是由式(8-23)进行傅立叶变换而来，即：

$$\bar{F}_{b_i}(x,K) = \bar{L}_\mathrm{b}(x,K) h_i(x) + \bar{D}_\mathrm{b}(x,K) p_i(x) + \bar{M}_\mathrm{b}(x,K) \alpha_i(x) \tag{8-30}$$

将式(8-17)代入式(8-30)，可以得到抖振力在跨径 x_A 处的方程：

$$\bar{F}_{b_i}(x_A, K) = \frac{1}{U} \{ [2C_\mathrm{L} h_i(x_A) + 2C_\mathrm{D} p_i(x_A) + 2C_\mathrm{M} \alpha_i(x_A)] \bar{u}(K) + $$
$$[(C'_\mathrm{L} + C_\mathrm{D}) h_i(x_A) + (C'_\mathrm{D} + C_\mathrm{L}) p_i(x_A) + C'_\mathrm{M} \alpha_i(x_A)] \bar{w}(K) \} \tag{8-31}$$

同理，在位置 x_B 处取第 j 个共轭转置方程为：

$$\bar{F}_{b_j}^*(x_B, K) = \frac{1}{U} \{ [2C_\mathrm{L} h_j(x_B) + 2C_\mathrm{D} p_j(x_B) + 2C_\mathrm{M} \alpha_j(x_B)] \bar{u}(K) + $$
$$[(C'_\mathrm{L} + C_\mathrm{D}) h_j(x_B) + (C'_\mathrm{D} + C_\mathrm{L}) p_j(x_B) + C'_\mathrm{M} \alpha_j(x_B)] \bar{w}(K) \} \tag{8-32}$$

式中，$\bar{F}_{b_j}^*(x_B, K)$ 表示共轭转置方程。将式(8-31)、式(8-32)代入式(8-29)，则矩阵变为：

$$\bar{\boldsymbol{Q}}_\mathrm{b} \bar{\boldsymbol{Q}}_\mathrm{b}^* = \left(\frac{\rho B^4 l}{2U}\right)^2 \begin{bmatrix} \dfrac{1}{I_1 I_1} \int_0^l \int_0^l \bar{F}_{b_1} \bar{F}_{b_1}^* \dfrac{\mathrm{d}x_A}{l} \dfrac{\mathrm{d}x_B}{l} & \cdots & \dfrac{1}{I_1 I_n} \int_0^l \int_0^l \bar{F}_{b_1} \bar{F}_{b_n}^* \dfrac{\mathrm{d}x_A}{l} \dfrac{\mathrm{d}x_B}{l} \\ \vdots & & \vdots \\ \dfrac{1}{I_n I_1} \int_0^l \int_0^l \bar{F}_{b_n} \bar{F}_{b_1}^* \dfrac{\mathrm{d}x_A}{l} \dfrac{\mathrm{d}x_B}{l} & \cdots & \dfrac{1}{I_n I_n} \int_0^l \int_0^l \bar{F}_{b_n} \bar{F}_{b_n}^* \dfrac{\mathrm{d}x_A}{l} \dfrac{\mathrm{d}x_B}{l} \end{bmatrix} \tag{8-33}$$

对上述公式进行功率谱密度计算，可以得到：

$$S_{Q_{b_i} Q_{b_j}}(K) = \left(\frac{\rho B^4 l}{2U}\right)^2 \frac{1}{I_i I_j} \int_0^l \int_0^l \{\tilde{q}_i(x_A) \tilde{q}_j(x_B) S_{uu}(x_A, x_B, K) + \tilde{r}_i(x_A) \tilde{r}_j(x_B) S_{ww}(x_A, x_B, K)\} \frac{\mathrm{d}x_A}{l} \cdot \frac{\mathrm{d}x_B}{l} \tag{8-34}$$

其中,

$$\tilde{q}_i(x) = 2C_L h_i(x) + 2C_D p_i(x) + 2C_M \alpha_i(x) \tag{8-35}$$

$$\tilde{r}_i(x) = (C'_L + C_D) h_i(x) + 2C'_D p_i(x) + C'_M \alpha_i(x) \tag{8-36}$$

式(8-34)取决于顺风向功率谱密度函数 S_{uu} 和竖向功率谱密度函数 S_{ww},而未考虑顺风向和竖向的互谱,这是由于互谱 S_{uw} 对桥梁抖振响应的影响相对于 S_{uu} 和 S_{ww} 来说较小,因此,在本章的计算中忽略顺风向和竖向风速互谱的影响。

假设风速分量沿着桥梁跨径方向的自功率谱是独立的,那么由风引起的力可以用传统的形式来表示:

$$F(x_A, x_B, K) = F(K) e^{(-\frac{cK}{2\pi B}|x_A - x_B|)} \tag{8-37}$$

式中,c 为衰减因子,它的取值范围通常为 $8nl/U \sim 16nl/U$。

顺风向和竖向的自功率谱密度函数可以简化为:

$$S_{uu}(x_A, x_B, K) = S_{uu}(K) e^{(-\frac{cK}{2\pi B}|x_A - x_B|)} \tag{8-38}$$

$$S_{ww}(x_A, x_B, K) = S_{ww}(K) e^{(-\frac{cK}{2\pi B}|x_A - x_B|)} \tag{8-39}$$

将风速的自功率谱密度函数与力的计算结合起来,用下式表示:

$$H_{r_i s_j}(K) = \int_0^l \int_0^l r_i(x_A) s_j(x_B) e^{(-\frac{cK}{2\pi B}|x_A - x_B|)} \frac{\mathrm{d}x_A}{l} \cdot \frac{\mathrm{d}x_B}{l} \tag{8-40}$$

式中,$r_i = h_i, p_i$ 或者 α_i;$s_j = h_j, p_j$ 或者 α_j。

考虑气动导纳修正的抖振力矩阵可以表示为:

$$S_{Q_{b_i} Q_{b_j}}(K) = \left(\frac{\rho B^4 l}{2U}\right)^2 \frac{1}{I_i I_j} \cdot [|\chi_{Pu}|^2(K) Y_{ij}^{S_{uu}}(K) S_{uu}(K) + |\chi_{Pw}|^2(K) Y_{ij}^{S_{ww}}(K) S_{ww}(K)] \tag{8-41}$$

式中,χ_{Pu}, χ_{Pw} 分别为顺风向和竖向气动导纳。

$$Y_{ij}^{S_{uu}}(K) = (2C_L)^2 H_{h_i h_j} + (2C_D)^2 H_{p_i p_j} + (2C_M)^2 H_{\alpha_i \alpha_j} + $$
$$4 C_L C_D (H_{h_i p_j} + H_{p_i h_j}) + 4 C_L C_M (H_{h_i \alpha_j} + H_{\alpha_i h_j}) + 4 C_D C_M (H_{p_i \alpha_j} + H_{\alpha_i p_j}) \tag{8-42}$$

$$Y_{ij}^{S_{ww}}(K) = (C'_L + C_D)^2 H_{h_i h_j} + C'^2_D H_{p_i p_j} + (C'_M)^2 H_{\alpha_i \alpha_j} + $$
$$(C'_L + C_D) C'_D (H_{h_i p_j} + H_{p_i h_j}) + C'_D C'_M (H_{p_i \alpha_j} + H_{\alpha_i p_j}) + (C'_L + C_D) C'_M (H_{h_i \alpha_j} + H_{\alpha_i h_j}) \tag{8-43}$$

本章的计算中,顺风向和竖向风谱根据计算需求,可采用 von Kármán 谱、规范谱、拟合谱等。

式(8-27)的广义位移的功率谱密度矩阵用无量纲形式表示为:

$$S_{\xi\xi}(K) = E^{-1}(K) S_{Q_b Q_b}(K) [E^*(K)]^{-1} \tag{8-44}$$

式中,E^* 为 E 矩阵的共轭转置矩阵。

因此,由式(8-17)可知,实际位移可以由广义位移求得,即:

$$S_{hh}(x_A, x_B, K) = \sum_i \sum_j B^2 h_i(x_A) h_j(x_B) S_{\xi_i \xi_j}(K) \tag{8-45}$$

$$S_{pp}(x_A, x_B, K) = \sum_i \sum_j B^2 p_i(x_A) p_j(x_B) S_{\xi_i \xi_j}(K) \tag{8-46}$$

$$S_{\alpha\alpha}(x_A, x_B, K) = \sum_i \sum_j B^2 \alpha_i(x_A) \alpha_j(x_B) S_{\xi_i \xi_j}(K) \tag{8-47}$$

式中,i 和 j 为所有计算的模态的数量之和。由上式的位移功率谱计算可以得到位移的均方根值,即:

$$\sigma_{hh}^2 = \frac{2\pi B}{U} \int_0^\infty S_{hh}(K) \, dK \tag{8-48}$$

$$\sigma_{pp}^2 = \frac{2\pi B}{U} \int_0^\infty S_{pp}(K) \, dK \tag{8-49}$$

$$\sigma_{\alpha\alpha}^2 = \frac{2\pi B}{U} \int_0^\infty S_{\alpha\alpha}(K) \, dK \tag{8-50}$$

2）频域分析程序

为了将上述理论公式编成程序，简要梳理出程序的主要步骤如下：

(1) 确定输入参数。

大跨度桥梁的主要参数：桥宽 B、桥面平均海拔高度 z、主跨长度 l、单位桥面质量 M_0、质量惯性矩 I_0、该桥梁所需计算的模态数 n、各阶模态对应的频率及振型函数、桥梁阻尼比、粗糙长度等结构参数；该桥梁断面的颤振导数和静力三分力系数等气动参数。

风环境参数：风速、风攻角、风谱函数、气动导纳函数等。

调试参数：抖振频域积分的频率上下限以及频率间隔。

(2) 求解模态积分矩阵和模态惯性矩。

利用已有的模态振型函数，对各阶模态以及考虑多模态耦合的模态求积分，得到模态积分矩阵；利用已知的桥梁每延米的单位质量和质量惯性矩以及模态积分求解各阶模态质量惯性矩矩阵。

(3) 求解式(8-28)的 E 矩阵。

在求 E 矩阵时，矩阵对角线上的值为不考虑模态耦合的值，非对角线上的值为考虑模态耦合的值。E 矩阵涉及颤振导数的插值，因此需要先拟合输入的颤振导数，再对对应的折减风速和风攻角下的颤振导数进行插值得到所需要的参数。

(4) 求解式(8-41)的抖振力矩阵 S。

求解抖振力矩阵之前，需要求解式(8-40)，这里涉及对振型函数的二重积分，计算量较大。同时，需要输入顺风向和竖向风谱以及互谱函数等。同样，静力三分力系数也需要对应不同风攻角下的值。

(5) 求解抖振响应均方根值。

通过上述四个主要步骤，可以得到各阶模态下的广义位移。再对各阶模态下的位移分别进行计算，得到竖向、横向和扭转位移。通过 CQC 法得到多模态耦合状态下的抖振响应的均方根值。

上述流程见图 8-8。

3）程序结果验证

为了验证本章理论分析的正确性以及编写的计算程序结果的可靠性，选取现有论文中的实例进行验证。本节以美国旧金山的 Golden Gate Bridge（金门大桥）为例进行颤抖振响应分析。金门大桥是两塔三跨悬索桥，连接旧金山市区与北部的马林郡，横跨金门海峡，线路全长 2780m，主桥 343m + 1280m + 343m，桥面为双向六车道，桥宽 27.5m。两塔高 342m，高出水面 228m。该桥为大跨度悬索桥，金门大桥参数数据参考文献[37]，桥梁主跨跨径 1280m，桥面宽 27.432m，单位长度的桥面质量 $M_0 = 34058.63 \text{kg/m}$，桥面的质量惯性矩 $I_0 = 3810050 \text{kg} \cdot \text{m}^2/\text{m}$，空气质量密度为 1.225kg/m^3。该桥在 $0°$ 风攻角下的静力三分力系数分别为：$C_D = 0.3042$，

$C_L=0.2113$,$C_M=0.0044$,$C'_D=0$,$C'_L=3.2487$,$C'_M=-0.1772$。0°风攻角下的颤振导数以及该桥的动力特性参数来源于 Jain 等人的研究,计算风速为 34m/s。模态积分、频率等计算需要的数据见表 8-9。频率范围为 0.001~2Hz,频率计算步长为 0.01 Hz。

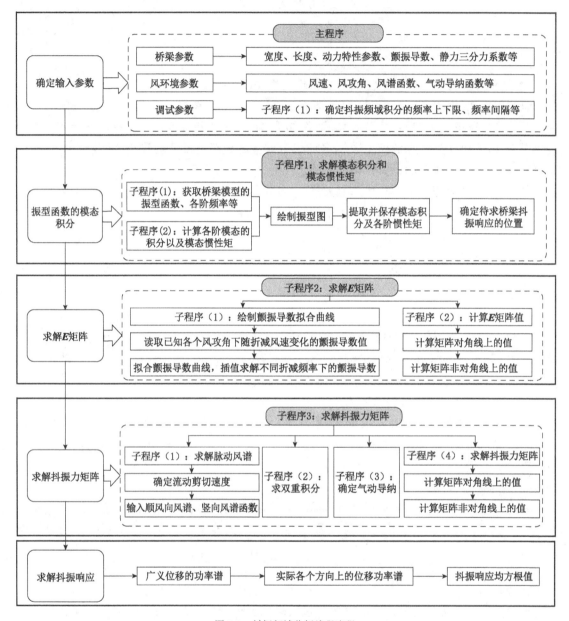

图 8-8　抖振频域分析编程流程

虽然没有对金门大桥进行建模得到其振型,但通过已知的频率和振型,可以设定振型为正弦波。文献[38]中的结果为不同阻尼比下的竖向响应均方值和扭转响应均方值,因此选择表 8-9 的第 2 和第 7 个模态进行验证(分别代表以竖向振动为主的模态和以扭转振动为主的模态)。设定第 2 个模态为一阶竖弯反对称的全正弦波,第 7 个模态为一阶扭转反对称的全正弦波。

通过计算得到不同阻尼比下的结果,如图 8-9 所示。为了进一步验证扭转响应的结果,对照了 DW Seo 的结果,如图 8-9 中空心圆点所示。

金门大桥的动力特性及模态积分值　　　　表 8-9

模态编号	频率(Hz)	振型	模态积分			参与计算模态
			$G_{h_i h_i}$	$G_{p_i p_i}$	$G_{\alpha_i \alpha_i}$	
1	0.0490	L-S	2.63×10^{-16}	3.30×10^{-1}	8.03×10^{-16}	
2	0.0870	V-AS	3.2×10^{-1}	7.65×10^{-15}	1.90×10^{-1}	√
3	0.1124	L-AS	1.72×10^{-14}	3.20×10^{-1}	1.24×10^{-14}	
4	0.1285	V-S	1.90×10^{-1}	8.28×10^{-14}	1.37×10^{-1}	√
5	0.1340	V-AS	3.40×10^{-1}	5.97×10^{-14}	2.66×10^{-1}	√
6	0.1638	V-S	3.40×10^{-1}	4.00×10^{-13}	1.84×10^{-1}	√
7	0.1916	T-AS	6.67×10^{-12}	3.32×10^{-2}	3.20×10^{-12}	√
8	0.1972	T-S	2.49×10^{-12}	2.50×10^{-1}	1.80×10^{-12}	√
9	0.1988	V-AS	1.80×10^{-1}	4.60×10^{-13}	9.61×10^{-1}	√
10	0.2021	V-S	2.60×10^{-1}	1.49×10^{-15}	8.00×10^{-1}	√

注:L 表示侧向,V 表示竖向,T 表示扭转,S 表示对称,AS 表示反对称。

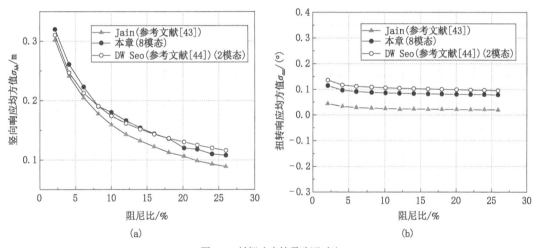

图 8-9　抖振响应结果验证对比
(a)竖向响应均方值对比;(b)扭转响应均方值对比

通过对比可以发现,不同阻尼比下,本章编写的程序与 Jain 的结果变化趋势基本上保持一致。抖振竖向响应均方值误差在 5% 左右,扭转响应均方值比 Jain 的结果大。可以发现,DW Seo 的扭转位移结果与 Jain 的结果相比也相差了 2~3 倍,而与本章计算结果非常相近。抖振竖向响应均方值较大,而扭转响应均方值非常小,细微的参数差别对角度的影响非常大,故竖向值对比效果较好,而扭转响应对比相差较大。总体上来说,量级对应以及趋势对应都是比较好的,并且竖向响应均方值基本可以吻合,程序的可靠性是可以得到保证的。同时,通过分析对比认为,扭转响应均方值差别较大,可能存在的原因有以下几点:

(1)Jain 的论文中没有明确给出关于金门大桥的一些实桥参数和部分气动参数,因此本章通过其他文献等汇总的参数取值可能与其有误差。

(2) 由于没有金门大桥的建模实际振型坐标,本节用正弦波模拟各阶振型,对模态的假定存在一定的近似性。而对比 Jain 论文中的第 7 阶振型的扭转项模态积分 0.32,本章计算所得的扭转项模态积分为 0.5,说明振型对位移响应的影响较大。

(3) Jain 的论文中在计算抖振力时可能考虑了脉动风谱互谱的影响,而本章和 DW Seo 的论文的计算中都忽略了互谱的影响,可能会对结果造成一定的误差。

4) 频域分析评价

本节推导了多模态耦合的抖振频域分析理论,并编写了求解大跨度桥梁抖振频域分析的程序。为验证程序的有效性,以美国金门大桥为例,结合参考文献中给出的相关参数等,计算得到了不同阻尼比下的抖振响应结果,并与其他学者的结果进行比较。得出的主要结论如下:

(1) 响应均方值的趋势和取值吻合较好,说明结果合理。竖向抖振响应均方值误差在 5% 左右。扭转响应结果相较于文献中的值偏大,而 DW Seo 的扭转角度结果与 Jain 的结果相比也相差了 2~3 倍,但与本章计算结果非常相近。

(2) 差异存在的可能原因主要为桥梁振型参数、模态选择、频率计算范围等。本章的振型是通过假设正弦函数进行计算得到的,模态的处理存在一定的近似性。脉动风谱的选择也可能存在误差,因为本节的计算忽略了互谱的影响。

8.3.2 抖振响应时域分析

获得作用于桥梁上的脉动风速信息是对桥梁进行风振分析的首要条件。由于获得现场实测多点脉动风速的数据非常困难,因此有必要借助计算机模拟技术来仿真脉动风速时程信号。目前发展的 Monte-Carlo 随机变量模拟技术可以有效地解决脉动风场模拟问题。

运用 Monte-Carlo 方法模拟多变量随机过程主要有两类方法:一类是谐波合成法(WAWS),另一类是基于线性滤波器转换随机数的模拟方法(AR、ARMA)。本章采用精度较高、稳定性较强的 WAWS 方法。

WAWS 方法的发展经历以下几个阶段,Shinozuka 将 WAWS 方法从最初仅能模拟一维单变量平稳高斯随机过程发展至可模拟多变量、非平稳高斯过程;Yang 把快速 FFT 变换技术融入模拟过程,大大提高了模拟效率;Deodatis 提出了频率双索引的概念,改善了模拟精度,并模拟了各态历经的多变量平稳高斯随机过程。

1) 空间脉动风场随机模拟

(1) Deodatis's 谐波合成法。

对于 n 维零均值的平稳高斯随机过程向量

$$\boldsymbol{f}(t) = \{f_1(t), f_2(t), \cdots, f_n(t)\}^{\mathrm{T}} \tag{8-51}$$

其互功率谱密度矩阵为

$$\boldsymbol{S}^0(\omega) = \begin{bmatrix} S_{11}^0(\omega) & S_{12}^0(\omega) & \cdots & S_{1n}^0(\omega) \\ S_{21}^0(\omega) & S_{22}^0(\omega) & \cdots & S_{2n}^0(\omega) \\ \vdots & \vdots & & \vdots \\ S_{n1}^0(\omega) & S_{n2}^0(\omega) & \cdots & S_{nn}^0(\omega) \end{bmatrix} \tag{8-52}$$

式中,$S_{jj}^0(\omega)$ 为自谱密度函数,$j=1,2,\cdots,n$;$S_{jm}^0(\omega)(j \neq m)$ 为互谱密度函数,$j、m=1,2,\cdots,n$。

显然,该互谱密度矩阵是对称的,将该互谱密度矩阵进行 Cholesky 分解,可得

$$S^0(\omega) = H(\omega)H^*(\omega) \tag{8-53}$$

$$H(\omega) = \begin{bmatrix} H_{11}(\omega) & 0 & \cdots & 0 \\ H_{21}(\omega) & H_{22}(\omega) & \cdots & 0 \\ \vdots & \vdots & & \vdots \\ H_{n1}(\omega) & H_{n2}(\omega) & \cdots & H_{nn}(\omega) \end{bmatrix} \tag{8-54}$$

式中,$H^*(\omega)$是$H(\omega)$的共轭转置矩阵。$S^0(\omega)$通常情况下为复矩阵,且不一定正定,因此$H(\omega)$通常也是复矩阵,其对角元素为实数,非对角元素为复数。$H(\omega)$中元素之间有如下关系:

$$H_{jj}(\omega) = H_{jj}(-\omega) \quad j = 1,2,\cdots,n \tag{8-55}$$

$$H_{jm}(\omega) = |H_{jm}^*(-\omega)| e^{i\theta_{jm}(\omega)} \quad j = 1,2,\cdots,n; m = 1,2,\cdots,j-1; j > m \tag{8-56}$$

$$\theta_{jm} = \arctan\left\{\frac{\text{Im}[H_{jm}(\omega)]}{\text{Re}[H_{jm}(\omega)]}\right\} \tag{8-57}$$

式中,Im 和 Re 分别表示取虚部和实部。

根据 Shinozuka 理论,随机过程向量$f(t)$的样本可以由下式来模拟:

$$f_j(t) = \sqrt{2(\Delta\omega)} \sum_{m=1}^{j} \sum_{l=1}^{N} |H_{jm}(\omega_{ml})| \cos[\omega_{ml}t - \theta_{jm}(\omega_{ml}) + \Phi_{ml}] \quad j = 1,2,\cdots,n \tag{8-58}$$

式中,N 为充分大的正整数;$\Delta\omega$ 为频率增量,$\Delta\omega = \omega_{up}/N$,$\omega_{up}$为截止圆频率,即当$\omega > \omega_{up}$时,$S^0(\omega) = 0$;$\Phi_{ml}$为均匀分布于$[0,2\pi]$区间的随机相位;$H_{jm}(\omega_{ml})$是矩阵$H(\omega)$中的元素。$H(\omega)$是$S^0(\omega)$的 Cholesky 分解,即有

$$S^0(\omega) = H(\omega)H^{T*}(\omega) \tag{8-59}$$

$$H(\omega) = \begin{bmatrix} H_{11}(\omega) & 0 & \cdots & 0 \\ H_{21}(\omega) & H_{22}(\omega) & \cdots & 0 \\ \vdots & \vdots & & \vdots \\ H_{n1}(\omega) & H_{n2}(\omega) & \cdots & H_{nn}(\omega) \end{bmatrix} \tag{8-60}$$

$H(\omega)$中的元素之间有如下关系:

$$H_{jj}(\omega) = H_{jj}(-\omega) \quad j = 1,2,\cdots,n \tag{8-61}$$

$$H_{jm}(\omega) = |H_{jm}^*(-\omega)| e^{j\theta_{jm}(\omega)} \quad j = 1,2,\cdots,n; m = 1,2,\cdots,j-1; j > m \tag{8-62}$$

$\theta_{jm}(\omega)$为$H_{jm}(\omega)$的复角,可用下式表示:

$$\theta_{jm}(\omega) = \arctan\left\{\frac{\text{Im}[H_{jm}(\omega)]}{\text{Re}[H_{jm}(\omega)]}\right\} \tag{8-63}$$

根据 Shinozuka 等人的研究,推荐ω_{ml}按下式取值:

$$\omega_{ml} = (l-1)\Delta\omega + \frac{m}{n}\Delta\omega \tag{8-64}$$

根据中心极限定理,只有当$N \to \infty$时,式(8-58)模拟的随机过程才能满足式(8-61)的渐近零均值高斯过程。

为了避免模拟结果失真,Δt 必须满足以下条件:

$$\Delta t \leqslant \frac{2\pi}{2\omega_{up}} \tag{8-65}$$

式(8-65)模拟的随机过程周期为

$$T_0 = \frac{2\pi n}{\Delta\omega} = \frac{2\pi nN}{\omega_{up}} \tag{8-66}$$

综上所述，只要已知 $S^0(\omega)$，恰当选择 N、ω_{up} 和 Δt 就可以获得好的随机过程样本。

由于 $\boldsymbol{H}(\omega)$ 是 ω 的函数，由式(8-48)可知，对每个频率点 ω_{ml} 都要进行 $S^0(\omega)$ 的 Cholesky 分解，其计算量相当大，且需要过多内存。通过对 $\boldsymbol{H}(\omega)$ 的分析发现，$\boldsymbol{H}(\omega)$ 的各元素均随频率连续变化，这样可以选取适当的插值近似来减少对 $S^0(\omega)$ 的分解次数。目前，有多种插值方法可以选择，如拉格朗日插值方法。拉格朗日插值是数值分析中最基本的插值方法，也是数值积分和求常微分方程数值解的重要工具。该方法是用一个 n 次多项式去拟合一个函数 $f(x)$，随着多项式方次 n 的增加，不仅增加了计算量，而且会带来很大的误差，如"龙格"(Runge)现象。因此 n 不宜太大，使用时常以不超过六次为宜。为了避免这种振荡误差，可选择诸如分段低次插值、样条函数插值和有理逼近等插值函数。通常情况，在插值节点相同的条件下，利用有理分式逼近 $f(x)$ 要比插值多项式逼近的精度高一些。有理函数插值方法的详细推导过程可参见数值方法有关文献。当模拟结构有限元多个节点($n>1000$)的脉动风速时，对于每个频率间隔$(l-1)\Delta\omega$，可以进行完全的 Cholesky 分解，由于需要极大的存储空间(单精度浮点存储格式，约占用 2GB 空间)，分析结果以二进制的形式存储于硬盘上。对于频率间隔间的分量$(m/n)\Delta\omega$ 的 Cholesky 分解，可以对其进行适当的插值拟合来提高运算速度和减少存储空间的占用。

$$\widetilde{H}_{jk}(\omega) = \sum_{l=i-1}^{i+2} H_{jk}(\omega_l) R_l(\omega) \tag{8-67a}$$

$$h_{jm}(p\Delta t) = \sum_{l=0}^{2N-1} B_{jm}(l\Delta\omega) e^{(i\frac{\pi l p}{N})} \tag{8-67b}$$

式中，$R_l(\omega)$ 为插值有理函数。为提高模拟效率，当 N 足够大时，亦可采用线性插值。这样脉动风速样本的模拟公式就变为

$$f_j(t) = \sqrt{2(\Delta\omega)} \sum_{m=1}^{j} \sum_{l=1}^{N} \widetilde{H}_{jm}(\omega_{ml}) \cos(\omega_{ml}t + \Phi_{ml}) \tag{8-68}$$

运用 FFT 技术可以大大减少脉动风场模拟的计算量。为此我们可以将式(8-68)写成如下形式：

$$f(p\Delta t) = \text{Re}\left\{ \sum_{m=1}^{j} h_{jm}(p\Delta t) e^{\left[i(\frac{m\Delta\omega}{3})(p\Delta t)\right]} \right\} \tag{8-69}$$

式中，$h_{jm}(p\Delta t)$ 由下式给出：

$$h_{jm}(p\Delta t) = \sum_{l=0}^{2N-1} B_{jm}(l\Delta\omega) e^{(i\frac{\pi l p}{N})} \tag{8-70}$$

其中，

$$B_{jm}(l\Delta\omega) = \begin{cases} \sqrt{2(\Delta\omega)} H_{jm}\left(l\Delta\omega + \frac{m\Delta\omega}{n}\right) e^{(i\Phi_{ml})} & 0 \leq l \leq N \\ 0 & N \leq l \leq 2N \end{cases} \tag{8-71}$$

观察式(8-71)可知，$h_{jm}(p\Delta t)$ 即 $B_{jm}(l\Delta\omega)$ 的傅立叶变换，因此可用 FFT 来计算。

以上的目标功率谱均为单边功率谱，与实际风工程中给出的功率谱形式保持一致。

(2)脉动风场模拟实例。

参照《公路桥梁抗风设计指南》，水平风速谱选用 Simiu 谱：

$$\frac{nS_u(n)}{u_*^2} = \frac{200f}{(1+50f)^{5/3}} \tag{8-72}$$

竖向脉动风速谱采用 Panofsky 谱：

$$\frac{nS_w(n)}{u_*^2} = \frac{6f}{(1+4f)^2} \tag{8-73}$$

式中，$S_u(n)$、$S_w(n)$ 分别为脉动风的水平顺风向及竖直方向功率谱密度函数；f 为脉动风速分量的频率，Hz，有

$$f = \frac{nZ}{U(Z)} \tag{8-74}$$

u_* 为气流摩阻速度(亦称剪切速度)，即

$$u_* = \frac{KU(Z)}{\ln\frac{z-Z_d}{z_0}} \tag{8-75}$$

式中，K 为无量纲常数，$K \approx 0.4$；$Z_d = \overline{H} - Z_0/K$，$\overline{H}$ 为周围建筑物的平均高度，m；z_0 为地表粗糙高度。

j 方向 $(j=x,y,z)$、相距 r_j 的二点脉动风速 i 分量 $(i=u,v,w)$ 的频率 f 的空间相关函数 $\mathrm{Coh}_{ij}(f)$ 的近似表达式为

$$\mathrm{Coh}_{ij}(f) = \mathrm{e}^{\left(-\lambda_{ij}\frac{fr_j}{U_Z}\right)} \tag{8-76}$$

式中，λ_{ij} 为无量纲衰减因子，λ_{ij} 的取值范围为 7~20，抗风设计中一般偏保守地取 $\lambda_{ij} = 7$。

换算为圆频率表达式为：

$$\mathrm{Coh}_{ij}(\omega) = \mathrm{e}^{\left(-\lambda_{ij}\frac{\omega r_j}{2\pi U_Z}\right)} \tag{8-77}$$

假定大气边界层内风速沿铅直高度的分布服从幂指数律，即：

$$\frac{U_Z}{U_{10}} = \left(\frac{Z}{10}\right)^\alpha \tag{8-78}$$

式中，U_Z 为高度 Z 处的风速，m/s；α 为考虑地表粗糙度影响的无量纲幂指数。

考虑《公路桥梁抗风设计指南》中定义脉动风速谱为非均方规一的单边功率谱，通过与实际脉动风速的均方差比较，可以换算得到用圆频率表达的风谱公式：

$$S_u(\omega) = \frac{100Zu_*^2}{\pi U(Z)\left(1+\frac{25\omega Z}{\pi U(Z)}\right)^{5/3}} \tag{8-79}$$

$$S_w(\omega) = \frac{3Zu_*^2}{\pi U(Z)\left(1+\frac{2\omega Z}{\pi U(Z)}\right)^2} \tag{8-80}$$

利用 Deodatis's 方法模拟东海大桥有限元模型(图 8-10)各节点处水平脉动风速时程。模拟的主要参数见表 8-10。图 8-11 是桥面不同位置处水平风速时程。考虑表 8-10 中的参数，结合 Kaimal 谱和 Davenport 相干函数 ($\lambda = 10$)，可以计算得到目标谱曲线及不同位置脉动风速的相干函数(图 8-12)。与其他研究者脉动风模拟的结果相比，本章在模拟过程中采用了分布频率点内的线性插值方法，这样可能使模拟结果与目标函数存在一些局部差异，但大大提高了计算效率，通常按传统的 Deodatis's 方法同时模拟大规模样本点($n > 1000$)几乎是不可想象的。

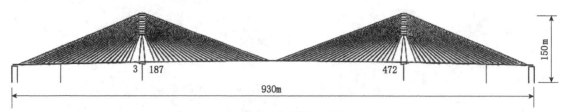

图 8-10　东海大桥主梁与桥塔风速模拟点示意图

主梁模拟计算的主要参数　　　　　　　　　　表 8-10

参数名称	取值	参数名称	取值
跨度	930m	主梁离地高度	50m
塔高	150m	地表粗糙高度	0.01m
场地类别	I类	风剖面指数	0.10
基准风速	48.7m/s	模拟点数	939
截止频率	$2 \times 2\pi$ rad/s	频率等分数	1024
采样时距	0.25 s	采样时间	512s

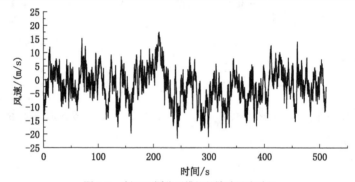

图 8-11　桥面不同位置模拟的脉动风速时程

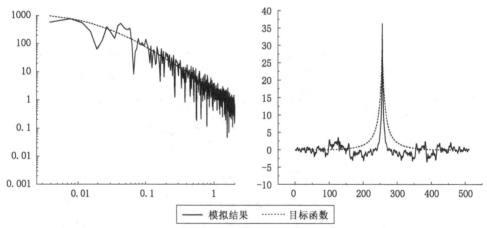

图 8-12　桥面处功率谱密度函数、自相关函数与目标函数比较

2）气动荷载模拟计算

（1）静风力。

静风力考虑作用在桥梁上的静风荷载、抖振力。其中，静风荷载用节段模型试验获得的静力三分力系数计算；抖振力按 Scanlan 的准定常气动力公式计算并考虑气动导纳的修正。

在风速 U 的边界层流场内，桥梁断面受到流体的三分力如图 8-13 和图 8-14 所示。

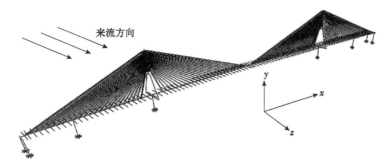

图 8-13 大跨度桥梁总体坐标与来流方向示意图

图中三分力 F_L、F_D 和 F_M 表示如下：

$$F_L = C_L(\alpha)qBL \quad (8\text{-}81a)$$
$$F_D = C_D(\alpha)qDL \quad (8\text{-}81b)$$
$$F_M = C_M(\alpha)qB^2L \quad (8\text{-}81c)$$

式中，C_L、C_D 和 C_M 为主梁体轴各方向的静力升力、静力阻力和静力扭转力矩系数；$q = \frac{1}{2}\rho U^2$，为气流动压，ρ 为空气密度。

图 8-15 给出了东海大桥在均匀流场中各风攻角状态下的静力三分力系数。

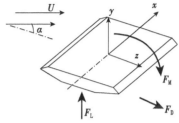

图 8-14 桥梁断面静力三分力系数示意图

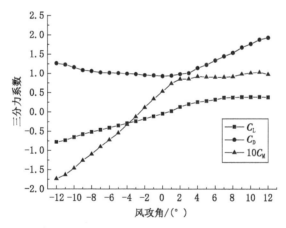

图 8-15 东海大桥主梁断面静力三分力系数

(2) 抖振力。

根据 Scanlan 建议的抖振力关系，结合气动导纳函数修正：

$$L_b(t) = \rho Ub\{2C_L(\alpha)\chi_{Lu}u(t) + [C_L'(\alpha) + C_D(\alpha)]\chi_{Lw}w(t)\} \quad (8\text{-}82a)$$
$$D_b(t) = \rho Ub[2C_D(\alpha)\chi_{Du}u(t) + C_D'(\alpha)\chi_{Dw}w(t)] \quad (8\text{-}82b)$$
$$M_b(t) = \rho Ub^2[2C_M(\alpha)\chi_{Mu}u(t) + C_M'(\alpha)\chi_{Mw}w(t)] \quad (8\text{-}82c)$$

式中 χ 为气动导纳；b 为半桥面宽；C 为三分力系数；C' 为三分力系数对风攻角的导数；u、w 分别为脉动风速的水平和竖向分量。当忽略脉动风速互谱影响时，式(8-82)的功率谱表达式为：

$$S_L(\omega) = \rho^2 U^2 b^2 \{4C_L^2(\alpha)|\chi_{Lu}|^2 S_u(\omega) + [C_L'(\alpha) + C_D(\alpha)]^2 |\chi_{Lw}|^2 S_w(\omega)\} \quad (8\text{-}83a)$$
$$S_D(\omega) = \rho^2 U^2 b^2 [4C_D^2(\alpha)|\chi_{Du}|^2 S_u(\omega) + C_D'^2(\alpha)|\chi_{Dw}|^2 S_w(\omega)] \quad (8\text{-}83b)$$

$$S_M(\omega) = \rho^2 U^2 b^4 \left[4C_M^2(\alpha) |\chi_{Mu}|^2 S_u(\omega) + C_M'^2(\alpha) |\chi_{Mw}|^2 S_w(\omega) \right] \quad (8\text{-}83c)$$

式中,χ_{Lu}、χ_{Du}、χ_{Mu}、χ_{Lw}、χ_{Dw}、χ_{Mw} 分别为水平和竖向脉动风谱对抖振升力、阻力和扭矩的气动导纳。

目前,时域中气动导纳没有确定形式的表达式,这时若模拟时域内的抖振力时程,可以采用抖振力谱法和等效风谱法。为了保持算法的一致性,可以采用等效风谱法来计算考虑气动导纳修正的抖振力。引用 Liepmann 平板导纳的近似解对脉动风谱进行如下代换:

$$S_u^*(\omega) = \frac{1}{1 + \frac{\pi \omega B}{U}} S_u(\omega) \quad (8\text{-}84a)$$

$$S_w^*(\omega) = \frac{1}{1 + \frac{\pi \omega B}{U}} S_w(\omega) \quad (8\text{-}84b)$$

基于本节等效导纳函数的试验测试工作,可以修订脉动风谱如下:

$$S_u^*(\omega) = \frac{R\left(\frac{\omega B}{U}\right)}{1 + \frac{\pi \omega B}{U}} S_u(\omega) \quad (8\text{-}85a)$$

$$S_w^*(\omega) = \frac{R\left(\frac{\omega B}{U}\right)}{1 + \frac{\pi \omega B}{U}} S_w(\omega) \quad (8\text{-}85b)$$

式中,$R(K) = \frac{a}{1 + 2\pi b K}$,$a$、$b$ 为实测导纳函数拟合参数,$K = \frac{\omega B}{U}$。

思考题与习题

1. 简述桥梁抖振的定义及分类。哪一类抖振是主要研究内容?重点研究的原因是什么?
2. 简述气动导纳试验识别的假定及过程。两种识别途径的优缺点分别是什么?
3. 简述抖振频域分析程序的编制流程。频域分析过程中有哪些假定与简化?依据是什么?
4. 简述抖振时域分析的主要流程。时域内的气动导纳修正是如何实现的?
5. 试根据文中式(8-3)~式(8-7)的过程自行推导扭矩与阻力气动导纳的两个分量。
6. 试根据8.3.1节的分析公式及过程编写程序,重现该节中的金门大桥抖振响应分析,其中模态取表8-9中的第2阶与第7阶,模态阻尼比取2%。
7. 试采用8.3.2节的Deodatis's方法编写程序,重现该节中的东海大桥主梁节点竖向脉动风速时程,风谱取《公路桥梁抗风设计规范》(JTG/T 3360-01—2018)中的Panofsky谱,得出单一点位的时程结果即可。
8. 试采用8.3.2节的公式,使用Liepmann平板导纳近似解对东海大桥主梁节点模拟参数下的水平及竖向脉动风谱进行代换,并比较考虑气动导纳修正的等效风谱与原始风谱的异同。

本章参考文献

[1] 中华人民共和国住房和城乡建设部. 建筑结构可靠性设计统一标准: GB 50068—2018[S]. 北京: 中国建筑工业出版社, 2019.

[2] SCANLAN R H, TOMKO J J. Airfoil and bridge deck flutter derivatives[J]. Journal of the Engineering Mechanics Division, 1971, 97(6): 1717-1737.

[3] SCANLAN R H, SABZEVARI A. Experimental aerodynamic coefficients in the analytical study of suspension bridge flutter[J]. Journal of Mechanical Engineering Science, 1969, 11(3): 234-242.

[4] HUSTON D R. The effects of upstream gusting on the aeroelastic behavior of long suspended-span bridges (turbulence, stability, vortex, wind, tunnel)[D]. Princeton: Princeton University, 1986.

[5] 张若雪. 桥梁结构气动参数识别的理论和试验研究[D]. 上海: 同济大学, 1998.

[6] 丁泉顺, 陈艾荣, 项海帆. 桥梁断面气动导数识别的修正最小二乘法[J]. 同济大学学报(自然科学版), 2001, 29(1): 25-29.

[7] IANNUZZI A, SPINELLI P. Artificial wind generation and structural response[J]. Journal of Structural Engineering, 1987, 113(12): 2382-2398.

[8] SEARS W R. Some aspects of non-stationary airfoil theory and its practical application[J]. Journal of the Aeronautical Sciences, 1941, 8(3): 104-108.

[9] 陈伟. 大跨度桥梁抖振反应谱研究[D]. 上海: 同济大学, 1993.

[10] 葛耀君. 桥梁结构风振可靠性理论及其用研究[D]. 上海: 同济大学, 1997.

[11] JAIN A, JONES N P, SCANLAN R H. Coupled flutter and buffeting analysis of long-span bridges[J]. Journal of Structural Engineering, 1996, 122(7): 716-725.

[12] JAIN A, JONES N P, SCANLAN R H. Coupled aeroelastic and aerodynamic response analysis of long-span bridges[J]. Journal of Wind Engineering and Industrial Aerodynamics, 1996, 60: 69-80.

[13] SCANLAN R H. Role of indicial functions in buffeting analysis of bridges[J]. Journal of Structural Engineering, 1984, 110(7): 1433-1446.

[14] SCANLAN R H, BÉLIVEAU J G, BUDLONG K S. Indicial aerodynamic functions for bridge decks[J]. Journal of the Engineering Mechanics Division, 1974, 100(4): 657-672.

[15] BUCHER C G, LIN Y K. Stochastic stability of bridges considering coupled modes[J]. Journal of Engineering Mechanics, 1988, 114(12): 2055-2071.

[16] 刘春华. 大跨度桥梁抖振响应的非线性时程分析[D]. 上海: 同济大学, 1995.

[17] 曹映泓. 大跨度桥梁非线性颤振和抖振时程分析[D]. 上海: 同济大学, 1999.

[18] 丁泉顺. 大跨度桥梁耦合颤抖振响应的精细化分析[D]. 上海: 同济大学, 2001.

[19] ZHU L D. Buffeting response of long-span cable-supported bridges under skew winds: Field measurement and analysis[D]. Hong Kong: Hong Kong Polytechnic University, 2002.

[20] LIEPMANN H W. On the application of statistical concepts to the buffeting problem[J]. Journal of the Aeronautical Sciences, 1952, 19(12): 793-800.

[21] SARKAR P P, JONES N P, SCANLAN R H. Identification of aeroelastic parameters of flexible

bridges[J]. Journal of Engineering Mechanics,1994,120(8):1718-1742.

[22] 顾巍. 钝体和桥梁断面的气动导纳试验技术与研究[D]. 上海:同济大学,2000.

[23] 靳欣华. 桥梁断面气动导纳识别理论及试验研究[D]. 上海:同济大学,2003.

[24] LAROSE G L,TANAKA H,GIMSING N J,et al. Direct measurements of buffeting wind forces on bridge decks[J]. Journal of Wind Engineering and Industrial Aerodynamics,1998,74:809-818.

[25] SCANLAN R H. The action of flexible bridges under wind,Ⅰ:flutter theory[J]. Journal of Sound and Vibration,1978,60(2):187-199.

[26] SCANLAN R H. The action of flexible bridges under wind,Ⅱ:buffeting theory[J]. Journal of Sound and Vibration,1978,60(2):201-211.

[27] 胡晓红. 大跨度拱桥等效风荷载试验研究[D]. 上海:同济大学,2002.

[28] MATSUDA K,HIKAMI Y,FUJIWARA T,et al. Aerodynamic admittance and the"strip theory"for horizontal buffeting forces on a bridge deck[J]. Journal of Wind Engineering and Industrial Aerodynamics,1999,83(1-3):337-346.

[29] 蒋永林. 斜拉桥抖振响应分析[D]. 成都:西南交通大学,2000.

[30] HOLMES J D. Prediction of the response of a cable stayed bridges to turbulence[C]. Proceedings of the 4th International Conference on Wind Effects on Building and Structures,Heathrow,1975:187-197.

[31] WALSHE D E,WYATT T A. Measurement and application of the aerodynamic admittance function for a box-girder bridge[J]. Journal of Wind Engineering and Industrial Aerodynamics,1983,14(1-3):211-222.

[32] SCANLAN R H,JONES N P. Aeroelastic analysis of cable-stayed bridges[J]. Journal of Structural Engineering,1990,116(2):279-297.

[33] JAIN A,JONES N P,SCANLAN R H. Coupled flutter and buffeting analysis of long-span bridges[J]. Journal of Structural Engineering,1996,122(7):716-725.

[34] JONES N P,SCANLAN R H. Theory and full-bridge modeling of wind response of cable-supported bridges[J]. Journal of Bridge Engineering,2001,6(6):365-375.

[35] KATSUCHI H. An analytical study on flutter and buffeting of the Akashi-Kaikyo Bridge[J]. Essay Submitted in Conformity with the Requirements for Master of Science in Engineering,The Johns Hopkins University,1997.

[36] SIMIU E,SCANLAN R H. Wind effects on structures:fundamentals and applications to design[M]. New York:John Wiley,1996.

[37] 孙绍东,杨骊先,孙炳楠. 大跨度桥梁全耦合颤抖风振响应分析[J]. 浙江大学学报(自然科学版),1997(4):471-480.

[38] JAIN A,JONES N P,SCANLAN R H. Effect of modal damping on bridge aeroelasticity[J]. Journal of Wind Engineering and Industrial Aerodynamics,1998,77:421-430.

[39] SEO D W,CARACOGLIA L. Statistical buffeting response of flexible bridges influenced by errors in aeroelastic loading estimation[J]. Journal of Wind Engineering and Industrial Aerodynamics,2012,104:129-140.

[40] SHINOZUKA M, JAN C M. Digital simulation of random processes and its applications[J]. Journal of Sound and Vibration, 1972, 25(1):111-128.

[41] YANG J N. Simulation of random envelope processes[J]. Journal of Sound and Vibration, 1972, 21(1):73-85.

[42] YANG J N. On the normality and accuracy of simulated random processes[J]. Journal of Sound and Vibration, 1973, 26(3):417-428.

[43] DEODATIS G. Simulation of ergodic multivariate stochastic processes[J]. Journal of Engineering Mechanics, 1996, 122(8):778-787.

[44] PANOFSKY H A, MCCORMICK R A. The spectrum of vertical velocity near the surface[J]. Quarterly Journal of the Royal Meteorological Society, 1960, 86(370):495-503.

[45] 项海帆,林志兴,鲍卫刚,等. 公路桥梁抗风设计指南[M]. 北京:人民交通出版社,1996.

第 9 章
桥梁涡振性能检验

当大气边界层中近地风绕过桥梁时,可能会产生流动分离和周期性的旋涡脱落,使结构上下或左右两侧表面出现交替变化的正负压力和力矩,称为涡激力。涡激力可能会引起结构横风向或扭转方向有限振幅的振动,称为涡激振动,简称涡振。涡振是桥梁结构的一种风致振动形式,是带有强迫和自激双重性质的风致限幅振动。当旋涡脱落频率远离结构自振频率时,涡激力表现为强迫力的性质;当旋涡脱落频率接近或等于结构某一阶自振频率时,涡激力表现为强迫力和自激力的双重性质。大部分理论研究针对涡振条件下的涡激力开展。涡振虽然不会像颤振一样导致桥梁灾难性的破坏,但是它发生风速低、频率高,有可能导致杆件产生裂纹或疲劳破坏,影响行车的舒适性和安全性。对于大跨度斜拉桥和悬索桥,主梁、桥塔和缆索都可能发生大幅涡振;对于大跨度拱桥,拱肋、主梁以及吊杆在较低的风速下也容易发生涡振。已建成的大跨度桥梁,如我国的西堠门大桥、丹麦的 Great Belt 桥、英国的 Second Severn 桥、巴西的 Rio-Niteroi 桥、日本的东京湾桥、加拿大的 Lions Gate 桥等都出现过大幅涡振,因此桥梁涡振是桥梁风工程领域中一个非常重要的问题。

由于钝体断面绕流复杂,难以从流体力学理论出发推导涡激力解析表达式。实际做法是通过试验与理论结合,建立描述结构涡振行为乃至主梁所受涡激力的半理论半经验数学模型。现有模型按建模目的可大致分为基于振动行为模拟的涡振经验模型和基于涡激力模拟的实测涡激力模型。涡振经验模型又可根据其形式分为两自由度模型和单自由度模型。两自由度模型早期提倡者包括 Bishop、Birkhoff 等。该模型在结构运动方程上附加与其耦合的非线性振子方程(如 Van Der Pol 振子)以近似模拟涡振过程流体-结构耦合作用。后续学者针对这类模型开展了大量研究,主要进展体现在非线性方程选取、流体-结构耦合形式、模型参数改进、二维模型向三维拓展等方面。这类模型可用1组参数描述整个锁定区结构振幅分支、频率锁定、相位突变等特性,然而模型参数识别需借助复杂强迫振动试验工况确定,较少用于除圆柱断面外的其他钝体断面。

风洞试验和理论分析是预测结构涡振性能的手段,在准确预测结构涡振性能基础上,需考虑结构服役与耐久性要求,对其涡振性能进行判定。目前,各国桥梁抗风设计规范均给出了大跨度桥梁涡振响应相关限值。如果桥梁涡振性能不满足规范要求,需采取某些措施进行控制。桥梁涡振控制一般有三种思路:

(1)断面气动外形优化。即改变断面原始气动外形,使其满足《公路桥梁抗风设计规范》(JTG/T 3360-01—2018)要求。断面气动外形优化一般有两种手段:一种是对原始断面外形(如闭口箱梁斜腹板角度)或其附属设施(如护栏、检修轨道、风障等)的位置、样式等进行调整,以找到合适的组合形式,提高断面涡振性能;另一种是通过附加某些气动措施,如导流板、抑流板等,提高断面气动性能。

(2)机械控制措施。在气动外形修正效果受限情况下,辅助机械控制手段可进一步对结构涡振进行抑制。辅助机械控制手段主要包括被动式调谐质量阻尼器(TMD)、主动调频式质量阻尼器(AT-MD)、主动质量阻尼器(AMD)等。

(3)结构措施。某些情况下可通过改变结构动力特性对涡振进行控制,如增设斜拉桥辅助墩、设置辅助索等。

9.1 涡激气动力模型

9.1.1 简谐力模型

人们最初研究涡激振动的时候,观察到的振动现象和简谐力非常相似,认为作用在结构上的涡激力具有和简谐力一样的形式,于是提出了最初的简谐涡激力模型,这一模型假定涡激力是与升力系数成正比的简谐力,该模型的主要缺点是不能正确反映涡激振动振幅随风速的变化关系。

$$m(\ddot{y} + 2\zeta\omega_\mathrm{n}\dot{y} + \omega_\mathrm{n}^2 y) = \frac{1}{2}\rho U^2 B C_\mathrm{L}\sin(\omega_\mathrm{v} t + \phi) \tag{9-1}$$

式中,m 为结构质量;ζ 为阻尼比;ω_n 为结构固有频率;ρ 为空气密度;U 为来流风速;B 为结构参考宽度;C_L 为升力系数曲线的幅值;ω_v 为旋涡脱落频率;ϕ 为初相位。根据结构动力学中的单自由度强迫振动理论,对于:

$$\ddot{y} + 2\zeta\omega_\mathrm{n}\dot{y} + \omega_\mathrm{n}^2 y = \frac{P}{m}\sin(\omega_\mathrm{v} t) \tag{9-2}$$

有 $y = y_\mathrm{s}\mu$,其中 y_s 为静力位移,μ 为动力放大系数:

$$\mu = \frac{1}{\sqrt{(1-\beta^2)^2 + (2\zeta\beta)^2}} \tag{9-3}$$

β 为定义的频率比:

$$\beta = \frac{\omega_v}{\omega_n} \tag{9-4}$$

当旋涡脱落频率与结构固有频率接近，即 $\beta=1$ 时，响应取得最大值：

$$\mu = \frac{1}{2\zeta\sqrt{1-\zeta^2}} \approx \frac{1}{2\zeta} \tag{9-5}$$

因此，涡振最大振幅为

$$y_{\max} = \frac{BC_L\rho U^2}{2m\omega_n^2} \times \mu_{\max} = \frac{DC_L}{4\pi S_c S_t^2} \tag{9-6}$$

式中，S_c 为 Scruton 数，$S_c = \frac{4\pi m\zeta}{\rho BD}$；$S_t$ 为 Strouhal 数，$S_t = \frac{\omega_v D}{2\pi U}$。

由以上计算结果可以看出，振幅与梁高以及升力系数成正比，与 Scruton 数以及 Strouhal 数的平方成反比。Strouhal 数取决于桥梁主梁断面的形状，而 Scruton 数则取决于主梁单位长度的质量、阻尼比和主梁断面形状。在实际的涡振中，振幅随着风速的增加而增加，但是当风速超过一定值以后，振幅又会减小直至消失，在这一过程中旋涡脱落频率始终锁定于结构自振频率。该模型最致命的缺点是难以确定自激力和涡振位移之间的相位差，而这个相位差实际上反映了涡激力中阻尼作用成分的多少，对涡振振幅的计算结果有决定性的影响。

9.1.2 升力振子模型

20 世纪 60 年代，Scruton 提出了升力振子模型，后来又有多篇文献对这种模型进行了改进和补充，使这种经验模型具有一定的真实性和可接受性，其方程如下：

$$m(\ddot{y} + 2\zeta\omega_n\dot{y} + \omega_n^2 y) = \frac{1}{2}\rho U^2 DC_L(t) \tag{9-7}$$

式中，假设升力系数 C_L 满足具有范德波尔（Van der Pol）振子特性的振荡方程，它与运动速度的关系为

$$\ddot{C}_L + a_1\dot{C}_L + a_2\dot{C}_L^3 + a_3 C_L = a_4\dot{y} \tag{9-8}$$

式中，a_1、a_2、a_3、a_4 是由试验求出的常数。这个假设是根据要研究的系统特性与范德波尔振子特性的相似性提出的，即在小振幅时阻尼小，在大振幅时阻尼大。同时，模型固定时，$\dot{y}=0$，$C_L(t)$ 具有近似解，$C_L(t) = C_{L_0}\sin(\omega_v t + \varphi)$。因此，$C_L(t)$ 所满足的振子方程可改写为以下形式：

$$\ddot{C}_L + \omega_v^2 C_L + \left[C_{L_0}^2 - C_L^2 - \left(\frac{\dot{C}_L}{\omega_v}\right)^2\right](\omega_v G\dot{C}_L + \omega_v^2 HC_L) = \omega_v F\dot{y} \tag{9-9}$$

式中，ω_v 为旋涡脱落的圆频率；C_{L_0}、G、H、F 是需要根据试验结构识别确定的常数。

式(9-8)和式(9-9)构成了升力振子模型的耦合非线性方程组。在涡激共振频率锁定时，若结构的实际振动频率、结构固有频率和旋涡脱落频率均相同，即 $\omega = \omega_n = \omega_v$，则该方程的近似解为正弦函数：

$$\frac{y}{D} = A\sin(\omega t), \quad \frac{C_L}{C_{L_0}} = B\sin(\omega t + \varphi) \tag{9-10}$$

式中，A 为涡振位移幅值；B 为涡振时气动力的放大系数；φ 为气动力和位移的相位差。

从以上描述可以看出，升力振子模型可以比较准确地描述涡激共振的振幅随风速或旋涡脱落频率变化的过程，但是需要大量的试验数据并进行仔细的分析。同时，其中的升力系数比较难确定；如果通过风洞测压试验进行，那么阻尼的影响将难以评估。

9.1.3 经验线性模型

风工程中常常只需能简单地确定结构最大位移的模型。对于涡激振动，研究者们总希望保留一个线性模型，以反映锁定区域附近观察到的主要试验结果。为了建立这样的模型，假设对一线性机械振子给予气动激振力、气动阻尼力和气动刚度。因为锁定意味着机械振子的固有频率控制整个机械-气动力系统，所以模型应该在这个频率（$\omega = \omega_h$）下推导。Simiu 和 Scanlan 于 1986 年提出了一种线性模型假定，假定一个机械振子气动激振力、气动阻尼力以及气动刚度。

$$m(\ddot{y} + 2\zeta \omega_h \dot{y} + \omega_h^2 y) = \frac{1}{2}\rho U^2 (2D) \left[Y_1(K_1) \frac{\dot{y}}{U} + Y_2(K_1) \frac{y}{D} + \frac{1}{2} C_L(K_1) \sin(\omega_v t + \varphi) \right] \tag{9-11}$$

式中，m 为结构质量；ω_h 为结构竖弯振动频率；ρ 为空气密度；U 为来流风速；D 为结构横风向尺寸；ω_v 为涡脱频率；约化频率 $K_1 = \omega_1 D/U$；$Y_1(K_1)$、$Y_2(K_1)$、$C_L(K_1)$、φ 为待定参数，是约化频率 K_1 的函数。

令 $\eta = y/D$，$s = tU/D$，$\eta' = \mathrm{d}\eta/\mathrm{d}s$，$\eta'' = \mathrm{d}\eta'/\mathrm{d}s$，$K_n = \omega_h D/U$，式(9-11)可简化为：

$$\ddot{\eta} + 2\zeta K_n \eta' + K_n^2 \eta = \frac{\rho D^2}{2m} \left[Y_1 \eta' + Y_2 \eta + C_L \sin(K_n s + \varphi) \right] \tag{9-12}$$

进一步取 $K_0^2 = K_n^2 - \frac{\rho D^2}{2m} Y_2$，$\gamma = \frac{1}{2K_0}(2\zeta K_n - \frac{\rho D^2}{2m} Y_1)$，则有：

$$\eta = \frac{\rho D^2 C_L}{2m \sqrt{(K_0^2 - K_n^2)^2 + (2\gamma K_0 K_n)^2}} \sin(K_n s - \theta) \tag{9-13}$$

其中：

$$\theta = \arctan \frac{2\gamma K_0 K_n}{K_0^2 - K_n^2} \tag{9-14}$$

经验线性模型推导时假定了气动涡激力的频率等于结构固有频率，只能描述频率锁定区附近的涡激共振情况。

9.1.4 经验非线性模型

在经验线性模型中，由于采用了线性的自激力模型，即假设气动激振力、气动阻尼力和气动刚度可由一个线性机械振子确定，问题得到了简化。经验线性模型是一个近似的涡激力模型，试验结果显示，在最大共振峰值附近，经验线性模型能较好地反映试验结果，但实际的涡激力具有非线性的性质，用一个线性模型无法精确地描述，并且无法解释涡激振动的自激和自限幅特性。1986 年，Scanlan 提出了一个描述涡激力的经验非线性模型；1996 年，Scanlan 对该经验非线性模型进行了进一步的深化。

在该经验非线性模型中，Scanlan 等通过引入一个三次的非线性气动自激力项来应用 Van

der Pol 振子的概念。

$$m(\ddot{y}+2\zeta\omega_h\dot{y}+\omega_0^2 y) = \frac{1}{2}\rho U^2(2D)\left[Y_1(K_v)\left(1-\varepsilon\frac{y^2}{D^2}\right)\frac{\dot{y}}{U}+Y_2(K_v)\frac{y}{D}+\frac{1}{2}C_L(K_v)\sin(\omega t+\varphi)\right]$$
(9-15)

式中,m 为结构质量;ω_h 为结构竖弯振动频率;ζ 为阻尼比;ρ 为空气密度;U 为来流风速;D 为结构横风向尺寸;y 为涡激共振竖向响应;约化频率 $K_v=\omega_h D/U$;$Y_1(K_v)$、$Y_2(K_v)$、$C_L(K_v)$、ε 都是约化频率 K_v 的函数,有待观测值的拟合。

这个经验非线性模型比升力振子模型简单得多,且能够反映涡激共振的自激特性和自限幅特性。如果测得涡激共振响应的时程曲线,可采用基于统一方程 KBM 法识别经验非线性模型的涡激力参数。

9.1.5 广义经验非线性模型

在经验非线性模型的基础上,1995 年,Larsen 通过增加一个形状参数 ν,提出了广义经验非线性模型:

$$\ddot{\eta}+\mu\cdot f\cdot S_c\cdot\eta+(2\pi f)^2\cdot\eta=\mu\cdot f\cdot C_a(1-\varepsilon|\eta|^{2\nu})\cdot\eta \quad (9\text{-}16)$$

式中,$\eta=y/D$,为结构横风向的位移无量纲参数;$S_c=\dfrac{4\pi\zeta_b m}{\rho D^2}$ 或 $S_c=\dfrac{4\pi\zeta_b mI_m}{\rho D^2 B^2}$,为 Scruton 数,$m$ 为主梁单位长度质量,I_m 为单位长度质量惯性矩,D 为梁高,B 为梁宽,ζ_b 为阻尼比,ρ 为空气密度;f 为振动频率;$\mu=\rho D^2/m$,为质量比;C_a、ε 和 ν 是无量纲动力学参数,需要通过试验测得。

稳态涡激共振状态下,假设涡激共振振幅随时间按正弦变化,$\eta=\eta_0\sin(2\pi ft)$,要使等式成立,必须使惯性项和刚度项消掉,也就是说:

$$\mu\cdot f[(S_c-C_a)\cdot\eta+\varepsilon|\eta|^{2\nu}\cdot\eta]=0 \quad (9\text{-}17)$$

假定 $|\eta|^{2\nu}$ 能够表示为 $|\eta|^{2\nu}=I_w\eta_0^{2\nu}$,$I_w$ 是权重函数。因此可以得到:

$$\eta=\left[\frac{1}{I_w\varepsilon}\left(1-\frac{s}{C_a}\right)\right]^{\frac{1}{2\nu}} \quad (9\text{-}18)$$

权重系数 I_w 可以通过令一个周期内非线性项能量 $|\eta|^{2\nu}$ 与其近似项 $I_w\eta_0^{2\nu}$ 相同得到,也就是说:

$$I_w\eta_0^{2\nu}\eta_0^2\int_0^{2\pi}\sin^2 p\,dp=\eta_0^{2\nu}\eta_0^2\int_0^{2\pi}|\cos p|^{2\nu}\sin^2 p\,dp \quad (9\text{-}19)$$

$$I_w=\frac{\int_0^{2\pi}|\cos p|^{2\nu}\sin^2 p\,dp}{\int_0^{2\pi}\sin^2 p\,dp}=\frac{Ic(\nu)}{\pi} \quad (9\text{-}20)$$

因此,涡激共振稳态振幅为:

$$\eta_0=\left[\frac{\pi}{Ic(\nu)\varepsilon}\left(1-\frac{S_c}{C_a}\right)\right]^{1/2\nu} \quad (9\text{-}21)$$

式中,$Ic(\nu)=\int_0^{2\pi}|\cos p|^{2\nu}\sin^2 p\,dp$,可以通过数值求解得到。由于其中包含了 ν,积分比较困难,在实际应用中经常遇到的情况是 $0<\nu<1$,近似有等式 $\dfrac{\pi}{Ic(\nu)}=3\nu+1$ 成立,其误差控制在

8%以内。式(9-21)中有三个独立气动参数C_a、ε、ν需要在试验中进行识别,因此应该至少用3次不同Scruton数试验稳态响应结果进行识别。另外,为了避免单次试验带来误差,应该试验获得多组(S_{ci},η_i)值,并用最小二乘法进行参数识别$\eta(S_{ci},C_a,\varepsilon,\nu)$。

9.2 涡激气动力识别

涡激振动是大跨度桥梁在低风速下易发的具有强迫和自激双重性质的自限幅风致振动现象。尽管涡激振动不会像颤振或驰振那样导致发散,但由于是低风速下易发生的振动,且振幅之大足以影响行车安全和舒适度,甚至可能诱发拉索参数共振等气动不稳定问题。常用涡振抑制措施可分为机械措施和气动措施。机械措施主要通过外加阻尼器提高结构阻尼,达到降低、抑制风致振动目的;气动措施是适当改变桥梁的外形布置或增设非结构性的导流装置,以达到抑制涡振目的。表9-1列出了目前基于风洞试验获得的流线型闭口箱梁断面涡振有效抑制气动措施。

流线型闭口箱梁主梁断面涡振气动措施　　　　表9-1

文献	时间	研究方法	有效抑振气动措施
许福友等	2010年	测振和测压风洞试验,气动力时频特性分析	箱梁底部两侧转折处安装导流板、栏杆扶手抑流板
郭增伟等	2012年		栏杆扶手抑流板
刘君等	2015年	测振风洞试验,CFD二维流场分析	检修轨道导流板
李永乐等	2011年		检修轨道导流板、风嘴分流板
孙延国等	2012年		检修轨道导流板
张建等	2015年	测振风洞试验	检修轨道导流板、风嘴分流板
朱思宇等	2015年		检修轨道导流板
李春光等	2017年		栏杆扶手抑流板、减小风嘴角度

以上研究表明,主梁断面的涡振性能对气动外形的改变非常敏感,气动措施因桥而异,同一种气动措施对不同气动外形主梁断面涡振抑制效果明显不同。其中,检修轨道导流板、栏杆扶手抑流板是目前应用最为广泛的流线型闭口箱梁涡振抑制措施。目前,尽管可通过上述两类气动措施控制流线型闭口箱梁涡振,但是对其抑振机理的研究尚不充分。许福友等和郭增伟等分别基于某流线型箱梁基本断面和成桥断面,从箱梁表面气动力时频特性的角度分析了栏杆扶手抑流板抑制涡振机理。遗憾的是,上述研究未能指出增设栏杆扶手抑流板引起箱梁气动力时频特性变化的深层次原因,对其机理认识尚不充分。相比于增设栏杆扶手抑流板,目前对检修轨道导流板控制流线型闭口箱梁涡振的研究更为广泛,两者的共同特点是基于主梁节段模型试验,改变风攻角、偏角、阻尼、流场特性、雷诺数、移动附属构件位置等参数,对比研究风速锁定区及涡振振幅等宏观响应特性,并未从微观上进行机理解释。

综上所述,增设栏杆扶手抑流板和检修轨道导流板是目前广泛使用的流线型闭口箱梁涡振抑制措施。增设栏杆扶手抑流板对流线型闭口箱梁断面抑制涡振的气动力作用机理研究虽有开展,但更多着眼于气动力分布模式及时频特性,较少关注分布气动力对涡振贡献作用,更无法区分分布气动力对涡激力增强或减弱作用。同时,也未能指出增设栏杆扶手抑流板引起上述气动力分布模式及时频特性变化的深层次原因,对其抑制涡振机理认识尚不深入。对于增设检修轨道导流板对流线型闭口箱梁断面涡振抑制效果的气动力作用机理研究更是未见报告。针对某流线型闭口箱梁断面,采用风洞试验和 CFD 数值模拟相结合的方法,对比了增设栏杆扶手抑流板和检修轨道导流板对原始断面涡振响应特性的影响,并从箱梁表面气动力时频特性和流场变化特性两方面进行对比研究,揭示其抑振机理。研究内容为:基于主梁节段模型试验,对比研究原始断面、增设栏杆扶手抑流板和检修轨道导流板断面的涡振响应特性;选取关键风速结点,对比研究原始断面与增设上述气动措施箱梁表面气动力时频特性变化,包括平均风压系数、脉动风压系数、测点压力频谱特性、分布气动力与整体涡激力相关性、对涡激力的贡献以及涡激力相位谱,从气动力时频特性角度揭示上述气动措施抑振机理;基于 CFD 数值模拟,对比原始断面与增设气动措施断面箱梁附近流场绕流变化特征,从流场特性角度揭示抑振机理。

9.2.1 风洞试验识别

研究对象为主跨 780m 的斜拉桥,跨径布置为 325m + 780m + 325m。一阶竖弯频率和扭转频率分别为 0.263Hz 和 0.642Hz。主梁断面为流线型闭口箱梁,模型几何缩尺比为 1:20,模型长度 L 为 3600mm,特征宽度 B 为 1900mm,特征高度 D 为 177.7mm,风嘴角度为 59°,风嘴下部斜腹板与水平线的夹角为 14°,该角度有利于避免气流在该区域的流动分离及有规律旋涡脱落,进而最大限度地避免涡振的产生。模型中部断面布置测压孔,共 158 个测点,测点间距为 20~30mm,测压管内径为 0.8mm,压力导管长度均为 1200mm,主梁断面尺寸和测压点布置如图 9-1 所示。

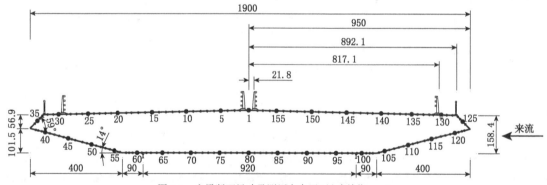

图 9-1 主梁断面尺寸及测压点布置(尺寸单位:mm)

试验模型由钢框架提供整体刚度,防撞栏和检修轨道采用 ABS 板雕刻,人行道栏杆采用精加工钢管焊接,外衣采用薄钢板铺装,模型骨架如图 9-2 所示。节段模型安装于风洞内支架系统上,保证模型两端与支架系统内壁间隙足够小且在试验中不会发生接触,以避免产生三维绕流效应。模型与两根吊臂相连;吊臂两端再分别通过上下四根弹簧与支座系统相连,形成弹性悬挂系统,同时在吊臂处各布置一个激光位移传感器,如图 9-3 所示。

试验采用日本 Matsushita 公司 MLS LM10-130 ANR1215 型激光位移传感器,测量范围 (130 ± 50)mm,分辨率 20μm,线性度误差在 ± 0.2% 以内。表面压力测试使用美国 SCANI-VALVE 扫描阀公司生产的量程为 ± 254mm 和 ± 508mm 水柱的 DSM3000 电子式压力扫描阀系统、PC 机和自编的信号采集软件。采样频率 200Hz,采样时间 60s。试验在同济大学 TJ-3 边界层风洞中进行。该风洞是一个竖向布置的闭口回流式边界层风洞,试验段长 14m,矩形断面宽 15m、高 2m。空风洞可控风速范围为 1~17.6m/s,连续可调。试验过程模型及支架系统最大阻塞比小于5%,故不需对试验测量结果进行相关修正。为了减少测压信号畸变的影响,采用测压管路频响函数对测压信号进行修正。节段模型设计严格满足相似比要求。零风速下,采用自由振动衰减法测得竖弯和扭转振动阻尼比均为0.35%,竖向和扭转频率分别为3.32Hz和8.86Hz,主梁节段模型的主要参数如表9-2所示。

图9-2 模型骨架

图9-3 风洞试验装置

主梁节段模型主要参数 表9-2

参数	竖弯	扭转
频率(Hz)	3.32	8.86
阻尼比(%)	0.35	0.35
总质量(kg)	339.61	
总质量惯性矩(kg·m²)	168.12	

对图9-1所示断面(以下均称为原始断面),完成-3°、0°和+3°初始风攻角下的涡振试验,试验风速为1.0~13.0m/s,对应基于主梁特征宽度的雷诺数范围为$1.28 \times 10^5 \sim 1.67 \times 10^6$。-3°和0°初始风攻角下,并未发现明显的涡振现象。+3°风攻角下,主梁断面出现了明显的竖向涡振和扭转涡振现象,涡振响应如图9-4所示。横坐标表示折算风速$U_* = U/(f_b B)$,其中U为来流风速,f_b为竖弯频率;纵坐标表示归一化幅值A/D,其中A为竖向振幅。折算风速小于2.07m/s范围内,存在一个扭转涡振区,锁定区间为1.70~2.08,最大振幅0.11°,远小于《公路桥梁抗风设计规范》(JTG/T 3360-01—2018)允许值,对应折算风速为1.67m/s。存在三阶竖向涡振区,其中第三阶涡振锁定区间振幅最大,达到0.078,远大于《公路桥梁抗风设计规范》(JTG/T 3360-01—2018)允许值,对应折算风速为1.99m/s。

为了抑制+3°初始风攻角下原始断面竖向涡振,分别设置栏杆扶手抑流板和检修轨道导流板,以检验上述气动措施对原始断面涡振抑制效果,如图9-5所示。

图9-6给出了+3°风攻角下,原始断面、增设检修轨道导流板断面和增设栏杆扶手抑流板断面竖向涡振响应对比。可知,检修轨道导流板对抑制涡振有比较明显的效果,第二、三阶竖向涡振最大振幅分别减小了19.0%和53.1%。设置栏杆扶手抑流板后,竖弯涡振完全得到了抑制。-3°和0°初始风攻角下,栏杆扶手抑流板断面和检修轨道导流板断面也未发现涡振现象。由此可见,设置栏杆扶手抑流板和检修轨道导流板均能有效抑制涡振。其中,栏杆扶手抑流板抑振效果最优。文献[17]采用增设栏杆扶手抑流板气动措施成功抑制了扭转涡振,故对于流线型闭口箱梁断面而言,增设栏杆扶手抑流板是一种较通用而有效的抑制涡振气动措施。

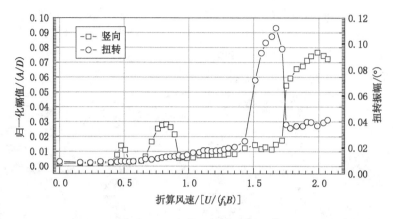

图 9-4 +3°初始风攻角下涡振响应

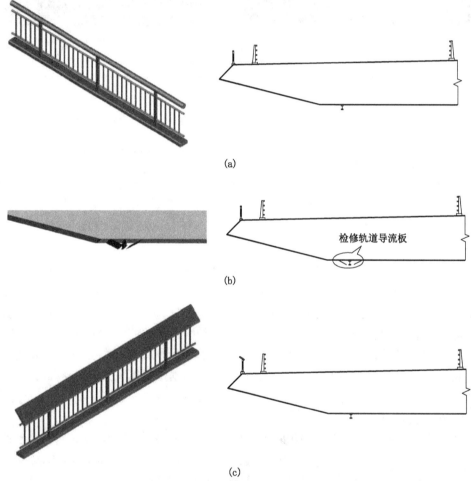

图 9-5 原始断面及增设气动措施断面细部
(a)原始断面;(b)增设检修轨道导流板断面;(c)增设栏杆扶手抑流板断面

为了研究原始断面竖向涡振产生机理,以及检修轨道导流板和栏杆扶手抑流板抑振机理,分别针对原始断面、检修轨道导流板断面及栏杆扶手抑流板断面选取典型风速,分别为折算风速 1.99、1.88 和 1.91,并对其表面压力时频特性进行分析。

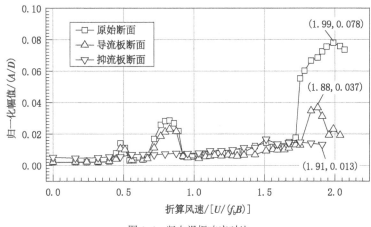

图 9-6 竖向涡振响应对比

9.2.2 气动力时频特性

箱梁表面压力包含丰富的信息,可反映断面气体绕流情况,通过积分还可获得总体气动力及涡激力。根据节段模型表面压力信号,对比分析原始断面、检修轨道导流板断面和栏杆扶手抑流板断面箱梁表面气动力时频特性,探究涡振机理及气动措施抑振机理。

i 测点风压系数定义为

$$C_{pi}(t) = \frac{p_i(t)}{\frac{1}{2}\rho U^2} \tag{9-22}$$

式中,$p_i(t)$ 为 i 测点风压时程;U 为相应工况下来流平均风速;$C_{pi}(t)$ 为 i 测点风压系数时程。

(1)压力系数均值与脉动值。

图 9-7 对比了三断面表面压力系数均值空间分布。除迎风侧风嘴为正压外,其余部位均处于负压区。对于原始断面,在上表面区域,越接近迎风侧,测点区域压力系数均值越大,在下表面区域,两个检修轨道附近区域的测点压力系数均值明显高于其余部位,可能是检修轨道引起结构外形突变,导致气流在此区域分离,从而产生较大负压。与原始断面相比,导流板的布置主要改变了模型下表面检修轨道附近区域以及两检修轨道之间区域表面风压空间分布特性,特别是上游检修轨道附近区域,下表面上游区域压力系数极大值向下游移动,在 61# 测点取得极大值,而下表面下游区域压力系数最大值向上游移动,在 97# 测点取得极大值,两测点之间的下表面区域处于负压区,压力系数均值绝对值远大于原始断面;上表面以及上下游风嘴的压力系数均值分布与原始断面基本一致。与原始断面相比,抑流板主要改变了上表面的压力系数均值分布,上表面压力明显小于原始断面,特别是 132# 测点与 17# 测点之间区域;上游风嘴底部、下表面以及下游风嘴压力系数均值与原始断面一致。结合上节涡振响应,可推断导流板断面和抑流板断面涡振性能的改善分别与箱梁上表面和下表面区域分布气动力特性相关。

图 9-8 对比了三断面表面压力系数根方差空间分布。对于原始断面,箱梁表面压力系数根方差较大;设置导流板后,除下表面中上游区域表面压力系数根方差明显增大外,其他区域表面压力系数根方差明显减小;与原始断面和导流板断面相比,设置抑流板后,断面表面压力系数根方差明显减小,数值较小且分布均匀。

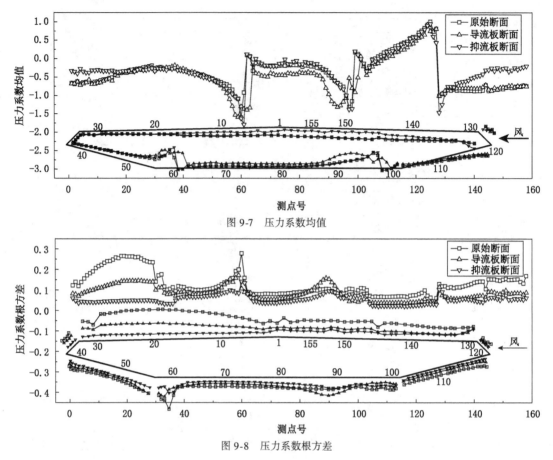

图 9-7 压力系数均值

图 9-8 压力系数根方差

结合上节涡振响应,可推断原始断面的涡振由箱梁表面强烈的压力脉动引起。导流板可有效减小上述压力脉动,涡振响应明显减小;抑流板消除了压力脉动,故涡振消失。

(2) 分布气动力频谱特性。

结构表面压力的频谱可反映压力脉动的频率特征,卓越频率反映了压力变化的主导频率。图 9-9 对比了三断面表面压力卓越频率空间分布。原始断面及增设检修轨道导流板断面表面各测点压力卓越频率均与涡振振动频率一致,表明涡振激发后,结构表面涡脱被结构振动控制,表面压力与结构运动相互反馈,以统一的频率变化;增设抑流板后,结构表面不存在一个统一的卓越频率。

定义无量纲气动力系数:

$$C_{pi}^{d} = \frac{p_i^{d}}{\frac{1}{2}\rho U^2} \tag{9-23}$$

式中,p_i^{d} 为 i 测点压力在振动卓越频率处压力幅值;C_{pi}^{d} 为 i 测点振动卓越频率处压力系数。

图 9-10 给出了三断面各测点振动卓越频率处压力系数 C_{pi}^{d} 根方差。相对于原始断面,设置导流板后,C_{pi}^{d} 明显减小,尤其是上表面下游、下表面与下游风嘴转角附近区域;设置抑流板后,C_{pi}^{d} 急剧减小,数值较小且分布均匀。

为了进一步展现测点振动卓越频率处压力系数空间分布与压力系数根方差空间分布之间的内在联系,图 9-11 给出了振动卓越频率处压力系数与压力根方差比值空间分布。比值越大,表明振动卓越频率处压力脉动对该测点压力脉动的贡献越大。当比值为1时,表明该测点压力脉动完全由振动卓越频率压力主导。结合图9-8~图9-11可知,三断面压力系数脉动值与卓越频率处压力系数空间分布特征基本一致。对于原始断面,绝大部分区域比值约为0.8,表明涡振时断面结构表面压力主要以卓越频率周期性变化;增设检修轨道导流板后,绝大部分区域比值明显下降,特别是下表面与下游风嘴转角附近区域,表明检修轨道导流板改变结构下表面的涡脱形式,该区域卓越频率处的压力能量降低,减小了涡振振幅;增设栏杆扶手抑流板后,绝大部分区域比值急剧下降,表明增设栏杆扶手抑流板破坏了结构表面压力变化的一致性,不再存在比较显著的统一的涡脱频率,从而抑制了涡振的发生。

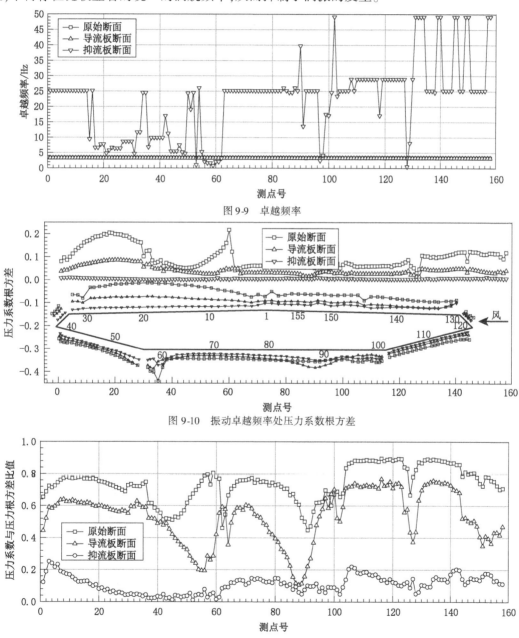

图9-9 卓越频率

图9-10 振动卓越频率处压力系数根方差

图9-11 振动卓越频率处压力系数与压力根方差比值

(3) 分布气动力与涡激力相关性。

对于测压试验得到的各测点风压时程,采用压力积分的方法可获取涡激力。用这种方式获得的涡激力能更全面反映结构涡激力空间分布特征。

体轴坐标系下,模型所受气动力可表达为:

$$F_V(t) \approx -\sum_{i=1}^{n} p_i(t)\delta_i \sin\theta_i \qquad (9\text{-}24\text{a})$$

$$F_H(t) \approx -\sum_{i=1}^{n} p_i(t)\delta_i \cos\theta_i \qquad (9\text{-}24\text{b})$$

$$M_T(t) \approx -\sum_{i=1}^{n} p_i(t)\delta_i \sin\theta_i(x_c - x) - \sum_{i=1}^{n} p_i(t)\delta_i \cos\theta_i(y - y_c) \qquad (9\text{-}24\text{c})$$

式中,n 为测点总数;θ_i 为 i 测点压力与水平轴之间的夹角,按逆时针方向在 $0 \sim 2\pi$ 之间变化;(x_c, y_c) 为扭转中心坐标;$F_V(t)$ 和 $F_H(t)$ 分别为体轴坐标系下升力和阻力;$M_T(t)$ 为扭矩,如图 9-12 所示。

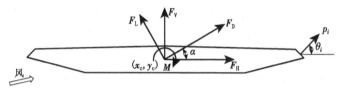

图 9-12 气动力方向

风轴坐标系下,模型所受总气动力可表达为:

$$F_D(t) = F_H(t)\cos\alpha + F_V(t)\sin\alpha \qquad (9\text{-}25\text{a})$$

$$F_L(t) = -F_H(t)\sin\alpha + F_V(t)\cos\alpha \qquad (9\text{-}25\text{b})$$

式中,α 为风轴坐标系与体轴坐标系之间的夹角,以逆时针方向为正;$F_D(t)$ 和 $F_L(t)$ 分别为风轴坐标系下升力和阻力。将模型振动过程中测得的风轴坐标系下总升力减去升力均值,即可得到作用于模型上的涡激力。

结构表面压力与涡激力的相关性可综合反映两者的频率特征和相位特征。箱梁表面各测点所受的气动力与涡激力的相关系数 ρ_i 综合反映了两者的频率特征和相位特征。其定义如下:

$$\rho_i = \frac{\text{cov}(F_{aev}(t), p_i(t))}{D(F_{aev}(t))D(p_i(t))} \qquad (9\text{-}26)$$

式中,ρ_i 为 i 测点压力与涡激力相关系数;$F_{aev}(t)$ 为涡激力时程;$p_i(t)$ 为 i 测点压力时程。

图 9-13 给出了三断面表面测点压力与涡激力相关性空间分布特征。对于原始断面,上表面中上游、风嘴尖角以下区域气动力与涡激力相关性为负相关,其余区域为正相关。上表面下游和下表面下游区域相关系数较大,绝对值达到 0.8 左右,二者方向相反。设置导流板后,相关性的空间分布形式与原始断面相似,各区域相关性均有所降低。设置抑流板后,模型表面压力与涡激力的相关性有较大程度降低,上表面上游与涡激力的相关性由负相关变为正相关,相关系数的绝对值小于 0.5。

以上研究表明,与原始断面相比,增设导流板极大地降低了区域测点压力与涡激力之间的相关性,而增设抑流板完全破坏了结构表面压力与涡激力的相关性。

(4) 分布气动力对涡激力的贡献。

箱梁表面各测点区域分布气动力对涡振的贡献同时取决于测点压力脉动大小及其与涡激

力的相关性。箱梁表面各测点区域分布气动力对涡激力的贡献,可表达为

$$C_{\text{aev-}i} = C_{\sigma_i} \rho_i \tag{9-27}$$

式中,C_{σ_i}为i测点压力系数根方差;ρ_i为i测点压力与涡激力相关系数;$C_{\text{aev-}i}$为箱梁表面各测点压力对涡激力贡献值。当$C_{\text{aev-}i}$为正时,表示i测点区域分布气动力对涡激力起增强作用;当$C_{\text{aev-}i}$为负时,表示i测点区域分布气动力对涡激力起减弱作用。

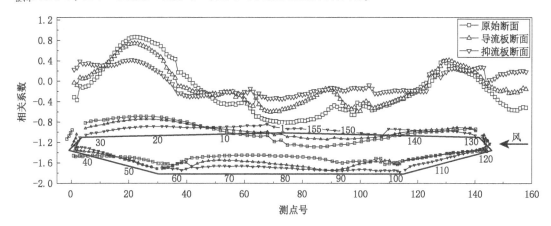

图 9-13 表面压力与涡激力相关性

图9-14对比了三断面测点区域分布气动力对涡激力贡献值空间分布。对于原始断面,上表面下游、中上游和下表面区域气动力对涡激力贡献较大,其中上表面下游区域气动力对涡激力起增强作用,其他区域气动力对涡激力起减弱作用;设置导流板后,上表面中上游和下表面区域气动力对涡激力贡献值迅速减小并趋近于零,上表面下游区域气动力对涡激力贡献绝对值也有所减小,但仍然比较突出;设置抑流板后,模型表面所有区域气动力对涡激力贡献值均迅速减小并趋近于零。

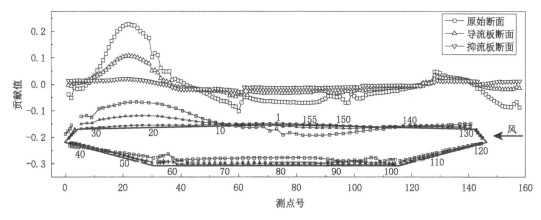

图 9-14 分布气动力对涡激力的贡献

结合上节涡振响应,可推断原始断面上表面下游区域气动力对涡激力起主要增强作用,上表面中上游、下表面区域气动力对涡激力起主要减弱作用。导流板可有效减小上述区域气动力对涡激力的贡献,以上表面下游区域尤甚,因而涡振响应明显减小。而抑流板几乎完全消除了上述区域气动力对涡激力的贡献作用,故涡振消失。此外,导流板的抑制涡振效果明显不如抑流板,主要是因为导流板未能完全消除上表面下游区域压力对涡激力的增强作用,同时较大

程度上减小了上表面中上游区域气动力对涡激力的减弱作用。

9.2.3 流场特性分析

涡振是气流流经钝体结构时分离,由此在结构两侧诱导出不对称脱落的旋涡,使结构两侧表面出现交替变化的正负压力从而引起的结构横风向有限振幅振动。借助二维 CFD 数值模拟平台进行计算,该平台动网格处理基于原创"HOPE 算法",并采用了 Dettmer 流固弱耦合算法,数值模拟选用大涡模拟(LES)Smagorinsky 亚格子黏性模型。断面尺寸和模拟雷诺数均与节段模型试验一致,空气密度 $\rho = 1.225 \text{kg/m}^3$,壁面 $y^+ < 2$。计算域尺寸为[−9,24]×[−13,13],主梁中心位于(0,0),底层网格三角形边长为 0.00092m,风攻角为 +3°,计算域与网格划分如图 9-15 所示。入口边界条件为指定速度,压强为 0,上下壁面指定法向速度为 0,不指定切向速度,出口为自然边界。令结构做竖向强迫振动,振动频率与结构弯频一致,振幅与模型振幅一致。

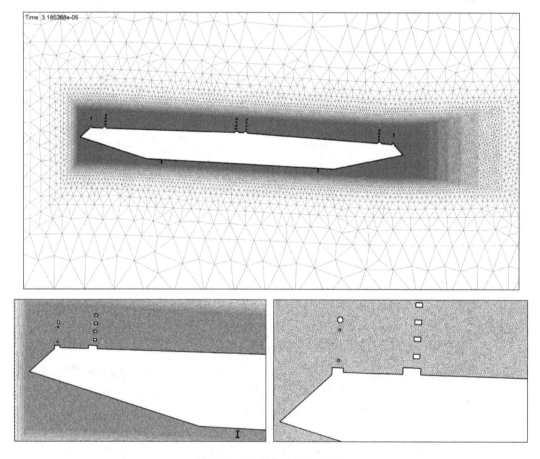

图 9-15 CFD 计算域与网格划分

图 9-16 给出了原始断面瞬时风速矢量,图 9-17 为原始断面涡振机理示意。可知,气流沿着迎风侧主梁上斜腹板与来流方向成一定角度斜向上流动,并在人行道栏杆基座处产生分离,在人行道栏杆与边防撞栏之间形成分离涡,分离后的气流(气流 A)与人行道栏杆第一、第二道横栏之间产生的加速流(气流 B)汇合继续向斜上方流动,并在边防撞栏第二道横栏迎风侧

边角转向且斜向下通过边防撞栏第一道横栏与第二道横栏之间区域,并在边防撞栏第一道横栏下游角部产生分离,在其后方形成旋涡负压区,逐渐由上游区域向中部发展形成大尺度旋涡,即主导涡,该主导涡最终在模型上表面下游区域形成,并贴近桥面向下游漂移。由于旋涡对结构的激振力与其强度成正比,与距离的平方成反比,故该主导涡对结构上表面下游区域气动力特性影响最大,第三阶基于箱梁表面气动力时频特性分析研究也同样表明该区域气动力对涡振效应起主要作用,为涡振发生的主导因素。

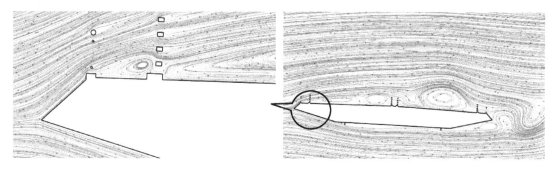

图 9-16　原始断面瞬时风速矢量

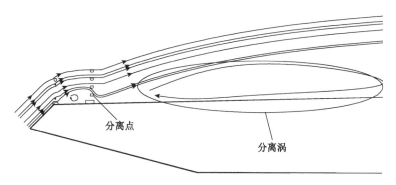

图 9-17　原始断面涡振机理示意

图 9-18 对比了原始断面和检修轨道导流板断面在同一个振动周期内的风速矢量。可知原始断面运动时间为 1/4 周期时刻流态与导流板断面运动时间为 1/2 周期时刻流态相似,涡振主导涡在主梁断面上相对位置较接近,表明增设检修轨道导流板引起涡振主导涡与结构振动位移产生约 90°整体偏移,导致涡振主导涡对结构做功减小,进而减小了周期性脉动压力激励效应,尤以原始断面涡激力主导区域的箱梁的上表面下游区域为甚(主导涡最终在该区域形成,能量最大,对结构振动影响最显著),故涡振响应明显降低。

图 9-19 对比了原始断面和栏杆扶手抑流板断面在同一个振动周期内的风速矢量,图 9-20 为抑流板抑振机理示意。可知,增设抑流板后,由于气流在抑流板后分离,在其后产生连续的旋涡脱落,改变了下方气流(气流 A 和气流 B 汇合流)移动路径,下方气流近乎水平通过边防撞栏区域,避免了横栏角部的流动分离,抑制了旋涡的产生,故涡振消失。

针对典型闭口箱梁主梁断面,进行了大尺度节段模型测振测压风洞试验。涡振响应结果表明:在+3°初始风攻角下,原始断面在设计风速范围内存在三阶竖弯涡振,第三阶涡振锁定区内涡振最大振幅远超《公路桥梁抗风设计规范》(JTG/T 3360-01—2018)允许值;设置检修轨道导流板,涡振振幅大幅减小;设置栏杆扶手抑流板,涡振消失。

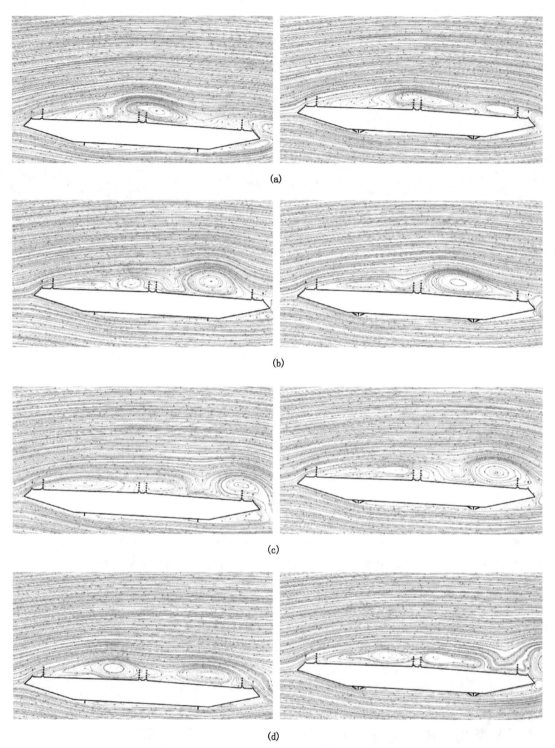

图9-18 原始断面和检修轨道导流板断面同一时刻竖向振动风速矢量对比(一个周期)
(a)运动起始点(平衡位置);(b)运动时间1/4周期;(c)运动时间1/2周期;(d)运动时间3/4周期

为了探究原始断面涡振机理及气动措施抑振机理,分别选取原始断面、检修轨道导流板断面和栏杆扶手抑流板断面典型风速点对箱梁表面区域气动力进行考虑相位差特征的时频效应分析及基于 CFD 数值模拟的流场特性分析。分析结论如下：

(1) 原始断面不同区域对于涡激力的贡献差异明显。检修轨道导流板和抑流板均可以一定程度上消除气动力对涡激力的贡献程度，故而抑制涡振效应；导流板未能完全消除上表面下游区域压力对涡激力增强作用，弱化了对涡激力的减弱作用。

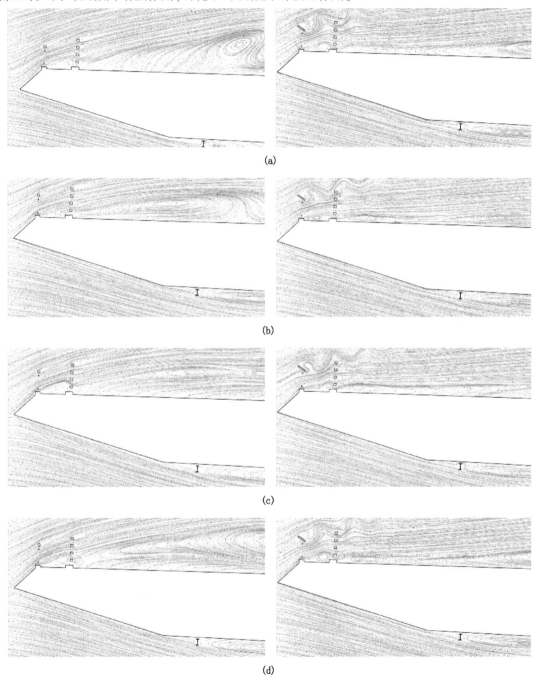

图 9-19　原始断面和栏杆扶手抑流板断面同一时刻竖向振动风速矢量对比（一个周期）
(a) 运动起始点（平衡位置）；(b) 运动时间 1/4 周期；(c) 运动时间 1/2 周期；(d) 运动时间 3/4 周期

（2）检修轨道导流板断面和栏杆扶手抑流板断面对于气动力荷载主导区域和频谱相位作用的差异，导致抑振效果有明显区别。与原始断面相比，增设导流板引起箱梁表面气动力与涡激力频谱相位角差约90°整体正交偏移，削弱了加载激励能量供给，降低了局部区域气动力对整体涡激力的直接贡献，减小了周期性脉动压力激励效应，尤以原始断面涡激力主导区域的箱梁的上表面下游区域为甚，故涡振响应明显降低。增设栏杆扶手抑流板导致箱梁表面气动力与涡激力的相位差分布和脉动频率随机离散化，极大降低了二者同步相关性，模型表面各区域气动力对涡激力的贡献均明显下降，无法激发整体结构涡振效应。

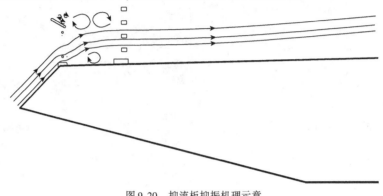

图9-20 抑流板抑振机理示意

（3）原始断面涡振主要由气流在边防撞栏第一道横栏下游角部分离产生的主导涡引起。增设检修轨道导流板引起该主导涡与结构振动位移产生约90°整体偏移，减小了主导涡做功，尤以上表面下游区域为甚，故涡振响应明显降低。增设抑流板后，由于气流在抑流板处分离，在其后产生连续的旋涡脱落，扰乱了人行道栏杆第一道横栏与第二道横栏之间产生的加速流，挤压下方气流，改变了流体移动路径，避免了气流在边防撞栏横栏角部的流动分离，抑制了旋涡的产生，故涡振消失。

该研究深刻揭示了检修轨道导流板与栏杆扶手抑流板抑制涡振机理，为今后大跨度桥梁流线型闭口箱梁涡振抑制措施选型提供借鉴。

9.3 涡振分析方法

9.3.1 节段模型测振

风洞节段模型弹性悬挂测振试验是使用最多的研究涡振的方法。通过弹性结构测振方法可以确定结构涡振位移幅值随风速变化的规律，从而确定涡振的锁定风速区间和涡振的最大位移。除此之外，还可延伸研究与涡振位移、锁定区间等相关的其他方面，具体的内容包含上文所示涡激振动影响因素的各个方面，概括起来大致包括如下方面：

①涡激共振的雷诺数效应。
②自然风特性对涡振性能的影响。
③断面形状对涡振的影响。
④导流板位置和形式对涡振的影响。

⑤分流板抑制涡振的效果。
⑥栏杆形式对抑制涡振的作用。
⑦检修轨道位置对抑制涡振的作用。
⑧风攻角对涡振的影响。
⑨Scruton数(质量和阻尼因素)对涡振的影响。
⑩气动措施组合抑制涡振的效果。
⑪新型气动措施抑制涡振的效果。
⑫气动干扰效应研究。

9.3.2 节段模型测压

桥梁抗风研究中,通过直接测压来获取气动参数的方法随着扫描阀的出现和改进得到广泛应用。表面压力包含丰富的信息,不仅能够反映结构表面的气流绕流情况,而且通过积分能获得气动力的整体变化过程。国内外诸多学者都曾通过直接测压方法对风场中的结构进行研究。

Larose在不同紊流条件下对不同宽高比的主梁断面进行压力测试,考虑了紊流特性、不同风攻角以及有无交通情况对表面压力的影响。

Stromme针对挪威的Raftsundet桥进行风洞测压试验,研究静力系数及运动状态下的气动力均值和脉动值以及谱特性。

Haan研究紊流对矩形断面模型跨向压力分布相关性的影响,研究了气动升力和扭矩在跨向间距大于紊流尺度时,相关性随紊流度及紊流积分尺度的变化规律。

Francesco从压力均值和脉动值两方面对Sunshine Skyway桥涡振前后的情形进行了详细比较。

许福友通过分析气动措施对流线型钢箱梁表面压力的影响,认为扭转涡振的根本原因是上表面上游的分离使得中游和下游区域产生强烈的压力脉动。

杨立坤采用POD分解方法对杨浦大桥拱肋表面气动力进行分析,认为下游拱肋的气动波动是引起涡振的主要原因。

金挺用表面压力测试方法,研究桥梁断面斯特劳哈尔数的雷诺数效应。

虽然有很多学者用直接测压方法从不同的方面对气动力进行研究,但对气动力的研究还远远不够。

9.3.3 数值模拟方法

计算机技术和计算流体力学方法的发展给风工程提供了一种可能代替风洞试验的手段,即数值模拟。相对于试验,数值模拟有很多优点:费用少,节省人力、物力,并具有很好的重复性,可以很方便地设置各个参数的变化及考察它们的影响,同时还能比较容易地实现风洞试验中难以实现的条件。但数值模拟是一种近似的方法,它的精度还要和试验结果进行比较,更重要的是它对复杂而缺乏完善数学模型的问题仍无能为力。图9-21为通过数值模拟计算的一种流线型断面在不同来流风攻角下的绕流情况。

李惠还提出了物理试验与数值模拟的混合子结构方法,对大跨度桥梁结构绕流场进行研究,即将大跨度桥梁与其绕流分为两个子结构——"桥梁结构子结构"和"流场子结构",将通过物理实验(原型监测或者风洞试验)得到的大跨度桥梁结构振动响应作为流场子结构的动边界;然后采用实测的自由风场为入口,仅对施加了动边界的流场进行数值模拟,从而准确地获得流场涡结构。通过混合子结构方法可以获得桥梁结构上的气动力,再将得到的气动力施加在结构上可以获得结构振动响应。图9-22为分离式双箱梁节段模型通过混合子结构方法获得的桥梁结构振动和物理实验结果的比较。

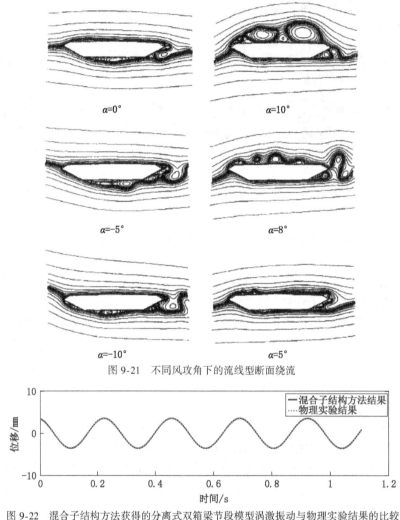

图 9-21 不同风攻角下的流线型断面绕流

图 9-22 混合子结构方法获得的分离式双箱梁节段模型涡激振动与物理实验结果的比较

9.3.4 尾流测试方法

大量的试验结果表明,当桥梁断面处于气流中时,其背风侧可能出现周期性变化的空气作用力,引起结构振动。风速较低时,涡激频率受物体振动影响较小,随着风速的增加,涡激频率增大,同时振幅也随着加大,当涡激频率接近结构固有频率时,出现共振状态,以至振动状态反过来控制涡激频率,使得尽管风速在一定范围内变化,而涡激频率却保持不变。工程问题中,最关注的正是锁定区间内的振动状态,而其中的涡振频率是由旋涡有规则的周期性脱落所引起的,因此发生涡激共振时涡振频率和旋涡脱落频率应相等。这就决定了节段模型尾流测试就是利用尾流中有卓越频率存在,并且被绕流物体的斯特劳哈尔数不变的原理,通过对特定风速下尾流中涡脱卓越频率的测量,采用斯特劳哈尔数关系式规律与涡脱卓越频率的斯特劳哈尔数为桥梁断面的风洞实测斯特劳哈尔数,并利用下式推算出可能出现涡激振动的实桥锁定风速 U_{pv}(图 9-23)。

$$U_{pv} = \frac{f_p D_p}{S_{tp}} = \frac{f_p D_p}{S_{tm}} \tag{9-28}$$

式中,f_p 表示实桥结构自振频率;D_p 表示实桥结构断面的特征长度;S_{tp} 和 S_{tm} 分别表示实桥和模型的斯特劳哈尔数。

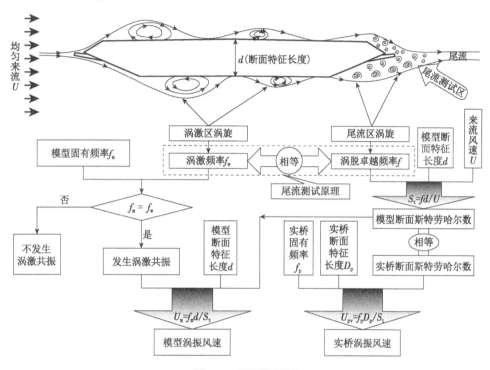

图 9-23　尾流测试原理

9.3.5　PIV 方法

PIV 是 Particle Image Velocimetry 的首字母缩写,称为粒子图像测速技术,是 20 世纪 80 年代发展起来的一种流动测试手段,具有瞬时性、全场性、无损性和定量性的特点。PIV 技术可以显示流动流场的物理状态,还能够定量地测量瞬时全场流场的速度矢量,并且不会对流场产生干扰。PIV 技术源于固体应变、位移测量的散斑技术。PIV 就是在流体中添加能够与之共同移动的示踪粒子,使用激光片光源将之照亮,使看不见的流体可视化为离散的亮点,并在一个非常小的固定时间间隔内记录下两幅图像。通过识别出两幅图像中相应的粒子或粒子集合,得到粒子或粒子集合的运动速度,并以此作为粒子或粒子集合所在位置的流场速度。PIV 测速流程主要包括获取图像和获取速度两大部分。

张伟将粒子图像测速技术(PIV)引入桥梁风振的研究中,并由此建立一整套基于速度场的桥梁结构风振机理的研究框架,分析了典型桥梁断面绕流流场,发现旋涡的运动规律同结构所受的气动力存在一定的关系。PIV 实验系统的引入,建立了传统风洞试验和理论分析与数值模拟计算的更加直接和有效的联系纽带,为从根本上了解桥梁风振机理以及有效控制桥梁风振奠定了基础。

思考题与习题

1. 简述桥梁涡振的定义和成因,并说明涡振对桥梁有什么影响。
2. 简述现有的涡激力模型,并说明各种模型的特点。
3. 流线型闭口箱梁断面的涡振气动措施通常有哪些?
4. 现有的桥梁涡振分析测试方法主要有哪几大类?分别有什么特点?
5. 试采用9.1.1节的简谐力模型中涡振最大振幅的计算公式,绘制9.2.1节的模型+3°风攻角的竖弯涡振幅值随系数 C_L 变化的规律图,竖弯涡振时的折算风速取1.99,C_L 变化范围为 $0.01 \sim 0.5$。
6. 试根据9.1.2节的升力振子模型自行推导涡振过程描述公式。
7. 试推导9.1.5节的广义经验非线性模型的稳态共振振幅公式。
8. 采用式(9-28)计算9.2.1节中桥梁断面模型不同涡振区间的斯特劳哈尔数并比较其是否相同。

本章参考文献

[1] SIMIU E, SCANLAN R H. 风对结构的作用——风工程导论[M]. 刘尚培,项海帆,谢霁明,译. 上海:同济大学出版社,1992.

[2] SIMIU E, SCANLAN R H. Wind effects on structures:fundamentals and applications to design[M]. 3rd ed. New York:John Wiley & Sons,1996.

[3] LARSEN A. A generalized model for assessment of vortex-induced vibrations of flexible structures[J]. Journal of Wind Engineering and Industrial Aerodynamics,1995,57(2-3):281-294.

[4] LARSEN A,ESDAHI S,ANDERSEN J E,et al. Storebælt suspension bridge-vortex shedding excitation and mitigation by guide vanes[J]. Journal of Wind Engineering and Industrial Aerodynamics,2000,88(2-3):283-296.

[5] FUJINO Y,YOSHIDA Y. Wind-induced vibration and control of Trans-Tokyo Bay crossing bridge[J]. Journal of Structural Engineering,2002,128(8):1012-1025.

[6] BATTISTA R C,PFEIL M S. Reduction of vortex-induced oscillations of Rio-Niterói bridge by dynamic control devices[J]. Journal of Wind Engineering and Industrial Aerodynamics,2000,84(3):273-288.

[7] LI H,LAIMA S,OU J,et al. Investigation of vortex-induced vibration of a suspension bridge with two separated steel box girders based on field measurements[J]. Engineering Structures,2011,33(6):1894-1907.

[8] LI H,LAIMA S,ZHANG Q,et al. Field monitoring and validation of vortex-induced vibrations

of a long-span suspension bridge[J]. Journal of Wind Engineering and Industrial Aerodynamics,2014,124:54-67.

[9] AMMANN O H, WOODRUFF G B. The failure of the Tacoma Narrows Bridge[J]. Federal Works Agency U.S. National Archives & Records Administration,1941,45(6):97-102.

[10] 胡传新,陈海兴,周志勇,等.流线闭口箱梁断面涡振过程分布气动力演变特性[J].哈尔滨工业大学学报,2017,49(12):137-145.

[11] 胡传新,赵林,陈海兴,等.流线闭口箱梁涡振过程气动力时频特性演变规律[J].振动工程学报,2018,31(3):417-426.

[12] 文永奎,孙利民.大跨度斜拉桥钢塔施工阶段制振用TMD、TLD装置及其性能试验[J].地震工程与工程振动,2008,28(3):157-164.

[13] 宋锦忠,林志兴,徐建英.桥梁抗风气动措施的研究及应用[J].同济大学学报(自然科学版),2002,30(5):618-621.

[14] MACDONALD J H G, IRWIN P A, FLETCHER M S. Vortex-induced vibrations of the Second Severn Crossing cable-stayed bridge: full-scale and wind tunnel measurements[J]. Structures and Buildings,2002,152(2):123-134.

[15] LARSEN A, WALL A. Shaping of bridge box girders to avoid vortex shedding response[J]. Journal of Wind Engineering and Industrial Aerodynamics,2012(104-106):159-165.

[16] 许福友,林志兴,李永宁,等.气动措施抑制桥梁涡振机理研究[J].振动与冲击,2010,29(1):73-76.

[17] 郭增伟,赵林,葛耀君,等.基于桥梁断面压力分布统计特性的抑流板抑制涡振机理研究[J].振动与冲击,2012,31(7):89-94.

[18] 刘君,廖海黎,万嘉伟,等.检修车轨道导流板对流线型箱梁涡振的影响[J].西南交通大学学报,2015,50(5):789-795.

[19] 李永乐,侯光阳,向活跃,等.大跨度悬索桥钢箱主梁涡振性能优化风洞试验研究[J].空气动力学学报,2011,29(6):702-708.

[20] 孙延国,廖海黎,李明水.基于节段模型试验的悬索桥涡振抑振措施[J].西南交通大学学报,2012,47(2):218-223.

[21] 张建,郑史雄,唐煜,等.基于节段模型试验的悬索桥涡振性能优化研究[J].实验流体力学,2015,29(2):48-54.

[22] 朱思宇,李永乐,申俊昕,等.大攻角来流作用下扁平钢箱梁涡振性能风洞试验优化研究[J].土木工程学报,2015,48(2):79-86.

[23] 李春光,张记,樊永波,等.宽幅流线型钢箱梁涡振性能气动优化措施研究[J].桥梁建设,2017,47(1):35-40.

[24] 同济大学.公路桥梁抗风设计规范:JTG/T D60-01—2018[S].北京:人民交通出版社股份有限公司,2019.

[25] 刘十一.大跨度桥梁非线性气动力模型和非平稳全过程风致响应[D].上海:同济大学,2014.

[26] MATSUDA K, COOPER K R, TANAKA H, et al. An investigation of reynolds number effects on the steady and unsteady aerodynamic forces on a 1:10 scale bridge deck model[J]. Jour-

nal of Wind Engineering and Industrial Aerodynamics,2001,89(7-8):619-634.

[27] LAROSE G L, AUTEUIL A D. On the reynolds number sensitivity of the aerodynamics of bluff bodies with sharp edges[J]. Journal of Wind Engineering and Industrial Aerodynamics,2006,94(5):365-376.

[28] LARSEMA A, SVEMSSON E, ANDERSEN H. Design aspects of tuned mass dampers for the Great Belt East Bridge approach spans[J]. Journal of Wind Engineering and Industrial Aerodynamics,1995,54:413-426.

[29] 金挺,林志兴.扁平箱形桥梁断面斯特罗哈数的雷诺数效应研究[J].工程力学,2006,23(10):174-179.

[30] 李加武.桥梁断面雷诺数效应及其控制研究[D].上海:同济大学,2003.

[31] 张伟,魏志刚,杨咏昕,等.基于高低雷诺数试验的分离双箱涡振性能对比[J].同济大学学报(自然科学版),2008,36(1):6-11.

[32] UTSUNOMIYA H, NAGAO F, NODA M, et al. Vortex-induced oscillation of a bridge in slowly fluctuating wind [J]. Journal of Wind Engineering and Industrial Aerodynamics, 2011,89(14-15):1689-1699.

[33] LI H, LAIMA SJ, OU J P, et al. Investigation of vortex-induced vibration of a suspension bridge with two separated steel box girders based on field measurements[J]. Engineering Structures,2011,33(6):1894-1907.

[34] NAGAO F, UTSUNOMIYA H, YOSHIOKA E, et al. Effects of handrails on separated shear flow and vortex-induced oscillation[J]. Journal of Wind Engineering and Industrial Aerodynamics,1997(69-71):819-827.

[35] NAKAMURA Y. Vortex shedding from bluff bodies and a universal strouhal number [J]. Journal of Fluids and Structures, 1996,10(2):159-171.

[36] 徐泉.大跨度桥梁涡激振动及其气动减振措施研究[D].成都:西南交通大学,2007.

[37] 刘健新.桥梁对风反应中的涡激振动及制振[J].中国公路学报,1995,8(2):74-79.

[38] 宋锦忠,林志兴,徐建英.桥梁抗风气动措施的研究及应用[J].同济大学学报(自然科学版),2002,30(5):618-621.

[39] 孟晓亮,朱乐东,丁泉顺.检修车轨道位置对半封闭分离双箱桥梁断面涡振性能的影响[C]//中国土木工程学会桥梁与结构工程分会风工程委员会.第十四届全国结构风工程学术会议论文集(中册).2009:270-275.

[40] MATSUMOTO M. Vortex shedding of bluff bodies:a review[J]. Journal of Fluids and Structures, 1999,13(7-8):791-811.

[41] 李永君,葛耀君,杜柏松.大跨度桥梁广义非线性涡振模型及其试验研究[C]//中国土木工程学会桥梁与结构工程分会风工程委员会、中国空气动力学会风工程与工业空气动力学专业委员会建筑与结构学组.第十一届全国结构风工程学术会议论文集.2003:229-234.

[42] EI-GAMMAL M, HANGAN H, KING P. Control of vortex shedding-induced effects in a sectional bridge model by spanwise perturbation method[J]. Journal of Wind Engineering and Industrial Aerodynamics, 2007,95(8):663-678.

[43] SARKAR P P, JONES N P, SCANLAN R H. Identification of aeroelastic parameters of flexible bridges[J]. Journal of Engineering Mechanics,1994,120(8):1718-1741.

[44] 陈政清,牛华伟,李春光. 并列双箱梁桥面风致涡激振动试验研究[J]. 湖南大学学报(自然科学版),2007,34(9):16-20.

[45] 林志兴,葛耀君,曹丰产. 钢箱梁桥的抗风问题及其对策研究[J]. 同济大学学报(自然科学版),2002,30(5):614-617.

[46] 朱乐东,周奇,郭震山,等. 箱形双幅桥气动干扰效应对颤振和涡振的影响[J]. 同济大学学报(自然科学版),2010,38(5):632-638.

[47] LAROSE G L, TANAKA H, GISMING N J, et al. Direct measurement of buffeting wind forces on bridge decks[J]. Journal of Wind Engineering and Industrial Aerodynamics, 1998 (74-76):809-818.

[48] STROMMEN E, HJORTH-HANSEN E, KASPERSEN J H. Dynamic loading effects of a rectangular box girder bridge[J]. Journal of Wind Engineering and Industrial Aerodynanics, 2001,89(14-15):1607-1618.

[49] HAAN F L, KAREEM A, SZEWCZYK A A. Experimental measurement of spanwise correlation of selfexcited forces on a rectangular cross section[C]//BBAAIV, Bochum, Germany, 2000:439-442.

[50] RICCIARDELLI F, GRENET E T, HANGAN H. Pressure distribution, aerodynamic forces and dynamic response of box bridge sections[J]. Journal of Wind Engineering and Industrial Aerodynamics, 2002,90(10):1135-1150.

[51] 许福友,林志兴,李永宁,等. 气动措施抑制桥梁涡振机理研究[J]. 振动与冲击,2010,29(1):73-76.

[52] 杨立坤. POD与RVM相结合对桥梁涡振颤振的探讨[D]. 上海:同济大学,2009.

[53] 金挺. 扁平箱形桥梁断面气动特性的雷诺数效应研究[D]. 上海:同济大学,2004.

[54] KURODA S. Numerical simulation of flow around a box girder of a long span suspension bridge[J]. Journal of Wind Engineering and Industrial Aerodynamics, 1997(67-68):239-252.

[55] LI H, LAIMA S, OU J P, et al. Investigation of vortex-induced vibration of a suspension bridge with two separated steel box girders based on field measurements[J]. Engineering Structures, 2011,33(6):1894-1907.

[56] 杜柏松,葛耀君,李永君. 桥梁断面涡激振动的尾流测试方法[C]//中国土木工程学会,中国空气动力学会. 第十一届全国结构风工程学术会议论文集. 2003:189-194.

[57] 张伟. 基于粒子图像测速技术的桥梁风致振动细观机理研究[D]. 上海:同济大学,2008.

第10章
桥梁风致振动控制

大跨度桥梁发生风致振动,基本上是不可避免的,在随机数学中属于全概率事件。如果风致振动危及桥梁结构整体或局部构件的安全,抑或影响到桥梁的正常使用,就必须采用一定的方法来抑制风致振动、改善桥梁抗风性能,这就是桥梁风致振动控制。

本章首先介绍桥梁风致振动控制的目标、原理和主要方法,然后围绕对桥梁安全和使用性能威胁最大的三种风致振动——颤振、涡激共振和斜拉索风雨激振进行控制原理与具体措施的介绍。

10.1 桥梁风致振动控制概述

桥梁抗风是在1940年塔科马海峡大桥风毁事故发生以后,以认识桥梁风灾原理、提升桥梁抗风性能为目的建立和发展起来的学科。在学科发展过程中,桥梁风致振动控制一直是一个重要而困难的核心问题,而其困难之处就在于我们对于桥梁风致振动机理的认识仍然不够深入。《礼记·中庸》有云:"凡事豫则立,不豫则废。言前定则不跲,事前定则不困,行前定则不疚,道前定则不穷。"显然,对桥梁风致振动控制而言,最好的控制方法就是不控制,在设计之初即能规避各种风致振动的风险,是最好的应对策略。

但就目前而言,这还只是一种理想状态。一种情况是基于风致振动发生机制认识上的不足,随着相关研究和观测的深入,对桥梁风致振动的内在机理会有新的认识,新的桥梁风致振动形式也可能被发现,这是在桥梁设计阶段无法完全预知的。即使如此,在桥梁建设和运营阶段,风致振动控制策略的预研和储备仍然是很有必要的。另一种情况是在桥梁设计方案的科研复核中发现了危及桥梁安全或使用性能的风致振动,但是相比修改和变更设计方案,风致振动控制措施的研究和应用在时限和经济上更有优势。当然,目前最好的应对战略是在桥梁选型和设计阶段就融合风致振动控制的理念,将桥梁施工和运营期受风致振动威胁的可能性控制在最低水平,并提高桥梁总体设计和抗风设计的效率。总而言之,无论从哪个层面出发,目前风致振动的控制仍然是桥梁抗风研究和抗风设计的一项重要内容。

10.1.1 风致振动控制目标

桥梁风致振动的种类众多,发生对象不同,发生机理不同,对桥梁整体结构和局部构件的威胁程度也不同。所以,没有必要对所有的桥梁风致振动都采取完全消除和尽可能抑制的措施,而应按照其危险等级建立设防标准、确定控制目标。

近地自然风对大跨度桥梁带来的威胁最大的风致振动是颤振,一般发生于悬索桥、斜拉桥等缆索承重桥梁的主梁(加劲梁)。颤振一旦发生将造成主梁的彻底毁坏,使其完全丧失功能,且难以修复,所以这是事关桥梁结构"生死存亡"的头等重要的安全性问题。在桥梁的整个施工和运营服役期内,对颤振应采取最高等级的设防标准,并以绝对控制作为控制目标。

涡激共振虽然不像发散性振动的颤振那样危及桥梁结构的整体安全,但可能发生于主梁、桥塔甚至斜拉索等多种构件,且发生风速较低,一般低于桥梁的设计风速,处于桥梁施工和运营期内的常遇风速区间。涡激共振可能达到较大的振幅,虽然一般不会引起构件的破坏,但主梁于施工期间发生涡激共振会危及施工安全,于运营期间发生涡激共振会危及桥梁的交通功能,造成一定的经济损失和不利的社会影响;如果其他构件发生涡激共振,则可能造成构件的损伤和连接装置的损坏。因此,对于主梁的涡激共振应采取第二等级的设防标准,并以尽量抑制作为控制目标。如果确实无法完全避免涡激共振的发生,则应将其可能的最大振幅控制在设防标准所允许的范围之内。

斜拉索可能发生多种形式的风致振动,但已观测到的对构件影响最大的还是风雨激振。斜拉索风雨激振发生条件虽比较特殊,但自然界中风雨交加的场景并不鲜见,而且其振幅可能较大,会造成索体结构和连接装置的损伤。对斜拉索风雨激振,可以同除主梁外其余构件的涡激共振一样,采取第三等级的设防标准,但控制目标不宜降低,仍以尽量抑制为准。

抖振一般是由近地自然风中的风速脉动引起的随机振动现象,可发生于任何风速,可发生于桥梁的所有构件,无法抑制。但同等风速下,抖振振幅一般远小于前述几种风致振动现象,基本不会造成构件的破坏和损伤。对抖振可采用最低等级的设防标准,仅在个别情况下,如长悬臂施工状态时,才考虑进行控制。

10.1.2 风致振动控制方法

大跨度桥梁的多种构件都可能发生风致振动,风致振动的种类较多,为此研发的风致振动控制措施也多种多样。以是否需要外部能量输入为标准,可将桥梁风致振动控制措施分为主动措施、半主动措施和被动措施。考虑到大跨度桥梁服役期很长,从五十年到上百年,且长期面临各种灾害、恶劣气象条件的威胁,若要将结构的安全寄托于风致振动控制措施,则措施的强健性和可靠性必然是决定性因素。由此,被动措施在今后相当长的时期内仍然会是桥梁工程师和抗风研究者的首选风致振动控制措施。本书后续内容中,如无特别说明,介绍和讨论的都是被动风致振动控制措施,其他控制措施仅在本章最后一小节进行简要介绍。

由于被动措施是桥梁抗风研究和抗风设计中的首选方案,迄今为止所研发的被动风致振动控制措施的种类很多。我们可以从控制措施的动力作用机制上将其分为气动措施、机械措施和结构措施。

$$m\ddot{y}(t) + c\dot{y}(t) + ky(t) = F(t) \quad (10\text{-}1)$$

式(10-1)是我们熟知的结构动力平衡方程,从风荷载下动力平衡的角度来看,结构所受到的力无非是惯性力、阻尼力、恢复力和气动力,因此控制措施的动力作用机制也就限定在这四种作用力的范围之内。从直接改变结构惯性力入手进行桥梁风致振动控制并不可取。首先,大跨度桥梁结构的自身质量较大,即使主梁采用最轻的钢结构,每延米质量也会接近或超过20000kg;其次,增加结构质量也会带来结构固有振动频率下降的不利影响。因此,在排除直接改变结构惯性力的路线后,还剩下三种动力作用机制:改善气动力,为气动措施;增加结构阻尼,为机械措施;提高结构刚度,为结构措施。

1)气动措施

气动措施的基本原理是通过改变构件外形来改善作用在桥梁结构上的气动力,具体而言,就是抑制驱动桥梁发生振动的不利气动力,增强有利气动力对系统的稳定效应。因为所有的风致振动都是由气动力引发的,所以气动措施采用的是正面面对"病因"而"对症下药"的控制策略。理论上来说,气动措施是针对性最强、控制效果最好、控制效率最高的最为理想的桥梁风致振动控制措施,现实中也是应用最为广泛的控制措施。但这种最理想的措施能够充分发挥其全部潜能的前提条件,是对各种桥梁风致振动发生机理和发展规律的透彻认识和深入掌握。遗憾的是,这些前提条件目前尚未完全具备,桥梁风致振动机理认识上的不足和局限显然会影响气动控制方法的效果和措施的研发效率。当然,需要说明的是,桥梁风致振动机理一直以来都是桥梁抗风理论研究的难题,同时也是广大研究者不断追寻的目标。相信随着持之以恒的努力求索,在桥梁风致振动机理认识上的深入和拓展一定可以帮助气动控制方法真正展现其王者之风。

由于桥梁构件的外形各异,气动措施的种类也非常多。为便于梳理,可以依据气动措施对构件原始外形的改变程度,将其分为两大类:改变构件基本外形、增设或调整附属装置。前者相当于对原构件做"大手术",例如将气动外形钝化的开口截面主梁改变为绕流流场更加平顺的闭口箱形截面主梁,或者将闭口箱形截面主梁改变为中央开槽的分体箱形截面主梁等。后者则仅对原构件做"微创手术",例如在构件周边适当的位置增设具有阻挡气流或引导气流的板件,或者调整已有附属装置的尺寸、形状或位置等。

2)机械措施

机械措施的基本原理是通过增设附属阻尼装置来提高桥梁的结构阻尼,从而增强桥梁对输入和自激能量的耗散能力。正常情况下,提高结构的阻尼对于任何振动的控制都是有益的,对于结构原始阻尼很小的构件,如斜拉索,其效果更为显著。因此,机械措施虽然不是最有针对性的措施,但却是适用面最广的"万能"措施。不过需要再次强调的是,大跨度桥梁服役期内可能会经历很多恶劣甚至极端气象条件的挑战,因此对任何风致振动控制措施的考察重点除了控制效果以外就是其强健性。气动措施对构件截面做出永久性的改变,其强健性通常不会引起设计者和研究者的担忧。而机械措施的可靠性则依赖于其机械装置的正常运作,一旦出现机械故障就会造成控制效果的削弱甚至完全丧失,因此其选择的优先级肯定是位于气动措施之后的。

机械措施可按阻尼的产生机制分为黏滞阻尼器和调谐式阻尼器。黏滞阻尼器安装在受控构件的主控运动方向上,利用阻尼器内介质材料的黏滞性能产生需要的阻尼效果。所以,这类阻尼器的主要控制要素就是阻尼介质的选择,其中最为常用的是油性介质,如硅油、蓖麻油、柴油等。调谐式阻尼器自身即是一个独立的振动系统,有自己的频率和阻尼,且可以进行调节。当受控构件发生振动时,安装在其上的调谐式阻尼器也随之发生振动,如果阻尼器的频率接近受控构件的振动频率,则能将受控构件的振动能量"吸收"过来加以耗散,起到抑振减振的效果。正因为这一控制原理,调谐式阻尼器是机械措施中针对性最强的,只能针对固有频率与阻尼器频率接近的桥梁振型开展有效的振动控制。调谐式阻尼器包括调谐质量阻尼器、调谐液面阻尼器、调谐液柱阻尼器等,其中应用最广泛的是调谐质量阻尼器,简称调质阻尼器(tuned mass damper,TMD)。

3)结构措施

结构措施的基本原理是通过提高构件或结构总体刚度的方式控制其风致振动。提高结构刚度的振动控制效果来源于两个方面:其一,结构刚度的提高可以减小静力荷载作用下的变形和动力荷载作用下的最大变形;其二,刚度提高可带来结构固有频率的上升,并使其远离风荷载中占主导地位的低频成分,从而降低动力荷载的动力放大系数,减小振动响应。

结构措施的类型包括增强构件约束、增设构件之间的连接和提高构件自身刚度,实际应用中以前两种措施为主。增强构件约束的重点是改变构件受力振动变形时的力学边界条件,增强对其特定振动形式的外部约束,如改变主梁在桥塔、桥墩上的支撑条件,又如改变斜拉索面的横向倾斜角度以增强其对主梁的扭转约束。增设构件之间连接的重点则是通过增设附属装置实现不同构件之间的连接,从而约束这些构件之间的相对运动以达到提高刚度的效果。常见的构件连接措施有:在悬索桥主跨跨中位置设置中央扣连接主缆和加劲梁,通过约束二者相对运动来提高加劲梁的反对称扭转频率;在斜拉桥的多根斜拉索之间设置辅助索,通过约束斜拉索的相对运动来提高每根索的刚度和固有频率。而提高构件自身刚度的着眼点是增大截面尺寸或提升材料性能,如增大全部或部分梁段的主梁高度等。

10.2 桥梁颤振控制

因为颤振对结构安全的威胁巨大,所造成的后果极为严重,所以当桥梁存在颤振隐患时,一定要采取有效的控制措施来提高其颤振稳定性。虽然从结构动力学原理的角度来看,桥梁颤振的确是由自激气动力产生的气动负阻尼效应所引起的,采用机械措施提高结构阻尼似乎能够起到颤振控制的效果。然而,一方面,主梁的扭转气动负阻尼往往在较高风速下增长迅速,很容易突破机械措施所提供的安全保障;另一方面,因自激气动力所提供的等效气动刚度的影响,主梁各阶振型的频率随风速上升不断发生改变,这使在机械措施中控制效果突出的调谐式阻尼器在调谐频率的合理设置上面临困境。所以,目前得到广泛应用的桥梁颤振控制措施只有气动措施和结构措施,且以气动措施为主。

10.2.1 颤振气动控制

主梁颤振的振动形态是扭转振动为主导的多自由度耦合形态振动,绝大多数情况下是扭转与竖向弯曲耦合而又以扭转为主的振动。因此,如果想从改善气动力的角度进行颤振控制,那么着眼点应当放在会引起主梁扭转运动的自激气动力(以下简称气动力)上。大跨度桥梁的主梁通常是扁平截面的形式,其横向的宽度一般远大于竖向的高度,所以相比横向气动力,竖向气动力可达到更大的相对主梁振动时截面转动中心的偏心距,从而产生更大的气动扭转力矩,因而成为颤振气动控制措施的主要控制对象。

主梁上的竖向气动力主要来源于其横截面上、下表面的气动压强差。对于桥梁这样的钝体结构而言,上、下表面的气动压强差通常是由发生在某一侧表面的气流边界层分离及涡旋脱落引起的。而气流在流经主梁表面时会发生边界层分离及旋涡脱落的一个主要前提条件,是气流在向前流动的路径上遭遇逆压梯度。所以在判断主梁横截面上可能出现较大竖向气动力的位置时,不妨以横截面边缘逆压梯度的可能存在区域作为参考。

扁平闭口箱形主梁是大跨度桥梁常用的主梁中外形最接近流线型的,也是颤振性能优良的主梁类型。通过主梁边缘尖锐风嘴的引导,来流最大限度地紧贴迎风侧斜腹板流动。但在下斜腹板与底板相交处,主梁外形的边界出现突变的转折,气流流速减缓,逆压梯度出现。因此,这个位置是容易发生气流边界层分离、产生旋涡脱落的。气流沿底板继续往前绕行,在到达底板背风侧边缘时,又会遇到底板与背风侧下斜腹板的相交点。此处因为背风侧下斜腹板带来的横截面外形转折,逆压梯度再次出现,而且由于下斜腹板持续沿倾斜方向延伸,逆压梯度的影响范围更大,容易发生更强烈的边界层分离,产生更大尺度的旋涡脱落。所以背风侧下斜腹板后方区域是整个扁平闭口箱形主梁周围大尺度旋涡出现的高发区域。与此相对应,背风侧上斜腹板处也存在外形转折和逆压梯度,但扁平闭口箱形主梁的风嘴上下并不对称,其尖端更靠近主梁的顶面,使得上斜腹板宽度较小,从而影响边界层分离的充分形成和可能出现的脱落旋涡尺度,其旋涡生成及运动时序也可能会与下斜腹板区域存在差异。如此综合看来,扁平闭口箱形主梁的背风侧风嘴区域是可能出现较大竖向气动力的位置。如图 10-1 所示。

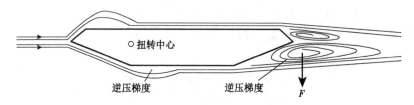

图 10-1 扁平闭口箱形主梁气动外形与气动力分析

与扁平闭口箱形主梁相比,开口形式的主梁外形更加钝化,这里以矩形作为开口形式主梁横截面的代表。同样以横截面下部为例,通过观察横截面外形的转折点,容易判断出底板的两侧端点处都是气流前进方向逆压梯度的出现起点,易发生边界层分离和旋涡脱落。但由于底板背风侧端点处就是整个主梁横截面的边缘,其后方区域已超出结构范围,所以比较起来,底板迎风侧端点处绕流气流的流态突变对结构的影响更大。当顶底板边界层分离和旋涡脱落不完全同步时,梁体可能出现较大的竖向气动力。如图 10-2 所示。

当然,桥梁颤振是以扭转形态为主的发散性振动,气动扭转力矩的分析总是最为关键的。所以仅对竖向气动力的出现位置进行分析和判断是不够的,只有继续分析主梁颤振时的转动中心位置,才能对特定位置处竖向气动力所引起的扭转力矩大小有一个定性的评估。而就前述的两类代表性主梁而言,它们在颤振发生过程中的转动中心位置差异巨大。

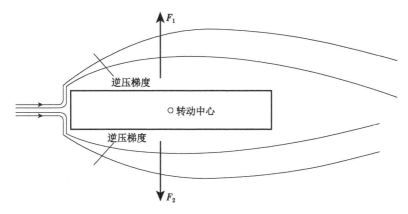

图 10-2 矩形主梁气动外形与气动力分析

扁平闭口箱形主梁发生颤振时,竖向弯曲自由度的参与程度往往很高,所以其颤振形态是非常典型的扭转竖弯耦合形振动。由于竖向和扭转自由度的高度耦合,主梁扭转时的转动中心不再是横截面的扭转中心,而是从扭转中心出发向迎风侧前移,甚至逼近迎风侧前缘。扁平闭口箱形主梁的转动中心前移效应,会显著影响不同位置处竖向气动力引起的扭转力矩效应大小。按照前面的分析,箱梁底部有两个位置容易出现气流边界层分离和旋涡脱落,考虑到转动中心的位置,显然背风侧风嘴区域的竖向气动力更可能产生最大的气动扭转力矩。所以,要想从改善气动力的角度控制扁平闭口箱形主梁的颤振,背风侧风嘴区域就是关键区域。

开口形式主梁发生颤振时竖向弯曲自由度的参与程度则一般较低,其颤振形态虽然也是扭转和竖弯的耦合振动,但扭转形态占据绝对主导地位。颤振发生时,主梁转动中心相对横截面扭转中心的偏离程度很低,仍处于整个横截面的中部。由此,矩形截面迎风侧和背风侧气流分离点到转动中心的距离相差不大,如果两个位置处所产生的竖向气动力大小相当,则其引起的扭转力矩效应也是相似的。所以,综合前面的分析结果,对开口形式主梁进行气动颤振控制的关键位置是其迎风侧区域。

判断两类代表性主梁发生颤振的关键气动力作用区域,相当于寻找它们颤振的"病因",找到"病因"后应该"对症下药",下面我们来分析如何进行颤振气动控制。

以矩形为代表的开口形式主梁,引起颤振扭转振动的气动力产生区域主要是横截面的前后缘,特别是靠近迎风侧的前缘。为了缓和这些区域气流绕流中的边界层分离和旋涡脱落,从而减小竖向气动力,最容易想到的控制策略就是在横截面两侧增设起引导气流流动作用的风嘴。在风嘴斜腹板的引导下,气流前进途中不会再遇到竖板与顶底板之间成 90°的剧烈转折,从而显著减小逆压梯度的绝对值,进而降低气流分离和旋涡形成的强烈程度,控制竖向气动力对主梁扭转振动的驱动作用,并实现提高颤振稳定性的效果。如图 10-3 所示。

为了验证增设风嘴对以矩形为代表的开口形式主梁的颤振控制效果,在宽高比为 5 的矩形截面两侧安装不同外形的风嘴组件,包括:不对称 40°风嘴、不对称 50°风嘴、对称 80°风嘴和对称 40°风嘴,如图 10-4 所示。采用节段模型测振风洞试验的方法测试这些截面的颤振临界风速以作为主梁颤振稳定性的评判标准,表 10-1 中列出了矩形主梁增设风嘴前后的颤振临界风速。

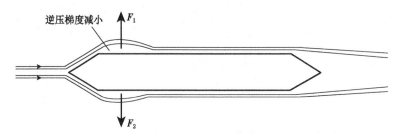

图 10-3 增设风嘴对矩形主梁空气绕流的影响

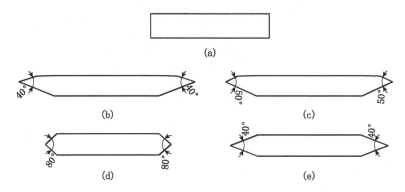

图 10-4 不同风嘴断面示意图
(a)宽高比为 5 的矩形；(b)不对称 40°风嘴；(c)不对称 50°风嘴；(d)对称 80°风嘴；(e)对称 40°风嘴

增设风嘴前后的颤振临界风速 表 10-1

风嘴形式	不对称 40°	不对称 50°	对称 80°	对称 40°	无风嘴
颤振临界风速(m/s)	14.0	13.2	10.8	14.9	6.8

从增设风嘴前后的颤振临界风速结果中可以清楚地看到风嘴的颤振控制效果。增设不同形式的风嘴都能显著提升矩形截面的颤振性能，颤振临界风速提高幅度均在 50% 以上，最高幅度超过 100%。具体到风嘴的外形，其尖角角度对其颤振控制效果影响很大，颤振临界风速的提高幅度与风嘴尖角角度的减小呈正相关。

当然，对以矩形为代表的开口形式主梁增设风嘴的气动措施，实际上是将其在一定程度上"改造"成更接近流线型的闭口箱形主梁。那么，对扁平闭口箱形主梁应如何进行颤振气动控制呢？答案还是"对症下药"。

根据前面对于扁平闭口箱形主梁颤振的"病因"分析，结合竖向气动力出现位置及其与颤振发生时扭转振动实际转动中心之间的关系，可以判断出背风侧风嘴区域特别是下斜腹板区域是气动颤振控制的重点关注区。如果采取"正面迎敌"的方式，可以考虑调整风嘴区的外形，其中尤为关键的是下斜腹板与底板延伸线之间所夹的锐角，一般称为下斜腹板倾角。显然，减小下斜腹板倾角可以减小绕流气流所遇到的逆压梯度绝对值，从而缓和气流边界层分离及旋涡脱落的程度，起到控制竖向气动力及其对主梁扭转振动的驱动作用。一般情况下，下斜腹板倾角处于 14°~16°区间，此区域气流绕流状态出现显著变化，因此 14°~16°称为临界区间。如将下斜腹板倾角减小到临界区间以下，则可起到改善气动力、控制颤振的效果。另外，表 10-1 所列数据证明了风嘴尖角角度对颤振性能的影响效果，所以下斜腹板倾角的改变必须与风嘴尖角角度的调整综合考虑，方能达到颤振控制的目的。

相比兵来将挡、水来土掩的"正面迎敌"方式，我们也可以考虑迂回侧击甚至"围魏救赵"的战术。对扁平闭口箱形主梁的颤振控制而言，此战术的实现手段是在主梁横截面的中部生成气流分离点，间接地影响背风侧风嘴区域的气流绕流状态，干扰这一关键区域内大尺度旋涡的生成和运动特征，从而控制竖向气动力的实际作用位置，进而抑制其对主梁扭转振动的驱动作用。从实际效果而言，这种"以毒攻毒"的应对策略相当于将原来作用在主梁尾部的竖向气动力"诱导"到靠近主梁中部的区域，通过减小竖向气动力作用点与主梁迎风侧转动中心之间力臂的方式来控制其引起的扭转力矩效应，并提高主梁颤振发生时的临界风速。

在扁平闭口箱形主梁的中部生成气流分离点的主要方式有两类：一是"做减法"，在主梁中央开槽，形成上下贯通的通风槽，如图10-5所示；二是"做加法"，在主梁表面增设竖向的挡风板。第一类气动控制方式称为开槽措施，在扁平闭口箱形主梁上开槽，得到的就是21世纪兴起的一种新型主梁形式——分体箱梁，而分体箱梁中最为常见的是分体双箱梁，即在扁平闭口箱形主梁的中央开槽，最早的工程实例是浙江省舟山市的西堠门大桥。第二类气动控制方式称为稳定板措施，如果是在主梁顶底板的中央设置稳定板，则称为中央稳定板。

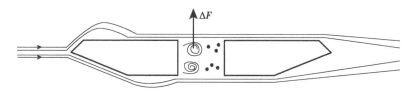

图10-5 中央开槽气动措施

我们先来分析中央开槽措施。在扁平闭口箱形主梁的横截面中央开槽后，开槽区域新增了两个气流前行中会遇到的逆压梯度区，分别位于迎风侧箱体尾部和背风侧箱体前端。迎风侧箱体尾部，截面外轮廓线转折所引起的气流逆压梯度会在中央槽区内形成强烈的气流边界层分离和大尺度的涡旋脱落，产生作用在主梁中部的竖向气动力。背风侧箱体前端则与矩形主梁相似，也易于发生气流分离和旋涡脱落现象。此外，相比原始箱形主梁，中央槽区及其附近气流流态的根本性改变，也会影响背风侧风嘴区的气流分离状态和旋涡生成状态。如果这两种气动干扰效应的叠加能够从整体气动力效应上将竖向气动力的作用点前移靠近主梁中部，则能达到控制扭转气动力矩、提高颤振性能的目标。而是否能达到目标以及目标实现的效率，就不仅同开槽措施自身相关，如关键的开槽宽度和槽宽比（开槽宽度与原箱梁宽度的比值），还取决于原主梁截面的气动外形特征，如整体扁平程度、边缘气流引导性能等。

接下来仍以图10-4所示的五种主梁横截面作为基本截面，并进行中央开槽处理，槽宽比分别取为10%和20%，如图10-6所示。

对开槽后的各截面开展节段模型测振风洞试验，测试其颤振临界风速。将五组系列截面的测试结果以槽宽比为横轴、颤振临界风速增长率为纵轴绘制在图10-7中。从各系列截面的颤振性能随槽宽比的变化中可总结出以下规律：

（1）中央开槽对矩形截面所代表的开口形式主梁的颤振性能没有正面的颤振控制效果，反而会劣化其稳定性。这是因为矩形截面迎风侧端面附近的竖向气动力为驱动颤振的主要气动力,中央开槽对其造成的干扰微弱,且开槽后该处竖向气动力相比截面转动中心的力臂加长,槽宽增加后此力臂值会进一步增大,更容易引起较大的气动扭转力矩效应,并驱动结构在更低的风速发生颤振失稳。

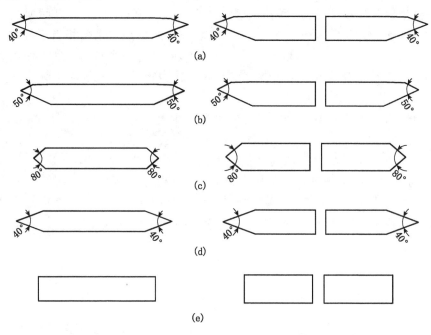

图 10-6　各中央开槽截面系列
(a)不对称 40°风嘴:f1;(b)不对称 50°风嘴:f2;(c)对称 80°风嘴:f3;(d)对称 40°风嘴:f4;(e)宽高比为 5 的矩形:f5

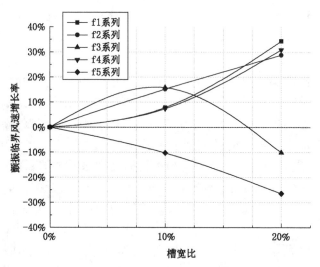

图 10-7　各系列中央开槽截面的颤振临界风速变化率

(2)中央开槽的槽宽比对其颤振控制效果有较大的影响。对称 80°风嘴截面在中央开槽槽宽比为 10% 时,颤振临界风速得到提升,但槽宽比达到 20% 时,其颤振稳定性反而显著降低。这显然与前面所提到的关键问题有关:中央槽区及其附近出现强烈的气流分离与旋涡脱落,以及其对背风侧特别是下斜腹板区域气流状态的干扰,这两种气动效应的叠加,是否能够从整体气动力效应上减小竖向气动力对扭转振动的驱动作用,将竖向气动力的作用点前移靠近主梁中部？因为中央开槽后背风侧下斜腹板区域相对截面整体转动中心距离的增加,也会加大其竖向气动力的权重,所以此处下斜腹板倾角的影响就更为重要,对称80°风嘴外形在这个关键因素上的不利影响随着槽宽的加大而显现出来。

（3）风嘴尖角角度较小的40°和50°风嘴截面的颤振稳定性随着中央开槽槽宽比的增加而提升,但这个结论是需要打上问号的。首先,这里的槽宽比最高只取到20%；其次,按照上一部分的分析,如果背风侧下斜腹板区域竖向气动力的形成不能有效控制到较低程度的话,其不利影响反而会随着槽宽比的增加而放大。因此,很有必要进一步检验继续增加槽宽比之后的情况。

选取工程实践中应用较多的不对称50°风嘴截面,将槽宽比扩展到100%。仍然采用节段模型测振风洞试验测试其在三种初始风攻角下的颤振临界风速,将测试结果以槽宽比(D/B)为横轴、颤振临界风速增长率(β)为纵轴绘制在图10-8中。图10-8中圆点曲线对应0°风攻角下的数据,三角点曲线对应 -3°风攻角,方点曲线则对应 +3°风攻角。

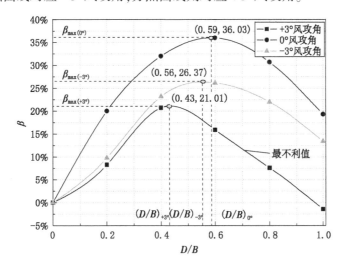

图10-8　不对称50°风嘴截面颤振临界风速随槽宽比的增长率

观测图10-8中三条曲线的变化趋势,可以总结出以下规律：

（1）不同的初始风攻角下,颤振临界风速随槽宽比的变化规律基本一致,即先增后减,在一定槽宽处达到其颤振控制极限。这也印证了前面的分析和猜测,即背风侧竖向气动力的不利影响随着槽宽比的增加而放大,只不过50°风嘴的下斜腹板倾角更小,有利于缓和附近区域的气流边界层分离和旋涡脱落,所以能够吃到更多的槽宽"红利"。

（2）三种初始风攻角下, +3°风攻角的颤振稳定性始终起控制作用,这也从侧面验证了箱形主梁背风侧风嘴区域的流动状态对颤振性能的重要影响。

接下来,我们转向在主梁中部"做加法"的中央稳定板气动控制措施（图10-9）。相比中央开槽在主梁中部形成的各种复杂的气流流动状态,中央稳定板的效果非常单纯:阻挡气流流动,使气流必须绕过稳定板才能向前推进,并在板端因较大的逆压梯度发生边界层分离,在稳定板后形成旋涡脱落和迁移,降低主梁表面的气动压强。这种影响会延续到背风侧风嘴区域,对该处的气流绕流状态产生干扰,影响竖向气动力的形成。这两种效应的叠加如果能有效改变主梁的整体竖向气动力特征,包括竖向力大小及其相对主梁转动中心的力臂,则能起到抑制气动扭转力矩的发展、提高结构颤振性能的作用。

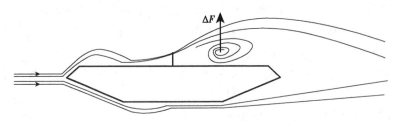

图 10-9　中央稳定板气动控制措施

下面以图 10-10 所示的闭口箱形主梁为基本截面形式，说明中央稳定板的颤振控制效果。中央稳定板的设置有两种选择，设在箱梁顶部时为上中央稳定板，设在箱梁底部时为下中央稳定板，也可二者联合设置。

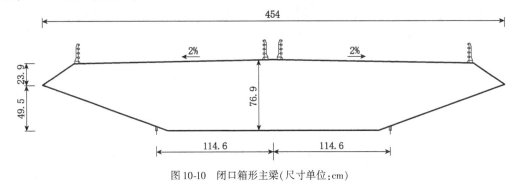

图 10-10　闭口箱形主梁（尺寸单位：cm）

调整稳定板的设置位置和高度，对各主梁采用节段模型测振风洞试验的方法测试颤振临界风速，将测试结果以横轴为相对板高（上、下稳定板高/梁高）、纵轴为颤振临界风速绘制在图 10-11 中。

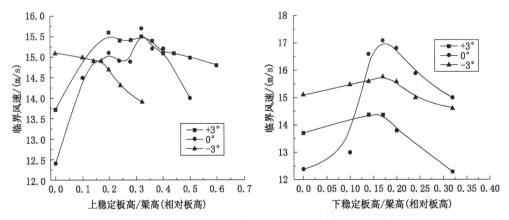

图 10-11　闭口箱形主梁中央稳定板颤振控制效果

从图 10-11 的各条曲线中即能观察到中央稳定板颤振控制效果与稳定板高度的联系。无论是上稳定板还是下稳定板，在绝大多数的初始风攻角下，主梁颤振临界风速随相对板高的变化趋势基本一致，即先增后减，在特定板高时达到其最优颤振控制效果。当然，对主梁颤振性能的评价应基于±3°风攻角范围内的临界风速最低值。以此为标准，上稳定板的最优板高在 15% 梁高附近，颤振性能的最大提升率为 19%；下稳定板的最优板高也在 15%

梁高附近，此时颤振性能的最大提升率为16%。如果联合设置上、下中央稳定板，并谨慎调整板高，还可以进一步提升主梁的颤振临界风速。中央稳定板颤振控制效果对相对板高的敏感性，体现出稳定板对背风侧风嘴区气流绕流状态的影响会随着板高的变化而发生显著的变化，而且这种影响并非总是正面的。此外，板高较大时，亦需要考虑作用在稳定板上的气动力效应。

由于增设中央稳定板后，其背风侧主梁表面气动压强的减小效应基本上是绝对存在的，所以在将其推广应用到除闭口箱形主梁之外的其余主梁类型时可以发现，即使是各种外形比较钝化、颤振性能较差的开口形式主梁，在设置稳定板后其颤振性能都可以得到不同程度的提升，因此可以认为稳定板气动控制是一种适用面最广的颤振控制措施。

在桥梁颤振控制中可以发挥有益效果的气动措施还远不止这些。笔者认为最后值得一提的是成本最低、经济性能最好的一些"微创手术"。桥梁主梁是实现交通功能的主要构件，在主梁上本身就设置着各种为交通服务的附属设施，如主梁顶面的防撞栏、人行栏、检修栏、风障等，又如常常安装在钢主梁侧面或底面、供检修车行走的检修轨道。这些附属设施的存在，往往会阻挡气流的前进，造成气流的分离甚至旋涡的形成，从而产生或大或小的竖向气动力，对主梁的扭转振动提供或推动或阻碍的作用，并在不同程度上影响主梁的颤振性能。因此，如果能够找到对主梁颤振稳定性有较大影响的附属设施，优化其气动外形，或者将其调整到更有利的位置，就可以发挥"四两拨千斤"的功效，起到可观的颤振控制效果。而这种气动控制策略对设计方案的改变极小，所需付出的时间和经济成本都不高。

10.2.2 颤振结构控制

对于颤振这种采用最高设防标准的风致振动，通过永久改变主梁气动外形来改善颤振性能的气动措施无疑是安全、合理的。但是，以提高结构刚度为思路的结构措施仍然具有一定的发挥空间。

在10.1.2节中结构措施有增强构件约束和增设构件之间连接。相对而言，后者对设计方案的调整较小，实现较为容易。这一类结构措施中得到最多应用的是悬索桥主跨跨中连接主缆和加劲梁的中央扣，如图10-12所示。中央扣的控制原理，是通过限制主缆和加劲梁之间的纵向相对运动，增强加劲梁振动时特别是反对称扭转振动时所受约束的刚度，从而提高加劲梁反对称扭转振型的固有频率。当加劲梁颤振的主控振型为反对称扭转振型时，中央扣对其固有频率的提升作用就直接体现在颤振临界风速上。

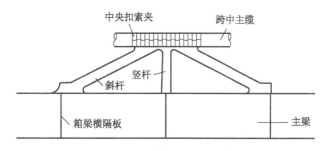

图10-12 悬索桥中的中央扣措施

采用水平交叉索连接两根主缆也能在一定程度上起到约束加劲梁扭转振动、提高其扭转振型固有频率的作用（图10-13）。因为加劲梁扭转振动时两根主缆做异相振动，表现为沿着桥梁轴线的反对称运动,而水平交叉索的设置可以约束这种主缆振动,从而提高结构的抗扭刚度,其效果类似于桥塔抗扭刚度的增强。

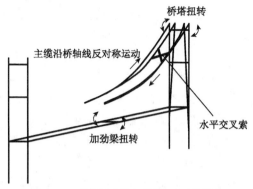

图 10-13 悬索桥中的水平交叉索连接措施

另一类颤振控制结构措施——增强构件约束的着眼点是改变加劲梁扭转振动时的力学边界条件,增强对其扭转振动的约束。这类措施通常会对桥梁结构体系做整体层面的改变,如图 10-14 中(a)、(c)、(d)所示的各种空间缆索体系,而图 10-14(b)显示的则是在平行双主缆体系中通过竖向交叉索连接主缆与加劲梁。这些结构措施的共同点是增加加劲梁与主缆在振动中的联系,通过提高扭转振型与侧向弯曲振型的耦合程度来提高加劲梁的扭转振动频率,从而改善加劲梁颤振性能。

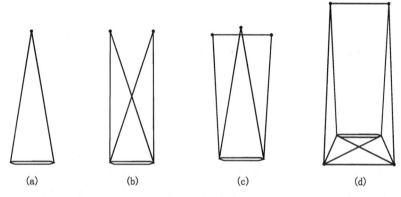

图 10-14 悬索桥中的缆索悬吊体系

此外,由斜拉索支承系统和缆索悬吊系统组合而成的斜拉-悬吊协作体系也可以从提高结构刚度的角度改善颤振性能,如图 10-15 所示。其中,图 10-15(a)所示的迪辛格体系在中跨主梁的中段采用主缆和吊杆的悬吊体系,以解决斜拉桥悬臂施工中的静力失稳和气动失稳问题,桥塔区主梁采用斜拉体系以提高主梁刚度,从而使得主梁的固有振动频率,尤其是扭转振动频率有了明显的提高。图 10-15(b)所示的混合双悬臂组合体系采用双悬臂结构支承桥塔区主梁,以减小主缆所承受的荷载,并对跨中梁段起支承作用。图 10-15(c)所示的垂直悬索与倾斜拉索组合体系则采用了带面外斜拉索塔柱的倒 Y 形桥塔,中央塔柱通过斜拉索支撑面外斜拉索塔柱,面外斜拉索塔柱再通过斜拉索支撑主梁。这一体系的中央塔柱、面外斜拉索塔柱和主梁通过斜拉索相连,组成了一个稳定的空间体系。竖向荷载主要由垂直悬索系统承受,而桥梁的风致振动稳定性、静风稳定性及静力稳定性则通过设于主梁两侧倾斜的斜拉索体系来保证。

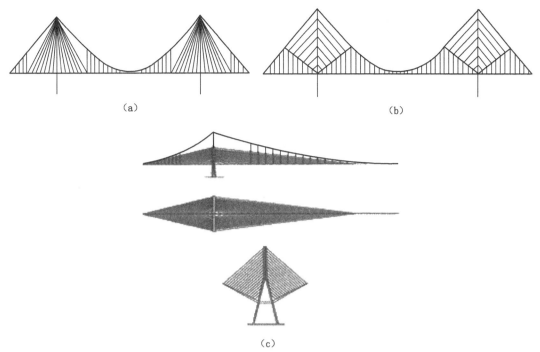

图 10-15　斜拉-悬吊协作体系
(a)迪辛格体系;(b)混合双悬臂组合体系;(c)垂直悬索与倾斜拉索组合体系

10.3　桥梁涡激共振控制

正如前述所言,空气流经桥梁这种钝体结构时,常会发生边界层分离和旋涡脱落现象。如果旋涡为周期性脱落,则会在结构上产生周期性的作用力,称为涡激力。当涡激力的频率接近结构固有振动频率时,就会引起涡激共振,并由自激力接管结构振动的主导权。尽管涡激共振发生后,涡激力对结构振动的影响几乎可以忽略,但涡激力却是涡激共振发生的导火索,如果能够预先掐灭,则能从源头上消除涡激共振,这正是采用气动措施控制桥梁涡激共振的主要思路。参照本章10.1.1节所确立的桥梁风致振动控制目标,本节对涡激共振控制措施的讨论主要针对主梁进行。

大跨度桥梁的固有振动频率很低,采用钢构件时结构阻尼也很低。因作用在构件上的涡激力频率,也就是旋涡脱落频率与来流风速成正比,故常遇风速下该频率往往接近较高阶次的主梁竖弯振型固有频率。而正如本书第5章中所指出的,主梁高阶振型的模态阻尼比相对更低,如果能够通过机械措施为结构提供额外的阻尼,则可以消耗振动能量、控制最大振幅,甚至消除涡激共振。

结构措施对主梁涡激共振控制的帮助则非常有限。一方面,常用结构措施主要提高的是结构基本振型的频率,也就是结构基频,而对高阶振型固有频率的提升效果很微弱。另一方面,大跨度桥梁服役期内会面临较为宽广的常遇风速区间,与之相对应的目标振型也较多,很难通过特定的结构措施一一进行针对性的控制。因此,目前应用最多的主梁涡激共振控制措施就是气动措施和机械措施。

10.3.1 涡激共振气动控制

同气动颤振控制类似,涡激共振气动措施的控制思路也是寻找"病因",然后"对症下药"。但与引起颤振的主控自激气动力可通过经验积累分析出相对明确的作用位置不同,主梁上任何气流分离点都可能成为旋涡脱落的位置,并产生涡激力。如果再考虑主梁上的各种附属设施,则引起涡激共振的"疑犯"可谓众多,且不同位置旋涡脱落的频率也不尽相同,这些因素综合起来就给从源头上消除涡激共振的理想控制思路带来了很大的困难。

先分析相对简单的基本主梁断面涡激共振控制,然后讨论附属设施的影响。首先看图10-1 所示的闭口箱形主梁,正如 10.2.1 节颤振气动控制中所分析的结论,底板的两个端点附近均可能出现气流分离和旋涡脱落,产生引起主梁涡激共振的涡激力。为了消除涡振源头,可以采用导流板措施(图10-16)引导气流更加平顺地流过梁底的拐角,尽量减小气流分离的可能性。导流板只设置在梁底,一方面,箱梁顶面需要安装防撞护栏等附属设施,缺少安装空间,且顶面附属设施对绕流气流的干扰本身就较为复杂;另一方面,实际桥梁中箱形主梁的风嘴均

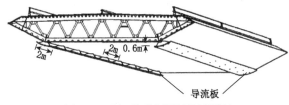

图10-16 闭口箱形主梁的导流板措施

为不对称形状,尖端偏向顶板平面,使得下斜腹板覆盖更大的面积,该区域的气流流动状态对主梁振动的影响也更大。相关的风洞试验和现场观测都已验证了这种导流板气动措施对箱形主梁的涡激共振具有良好的控制效果。

在 10.2.1 节讲述的颤振气动控制中,为了提高箱形主梁的颤振性能而在其中央开槽形成分体双箱梁。中央槽内及其附近出现包括气流分离、旋涡脱落和迁移等复杂的气流状态,正是这一气动措施颤振控制机制的重要组成部分,也是其为提高主梁颤振性能付出的代价。中央槽内新产生的涡激力会增加结构发生涡激共振的可能性,使得分体箱梁更容易受到涡激共振的威胁。为了控制分体箱梁的涡激共振,也可以从槽内旋涡形成的源头出发,有针对性地设计气动措施。图10-17 展示了按这种控制思路提出的一种气动措施,其控制思路是在中央槽的顶部覆盖部分通风的隔涡板,在保证一定透风率的同时干扰槽内气流分离和旋涡的形成与运动,从而起到控制涡激共振的效果。风洞试验的测试结果表明,隔涡板的涡振控制效果随着透风率的下降而提升,不过显而易见的是,颤振性能必然随之劣化。所以,如果想采用隔涡板措施,则一定要综合评估其对主梁颤振和涡激共振的影响,在平衡和满足两种风致振动设防要求的前提下谨慎选择合理的透风率。当然,如果能够确保机械装置的强健性,也可考虑采用开合式的隔涡板。平时打开隔涡板保持中央槽内气流畅通,主梁发生涡激共振或出现涡振预警时,隔涡板自动或人工关闭,覆盖在中央槽顶部以抑制主梁涡激共振。

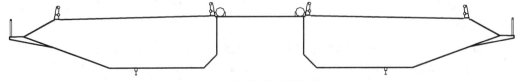

图10-17 分体箱梁的隔涡板措施

对于分体箱梁的涡激共振,也可参考闭口箱梁的情况,采用梁底设置导流板的措施来进行气动控制,如图10-18 所示。导流板的设置位置可选择底板的端部拐角点,特别是靠近中央槽

的位置。不过,因为分体箱梁的气流绕流状态相比普通的扁平闭口箱梁而言复杂得多,所以导流板对分体箱梁的涡激共振控制效果很难达到对闭口箱梁的效果。

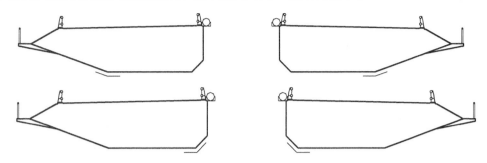

图 10-18 分体箱梁的导流板措施

双边工字梁是一种常用的开口形式主梁,类似于 10.2 节中的矩形主梁,其颤振性能较差,横截面内存在多个可能的气流分离点。按照前述的分析思路,双边工字梁的顶板边缘、底板的两个端部、桥面板下的小纵梁等处,均可能成为气流分离点和旋涡形成之地。相比较而言,工字梁底板位置较为突出,亦位于迎风侧前缘,可能会对大尺度旋涡的形成及其在桥面板下方的迁移具有较大的影响。所以,考虑在工字梁底板靠内侧的端部安装如图 10-19 所示的水平导流板,以改变气流分离的位置、干扰梁底旋涡的形成。经风洞试验检验,工字梁底板内侧的水平导流板可以显著减小主梁的涡激共振振幅,起到良好的气动控制效果。

当然,实际桥梁工程的主梁上还安装有多种附属设施,包括防撞栏、人行栏、检修栏、风障、人行道、检修轨道等。这些附属设施都会阻挡气流的行进,从而有可能引起气流的分离和旋涡的脱落。例如,防撞栏的栏杆一般均为钝体截面,往往成为旋涡形成之处,防撞栏的安装底座如果沿桥面通长设置,也可能成为引发主梁涡激共振的源头。再如,钢梁底部或侧面安装的检修轨道,也常常引起主梁的涡激共振。

面对这种复杂的情况,我们在研究和设计涡振气动控制策略时还是应该坚持由简入繁的原则,先行考察裸梁截面的涡激共振性能。如果裸梁截面会发生涡激共振,则可以在影响因素相对较少的情况下更容易地判断其涡激共振源头,并采取相应的控制措施。排除裸梁截面涡激共振隐患后,最后考察安装附属设施后的主梁涡激共振性能。此时若发生涡激共振,则先预判各附属设施的影响程度,然后依次排查并搜寻"罪魁祸首"。确定关键源头后,再采用合适的气动措施对涡激共振加以控制。例如,在护栏顶部安装与水平面之间保持一定倾斜角度的抑流板来引导气流、减少气流分离(图 10-20),或者在梁底检修轨道处增设导流板以缓和气流流态的突变,都已被验证为有效的涡激共振气动措施。

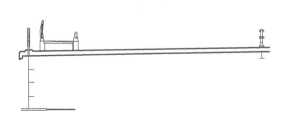

图 10-19 双边工字梁的导流板措施

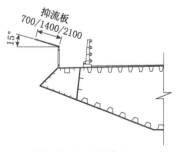

图 10-20 护栏顶部的抑流板措施(尺寸单位:mm)

在对某一种风致振动设计气动控制策略时,需要切记的是,气动措施一般是对主梁外形的永久改变,所以一定要综合考察其对各种风致振动性能包括静力效应的影响效果,避免陷入顾此失彼的困境。

10.3.2 涡激共振机械控制

大跨度桥梁的低频振型密集,可能成为涡激共振目标的主梁振型也较多。而钢主梁的结构阻尼低,因此易于发生涡激共振振型的模态阻尼比特别是较高阶次振型的模态阻尼比普遍很低。如果有针对性地设计和安装调谐式阻尼器,如调质阻尼器,就可以有效提高目标振型抵抗涡激共振的能力。图 10-21 给出了结构阻尼比(ξ)对涡激共振振幅(A)的影响效果的一个例子,从涡激共振锁定风速(U)区间内振幅曲线的变化可以很容易地看到增大阻尼的涡激共振控制效果。

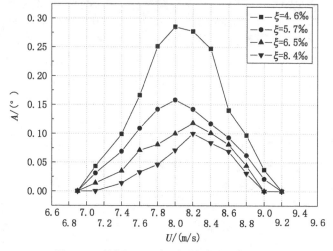

图 10-21 结构阻尼比对涡激共振振幅的影响效果

所以,当桥梁的结构阻尼比不能达到有效抑制涡激共振的临界阻尼条件时,采用机械措施增加体系阻尼是一种可行的控制策略,其中主梁涡激共振控制中已经得到应用的就是调质阻尼器(TMD)。日本东京湾通道桥和巴西里约-尼泰罗伊大桥(Rio-Niterói Bridge)均采用调质阻尼器作为主梁涡激共振的抑制手段。调质阻尼器是由惯性质量块、刚度元件和阻尼元件组成的动力吸振器(图 10-22)。当调质阻尼器自身的振动频率调谐为受控结构控制振型的频率时,即可利用调质阻尼器和主结构之间的共振特性将受控结构的振动能量"吸收"过来,并利用自身的阻尼系统将"吸收"来的能量耗散掉,从而达到振动控制的目的。

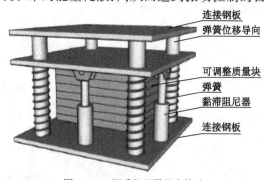

图 10-22 调质阻尼器基本构造

调质阻尼器的可调参数包括自身的质量、频率和阻尼比,而其振动控制效果主要依赖于荷载频率比(外荷载频率与受控结构控制振型的频率之比)、质量比(调质阻尼器质量与受控结构的质量之比)、频率比(调质阻尼器频率与受控结构控制振型的频率之比),以及调质阻尼器自身的阻尼比。

对于不同形式的外荷载,调质阻尼器的最优调谐参数均不同。在对桥梁涡激共振进行控制时特别需要涡激共振发生时占据主导地位的气动力是结构自激力,包括线性和非线性成分,而涡激力的影响较弱。所以在设计调质阻尼器的调谐参数时,需要计入主导结构涡激共振的自激力气动阻尼和气动刚度效应。

在受控结构上安装调质阻尼器后,外荷载作用下频响曲线的峰值区间会发生转移。一般情况下,调质阻尼器的质量比越高,振动控制效果越好,但考虑到实际桥梁结构中的安装和调试方便,调质阻尼器质量比通常不超过 2%。因此,可根据主控荷载的频响曲线,在可操作的限值范围内选择调质阻尼器质量比。

确定质量比以后,调质阻尼器的控制效果就取决于其频率比和阻尼比。频率比决定了调质阻尼器的调谐特性,不合适的频率比不但不能控制受控结构的振动,反而会增大其振幅。调质阻尼器的阻尼比决定了其耗能特性,阻尼比太小会导致质量块的振幅太大而难以满足实际工程中的工作空间需求;阻尼比太大则会使质量块振幅太小,从而减弱其耗能性能。因此必须通过优化计算确定调质阻尼器的最优频率比和最优阻尼比。图 10-23 展示了风洞试验中对主梁采用调质阻尼器进行涡激共振控制的一个例子。

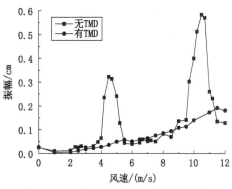

图 10-23　调质阻尼器的涡激共振控制效果

由于桥梁涡激共振发生风况的复杂性,当单独采用调质阻尼器难以应对时,也可采用多重调谐式阻尼器来降低其对受控结构参数变化的敏感性。当然,作为机械部件,调质阻尼器的阻尼元件和弹性元件易于损耗,使用期间也需要较多维护,如何提高机械措施的强健性始终是一个重要的课题。

10.4　斜拉索风雨激振控制

斜拉索风雨激振是斜拉索在一定风速范围、降雨量和斜拉索空间姿态等条件下发生的一种大幅低频振动。斜拉索风雨激振涉及气、液、固三态的耦合,影响因素众多,成因非常复杂。在诸多斜拉索风致振动中,风雨激振是最强烈的一种,过大和频繁的振动会造成斜拉索的防护层、钢丝和锚固结构的破坏,并引发安全隐患。斜拉索风雨激振的控制方法可分为三种类型,即气动措施、机械措施和结构措施。

虽然降雨环境是斜拉索风雨激振发生的重要条件,但气动力仍然是振动发生的直接原因。所以找到关键气动力的成因,并有针对性地进行干扰与控制,是采用气动措施控制斜拉索风雨激振的主要思路。另外,相比主梁和桥塔构件,斜拉索构件自身的阻尼比很大,采用机械措施为其增加额外的阻尼是一种有效的振动控制措施。此外,大跨度斜拉桥的斜拉索自由长度很长,面内和面外的固有振动频率都较低,通过适当的结构措施提高斜拉索的刚度和自振频率,也能在一定程度上起到振动控制的作用。

10.4.1 斜拉索风雨激振气动控制

斜拉索风雨激振的成因复杂,目前对其发生机理尚未有统一的认识,但现在得到广泛认可的观点,是降雨环境和斜拉索空间姿态所形成的斜拉索表面水线与斜拉索风雨激振的发生具有非常密切的联系。因此,气动控制措施的主要原理就是通过改变斜拉索的表面状态,干扰或破坏其表面水线的形成,从而达到控制风雨激振的目标。

气动控制措施是目前应用较为广泛的风雨激振控制方法,主要包括:在斜拉索表面缠绕螺旋线或间隔缠绕带状物,在斜拉索表面压制凹坑(图10-24),在斜拉索表面设置纵向肋条(或开凹槽),在斜拉索表面设置椭圆环,采用多边形截面的斜拉索等。另外,提高斜拉索表面的粗糙度或在其表面涂覆一层斥水性材料也可起到破坏水线形成的作用。气动控制措施具有性能可靠、费用低、几乎不需维护的优点,但应综合考察其对各种振动现象和气动静力荷载的影响。

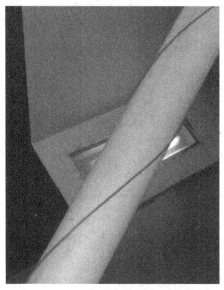
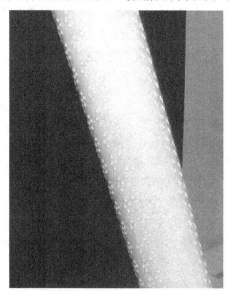

图10-24 斜拉索表面螺旋线和凹坑

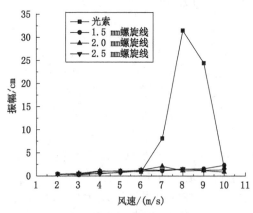

图10-25 螺旋线的风雨激振控制效果

在斜拉索表面缠绕螺旋线可破坏水线的形成,抑制风雨激振,且不会带来过大的气动阻力。国内外多座大跨度斜拉桥,如我国南京八卦洲长江大桥、法国诺曼底大桥、美国 Cooper River 桥等都采用了这种控制措施。在实际应用时,需合理选取螺旋线的直径和缠绕间距。图10-25 展示了对于直径139mm、固有振动频率 $f=1.033$ Hz、倾角 $\alpha=25°$ 的斜拉索,在风偏角 $\beta=25°$、雨强 20mm/h 的条件下三种直径螺旋线的风雨激振控制效果。

在斜拉索表面设置凹坑也可破坏水线的形成,在各种雨量下及无雨条件时都具有良好的稳定性,但其减振效果不如缠绕螺旋线的措施。我国苏通长江公路大桥、日本多多罗大桥的斜拉索采用了表面设置凹坑的措施。

在斜拉索表面轴向开槽或粘贴纵向肋条,可控制雨水只能在凹槽内流动,尽可能保持斜拉索的圆形气动外形。这种方法被应用于日本 Higashi-Kobe 桥的斜拉索风雨激振控制中,证明了该控制措施的有效性。

10.4.2 斜拉索风雨激振机械控制

机械控制措施是通过在斜拉索上设置阻尼器来提高结构阻尼的减振措施。斜拉索因其低阻尼而易于发生各种振动,因而增加斜拉索的结构阻尼被认为是最直接而有效的振动控制方法。常用的机械措施是在斜拉索的适当部位(通常在斜拉索锚固端附近)安装固定工作参数的黏滞阻尼器,通过提高斜拉索的模态阻尼比来提高结构耗能的能力。其中,橡胶阻尼器设置在斜拉索锚固端,是较早投入应用的阻尼器;油压阻尼器于 20 世纪 70 年代末至 80 年代初由欧美和日本开发,目前应用广泛;磁流变阻尼器可以进行主动、半主动控制,90 年代以来进行了大量的研发和应用;我国开展的基于电涡流阻尼三元控制理论的轴向电涡流阻尼器,则对拉索的多模态振动控制有较好的效果。

10.4.3 斜拉索风雨激振结构控制

结构控制措施是采用辅助索连接不同的斜拉索,使原来相互独立的单索组成的斜拉索体系变成相互关联的索网体系,又称二次索。辅助索使单根索的自由长度减小,从而提高了斜拉索的刚度和固有频率;因辅助索的连接而形成的多根斜拉索之间的耦合振动作用,又增大了斜拉索振动时的惯性力和阻尼耗能能力。此外,还可采用高阻尼材料制作辅助索以进一步提高索网体系的阻尼,并使能量在不同斜拉索之间传递,即可达到抑制包括风雨激振在内的多种风致振动的目的。早期的辅助索基本不与桥面相连,这虽然对抑制斜拉索的低阶振动效果明显,但实践中多次发生辅助索断裂现象。法国诺曼底大桥首次采用了将辅助索与桥面连接的方式,使辅助索的索力易于控制,并形成了较为实用的设计计算方法。

10.5 风振主动控制

相较于被动控制措施,主动控制措施最大的特点是需要外部能量的输入,而且一般会集成实时监测系统、控制优化系统和反馈输入系统,根据对结构响应的监测结果和控制优化理论,实时调整向结构输入的能量和相位大小,实现对结构响应的控制。主动控制措施具有智能化和自动化的优点,但其控制效果依赖于三个系统的高度协调,对系统可靠性的要求很高。半主动控制措施与主动控制措施最大的区别,是仅通过较小的能量输入来调整控制措施的关键参数,即可达到实时控制结构响应的目的。混合控制措施则将被动控制措施和主动控制措施相结合,利用二者的优点对不同特征的结构振动形式进行控制。

以上这些措施从控制原理的角度可分为气动控制措施和机械控制措施。其中,主动气动控制措施的基本原理是通过内置电机驱动附加在桥梁结构上的具有特定外形的部件,通过实时调整这些部件的姿态来改善桥梁结构的气动性能,从而实现对结构振动的抑制作用。主动气动控制措施按照附加部件的不同作用机制可分为两类:一是改善结构周围流场来抑制不利气动力的产生,相当于对结构外形进行实时的局部优化,如主动风嘴、可动稳定板等;二是直接通过附加部件来获取有利于结构稳定的气动力,如上、下控制面等。两类主动气动控制措施的装置形式可参考图10-26。

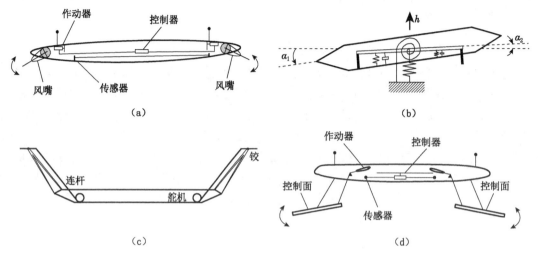

图10-26 主动气动控制措施的装置形式示意图
(a)主动风嘴;(b)可动稳定板;(c)上控制面;(d)下控制面

需要外部能量输入的机械控制措施包括主动质量阻尼器、半主动质量阻尼器和混合质量阻尼器等。主动质量阻尼器的基本原理是实时监测结构的外部激励和响应,根据主动控制理论计算出所需要的控制力,通过作动器推动惯性质量运动,从而对结构施加控制力。相对于被动的调谐质量阻尼器而言,主动质量阻尼器可以针对不同的控制目标,也可实现更高的控制效率,但对控制系统的可靠性也提出了更为严格的要求。半主动质量阻尼器可看作被动调谐质量阻尼器的一种改进,通过少量能量输入来实时调控阻尼器的刚度、质量或者阻尼,以适应不同的外部激励并控制结构的振动。显然,半主动质量阻尼器相对于被动调谐质量阻尼器具有更好的适应能力,相对于主动质量阻尼器具有更好的稳定性和强健性,目前应用较为广泛的有磁流变阻尼器等。混合质量阻尼器是将不同类型的质量阻尼器组合起来使用,例如将被动和主动模式的质量阻尼器组合,在结构振动响应较小时采用被动控制模式即可达到性能需求,而当结构振动较大、采用被动控制模式不能将结构振动抑制在设定范围内时,则采用主动控制模式以获得更好的控制效果。

思考题与习题

1.在桥梁风致振动的各种控制方法中,为什么桥梁抗风研究者和设计者更倾向于选择被动的气动措施?这种桥梁风致振动控制措施的基本原理是什么?

2.扁平闭口箱形主梁在颤振时转动中心向迎风侧移动的主要原因是什么?针对这种情况所进行的颤振气动控制,在原理上与开口形式主梁有何区别?若要对涡激共振进行气动控制,是否仍然需要考虑这种情况?

3. 进行桥梁颤振控制时为何不考虑机械措施?进行桥梁涡激共振控制时又为何不考虑结构措施?这种差异同两种风致振动现象的发生机理存在怎样的联系?而针对这两种风致振动现象的气动控制原理又有哪些异同?

4. 桥梁风致振动气动控制与构件气动外形优化之间存在怎样的联系和差异?怎样才能更为有效地开展桥梁构件的气动外形优化?

本章参考文献

[1] 葛耀君.大跨度悬索桥抗风[M].北京:人民交通出版社,2011.

[2] FUJINO Y, SIRINFORIONGO D. Vibration mechanisms and controls of long-span bridges: a review[J]. Structural Engineering International, 2013, 23(3):248-268.

[3] SCANLAN R H, TOMKO J J. Airfoil and bridge deck flutter derivatives[J]. Journal of the Engineering Mechanics Division, 1971, 97(EM6):1717-1737.

[4] DYKE M V. An album of fluid motion[M]. Stanford: The Parabolic Press, 1982.

[5] HIKAMI Y, SHIRAISHI N. Rain-wind induced vibrations of cables stayed bridges[J]. Journal of Wind Engineering and Industrial Aerodynamics, 1988, 29(1-3):409-418.

[6] SCANLAN R H. Role of indicial functions in buffeting analysis of bridges[J]. Journal of Structural Engineering, 1984, 110(7):1433-1446.

[7] 杨咏昕,周锐,葛耀君.大跨度桥梁实用颤振控制方法[J].同济大学学报(自然科学版),2014,42(7):989-997,1043.

[8] 杨咏昕.大跨度桥梁二维颤振机理及其应用研究[D].上海:同济大学,2002.

[9] 夏锦林,杨咏昕,葛耀君.上、下组合中央稳定板对于箱梁颤振性能的影响[J].中国公路学报,2017,30(7):86-93.

[10] FUJINO Y, YOSHIDA Y. Wind-induced vibration and control of Trans-Tokyo Bay Crossing Bridge[J]. Journal of Structure Engineering, 2002, 128(8):1012-1025.

[11] BATTISTA R C, PFEIL M S. Control of wind oscillations of Rio-Niterói bridge, Brazil[J]. Proceedings of the Institution of Civil Engineers: Structures and Buildings, 2010, 163(2):87-96.

[12] FLAMAND O. Rain-wind induced vibration of cables[J]. Journal of Wind Engineering and Industrial Aerodynamics, 1995, 57(2-3):353-362.

[13] KOBAYASHI H, MINAMI Y, MIKI M. Prevention of rain-wind induced vibration of an inclined cable by surface processing[M]. India, 1995.

[14] MATSUMOTO M, SHIRAISHI N, KITAZAWA M, et al. Aerodynamics behavior of inclined circular cylinders cable aerodynamics[J]. Journal of Wind Engineering and Industrial Aerodynamics, 1990, 33(1-2):63-72.

[15] 陈政清,华旭刚,牛华伟,等.永磁电涡流阻尼新技术及其在土木工程中的应用[J].中国公路学报,2020,33(11):83-100.

第 11 章
桥梁风洞试验方法

桥梁构件的断面一般为钝体,由于钝体流固耦合的复杂性,作用到钝体上的气动力还没有理论解,目前还缺乏精确的计算方法来获取作用到桥梁上的各种风荷载以及桥梁的空气动力响应。因此,目前国内外对大跨度桥梁抗风性能的评价,还不能完全依靠理论,仍必须利用风洞试验获取气动力参数或者直接测量其空气动力响应。

桥梁风洞模型试验是在实验室中,按比例(缩尺比)模拟出大气边界层风场和桥梁结构,测量结构的气动荷载和静动力响应,是一种通过模型风效应来推算和评估实际结构风效应的方法。对于现场条件及外形复杂的结构,风洞模型试验是目前采用最普遍的研究手段。

风洞试验包括风场模拟、模型模拟和模型响应测试。风场模拟是在风洞内,按照一定的要求模拟出合适的边界层,包括风速剖面、紊流强度剖面和紊流风速谱。模型模拟是指按照试验目的制作出刚性模型或者是弹性模型。模型响应测试是利用测试仪器,测量结构的气动力和空气动力响应。

11.1 边界层风洞试验设备

11.1.1 边界层风洞

桥梁风洞模型试验的主要试验装置是风洞,风洞是指一个按一定要求设计的、具有动力装置的、用于各种气动力试验的可控气流管道系统。风洞一般由动力段、扩散段、收缩段、稳定段、试验段等几个部分组成,在试验段安装各种测试设备,进行各项需要内容的风洞试验。

风洞按风路形式分为直流式和回流式,图 11-1 为典型的直流式风洞,图 11-2 为回流式风洞;风洞按试验来流风速的大小分为低风速、高亚音速、跨音速、超音速、高超音速;风洞按其试验段的流场形式又可分为均匀流风洞和边界层风洞。风工程中还有许多特殊用途的风洞,如尾旋风洞、高紊流度风洞、低紊流度风洞、变密度风洞、汽车风洞、露天矿通风风洞、结冰风洞等。

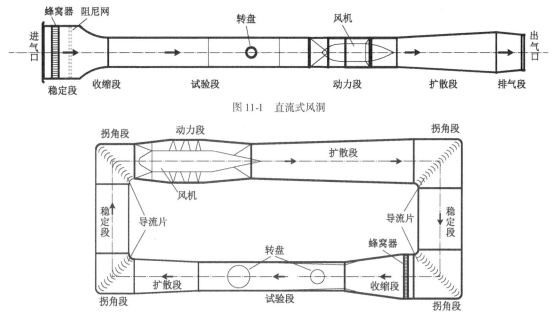

图 11-1　直流式风洞

图 11-2　回流式风洞

由于土木工程结构一般处在大气边界层内,因此用于桥梁等土木工程结构试验的风洞一般需要较长的试验段用于模拟大气边界层,称之为边界层风洞。相对于航空航天飞行器,土木工程结构所遇到的风速相对较低,因此用于桥梁结构风洞试验的风洞均为低速边界层风洞。

美国、英国、日本是较早利用风洞对桥梁结构开展抗风研究的国家。我国开展该项研究较晚,在 1990 年前后,我国的同济大学以及西南交通大学先后建造了土木工程专用风洞。此后,随着民用建筑需要的增加,我国目前能够进行建筑风洞试验的风洞已经有几十座,也有专门针对大跨度桥梁风洞试验的超大风洞,以适应我国超大跨桥梁的发展,如西南交通大学的 XNJD-3 风洞(图 11-3),试验段宽 25m,高 4.5m,其试验段尺寸目前位居世界第一。

11.1.2　风洞测量设备

根据测量对象的不同,风洞模型试验的测量内容可分为风速测量、位移和振动测量、静力和动力测量,以及测压和流场测试等,分别采用对应的测量设备。

1) 风速测量设备

对风速的测量是进行风洞试验的基础,模型试验前的风场模拟、风洞试验时的风速监控均需进行风速测量。此外,对城市和山区等局部复杂地形风环境的研究也主要通过风速测量的方式来实现。常用的风速测量设备有:简易手持风速仪、皮托管、热线风速仪、眼镜蛇探头等,如图 11-4 所示。其中简易手持风速仪误差较大,只能用来监测风洞中的平均风速,所测结果一般不作为准确风速去分析实验结果。皮托管亦称"测速管",俗称"风速管",是一种通过测量流体总压力与静压力的差值来计算流速的仪器,一般测量较高风速的平均风速比较准确。热线风速仪的原理是将通电加热的细金属丝(称热线)置于气流中,热线在气流中的散热量与流速有关,而散热量导致热线温度变化而引起电阻变化,流速信号即转变成电信号,从而获取风速,其可以同时精确测量平均风速和脉动风速,是一种比较昂贵、精密的测量仪器。眼镜蛇探头也是将探头压力场与风速矢量和静态压力相关联,通过压力传感器测量风速和风向的测量仪器,可同时测量平均风速和脉动风速,也是一种较为精密的测量仪器,其虽然没有热线风速仪测量精确,但是比热线风速仪耐用,是目前风洞试验中测量平均风速和脉动风速最为常用的测风设备。

图 11-3　XNJD-3 风洞

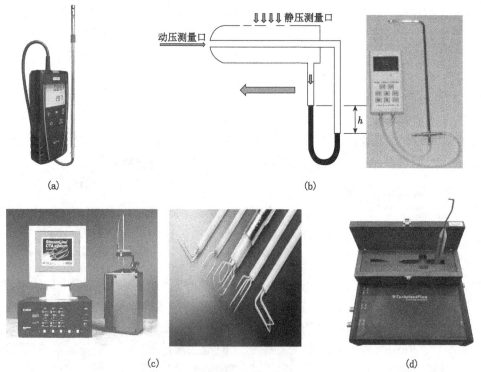

图 11-4　风洞中常用风速测量设备
(a)简易手持风速仪;(b)皮托管;(c)热线风速仪;(d)眼镜蛇探头

2) 位移和振动测量设备

在工程实践中,工程师们往往更加关心桥梁结构在风荷载的作用下能产生多大的静风位移及振动响应,因此风洞试验需要对模型的位移、振动加速度等风致响应进行测量。在桥梁风洞试验中,常用的设备主要是位移计和加速度传感器。目前国内风洞试验中用得最多的是非接触的激光位移计,在不影响模型的情况下,可以同时测量模型的平均位移和振动位移,是一种精密的室内位移测量设备,如图11-5(a)所示。高频摄像测量仪是近年来随着高速摄影测量技术发展,基于光学测量原理及计算机图像处理技术形成的一种新型测量技术,利用图像测量原理和图像处理的各种技术,通过计算机对数字图像进行分析、处理,通过被测物体图像的边缘计算被测物体的几何参数坐标,并可根据各参考点在图像中的像素距离与实际距离成特定的比例关系,求解出不同时刻各参考点的位移量,如图11-5(b)所示。加速度传感器是另一种振动测量仪器,它可以直接获取结构的加速度响应,进而通过数据处理,得到结构的位移响应[图11-5(c)]。

(a)

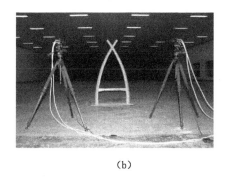

(b)　　　　　　　　　　　　　　(c)

图11-5　风洞中常用位移和振动测量设备
(a)激光位移计;(b)高频摄像测量仪;(c)加速度传感器

3) 静力和动力测量设备

与测力有关的设备也是风洞试验中必不可少的一类。通过测力装置可以获得模型整体或某一局部在定常或非定常气动力下的受力情况。测力天平是一种常见的精密的力传感器,测力天平按测量原理可分为机械式、应变式、磁悬浮、压电式等,风洞试验中常用的是应变式测力天平,它利用弹性应变来实现对力的表征。测力天平根据测量项目的不同可以分为两大类,一类用于测量平均气动力,这类设备主要有单分量天平、三分量天平[图11-6(a)]、五分量天平[图11-6(b)]等,桥梁工程中最主要的测量三分力系数的天平就是三分量天平;另一类用于测量气动力时程,测量设备为高频天平,如高频底座天平[图11-6(c)]。

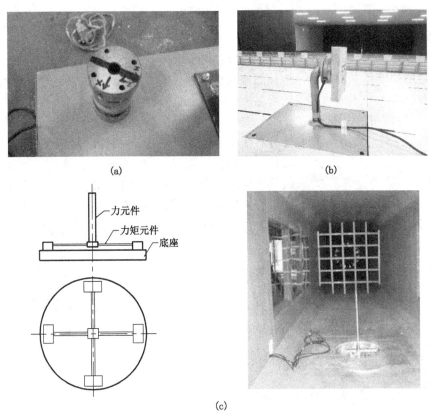

图 11-6 风洞中常用力测量设备
(a)三分量天平;(b)五分量天平;(c)高频底座天平

4)测压和流场测试设备

在风洞试验中有时还需获得模型表面压力,研究气动力在模型表面的分布情况,这时就需要用到一些压力测量设备,脉动压力扫描阀是一种常见的气压测量设备(图 11-7)。

图 11-7 脉动压力扫描阀

为了研究的需要,需要在风洞中测试气流在桥梁断面中的绕流情况,这时需要利用专门的测量设备,如粒子图像测速仪(particle image velocimetry,PIV),如图 11-8 所示,可以得到瞬时的流场分布特征。

 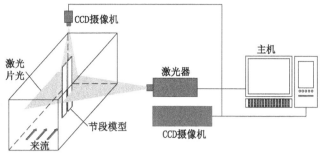

图 11-8　粒子图像测速仪

11.2　紊流风场风洞模拟

桥梁结构风洞模型试验除了要在均匀流场中进行外,还需在模拟大气边界层紊流风场中进行,前者主要用于考察平均风作用下的静风荷载和自激气动力作用下的颤振、涡振等问题,后者用于考察抖振响应性能及紊流风对颤振、涡振的影响。

在风洞中模拟的大气边界层流场是基于桥位场地地表类别及风特性,采用模拟装置来实现的。在大气边界层中的自然风具有多种特性,如沿高度变化的风速剖面、紊流强度剖面、紊流尺度、脉动风谱等。大气边界层模拟必须保证作用于桥梁模型上的风荷载动力特性与实际风场相似,模拟时要根据风洞模型试验相似理论,基于风场模拟装置,使得风洞中的流场风特性的各无量纲参数与实桥相等,从而满足几何相似与运动相似条件。目前边界层风场在风洞中的模拟技术有两类:被动模拟和主动模拟。

11.2.1　紊流风场被动模拟技术

被动模拟是依靠布置在风洞中的静止障碍物来被动地调节气流,这种模拟技术可以通过在风场中布置格栅或尖劈及粗糙元的方式来实现对目标风场的模拟,是目前风洞中模拟大气边界层最常用的方式。图 11-9 为通过等间距的格栅模拟紊流风场的装置,格栅模拟出来的风场除风洞壁边界外,风速特性比较均匀,有时称为均匀紊流风场,一般用来考察紊流对桥梁气动力或者风致响应的影响。

另外一种相对比较复杂的边界层模拟装置,是利用尖劈和粗糙元组合,模拟出具有一定边界层厚度的边界层紊流风场,如图 11-10 所示。通过调整尖劈的高度、宽度和摆放间距,配合地面粗糙元,模拟出符合试验要求的边界层风场。图 11-11 为西南交通大学 XNJD-3 风洞中按照《公路桥梁抗风设计规范》(JTG/T 3360-01—2018)中 B 类地表模拟的大气边界层风速剖面、紊流强度剖面及脉动风谱。

边界层紊流风场被动模拟方法简单,格栅紊流风场目前只能模拟紊流度,尖劈和粗糙元的组合可以模拟平均风速剖面和紊流强度剖面。如果风洞试验截面尺寸较小,被动模拟方法模拟出的紊流风场紊流积分尺度也较小,很难模拟出与模型缩尺相匹配的紊流积分尺度和紊流风速谱。

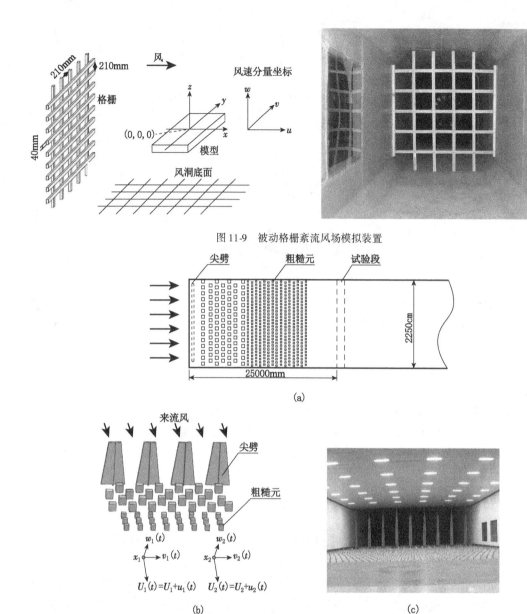

图 11-9 被动格栅紊流风场模拟装置

图 11-10 被动尖劈及粗糙元风场模拟装置
(a)尖劈和粗糙元平面布置;(b)尖劈和粗糙元平面布置示意图;(c)边界层模拟照片

11.2.2 紊流风场主动模拟技术

主动模拟技术依靠运动机构向流场中注入适当频率的机械能,增强低频成分紊流动能,从而改善功率谱和提高积分尺度。多阵列风扇主动控制风洞就是这种类型的模拟技术,这种模拟的示意如图 11-12(a)所示,根据目标谱,不断调整不同位置风扇的转速,从而实现风速谱的精确模拟,也可以实现单一频率的正弦风场模拟。图 11-12(b)为日本宫崎大学多阵列风扇主动控制紊流模拟得到的纵风向风速谱。这种多阵列风扇模拟技术能够准确模拟桥梁风洞试验所需要的风场,但是成本高昂,一般不作为桥梁风洞试验的常规模拟方法。

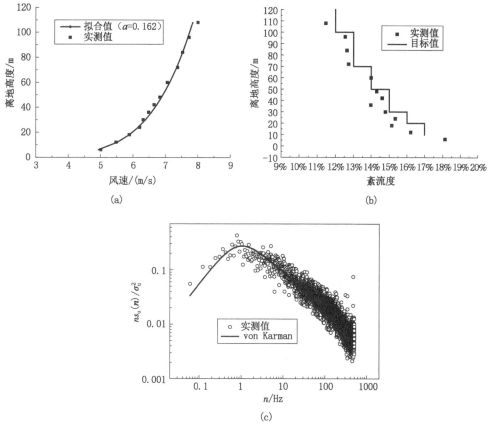

图 11-11　尖劈和粗糙元模拟的 B 类边界层风场
(a)风速剖面;(b)紊流强度剖面;(c)脉动风速谱

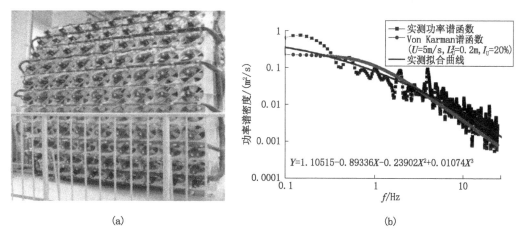

图 11-12　多阵列风扇主动控制紊流模拟
(a)多阵列风扇紊流模拟;(b)模拟得到的纵风向风速谱

另一种典型的主动模拟技术是振动翼栅,利用水平安装的振动格栅,通过反馈控制增强垂直方向紊流动能和提高积分尺度,从而在竖向产生接近正弦脉动来流的风场,如图 11-13 所示。这种装置产生的紊流风场主要频率比较单一。

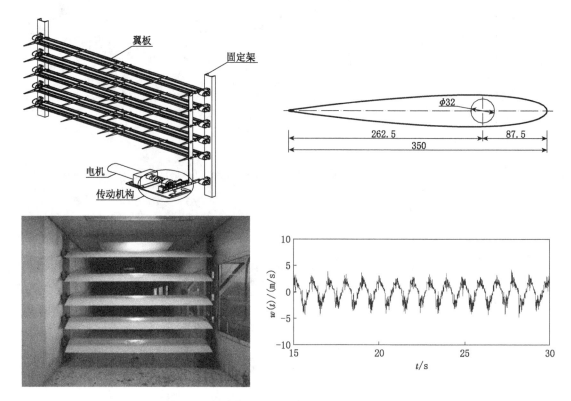

图 11-13 振动翼板主动控制紊流模拟(尺寸单位：mm)

11.3 风洞试验类型和相似准则

11.3.1 桥梁风洞试验类型

桥梁的风洞模型试验，按照模拟的对象，一般分为局部节段模型风洞试验和整体全桥模型风洞试验两类。

局部节段模型风洞试验一般是指静力节段模型风洞试验和动力节段模型风洞试验，总称为节段模型风洞试验，是将细长结构的一部分代表整体，按比例制作一段刚性节段，通过试验得出结构的静风荷载和动力响应，根据试验目的分为测力试验和测振试验。风洞中最常做的是主梁节段模型风洞试验，另外还有斜拉索节段模型风洞试验、塔柱节段模型风洞试验等。

整体全桥模型风洞试验一般是指全桥气动弹性模型试验，是按照一定的比例将整个桥梁的几何外形、质量分布、刚度分布等精确模拟出来，在风洞中测试结构的静风响应和振动响应。对整个桥梁或桥梁的一部分，比如斜拉桥的最大双悬臂和最大单悬臂施工状态、自立桥塔状态，按照几何外形、质量分布、刚度分布等模拟出来，对这些状态的静力响应和动力响应进行风洞试验，这些都称为全桥气动弹性模型试验。

局部节段模型风洞试验和整体全桥模型风洞试验有各自的适用范围和目的，两种类型的试验不能互相取代。局部节段模型风洞试验基于诸如主梁细长结构的片条理论,具有缩尺大、模型失真少、制作方便、易于细部模拟、易修改等特点,一般用于主梁气动选型,可在桥梁方案设计和初步设计阶段得出颤振稳定性和涡激共振性能较好的主梁断面形式。另外,通过局部节段模型风洞试验,可测量主梁三分力系数、颤振导数、气动导纳等气动参数,为更详细的抗风性能计算提供参数。全桥气动弹性模型试验由于模型制作和试验成本高,一般在局部节段模型风洞试验完成气动选型和气动控制措施后,进行综合性的检验试验。全桥气动弹性模型试验可以考虑气动力和风致响应的三维效应,考虑多个振型之间的模态耦合,可以综合评价桥梁的抗风性能。

为了特殊的工程需要,还需要其他专门的风洞试验,比如研究山区地形对风场影响的地形模型风洞试验,研究主梁周围流场特性的流迹显示试验,以及研究风场特性在行车道内分布规律的列车和汽车气动力试验等。

11.3.2 风洞试验相似准则

风洞试验是缩尺模型,为了能够将缩尺模型的试验结果应用到实际桥梁中,需要一定的相似性要求和准则。风洞试验相似要求和准则是通过一系列的参数或者参数组体现的,如果结构从一种状态(原桥流场和结构)到另一种状态(试验流场和模型)的这些参数保持不变,那么缩尺试验得出的现象就保证了相似性。风洞试验的相似参数包括风速相似参数和结构相似参数,这些参数全部相似,或者主要参数相似,才能用风洞试验的结果评估实际桥梁的抗风性能。根据空气动力学原理和桥梁风洞试验需要,模型本身的动力相似参数主要有惯性参数、弹性参数、重力参数、黏性参数、阻尼参数等。除结构模型本身的相似外,还需要流场的相似,比如紊流场中需要平均风速、平均风速剖面、紊流强度、紊流积分尺度、紊流风速谱等相似。风洞试验相似参数的名称和物理意义见表 11-1。

对于一个具体的桥梁模型,需要严格按照缩尺比进行设计和制作。风洞试验需要遵循的相似参数及相似关系见表 11-2,模型与原型的各个参数按照相似比进行设计,即可满足风洞试验所需要的相似关系,风洞试验得到的结果就可以推算到实际桥梁,为实际桥梁的抗风性能评估提供依据。

风洞模型试验的相似参数　　　　表 11-1

相似关系	无量纲参数	名称	物理意义
物理模型相似	$\dfrac{m}{\rho b^2}, \dfrac{I_m}{\rho b^4}$	惯性参数 (密度比)	$\dfrac{结构物惯性力}{流体惯性力}$
	$\dfrac{E}{\rho U^2}, \dfrac{EA}{\rho U^2 b^2}, \dfrac{EI}{\rho U^2 b^4}, \dfrac{GJ_d}{\rho U^2 b^4}$	弹性参数 (Cauchy 数)	$\dfrac{结构物弹性力}{流体惯性力}$
	$\dfrac{bg}{U^2}$	重力参数 (Froude 数)	$\dfrac{结构物重力}{流体惯性力}$
	$\dfrac{\rho U b}{\mu}$	黏性参数(雷诺数)	$\dfrac{流体惯性力}{流体黏性力}$
	ζ	阻尼参数(结构阻尼耗能比)	一个振动周期的耗散能量/振动总能量

续上表

相似关系	无量纲参数	名称	物理意义
流场相似	需要在紊流中试验时，除以上参数外，还要求以下参数相似		
流场相似	$\dfrac{U_z}{U_g}$	风速梯度	风速垂直剖面的速度变化
流场相似	$\dfrac{\sigma_u}{U_z}, \dfrac{\sigma_v}{U_z}, \dfrac{\sigma_w}{U_z}$	紊流强度	脉流风速各分量的总能量
流场相似	$\dfrac{nS_u(n)}{\sigma_u^2}, \dfrac{nS_v(n)}{\sigma_v^2}, \dfrac{nS_w(n)}{\sigma_w^2}$	规一化的功率谱	紊流能量的频率分布
流场相似	$\dfrac{fD}{U}$	斯特劳哈尔数或折算频率	时间尺度

模型结构参数的缩尺比 表11-2

参数名称	表达式	缩尺比 整体全桥模型风洞试验（考虑重力刚度影响）	缩尺比 整体全桥模型风洞试验或节段模型风洞试验（不考虑重力刚度影响）
长度	$\dfrac{L_m}{L_p}$	$\dfrac{1}{n}$	$\dfrac{1}{n}$
时间	$\dfrac{t_m}{t_p}$	$\dfrac{1}{\sqrt{n}}$	$\dfrac{m}{n}$
风速	$\dfrac{U_m}{U_p}$	$\dfrac{1}{\sqrt{n}}$	$\dfrac{1}{m}$
频率	$\dfrac{f_m}{f_p}$	$\sqrt{n}$	$\dfrac{n}{m}$
密度	$\dfrac{\rho_m}{\rho_p}$	1	1
单位长度质量	$\dfrac{m_m}{m_p}$	$\dfrac{1}{n^2}$	$\dfrac{1}{n^2}$
单位长度质量惯性矩	$\dfrac{I_m}{I_p}$	$\dfrac{1}{n^4}$	$\dfrac{1}{n^4}$
张力	$\dfrac{H_m}{H_p}$	$\dfrac{1}{n^3}$	$\dfrac{1}{n^3}$
拉伸刚度	$\dfrac{(EA)_m}{(EA)_p}$	$\dfrac{1}{n^3}$	$\dfrac{1}{m^2 n^2}$
弯曲刚度	$\dfrac{(EI)_m}{(EI)_p}$	$\dfrac{1}{n^5}$	$\dfrac{1}{m^2 n^4}$
自由扭转刚度	$\dfrac{(GJ_\omega)_m}{(GJ_\omega)_p}$	$\dfrac{1}{n^5}$	$\dfrac{1}{m^2 n^5}$
约束扭转刚度	$\dfrac{(GJ_d)_m}{(GJ_d)_p}$	$\dfrac{1}{n^7}$	$\dfrac{1}{m^2 n^7}$
结构阻尼比	ζ	1	1

注：1. n 为缩尺比。

2. m 为风速比，可根据试验目的和风洞条件取值；当 $m = \sqrt{n}$ 时，上表中右栏与左栏相同。

3. 在悬索桥、斜拉桥、弹簧悬挂节段模型、拉条模型试验时应取等效质量、等效质量惯性矩。

11.3.3 相似参数取舍原则

在理想情况下,风洞试验模型模拟和风场模拟均需严格遵循相似准则,才能为实际桥梁提供较为精确的评估结果,但在很多情况下,某些相似参数很难做到相似,或者根本不可能做到相似,这就需要在不太影响实际桥梁抗风性能评估结果的情况下,放宽或者舍弃实现困难的某些相似条件。

(1)重力参数相似:对于悬索桥或需考虑斜拉索工作状态的斜拉桥,特别是悬索桥,由于重力刚度在结构刚度里占较大比重,因此在进行全桥气动弹性模型风洞试验时,必须满足重力参数的一致性条件。如果在其他场合如进行节段模型风洞试验,以及进行重力刚度影响较小的拱桥和梁桥风洞试验时等,可以放宽对重力参数的相似,根据风洞实验室的试验条件和对试验的要求,调整风速比。

(2)黏性参数相似:也就是雷诺数相似。黏性参数在缩尺模型中是做不到相似的。研究表明,对于大多数钝体,雷诺数对其气动性能的影响较小,放弃雷诺数参数相似不会导致试验结果的偏离,因此对大多数具有棱角断面的桥梁结构,可以忽略黏性参数一致性条件的影响。但对缆索、吊杆、桥面栏杆及墩柱等圆形截面或者曲面构件,应考虑黏性参数的影响。

(3)当结构的某些部分或者构件对结构某种振动形式的贡献可以忽略时,可适当放宽其相应的弹性参数及惯性参数的一致性条件,比如单主梁箱梁的拉伸刚度。

(4)边界层风场模拟时,平均风速和紊流强度剖面一般可以利用被动模拟方式达到相似要求。尽管紊流积分尺度和紊流风谱的精确模拟非常重要,但是在一般风洞里很难达到要求,因此目前的风洞试验往往放弃紊流积分尺度和紊流风谱的模拟。

11.4 节段模型风洞试验

选取桥梁的主要受力构件——主梁,或者重点研究对象(斜拉索、塔柱、吊杆)等具有代表性的局部节段,通过对局部节段的气动力和动力响应的风洞试验,获取主要构件的计算参数或者风致振动响应特征的试验,称为节段模型风洞试验。节段模型风洞试验从测试内容来看,一般分为节段模型测力试验(静力三分力试验)和节段模型测振试验(颤振性能试验、涡激振动性能试验、驰振试验)以及颤振导数试验等。

11.4.1 节段模型测力试验

节段模型测力试验一般为节段模型静力试验。节段模型静力试验所用的刚性节段模型只需要满足与实桥的几何外形相似条件,并保证模型具有一定的刚度,其主要目的一般是测量桥梁断面的静力三分力系数,即阻力系数、升力系数、力矩系数。试验时将刚性节段模型安装于测力天平(如应变式天平或者机械式天平)上,测量其定常气动力(静力三分力),进而计算得出主梁的静力三分力系数。节段模型静力试验是桥梁结构抗风性能分析的基础,可以为桥梁提供设计风荷载和驰振稳定性的判断依据。在进行模型试验时应尽量保持流场的二维特性和一定的长宽比(一般长宽比大于2.0),并需在节段模型两端安装端板或者补偿模型,尽量消除模型端部的干扰效应,如图11-14和图11-15所示。

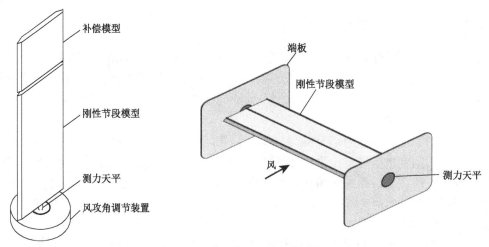

图 11-14　节段模型测力试验示意图

图 11-15　节段模型静力试验

可按下式计算风轴坐标系下的静力三分力系数:

$$\begin{cases} 阻力系数: C_D(\alpha) = F_D(\alpha) \Big/ \left(\dfrac{1}{2}\rho U^2 HL\right) \\ 升力系数: C_L(\alpha) = F_L(\alpha) \Big/ \left(\dfrac{1}{2}\rho U^2 BL\right) \\ 力矩系数: C_M(\alpha) = M_T(\alpha) \Big/ \left(\dfrac{1}{2}\rho U^2 B^2 L\right) \end{cases} \quad (11\text{-}1)$$

式中, α 为来流攻角; $\dfrac{1}{2}\rho U^2$ 为气流动压; $F_D(\alpha)$、$F_L(\alpha)$、$M_T(\alpha)$ 分别为攻角 α 情况下, 风轴坐标系下测得的阻力、升力和力矩; H、B、L 分别为节段模型的高度、宽度和长度。

将式(11-1)中的 $F_D(\alpha)$ 和 $F_L(\alpha)$ 分别换成 $F_H(\alpha)$ 和 $F_V(\alpha)$, 便可得体轴坐标系下的阻力

系数和升力系数的计算式。两种坐标系下的 $M_T(\alpha)$ 及 $C_M(\alpha)$ 完全相同,但阻力系数和升力系数需要进行坐标转换。

静力气动力主要是由平均风的作用产生的,因而,静力试验一般在均匀流条件下进行,试验风攻角范围一般为 $-12°\sim+12°$,间隔 $1°\sim2°$。风攻角的改变可以通过保持气流方向不变,只旋转模型来实现。图 11-16 为通过风洞试验得到的风轴坐标系下典型箱梁主梁断面的静力三分力系数随风攻角的变化曲线。

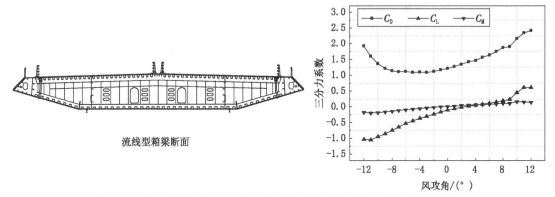

图 11-16 典型箱梁主梁断面及其静力三分力系数(风轴系随风攻角的变化曲线)

11.4.2 节段模型测振试验

当节段模型采用弹簧悬挂的弹性支承时,可进行气动弹性响应测试(自激振动或强迫振动),称为动力节段模型风洞试验,是评价桥梁颤振、涡振特性的有效手段。相比较而言,全桥气动弹性模型的制作要求非常精细、造价高,而且,设计改变就要重新制作模型,而节段模型造价则低得多。在初步设计阶段,利用动力节段模型风洞试验进行断面选型、评估桥梁发散性振动(颤振和驰振)和限幅振动(主要是涡振,但也可用于竖向和扭转抖振)是经济而又有效的手段。

动力节段模型要求模型具有足够的刚度和长宽比(一般大于 2.0),用弹性悬挂系统支承刚性节段模型,允许模型作竖向和扭转两个自由度振动。系统两端设有调节配重及黏滞阻尼的装置,模型两端也需要安装端板以减小端部的三维气动效应(图 11-17)。模型除满足几何相似之外,还应满足弹性参数、惯性参数、阻尼参数相等,即要求模型与原型(实桥)之间保持三组无量纲参数一致:

$$\begin{cases} 弹性参数:(折算频率) & \dfrac{U}{f_b b}; \quad \dfrac{U}{f_t b} \\ 惯性参数:(质量相似) & \dfrac{I_m}{\rho b^4}; \quad \dfrac{m}{\rho b^2} \\ 阻尼参数: & \zeta_b; \quad \zeta_t \end{cases}$$

式中,U 为风速;b 为桥梁的桥面半宽度;f_b、f_t 分别为竖向振动频率和扭转振动频率;m 为单位长度质量;I_m 为单位长度质量惯性矩;ζ_b、ζ_t 为阻尼比;ρ 为空气密度。

动力节段模型风洞试验根据试验目的分别在均匀流中进行,特殊情况下考虑紊流的影响。一般情况下,动力节段模型风洞试验主要是颤振性能试验和涡激振动性能试验,并对可能存在的问题进行气动优化。

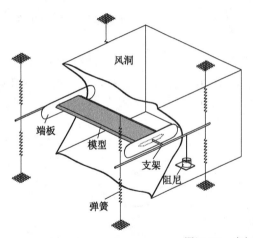 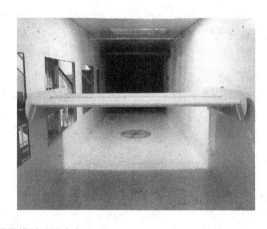

图 11-17 动力节段模型风洞试验

1）颤振性能试验

颤振失稳是大跨度及超大跨度桥梁抗风设计最关键的问题之一，而节段模型颤振性能试验是直接获得桥梁主梁颤振临界风速的简便途径。

基于节段模型颤振性能试验，测量获得模型振动响应随风速的变化关系，根据颤振发生的判据，确定桥梁的颤振临界风速，并与桥梁的颤振检验风速对比，进而对桥梁的颤振稳定性能作出评价。

颤振发生主要是由于主梁的自激气动力作用，因而，节段模型颤振试验一般在均匀流场下进行，试验时，最大试验风速应大于桥梁的颤振检验风速。对于跨越大江、跨湖或跨海桥梁，其地势较平坦，试验风攻角一般为 $-3°\sim +3°$，对于需要考虑桥址处复杂地形影响的桥梁，还应对 $-5°$ 和 $+5°$ 风攻角进行检验。图 11-18（a）为某大跨度桥梁主梁节段模型颤振试验结果，桥梁的颤振临界风速约为 110m/s，当风速大于该临界风速时，主梁的扭转振幅突然增大，发生了颤振失稳现象。

2）涡激振动性能试验

涡激振动主要由于气动自激力作用而发生，节段模型涡激振动试验一般也在均匀流场中进行。风洞试验时，通过逐级增加试验来流风速，利用位移、加速度传感器等手段记录模型的振动响应，基于涡激振动特性，判定涡振的发生，并测定涡振发生风速与振幅，进而评价实桥的涡振性能。

涡振试验最大试验风速应大于桥梁的设计基准风速，对于跨越大江、跨湖或跨海桥梁，其地势较平坦，试验风攻角一般为 $-3°\sim +3°$，对于需要考虑桥址处复杂地形影响的桥梁，还应对 $-5°$ 和 $+5°$ 风攻角进行检验。有时候还需要根据特殊要求试验其他风攻角的情况，图 11-18 为某大跨度桥梁主梁节段模型涡振试验结果，由试验结果可知，桥梁的主梁在试验风速范围内发生了两次明显的竖向涡激振动，单边最大的涡振振幅为 190mm，扭转振幅达到 0.25°。

11.4.3 非定常气动力参数识别

颤振导数和气动导纳是桥梁断面两个关键的气动参数，有了这两个参数，就可以通过有限元计算得到桥梁颤振和抖振规律，为桥梁抗风设计和抗风性能的研究提供依据。

1）颤振导数识别方法

颤振导数的识别方法主要有两种：自由振动法和强迫振动法。

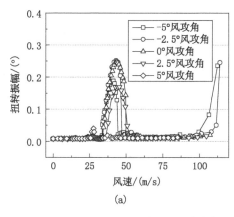
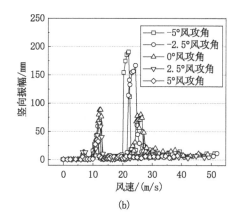

图 11-18　动力节段模型风洞试验结果示例
(a)扭转涡激振动和颤振失稳；(b)竖向涡激振动

自由振动法最早是由 Scanlan 提出的,通过模型的纯竖向和纯扭转振动试验测定模型在不同风速下的运动特征,从而识别出系统阻尼和刚度,进而求出颤振导数。具体的试验方法如下：

(1)在零风速下,激励模型自由扭转运动,测出零风速下的阻尼比和振动固有频率。

(2)在一定风速下,激励模型自由扭转运动,测出自由扭转振动的运动曲线,识别出系统的扭转阻尼比和扭转频率,再根据自激力和结构运动的关系,结合系统零风速下的扭转阻尼比和扭转频率,直接识别出只与扭转振动相关的颤振导数 A_2^*、A_3^*。

(3)在一定风速下,激励模型自由竖向运动,测出自由竖向振动的运动曲线,识别出系统的竖向阻尼比和竖向频率,再根据自激力和结构运动的关系,结合系统零风速下的竖向阻尼比和竖向频率,直接识别出只与竖向振动相关的颤振导数 H_1^*、H_4^*。

(4)在识别出非耦合颤振导数 A_2^*、A_3^*、H_1^*、H_4^* 的基础上,对系统进行耦合激励,交叉识别出交叉耦合导数 A_1^*、A_4^* 和 H_2^*、H_3^*。

这种识别方法原理简单,但是操作复杂,纯扭转和纯竖向振动很难实现,因此识别精度较低。国内外学者利用系统识别方法,开发了各种各样的自由振动识别颤振导数的方法,提高了识别精度。

自由振动法由频率、阻尼比随风速的变化关系间接推算颤振导数,具有较大的误差。而强迫振动法是通过测压法或者测力法直接测量自激力,无过多中间环节,试验结果稳定、精度高、可测量的折算风速范围广,但是其装置相对复杂,成本较高。图 11-19 为典型的强迫振动测量自激力的装置。

2)气动导纳的测量和识别方法

目前,桥梁断面气动导纳的主要试验方法还是通过测量桥梁紊流场中所受到的脉动抖振力和脉动风速,通过建立气动力与脉动风速功率谱之间的关系,求得气动导纳。根据测量抖振力方法的不同,气动导纳的识别方法有刚性节段模型的高频天平测力法、刚性节段模型表面风压法、拉条模型测力法,以及气动弹性模型紊流场随机响应系统辨别法。

作用于结构的抖振力的测量方法有测力法和测压法两种。测力法一般是采用动态底座天平对刚性节段模型上的抖振力进行直接测量；测压法是通过在模型上布置多个测压孔,测得脉动压力在模型表面的分布情况,然后通过积分得到模型上的抖振力,如图 11-20 所示。

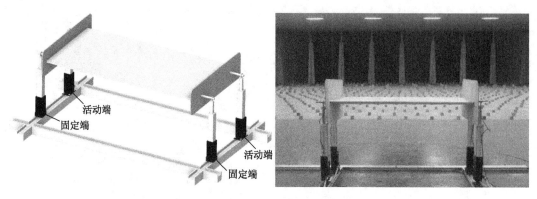

图 11-19 节段模型强迫振动测量自激力装置

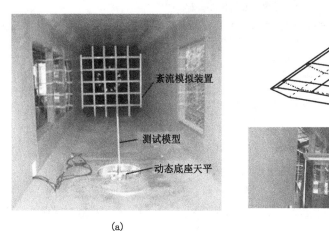
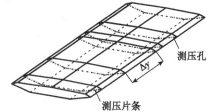
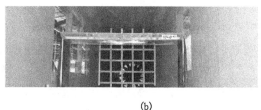

图 11-20 抖振力测试装置
(a)测力法;(b)测压法

11.5 气动弹性模型试验

气动弹性模型用于研究桥梁模型在模拟风作用下的静力稳定性与气动弹性响应(自激振动或强迫振动)。静力稳定性包括扭转发散与屈曲,因此,全桥气动弹性模型的主要试验内容是桥梁的动力稳定性和静力稳定性,以及桥梁的抖振响应。如果模型的缩尺比较大(模型尺寸较大),也可以考察涡激振动响应。

气动弹性模型能模拟全桥,较真实地模拟构件与风的相互作用,能考虑三维效应,较全面地反映整个桥梁的动力特性和抗风性能,但由于大跨度桥梁纵向尺度大,其需要大型风洞,因而,气动弹性模型缩尺比小,细部模拟较困难,模型加工量大,精度要求高,更改也很困难,且试验费用较高。全桥气动弹性模型试验和节段模型风洞试验一样,也要进行模型设计、安装和试验测定,其方法与节段模型风洞试验大致相同。

对于大跨度结构复杂和重要的桥梁,一般需要通过全桥气动弹性模型试验进行抗风性能评价。

11.5.1 全桥气动弹性模型试验要求

为了确保全桥气动弹性模型能够真实地反映实际桥梁结构在大气边界层中的响应,必须满足如下两个条件:①模型试验的流场与实际桥位处的流场相似;②气动弹性模型的动力特性及外形与实际桥梁结构的动力特性和外形相似。流场相似是通过风场模拟装置来实现的,而动力相似则要求在气动弹性模型设计制作时,除了满足几何外形相似外,还需保证表11-1和表11-2的相似要求。

严格满足阻尼参数一致性条件对于模型设计常常是非常困难的,应从模型材料的选取及装配方式上努力使其阻尼参数尽可能在合理的范围内。一般来讲,基于模型阻尼参数偏小,风洞试验结果偏于安全、保守。

11.5.2 全桥气动弹性模型设计制作

由于自然界无法找到能同时满足刚度相似、质量相似,且经济、易于加工的模型材料,风工程界在进行气动弹性模型设计制作时通行的做法是,用钢或铝合金等低阻尼金属材料制成芯梁来模拟主梁、桥塔和桥墩的刚度,用木材或高密度塑料等易加工材料制作桥梁结构各部件的外衣,质量相似条件通过模型内部的配重铅块来满足。通过芯梁、外衣和配重铅块,模拟出整个主梁的外形、刚度和质量,如图11-21所示。外衣分段设置,一般20~30cm为一个小节段,小节段之间预留1mm的空隙,使其对模型主梁刚度不产生影响。桥塔的模拟与主梁类似。大缆、吊杆和斜拉索等,用钢丝模拟,并用钢棒或者铜棒模拟外形和配重。整个全桥气动弹性模型的示意图如图11-22所示。图11-23给出了某连续刚构和某悬索桥的模型照片。

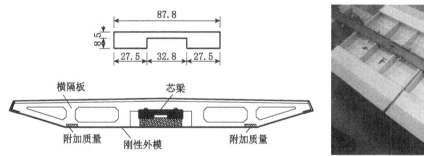

图11-21 气动弹性模型主梁制作示意图(尺寸单位:mm)

实桥中,斜拉桥的拉索、悬索桥的大缆及吊索由高强度钢绞线或钢丝制成,其弯曲刚度相对很小,可只模拟其拉伸刚度,拉伸刚度可以通过在模型缆索上设置拉伸弹簧来实现,重量用圆柱形铅块弥补。

11.5.3 全桥气动弹性模型试验内容

全桥气动弹性模型试验的主要内容包括结构动力特性测试、均匀流场全桥气动弹性模型试验、紊流场全桥气动弹性模型抖振试验等。

(1)结构动力特性测试。

全桥气动弹性模型制作完成后,需要对模型的模态进行测试,以验证模型是否满足动力相似准则。模态测试包括模型主要振型的频率、阻尼的测量,一般可采用强迫振动法激振模型,由激光位移传感器或加速度传感器测量模型的振动信号,进而根据模态测试理论识别出振型频率与阻尼,并与实桥计算的频率或规范要求的阻尼比进行比较,以满足试验要求。

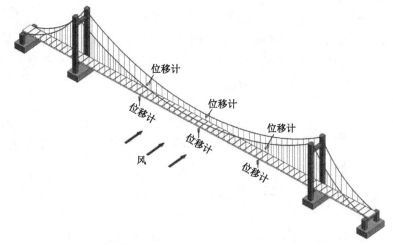

图 11-22　全桥气动弹性模型示意图

图 11-23　布置于风洞中的全桥气动弹性模型(某连续刚构和某悬索桥)

(2)均匀流场全桥气动弹性模型试验。

对于主要由气动自激力主导的桥梁振动测试研究,一般在均匀流场下进行。以颤振特性研究为目的的颤振试验,试验风速由小至大逐级增大,记录各风速下主梁的振动响应,根据颤振发生的判据得到桥梁的颤振临界风速,换算至实桥,评价实桥的颤振稳定性。以研究主梁的涡振性能为主要目的的涡振试验,同样通过逐渐增大试验风速并记录位移响应,找到涡激振动的发振风速范围及最大涡振振幅,据此来评价实桥的涡振性能,由于涡激振动发振风速较低,因而试验时,在低风速区应特别注意,尽可能采用较低的风速梯级。

均匀流场下的全桥气动弹性模型试验还可以考察主梁的静风稳定性,以及在静风荷载的作用下抵抗静力变形的能力,静风失稳临界风速的测量方法与颤振试验基本相同。

试验时可利用风速仪测量桥梁模型试验区的来流风速,用应变片测量主梁或桥塔的竖向、横向和扭转方向的振动信号,或在主梁跨中及 1/4 跨处安置位移传感器和加速度传感器,分别测量模型的位移和加速度信号,最后,通过对上述信号的处理,获得相应的风致振动响应参数,进而对桥梁的抗风性能进行评估。图 11-24 给出了某大跨悬索桥平均位移和振动位移随风速的变化曲线。从图 11-24 中可以看出,该桥静风响应随风速的增大而逐渐增大,但在试验风速范围内一直没有出现静风失稳,而竖向振动位移和扭转振动位移在 0~85m/s 风速范围内一直较小,但在 86m/s 时突然剧烈增大,达到了颤振状态。

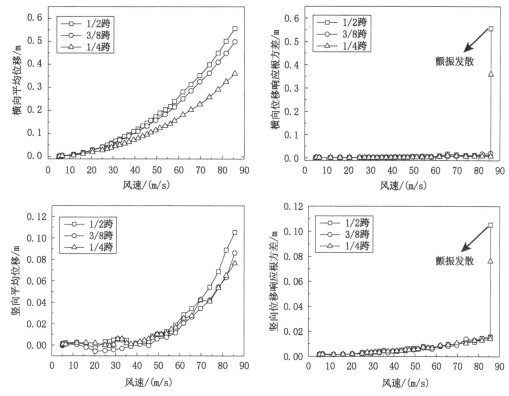

图 11-24　某大跨悬索桥平均位移和振动位移随风速的变化曲线

图 11-25 给出了在西南交通大学 XNJD-3 风洞中进行的国内某大跨悬索桥低风速下涡激振动振幅随风速的变化关系,从图中可以看出,在 5~25m/s 风速范围内,该桥连续多阶振型出现涡激振动。

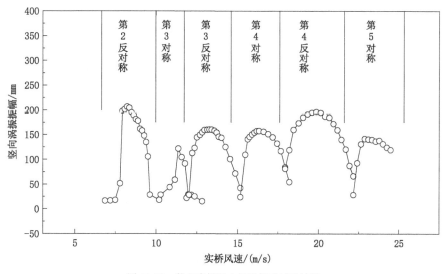

图 11-25　某悬索桥竖向涡激振动试验结果

(3)紊流场全桥气动弹性模型抖振试验。

在模拟的大气边界层紊流场条件下,进行全桥气动弹性模型抖振试验,除了可对颤振、涡振性能进行检验外,试验的重点是针对成桥状态或施工状态结构在脉动风荷载作用下的振动响应进行测量,记录风致抖振响应随风速的变化特性,研究在允许行车风速、设计基准风速条件下结构的位移或内力响应,并由此评估桥梁结构的安全性、疲劳度及行车舒适性。试验内容与测量方法与均匀流场下的颤振试验相同。图 11-26 给出了在西南交通大学 XNJD-3 风洞中进行的国内某大跨悬索桥抖振响应随风速的变化曲线。

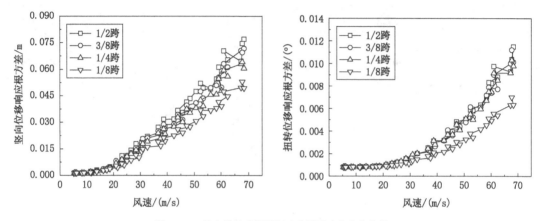

图 11-26 某大跨悬索桥抖振响应随风速的变化曲线

11.6 施工阶段风洞试验

大跨度桥梁如斜拉桥、拱桥、悬索桥的施工阶段,主梁还没有合龙,结构整体性较差,其抗风性能很可能较成桥状态差。因此,许多大跨度桥梁需要在风洞中进行典型施工状态下桥梁气动弹性模型风洞试验,以考察施工阶段的抗风安全。

对施工阶段的风洞试验,需根据设计部门提供的施工方案,确定桥梁架设期间典型的施工状态,分别在均匀流和紊流条件下进行气动弹性模型试验。当然,施工状态的气动弹性模型必须与相应施工状态实桥满足动力相似要求,其刚度参数、质量参数、约束条件等也必须与对应状态实桥一致。

一般情况下,需要进行的施工阶段的风洞试验有:

(1)悬索桥主梁吊装阶段的抗风稳定性(主要是颤振稳定性)、施工猫道的抗风安全(主要是静风稳定性)等;

(2)斜拉桥最大单悬臂和最大双悬臂阶段的颤振稳定性和静风稳定性;

(3)连续刚构最大双悬臂阶段的静风稳定性;

(4)拱桥施工最大悬臂阶段的静风稳定性;

(5)桥塔自立阶段的涡振、驰振性能。

图 11-27 给出了典型的施工阶段的风洞试验照片。

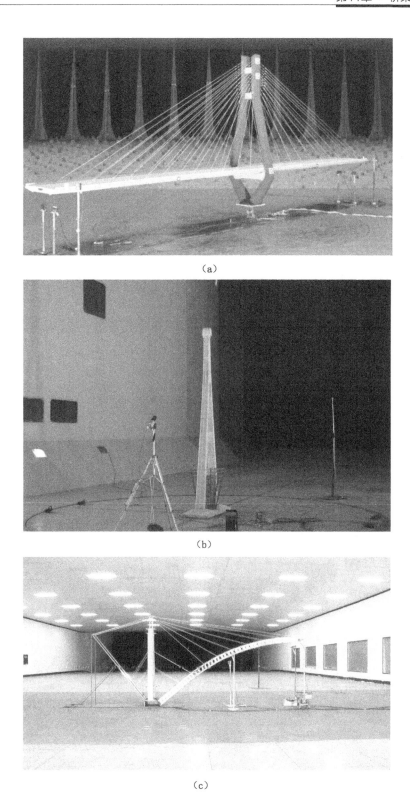

图 11-27 典型施工阶段的风洞试验照片
(a) 斜拉桥最大双悬臂状态风洞试验;(b) 自立桥塔状态风洞试验;(c) 拱桥最大施工悬臂状态风洞试验

思考题与习题

1. 什么叫边界层风洞？与一般的航空风洞相比，其有什么特点？其服务对象是什么？
2. 风洞试验中的主要测量设备有哪几类？主要测量内容是什么？
3. 风洞试验中哪些试验要进行风场模拟？风洞中紊流场的模拟方法有哪些？风场中的哪些参数需要进行模拟？
4. 节段模型风洞试验主要有哪些类型？其主要测量内容有哪些？
5. 比较节段模型风洞试验和全桥气动弹性模型试验的主要试验对象和优缺点。
6. 为什么要进行桥梁施工阶段的风洞试验？其模拟方法与成桥运营状态是否有区别？

本章参考文献

[1] 中国土木工程学会.桥梁结构风洞试验标准:T/CCES 25—2021[S].北京:中国建筑工业出版社,2021.

[2] SIMIU E,SCANLAN R H.风对结构的作用——风工程导论[M].2版.刘尚培,项海帆,谢霁明,译.上海:同济大学出版社,1992.

[3] MA C M,WANG J X,LI Q S,et al. 3D aerodynamic admittances of streamlined box bridge decks [J]. Engineering structures,2019,179(Jan. 15):321-331.

[4] 王骑,李郁林,李志国,等.不同风攻角下薄平板的颤振导数[J].工程力学,2018,35(10):10-16.

[5] 熊龙,廖海黎,王骑,等.桥梁非线性自激气动力参数解析识别[J].西南交通大学学报,2016,51(5):824-831.

[6] 陈政清,于向东.大跨桥梁颤振自激力的强迫振动法研究[J].土木工程学报,2002,35(5):34-41.

[7] 廖海黎,王骑,李明水.大跨桥梁颤振分析理论研究进展[J].中国公路学报,2019,32(10):19-33.

[8] 李加武,张斐,吴拓.桥梁断面颤振导数识别的加权最小二乘法[J].振动工程学报,2017,30(6):993-1000.

[9] 李永乐,廖海黎,强士中.桥梁断面颤振导数识别的加权整体最小二乘法[J].土木工程学报,2004,37(3):80-84.

[10] 潘韬,赵林,曹曙阳,等.多风扇主动控制风洞类平板断面抖振力识别研究[J].振动与冲击,2010,29(6):178-183,230,244.

第 12 章
桥梁数值风洞方法

数值风洞又称计算风工程(computational wind engineering,CWE),可简单理解为在计算机上做风洞试验。它基于计算流体动力学(CFD)技术原理,选择合适的空气流动数学模型,再结合一定的数值算法和图形显示技术,能够将"风洞"结果具象化展示。相比于传统的模型试验方法,数值风洞计算周期短、价格低廉、数据信息丰富,并方便开展多种工况模拟,是结构风工程中极具前景的一个方向,也是当前国际风工程研究的一个热点。

12.1 概　　述

12.1.1 CFD 简介

CFD 是指利用数学和计算机科学求解流体力学控制方程,经分析得到流场特征,从而为相关研究或工程实际提供支持,是数学、计算机科学和流体力学交叉融合而形成的一门学科。流体力学控制方程描述了流体流动的物理特性,通常为微分方程形式,除某些特定情况下可进行微分方程的简化求解外,一般无法获得系列控制方程的精确解析解。因此,从数学理论的角度来看,通过数值方法求解系列控制方程的近似解是求解流场的有效途径。随着计算机技术的飞速发展,计算机科学专业人员将上述求近似解的过程以计算机语言表达,形成了 CFD 算法程序,利用机器快速求解近似流场,仅需保证求解误差满足要求,即可将结果用于工程实际或者科学研究。CFD最早用于航空航天等高精尖领域复杂空气动力学问题的求解,且使用者往往需要懂得流体力学、数学和计算机科学等多方面的知识,投入大量时间、精力自行编程求解流场。在相关科学研究和工业应用研究蓬勃发展的背景下,CFD逐步延伸至结构工程(如异形建筑、大跨度桥梁风荷载研究)、能源(如风力发电机)、化学工业(如化学热传递)、汽车工业(如汽车气动外形设计)、环保(如大气污染扩散)、生物科学(如血液流动),以及体育(如游泳技术动作设计)等多个领域,成为工程应用和科学研究的实用工具。

近十几年来,CFD得到了长足的发展,专业编程和集成形成的CFD软件包,不断提供算法和操作上的更新服务,使用者不必再花费大量的时间编写程序,CFD求解变得更加方便,CFD求解平台得到了越来越广泛的认可,如Fluent、OpenFOAM等。随着计算机显示技术的发展,CFD已可通过可视化技术显示一些复杂的流动,被广泛用于科研与工程之外的教学方面,帮助学生更深刻地认识流场并建立相关概念。此外,CFD可低成本、高效地模拟复杂流场,是理论分析和实验流体力学的有力补充,通过流场可视化能为理论分析提供思路和验证。对于核泄漏事故、火灾事故、爆炸事故以及海啸等假想的或实验无法再现的流动问题,CFD可以给出相应的解答;对实验中可以再现的流动问题,CFD可为实验提供验证,并可提供更加全面、细致、可视化的结果。因此,在实验成本高昂的情况下,选择CFD是合理的。

12.1.2 桥梁数值风洞方法发展

在CFD技术快速发展以及相关配套软件系统逐步成熟的基础上,各工程领域均加快推进CFD技术的应用。在桥梁风工程方面,丹麦学者于20世纪90年代率先采用CFD方法开展桥梁风工程研究,自此将CFD技术引入桥梁风工程领域。此后,国内外学者利用CFD技术开展了主梁绕流流场、主梁气动力等桥梁气动特性方面的研究,并结合有限体积法、有限元法、有限差分法、离散涡方法等开展了桥梁颤振、抖振、涡振等动力学过程的数值模拟,进一步形成了一套桥梁数值风洞方法。近年来,桥梁数值风洞方法在桥梁气动性能优化、风振性能分析等方面发挥了重要作用,已成为桥梁风工程方法体系中不可或缺的组成部分。

12.2 计算流体动力学基本原理

12.2.1 流体动力学基础

流体是自然界物质存在的状态之一。与固体不同的是,流体无法承受剪切应力,因此,流体也被定义为在任意微小剪力的持续作用下都会发生变形的物质。在流体力学研究中,认为流体由无限多的流体质点连续无间隙组成,即满足连续介质假设。流体流动是自然界中的物理现象,必须遵循一定的物理学定律,如质量守恒定律、牛顿第二定律和热力学定律,相应的数学表达式即为流体力学基本方程。CFD正是以一系列的流体力学基本方程为原则求解流场,因此也被称为CFD基本控制方程。

12.2.2 流体力学控制方程

流体力学控制方程,主要包括连续性方程和动量方程等,在本书的第4章中已进行了介绍,二者的离散形式方程请参见文献[1]。值得注意的是,在高雷诺数下,当层流受到扰动时,流动极易转为混乱状态,即产生湍流。自然界中,流体流动环境复杂,总是受到各类干扰,使流动变为非稳定状态,此时流体力学控制方程仍然成立,但由于流动速度在时域内随机波动,需要基于瞬时变量求解 N-S 方程以描述湍流运动的时变效应,使得流场数值求解趋于复杂,具体湍流求解方法将在 12.4 节中介绍。

12.2.3 控制方程求解技术

利用 CFD 对实际工程中的流动问题进行数值模拟,其基本技术路线如图 12-1 所示。首先,需根据实际,将工程问题抽象为流体流动问题,包括对问题进行简化,甄别其中的关键影响因素,并舍弃一些次要因素以提高解决问题的效率。当涉及一系列流动问题时,应将各问题进行有效分割,分别求解。其次,建立数学模型,即依据抽象出的问题采用几何方法划定计算流域,选定控制方程,如是否考虑压缩流体、热交换等。

图 12-1　CFD 求解技术路线

此后,根据实际流体流动的环境设定速度、压力等边界条件,包括流动的入口边界、出口边界和壁面情况等。此外,根据 4.1 节若干流体动力学控制方程的介绍可知,流体动力学控制方程均为复杂的偏微分方程,直接对其求解极其困难,因此需对控制方程及边界条件进行离散,获得相应的代数方程组,并求得流场数值解。主要操作为计算网格的划分,需根据计算域的几何特征,综合考虑各边界条件特征和计算精度需求,划分合适的高质量网格。在网格的基础上,利用有限体积法作为离散方法对控制方程和边界条件进行离散处理。最后,根据实际工程需求,选定稳态或瞬态求解方法、湍流模型、插值方法、收敛残差、监视项和时间步等内容,进行流动问题求解,并采用相应的后处理手段获得所需的计算结果资料,以供研究或决策参考。

12.3　计算流体动力学分析软件

12.3.1　商业分析软件

CFD 的发展与计算硬件性能的不断提升紧密相连,早期阶段主要用于航天和国防领域的项目研发,后来才越来越多地用于民用行业。商业 CFD 软件起步于 20 世纪 70—80 年代,90 年代 CFD 开始进入大型工业企业的研发部门,2000 年之后,CFD 已成为企业产品开发流程不可或缺的部分。

目前市面上的流体计算软件种类繁多,例如基于有限单元法的 STAR-CCM+、基于有限体积法的 Fluent、基于混合有限元-有限体积法的 CFX 等。其中,Fluent 是目前国际上主流的商用 CFD 软件包,在美国的市场占有率为 60%,凡是和流体、热传递和化学反应等有关的工业均可使用。它具有丰富的物理模型、先进的数值方法和强大的前后处理功能,在航空航天、汽车设计、石油天然气和涡轮机设计等方面都有着广泛的应用。Fluent 软件包含非常丰富、经过工程确认的物理模型,采用了多种求解方法和多重网格加速收敛技术,因而其能达到最佳的收敛速度和求解精度。灵活的非结构化网格和基于解的自适应网格技术及成熟的物理模型,使其可以模拟高超音速流场、传热与相变、化学反应与燃烧、多相流、旋转机械、动/变形网格、噪声、材料加工等复杂机理的流动问题。

12.3.2 开源软件及自主研发软件

目前比较有名的 CFD 开源软件有 OpenFOAM、SU2、CFL3D、SALOME(code_saturne)、COOLFluiD、MOOSE、Nektar++等。其中,OpenFOAM 是最为著名的计算流体力学开源软件,自面世以来发展迅速,得到包括化工工程、水利工程、机械工程等领域从业人员的广泛使用。OpenFOAM 是一个免费、开源的 CFD 软件包,由 OpenCFD 有限责任公司出品。它有着庞大的商业和科研用户基础,涉及工程、科学等领域。OpenFOAM 求解的问题范围非常广,既能求解化学反应、湍流、热传递等复杂流动,又能求解固体动力学和电磁学等问题。OpenFOAM 是一个完全由 C++编写的面向对象的 CFD 类库,采用类似于我们日常习惯的方法在软件中描述偏微分方程的有限体积离散化,支持多面体网格(比如 CD-adapco 公司推出的 STAR-CCM+生成的多面体网格),因而可以处理复杂的几何外形,支持大型并行计算等。

除开源软件外,各大高校、科研院所等也相继研发了具有自主知识产权的流体计算软件。以同济大学自主研发的同济风向标"WindLock"系列软件为例,其是由同济大学自主开发的桥梁与结构风工程分析软件平台,该软件集成了良态与台风气候极值风环境模拟与预测、桥梁风致行为可靠性概率评价、桥梁风致振动非线性分析、大跨空间结构(冷却塔)动力及等效风荷载分析、大跨空间结构(冷却塔)多种荷载组合与设计、辅助功能项(气动力参数数据库、复杂群桩特性分析等)、"小牛 CFD"数值模拟等七组模块,采用可视化交互界面展示风环境模拟、结构设计及动静力响应分析等功能,极大地方便了桥梁与结构风工程相关的计算分析工作。"同济风向标"软件平台可应用于桥位处三维风场模拟及大跨桥梁风振响应非线性计算分析,在大型冷却塔的设计分析中也多有运用,平台功能模块及工作界面示意图如图 12-2 所示。

良态与台风气候极值风环境模拟与预测模块可提供良态气候平均风速预测与统计分析,以及台风随机模拟与极值风环境概率预测分析功能,收录了近 70 年来的数千个台风数据,并支持导入外部气象观测数据,可分别针对季风气候与台风气候的设计风环境进行统计/预测分析。基于谐波合成法的脉动风速时域化模拟功能具有清晰、明确的可视化操作面板,能够根据需求便利、快捷地给定模拟所需的主要自定义参数,具有自动生成面向指定大跨桥梁和风特征的三维时域风场的能力,可准确地模拟大跨桥梁桥位处的三维风场特征。生成的风场模型文件能够直接用于大跨桥梁风振响应时域计算分析。桥梁风振响应时域计算分析模块实现了大跨桥梁风致振动时域有限元分析指令的自动生成与执行,只需输入相应的基本分析参数,即可生成命令流并自动执行,在操作面板上自动更新具体计算分析进度,既可实时监测分析进展,又可在出现错误时迅速辅助错误定位。

"小牛 CFD"是一个基于非结构化有限体积法的二维 CFD 数值模拟模块。该模块集前处理、求解器、后处理于一体,在交错网格布置格式、非结构化网格插值算法和动网格大变形算法方面做出了重要创新,并开发了代数多重网格求解器,实现了高数值稳定性、计算精度和计算效率的平衡。面向桥梁风工程的科学研究和工程应用,"小牛 CFD"包含静态网格计算、动网格计算、流固耦合计算以及桥梁气动力四大计算模块,可实现桥梁断面的静态绕流模拟、强迫振动模拟、流固耦合全过程模拟以及静风三分力系数和颤振导数的高精度计算。除静态网格计算外,"小牛 CFD"的动网格计算功能更加强大，为实现网格的大变形，采用了高次势能动网格变形求解算法，将动网格看作由顶点和边支撑的可变形连续体，通过连续体非线性有限元方法建立网格变形模型，可以实现桥梁断面流固耦合的全过程模拟。"小牛 CFD"模块及工作界面示意图如图 12-3 所示。

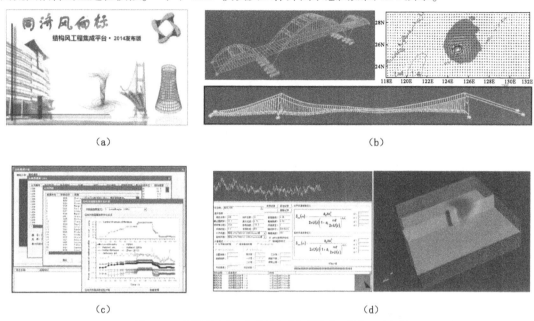

图 12-2　"同济风向标"软件平台功能模块及工作界面示意图
(a)"同济风向标"软件平台；(b)台风登陆过程桥梁风效应模块；(c)历史台风数据库；(d)台风平均风预测与脉动风模拟模块

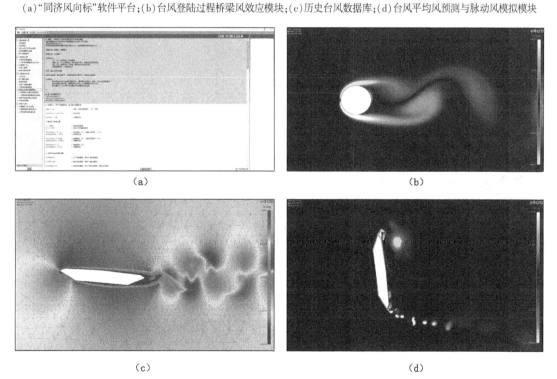

图 12-3　"小牛 CFD"模块及工作界面示意图
(a)"小牛 CFD"工作界面；(b)静态网格计算模块；(c)动网格计算模块；(d)流固耦合计算模块

同济风向标"WindLock"将大量复杂的计算分析程序封装形成统一的软件平台,通过可视化的界面实现人与软件的交互,大大减少了因细节失误引起的计算分析错误,有效提高了大跨桥梁设计风参数确定、气动力参数模拟、三维风场模拟及风致振动分析的精度和效率。

12.4 边界层风场数值风洞模拟

12.4.1 大气边界层概念

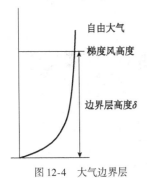

图12-4 大气边界层

大气边界层(atmospheric boundary layer,ABL)在本书第3章已有介绍,如图12-4所示。地球表面对空气运动的水平阻力使气流速度减慢,这种力对气流的作用随高度增加而减弱,当高度超过大气边界层高度δ时,摩擦力可以忽略。超过这一高度后,无摩擦风平衡建立,气流沿等压线以梯度风速流动。同时,热气流和尾流也发源于大气边界层。热气流是由地表加热后通过浮力向上提升的袋状气团,而尾流是近地面气流受地表障碍物扰动引起的,大气边界层中的热气流和尾流现象也往往预示着涡流和湍流的生成。

12.4.2 湍流数值模拟及湍流模型

CFD中的湍流数值模拟手段分为四大类,即直接数值模拟(direct numerical simulation,DNS)、雷诺平均(Reynolds averaged Navier-Stokes,RANS)、统计平均法和大涡模拟(large eddy simulation,LES),湍流数值模拟方法分类如图12-5所示。

DNS不需要对湍流建立模型,对于流动的控制方程直接采用数值计算求解。由于湍流是一种高度非线性的多尺度复杂流动,要获得所有尺度的流动信息,计算用的空间和时间分辨率要求很高,因而计算量大、耗时长,对计算机的内存依赖性强。以各向同性湍流模拟为例,模拟时空间尺度和时间尺度的最大值和最小值之比与雷诺数(Re)相关,空间网格数量要求至少为$Re^{(9/4)}$,运算量超过Re^3,而风属于高雷诺数流动,采用DNS开展大气边界层模拟所需的网格数和运算时间远超当前电子计算机的运算能力,因而较少采用DNS开展ABL的数值模拟。

RANS是工程中常用的湍流处理手段,其将N-S方程中的物理量表达为平均值和脉动值的叠加,并对方程进行时均化,得到描述流体平均运动的控制方程,即雷诺方程。与一般流体运动方程相比,雷诺方程除具有流体黏性应力外,还具有湍流特有的雷诺应力,雷诺应力的存在使雷诺方程并不封闭。为此,大量研究发展了以混合长度假设为中心的半经验理论和各种湍流模式理论。通过引入应力的表达式或建立湍流模型方程等方法,将湍流的脉动值与时均值进行关联,从而求解方程组。RANS的计算高效性和结果的相对准确性使其在实际工程中得到广泛使用。然而,对于三维钝体绕流的数值模拟,RANS方法在计算风工程中仍有大量限制,例如线性$k-\varepsilon$模型很难模拟瞬态和高度各向异性湍流场;标准$k-\varepsilon$模型会高估建筑前的湍流动能。此外,RANS方法只计算平均运动,无法计算得到各种尺度的湍流脉动,这对于ABL湍流模拟和工程设计是远远不够的。

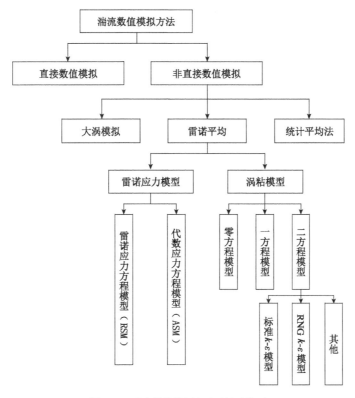

图 12-5 湍流数值模拟方法及湍流模型

由于湍流是由各种不同尺度的涡旋叠加而成的流动,大尺度涡旋与几何及边界条件密切相关,影响着系统中质量、能量、动量等物理量的输运,且是各向异性的;小尺度涡旋则不同,它由黏性力决定,与所求解的特定问题联系不如大尺度涡旋紧密,其运动趋于各向同性。基于此,20 世纪 70 年代一种新的湍流数值模拟方法诞生,即 LES 方法。其主要思想可以概括为把包括脉动运动在内的湍流瞬时运动通过某种滤波方法分解成大尺度运动和小尺度运动两部分,大尺度量通过数值求解运动微分方程直接计算,小尺度量对大尺度量的影响通过建立模型来模拟。LES 方法对空间分辨率的要求远小于直接数值模拟方法,在现有的计算机条件下,可以模拟较高雷诺数和较复杂的湍流运动。另外,它可以获得比雷诺平均模拟更多的湍流信息,例如,大尺度的速度和压强脉动,这些动态信息对于自然环境预报和工程设计是非常重要的。LES 的实现需要经过如下两个步骤:①建立一种数学滤波函数,从湍流瞬时运动方程中分解出大尺度涡旋的运动方程,将尺度比滤波函数小的涡滤掉,并在大涡流场方程中引入附加尺度应力项来体现小涡对大涡的影响。该应力项好比雷诺平均法中的雷诺应力项,被称为亚格子尺度应力。②建立亚格子尺度应力的数学模型,即亚格子尺度模型,简称 SGS 模型。

物理空间的滤波实质上是施加某种平均运算,即在一个连续空间中,采用给定的滤波函数 $\bar{G}$,将流动变量 $f(x)$ 分解为大网格尺度变量 $\bar{f}(x)$ 和小网格尺度变量 $f'(x)$:

$$\begin{cases} \bar{f}(x) = \int \bar{G}(x-x')f(x)\,\mathrm{d}x' \\ f'(x) = f(x) - \bar{f}(x) \end{cases} \quad (12\text{-}1)$$

常用的滤波函数包括盒式滤波函数和高斯滤波函数。利用滤波函数对 N-S 方程进行滤波后，可得到不可压缩流体的 LES 方程：

$$\frac{\partial \bar{u}_i}{\partial t} + \bar{u}_j \frac{\partial \bar{u}_i}{\partial x_j} = -\frac{1}{\rho} \cdot \frac{\partial \bar{p}}{\partial x_i} + \nu \frac{\partial^2 \bar{u}_i}{\partial^2 x_j} + \bar{f}_i + \frac{\partial H_{ij}}{\partial x_j} \quad (12\text{-}2)$$

$$H_{ij} = -(\overline{u_i u_j} - \bar{u}_i \bar{u}_j) \quad (12\text{-}3)$$

与 RANS 方程有类似的形式，方程右端含有不封闭项 H_{ij}，即亚格子尺度应力，它和雷诺应力相似，是过滤掉的小尺度脉动和大尺度脉动间的动量输送。常用的亚格子尺度运动处理方法有：①Smogoinsky 模式；②动态亚格子模式；③相似性模式；④混合模式。从 20 世纪 90 年代开始，LES 方法已成为湍流数值模拟的热门课题，计算风工程领域也主要采用 LES 方法开展平衡态大气边界层的数值模拟。

生成满足大气边界层风特性的入口湍流是采用 LES 方法开展湍流大气边界层数值模拟的重要前提。目前既有的入口湍流生成手段主要包括层-湍流过渡技术、循环域技术、驱动域技术与合成湍流技术。层-湍流过渡技术由层流开始经足够长的计算域发展为符合要求的大气边界层湍流，采用该方法模拟湍流大气边界层所需网格数量巨大，因而并不实用。循环域技术使用顺流向周期边界条件，由计算域顶部的压力梯度或给定的速度驱动流体。驱动域技术将循环域中生成的流场映射到主计算域的速度入口，从而在主计算域中实现空间非均匀大气边界层模拟，前导数据库法因此也可看作驱动域技术的一个分支。合成湍流技术在入口边界输入人工生成的湍流，可根据需要自行定义湍流风特性，由于移除了驱动域，因而大大缩小了计算规模，是目前 ABL 模拟的常用手段。各类方法的优缺点见表 12-1。

LES 湍流入口生成方法对比 表 12-1

方法	计算效率	湍流特性可控性	适用范围	湍流结构的物理意义
层-湍流过渡技术	×	×	√	√
循环域技术	×	×	×	√
驱动域技术	×	×	√	√
合成湍流技术	√	√	√	×

由表 12-1 可知，合成湍流技术在计算效率、湍流特性可控性和适用范围方面较其他方法具有优势。然而该方法入口处湍流采用人工合成，因此入口处湍流结构并不符合物理实际。随着合成湍流技术在计算域中的不断发展，人工湍流结构将逐步发展为顺流向涡旋，并进一步发展为"类发卡涡"结构。合成湍流技术又可进一步分为谱方法、涡方法和滤波法。下面以谱方法中比较流行的连续离散随机流生成法(consistent discrete random flow generation, CDRFG)为例，对 ABL 的数值模拟进行说明。

CDRFG 可严格保证入口湍流满足零散度条件，且每个坐标点的入口湍流生成过程相互独立，适用于并行计算。该方法采用如下表达式获得入口网格点的风速：

$$u_i(\boldsymbol{x},t) = \sum_{m=1}^{M} \sum_{n=1}^{N} [p_i^{m,n} \cos(\tilde{k}_j^{m,n} \tilde{x}_j^m + \omega_{m,n} \tilde{t}) + q_i^{m,n} \sin(\tilde{k}_j^{m,n} \tilde{x}_j^m + \omega_{m,n} \tilde{t})] \quad (12\text{-}4\text{a})$$

$$\tilde{k}_j^{m,n} = k_j^{m,n} / k_0 \quad (12\text{-}4\text{b})$$

$$\tilde{x}_j^m = x_j/L_j^m \tag{12-4c}$$

$$\tilde{t} = t/\tau_m \tag{12-4d}$$

$$\omega_{m,n} = 2\pi f_{m,n} \tag{12-4e}$$

$$\boldsymbol{k}^{m,n} \cdot \boldsymbol{p}^{m,n} = 0 \tag{12-4f}$$

$$\boldsymbol{k}^{m,n} \cdot \boldsymbol{q}^{m,n} = 0 \tag{12-4g}$$

$$|\boldsymbol{k}^{m,n}| = 1 \tag{12-4h}$$

式中，$u_i(i=1,2,3)$ 分别表示顺风向、横风向和竖向脉动风速；$x_j(j=1,2,3)$ 分别代表空间 x、y 和 z 的坐标；t 为时间；M 为目标谱频率分段数；N 为每一离散谱片段的离散随机频率数目；$p_i^{m,n}$ 和 $q_i^{m,n}$ 表示幅值；$k_j^{m,n}$ 为角波数；$k_0 = 1$ 为最小角波数；$f_{m,n}$ 为频率；L_j^m、τ_m 均为调整因子。对于 CDRFG 而言，其幅值 $p_i^{m,n}$ 和 $q_i^{m,n}$ 的表达式如下：

$$p_i^{m,n} = \text{sign}(r_i^{m,n})\sqrt{\frac{2}{N}S_{ui}(f_m)\Delta f \frac{(r_i^{m,n})^2}{1+(r_i^{m,n})^2}} \tag{12-5a}$$

$$q_i^{m,n} = \text{sign}(r_i^{m,n})\sqrt{\frac{2}{N}S_{ui}(f_m)\Delta f \frac{1}{1+(r_i^{m,n})^2}} \tag{12-5b}$$

$$\Delta f = (f_{\max} - f_{\min})/(M-1) \tag{12-5c}$$

$$f_m = f_{\min} + (m-1)\Delta f \tag{12-5d}$$

式中，$S_{ui}(f_m)$ 为脉动风速 i 的频谱；$r_i^{m,n} \sim N(0,1)$；$f_{\min}$ 为最小频率；$f_{\max}$ 为最大频率；$N(\mu,\sigma)$ 表示均值为 μ，标准差为 σ 的正态分布随机数。CDRFG 中的调整因子 L_j^m 的具体表达式为：

$$L_j^m = U/(\gamma C_j f_m) \tag{12-6a}$$

$$\gamma = \begin{cases} 3.7\beta^{-0.3} & \beta < 6.0 \\ 2.1 & \beta \geq 6.0 \end{cases} \tag{12-6b}$$

$$\beta = CD/L_u^x(z) \tag{12-6c}$$

式中，C_j 与 C 为相干性衰减常数；γ 为调整因子，由无量纲长度尺度 β 确定；D 为特征距离，用于调整相关性；U 为平均风速。CDRFG 可以方便地植入当前流行的商用 CFD 软件或开源 CFD 平台中。

12.4.3 数值风洞模拟算例

北盘江第一桥位于杭州至瑞丽高速公路线贵州毕节至都格段的北盘江上。大桥起点位于贵州省六盘水市水城区都格镇岔河半坡，终点位于云南省宣威市普立乡腊龙村，全桥总长 1341.4m，主桥采用主跨为 720m 钢桁梁斜拉桥。桥址处的地形如图 12-6 所示。

桥址处为西南山区典型的峡谷地貌，北盘江两岸为悬崖峭壁，地势险峻，地形十分复杂，峡谷由北向南蜿蜒，转折幅度较大，并存在分岔水道，自然风经峡谷的狭管效应放大和缩小、反转和折回后，将产生众多涡旋，从而变得极为复杂。因此，与沿海和平原地区的自然风相比，山区

图12-6 桥位图

峡谷有阵风强烈、湍流强度大、风攻角大、风速沿桥轴线分布不均匀等特点,而这样的非平稳特性都将对桥梁结构产生非常不利的影响。为了准确把握桥址处的实际风环境,可通过CFD数值模拟手段对大桥抗风设计的相关风场特性参数进行分析。

针对北盘江第一桥桥址区地形地貌特点,风场数值计算采用Fluent 6.3程序在DELL T5500计算工作站上进行。该机物理内存达48 GB,计算内核为Intel(R) Xeon(R) CPU X5570(双处理器),能较好地胜任此计算对硬件的要求。计算区域为边长7000m,高度-70~4090m的长方体(减去山体、河流所占空间),桥位约处于区域的中心。

计算区域的下边界根据1:10000地形等高线图生成,兼顾计算精度和计算效率,计算区域采用空间三维梯田模型。计算采用的10m等高线平面图如图12-7所示,地形模型的三维视图如图12-8所示,其中图形中心部位的直线为桥梁轴线。计算区域划分为3755703个单元、7583879个节点。计算区域局部地表网格划分平面图如图12-9所示。为了考察不同方向来流对桥位风场的影响,计算中来流取6个方向(图12-10),图中圆圈内的数字代表计算工况。风场计算中入口处来流风速为30m/s。

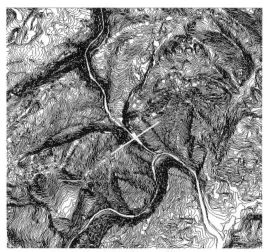

图12-7 计算区域10m等高线平面图

图12-8 计算区域地形模型三维视图

顺桥向风速、横桥向风速、竖向风速分量分别用u、v、w表示,风攻角α对主梁抗风性能有重要影响,正风攻角代表上升气流,负风攻角代表下降气流。为直观描述考察点风速分量与边界入口风速的关系,引入了风速放大系数这一无量纲参数:C_u表示该测点风速与入口风速的比值,该值反映了地形影响导致各计算点处风速的放大或衰减。为了反映桥位处风速的变化规律,沿桥轴线位置重点考察了48个计算点,如图12-11所示。

综合考虑桥址方位和来流风方向,由于风的来流方向主要是垂直或接近垂直于桥轴线,抗风性能控制因素是风攻角α,以及风速放大系数C_u,风向角β起次要控制作用。图12-12~图12-14给出了这3个重要参数沿桥轴线的变化特征。

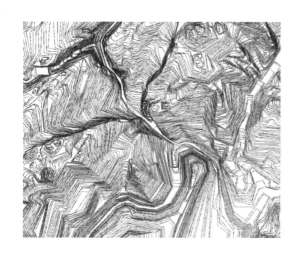

图 12-9　桥位计算区域局部地表网格划分平面图　　　图 12-10　风向示意图和计算工况

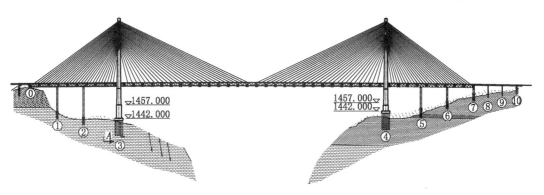

图 12-11　考察点布置图(高程单位:m)

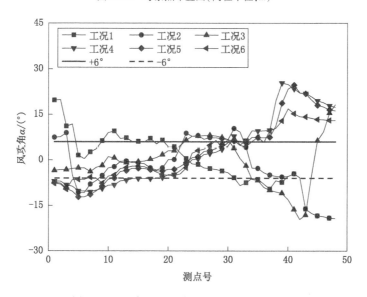

图 12-12　不同工况风攻角 α 沿桥轴线的变化曲线

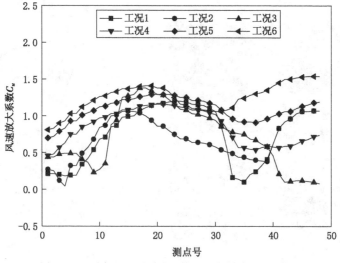

图12-13 不同工况风速放大系数 C_u 沿桥轴线的变化曲线

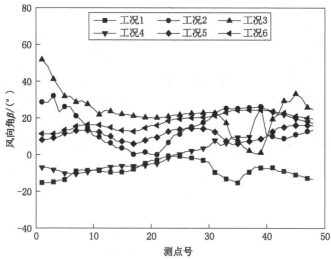

图12-14 不同工况风向角 β 沿桥轴线的变化曲线

12.5 桥梁气动参数数值识别

12.5.1 三分力系数识别

由于理想平板断面具有简单对称的特点,其气动特性参数存在理论解。选取二维理想平板断面CFD模型的宽度为700mm,厚度为3.5mm,宽厚比为200∶1。为便于平板端部网格与周围网格平稳过渡,两侧各切出35mm宽的尖角,如图12-15所示。

选取长15.6m、宽10.4m的计算域,其左侧为10m/s风速入口边界,湍流强度设定为0.5%,湍流黏性系数比设定为2.0;其右侧为零压力出口边界,湍流设置与入口保持一致;其上下侧均设定为对称边界。待实验断面几何中心至流域的上下边界距离均为5.4m,至入口距离为 6m,至出口距离为 10.2m,平板表面设定为无滑移。湍流模型为 RNG k-ε 模型。

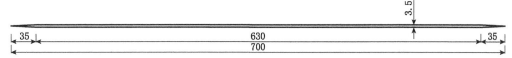

图 12-15　平板计算模型示意(尺寸单位:mm)

在软件 ICEM CFD 2020 R2 中基于 BLOCK 完成网格划分(图 12-16)。因使用 RNG k-ε 模型和标准壁面函数,根据以往研究经验,对待实验断面附近的中心网格,第一层网格高度取 0.8mm,最大网格尺寸为 16mm,网格形式为规则四边形网格加不规则四边形网格;对于计算域网格,中间加密区网格高度取 16mm,最大网格尺寸为 200mm。总网格数为 18.4 万。

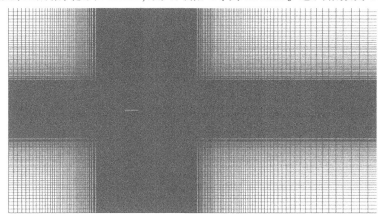

图 12-16　理想平板静态网格划分

理想流体中二维理想平板在风轴体系下的三分力系数可表示为:

$$C_\mathrm{L} = 2\pi\alpha \tag{12-7a}$$

$$C_\mathrm{D} = 0 \tag{12-7b}$$

$$C_\mathrm{M} = -C_\mathrm{L}/4 \tag{12-7c}$$

二维理想平板在不同风攻角下($-3° \sim +3°$,$\Delta\alpha = 1°$)的三分力系数模拟结果及其与理想流体绕流理论解对比如图 12-17 所示。

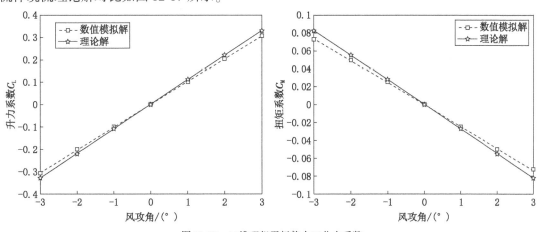

图 12-17　二维理想平板静力三分力系数

12.5.2 颤振导数识别

颤动导数可通过对结构施加强迫振动或自激运动时记录气动升力时程与气动升力矩时程来进行识别。本章采用强迫振动法来进行大跨度悬索桥二维箱梁断面颤振导数识别,并运用嵌套网格技术,即依据模型运动的空间位置实时反馈更新计算域嵌套网格。当主梁二维断面模型进行竖向简谐运动时,运动方程如下:

$$h(t) = A_h \sin(\omega_h t) \tag{12-8a}$$

$$\dot{h}(t) = A_h \omega_h \cos(\omega_h t) \tag{12-8b}$$

$$\ddot{h}(t) = -A_h \omega_h^2 \sin(\omega_h t) \tag{12-8c}$$

$$h(t) = \dot{h}(t) = \ddot{h}(t) = 0 \tag{12-8d}$$

当主梁二维断面模型进行扭转简谐运动时,运动方程如下:

$$\alpha(t) = A_\alpha \sin(\omega_\alpha t) \tag{12-9a}$$

$$\dot{\alpha}(t) = A_\alpha \omega_\alpha \cos(\omega_\alpha t) \tag{12-9b}$$

$$\ddot{\alpha}(t) = -A_\alpha \omega_\alpha^2 \sin(\omega_\alpha t) \tag{12-9c}$$

$$\alpha(t) = \dot{\alpha}(t) = \ddot{\alpha}(t) = 0 \tag{12-9d}$$

式(12-8)和式(12-9)中,h、$\dot{h}$、$\ddot{h}$、α、$\dot{\alpha}$、$\ddot{\alpha}$ 分别为结构强迫竖向运动的位移、速度、加速度和扭转运动的角位移、角速度和角加速度;A_h、A_α 为结构强迫竖向运动和扭转运动的振幅,在数值模拟中设定为常数;ω_h、ω_α 分别是结构强迫竖向运动和扭转运动的圆频率;t 为时间。在 Fluent 中进行数值计算时,前期会存在一段流场发展逐渐趋于稳定的时间,故在计算域内流场进入稳定状态后,方能取模型运动产生的若干个周期的气动升力时程曲线,采用最小二乘法拟合曲线,即可得到相应的 8 个颤振导数。

由于计算域流场随计算模型的运动而时刻变化,故需要运用动网格技术来实现数值模拟。计算中采用嵌套网格的方法,将桥梁断面模型及模型周围一定区域内的网格作为整体进行竖向或扭转刚体运动,外围设定为静态网格。

理想平板二维断面可以通过 Theodorsen 建立的理论公式得到强迫振动平板所受到的气动自激力,从而得到 8 个颤振导数的理论值。均匀流场中平行于来流方向的二维理想平板发生振动时,其所受到的气动升力和升力矩可表达为:

$$L = -2\pi \rho b U^2 \left\{ C(k) \left(\alpha + \frac{\dot{h}}{U} \right) + [1 + C(k)] \frac{b\dot{\alpha}}{2U} \right\} \tag{12-10a}$$

$$M = \pi \rho b^2 U^2 \left\{ C(k) \left(\alpha + \frac{\dot{h}}{U} \right) + [1 - C(k)] \frac{b\dot{\alpha}}{2U} \right\} \tag{12-10b}$$

式中,U 为来流流体的平均风速;$B = 2b$ 为二维理想平板的全宽;h、α 分别为平板做强迫运动时的竖向位移和扭转角;$k = \omega b/U = \pi/V_r$,表示无量纲折减强迫振动频率;Theodorsen 函数 $C(k) = F(k) + iG(k)$ 可按下式近似计算:

$$F(k) = 1 - \frac{0.165}{1 + \left(\dfrac{0.0455 V^*}{\pi}\right)^2} - \frac{0.355}{1 + \left(\dfrac{0.3 V^*}{\pi}\right)^2} \tag{12-11a}$$

$$G(k) = -\frac{0.165}{1+\left(\frac{0.0455V^*}{\pi}\right)^2} - \frac{0.355}{1+\left(\frac{0.3V^*}{\pi}\right)^2} \qquad (12\text{-}11\text{b})$$

由 Theodorsen 建立的上述二维理想平板强迫振动下的自激力公式,可以推导出二维理想平板断面基于折减强迫振动频率的 8 个颤振导数函数表达式,可按下式表达:

$$H_1^* = -\pi \frac{F(k)}{2k} \qquad (12\text{-}12\text{a})$$

$$H_2^* = -\frac{\pi}{8k}\left[1 + F(k) + \frac{2G(k)}{k}\right] \qquad (12\text{-}12\text{b})$$

$$H_3^* = -\frac{\pi}{4k^2}\left[F(k) - \frac{kG(k)}{2}\right] \qquad (12\text{-}12\text{c})$$

$$H_4^* = \frac{\pi}{4}\left[1 + \frac{2G(k)}{k}\right] \qquad (12\text{-}12\text{d})$$

$$A_1^* = \pi \frac{F(k)}{8k} \qquad (12\text{-}12\text{e})$$

$$A_2^* = -\frac{\pi}{32k}\left[1 - F(k) - \frac{2G(k)}{k}\right] \qquad (12\text{-}12\text{f})$$

$$A_3^* = \pi\left[\frac{1}{128} + \frac{F(k)}{16k^2} - \frac{G(k)}{32k}\right] \qquad (12\text{-}12\text{g})$$

$$A_4^* = -\pi \frac{G(k)}{8k} \qquad (12\text{-}12\text{h})$$

选取与 12.5.1 节相同的计算域,设定左侧为 15m/s 风速入口边界,其他条件不变。

在软件 ICEM CFD 2020 R2 中基于 BLOCK 完成网格划分(图 12-18)。进行分层网格划分,其中背景网格数为 12 万,动网格数为 1.8 万,刚性网格数为 1.7 万。

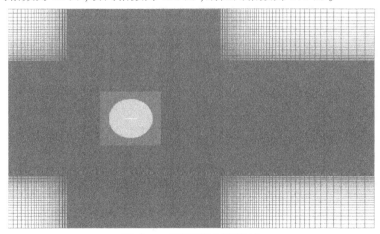

图 12-18 理想平板动网格划分

计算时令刚体域分别做竖向强迫简谐运动和扭转强迫简谐运动,其运动方程分别如下:

$$h(t) = A_h \sin(2\pi ft) \qquad (12\text{-}13\text{a})$$

$$\alpha(t) = A_\alpha \sin(2\pi ft) \qquad (12\text{-}13\text{b})$$

式中,$A_h = 10\text{mm}$ 为竖向强迫简谐运动振幅;$A_\alpha = 3°$ 为扭转强迫简谐运动振幅。计算时设定来流风速保持不变,通过改变二维理想平板模型的强迫振动频率从而改变折算风速 U_r,其中 $U_r = U/(fB)$。分别取折算风速 $U_r = $ 2m/s、4m/s、6m/s、8m/s、10m/s,保持来流风速不变,改变振动频率,相应振动频率 $f = $ 10.714 Hz、5.357 Hz、3.571 Hz、2.679 Hz、2.143 Hz。流场发展稳定后即可得到具有明显周期性、波形圆滑稳定的升力、升力矩时程曲线,选取若干个完整周期的升力及升力矩时程曲线作为样本,采用最小二乘法进行拟合后即可识别出平板断面的 8 个颤振导数,如图 12-19 所示。

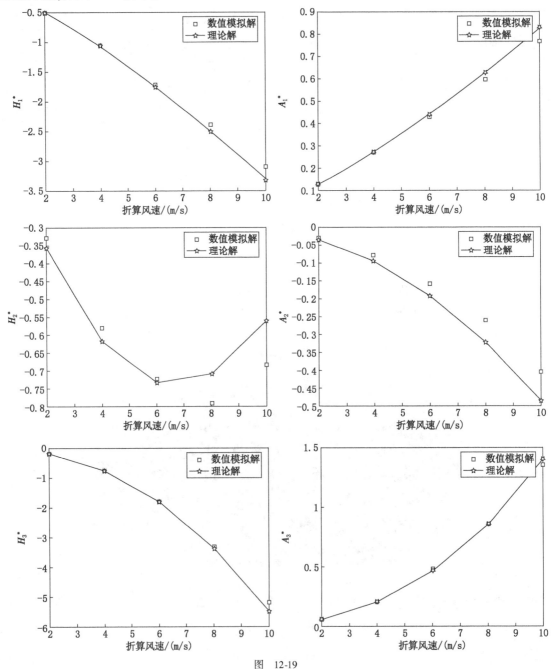

图 12-19

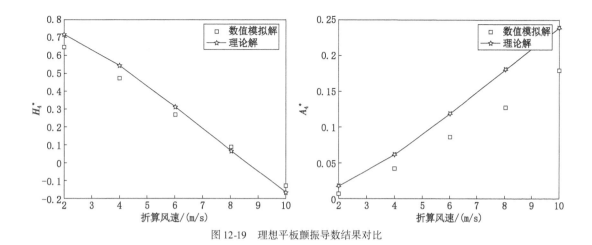

图12-19 理想平板颤振导数结果对比

12.6 桥梁风振流固耦合数值模拟

12.6.1 流固耦合方法简介

流固耦合力学是流体力学与固体力学交叉而生成的一门力学分支学科,它是研究变形固体在流场作用下的各种行为以及固体位形对流场的影响这二者相互作用的一门学科。流固耦合行为在自然中随处可见,如失控船舶的随波逐流、树木在大风天气下的摇摆、储液罐的晃动受力、海上平台受风浪侵袭等。从仿真的角度来看,流固耦合分析根据数据是否需要往复传递分为单向流固耦合和双向流固耦合,双向流固耦合因为求解顺序的不同又可分为顺序求解法和同时求解法;流固耦合分析根据流体域和固体域之间物理场耦合程度的不同,又可分为强流固耦合和弱流固耦合,对应的求解方法分别为直接解法和分离解法。

直接解法通过将流场和结构场的控制方程耦合到同一方程矩阵中求解,即在同一求解器中同时求解流固控制方程,理论上非常先进,适用于大固体变形、生物隔膜运动等。但在实际应用中,直接解法很难将现有的计算流体动力学(CFD)和计算固体力学(CSM)技术真正结合到一起。另外,考虑到同步求解的收敛难度以及耗时问题,直接解法目前主要应用于模拟分析热-结构耦合和电磁-结构耦合等简单问题中,对于流体-结构耦合只进行了一些非常简单的研究,还难以应用在实际工程问题中。

分离解法是分别求解流体和固体的控制方程,通过流固耦合交界面进行数据传递。该方法对计算机性能的要求大幅降低,可用来求解实际的大规模问题。目前的商业软件中,流固耦合分析基本都采用分离解法。以商用软件ANSYS为例,其耦合分析主要分为直接解法和分离解法两种,其中直接解法主要用于流-热、热-固、热-磁和电-磁等计算,而分离解法主要应用于流固耦合计算分析。基于ANSYS的耦合分析类型如图12-20所示。

流固耦合分析所需考虑的方程主要包括流体控制方程(N-S方程)、固体控制方程以及耦合方程。其中N-S方程前文已有叙述,这里仅对固体控制方程和耦合方程进行简单说明。固体控制方程可由牛顿第二定律导出:

$$\rho_s \ddot{d}_s = \nabla \cdot \sigma_s + f_s \tag{12-14}$$

式中，ρ_s 表示固体密度；∇ 为哈密尔顿算子；σ_s 是柯西应力张量；f_s 为体积力矢量；$\ddot{d}_s$ 是固体域当地加速度矢量。若考虑流体、固体的能量传递，需要进一步添加能量方程。

图 12-20　基于 ANSYS 的耦合分析类型

同时，流固耦合遵循最基本的守恒原则，在流固耦合交界面处，应满足流体与固体应力（τ）、位移（y）、热流量（q）、温度（T）等变量的相等或守恒，即：

$$\begin{cases} \tau_f \cdot n_f = \tau_s \cdot n_s \\ d_f = d_s \\ q_f = q_s \\ T_f = T_s \end{cases} \tag{12-15}$$

式中，下标 f 表示流体，下标 s 表示固体。

12.6.2　桥梁颤振稳定分析

桥梁颤振是一种典型的自激发散运动，是最具破坏性的风致振动。颤振本质是在风场中的不断振动结构与气流之间强烈的气动相互作用，这种作用使得结构和气流间产生能量交换。在风速较小时，当桥梁结构从运动的气流中获取的能量小于桥梁结构自身阻尼系统所能消耗的能量时，结构的振动是不断衰减的，因而结构是稳定的；当风速不断增大直到达到临界风速的某一临界值时，桥梁结构从气流中不断获取的能量与桥梁结构自身阻尼系统所能消耗的能量相平衡。如果此时风速进一步增大，即风速变得大于颤振临界风速，此时桥梁结构振动将处于负阻尼状态，有可能引发颤振失稳。

颤振稳定性指数 I_f 应按式（12-16）计算：

$$I_f = \frac{[U_{cr}]}{f_t \cdot B} \tag{12-16}$$

式中，f_t 为扭转基频，成桥状态的悬索桥可取较小的扭转基频计算其稳定性；B 为主梁宽度；I_f 为颤振稳定性指数，其颤振临界风速需要通过风洞试验测定；$[U_{cr}]$ 为颤振检验风速，且

$$[U_{cr}] = 1.2 \cdot \mu_f \cdot U_d \tag{12-17}$$

式中，μ_f 为风脉动修正系数。桥梁颤振临界风速 U_{cf} 需满足：

$$U_{cf} \geq [U_{cr}] \tag{12-18}$$

12.6.3　桥梁涡激振动响应模拟

受风荷载的影响，桥梁结构可能会出现涡激振动的现象。除了进行风洞试验，数值模拟提供了一种易于改变外形和试验参数的快捷方式，并且基于数值模拟的方式有利于对风场性质进行研究，以便探究桥梁涡激振动的机理。各种数值模拟软件都具有强大的后处理功能，在流场显示图（图 12-21）中可对旋涡脱落的形态进行直观观测，便于分析流场和结构之间的相互作用。

桥梁涡激振动的发生部位包括主梁、拉索、吊索、桥塔及拱肋等，其数值模拟的方法大致相同，因研究对象不同设置相应的结构外形及动力学参数。以主梁二维数值模拟为例，二维主梁结构涡振的数值模拟，可认为是对桥梁节段模型风洞试验的数值复现。在节段模型风洞试验中，节段模型的质量考虑为所研究模态的等效质量，刚度考虑为等效刚度，在数值模拟中参数也应选取其等效数值。另外，由于数值模拟中结构外形具有一定的缩尺，因此动力学参数的取值应遵循节段模型测振试验中的相似条件。

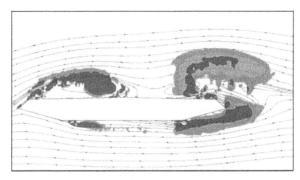

图12-21　主梁涡振流场迹线图（来源于参考文献[8]）

以 ANSYS 公司旗下的 CFD 计算软件 Fluent 为计算平台，结合嵌套网格方法和 UDF（user defined function，用户自定义函数）进行主梁涡激振动分析。该方法通过背景网格和组分网格之间嵌套插值的方式（图12-22），进行网格中数据的交换，适用于动网格的实现。其计算过程不涉及网格的重构及变形，相比其他动网格方法在操作和计算上有一定的优越性。求解关键步骤如图12-23所示，其中流固耦合的核心计算步骤被写入 UDF 程序中。首先通过宏函数，获取每个时间步下流场对主梁结构的作用力，然后代入结构的振动方程中，利用龙格库塔法或其他数值方法求解出每个时间步对应的速度和位移，最后更新整个组分网格包括主梁结构的运动状态，进入下一时间步的流场计算。

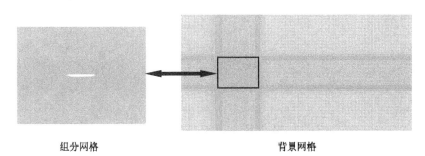

图12-22　基于嵌套网格技术的网格划分

结构的振动方程对应着振动形式，而主梁涡振有两种振动形式，分别为竖弯振动和扭转振动，如图12-24所示。涡振是一种兼有自激振动和强迫振动的限幅振动，在常遇风速下就可以触发。流体绕经结构表面后产生了周期性旋涡脱落，当旋涡脱落频率与结构的振动频率接近时，便有可能激发结构的涡激共振。

图12-25中分别给出了竖弯涡振和扭转涡振的位移时程曲线，在经过一段时间的发展后，两种形式的振动都达到稳定状态，位移呈现出周期性变化。

数值模拟技术是一种切实可行的方法，模型的参数易于调整，并允许试验中出现较大振动,在桥梁选型、精细化建模和涡振机理研究方面具有突出优势。

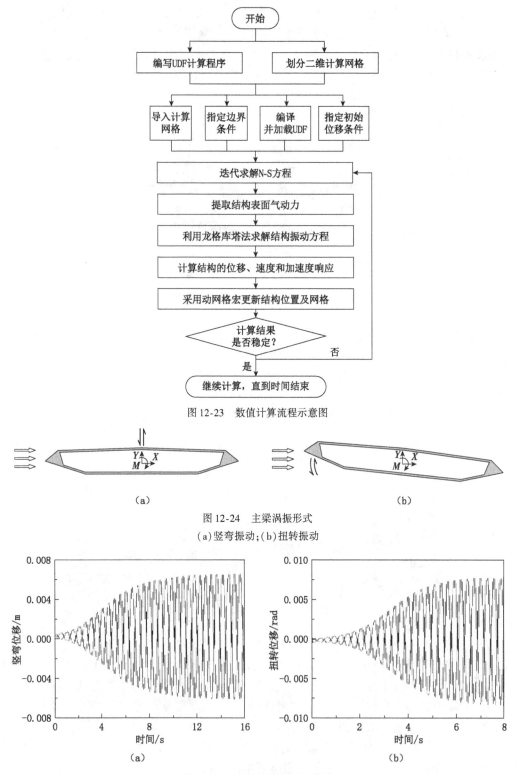

图 12-23 数值计算流程示意图

图 12-24 主梁涡振形式
(a)竖弯振动;(b)扭转振动

图 12-25 主梁涡振位移时程曲线
(a)竖弯振动;(b)扭转振动

12.6.4 桥梁抖振响应模拟

大跨索承桥梁抖振性能评估是桥梁抗风安全设计的重要环节。但既有抖振分析理论在揭示抖振基本物理成因时的"描述性"强于"解释性",且风洞试验难以重现抖振过程中的流固耦合细节。随着计算机算力的不断提升、计算科学的不断发展及湍流理论的不断完善,基于CFD技术开展大跨度桥梁抖振数值模拟为抖振研究提供了新的思路。

基于商用流体分析软件 Fluent 的大跨度桥梁主梁断面抖振响应模拟主要分为三个部分:①湍流风场的模拟;②LES 滤波方程及 LES 湍流模型求解;③结构动力学方程求解。其中,ABL 的 LES 入口湍流生成技术可用于湍流风场的模拟,并可通过 Fluent 自带的 UDF 实现。以二自由度主梁断面为例,考虑竖弯和扭转自由度的动力学方程可写为:

$$\begin{bmatrix} m_h & 0 \\ 0 & m_\alpha \end{bmatrix} \begin{bmatrix} \ddot{h} \\ \ddot{\alpha} \end{bmatrix} + \begin{bmatrix} c_h & 0 \\ 0 & c_\alpha \end{bmatrix} \begin{bmatrix} \dot{h} \\ \dot{\alpha} \end{bmatrix} + \begin{bmatrix} k_h & 0 \\ 0 & k_\alpha \end{bmatrix} \begin{bmatrix} h \\ \alpha \end{bmatrix} = \begin{bmatrix} L \\ M \end{bmatrix} \quad (12\text{-}19)$$

式中,h 和 α 分别表示主梁的竖弯和扭转位移;其余参量与断面设计参数相关。断面所受升力 L 和升力矩 M 可通过 Fluent 中的 Compute_Force_And_Moment 函数直接获得。Fluent 中的大跨度桥梁主梁断面抖振响应模拟流程如图 12-26 所示。

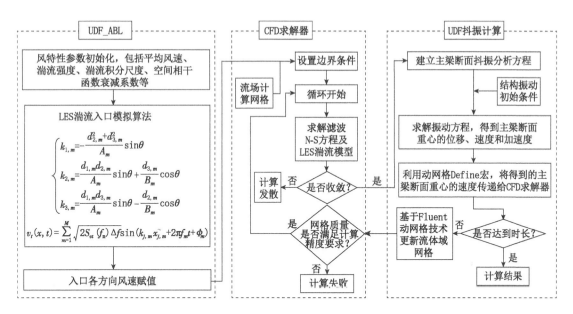

图 12-26 Fluent 中的大跨度桥梁主梁断面抖振响应模拟流程

实际计算时,首先通过 LES 湍流入口生成方法获得满足给定湍流风特性的湍流场,再根据 Compute_Force_And_Moment 函数获得作用于主梁断面的气动升力与升力矩,并使用数值积分手段求解结构抖振动力方程,确定主梁断面运动参数。将运动参数传递给 CFD 求解器后,根据 Fluent 中的动网格更新策略(Remeshing、Smoothing 等)实现流体域网格更新。上述耦合方法属于双向耦合顺序求解。某大跨度桥梁典型流线型钢箱梁断面抖振时的瞬时速度云图和涡核分布见图 12-27。

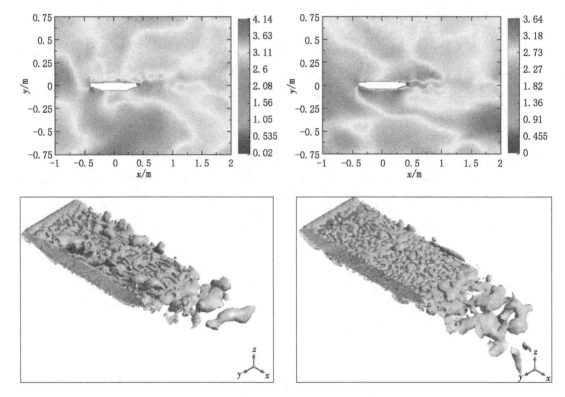

图 12-27　主梁断面附近流场状态及结果验证

　　大跨度桥梁抖振响应的数值模拟通常需耗费大量的计算资源,需要在工作站或超级计算机上完成,且模拟湍流与真实湍流的物理性质仍存在差异,故基于 CFD 手段开展的抖振数值模拟在工程应用领域仍存在较大的局限性,相关技术也有待进一步完善。

思考题与习题

1. 对二维计算域如三角形区域进行结构化网格、非结构化网格的划分。
2. 对三维计算域进行网格划分,并对边界层进行细化处理。
3. 本章给出了二维平板的颤振导数识别过程,请读者自主进行任意扁平钢箱梁模型的颤振导数识别过程的数值模拟。
4. 利用 UDF 进行数值结果的提取。

本章参考文献

[1] 陶文铨.数值传热学[M].西安:西安交通大学出版社,2001.
[2] TU J Y,YEOH G H,LIU C Q.计算流体力学:从实践中学习[M].王晓冬,译.沈阳:东北大学出版社,2014.

[3] 叶正寅,张伟伟,史爱明.流固耦合力学基础及其应用[M].哈尔滨:哈尔滨工业大学出版社,2010.
[4] 黄林.计算流体力学在桥梁风工程中的应用研究[M].成都:西南交通大学出版社,2017.
[5] 纪兵兵,陈金瓶.ANSYS ICEM CFD 网格划分技术实例详解[M].北京:中国水利水电出版社,2012.
[6] 顾磊,潘亮,齐宏拓.风荷载的 CFD 数值模拟:以体育场和膜结构为例[M].北京:人民交通出版社,2012.
[7] 陈艾荣,艾辉林.计算桥梁空气动力学:大涡模拟[M].北京:人民交通出版社,2010.
[8] 陈星宇.大攻角来流作用下流线型箱梁断面涡激振动研究[D].成都:西南交通大学,2019.
[9] 王卫华.结构风荷载理论与 Matlab 计算[M].北京:国防工业出版社,2018.

第13章
拱式桥抗风设计研究

拱式桥抗风设计主要采用理论分析、风洞试验和数值模型方法对大跨度桥梁结构抗风性能进行设计或验算,其中,风洞试验是目前最为有效和可靠的方法,并带有试验研究性质。本章拱式桥抗风设计研究以上海卢浦大桥为工程背景,以卢浦大桥为例介绍桥位风特性统计分析、结构动力特性分析、节段模型测力风洞试验、节段模型测振风洞试验、静风稳定性数值分析、全桥气动弹性模型风洞试验、等效风荷载组合分析和拱式桥抗风设计研究结论与建议等。

13.1 上海卢浦大桥抗风设计

上海鲁班路黄浦江越江工程位于上海市区南面,北起南北高架鲁班路立交北端,向南从江南造船集团有限责任公司(原江南造船厂)跨黄浦江后穿越宝钢集团上海浦东钢铁有限公司(原上钢三厂),沿济阳路至外环线(环南一大道)。主线基本为南北走向,全长约8.7 km,其中卢浦大桥主桥桥位距下游南浦大桥约3 km、距上游徐浦大桥约7 km。桥位处河道基本为东西走向,桥轴线与黄浦江流向基本正交,江面宽度约480 m。

上海卢浦大桥主桥结构为中跨550 m、两个边跨各100 m、矢跨比$f/L=1/5.5$的中承式全钢结构拱梁组合体系。主梁采用正交异性桥面板全焊钢箱梁,通过吊杆或立柱支承于拱肋之上。主梁宽40m,设六车道。中跨主梁的两端支承于中跨拱梁交会处的横梁上,端支承为纵向滑动支座,横向和纵向设有阻尼限位装置;边跨主梁分别在中跨和边跨的拱梁交会处与拱肋固结,外侧两端设置纵向滑动支座。主桥两边跨端横梁之间布置强大的水平拉索,以平衡中跨拱肋的水平推力。整个全钢拱梁组合体系由钢箱拱肋、正交异性桥面、倾斜钢吊杆、拱上钢立柱、"一"字形和K形风撑、水平拉索等主要构件组成。

上海台风型气候特征的显著性要比其他沿海城市(例如香港)低得多,但是夏季受台风直接和间接影响,冬季受寒潮引起的大风影响仍然很大。因此,结合上海地区风环境特点对卢浦大桥主桥进行风荷载及抗风稳定性研究,确保主拱结构和组合体系桥梁在施工过程中和建成运营后的抗风稳定性、安全性和适用性是一项十分重要的设计研究。

1) 等效风荷载

上海卢浦大桥主桥——超大跨度拱桥风荷载的研究应该包括静力风荷载和动力风荷载两个部分,其中静力风荷载相当于平均风作用下的静风压力,又称平均风荷载;而动力风荷载则是指脉动风的背景脉动以及脉动风诱发结构振动而产生的惯性荷载,又称脉动风荷载。由于在实际工程应用中关心的只是由动力风荷载引起的响应的静力代表值,因此可以采用所谓等效静力风荷载来代替实际动力风荷载的作用。这里所指的等效静力风荷载,是指将该荷载作为静力风荷载作用在结构上所引起的位移响应值等于结构在实际动力风荷载作用下最大位移响应值。由静力风荷载和等效静力风荷载组合得到的风荷载称为等效风荷载。由于静力计算方法和手段已经非常成熟,根据等效风荷载组合,结构设计人员可以很方便地求出各种类型的结构响应值。

2) 抗风稳定性

超大跨度拱桥抗风稳定性与风荷载作用下的失稳形态有关,根据静风荷载和动风荷载的不同作用特点,超大跨度拱桥的抗风稳定性一般分为静风稳定性和风振稳定性。其中静风稳定性是指拱桥结构在静风荷载单独作用或结构恒载与静风荷载共同作用下的静力稳定性能,是一个空间稳定性分析问题,并用静风失稳风速来衡量;风振稳定性主要是指空气动力稳定性,当拱桥结构在流动的气流中不断"吸收"能量,而该能量又大于结构阻尼所耗散的能量时,就会产生发散性的自激振动——颤振或驰振,并用颤振临界风速或驰振临界风速来衡量。

当气流流经结构断面时,周期性交替脱落的旋涡将引起另一种桥梁共振现象——涡激振动。涡振虽然不会像颤振和驰振那样引起整个结构的发散性振动,导致动力失稳破坏,但是当涡振频率接近结构固有振动频率时,也会出现很大的振幅,形成涡激共振,这种结构共振现象仍有可能造成结构强度破坏或疲劳破坏,并严重影响结构使用性能,例如舒适度等。衡量涡激共振严重程度的主要指标为涡激共振振幅和涡振锁定风速。

3) 抗风设计研究

上海卢浦大桥主桥超大跨度拱桥风荷载及抗风稳定性研究主要研究内容可以归纳为7个方面,分别为桥位风特性统计分析、结构动力特性分析、节段模型测力风洞试验、节段模型测振风洞试验、静风稳定性数值分析、全桥气动弹性模型风洞试验、等效风荷载组合分析,其研究流程如图13-1所示。

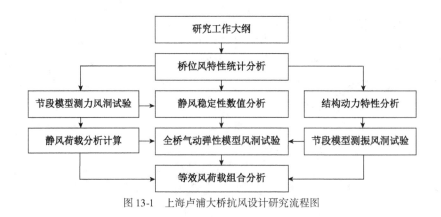

图 13-1 上海卢浦大桥抗风设计研究流程图

13.2 桥位风特性统计分析

上海位于东南沿海地区,具有海洋性气候的基本特征,极端风速主要是由台风引起的。但是,由于崇明岛和黄浦江的存在,台风登陆上海后明显减弱。尽管上海地区面积不大,对于主要受台风影响的极端风速,全市 11 个国家级气象站的风速记录仍有较大差异。为此,本项研究选取上海市区北面的宝山气象站、东南面的川沙气象站和西南面的龙华气象站 3 个与桥位相邻的风速测站,作为上海卢浦大桥桥位风环境统计分析的采样测站。

上海卢浦大桥地处上海市区南面黄浦江中下游,并且位于 3 个风速测站所构成的三角网内,用这 3 个相邻风速测站的风速记录样本来统计推断卢浦大桥的设计风速,从地理位置上是非常合理的。一桥三站位置参数汇总如表 13-1 所示。

卢浦大桥和风速测站位置参数表　　　　表 13-1

位置参数	宝山气象站	川沙气象站	龙华气象站	卢浦大桥
北纬	31°24′30″	31°12′30″	31°20′30″	N − 31°24′30″
东经	121°29′30″	121°42′30″	121°26′30″	N + 31°24′30″
城市坐标 $x(m)$	18255.570	−3895.931	−7615.262	−4898.693
城市坐标 $y(m)$	1618.535	22270.233	−3144.930	888.470

13.2.1 测站原始风速数据处理

(1)宝山气象站。

采集到宝山气象站原始风速记录样本共 2×13880 个,覆盖了 1959 年 1 月 1 日至 1996 年 12 月 31 日的全部 13880 天的日最大风速和相应风向,测风仪离地高度为标准高度 $z_s = 10 \text{ m}$,平均时距 $t = 10 \text{ min}$。因此,宝山气象站原始风速记录不需要进行处理。

(2)川沙气象站。

采集到川沙气象站原始风速记录样本共 2×13514 个,覆盖了 1959 年 1 月 1 日至 1995 年 12 月 31 日的全部 13514 天的日最大风速值和相应风向,其中 1959 年 1 月 1 日至 1979 年 12 月 31 日的 7670 个日最大风速值为 $t = 2 \text{ min}$ 平均时距的人工定时记录,其余 5844 个日最大风速值为 10 min 平均时距的自动连续记录,为了进行次时换算,附加采集了 1980 年 1 月至 1995 年 12 月的 192 个 2 min 平均时距的月最大风速值,作为次时换算的平行观测样本。川沙气象站测风仪离地高度分别为:1959 年 1 月至 1959 年 3 月 z_s = 10.3 m,1959 年 4 月至 1982 年 9 月 z_s = 15.9 m,1982 年 10 月至 1995 年 12 月 z_s = 12.0 m。因此,川沙气象站原始风速记录数据必须进行次数时距换算和测风仪离地高度修正。

(3) 龙华气象站。

采集到龙华气象站原始风速记录样本共 2×12772 个,覆盖了 1956 年 1 月 1 日至 1990 年 12 月 31 日的全部 12784 天中的 12772 个日最大风速值和相应风向。龙华气象站的全部风速记录均为 10 min 平均时距的自动连续记录,且测风仪离地高度已修正为标准高度 z_s = 10 m。但是,龙华气象站的风速数据以频度方式提供,因而无法与具体日期相对应,从而限制了阶段极值抽样法的应用。

13.2.2 测站风速分布概型确定

采用极值样本渐近检验方法对 3 个风速测站的标准风速数据进行了测站风速分布概型检验,其中,采用阶段极值抽样法的极值样本检验结果表明,宝山气象站和川沙气象站的风速分布以极值 I 型最优、极值 III 型其次、极值 II 型最差,而龙华气象站由于风速记录资料方面的原因,无法实施阶段极值抽样;采用越界峰值法的极值样本渐近检验结果表明,3 个气象站的风速分布以极值 I 型最优、极值 III 型其次、极值 II 型最差。

为了最终确定测站风速分布概型,又将 3 个风速测站按极值 I 型和极值 III 型推算的百年一遇期望风速进行了比较,除了个别方向外,绝大多数方向按极值 I 型推算的百年一遇期望风速大于按极值 III 型推算的结果。由此可以认为,宝山气象站、川沙气象站和龙华气象站的风速分布均服从极值 I 型,即:

$$F(x) = \exp\left[-\exp\left(-\frac{x-b_i}{a_i}\right)\right] \tag{13-1}$$

式中,x 表示某一方向的风速;a_i、b_i 分别表示该方向的尺度参数和位置参数;下标 i 表示不同的方向。

13.2.3 测站极值分布参数估计

按照极值 I 型分布概型式(13-1),采用极大似然法对 3 个风速测站 16 个方向以及不计方向全部风速的极值 I 型参数 a 和 b 进行了估计。为了确定控制(最大)参数,选用了 3 组容量不同的样本进行参数估计,即年最大风速样本、季最大风速样本和月最大风速样本。

3 个风速测站极值 I 型参数的估计结果表明,除了个别方向之外,绝大多数方向的控制参数由季最大风速样本得到,因此,3 个风速测站 16 个方向以及不计方向全部风速的极值 I 型参数 a 和 b 估计均采用季最大风速样本。根据 T_1 = 100 年 = 400 季的期望值 x_{T_1} 相等以及 T_2 = 10 年 = 40 季的期望值 x_{T_2} 相等的条件,可以将按季最大风速估计的参数 $\hat{a}$ 和 $\hat{b}$ 换算成按年最大风速估计的基本参数 a 和 b。

13.2.4 桥位设计基准风速确定

为了将上述测站基本风速换算到实际桥位,可分两个步骤:第一步,首先按指数律风速剖面将测站基本风速($\alpha_s = 0.14, z_s = 10\text{ m}$)换算为测站基准风速($z_1 = 50\text{ m}, z_2 = 100\text{ m}$),即

$$U_j = \left(\frac{\delta_{sj}}{z_{sj}}\right)^{\alpha_s} \cdot \left(\frac{z_j}{\delta_j}\right)^{\alpha} \cdot U_{sj} \quad j = 1,2,3 \tag{13-2}$$

式中,z_s表示测站基本高度,且$z_s = 10\text{ m}$;z表示基准高度,分别取$z_1 = 50\text{ m}$和$z_2 = 100\text{ m}$;δ_s表示测站梯度风高度,且$\delta_s = 550\text{ m}$;δ表示桥位梯度风高度,当$\alpha_s < 0.14$时,取$\delta = 500\text{ m}$,当$\alpha_s > 0.14$时,取$\delta = 600\text{ m}$;U_s表示测站基准风速;下标j表示第j个风速测站。

第二步,可以将各个风速测站的基准风速U_s,按桥位现场与风速测站之间的距离加权平均,推算桥位基准风速如下:

$$U_s = \sum_{j=1}^{3} \eta_j U_j \tag{13-3}$$

式中,η_j表示第j个风速测站的加权值,设第j个风速测站与桥位中心之间的距离为$d_j (j=1,2,3)$,建议η_j按下列公式计算:

$$\eta_1 = \frac{d_2 d_3}{d_1 d_2 + d_2 d_3 + d_3 d_1} \tag{13-4}$$

$$\eta_2 = \frac{d_3 d_1}{d_1 d_2 + d_2 d_3 + d_3 d_1} \tag{13-5}$$

$$\eta_3 = \frac{d_1 d_2}{d_1 d_2 + d_2 d_3 + d_3 d_1} \tag{13-6}$$

风速测站与桥位中心距离d_j和加权值η_j的计算结果如表13-2所示。上海卢浦大桥桥位中心桥面高度($z_1 = 50\text{m}$)16个方向和不计方向全部数据的设计基准风速均值u_x和方差σ_x,以及N年期望值的计算结果汇总如表13-3所示。

卢浦大桥与风速测站的直线距离和加权值　　　表13-2

位置	宝山气象站	川沙气象站	龙华气象站	卢浦大桥
风速测站与桥位中心距离(km)	0	30.29	26.31	$d_1 = 23.17$
	30.29	0	25.69	$d_2 = 21.41$
	26.31	25.69	0	$d_3 = 4.86$
加权值	$\eta_1 = 0.146$	$\eta_2 = 0.158$	$\eta_3 = 0.696$	$\sum \eta_j = 1.0$

卢浦大桥桥面高度设计基准风速统计结果　　　表13-3

序号	罗盘方向	基本参数		统计特性		N年期望值(m/s)			
		a	b	均值	方差	x_{10}	x_{50}	x_{100}	x_{200}
1	N	1.040	9.598	8.752	1.335	11.939	13.658	14.384	15.108
2	NNE	1.479	11.363	10.161	1.898	14.691	17.134	18.167	19.196
3	NE	1.490	12.216	11.005	1.912	15.569	18.031	19.072	20.109
4	ENE	1.420	12.343	11.189	1.822	15.538	17.883	18.874	19.862
5	E	1.354	11.646	10.546	1.737	14.692	16.928	17.873	18.815
6	ESE	1.476	12.003	10.803	1.894	15.324	17.763	18.793	19.821
7	SE	1.269	11.443	10.412	1.628	14.299	16.395	17.281	18.164

续上表

序号	罗盘方向	基本参数 a	基本参数 b	统计特性 均值	统计特性 方差	N年期望值(m/s) x_{10}	x_{50}	x_{100}	x_{200}
8	SSE	1.194	11.328	10.357	1.532	14.014	15.986	16.819	17.650
9	S	1.361	10.010	8.904	1.746	13.072	15.320	16.270	17.217
10	SSW	1.223	8.206	7.212	1.570	10.959	12.980	13.834	14.685
11	SW	1.442	7.121	5.949	1.850	10.366	12.748	13.755	14.759
12	WSW	1.590	8.654	7.362	2.040	12.232	14.858	15.968	17.075
13	W	1.769	10.774	9.337	2.269	14.754	17.675	18.910	20.141
14	WNW	1.655	13.347	12.001	2.123	17.071	19.805	20.960	22.112
15	NW	1.427	11.906	10.746	1.831	15.117	17.475	18.472	19.465
16	NNW	1.130	9.192	8.273	1.450	11.735	13.602	14.391	15.178
17	全部	1.881	17.834	16.305	2.413	22.066	25.173	26.486	27.795

13.2.5 桥位设计风速研究结论

根据交通运输部《公路桥涵设计通用规范》(JTJ 021—89)中的全国基本风压分布图的规定,上海市位于800Pa等压线上,即标准高度 $z_1 = 20\,\text{m}$ 处,平均时距 $t = 10\,\text{min}$、重现期为 $T = 100$ 年的期望风压值为 $W_1 = 800\,\text{Pa}$,取空气密度 $\rho = 1.225\,\text{kg/m}^3$,可以推算相应的风速期望值:

$$U_1 = \sqrt{\frac{2W_1}{\rho}} = \sqrt{\frac{2 \times 800}{1.225}} = 36.1\,(\text{m/s}) \tag{13-7}$$

规范规定的标准场地的幂指数 $\alpha_s = 0.14$,边界层厚度 $\delta_s = 550\,\text{m}$。参照《公路桥梁抗风设计指南》的建议,上海卢浦大桥桥位场地可按Ⅱ类地表粗糙度计算,相应的幂指数 $\alpha = 0.16$,边界层厚度 $\delta = 600\,\text{m}$,按指数律方法可以推算出拱顶高度 $z = 100\,\text{m}$ 处的设计基准风速:

$$U_d = U_1 \left(\frac{\delta_s}{z_1}\right)^{\alpha_s} \left(\frac{z}{\delta}\right)^{\alpha} = 36.1 \times \left(\frac{550}{20}\right)^{0.14} \times \left(\frac{100}{600}\right)^{0.16} = 43.1\,(\text{m/s}) \tag{13-8}$$

比较按桥位附近三个气象站35年以上风速观测记录资料统计分析的结果以及按《公路桥梁抗风设计规范》(JTG/T 3360-01—2018)全国基本风速分布图计算结果,不难发现,拱顶高度 $z = 100\,\text{m}$ 处的设计基准风速相差较大。安全起见,按桥位附近3个气象站统计分析得到的拱顶高度设计基准风速 $U_d = 29\,\text{m/s}$ 仅用于风振响应的概率性评价;其余抗风设计均采用《公路桥梁抗风设计规范》(JTG/T 3360-01—2018)规定的设计基准风速 $U_d = 43.1\,\text{m/s}$;施工阶段设计基准风速不予折减。

根据《公路桥梁抗风设计指南》的建议,以拱顶高度为准的颤振检验风速为

$$[U_{cr}] = K\mu_f U_d = 1.2 \times 1.28 \times 43.1 = 66.2\,(\text{m/s}) \tag{13-9}$$

式中,取 $K = 1.2$,$\mu_f = 1.28$。

根据《公路桥梁抗风设计指南》的建议,以拱顶高度为准的驰振检验风速为

$$[U_{cg}] = 1.2 U_d = 1.2 \times 43.1 = 51.7\,(\text{m/s}) \tag{13-10}$$

13.3 结构动力特性分析

桥梁结构动力特性分析是研究桥梁风振问题的基础,为了进行风荷载作用下的结构全过程动力响应分析和研究,必须首先计算在施工阶段和成桥状态下桥梁结构的动力特性,作为桥梁风振试验研究的结构动力特性依据。

13.3.1 有限元计算模型

结构动力特性分析采用离散结构的有限元方法,拱肋单元、主梁单元、立柱单元、一字形和K形风撑单元均采用空间梁单元,吊杆和水平拉索采用空间索单元。由于主梁截面的约束扭转刚度较小,主梁采用单脊梁式计算模型,双索面吊杆通过刚性横梁与主梁相连形成"鱼骨式"模型。

两片主拱肋的跨径布置为 100 m + 550 m + 100 m = 750 m,中跨两个桥墩处的约束条件抽象为平面内的无铰拱和平面外的固端连接,即拱脚处 3 个线位移自由度和 3 个角位移自由度均被刚性约束;边跨主梁的两个端部分别与边跨拱肋的两个端部固结后简支于边墩上,边跨主梁的另两个端部分别与中跨拱肋固结,即边跨拱肋、中跨拱肋和边跨主梁形成固结三角区;中跨主梁的两端分别简支于中跨拱肋上,即中跨主梁两端与中跨拱肋相应接触点之间保持竖向、侧向和绕纵轴转动等 3 个自由度的主从关系;立柱、一字形和 K 形风撑与拱肋和主梁之间均固结。卢浦大桥主桥有限元计算模型如图 13-2 所示。

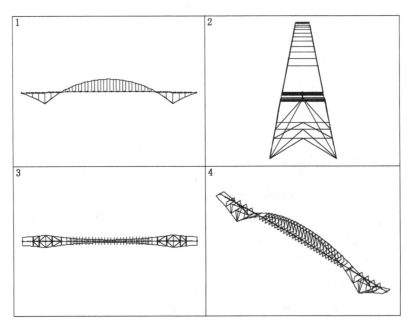

图 13-2 卢浦大桥主桥有限元计算模型

13.3.2 主要构件截面特性

上海卢浦大桥主桥整个拱梁组合体系有限元计算模型由拱肋、主梁、立柱、风撑、吊杆等主要构件组成,这些主要构件的截面特性汇总如表13-4所示。

卢浦大桥主要构件截面特性 表13-4

参数	符号	单位	构件	实桥值
长度	L	m	全桥	100 + 550 + 100
宽度	B	m	拱肋	5.0
			主梁	39.5 ~ 41.0
			立柱	2.5 ~ 5.0
			风撑	2.1 ~ 3.1
		mm	吊杆	$\phi 80 \sim \phi 120$
高度	H	m	拱肋	6 ~ 9(中跨);7 ~ 9(边跨)
			主梁	2.613 ~ 3.023
			立柱	5.0
			风撑	2.555 ~ 4.324
单位长度质量	m	kg/m	拱肋	8009 ~ 18362
			主梁	20444 ~ 40688
			立柱	924.1 ~ 4340.7
			风撑	879.5 ~ 2140.2
			吊杆	39.4 ~ 82.1
单位长度质量惯性矩	J_m	kg·m²/m	拱肋	51290 ~ 158645
			主梁	2755638 ~ 5020720
			立柱	3418.4 ~ 38654.8
			风撑	2576.6 ~ 49639.2
侧弯刚度	EI_y	N·m²	拱肋	$53.14 \times 10^{10} \sim 107.5 \times 10^{10}$
			主梁	$3545 \times 10^{10} \sim 9542 \times 10^{10}$
			立柱	$3.3356 \times 10^{10} \sim 51.701 \times 10^{10}$
			风撑	$4.2361 \times 10^{10} \sim 15.418 \times 10^{10}$
竖弯刚度	EI_z	N·m²	拱肋	$84.14 \times 10^{10} \sim 309.0 \times 10^{10}$
			主梁	$27.9 \times 10^{10} \sim 90.4 \times 10^{10}$
			立柱	$5.8092 \times 10^{10} \sim 51.707 \times 10^{10}$
			风撑	$2.6267 \times 10^{10} \sim 15.566 \times 10^{10}$
轴向刚度	EA	N	拱肋	$16.8 \times 10^{10} \sim 32.5 \times 10^{10}$
			主梁	$23.4 \times 10^{10} \sim 50.0 \times 10^{10}$
			立柱	$3.6712 \times 10^{10} \sim 12.632 \times 10^{10}$
			风撑	$3.4457 \times 10^{10} \sim 6.1627 \times 10^{10}$
			吊杆	$0.08922 \times 10^{10} \sim 0.18571 \times 10^{10}$

续上表

参数	符号	单位	构件	实桥值
扭转刚度	GJ_d	$N \cdot m^2$	拱肋	$30.14 \times 10^{10} \sim 73.05 \times 10^{10}$
			主梁	$12.53 \times 10^{10} \sim 81.16 \times 10^{10}$
			立柱	$5.7185 \times 10^{10} \sim 66.617 \times 10^{10}$
			风撑	$4.2498 \times 10^{10} \sim 21.118 \times 10^{10}$

13.3.3 动力特性计算结果

由于拱肋结构采用临时塔索悬臂拼装施工，因此，各施工阶段结构计算有限元模型中还必须增加索塔单元和拉索单元等。针对桥梁结构施工全过程的各个不同阶段，分别建立了独立的空间梁系结构有限元计算模型。桥梁结构动力特性计算采用通过ISO9002质量认证的通用计算软件——ANSYS 5.5，结构动力特性分析中的特征方程求解采用子空间迭代法。上海卢浦大桥大跨度拱桥在施工及成桥阶段的主要计算状态包括拱肋最大悬臂状态（拱肋合龙前）、拱肋合龙状态（拱肋合龙后）、全桥临时状态（索塔拆除前）和全桥成桥状态（实际运营时）。表13-5给出了卢浦大桥全桥成桥状态前20阶结构自振频率和振型描述。

卢浦大桥全桥成桥状态前20阶结构自振频率和振型描述　　表13-5

阶数	频率(Hz)	圆频率(rad/s)	振型描述
1	0.368	2.31	拱梁一阶反对称竖弯
2	0.422	2.65	拱梁同向一阶对称侧弯，梁对称扭转
3	0.585	3.68	拱梁一阶对称竖弯
4	0.610	3.83	拱梁反向一阶对称侧弯，梁对称扭转
5	0.744	4.67	拱梁同向一阶反对称侧弯，梁反对称扭转
6	0.922	5.79	拱梁二阶对称竖弯
7	1.041	6.54	拱梁二阶反对称竖弯
8	1.174	7.38	拱梁同向二阶对称侧弯，梁对称扭转
9	1.233	7.75	拱梁反向二阶对称侧弯，梁反对称扭转
10	1.252	7.87	拱梁一阶对称扭转
11	1.358	8.53	拱梁对称竖弯
12	1.530	9.61	拱梁三阶反对称竖弯
13	1.585	9.95	拱梁一阶反对称扭转
14	1.637	10.29	拱梁反向三阶反对称侧弯，梁对称扭转
15	1.753	11.01	拱梁同向三阶反对称侧弯，梁反对称扭转
16	1.765	11.09	拱梁四阶反对称竖弯
17	1.907	11.98	拱梁二阶对称扭转
18	2.034	12.78	拱梁五阶反对称竖弯
19	2.077	13.05	拱梁反向四阶反对称侧弯，梁反对称扭转
20	2.131	13.39	拱梁二阶反对称扭转

13.4 节段模型测力风洞试验

上海卢浦大桥主桥节段模型测力风洞试验的主要目的有两个:一是通过拱肋简化节段模型测力风洞试验,识别出各段拱肋的静力三分力和三分力系数;二是通过主梁节段模型测力风洞试验,识别出主梁的静力三分力和三分力系数。

拱肋节段模型模拟了中跨拱肋从拱顶到拱梁结合部共四种截面形式,主梁节段模型模拟了中跨分离双箱截面和边跨闭口箱梁截面的施工阶段(无桥面栏杆)和成桥状态(有桥面栏杆)共四种截面形式;试验实测内容包括静风阻力和阻力系数、静风升力和升力系数,以及静风升力矩和升力矩系数;风洞试验模拟了从 $-6°$ 到 $+6°$ 共 13 个整数度风攻角;拱肋节段模型测力试验还比较了有无桥面的影响。节段模型测力风洞试验是在同济大学 TJ-1 边界层风洞中进行的。

13.4.1 测力节段模型设计

上海卢浦大桥主桥测力节段模型主要包括两个部分,即主梁截面和中跨拱肋截面,主梁测力节段模型设计和中跨拱肋测力节段模型设计分别介绍如下。

1) 主梁测力节段模型

主梁测力节段模型采用几何相似比 $\lambda_L = 1:70$,测力试验要求节段模型刚性尽可能大,但对质量和质量惯性矩没有相似性要求。主梁测力节段模型在测振节段模型基础上稍作改进,采用竖向底支方式,用于测力风洞试验。

2) 中跨拱肋测力节段模型

中跨拱肋的几何形状比较复杂,主要体现在三个方面:首先,拱肋立面轴线为悬链线,拱肋截面法线沿跨径变化;其次,两片拱肋是倾斜的,两片拱肋间距也沿跨径变化;最后,每片拱肋截面本身是变高度的,拱顶处拱高最小为 6 m,拱脚处拱高最大为 9 m。为了简化中跨拱肋测力节段模型设计制作和风洞试验,利用对称性将中跨拱肋的一半分成 A、B、C、D、E 共 5 段,每段轴线均以直代曲,即在立面内以折线代替曲线,每段拱肋高度由两个端面控制,中间用直线连接。中跨拱肋测力节段模型采用几何相似比 $\lambda_L = 1:100$,拱肋测力节段模型设计如图 13-3 和表 13-6 所示。

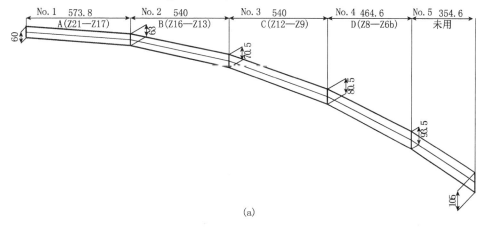

图 13-3

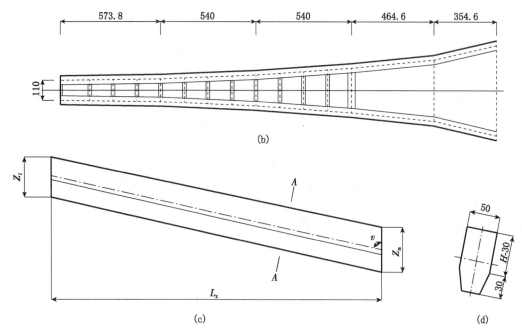

图 13-3　卢浦大桥拱肋测力节段模型设计图(尺寸单位:mm)
(a)立面图;(b)平面图;(c)大样图;(d)A—A 断面

卢浦大桥拱肋测力节段模型分段参数表　　　　表 13-6

段	L_x(mm)	H_i(mm)	H_j(mm)	θ_i(mm)	θ_j(mm)	Z_i(mm)	Z_j(mm)	S_0(mm²)	S_1(mm²)
A	572.3	60.0	62.8	90.0	86.0	60.0	63.0	352.9	352.3
B	537.0	62.8	69.0	86.0	78.2	63.0	70.5	360.5	360.9
C	537.0	69.0	75.9	78.2	70.6	70.5	80.5	407.7	407.9
D	461.6	75.9	83.7	70.6	63.5	80.5	93.5	404.3	404.1
E	353.1	83.7	88.8	63.5	57.7	93.5	105.0	351.9	351.7

注:S_0 表示理论侧向投影面积;S_1 表示模型侧向投影面积。

从图 13-3 中可以发现,桥面以上部分拱肋的静力三分力系数比较重要,因此分 4 段测量,从拱顶开始依次为:A 段代表拱肋施工节段 Z17 至合龙段 Z21 的中部,B 段代表拱肋施工节段 Z13~Z16,C 段代表拱肋施工节段 Z9~Z12,D 段代表拱肋施工节段 Z6b~Z8。桥面以下部分拱肋节段模型测力试验比较复杂,既要考虑桥面和水面的边界干扰影响,又要考虑多根立柱和风撑的绕流干扰影响,因此试验误差会较大,而这部分风载的作用又较次要,为此将整个桥面以下部分拱肋分成一段 E,仅作为测力时的补偿模型,不作具体测力用,而 E 段静力三分力系数近似采用 D 段的试验结果。为了模拟测力节段端部的真实流动,试验时须安装与测力段相邻的非测力段,这些非测力段模型称为补偿段。

13.4.2　节段模型测力风洞试验

节段模型测力风洞试验是在同济大学 TJ-1 边界层风洞中进行的,主要测力试验设备如下:
(1)TJ-1 边界层风洞高 1.8 m,宽 1.8 m,长 14 m,可调风速 1~26 m/s;
(2)五分量气动应变式天平;
(3)HP38525 数据采集仪;

第13章 拱式桥抗风设计研究

(4) HP9000-345 工作站。

全部节段模型测力风洞试验都是在均匀流场中进行的。中跨和边跨主梁节段模型模拟了施工状态(无桥面栏杆)和成桥状态(有桥面栏杆)两种断面形式;中跨拱肋节段模型采用 5 种节段组合工况,实测了 A、B、C、D 等 4 段的静力三分力和三分力系数;为了比较有无桥面的影响,还增加了有无桥面的 9 种节段组合工况;试验内容包括阻力和阻力系数、升力和升力系数,以及升力矩和升力矩系数;吹风试验模拟了从 $-6°$ 到 $+6°$ 共 13 个整数度风攻角。

全部节段模型测力风洞试验共分 18 个模型工况(表 13-7)和 216 个吹风试验工况,分别对应上述各种不同的模型形式、节段组合和风攻角。

卢浦大桥节段模型测力试验工况　　　　表 13-7

工况	测力模型	补偿模型	桥面	测试力	推算力	试验风速
SF-1	中跨主梁施工	无	无	F_1	F_1	
SF-2	中跨主梁成桥	无	无	F_2	F_2	
SF-3	边跨主梁施工	无	无	F_1	F_1	
SF-4	边跨主梁成桥	无	无	F_2	F_2	
SF-5	拱肋 A	拱肋 B+C	有	F_A	F_A	
SF-6	拱肋 A+B	拱肋 C	有	F_A+F_B	F_B	
SF-7	拱肋 B	拱肋 C+D	有	F'_B	—	
SF-8	拱肋 B+C	拱肋 D	有	F'_B+F_C	F_C	
SF-9	拱肋 B+C+D	无	有	$F'_B+F_C+F_D$	F_D	10m/s
SF-10	拱肋 A	无	有	F'_A	桥面比较	
SF-11	拱肋 B+C	无	有	$F'_B+F'_C$	桥面比较	
SF-12	拱肋 B+C 单肋	无	有	$F'_{B/2}+F'_{C/2}$	桥面比较	
SF-13	拱肋 D	无	有	F'_D	桥面比较	
SF-14	拱肋 B+C+D	无	无	$F'_B+F_C+F_D$	SF-9 比较	
SF-15	拱肋 A	无	无	F'_A	SF-10 比较	
SF-16	拱肋 B+C	无	无	$F'_B+F'_C$	SF-11 比较	
SF-17	拱肋 B+C 单肋	无	无	$F'_{B/2}+F'_{C/2}$	SF-12 比较	
SF-18	拱肋 D	无	无	F'_D	SF-13 比较	

卢浦大桥主梁节段模型测力系统如图 13-4 所示,拱肋节段模型测力系统如图 13-5 所示。

13.4.3 测力试验主要结果

通过 4 个主梁节段模型和 4 个拱肋节段模型的 18 个节段模型组合工况和 216 个吹风试验工况,主要获得两组测力试验结果,即主梁和拱肋节段的静力三分力系数以及拱肋节段有无桥面影响比较结果。

1) 静力三分力系数试验结果

主梁节段模型和拱肋节段模型静力三分力系数主要试验结果包括下列 16 个方面:
(1) 中跨主梁施工阶段静力三分力系数;
(2) 中跨主梁成桥状态静力三分力系数;
(3) 边跨主梁施工阶段静力三分力系数;

图 13-4　卢浦大桥主梁节段模型测力系统　　图 13-5　卢浦大桥拱肋节段模型测力系统

(4) 边跨主梁成桥状态静力三分力系数；
(5) 上游拱肋节段 A(Z21—Z17) 的静力三分力系数和静力三分力；
(6) 下游拱肋节段 A(Z21—Z17) 的静力三分力系数和静力三分力；
(7) 拱肋节段 A(上游 + 下游) 的静力三分力系数和静力三分力；
(8) 上游拱肋节段 B(Z16—Z13) 的静力三分力系数和静力三分力；
(9) 下游拱肋节段 B(Z16—Z13) 的静力三分力系数和静力三分力；
(10) 拱肋节段 B(上游 + 下游) 的静力三分力系数和静力三分力；
(11) 上游拱肋节段 C(Z12—Z9) 的静力三分力系数和静力三分力；
(12) 下游拱肋节段 C(Z12—Z9) 的静力三分力系数和静力三分力；
(13) 拱肋节段 C(上游 + 下游) 的静力三分力系数和静力三分力；
(14) 上游拱肋节段 D(Z8—Z6b) 的静力三分力系数和静力三分力；
(15) 下游拱肋节段 D(Z8—Z6b) 的静力三分力系数和静力三分力；
(16) 拱肋节段 D(上游 + 下游) 的静力三分力系数和静力三分力。

2) 有无桥面影响比较

拱肋节段有无桥面影响的静力三分力系数比较结果主要包括下列 5 个方面：
(1) 拱肋节段 A 有无桥面影响的静力三分力系数(只取 $\alpha = 0°$)比较；
(2) 拱肋节段 B + C 有无桥面影响的静力三分力系数比较；
(3) 拱肋节段 B + C 上游拱肋有无桥面影响的静力三分力系数比较；
(4) 拱肋节段 B + C + D 有无桥面影响的静力三分力系数比较；
(5) 拱肋节段 D 有无桥面影响的静力三分力系数比较。

对于拱肋节段 A，有无桥面对其静力三分力系数的影响较大，因此必须采用有桥面时的静力三分力系数试验结果；对于其他拱肋节段，有无桥面对阻力系数和升力系数影响不大，但对升力矩系数有一定的影响。

3) 三分力系数试验结果

上海卢浦大桥主桥拱肋节段和主梁在风攻角 0°时的静力三分力系数及其导数的主要风洞试验实测结果汇总如表 13-8 所示。

卢浦大桥三分力系数主要试验结果　　　　　　　　　　表 13-8

结构构件/状态	阻力系数		升力系数		升力矩系数	
	C_D	dC_D/C_α	C_L	dC_L/C_α	C_M	dC_M/C_α
拱肋节段 A	1.26	-0.859	-0.258	5.73	-1.23	0.859
拱肋节段 B	1.21	-0.286	-0.259	2.55	-1.10	0
拱肋节段 C	1.18	-1.72	-0.425	3.21	-0.909	1.46
拱肋节段 D	1.37	-0.859	-0.279	-1.35	-0.799	0.343
中跨主梁施工	0.970	2.38	-0.076	8.91	0.016	0.980
中跨主梁成桥	1.43	-1.15	-0.099	7.72	-0.002	0.771
边跨主梁施工	0.930	-1.17	0.084	5.82	0.011	1.41
边跨主梁成桥	1.27	-2.29	0.005	5.81	-0.020	1.23

13.5　节段模型测振风洞试验

上海卢浦大桥主桥节段模型测振风洞试验是针对中跨主梁断面进行的，主要有三个目的：一是通过节段模型测振风洞试验识别出与气动阻尼和气动刚度相关的气动导数，以便进行抖振频域计算，并确定等效静风荷载；二是在风洞试验中，直接测定节段模型风速阻尼曲线，以便采用节段模型试验法来直接确定颤振临界风速；三是通过风洞试验，观察涡激振动现象，并确定涡振锁定风速和涡振最大振幅。

中跨主梁节段模型模拟了原结构(原风嘴)施工状态(无桥面栏杆)和成桥状态(有桥面栏杆)以及新结构(新风嘴)施工状态(无桥面栏杆)和成桥状态(有桥面栏杆)等四种断面形式；试验实测内容包括气动导数、风速阻尼曲线和涡振实测结果等；风洞试验模拟了 -5°、-3°、0°、+3°、+5° 等五种形式的风攻角。节段模型测振风洞试验是在同济大学 TJ-1 边界层风洞中进行的。

13.5.1　测振节段模型设计

中跨主梁节段模型测振试验仅考虑模拟竖弯和扭转方向两个自由度，水平来流方向即阻力方向的振动特性没有模拟。

1) 相似性要求

节段模型采用几何相似比 $\lambda_L = 1:70$，根据测振节段模型设计相似性要求，可以确定其他节段模型相似比如表 13-9 所示。由此可以进一步确定出实桥结构主要参数与节段模型主要参数之间的一一对应关系，如表 13-10 所示。

卢浦大桥测振节段模型相似比　　　　　　　　　　表 13-9

参数名称	符号	单位	相似比	相似性要求
长度	L	m	$\lambda_L = 1:70$	几何相似比
速度	U, u, w	m/s	$\lambda_v = \lambda_L \cdot \lambda_f$	Strouhal 数相似
密度	ρ	kg/m³	$\lambda_\rho = 1$	材料密度不变

续上表

参数名称	符号	单位	相似比	相似性要求
单位长度质量	m	kg/m	$\lambda_m = \lambda_\rho \lambda_L^2 = \lambda_L^2 = 1:70^2$	量纲不变
单位长度质量惯性矩	J_m	kg·m²/m	$\lambda_J = \lambda_m \lambda_L^2 = \lambda_L^4 = 1:70^4$	量纲不变
时间	t	s	$\lambda_t = \lambda_L / \lambda_v$	Strouhal 数相似
阻尼比	ζ	—	$\lambda_\zeta = 1$	阻尼比不变

卢浦大桥节段模型主要参数　　　　表 13-10

参数名称		单位	实桥值	相似比		模型值	
				颤振	涡振	颤振	涡振
几何尺度	长度 L	m	119	$\lambda_L = 1:70$		1.700	
	宽度 B	m	39.5	$\lambda_L = 1:70$		0.564	
	高度 H	m	2.613	$\lambda_L = 1:70$		0.037	
质量	单位长度质量 m	kg/m	3.892×10^4	$\lambda_m = 1:70^2$		7.942	
	单位长度质量惯性矩 J_m	kg·m²/m	7.417×10^6	$\lambda_J = 1:70^4$		0.309	
频率	对称竖弯 f_h	Hz	0.5949	6:1	9.3:1	3.569	5.533
	对称扭转 f_t	Hz	1.3153	6:1	9.3:1	7.892	12.23
刚度	线刚度 K_h	kN/m	6.471×10^4	$1:70^3/6^2$	$1:70^3/9.3^2$	6.791	16.32
	角刚度 K_t	kN·m/rad	6.028×10^7	$1:70^5/6^2$	$1:70^5/9.3^2$	1.292	3.102
阻尼	竖弯阻尼比 ζ_h	—	0.5	$\lambda_\zeta = 1$		0.5	
	扭转阻尼比 ζ_t	—	0.5	$\lambda_\zeta = 1$		0.5	

2）节段模型设计

测振节段模型共分三个部分,主梁基本部分由铝合金框架覆木板组成;桥面栏杆选用 ABS 材料用电脑雕刻机雕刻成型,包括栏杆细部构造等;边缘风嘴选用 ABS 板材黏结而成,由于原边缘风嘴较钝,为了进行比较另设计了新边缘风嘴。

3）节段模型测振系统

节段模型测振试验是在同济大学 TJ-1 边界层风洞中进行的。节段模型采用洞外支架悬挂,整个节段模型测振系统如图 13-6 所示。

13.5.2 节段模型测振风洞试验

节段模型测振风洞试验是在同济大学 TJ-1 边界层风洞中进行的,主要测振试验设备如下：

(1) TJ-1 边界层风洞高 1.8 m,宽 1.8 m,长 14 m,可调风速 1~26 m/s；

(2) 压电式加速度传感器：No.1053、No.1056 和 No.1077；

(3) YE5866 电荷放大器：六通道；

(4) HP35670A 动态信号分析仪：四通道数据采集显示仪；

(5) 计算机采样系统：模拟式信号采样板、586 微机以及相应软件。

节段模型测振风洞试验是在均匀流场中进行的。全部节段模型测振风洞试验共分 38 个工况(表 13-11),分别对应上述各种不同的结构形式、试验内容和风攻角。

图 13-6 整个节段模型测振系统

卢浦大桥节段模型测振试验工况　　　　　　　　表 13-11

工况	结构形式	流场	试验内容	风攻角	最大风速
SM-1	原风嘴施工阶段 $f_h = 3.615\ Hz$ $\zeta_h = 0.343\%$ $f_t = 7.600\ Hz$ $\zeta_t = 0.225\%$	均匀流	气动导数	$-3°$	无竖弯振动
SM-2			气动导数	$0°$	无竖弯振动
SM-3			气动导数	$+3°$	无竖弯振动
SM-4			风速阻尼曲线	$-5°$	无竖弯振动
SM-5			风速阻尼曲线	$-3°$	无竖弯振动
SM-6			风速阻尼曲线	$0°$	无竖弯振动
SM-7			风速阻尼曲线	$+3°$	无竖弯振动
SM-8			风速阻尼曲线	$+5°$	无竖弯振动
SM-9	原风嘴成桥状态 $f_h = 3.541\ Hz$ $\zeta_h = 0.305\%$ $f_t = 7.368\ Hz$ $\zeta_t = 0.234\%$	均匀流	气动导数	$-3°$	无竖弯振动
SM-10			气动导数	$0°$	无竖弯振动
SM-11			气动导数	$+3°$	无竖弯振动
SM-12			风速阻尼曲线	$-3°$	无竖弯振动
SM-13			风速阻尼曲线	$0°$	无竖弯振动
SM-14			风速阻尼曲线	$+3°$	无竖弯振动
SM-15	原风嘴成桥状态 $f_h = 5.563\ Hz$ $\zeta_h = 0.327\%$ $f_t = 10.312\ Hz$ $\zeta_t = 0.290\%$	均匀流	涡振观察	$-5°$	60 m/s
SM-16			涡振观察	$-3°$	60 m/s
SM-17			涡振观察	$0°$	60 m/s
SM-18			涡振观察	$+3°$	60 m/s
SM-19			涡振观察	$+5°$	60 m/s

续上表

工况	结构形式	流场	试验内容	风攻角	最大风速
SM-20	新风嘴施工阶段 $f_h = 3.603$ Hz $\zeta_h = 0.318\%$ $f_t = 7.550$ Hz $\zeta_t = 0.206\%$	均匀流	气动导数	−3°	无竖弯振动
SM-21			气动导数	0°	无竖弯振动
SM-22			气动导数	+3°	无竖弯振动
SM-23			风速阻尼曲线	−5°	无竖弯振动
SM-24			风速阻尼曲线	−3°	无竖弯振动
SM-25			风速阻尼曲线	0°	无竖弯振动
SM-26			风速阻尼曲线	+3°	无竖弯振动
SM-27			风速阻尼曲线	+5°	无竖弯振动
SM-28	新风嘴成桥状态 $f_h = 3.500$ Hz $\zeta_h = 0.321\%$ $f_t = 7.375$ Hz $\zeta_t = 0.330\%$	均匀流	气动导数	−3°	无竖弯振动
SM-29			气动导数	0°	无竖弯振动
SM-30			气动导数	+3°	无竖弯振动
SM-31			风速阻尼曲线	−3°	无竖弯振动
SM-32			风速阻尼曲线	0°	无竖弯振动
SM-33			风速阻尼曲线	+3°	无竖弯振动
SM-34	新风嘴成桥状态 $f_h = 5.500$ Hz $\zeta_h = 0.348\%$ $f_t = 10.375$ Hz $\zeta_t = 0.274\%$	均匀流	涡振观察	−5°	60 m/s
SM-35			涡振观察	−3°	60 m/s
SM-36			涡振观察	0°	60 m/s
SM-37			涡振观察	+3°	60 m/s
SM-38			涡振观察	+5°	60 m/s

13.5.3 测振试验主要结果

节段模型安装并调试完成后,首先必须进行动力特性测试,以便确认节段模型动力特性符合风洞试验要求,并确定实际风速和试验风速之比——风速比 λ_v。为此分别对颤振试验的四种结构形式和涡振试验的两种结构形式进行了竖弯振动和扭转振动特性测试,可以偏安全地采用节段模型试验结果。节段模型测振试验主要结果——各个工况下颤振临界风速和涡振锁定风速等结果汇总如表 13-12 所示。从表 13-12 中可以发现,原风嘴断面与新风嘴断面颤振性能相近,并具有足够高的颤振临界风速;而原风嘴断面与新风嘴断面涡振性能也比较相近,且涡振风速也很高。

卢浦大桥节段模型测振试验主要结果　　　　表 13-12

工况	结构形式	风攻角	弯频 f_h（Hz）	扭频 f_t（Hz）	频率比 f_t/f_h	弯阻 ζ_h	扭阻 ζ_t	颤振风速（m/s）	涡振风速（m/s）	涡振振幅（m）
SM-4	原风嘴施工阶段	−5°	3.615	7.600	2.10	0.343%	0.225%	152		
SM-5		−3°						>117		
SM-6		0°						>117		
SM-7		+3°						>117		
SM-8		+5°						>117		

续上表

工况	结构形式	风攻角	弯频 f_h (Hz)	扭频 f_t (Hz)	频率比 f_t/f_h	弯阻 ζ_h	扭阻 ζ_h	颤振风速 (m/s)	涡振风速 (m/s)	涡振振幅 (m)
SM-12	原风嘴成桥状态	−3°	3.541	7.368	2.08	0.305%	0.234%	>94		
SM-13		0°						>117		
SM-14		+3°						>105		
SM-15	原风嘴成桥状态	−5°	5.563	10.312	1.85	0.327%	0.290%		48.9/56.5	0.094/0.336
SM-16		−3°							52.7/56.6	0.072/0.185
SM-17		0°							—/—	—/—
SM-18		+3°							—/52.7	—/0.080
SM-19		+5°							45.2/52.7	0.016/0.197
SM-23	新风嘴施工阶段	−5°	3.603	7.550	2.10	0.318%	0.206%	166		
SM-24		−3°						>117		
SM-25		0°						>117		
SM-26		+3°						>117		
SM-27		+5°						>117		
SM-31	新风嘴成桥状态	−3°	3.500	7.375	2.11	0.321%	0.330%	>82		
SM-32		0°						>105		
SM-33		+3°						>94		
SM-34	新风嘴成桥状态	−5°	5.500	10.375	1.89	0.348%	0.274%		52.7/56.6	0.103/0.314
SM-35		−3°							52.7/48.9	0.040/0.307
SM-36		0°							—/33.9	—/0.011
SM-37		+3°							—/—	—/—
SM-38		+5°							41.4/48.9	0.016/0.270

13.6 静风稳定性数值分析

上海卢浦大桥主桥静风稳定性数值分析考虑两种结构状态,即施工过程中的拱肋最大悬臂状态和施工完成后的全桥成桥状态。主要研究内容包括:一是采用计入三分力效应的非线性有限元分析法计算出两种结构状态在结构恒载和静风荷载共同作用下的静风稳定性数值分析结果;二是采用全过程跟踪法,计算出在两种结构状态下的拱肋和主梁最大竖向位移、最大横向位移和最大扭转变形随风速的变化规律。

静风稳定性数值分析是在大型有限元分析软件 ANSYS 的基础上完成的。为了计入三分力效应,对 ANSYS 软件进行了二次开发,使其具有分析结构静风稳定性的功能。

13.6.1 静风稳定性分析基本假定

在静风稳定性分析中采用以下计算假定:除吊杆、水平索材料外,所用钢材均视为理想弹塑性材料，材料的屈服应力 $\sigma_y = 345\text{MPa}$。材料非线性分析中采用 von Mises 屈服准则。以拱顶高度计算风速 U_c 为准，拱桥各构件在基准高度 z 处的相应风速按 $U_d = U_c(z/100)^{0.16}$ 取值。数值分析中计入了拱肋和主梁的静力三分力作用，即静风升力、静风阻力和静风升力矩。

13.6.2 静风稳定性数值分析模型

上海卢浦大桥主桥结构按设计图纸在各类杆件连接处设置空间节点 669 个，划分各类单元 741 个。其中拱肋、主梁、横撑以及立柱采用空间梁单元模拟（ANSYS 中 BEAM188 单元）；吊杆以及水平索（系杆）采用空间杆单元模拟（ANSYS 中 LINK10 单元）。按照各构件的几何特性不同分别区分为 71 种单元，其中，拱肋空间梁单元 37 种、主梁空间梁单元 2 种、横撑空间梁单元 21 种、横梁空间梁单元 4 种、立柱空间梁单元 4 种、吊杆空间杆单元 2 种、水平索（系杆）空间杆单元 1 种。

在成桥状态下，首先按设计要求，将结构受力状态调整到设计状态，然后将 4 个拱脚固端约束。在边墩处的竖向、水平向进行弹性约束。卢浦大桥全桥成桥状态下的三维有限元静风稳定性数值分析模型如图 13-7 所示。

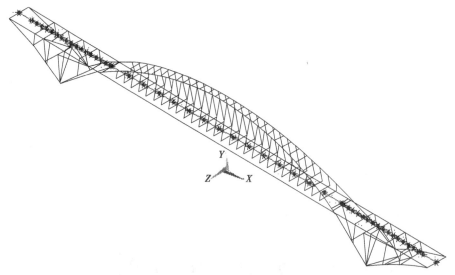

图 13-7 卢浦大桥全桥成桥状态下的三维有限元静风稳定性数值分析模型

施工阶段仅考虑拱肋最大悬臂状态，根据施工要求，需要增加索塔单元 10 种（ANSYS 中 BEAM4 单元）、拉索单元 28 种（ANSYS 中 LINK10 单元），并形成拉索初始状态。拱脚为固定约束。卢浦大桥拱肋最大悬臂状态下的三维有限元静风稳定性数值分析模型如图 13-8 所示。

13.6.3 静风稳定性数值分析结果

全桥成桥状态和拱肋最大悬臂状态的静风稳定性数值分析结果汇总如下。

(1) 全桥成桥状态计算结果。

当拱顶高度阵风风速 $U_c = 1.25 \times 43 = 54 (\text{m/s})$ 时，拱肋和主梁的位移都较小，结构均处于弹性工作阶段。随着风速的增大，拱肋跨中位移逐渐增大，当拱顶风速 $U_c = 117\text{m/s}$ 时，拱脚附近 K 形风撑最不利截面应力达到屈服应力，出现弹性失稳现象，此时结构虽未完全失稳，但截面屈服削弱了结构的刚度，位移加速增大；当风速继续增大到 $U_c = 131\text{m/s}$ 时，拱肋中应力达到屈服应力的截面数量迅速增加,结构的承载能力迅速降低;当风速进一步增大到 $U_c = 149 \, \text{m/s}$ 时,拱脚处拱肋和 K 形风撑全截面进入屈服极限,静风荷载无法继续增大,整个结构出现塑性失稳现象。

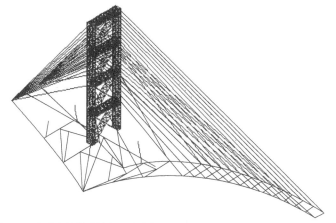

图 13-8　卢浦大桥拱肋最大悬臂状态下的三维有限元静风稳定性数值分析模型

卢浦大桥全桥成桥状态拱肋和主梁跨中竖向位移、横向位移和扭转变形随风速变化的规律如图 13-9 所示,其中拱肋和主梁在主要失稳阶段的跨中位移汇总如表 13-13 所示。

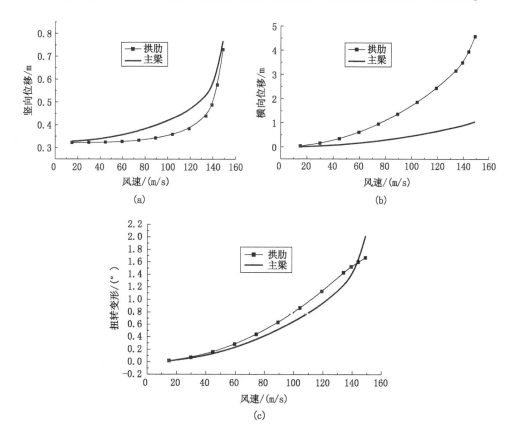

图 13-9　卢浦大桥全桥成桥状态拱肋和主梁跨中位移随风速变化
(a)竖向位移;(b)横向位移;(c)扭转变形

卢浦大桥全桥成桥状态拱肋和主梁跨中位移　　　　表 13-13

全桥成桥状态失稳阶段	拱顶风速(m/s)		竖向位移(m)		横向位移(m)		扭转变形(°)	
	U_c	$U_c/54$	拱肋	主梁	拱肋	主梁	拱肋	主梁
弹性阶段	117	2.17	0.383	0.464	2.434	0.642	1.130	0.919
弹塑性阶段	131	2.43	0.439	0.526	3.153	0.820	1.429	1.212
塑性阶段	149	2.76	0.729	0.768	4.588	1.045	1.672	2.019

图 13-10 表示当拱顶高度阵风风速 $U_c=149\,\text{m/s}$ 时,结构塑性失稳时的变形状态。

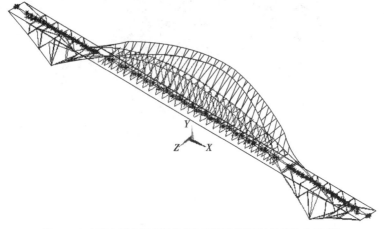

图 13-10　卢浦大桥全桥成桥状态失稳结构变形图(位移放大 15 倍)

(2) 拱肋最大悬臂状态计算结果。

当拱顶高度阵风风速 $U_c=54\,\text{m/s}$ 时,拱肋悬臂端位移较小,结构均处于弹性工作阶段。随着风速的增大,拱肋悬臂端位移逐渐增大,当拱顶风速 $U_c=112\,\text{m/s}$ 时,拱顶附近"一"字形风撑最不利截面应力达到屈服应力,出现弹性失稳现象,此时结构虽未完全失稳,但截面屈服削弱了结构的刚度,位移加速增大;当风速继续增大到 $U_c=128\,\text{m/s}$ 时,除了"一"字形风撑外,拱梁结合处拱肋截面应力达到屈服应力,结构的承载能力迅速降低;当风速进一步增大到 $U_c=147\,\text{m/s}$ 时,拱顶附近"一"字形风撑和拱梁结合处拱肋全截面进入屈服极限,静风荷载无法继续增大,整个结构出现塑性失稳现象。

卢浦大桥拱肋最大悬臂状态拱肋悬臂端竖向位移、横向位移和扭转变形随风速变化的规律如图 13-11 所示,其中拱肋在主要失稳阶段的跨中位移汇总如表 13-14 所示。

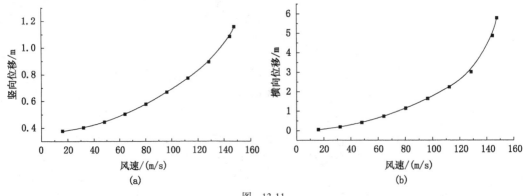

图　13-11

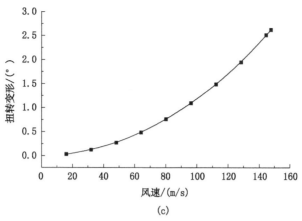

图 13-11 卢浦大桥拱肋最大悬臂状态拱肋悬臂端位移随风速变化
(a)竖向位移;(b)横向位移;(c)扭转变形

卢浦大桥拱肋最大悬臂状态拱肋悬臂端位移　　表 13-14

拱肋最大悬臂状态失稳阶段	拱顶风速(m/s)		竖向位移(m)	横向位移(m)	扭转变形(°)
	U_c	$U_c/54$	拱肋	拱肋	拱肋
弹性阶段	112	2.07	0.772	2.229	1.484
弹塑性阶段	128	2.37	0.894	3.005	1.942
塑性阶段	147	2.72	1.157	5.775	2.618

图 13-12 表示当拱顶高度阵风风速 $U_c=147\,\mathrm{m/s}$ 时,结构塑性失稳时的变形状态,图 13-13 则给出了拱肋和风撑截面的 von Mises 应力图。

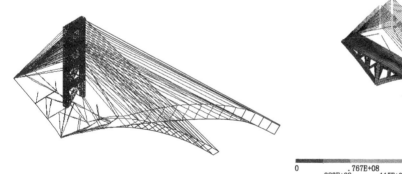

图 13-12　拱肋最大悬臂状态失稳变形图

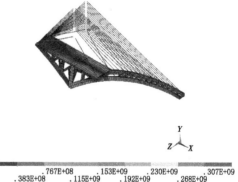

图 13-13　拱肋最大悬臂状态失稳 von Mises 应力图

13.7　全桥气动弹性模型风洞试验

全桥气动弹性模型风洞试验是研究桥梁风振问题的最有效方法,为了进行风荷载作用下的结构全过程动力响应分析和研究,必须依据各施工阶段和成桥状态下桥梁结构的动力特性,分别设计不同施工阶段和成桥状态的气动弹性模型,调试风洞试验流场后确定风洞试验工况,并按照全桥气动弹性模型风洞试验要求实施全桥气动弹性模型风洞试验。

13.7.1 全桥气动弹性模型设计

全桥气动弹性模型设计完全参照卢浦大桥施工图和前述结构动力特性分析结果。在全桥气动弹性模型风洞试验中,不仅要模拟几何尺寸和风场特性,而且还要模拟气动弹性特性。一般说来,气动弹性相似性包括结构的长度、密度、弹性和内摩擦的相似条件,以及气流的密度和黏性、速度和重力加速度等的相似条件,这些物理量可以用几个无量纲相似参数来表示,如 Reynolds 数、Froude 数、Strouhal 数、Cauchy 数、密度比、阻尼比等。因此,全桥气动弹性模型风洞试验必须满足的相似条件可以用这些无量纲相似参数来表示,如表 13-15 所示。

卢浦大桥气动弹性模型相似要求　　表 13-15

相似参数	表达式	物理意义	相似性要求
Reynolds 数	$\rho UB/\mu$	气动惯性力/空气黏性力	钝体可不模拟
Froude 数	GB/U^2	结构物重力/气动惯性力	严格相似
Strouhal 数	FL/U	时间尺度	严格相似
Cauchy 数	$E/(\rho U^2)$	结构物弹性力/气动惯性力	严格相似
密度比	ρ_s/ρ	结构物惯性力/气动惯性力	严格相似
阻尼比	δ	每个周期耗能/振动总能量	严格相似

考虑到同济大学土木工程防灾国家重点实验室 TJ-3 边界层风洞的宽度(15 m)和高度(2 m),本项研究的全桥气动弹性模型采用 1:100 的几何缩尺比。除了 Reynolds 数以外,表 13-15 中其余 5 个无量纲相似参数在卢浦大桥全桥气动弹性模型风洞试验中都得到了严格模拟。表 13-16 列出了上海卢浦大桥主桥气动弹性模型的主要参数相似比关系。

卢浦大桥主桥气动弹性模型相似比　　表 13-16

参数	符号	单位	相似比	相似性要求
长度	L	m	$\lambda_L = 1:100$	几何相似比
速度	U, u, v, w	m/s	$\lambda_v = 1/\sqrt{\lambda_L} = 1:10$	Froude 数相似
重力加速度	g	m/s²	$\lambda_g = 1$	重力加速度不变
频率	f	Hz	$\lambda_f = \lambda_v/\lambda_L = 10:1$	Strouhal 数相似
时间	t	s	$\lambda_t = 1/\lambda_f = 1:10$	量纲不变
密度	ρ	kg/m³	$\lambda_\rho = 1$	材料密度不变
单位长度质量	m	kg/m	$\lambda_m = \lambda_\rho \cdot \lambda_L^2 = \lambda_L^2 = 1:10^4$	量纲不变
单位质量惯性矩	J_m	kg·m²/m	$\lambda_J = \lambda_\rho \cdot \lambda_L^4 = \lambda_L^4 = 1:10^8$	量纲不变
弯曲刚度	EI	N·m	$\lambda_{EI} = \lambda_E \cdot \lambda_L^4 = \lambda_L^5 = 1:10^{10}$	量纲不变
扭转刚度	GJ_d	N·m²	$\lambda_{GJ} = \lambda_G \cdot \lambda_L^4 = \lambda_L^5 = 1:10^{10}$	量纲不变
轴向刚度	EA	N	$\lambda_{EA} = \lambda_E \cdot \lambda_L^2 = \lambda_L^3 = 1:10^6$	量纲不变
阻尼比	ζ	—	$\lambda_\zeta = 1$	量纲不变

为了同时满足以上无量纲参数的相似要求,全桥气动弹性模型设计可以从三个方面进行模拟,即弹性刚度、几何外形和质量系统。

1) 弹性刚度模拟

桥梁结构气动弹性模型的刚度完全由钢骨架提供,选用普通 A3 钢作为骨架用材。根据弯曲刚度、轴向刚度和扭转刚度的相似比要求,设计符合竖弯、侧弯、轴向和扭转刚度要求的矩形截面钢骨架,钢骨架的轴线与实际拱肋轴线一致。

2) 几何外形模拟

按照几何相似比的要求,采用形状相似的外衣模拟实际结构的外形。外衣采用 ABS(Acrylonitrile-Butadiene-Styrene,丙烯腈-丁二烯-苯乙烯)板材经电脑雕刻后手工黏结而成,为了避免外衣刚度与钢骨架一起参与受力,外衣需按一定的间隔分段,段与段之间留有 1mm 左右的空隙。

3) 质量系统模拟

除满足弹性刚度和几何外形的相似性要求之外,桥梁气动弹性模型还需要对结构的质量系统进行严格模拟,以确保结构动力特性的相似性。根据质量相似比的要求,扣除钢骨架和外衣质量所提供的质量,采用铜片来补充质量,并将铜片质量块对称粘贴在外衣的内侧。

根据表 13-16 相似比要求设计的卢浦大桥主桥全桥气动弹性模型主要参数如表 13-17 所示。

卢浦大桥主桥全桥气动弹性模型主要参数　　　　表 13-17

参数	符号	单位	实桥值		相似比	模型值	
长度	L	m	100 + 550 + 100		$\lambda_L = 1:100$	1.0 + 5.5 + 1.0	
宽度	B	m	拱肋	5.0	$\lambda_L = 1:100$	拱肋	0.05
			主梁	39.5 ~ 41.0		主梁	0.395 ~ 0.410
高度	H	m	拱肋	6 ~ 9(中跨) 7 ~ 9(边跨)	$\lambda_L = 1:100$	拱肋	0.06 ~ 0.09(中) 0.07 ~ 0.09(边)
			主梁	2.613		主梁	0.026
单位长度质量	m	kg/m	拱肋	8009 ~ 18362	$\lambda_m = 1:100^2$	拱肋	0.8009 ~ 1.8362
			主梁	20444 ~ 40688		主梁	2.0444 ~ 4.0688
单位长度 质量惯性矩	J_m	kg·m²/m	拱肋	67542 ~ 230499	$\lambda_J = 1:100^4$	拱肋	6.75×10^{-4} ~ 23.05×10^{-4}
			主梁	2755638 ~ 5020720		主梁	275.56×10^{-4} ~ 502.07×10^{-4}
侧弯刚度	EI_y	N·m²	拱肋	5.314×10^{11} ~ 10.745×10^{11}	$\lambda_{EI} = 1:100^5$	拱肋	53.14 ~ 107.45
			主梁	354.5×10^{11} ~ 954.2×10^{11}		主梁	3545 ~ 9542
竖弯刚度	EI_z	N·m²	拱肋	8.414×10^{11} ~ 30.90×10^{11}	$\lambda_{EI} = 1:100^5$	拱肋	84.14 ~ 309
			主梁	2.79×10^{11} ~ 9.04×10^{11}		主梁	27.9 ~ 90.4

续上表

参数	符号	单位	实桥值		相似比	模型值	
轴向刚度	EA	N	拱肋	$1.68 \times 10^{11} \sim 3.25 \times 10^{11}$	$\lambda_{EA} = 1:100^3$	拱肋	$1.68 \times 10^5 \sim 3.25 \times 10^5$
			主梁	$2.34 \times 10^{11} \sim 5.0 \times 10^{11}$		主梁	$2.34 \times 10^5 \sim 5.00 \times 10^5$
扭转刚度	GJ_d	N·m²	拱肋	$30.14 \times 10^{10} \sim 73.05 \times 10^{10}$	$\lambda_{GJ} = 1:100^5$	拱肋	$30.14 \sim 73.05$
			主梁	$12.53 \times 10^{10} \sim 81.16 \times 10^{10}$		主梁	$12.53 \sim 81.16$
侧弯频率	f_p	Hz	0.422		$\lambda_f = \sqrt{100}:1$	4.22	
竖弯频率	f_h	Hz	0.368		$\lambda_f = \sqrt{100}:1$	3.68	
扭转频率	f_t	Hz	1.252		$\lambda_f = \sqrt{100}:1$	12.52	
阻尼比	ζ	—	0.5%		$\lambda_\zeta = 1$	0.5%	

卢浦大桥拱肋最大悬臂状态(拱肋合龙前)、拱肋合龙状态(拱肋合龙后)、全桥临时状态(索塔拆除前)和全桥成桥状态(实际运营时)气动弹性模型如图 13-14～图 13-17 所示。

图 13-14 卢浦大桥拱肋最大悬臂状态气动弹性模型

图 13-15 卢浦大桥拱肋合龙状态气动弹性模型

图 13-16　卢浦大桥全桥临时状态气动弹性模型

图 13-17　卢浦大桥全桥成桥状态气动弹性模型

13.7.2　风洞试验流场调试

全桥气动弹性模型风洞试验流场主要包括两大类,即均匀流场和紊流风场。同济大学 TJ-3 边界层风洞的均匀流场和紊流风场调试情况介绍如下。

1) 均匀流场

一般说来,风洞中的均匀流场是指风洞中没有任何障碍物时的空风洞流场。由于风机和环境等多方面原因,实际风洞中的均匀流场不可避免地包含一定的紊流成分,衡量风洞品质的一项重要指标就是均匀流场中紊流强度的大小。采用十字探头 Dantec 热线风速仪和皮托管风压计对空风洞均匀流场进行了测试,风速不均匀性小于 1%,而全桥气动弹性模型拱顶高度处($h=1.0\,\mathrm{m}$)的紊流强度 $I_u < 1\%$。

2) 紊流风场

实际桥位处边界层风环境可以用近似于 I 类场地来描述,粗糙度幂指数 $\alpha = 0.13$,桥面高度处紊流强度 $I_u = 0.12$。该紊流风场采用尖塔 + 粗糙元方法实现。其中,尖塔高度为 1.2 m,共有 26 个,并按一宽一窄顺序排列,宽尖塔底边宽 0.20 m,窄尖塔底边宽 0.10 m,顶边均宽 0.05 m;粗糙元高 0.075 m,宽 0.06 m,厚 0.045 m,间距 0.5 m。

13.7.3　全桥气动弹性模型风洞试验内容

上海卢浦大桥主桥全桥气动弹性模型风洞试验是在同济大学 TJ-3 边界层风洞中进行的。在全桥气动弹性模型风洞试验中,主要的测量对象有两个,即风速和位移。根据风洞试验风速测量结果,以拱顶高度的平均风速作为参考风速,具体试验时调节和控制均匀流场和紊流风场的参考风速。参考风速测量采用皮托管和补偿式微压计,布置在桥轴线的延长线上,测点高度与拱顶高度一致。

风洞试验中的结构位移响应测量采用 MEW-Matsushita 公司生产的 MLS-LM10 激光位移计,该位移计量程为 ±50mm,精度 ±0.01mm。在拱肋和主梁的跨中和两个四分点截面上,每个截面分别布置 2~3 个位移计,同时测量竖向、横向和扭转位移。此外,在 3 个施工阶段的风洞试验中,还在临时索塔顶端设置 2 个顺桥向变形测点位移计和 1 个横桥向变形位移计。位移计信号经放大器放大,同时用 HP35670A 动态信号分析仪进行监视和用计算机数据采集系统软件进行采样和处理。

气动弹性模型安装并调试完毕之后,首先必须进行动力特性测试,以确认气动弹性模型动力特性满足风洞试验的要求。针对该桥梁结构施工及成桥阶段的各主要试验状态,用位移计进行了气动弹性模型的自振频率测试,分别测试了结构前 5~6 阶模态自振特性。基于动力特性测试的位移信号,分析了各阶固有模态的结构阻尼比,以检验气动弹性模型的阻尼特性。

风洞试验模拟的全桥成桥状态气动弹性模型自振频率的期望值及实测值的比较情况列于表 13-18,表中同时给出了结构固有模态的阻尼比。表 13-18 中,自振频率数据表明,除了个别振型之外,绝大多数自振频率的模型实测值与期望值之间的相对误差不超过 ±5%,可以满足风洞试验的精度要求;阻尼比数据表明,除了临时索塔的侧弯振型外,绝大多数振型的阻尼比在 0.4%~0.8% 的范围内,可以满足模拟钢结构实桥的要求。

卢浦大桥全桥成桥状态气动弹性模型动力特性检验结果 表 13-18

阶次	自振频率期望值(Hz)	自振频率实测值(Hz)	误差	阻尼比	振型特征
1	3.68	3.71	0.8%	0.71%	拱梁反对称竖弯
2	4.22	4.10	-2.8%	0.60%	拱梁同向对称侧弯
3	5.85	6.10	4.3%	0.59%	拱梁对称竖弯
4	6.10	6.28	3.0%	0.61%	拱梁反向对称侧弯
5	7.44	7.42	-0.3%	0.71%	拱梁同向反对称侧弯

针对以上各种气动弹性模型状态、流场、风偏角、风攻角和气动措施等条件,共进行了 50 个工况的全桥气动弹性模型风洞试验,如表 13-19 所示。其中,措施 A 是指拱背上覆盖可以完全阻挡气流的隔流板,措施 B 是指拱背上覆盖透风率 30% 的隔流板,措施 C 是指拱背上覆盖透风率 60% 的隔流板。

卢浦大桥全桥气动弹性模型风洞试验工况 表 13-19

试验工况	结构形式	流场	风偏角(°)	风攻角(°)	气动措施
FM-1	拱肋最大悬臂	均匀流	0	0	无
FM-2	拱肋最大悬臂	均匀流	0	-3	无
FM-3	拱肋最大悬臂	均匀流	0	+3	无
FM-4	拱肋最大悬臂	均匀流	-22.5	0	无
FM-5	拱肋最大悬臂	均匀流	+22.5	0	无
FM-6	拱肋最大悬臂	均匀流	-45	0	无
FM-7	拱肋最大悬臂	均匀流	+45	0	无
FM-8	拱肋最大悬臂	均匀流	-90	0	无
FM-9	拱肋最大悬臂	均匀流	+90	0	无

续上表

试验工况	结构形式	流场	风偏角(°)	风攻角(°)	气动措施
FM-10	拱肋最大悬臂	素流	0	0	无
FM-11	拱肋最大悬臂	素流	0	-3	无
FM-12	拱肋最大悬臂	素流	0	+3	无
FM-13	拱肋最大悬臂	素流	-22.5	0	无
FM-14	拱肋最大悬臂	素流	+22.5	0	无
FM-15	拱肋最大悬臂	素流	-45	0	无
FM-16	拱肋最大悬臂	素流	+45	0	无
FM-17	拱肋最大悬臂	素流	-90	0	无
FM-18	拱肋最大悬臂	素流	+90	0	无
FM-19	拱肋合龙状态	均匀流	0	0	无
FM-20	拱肋合龙状态	均匀流	0	-3	无
FM-21	拱肋合龙状态	均匀流	0	+3	无
FM-22	拱肋合龙状态	素流	0	0	无
FM-23	拱肋合龙状态	素流	0	-3	无
FM-24	拱肋合龙状态	素流	0	+3	无
FM-25	中跨桥面吊装	均匀流	0	0	无
FM-26	中跨桥面吊装	均匀流	0	-3	无
FM-27	中跨桥面吊装	均匀流	0	+3	无
FM-28	全桥临时状态	均匀流	0	0	无
FM-29	全桥临时状态	均匀流	0	-3	无
FM-30	全桥临时状态	均匀流	0	+3	无
FM-31	全桥临时状态	素流	0	0	无
FM-32	全桥临时状态	素流	0	-3	无
FM-33	全桥临时状态	素流	0	+3	无
FM-34	全桥成桥状态	均匀流	0	0	无
FM-35	全桥成桥状态	均匀流	0	-3	无
FM-36	全桥成桥状态	均匀流	0	+3	无
FM-37	全桥成桥状态	素流	0	0	无
FM-38	全桥成桥状态	素流	0	-3	无
FM-39	全桥成桥状态	素流	0	+3	无
FM-40	拱肋最大悬臂	均匀流	0	0	措施A
FM-41	拱肋最大悬臂	均匀流	0	0	措施B
FM-42	拱肋最大悬臂	素流	0	0	措施A
FM-43	拱肋最大悬臂	素流	0	0	措施B
FM-44	拱肋合龙状态	均匀流	0	+3	措施A
FM-45	拱肋合龙状态	均匀流	0	+3	措施B
FM-46	拱肋合龙状态	素流	0	+3	措施A
FM-47	拱肋合龙状态	素流	0	+3	措施B
FM-48	全桥成桥状态	均匀流	0	-3	措施A
FM-49	全桥成桥状态	均匀流	0	-3	措施B
FM-50	全桥成桥状态	均匀流	0	-3	措施C

13.7.4 气动弹性模型试验结果

1) 拱肋最大悬臂状态

上海卢浦大桥主桥拱肋最大悬臂状态下的风洞试验,主要比较了不同风偏角、不同风攻角和不同涡振控制措施等多种工况。

在来流风偏角分别为 $\beta = 0°$、$\beta = -22.5°$、$\beta = +22.5°$、$\beta = -45°$、$\beta = +45°$、$\beta = -90°$ 和 $\beta = +90°$ 7 种情况下,均匀流场和紊流风场中的拱肋跨中(拱顶)和四分点位移以及临时索塔顶端位移响应试验实测结果如图 13-18 和图 13-19 所示。可以发现,在风偏角分别为 $\beta = 0°$、$\beta = -22.5°$ 和 $\beta = +22.5°$ 3 种情况下出现了拱肋竖弯涡振,且拱肋和塔顶位移均由涡振控制;在风偏角 $\beta = 0°$ 时,不仅出现了 7 种情况中最严重的拱肋竖弯涡激共振,而且还存在着侧弯涡振。因此,可以认为风偏角 $\beta = 0°$ 是上述 7 种风偏角中涡振响应最不利的风偏角工况。

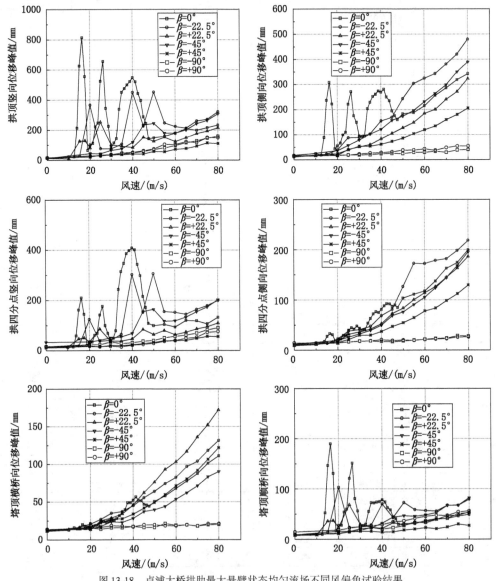

图 13-18　卢浦大桥拱肋最大悬臂状态均匀流场不同风偏角试验结果

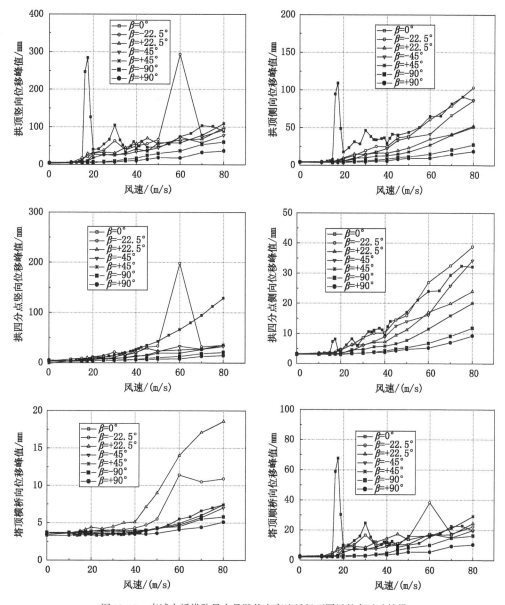

图13-19 卢浦大桥拱肋最大悬臂状态紊流风场不同风偏角试验结果

针对风偏角 $\beta=0°$，分别进行了风攻角 $\alpha=0°$、$\alpha=-3°$ 和 $\alpha=+3°$ 3 种工况下的风洞试验。均匀流场和紊流风场中的拱肋跨中(拱顶)和四分点位移以及临时索塔顶端位移响应试验实测结果比较如图13-20和图13-21所示。可以发现，在均匀流场的3种风攻角情况下均出现了拱肋竖弯和侧弯涡振，并以 $\alpha=0°$ 时最严重；在紊流风场中仅有 $\alpha=0°$ 和 $\alpha=+3°$ 工况出现了拱肋竖弯和侧弯涡振，也是 $\alpha=0°$ 时较为严重。因此，可以认为风攻角 $\alpha=0°$ 是上述3种风攻角中涡振响应最不利工况。拱肋最大悬臂状态下的全部涡振形式和相应锁定风速区间汇总如表13-20所示。

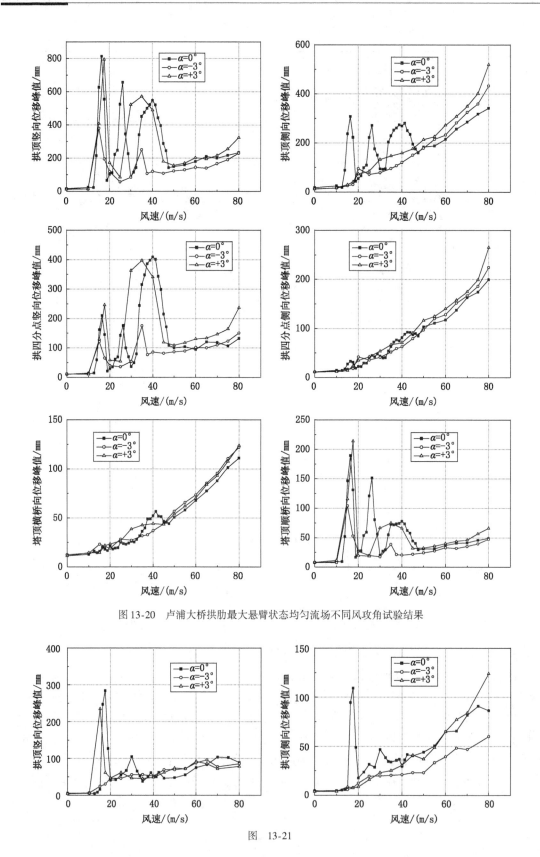

图 13-20 卢浦大桥拱肋最大悬臂状态均匀流场不同风攻角试验结果

图 13-21

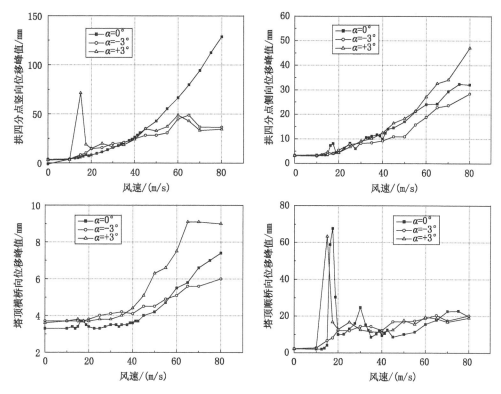

图 13-21　卢浦大桥拱肋最大悬臂状态紊流风场不同风攻角试验结果

卢浦大桥拱肋最大悬臂状态涡振形式和锁定风速区间　　表 13-20

流场	风偏角(°)	风攻角(°)	涡振形式	锁定风速(m/s)		
				区间Ⅰ	区间Ⅱ	区间Ⅲ
均匀流场	0	0	竖弯+侧弯	12.5～18.8	21.3～30.0	33.9～45.0
	0	-3	竖弯+侧弯	10.0～20.0	30.0～37.5	—
	0	+3	竖弯+侧弯	10.0～20.0	25.0～45.0	—
	-22.5	0	竖弯	15.0～25.0	35.0～45.0	45.0～55.0
	+22.5	0	竖弯	20.0～30.0	—	—
紊流风场	0	0	竖弯+侧弯	15.0～20.0	27.5～32.5	—
	0	+3	竖弯+侧弯	12.5～17.5	—	—
	-22.5	0	竖弯	25.0～35.0	50.0～70.0	—

在设计风速 $U_c=43.1\mathrm{m/s}$ 范围内,拱肋竖弯和侧弯涡振振幅很大,因此考虑采用两种气动措施来减小涡振振幅。拱肋最大悬臂状态的涡振以风偏角 $\beta=0°$ 和风攻角 $\alpha=0°$ 时最严重,因此将 $\beta=0°$ 和 $\alpha=0°$ 时原结构、附加气动措施 A 结构和附加气动措施 B 结构,在均匀流场和紊流风场中的拱肋跨中和四分点位移以及临时索塔顶端的位移响应试验实测结果进行比较,如表 13-21 所示。

2) 全桥成桥状态

全桥成桥状态下的风洞试验主要比较了不同风攻角和不同涡振控制措施等多种工况。

卢浦大桥拱肋最大悬臂状态最不利涡振和气动控制效果　　　表 13-21

流场	控制措施	风速(m/s)	涡振频率(Hz)		拱肋跨中(m)		拱肋四分点(m)		索塔顶端(m)	
			竖弯振动	侧弯振动	竖弯位移	侧弯位移	竖弯位移	侧弯位移	竖弯位移	侧弯位移
均匀流场	原结构	16.3	0.393	0.408	0.813	0.308	0.210	—	—	0.190
		26.3	0.393	0.408	0.656	0.272	0.176	—	—	0.151
		40.0	0.883	0.408	0.547	0.281	0.408	0.092	0.111	0.078
	措施 A	17.5	0.393	0.408	0.590	0.237	0.166	—	—	0.142
		25.0	0.393	0.408	0.333	0.144	0.100	—	—	0.078
		41.5	0.883	0.408	0.327	0.177	0.238	0.063	0.040	0.050
	措施 B	16.3	0.393	0.408	0.249	0.115	0.069	—	—	0.060
		42.5	0.883	0.408	0.374	0.195	0.262	0.082	0.052	0.060
紊流风场	原结构	17.5	0.393	0.408	0.284	0.109	—	—	—	0.068
		30.0	0.393	0.408	0.104	0.046	—	—	—	0.025
	措施 A	18.8	0.393	0.408	0.032	0.034	—	—	—	0.021
		42.5	0.883	0.408	0.046	0.046	0.011	—	—	0.020
	措施 B	18.8	0.393	0.408	0.032	0.014	—	—	—	0.008
		42.5	0.883	0.408	0.099	0.046	0.029	—	—	0.023

　　针对风偏角 $\beta=0°$，分别进行了风攻角 $\alpha=0°$、$\alpha=-3°$ 和 $\alpha=+3°$ 3 种工况下的风洞试验。均匀流场和紊流风场中的拱肋和主梁跨中与四分点位移响应试验实测结果比较如图 13-22 和图 13-23 所示。可以发现，尽管在紊流风场中没有观察到明显的涡振现象，但在均匀流场的 3 种风攻角情况下均出现了拱肋竖弯和侧弯涡振，并以 $\alpha=-3°$ 时最严重。因此，可以认为风攻角 $\alpha=-3°$ 是上述 3 种风攻角工况中涡振响应最不利工况。全桥成桥状态下的全部涡振形式和相应锁定风速区间汇总如表 13-22 所示。

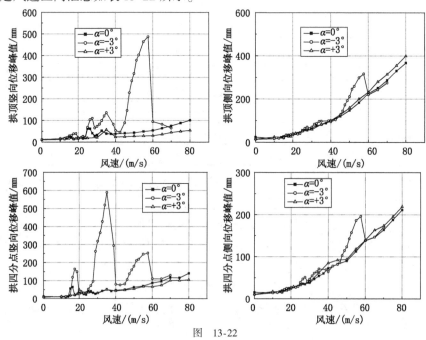

图 13-22

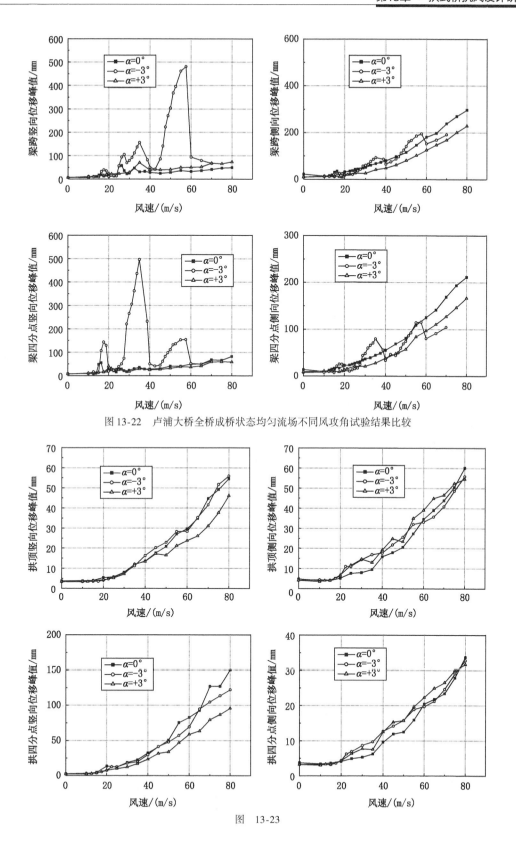

图 13-22　卢浦大桥全桥成桥状态均匀流场不同风攻角试验结果比较

图　13-23

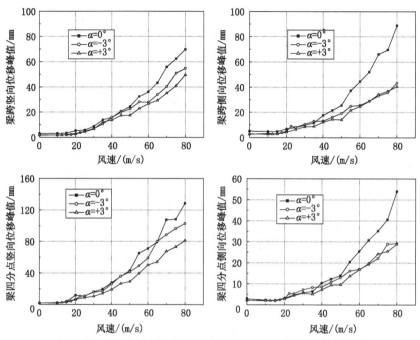

图 13-23 卢浦大桥全桥成桥状态紊流风场不同风攻角试验结果比较

卢浦大桥全桥成桥状态涡振形式和锁定风速区间　　　　表 13-22

流场	风攻角(°)	涡振形式	锁定风速(m/s)		
			区间Ⅰ	区间Ⅱ	区间Ⅲ
均匀流场	0	竖弯	22.5~27.5	—	—
	-3	竖弯+侧弯	14.0~20.0	27.5~40.0	42.5~60.0
	+3	竖弯	30.0~40.0	—	—

在设计风速 U_c =43.1m/s 范围内,拱肋竖弯和侧弯涡振振幅较大,因此可采用三种不同的气动措施来减小涡振振幅。由于全桥成桥状态的涡振风攻角 $\alpha = -3°$ 时最严重,因此将 $\alpha = -3°$ 时原结构、附加气动措施 A 结构、附加气动措施 B 结构和附加气动措施 C 结构,在均匀流场中的拱肋跨中和四分点位移以及主梁跨中和四分点位移试验实测结果进行比较,如图 13-24 所示。可以发现,气动措施 A 或 B 能有效地控制涡激共振和减小涡振振幅。现将原结构、措施 A 结构、措施 B 结构和措施 C 结构在设计风速范围内的拱肋/主梁跨中和四分点的涡振响应峰值以及相应的涡振频率和风速汇总,如表 13-23 所示。

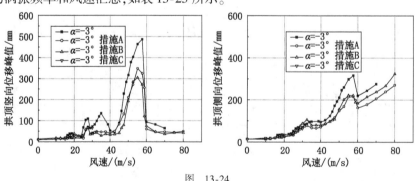

图 13-24

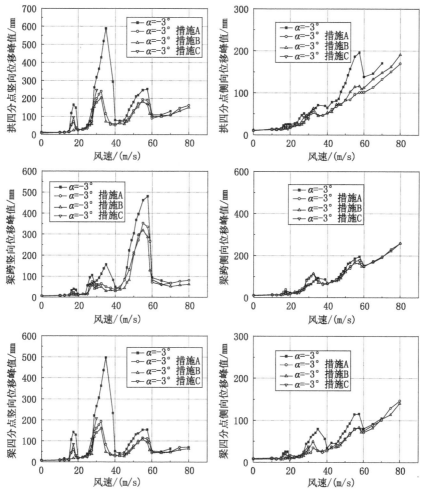

图 13-24 卢浦大桥全桥成桥状态均匀流场不同气动措施比较

卢浦大桥全桥成桥状态最不利涡振和气动控制效果　　　　表 13-23

流场	控制措施	风速（m/s）	涡振频率（Hz） 竖弯振动	涡振频率（Hz） 侧弯振动	拱肋/主梁跨中（m） 竖弯位移	拱肋/主梁跨中（m） 侧弯位移	拱肋/主梁四分点（m） 竖弯位移	拱肋/主梁四分点（m） 侧弯位移
均匀流场	原结构	17.5	0.368	0.422	0.040/0.040	—	0.164/0.143	—/0.018
		35.0	0.368	0.422	0.135/0.156	—/0.093	0.588/0.497	0.071/0.080
		57.5	0.585	0.422	0.487/0.481	0.317/—	0.252/0.154	0.196/—
	措施 A	17.5	0.368	0.422	0.067/0.023	—	0.070/0.059	—/0.008
		32.5	0.368	0.422	0.047/0.075	—/0.114	0.239/0.193	0.054/0.035
		55.0	0.585	0.422	0.348/0.353	0.215/—	0.193/0.114	0.116/0.083
	措施 B	17.5	0.368	0.422	0.067/0.011	—	0.023/0.018	—
		32.5	0.368	0.422	0.037/0.061	—/0.114	0.203/0.160	—/0.049
		55.0	0.585	0.422	0.305/0.319	0.221/—	0.182/0.107	0.115/0.083
	措施 C	17.5	0.368	0.422	0.067/0.023	—	0.096/0.084	0.042/0.015

13.8 等效风荷载组合分析

设计风荷载是指由平均风引起的静力风荷载和由脉动风引起的动力风荷载,其中动力风荷载可以采用响应(例如位移)等效的方法用等效静力风荷载来代替实际动力风荷载,而等效静力风荷载近似采用一阶对称模态荷载和一阶反对称模态荷载来表示。由于静力计算方法和手段已经比较成熟,根据最不利等效风荷载组合,可以对施工各阶段结构的静力稳定性问题进行分析计算。

13.8.1 静风荷载分析计算

浸没在气流中的任何物体,都要受到气流的作用,气流在绕过具有非流线型或钝体截面的桥梁结构时,会产生静风荷载的三个分量,即静风升力、静风阻力和静风力矩。

1) 设计风速确定

采用桥位附近三个气象站 35 年以上风速观测记录资料,并可根据桥位风环境试验得到的风剖面指数试验结果,推算出桥位拱顶高度($h=100$ m)的设计基准风速为 29 m/s;而按《公路桥涵设计通用规范》(JTG D60—2015)中的全国基本风压分布图计算得到的相应风速为 43.1 m/s。安全起见,风环境试验和统计得到的风速结果仅用于风振响应的概率性评价,其余抗风设计均采用《公路桥涵设计通用规范》(JTG D60—2015)规定的设计风速,施工阶段的设计风速不予折减,并以拱顶高度($h=100$ m)的设计基准风速为准。

2) 三分力系数

为了得到拱肋和主梁的静力三分力系数,对拱肋和主梁进行了简化节段模型测力试验。其中 1:100 拱肋节段模型简化模拟了从拱顶到拱梁结合部四种截面形式,1:70 主梁节段模型分别模拟了中跨分离双箱截面和边跨闭口箱梁截面的施工(无桥面栏杆)和成桥状态(有桥面栏杆)等四种结果。

3) 静风荷载计算

根据静力三分力的定义式,静风荷载表达式中有 3 个变量,即平均风速、三分力系数和截面尺寸。以拱顶高度平均风速 U_c 表示的截面静力风荷载 3 个分量,即静风竖向力、静风水平力和静风扭矩可以表示为

$$\overline{W}_y(x) = \overline{W}_{y0}\alpha_{y0}(x) = \frac{1}{2}\rho U_c^2 \left(\frac{z}{z_c}\right)^{2\alpha} B(x) C_y(x) \tag{13-11a}$$

$$\overline{W}_z(x) = \overline{W}_{z0}\alpha_{z0}(x) = \frac{1}{2}\rho U_c^2 \left(\frac{z}{z_c}\right)^{2\alpha} H(x) C_z(x) \tag{13-11b}$$

$$\overline{W}_\theta(x) = \overline{W}_{\theta 0}\alpha_{\theta 0}(x) = \frac{1}{2}\rho U_c^2 \left(\frac{z}{z_c}\right)^{2\alpha} B^2(x) C_\theta(x) \tag{13-11c}$$

式中,$\overline{W}_{y0}$、$\overline{W}_{z0}$、$\overline{W}_{\theta 0}$ 表示静力风荷载的竖向、水平和扭转分量的最大值;$\alpha_{y0}(x)$、$\alpha_{z0}(x)$、$\alpha_{\theta 0}(x)$ 表示最大值为 1 的静力风荷载响应的分布函数;$C_y(x)$、$C_z(x)$、$C_\theta(x)$ 分别为拱肋截面三分力系数。

拱肋高度以及三分力系数都是连续变化的,但要给出拱肋高度和三分力系数沿跨径变化

的连续函数很困难,因此,根据测力试验对模型的分段,可以把尺寸函数 $H(x)$ 以及三分力系数函数 $C_y(x)$、$C_z(x)$ 和 $C_\theta(x)$ 表示为分段函数,如表 13-24 所示。

卢浦大桥拱肋截面尺寸及三分力系数　　　表 13-24

x 的取值范围	$H(x)$	$C_y(x)$	$C_z(x)$	$C_\theta(x)$
$0 < x \leq 57.38$	6.150	-0.258	1.255	0.505
$57.38 < x \leq 111.38$	6.675	-0.259	1.211	1.705
$111.38 < x \leq 165.38$	7.550	-0.425	1.175	3.120
$165.38 < x \leq 219.38$	8.700	-0.279	1.374	6.372
$219.38 < x \leq 275$	9.925	-0.279	1.374	6.372

把拱肋截面尺寸和三分力系数的分段表达函数代入静力解析表达式式(13-11)得到的静力风荷载的最大值(拱顶处)为

$$\overline{W}_{y0} = \frac{1}{2}\rho U_c^2 B C_y = 1.46 \, (\text{kN/m}) \tag{13-12a}$$

$$\overline{W}_{z0} = \frac{1}{2}\rho U_c^2 H C_z = 8.74 \, (\text{kN/m}) \tag{13-12b}$$

$$\overline{W}_{\theta 0} = \frac{1}{2}\rho U_c^2 B^2 C_\theta = 14.30 \, (\text{kN} \cdot \text{m/m}) \tag{13-12c}$$

静力风荷载的分布函数如下:

$$\alpha_{y0}(x) = \alpha_{z0}(x) = \alpha_{\theta 0}(x) = \left(\frac{z}{z_c}\right)^{0.26} \quad 0 < z < z_c \tag{13-13}$$

静力风荷载分段函数中各段静力风荷载最大值如表 13-25 所示。

卢浦大桥拱肋静力风荷载分段函数各段静力风荷载最大值　　　表 13-25

x 的取值范围	$\overline{W}_{y0}$ (kN/m)	$\overline{W}_{z0}$ (kN/m)	$\overline{W}_{\theta 0}$ (kN·m/m)
$0 < x \leq 57.38$	1.46	8.74	14.30
$57.38 < x \leq 111.38$	1.48	9.18	48.33
$111.38 < x \leq 165.38$	2.41	10.05	88.23
$165.38 < x \leq 219.38$	1.58	13.55	180.47
$219.38 < x \leq 275$	1.58	15.47	180.47

13.8.2 阵风等效静风荷载

当结构刚度或阻尼很大时,脉动风荷载引起的结构振动将十分微弱,因而结构振动效应可忽略不计。此时,可用阵风荷载来代替等效静力风荷载。阵风等效静力风荷载是指平均时距为 1~3s 时的阵风风速引起的风荷载。在设计基准风速的基础上,考虑平均风速因时距缩小而增大的阵风风速系数,可按下式计算:

$$U_g = G_u U_c \tag{13-14}$$

式中,G_u 为阵风风速系数,对于 Ⅰ、Ⅱ 类地表取 1.38,风洞试验结果为 1.25;U_g 为阵风风速。

以阻力为例,由阵风引起的等效风荷载计算如下:

$$F_D = \frac{1}{2}\rho (G_u U)^2 B C_D$$

$$= \frac{1}{2}\rho [U + (G_u - 1)U]^2 B C_D$$

$$= \frac{1}{2}\rho U^2 B C_D + \left[\frac{1}{2}\rho \cdot 2U^2 \cdot (G_u - 1) B C_D + \frac{1}{2}\rho U^2 (G_u - 1)^2 B C_D\right]$$

$$= \overline{P} + P_e \tag{13-15}$$

式中,$\overline{P}$为静力风荷载,即平均风荷载;P_e为阵风引起的等效静力风荷载。

通常情况下,一般直接给出桥梁结构的阵风等效静力风荷载,而没有必要求出阵风引起的等效静力风荷载后再与静力风荷载叠加,得到阵风等效静力风荷载。

13.8.3 抖振等效静风荷载

抖振引起的等效静力风荷载可近似采用一阶对称模态荷载和一阶反对称模态荷载来表示。根据全桥模型试验实测的位移响应,通过傅立叶变换把时域内的位移响应转换到频域内,在频域内对响应分区间积分可分别得到共振响应分量和背景响应分量。以等效静力风荷载形式表示的抖振风荷载两个分量,即等效静力竖向力和等效静力水平力可以表示如下:

升力:

$$\widetilde{W}_y(x) = \widetilde{W}_{y1}\alpha_{y1}(x) \pm \widetilde{W}_{y2}\alpha_{y2}(x) \quad (kN/m) \tag{13-16}$$

阻力:

$$\widetilde{W}_z(x) = \widetilde{W}_{z1}\alpha_{z1}(x) \pm \widetilde{W}_{z2}\alpha_{z2}(x) \quad (kN/m) \tag{13-17}$$

式中,$\widetilde{W}_{y1}$、$\widetilde{W}_{z1}$为一阶模态等效静力风荷载的竖向和水平分量的最大值;$\widetilde{W}_{y2}$、$\widetilde{W}_{z2}$为二阶模态等效静力风荷载的竖向和水平分量的最大值;$\alpha_{y1}(x)$、$\alpha_{z1}(x)$为一阶模态等效静力风荷载竖向和水平分量的分布函数;$\alpha_{y2}(x)$、$\alpha_{z2}(x)$为二阶模态等效静力风荷载竖向和水平分量的分布函数。

根据全桥模型试验实测的位移响应,可以得到拱肋最大悬臂状态、拱肋合龙状态和全桥成桥状态在拱顶设计基准风速 $U_c = 43.1$ m/s 下的共振响应分量,如表 13-26 所示。

卢浦大桥拱肋和主梁抖振的共振响应分量位移(单位:mm)　　　　表 13-26

工况	振动模态	拱肋跨中	拱肋四分点	主梁跨中	主梁四分点
拱肋最大悬臂状态	竖弯一阶	44.53	13.03		
	竖弯二阶	36.50	30.40		
	侧弯一阶	37.39	12.08		
	侧弯二阶	4.13	3.61		
拱肋合龙状态	竖弯一阶	2.03	16.48		
	竖弯二阶	17.93	7.61		
	侧弯一阶	16.48	7.97		
	侧弯二阶	0.94	6.30		

续上表

工况	振动模态	拱肋跨中	拱肋四分点	主梁跨中	主梁四分点
全桥成桥状态	竖弯一阶	7.94	29.29	8.92	24.85
	竖弯二阶	10.63	4.30	12.28	3.74
	侧弯一阶	13.51	6.82	12.60	9.17
	侧弯二阶	1.12	6.09	0.91	1.20

在拱顶设计基准风速 $U_c=43.1\text{m/s}$ 下各个工况的背景响应分量如表 13-27 所示。

卢浦大桥拱肋和主梁抖振的背景响应分量位移(单位:mm)　　表 13-27

工况	竖弯		侧弯	
	拱肋跨中	拱肋四分点	拱肋跨中	拱肋四分点
拱肋最大悬臂状态	9.44	6.36	17.0	6.17
拱肋合龙状态	5.52	6.17	7.27	6.59
全桥成桥状态	8.87	23.14	10.41	6.05

对于背景响应的分布,则认为它和静风荷载的分布一致。因此,只要知道位移背景响应与位移平均风响应的比值,就可通过平均风荷载求出背景响应风荷载。在设计基准风速时,拱肋最大悬臂状态、拱肋合龙状态、全桥临时状态和全桥成桥状态等工况的拱肋和主梁的竖向和侧向位移背景响应与平均风响应的比值如表 13-28 所示。

卢浦大桥位移背景响应与平均风响应的比值　　表 13-28

振动形态	竖弯				侧弯			
工况	拱肋跨中	拱肋四分点	主梁跨中	主梁四分点	拱肋跨中	拱肋四分点	主梁跨中	主梁四分点
拱肋最大悬臂状态	0.25	0.27	—	—	0.23	0.13	—	—
拱肋合龙状态	3.61	0.46	—	—	0.08	0.14	—	—
全桥成桥状态	0.67	1.16	2.76	3.01	0.12	0.13	0.22	0.15

对于上述 3 个工况,每个工况的拱肋和主梁与背景响应相对应的等效静风荷载与平均风荷载的比值可以分别由跨中和四分点上的比值得到。因此,对于这 3 个工况,拱肋和主梁竖向和侧向的背景响应荷载与平均风荷载的比值如表 13-29 所示。

卢浦大桥背景响应荷载与平均风荷载的比值　　表 13-29

工况	竖弯		侧弯	
	拱肋	主梁	拱肋	主梁
拱肋最大悬臂状态	0.26	—	0.18	—
拱肋合龙状态	2.04	—	0.11	—
全桥成桥状态	0.92	2.89	0.13	0.19

抖振等效静力风荷载包括共振响应分量和背景响应分量,共振响应分量按振型分布,而对于背景响应分量的分布目前还存在争论,但一般认为其分布与静力风荷载的分布一致。共振响应分量与背景响应分量分布的不一致导致了抖振等效静力风荷载计算的困难。在这里只给出抖振等效静力风荷载的共振响应分量,而把背景响应分量与静力风荷载一并考虑,然后把得到的结果与共振响应分量进行叠加。

1) 拱肋最大悬臂状态

在拱顶设计基准风速 $U_c = 43.1\,\text{m/s}$ 下,拱肋最大悬臂状态抖振响应引起的模态荷载最大值如表 13-30 所示。

卢浦大桥拱肋最大悬臂状态抖振等效静风荷载最大值 表 13-30

荷载分量	竖向		侧向	
各阶模态	竖弯一阶	竖弯二阶	侧弯一阶	侧弯二阶
抖振最大位移(mm)	44.53	36.50	37.39	4.13
等效静风荷载最大值(kN/m)	9.02	37.43	9.46	5.47

拱肋最大悬臂状态的竖弯一阶和侧弯一阶振型可以采用二次抛物线的形式,竖弯二阶和侧弯二阶振型可以采用三次抛物线的形式。这种抛物线拟合的曲线与实际振型曲线非常接近。具体的抛物线函数如下所示:

竖弯一阶:
$$\alpha_{y1}(x) = 1.0 + 9.02 \times 10^{-3} x + 2.0 \times 10^{-5} x^2 \qquad (13\text{-}18)$$

竖弯二阶:
$$\alpha_{y2}(x) = 1.0 + 2.94 \times 10^{-2} x + 1.85 \times 10^{-4} x^2 + 3.35 \times 10^{-7} x^3 \qquad (13\text{-}19)$$

侧弯一阶:
$$\alpha_{z1}(x) = 1.0 + 7.77 \times 10^{-3} x + 1.51 \times 10^{-5} x^2 \qquad (13\text{-}20)$$

侧弯二阶:
$$\alpha_{z2}(x) = 1.0 + 2.92 \times 10^{-2} x + 1.79 \times 10^{-4} x^2 + 3.11 \times 10^{-7} x^3 \qquad (13\text{-}21)$$

2) 全桥成桥状态

在拱顶设计基准风速 $U_c = 43.1\,\text{m/s}$ 下,全桥成桥状态抖振响应引起的模态荷载最大值如表 13-31 所示。

卢浦大桥全桥成桥状态抖振等效静风荷载最大值 表 13-31

荷载分量	竖向		侧向	
各阶模态	竖弯一阶	竖弯二阶	侧弯一阶	侧弯二阶
抖振最大位移(mm)	29.29	10.63	13.51	6.09
等效静风荷载最大值(kN/m)	6.33	5.87	3.42	4.82

拱肋合龙状态和全桥成桥状态拱肋的振型函数可以采用三角函数表示如下:

竖弯一阶:
$$\alpha_{y1}(x) = \sin\left(\frac{2\pi x}{L}\right) \qquad (13\text{-}22)$$

竖弯二阶:
$$\alpha_{y2}(x) = \cos\left(\frac{3\pi x}{L}\right) \qquad (13\text{-}23)$$

侧弯一阶:
$$\alpha_{z1}(x) = \cos\left(\frac{\pi x}{L}\right) \qquad (13\text{-}24)$$

侧弯二阶：

$$\alpha_{z2}(x) = \sin\left(\frac{2\pi x}{L}\right) \tag{13-25}$$

13.8.4 涡振等效静风荷载

由于拱肋截面较钝，气流流经时很容易产生涡振，这样拱桥的动力风荷载除了须考虑抖振外，还要考虑涡振的影响。在考虑涡振引起的等效静力风荷载时，由于风速较低，背景响应很小，而且涡振可以看成一种很规则的简谐振动，因此背景响应可不考虑。

1) 涡振响应

对于拱肋最大悬臂状态、拱肋合龙状态和全桥成桥状态，在风速低于设计基准风速时，均会出现较大的涡振振动，各个工况的涡振锁定风速及涡振位移如表13-32所示。

卢浦大桥涡振拱肋/主梁的跨中和四分点最大位移 表13-32

工况	振型	频率（Hz）	锁定风速（m/s）	拱肋跨中（mm）	拱肋四分点（mm）	主梁跨中（mm）	主梁四分点（mm）
拱肋最大悬臂状态	竖弯一阶	0.3927	16.3	533.96	136.13	533.96	136.13
	竖弯二阶	0.8832	40.0	318.81	256.64	318.81	256.64
	侧弯一阶	0.4081	16.3	199.47	11.48	199.47	11.48
	侧弯二阶	0.9333	33.8	7.06	2.05	7.06	2.05
拱肋合龙状态	竖弯一阶	0.6790	25.0	32.40	328.78	32.40	328.78
	竖弯二阶	0.9289	40.0	62.12	26.73	62.12	26.73
	侧弯一阶	0.4409	40.0	9.70	4.80	9.70	4.80
	侧弯二阶	0.7472	30.0	0.56	5.68	0.56	5.68
全桥成桥状态	竖弯一阶	0.3721	16.3	5.30	37.48	5.30	37.48
	竖弯二阶	0.5949	26.3	31.05	13.89	31.05	13.89
	侧弯一阶	0.4257	16.3	6.15	2.76	6.15	2.76
	侧弯二阶	0.7533	40.0	0.73	6.08	0.73	6.08

2) 涡振荷载

上海卢浦大桥主桥拱肋最大悬臂状态、拱肋合龙状态和全桥成桥状态的涡振等效静风荷载最大值如表13-33所示。涡振引起的等效静力风荷载的共振响应分量的分布函数形式与抖振引起的等效静力风荷载的共振响应分量的分布函数形式相同，可参见式(13-18)和式(13-19)（拱肋最大悬臂状态）以及式(13-22)和式(13-23)（全桥成桥状态）。

卢浦大桥涡振等效静风荷载最大值 表13-33

工况	位移和荷载	竖向分量		侧向分量	
		竖弯一阶	竖弯二阶	侧弯一阶	侧弯二阶
拱肋最大悬臂状态	涡振最大位移(mm)	533.96	318.81	199.47	7.06
	等效静风荷载最大值(kN/m)	47.84	144.49	19.30	3.57
拱肋合龙状态	涡振最大位移(mm)	328.78	62.12	9.70	5.68
	等效静风荷载最大值(kN/m)	88.08	31.14	0.082	1.84

续上表

工况	位移和荷载	竖向分量		侧向分量	
		竖弯一阶	竖弯二阶	侧弯一阶	侧弯二阶
全桥成桥状态	涡振最大位移(mm)	37.48	31.05	6.15	6.08
	等效静风荷载最大值(kN/m)	3.02	6.38	0.65	2.01

13.8.5 最不利等效风荷载

对于卢浦大桥每种工况下的等效风荷载,需要比较下列三种形式,并确定最不利等效风荷载:①考虑阵风效应的等效风荷载组合Ⅰ;②考虑抖振效应的等效风荷载组合Ⅱ;③考虑涡振效应的等效风荷载组合Ⅲ。

对于卢浦大桥这种中承式拱桥而言,中跨的结构刚度较小,边跨至拱梁交接处形成的三角区刚度很大,因此,对于不同的部分计算等效风荷载的工况也就不同。

1) 中跨拱肋

等效风荷载是指由平均风引起的静力风荷载与由脉动风引起的动力风荷载的组合,其中动力风荷载可以采用响应等效的方法,用等效静力风荷载来代替实际动力风荷载,本书中采用的是位移响应等效的方法。等效静力风荷载分析分别比较上文提到的三种形式。

全桥成桥状态中跨拱肋等效风荷载组合Ⅱ的竖向力和水平力表达式:

$$竖向力: W_y^{\text{II}} = (1.0 + 0.92) \times \frac{1}{2}\rho U^2(x) B(x) C_y(x) \pm 6.33\sin\left(\frac{2\pi x}{L}\right) \pm 5.87\cos\left(\frac{3\pi x}{L}\right) \tag{13-26}$$

$$水平力: W_z^{\text{II}} = (1.0 + 0.13) \times \frac{1}{2}\rho U^2(x) H(x) C_z(x) \pm 3.42\cos\left(\frac{\pi x}{L}\right) \pm 4.82\sin\left(\frac{2\pi x}{L}\right) \tag{13-27}$$

式中, $U(x) = U_c \left(\frac{z}{z_c}\right)^{0.13}$, $U_c = 43.1 \text{ m/s}$, $z_c = 100 \text{ m}$, z 为离地高度。

全桥成桥状态中跨拱肋等效风荷载组合Ⅲ的竖向力和水平力表达式:

$$竖向力: W_y^{\text{III}} = \frac{1}{2}\rho U^2(x) B(x) C_y(x) \pm \begin{cases} 3.02\sin\left(\dfrac{2\pi x}{L}\right) & U_c = 16.3 \text{ m/s} \\ 6.38\cos\left(\dfrac{3\pi x}{L}\right) & U_c = 26.3 \text{ m/s} \end{cases} \tag{13-28}$$

$$水平力: W_z^{\text{III}} = \frac{1}{2}\rho U^2(x) H(x) C_z(x) \pm \begin{cases} 0.65\cos\left(\dfrac{\pi x}{L}\right) & U_c = 16.3 \text{ m/s} \\ 2.01\sin\left(\dfrac{2\pi x}{L}\right) & U_c = 40.0 \text{ m/s} \end{cases} \tag{13-29}$$

按等效风荷载三种组合得到的全桥成桥状态中跨拱肋的竖向等效风荷载如图13-25(a)所示,不难发现竖向等效风荷载由考虑抖振效应的等效风荷载组合Ⅱ和竖弯二阶涡振引起的等效风荷载(等效风荷载组合Ⅲ)控制;全桥成桥状态中跨拱肋的侧向等效风荷载如图13-25(b)所示,不难发现侧向等效风荷载由考虑阵风效应的等效风荷载组合Ⅰ控制。

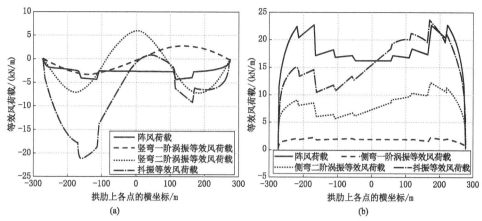

图 13-25 卢浦大桥全桥成桥状态中跨拱肋等效风荷载三种形式
(a)竖向等效风荷载;(b)侧向等效风荷载

2) 中跨主梁

全桥成桥状态中跨主梁等效风荷载组合 I 的竖向力和水平力表达式:

竖向力:
$$W_y^{\mathrm{I}} = \frac{1}{2}\rho U_g^2 B C_y \tag{13-30}$$

水平力:
$$W_z^{\mathrm{I}} = \frac{1}{2}\rho U_g^2 H C_z \tag{13-31}$$

式中,$U_g = 1.25 U_c \left(\dfrac{z_d}{z_c}\right)^{0.13}$,$U_c = 43.1\,\mathrm{m/s}$,$z_c = 100\,\mathrm{m}$,$z_d = 50\,\mathrm{m}$ 为桥面高度;桥面宽度 $B = 39.5\,\mathrm{m}$;主梁高度 $H = 2.613\,\mathrm{m}$;静力三分力系数 $C_y = -0.099$,$C_z = 1.43$。

全桥成桥状态中跨主梁等效风荷载组合 II 的竖向力和水平力表达式:

竖向力:
$$W_y^{\mathrm{II}} = (1.0 + 2.89) \times \frac{1}{2}\rho U_d^2 B C_y \pm 15.35\sin\left(\frac{2\pi x}{L}\right) \pm 19.40\cos\left(\frac{3\pi x}{L}\right) \tag{13-32}$$

水平力:
$$W_z^{\mathrm{II}} = (1.0 + 0.19) \times \frac{1}{2}\rho U_d^2 H C_z \pm 9.11\cos\left(\frac{\pi x}{L}\right) \pm 2.72\sin\left(\frac{2\pi x}{L}\right) \tag{13-33}$$

式中,$U_d = U_c \left(\dfrac{z_d}{z_c}\right)^{0.13}$,$U_c = 43.1\,\mathrm{m/s}$,$z_c = 100\,\mathrm{m}$,$z_d = 50\,\mathrm{m}$ 为桥面高度。

全桥成桥状态中跨主梁等效风荷载组合 III 的竖向力和水平力表达式:

竖向力:
$$W_y^{\mathrm{III}} = \frac{1}{2}\rho U_d^2 B C_y \pm \begin{cases} 7.49\sin\left(\dfrac{2\pi x}{L}\right) & U_c = 16.3\,\mathrm{m/s} \\ 18.42\cos\left(\dfrac{3\pi x}{L}\right) & U_c = 26.3\,\mathrm{m/s} \end{cases} \tag{13-34}$$

水平力:
$$W_z^{\mathrm{III}} = \frac{1}{2}\rho U_d^2 H C_z \pm \begin{cases} 3.57\cos\left(\dfrac{\pi x}{L}\right) & U_c = 16.3\,\mathrm{m/s} \\ 1.05\sin\left(\dfrac{2\pi x}{L}\right) & U_c = 40.0\,\mathrm{m/s} \end{cases} \tag{13-35}$$

按等效风荷载三种组合得到的全桥成桥状态中跨主梁的竖向等效风荷载如图 13-26(a)所示,不难发现竖向等效风荷载由考虑抖振效应的等效风荷载组合 II 控制;全桥成桥状态中跨主梁的侧向等效风荷载如图 13-26(b)所示,不难发现侧向等效风荷载也由考虑抖振效应的等效风荷载组合 II 控制。

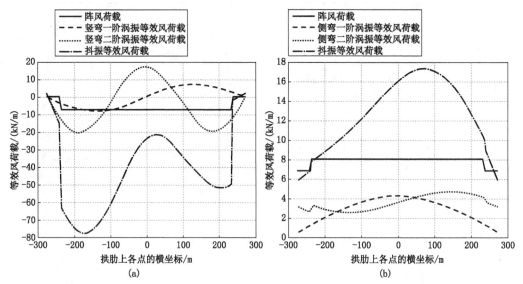

图 13-26 卢浦大桥全桥成桥状态中跨主梁等效风荷载三种形式
(a) 竖向等效风荷载；(b) 侧向等效风荷载

3) 三角区构件

(1) 拱肋。

三角区拱肋等效风荷载按等效风荷载组合 I 计算，其竖向力和水平力表达式如下：

竖向力：
$$W_y^I = \frac{1}{2}\rho U_g^2(x) B(x) C_y \tag{13-36}$$

水平力：
$$W_z^I = \frac{1}{2}\rho U_g^2(x) H(x) C_z \tag{13-37}$$

式中，$U_g(x) = 1.25 U_c \left(\dfrac{z}{z_c}\right)^{0.13}$，$U_c = 43.1 \text{ m/s}$，$z_c = 100 \text{ m}$，$z$ 为离地高度；静力三分力系数 $C_y = -0.279$，$C_z = 1.37$。

(2) 主梁。

三角区主梁等效风荷载按等效风荷载组合 I 计算，其竖向力和水平力表达式如下：

竖向力：$W_y^I = \dfrac{1}{2}\rho U_g^2 B C_y = \dfrac{1}{2} \times 1.225 \times 49.1^2 \times 39.5 \times 0.0051 = 0.30 \text{ (kN/m)}$ (13-38)

水平力：$W_z^I = \dfrac{1}{2}\rho U_g^2 H C_z = \dfrac{1}{2} \times 1.225 \times 49.1^2 \times 2.613 \times 1.27 = 4.90 \text{ (kN/m)}$ (13-39)

13.9 拱式桥抗风设计研究结论与建议

13.9.1 抗风设计研究结论

经过较为完善的风洞试验、数值计算和理论分析，主要试验研究发现与结论可以归纳为下列 9 个方面：

(1)设计风速研究结论:采用桥位附近3个气象站35年以上风速观测记录资料,结合桥位风环境试验中的风剖面指数试验结果,可以推算出桥位拱顶高度($z_c=100$ m)的设计基准风速为29 m/s;按《公路桥涵设计通用规范》(JTG D60—2015)全国基本风压分布图计算得到的相应风速为43.1 m/s。安全起见,风环境试验和统计得到的风速结果仅用于风振响应的概率性评价,其余均采用《公路桥涵设计通用规范》(JTG D60—2015)规定的设计风速$U_c=43.1$ m/s,施工阶段设计风速不予折减。

(2)风特性参数定义:桥位设计基准风速为$U_d=U_c(z/z_c)^\alpha$,其中z为离地高度,风环境试验确定的指数$\alpha=0.13$;桥位阵风风速$U_g=G_u U_d$,其中风环境试验确定的阵风风速系数$G_u=1.25$;风环境试验确定的桥面高度紊流强度$I_u=0.12$,取$I_v=0.88I_u=0.11$和$I_w=0.5I_u=0.06$。

(3)结构动力特性分析结果:拱肋最大悬臂状态、拱肋合龙状态、全桥临时状态和全桥成桥状态等各种桥梁结构的一阶固有频率计算结果如表13-34所示。

卢浦大桥结构动力特性分析结果 表13-34

桥梁结构形式	一阶竖弯频率(Hz)		一阶侧弯频率(Hz)		一阶扭转频率(Hz)	
	对称	反对称	对称	反对称	对称	反对称
拱肋最大悬臂状态	0.883	0.393	0.408	0.933	1.459	—
拱肋合龙状态	0.929	0.679	0.441	0.747	1.809	2.122
全桥临时状态	0.750	0.558	0.432	0.728	1.450	1.707
全桥成桥状态	0.585	0.368	0.422	0.610	1.252	1.585

(4)三分力系数试验结果:中跨拱肋和主梁风攻角为0°时的三分力系数风洞试验实测结果如表13-35所示。

卢浦大桥三分力系数实测结果 表13-35

结构构件	阻力系数		升力系数		升力矩系数	
	C_D	dC_D/C_α	C_L	dC_L/C_α	C_M	dC_M/C_α
拱肋拱顶处	1.26	−0.859	−0.258	5.73	−1.23	0.859
拱梁结合部	1.37	−0.859	−0.279	−1.35	−0.799	0.343
主梁施工	0.970	2.38	−0.076	8.91	0.016	0.980
主梁成桥	1.43	−1.15	−0.099	7.72	−0.002	0.771

(5)静风稳定性研究结论:对于全桥成桥状态,拱顶高度的风速达到117 m/s时,拱脚附近K形风撑最不利截面应力达到了屈服应力,出现弹性阶段失稳;风速继续增大到149 m/s时,拱脚处拱肋和K形风撑全截面进入屈服极限,整个结构塑性阶段失稳。对于拱肋最大悬臂状态,拱顶高度的风速达到112 m/s时,拱顶附近"一"字形风撑最不利截面应力达到屈服应力,出现弹性阶段失稳;风速继续增大到147 m/s时,拱梁结合处拱肋和拱顶附近"一"字形风撑全截面进入屈服极限,拱肋塑性阶段失稳。

(6)风振稳定性研究结论:根据《公路桥梁抗风设计指南》确定的颤振检验风速为66 m/s,驰振检验风速为51.6 m/s。全桥气动弹性模型风洞试验的最大试验风速分别达到拱肋最大悬臂状态、拱肋合龙状态、全桥临时状态和全桥成桥状态时的80 m/s以及中跨桥面吊装时的70 m/s,均未出现颤振和驰振失稳现象。

(7)气动弹性模型涡振试验结果:上海卢浦大桥主桥拱肋最大悬臂状态、拱肋合龙状态、全桥临时状态和全桥成桥状态的气动弹性模型风洞试验中,都发现了明显的竖弯或侧弯涡激共振,且涡振锁定风速大部分小于设计风速,涡振最大振幅大于规范的限值,特别是全桥成桥状态的涡激共振会影响桥面行车的舒适性和安全性。

(8)涡振控制措施效果比较:主要推荐两种涡振控制措施,即措施A——拱背上覆盖可以完全阻挡气流的结构,以及措施B——拱背上覆盖透风率30%的结构。均匀流场中最不利涡振工况下原结构与采用拱肋涡振控制措施A或B后的涡振最大振幅和响应风速比较表明,这两种涡振气动控制措施都是有效的。

(9)等效风荷载组合分析结果:拱梁组合体系强度验算时的风荷载必须考虑三种最不利组合,即考虑阵风效应引起的等效风荷载组合Ⅰ、考虑抖振效应的等效风荷载组合Ⅱ和考虑涡振效应的等效风荷载组合Ⅲ,并确定出一种最不利等效风荷载进行计算和验算。

13.9.2 抗风设计研究建议

结合超大跨度拱桥抗风特点和上述主要试验研究结论,主要提出下列三项桥梁结构抗风建议:

(1)施工阶段风速和振动监测:鉴于施工阶段特别是拱肋最大悬臂状态,在很低的风速下将同时产生竖弯和侧弯涡激共振,虽然涡振本身是有限振幅振动,不至于导致动力失稳,但将严重影响施工安全和拼装精度。因此,建议在临时索塔塔顶设置风速仪、在塔顶和拱肋悬臂上分别设置加速度计,对施工阶段现场风速和结构振动进行监测,建立施工阶段拱肋结构的抗风安全预警系统。

(2)涡振控制措施的必要性:拱肋最大悬臂状态下的竖向涡振位移双峰值达到$1.626\text{m} = \frac{L_1}{169} > \frac{L_1}{400}$、加速度为$0.51g > 0.3g$,且侧向涡振位移双峰值也达到$0.616\text{m} = \frac{L_1}{446}$、加速度为$0.21g$,为了保证施工安全,建议采用涡振控制措施A或B。全桥成桥状态下的拱肋竖向涡振位移双峰值为$0.328\text{m} = \frac{L}{1677}$、加速度为$0.1g$,采用涡振控制措施A或B后能有效地改善桥梁结构使用性能,特别是桥面行车舒适性。

(3)涡振控制措施结构形式推荐:作为拱梁组合体系的涡振控制方法,建议采用建筑薄膜结构作为涡振气动控制措施A或B的阻挡气流结构,主要有三方面的原因,一是薄膜材料质量轻、刚度小,不会改变原有结构力学性能;二是彩色建筑膜结构色彩丰富、造型优美,能增加拱梁组合体系的建筑美观度;三是薄膜结构还具有降低噪声、改善环境的作用。

本章参考文献

[1] DAVENPORT A G. A statistical approach to the treatment of wind loading of tall masks and suspension bridges [D]. Bristol:University of Bristol,1961.

[2] SIMIU E,SCANLAN R H. Wind effects on structure [M]. 2nd ed. New York:John Willy and Sons,1996.

[3] TANAKA H. Wind engineering [A]. Prepared for CVG 5153,University of Ottawa,1998.

[4] 项海帆.公路桥梁抗风设计指南[M].北京:人民交通出版社,1996.

[5] 葛耀君.大跨度拱式桥抗风[M].北京:人民交通出版社股份有限公司,2014.

第14章
斜拉桥抗风设计研究

斜拉桥抗风设计主要采用理论分析、风洞试验和数值模型方法对大跨度桥梁结构抗风性能进行设计或验算,其中,风洞试验是目前最为有效和可靠的方法,并带有试验研究性质。本章斜拉桥抗风设计研究以东海大桥为工程背景,介绍桥位风特性统计分析、结构动力特性分析、节段模型测力风洞试验、节段模型测振风洞试验、静风稳定性数值分析、全桥气动弹性模型风洞试验、等效风荷载组合分析、颤振失稳概率性评价和斜拉桥抗风设计研究结论与建议等。

14.1 东海大桥主航道桥抗风设计

上海国际航运中心洋山深水港区的配套工程——东海大桥,始于上海浦东新区南汇新城镇的芦潮港,向东南方向跨越杭州湾北部海域,在浙江省嵊泗县崎岖列岛中的大乌龟岛登陆,并沿大乌龟岛、颗珠山岛至小洋山港区一期工程交接点,总长约31.5 km,整座大桥为集装箱专用通道,并按高速公路标准控制设计。海上段桥梁结构总长28.4 km(包括港桥连接段),其中,芦潮港至大乌龟岛之间的海上段长度为25.3 km,主航道桥设在离芦潮港18.5~19.3 km处的外海海域中,基本上为南北走向,是一座中跨420 m单索面结合梁斜拉桥,这是我国第一座真正意义上在外海建造的跨海斜拉桥,也是位于我国东南沿海最大风速区的桥梁。

我国虽然在斜拉桥建设及抗风研究方面积累了一些经验,但对于最大风速区的宽阔外海海面上施工建设斜拉桥尚无实践先例,而且该桥采用了单索面布置,使结构扭频降低,颤振稳定性下降。因此，对东海大桥主航道桥——斜拉桥结构进行抗风性能特别是颤振稳定性研究，以确保大桥在施工过程中和建成运营后的抗风稳定性、安全性和适用性，是一项十分重要的课题。

主航道桥采用跨径 73 m + 132 m + 420 m + 132 m + 73 m = 830 m 的五跨双塔单索面结合箱梁斜拉桥，在主塔墩、边墩及辅助墩处均设置 2 个纵向活动支座，形成具有抗扭支承的纵向全飘浮体系。主梁采用单箱三室截面，桥面宽度 33 m，箱梁底宽 20 m，梁高 4.0 m，梁上索距 8 m，横梁间距 4 m；桥塔采用倒 Y 形式，塔高 148 m，桥面以上部分塔高 100 m，为适应单索面拉索锚固，上塔柱收缩成一个单柱，为单箱双室截面，拉索在两个室内分开锚固，塔上索距 2.0 m；拉索采用高强度镀锌平行钢丝束，冷铸锚，间隔 1.9 m 双排布置，最大和最小拉索规格分别为 211ϕ7 和 109ϕ7。

1) 斜拉桥抗风性能

风是空气相对于地球表面的流动，当风绕过一般为非流线型（钝体）截面的桥梁结构时，会产生涡旋和流动的分离，形成复杂的空气作用力。当桥梁结构的刚度较大时，结构基本保持静止不动，这种空气力的作用只相当于静力作用，或静力风荷载；而当桥梁结构跨度很大时，较小的刚度使得结构振动很容易被激发，这种风的作用不仅具有静力特性，而且具有动力特性，或动力风荷载。风的动力作用激发了桥梁风致振动，而振动起来的桥梁又反过来影响空气的流动，改变空气作用力，形成风与结构的相互作用机制。当空气力受结构振动的影响较小时，空气作用力作为一种强迫力，导致桥梁结构的强迫振动，主要表现为桥梁抖振和桥梁涡振；当空气力受结构振动的影响较大时，受振动结构反馈制约的空气作用力，主要表现为一种自激力，导致桥梁结构的自激振动，主要包括桥梁颤振和涡激共振。

东海大桥主航道桥作为一座斜拉桥，其抗风性能主要包括静力风荷载和动力风荷载作用下的结构性能。其中，静力风荷载性能必须考虑静风稳定性——静力扭转发散、静风强度——静力风荷载组合、静风刚度——静风结构位移；动力风荷载性能必须考虑动风稳定性——颤振发散、动风强度——动风荷载组合、动风刚度——抖振和涡振结构位移。

2) 斜拉桥颤振控制

当空气的流动速度影响或改变了斜拉桥主梁不同自由度运动之间的振幅以及相位关系，使得桥梁结构能够在流动的气流中不断"吸收"能量，而该能量又大于结构阻尼所耗散的能量时，就会发生发散性自激振动，称为桥梁颤振。1940 年秋，美国华盛顿州建成才四个月的塔科马海峡大桥在风速 18～20 m/s 的八级大风作用下，发生强烈振动而坍塌，成为桥梁颤振历史上最深刻的教训。从此以后，颤振控制成为大跨度桥梁抗风设计的首要问题。

桥梁颤振涉及结构与气流系统的弹性力、惯性力、阻尼力和自激气动力等的相互作用，是一种十分复杂的空气动力稳定性问题。衡量桥梁颤振稳定性的主要指标是颤振临界风速，目前，国内外主要采用三种方法来确定斜拉桥颤振临界风速，即以 Theodorson 机翼颤振理论为基础的理论计算方法，以气动参数试验识别和理论计算模型相结合的实验加理论方法，以及完全以风洞试验为依据的直接试验方法。其中，直接试验方法是国内外公认的最精确的方法。因此，本书将分别采用二维节段模型和三维全桥模型的直接试验法确定斜拉桥的颤振临界风速，同时考虑到单索面布置的不利因素，采用中央稳定板和角隅导流板措施进行颤振控制，以提高桥梁颤振临界风速。

3) 抗风设计研究

东海大桥主航道桥抗风性能及颤振控制研究主要研究内容可以归纳为 8 个方面，分别为桥位风特性统计分析、结构动力特性分析、节段模型测力风洞试验、节段模型测振风洞试验、静风稳定性数值分析、全桥气动弹性模型风洞试验、等效风荷载组合分析、颤振失稳概率性评价，研究流程如图14-1所示。

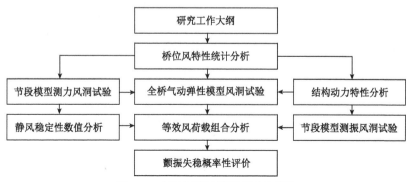

图14-1 东海大桥抗风设计研究流程图

14.2 桥位风特性统计分析

东海大桥主航道桥位于北亚热带西缘的东亚季风盛行区，受季风影响冬冷夏热、四季分明、降水充沛、气候变化复杂，夏季受台风直接影响、冬季受寒潮大风影响很大。在桥位附近分布有多个气象水文观测站，为此，本书选取桥位北面的大戢山海洋站、东北面的嵊泗海岛站、南面的岱山海岛站和小洋山海岛站4个与桥位相邻的风速测站，作为东海大桥主航道桥风特性分析的采样测站，并结合有关规范确定桥位边界层风特性参数。

14.2.1 桥位测站风速统计

东海大桥主航道桥桥位相邻测站风速统计分析主要选用大戢山海洋站、嵊泗海岛站和岱山海岛站30多年风速实测记录资料以及大戢山海洋站和小洋山海岛站5年风速风频实测记录资料。本书着重对热带气旋、风速风频和期望风速进行统计分析。

1) 桥位热带气旋

根据大戢山海洋站、嵊泗海岛站和岱山海岛站1960—1995年36年的资料统计，桥位出现7级以上的热带气旋过程共有129次，平均每年3.6次，最多年份达到7次；8级以上的热带气旋过程共有89次，平均每年2.5次；12级以上的台风过程共有6次，平均每年0.2次。影响桥位的热带气旋频度和风力明显高于上海陆地地区。

桥位受热带气旋影响时持续偏北(ENE—NNW)方向的大风过程有91次，占大风总次数的70%；风向持续在偏南(ESE—WSW)方位的大风过程有28次，占大风总次数的22%；其余10次大风过程交替出现在偏东和偏西方向，占大风总次数的8%。由此可见，影响桥位的热带气旋主导风向为南北方向，接近主航道桥轴线方向。

大风持续时间与影响桥位的热带气旋强度、移动方向和移动速度有关，其中，50%影响桥位的大风过程持续时间在6~12 h；28%影响桥位的大风过程持续时间在18~36 h；21%影响桥位的大风过程持续时间在42 h以上，最长大风过程持续时间达96 h。

2）桥位风速风频

根据大戢山海洋站和小洋山海岛站连续 5 年（1997—2001 年）的资料统计，两个测站 16 个风向 10 m 高度处平均风速、最大风速及其发生频率如表 14-1、图 14-2 和图 14-3 所示。大戢山海洋站常风向为 NNE—NE，发生频率为 27.5%；次常风向为 SE—SSE，发生频率为 19.5%；实测最大风速 28.4 m/s，风向为 NNE。小洋山海岛站常风向为 N—NNE，发生频率为 25.2%；次常风向为 ESE—SE，发生频率为 23.8%；实测最大风速 24.8 m/s，风向为 WNW。

大戢山海洋站和小洋山海岛站风速风频统计结果　　　表 14-1

风向	大戢山海洋站			小洋山海岛站		
	平均风速(m/s)	最大风速(m/s)	发生频率	平均风速(m/s)	最大风速(m/s)	发生频率
N	7.3	28.1	7.0%	5.1	22.6	16.6%
NNE	7.3	28.4	16.0%	4.6	16.0	8.6%
NE	6.9	23.8	11.5%	4.5	18.1	4.3%
ENE	5.6	25.7	5.0%	2.8	8.5	0.8%
E	5.3	23.3	3.0%	3.8	16.9	10.8%
ESE	5.8	21.7	8.0%	3.7	17.5	7.7%
SE	6.6	22.7	9.5%	4.3	19.2	16.1%
SSE	6.7	21.1	10.0%	5.1	18.2	6.5%
S	6.3	20.3	7.5%	4.5	22.8	7.9%
SSW	5.4	20.3	4.5%	3.5	20.6	1.9%
SW	4.8	17.3	2.0%	3.1	18.7	1.8%
WSW	4.7	20.3	1.0%	2.8	15.4	1.0%
W	5.0	23.5	2.0%	4.0	21.9	3.4%
WNW	6.8	23.3	2.0%	4.5	24.8	1.8%
NW	7.8	25.1	3.5%	6.9	23.8	4.7%
NNW	8.8	26.5	6.5%	5.7	20.2	5.9%

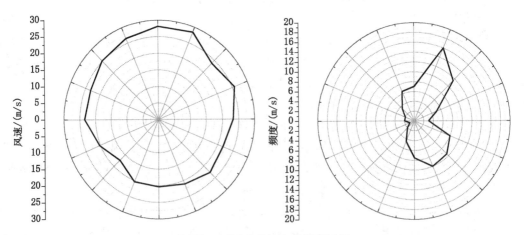

图 14-2　大戢山海洋站风速风频玫瑰图

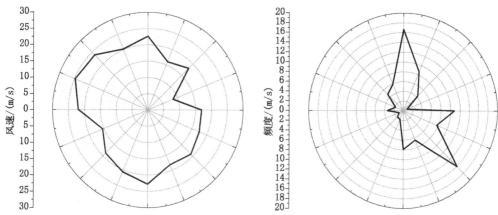

图 14-3 小洋山海岛站风速风频玫瑰图

桥位海区不仅常年主导风向明确,而且主导风向受季节性影响明显,根据小洋山海岛站连续 5 年资料统计,按春季(3—5 月)、夏季(6—8 月)、秋季(9—11 月)和冬季(12—2 月)分季节统计的平均风速、最大风速和发生频率如表 14-2 所示。其中:春季,常风向为 SE—SSE,发生频率为 30.8%,强风方向为 S,实测最大风速 22.8 m/s;夏季,常风向为 SE—SSE,发生频率为 35.7%,强风方向为 WNW,实测最大风速 24.2 m/s;秋季,常风向为 N—NNE,发生频率为 34.7%,强风方向为 NW,实测最大风速 20.3 m/s;冬季,常风向为 NNW—N,发生频率为 42.9%,强风方向为 NW,实测最大风速 19.5 m/s。

小洋山海岛站四季风速风频统计结果　　表 14-2

风向	春季			夏季			秋季			冬季		
	平均风速(m/s)	最大风速(m/s)	发生频率	平均风速(m/s)	最大风速(m/s)	发生频率	平均风速(m/s)	最大风速(m/s)	发生频率	平均风速(m/s)	最大风速(m/s)	发生频率
N	5.8	15.5	12.5%	3.6	22.5	4.2%	6.3	20.0	19.4%	4.0	17.2	30.8%
NNE	5.0	13.6	6.2%	3.9	23.5	4.4%	5.4	15.1	15.3%	3.0	11.8	8.4%
NE	5.2	14.0	3.6%	3.7	18.1	3.6%	5.1	13.2	6.5%	4.0	13.7	3.6%
ENE	3.7	7.0	0.8%	2.1	7.0	0.6%	3.2	8.5	0.9%	2.0	6.1	0.9%
E	4.6	12.9	11.8%	3.1	16.0	12.7%	4.0	16.9	8.6%	4.0	11.4	10.0%
ESE	4.3	8.7	7.4%	3.1	14.3	9.0%	4.2	17.5	9.5%	3.0	9.4	4.8%
SE	5.6	14.3	22.0%	3.2	19.2	24.9%	4.5	13.7	9.7%	4.0	12.0	7.6%
SSE	7.1	18.2	8.8%	3.7	18.1	10.8%	5.4	12.4	4.6%	3.0	11.3	1.7%
S	5.7	22.8	8.5%	4.0	16.7	14.2%	4.6	14.1	5.8%	4.0	13.9	2.9%
SSW	4.3	12.7	1.8%	3.1	20.6	3.3%	4.2	10.7	1.8%	2.0	10.6	0.8%
SW	3.4	13.7	2.1%	3.0	18.7	2.8%	3.4	11.5	1.4%	2.0	7.8	1.0%
WSW	4.4	9.3	1.0%	2.4	15.4	1.5%	3.1	10.9	0.7%	1.0	10.7	0.8%
W	5.0	13.0	3.5%	3.4	21.9	3.0%	4.8	15.1	2.8%	3.0	16.8	4.3%
WNW	5.6	15.7	1.8%	3.2	24.2	1.4%	5.4	14.8	1.5%	4.0	18.1	2.5%
NW	6.8	14.8	3.6%	4.1	23.8	1.9%	9.3	20.3	5.6%	6.0	19.5	7.6%
NNW	8.0	18.9	4.6%	4.8	18.6	1.5%	7.4	20.2	5.8%	5.0	17.1	12.1%

3）桥位期望风速

根据桥位附近大戢山海洋站、嵊泗海岛站和岱山海岛站长期风速统计资料（30年以上），选用适合我国风速统计分析的极值Ⅰ型分布概率模型，符合各测站的计算结果，可以确定出桥位不同重现期的设计期望风速，如表14-3所示。表中不同高度处的期望风速采用指数律模型换算，并取幂指数 $\alpha = 0.10$。

东海大桥相邻风速测站期望风速统计结果　　　表14-3

离地高度(m)	25年一遇(m/s)	50年一遇(m/s)	100年一遇(m/s)	200年一遇(m/s)
10	35.54	38.89	42.16	45.42
20	38.09	41.68	45.18	48.68
30	39.67	43.41	47.05	50.70
40	40.83	44.67	48.43	52.18
50	41.75	45.68	49.52	53.36

14.2.2　规范方法风速确定

根据交通运输部《公路桥涵设计通用规范》（JTG D60—2015）中的全国基本风压分布图，东海大桥主航道桥桥位位于定海与嵊泗1200Pa等压线和宁波与上海800Pa等压线之间，由于主航道桥系外海海区桥梁，安全起见，采用我国东部沿海地区的最大风压值1200Pa，即标准高度20m、平均时距10min、重现期100年的期望风压值为1200Pa，取空气密度为1.225kg/m³，可以推算出相应高度处的风速期望值为

$$U_1 = \sqrt{\frac{2W_1}{\rho}} = \sqrt{\frac{2 \times 1200}{1.225}} = 44.26 \text{(m/s)} \tag{14-1}$$

上述规范中规定的标准场地的幂指数为 $\alpha_1 = 0.14$、边界层厚度 $\delta_1 = 550\text{m}$。参照"东海大桥初步设计工程气象、水文分析报告"中的建议，东海大桥海上桥位场地幂指数应取0.10，由此确定边界层厚度 $\delta = 450\text{m}$，地表粗糙高度 $z_0 = 0.005\text{m}$。按指数律方法和梯度风速相等的原理可以推算出主航道桥桥位10m高度处的基本风速为

$$U_{10} = U_1 \left(\frac{\delta_1}{z_1}\right)^{\alpha_1} \left(\frac{z_{10}}{\delta}\right)^{\alpha} = 44.26 \times \left(\frac{550}{20}\right)^{0.14} \left(\frac{10}{450}\right)^{0.10} = 48.1 \text{(m/s)} \tag{14-2}$$

比较按桥位附近风速测站统计分析得到的设计基本风速42.16m/s和按全国基本风压分布图确定的设计基本风速48.1m/s，不难发现，两者相差14%。安全起见，东海大桥主航道桥桥位区基本风速确定为48.1m/s，施工阶段基本风速按10年重现期风速的84%折减。

14.2.3　设计风特性参数

根据上述设计基本风速和有关规范的规定，东海大桥主航道桥桥位风特性参数确定如下。

1）桥位设计基准风速

$$U_d = U_{10} \left(\frac{z}{z_{10}}\right)^{\alpha} \tag{14-3}$$

式中，z 表示离开水面的高度；z_{10} 表示标准高度，即 $z_{10} = 10\text{m}$；U_{10} 表示10m高度处基本风速，即 $U_{10} = 48.1\text{m/s}$；α 表示幂指数，取 $\alpha = 0.10$。

2）桥位设计阵风风速

$$U_g = G_u U_d \tag{14-4}$$

式中，G_u 表示阵风风速系数，取 $G_u = 1.38$；U_d 表示不同高度处的设计基准风速。

3）桥面高度紊流强度

$$I_u : I_v : I_w = 1 : 0.88 : 0.5 \tag{14-5}$$

式中，I_u 表示顺风向紊流强度，取 $I_u = 0.08$；I_v 表示横风向紊流强度，取 $I_v = 0.88 I_u = 0.07$；I_w 表示竖向紊流强度，取 $I_w = 0.5 I_u = 0.04$。

4）脉动风功率谱密度

$$\frac{nS_u(n)}{(u^*)^2} = \frac{200f}{(1+50f)^{5/3}} \tag{14-6}$$

$$\frac{nS_w(n)}{(u^*)^2} = \frac{6f}{(1+4f)^2} \tag{14-7}$$

式中，$S_u(n)$ 表示脉动风水平分量功率谱密度；$S_w(n)$ 表示脉动风竖直分量功率谱密度；n 和 f 分别表示脉动风频率和折算频率，且 $f = nz/U(z)$；u^* 表示剪切速度。

5）脉动风空间相关性

$$Coh_{ij}(f) = \exp\left(-\lambda_{ij} \frac{fr_j}{U}\right) \tag{14-8}$$

式中，下标 i 和 j 分别表示脉动风分量（$i = u, v, w$）和空间相关方向（$j = x, y, z$）；r_j 表示空间两点之间的距离；λ_{ij} 表示无量纲衰减因子，取值范围为 $7 \sim 21$，一般取 $\lambda_{ij} = 7$；f 表示折算频率。

14.3 结构动力特性分析

桥梁结构动力特性分析是研究桥梁振动问题的基础，为了进行风荷载作用下的结构全过程动力响应分析和节段模型测振风洞试验及全桥气动弹性模型风洞试验，必须首先计算在施工及成桥状态下桥梁结构的动力特性。为此，采用 ANSYS 有限元分析软件对全桥成桥状态、最大单悬臂状态、最大双悬臂状态和桥塔自立状态四种结构形式进行了动力特性分析。

14.3.1 有限元计算模型

东海大桥主航道桥结构动力特性分析采用离散结构的有限元方法，主梁、桥塔和桥墩结构离散为空间梁单元，斜拉索采用空间杆单元模拟。由于采用倒 Y 形桥塔、单索面以及主梁为带悬臂的闭口箱形断面，其约束扭转刚度相比自由扭转刚度而言较小，因此主梁采用单脊梁式力学模型，并通过刚性横梁同双排索面相连形成"鱼骨式"模型。

有限元计算模型的总体坐标系以顺桥向为 x 轴，以横桥向为 z 轴，以竖向为 y 轴。全桥跨径布置为 $73\,\mathrm{m} + 132\,\mathrm{m} + 420\,\mathrm{m} + 132\,\mathrm{m} + 73\,\mathrm{m} = 830\,\mathrm{m}$，主跨塔梁连接处横桥向、竖向的线位移约束和扭转角位移约束，以及边墩和辅助墩的墩顶与主梁连接处设置的横桥向、竖向的线位移约束和扭转角位移约束等，均为主从约束；主塔、边墩和辅助墩底部的 3 个线位移和 3 个角位移均被刚性约束。

东海大桥主航道桥成桥状态有限元计算模型如图 14-4 所示。

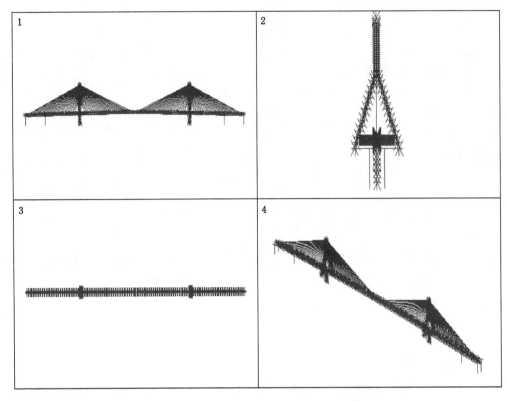

图 14-4 东海大桥主航道桥成桥状态有限元计算模型

为了研究东海大桥主航道桥在施工阶段的抗风性能,针对桥梁结构施工过程的关键施工阶段,其中包括最大单悬臂状态、最大双悬臂状态和桥塔自立状态,分别建立了相应的空间梁系结构有限元计算模型。

14.3.2 主要构件截面特性

东海大桥主航道桥双塔单索面斜拉桥的整体桥跨结构由主梁、桥塔和拉索等主要构件组成,这些主要构件的截面特性汇总如表 14-4 所示。

东海大桥主航道桥主要构件截面特性 表 14-4

参数	符号	单位	构件	实桥值
长度	L	m	全桥	73 + 132 + 420 + 132 + 73
宽度	B	m	主梁	33.0
			桥塔	4.2 ~ 37.0
高度	H	m	主梁	4.0
			桥塔	8.0
单位长度质量	m	kg/m	主梁	38000 ~ 50000
			桥塔	61100 ~ 240199
			拉索	41.06 ~ 72.09

续上表

参数	符号	单位	构件	实桥值
单位长度质量惯性矩	J_m	$kg \cdot m^2/m$	主梁	2908000～4000000
			桥塔	516520～37914000
竖弯刚度	EI_z	$N \cdot m^2$	主梁	124.9×10^{10}
			桥塔	560.2×10^{10}～3435.6×10^{10}
侧弯刚度	EI_y	$N \cdot m^2$	主梁	4847.6×10^{10}
			桥塔	163.0×10^{10}～49644.0×10^{10}
轴向刚度	EA	N	拉索	0.098×10^{10}～0.167×10^{10}
			主梁	64.98×10^{10}
			桥塔	85.54×10^{10}～336.28×10^{10}
扭转刚度	GJ_d	$N \cdot m^2$	主梁	97.85×10^{10}
			桥塔	154.0×10^{10}～4614.8×10^{10}

14.3.3 动力特性计算结果

整个结构动力特性计算采用通过 ISO 9002 质量认证的通用计算软件 ANSYS,结构动力特性分析中的特征方程求解采用子空间迭代法,分别进行了全桥成桥状态、最大单悬臂状态、最大双悬臂状态和桥塔自立状态四种结构状态的动力特性分析。东海大桥主航道桥成桥状态结构动力特性计算结果前 15 阶自振频率和振型描述如表 14-5 所示。

东海大桥主航道桥成桥状态自振频率和振型描述　　　　表 14-5

阶次	频率(Hz)	周期(s)	振型描述
1	0.157	6.369	纵飘
2	0.358	2.793	一阶对称竖弯
3	0.439	2.278	一阶对称侧弯带扭转
4	0.511	1.957	一阶反对称竖弯
5	0.590	1.695	一阶对称扭转
6	0.770	1.299	二阶对称竖弯
7	0.957	1.045	双塔反向侧弯
8	0.958	1.044	双塔同向侧弯
9	0.972	1.029	二阶反对称竖弯
10	1.058	0.945	三阶对称竖弯
11	1.097	0.912	一阶反对称侧弯
12	1.171	0.854	一阶反对称扭转
13	1.175	0.851	三阶反对称竖弯
14	1.242	0.805	边跨侧弯
15	1.428	0.700	四阶对称竖弯

14.4 节段模型测力风洞试验

东海大桥主航道桥节段模型测力试验的主要目的是通过主梁节段模型测力风洞试验识别出结合箱梁主梁断面的静力三分力和三分力系数。

1∶70 主梁测力节段模型分别模拟了施工阶段(无桥面栏杆)和成桥状态(有桥面栏杆和斜腹板下侧检修轨道)共两种截面形式。风洞试验共完成了 2 个主梁模型的 50 个吹风试验工况,其中包括每个模型 -12°到 +12°共计 25 个整数度风攻角试验工况。试验结果包括施工阶段和成桥状态主梁的静风阻力和阻力系数、静风升力和升力系数,以及静风升力矩和升力矩系数。

14.4.1 测力节段模型设计

主梁测力节段模型采用几何相似比 $\lambda_L = 1:70$,测力试验要求节段模型刚性尽可能大,并满足气动外形相似要求,但对质量和质量惯性矩没有相似性要求。

主梁测力节段模型是在测振节段模型基础上稍作改进,采用竖向底支方式,用于测力风洞试验。东海大桥主航道桥施工阶段和成桥状态主梁测力节段模型断面如图 14-5 和图 14-6 所示。

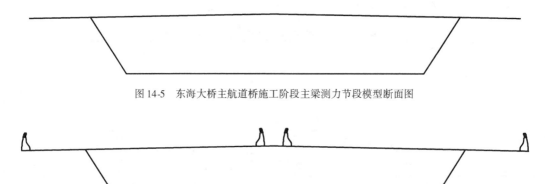

图 14-5　东海大桥主航道桥施工阶段主梁测力节段模型断面图

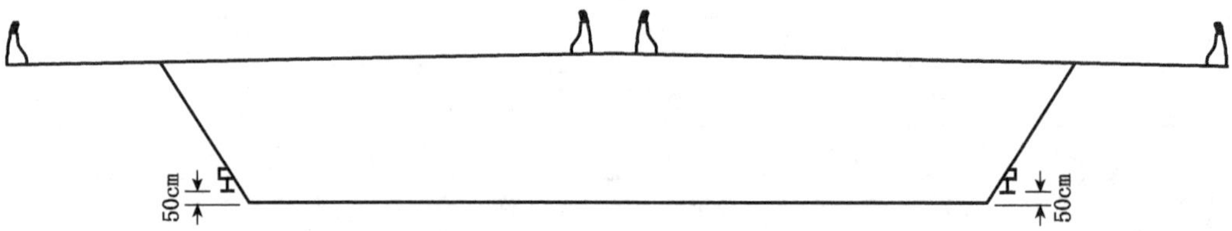

图 14-6　东海大桥主航道桥成桥状态主梁测力节段模型断面图

14.4.2 节段模型测力试验

节段模型测力试验是在同济大学 TJ-2 边界层风洞中进行的,主要测力试验设备如下:
(1)TJ-2 边界层风洞,试验段高 2.5 m,宽 3 m,长 15 m,可调风速 1~65 m/s;
(2)六分量浮框式天平;
(3)Windows NT 工控机系统。

东海大桥主航道桥主梁节段模型测力装置如图 14-7 所示。

图 14-7　东海大桥主航道桥主梁节段模型测力装置

(a)主梁桥面部分；(b)主梁梁底部分

14.4.3　测力试验主要结果

通过 2 个主梁节段模型的测力试验主要获得主梁处于施工阶段和成桥状态的静力三分力系数，包括阻力系数、升力系数以及升力矩系数。

主梁节段模型静力三分力系数试验结果：图 14-8 给出不同风攻角下主梁施工阶段和成桥状态在风轴坐标中的静力三分力系数；主梁在风攻角 -3°、0°和 +3°时的静力三分力系数及其导数的风洞试验实测结果汇总如表 14-6 所示。

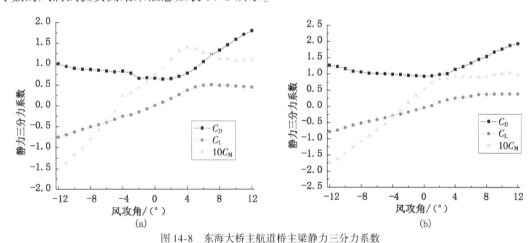

图 14-8　东海大桥主航道桥主梁静力三分力系数

(a)施工阶段；(b)成桥状态

东海大桥主航道桥主梁静力三分力系数主要试验结果　　表 14-6

结构状态	风攻角	阻力系数		升力系数		升力矩系数	
		C_D	dC_D/C_α	C_L	dC_L/C_α	C_M	dC_M/C_α
成桥	-3°	0.983	-0.019	-0.239	0.059	-0.012	0.022
	0°	0.931	-0.004	-0.043	0.067	0.054	0.020
	+3°	1.009	0.079	0.207	0.062	0.086	0.003

续上表

结构状态	风攻角	阻力系数		升力系数		升力矩系数	
		C_D	dC_D/C_α	C_L	dC_L/C_α	C_M	dC_M/C_α
施工	$-3°$	0.782	-0.085	-0.217	0.053	0.031	0.009
	$0°$	0.661	-0.016	0.006	0.082	0.076	0.017
	$+3°$	0.707	0.066	0.271	0.099	0.132	0.014

14.5 节段模型测振风洞试验

东海大桥主航道桥节段模型测振风洞试验是针对结合箱梁断面进行的,主要有三个目的:一是通过节段模型测振风洞试验识别出与气动阻尼和气动刚度相关的颤振导数,以便进行抖振分析,并确定等效静力风荷载;二是在风洞试验中,直接测定颤振临界风速;三是通过风洞试验,观察涡激振动现象,并确定涡振锁定风速和涡振最大振幅。

1:70主梁节段模型分别模拟了原设计断面的施工阶段(无桥面栏杆)和成桥状态(有桥面栏杆)、成桥状态断面带有三种不同高度中央稳定板、成桥状态断面带有四种不同位置检修轨道等10种结构状态。风洞试验共完成了10个节段模型的52个吹风试验工况,其中包括3个紊流风场试验工况和$-5°$、$-3°$、$0°$、$+3°$、$+5°$风攻角试验工况。试验实测内容包括颤振导数、颤振临界风速和涡振锁定风速等。

14.5.1 测振节段模型设计

主梁节段模型测振试验仅考虑模拟竖弯和扭转振动两个方向的振动特性,横桥向即侧向的振动特性没有模拟。

1)相似性要求

节段模型采用几何相似比 $\lambda_L = 1:70$,根据测振节段模型设计相似性要求,可以确定其他节段模型相似比,如表14-7所示。由此可以进一步确定出实桥结构主要参数与节段模型主要参数之间的一一对应关系,如表14-8所示。

东海大桥主航道桥主梁测振节段模型相似比　　　　表14-7

参数名称	符号	单位	相似比	相似性要求
长度	L	m	$\lambda_L = 1:70$	几何相似比
速度	U, u, w	m/s	$\lambda_v = \lambda_L \lambda_f$	Strouhal 数相似
密度	ρ	kg/m³	$\lambda_\rho = 1$	材料密度不变
单位长度质量	m	kg/m	$\lambda_m = \lambda_\rho \lambda_L^2 = \lambda_L^2 = 1:70^2$	量纲不变
单位长度质量惯性矩	J_m	kg·m²/m	$\lambda_J = \lambda_m \lambda_L^2 = \lambda_L^4 = 1:70^4$	量纲不变
时间	t	s	$\lambda_t = \lambda_L/\lambda_v$	Strouhal 数相似
阻尼比	ζ	—	$\lambda_\zeta = 1$	阻尼比不变

东海大桥主航道桥主梁节段模型主要参数

表 14-8

参数名称		单位	实桥值	相似比		模型值	
				颤振	涡振	颤振	涡振
几何尺度	长度 L	m	119	$\lambda_L = 1:70$		1.700	
	宽度 B	m	33	$\lambda_L = 1:70$		0.471	
	高度 H	m	3.95	$\lambda_L = 1:70$		0.056	
质量	单位长度质量 m	kg/m	5.447×10^4	$\lambda_m = 1:70^2$		11.116	
	单位长度质量惯性矩 J_m	kg·m²/m	4.224×10^6	$\lambda_J = 1:70^4$		0.176	
频率	对称竖弯 f_h	Hz	0.3578	7.955:1	16.77:1	2.846	6.000
	对称扭转 f_t	Hz	0.5897	7.955:1	16.77:1	4.691	9.890
阻尼	竖弯阻尼比 ζ_h	—	1.0	$\lambda_\zeta = 1$		1.0	
	扭转阻尼比 ζ_t	—	1.0	$\lambda_\zeta = 1$		1.0	

2) 节段模型设计

主梁测振节段模型为薄壁箱形结构,由有机玻璃板组成,桥面栏杆和检修轨道等均选用 ABS 材料用电脑雕刻机雕刻而成。10 种结构状态的节段模型横断面比较如表 14-9 所示,相应横断面示意图如图 14-9 所示。

东海大桥主航道桥主梁 10 种节段模型横断面比较

表 14-9

序号	基本横断面	桥面栏杆	中央稳定板	检修轨道	示意图
1	√				图 14-9(a)
2	√	√			图 14-9(b)
3	√	√	0.8 m		图 14-9(c)
4	√	√	1.0 m		图 14-9(c)
5	√	√	1.2 m		图 14-9(c)
6	√	√	1.2 m	斜腹板下侧	图 14-9(d)
7	√	√	1.2 m	斜腹板上侧	图 14-9(e)
8	√	√	1.2 m	底板边缘	图 14-9(f)
9	√	√	1.2 m	底板中部	图 14-9(g)
10	√	√		斜腹板下侧	图 14-9(h)

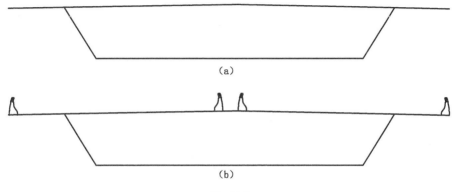

图 14-9

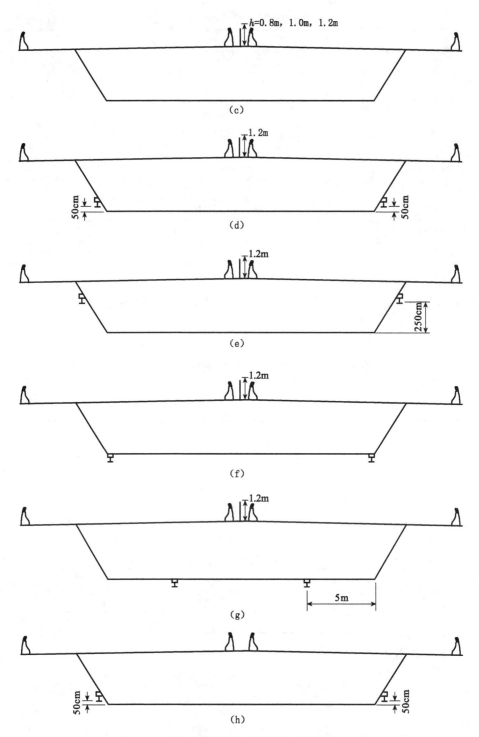

图 14-9 东海大桥主航道桥主梁节段模型横断面示意图

(a)原断面施工阶段;(b)原断面成桥状态;(c) 成桥状态带中央稳定板;(d) 成桥状态带1.2m中央稳定板和斜腹板下侧检修轨道;(e) 成桥状态带1.2m中央稳定板和斜腹板上侧检修轨道;(f) 成桥状态带1.2m中央稳定板和底板边缘检修轨道;(g)成桥状态带1.2m中央稳定板和底板中部检修轨道;(h)成桥状态带斜腹板下侧检修轨道

3) 节段模型测振系统

节段模型测振试验是在同济大学 TJ-1 边界层风洞中进行的。节段模型采用洞外支架悬挂,整个节段模型测振系统如图 14-10 所示。

图 14-10 东海大桥主航道桥主梁节段模型测振系统

14.5.2 节段模型测振试验

节段模型测振试验是在同济大学 TJ-1 边界层风洞中进行的,主要测振试验设备如下:
(1) TJ-1 边界层风洞:高 1.8 m,宽 1.8 m,长 14 m,可调风速 1~30 m/s;
(2) 压电式加速度传感器:No. 3331、No. 3339 和 No. 3372;
(3) YE5866 电荷放大器:八通道;
(4) HP35670A 信号分析仪:四通道 FFT 信号分析仪;
(5) 计算机采样系统:模拟式信号采样板、P-Ⅲ微机以及相应软件。

主梁节段模型分别模拟了原设计断面的施工阶段(无桥面栏杆)和成桥状态(有桥面栏杆)、成桥状态断面带有 3 种不同高度中央稳定板、成桥状态断面带有 4 种不同位置检修轨道等 10 种结构形式,如表 14-9 和图 14-9 所示;试验实测内容包括颤振导数、颤振临界风速和涡振风速等;吹风试验模拟了 -5°、-3°、0°、+3°和 +5°5 种形式的风攻角;试验流场包括均匀流场和紊流风场。全部节段模型测振风洞试验共分 52 个工况,如表 14-10 所示,分别对应于上述各种不同的主梁结构形式、流场、试验内容和风攻角等。

东海大桥主航道桥主梁节段模型测振试验工况　　　　表 14-10

工况	主梁结构形式	流场	试验内容	风攻角
SM-1	原断面施工阶段	均匀流场	颤振临界风速	-5°
SM-2			颤振临界风速	-3°
SM-3			颤振临界风速	0°
SM-4			颤振临界风速	+3°
SM-5			颤振临界风速	+5°
SM-6			颤振导数	-3°
SM-7			颤振导数	0°
SM-8			颤振导数	+3°
SM-9			涡振观测	-3°
SM-10			涡振观测	0°
SM-11			涡振观测	+3°
SM-12		紊流风场	抖振响应	0°
SM-13	原断面成桥状态	均匀流场	颤振临界风速	-5°
SM-14			颤振临界风速	-3°
SM-15			颤振临界风速	0°
SM-16			颤振临界风速	+3°
SM-17			颤振临界风速	+5°
SM-18			颤振导数	-3°
SM-19			颤振导数	0°
SM-20			颤振导数	+3°
SM-21			涡振观测	-3°
SM-22			涡振观测	0°
SM-23			涡振观测	+3°
SM-24		紊流风场	抖振响应	0°
SM-25	成桥状态带 0.8m 中央稳定板	均匀流场	颤振临界风速	-3°
SM-26			颤振临界风速	0°
SM-27			颤振临界风速	+3°
SM-28	成桥状态带 1.0m 中央稳定板	均匀流场	颤振临界风速	-3°
SM-29			颤振临界风速	0°
SM-30			颤振临界风速	+3°
SM-31	成桥状态带 1.2m 中央稳定板	均匀流场	颤振临界风速	-3°
SM-32			颤振临界风速	0°
SM-33			颤振临界风速	+3°
SM-34	成桥状态带 1.2m 中央稳定板和斜腹板下侧检修轨道	均匀流场	颤振临界风速	-3°
SM-35			颤振临界风速	0°
SM-36			颤振临界风速	+3°

续上表

工况	主梁结构形式	流场	试验内容	风攻角
SM-37	成桥状态带 1.2m中央稳定板和 斜腹板上侧检修轨道	均匀流场	颤振临界风速	-3°
SM-38			颤振临界风速	0°
SM-39			颤振临界风速	+3°
SM-40	成桥状态带 1.2m中央稳定板和 底板边缘检修轨道	均匀流场	颤振临界风速	-3°
SM-41			颤振临界风速	0°
SM-42			颤振临界风速	+3°
SM-43	成桥状态带 1.2m中央稳定板和 底板中部检修轨道	均匀流场	颤振临界风速	-3°
SM-44			颤振临界风速	0°
SM-45			颤振临界风速	+3°
SM-46	成桥状态带 斜腹板下侧检修轨道	均匀流场	颤振临界风速	-3°
SM-47			颤振临界风速	0°
SM-48			颤振临界风速	+3°
SM-49			颤振导数	-3°
SM-50			颤振导数	0°
SM-51			颤振导数	+3°
SM-52		紊流风场	抖振响应	0°

14.5.3 测振试验主要结果

节段模型测振试验主要结果包括三个方面,即颤振临界风速、涡振锁定风速和颤振导数。

1) 颤振临界风速

节段模型测振试验的主要目的之一是通过直接试验方法来确定东海大桥主航道桥的颤振临界风速。根据《公路桥梁抗风设计指南》的规定,颤振检验风速可以按下式计算:

$$[U_{cr}] = K\mu_f U_d \tag{14-9}$$

式中,U_d 表示桥面高度设计基准风速,桥面高度按设计最高水位计算时为 $z=54$ m,因此

$$U_d = 48.1 \times \left(\frac{54}{10}\right)^{0.10} = 56.9 \text{(m/s)} \tag{14-10}$$

式中,μ_f 表示考虑风速的脉动影响及水平相关特性的无量纲修正系数,经内插得 $\mu_f = 1.238$；K 表示考虑风洞试验误差及设计、施工中不确定因素的综合安全系数,且 $K=1.2$。由此可以计算确定东海大桥主航道桥主梁颤振检验风速为 $[U_{cr}] = 1.2 \times 1.238 \times 56.9$ m/s = 84.5 m/s。

由于原断面成桥状态在 +3°风攻角下的颤振临界风速只有 81.4 m/s(表14-11),低于要求的颤振检验风速 84.5 m/s,因此,必须采取有效的颤振控制措施来提高颤振稳定性。为此,首先根据空气动力学原理和桥梁抗风研究经验提出了在桥面中央设置稳定板的方法来提高颤振稳定性,节段模型风洞试验表明(表14-11)0.8 m、1.0 m 和 1.2 m 的中央稳定板均能有效地提高颤振稳定性,并使颤振临界风速大于颤振检验风速；此后,应建设单位在主梁底面附加检修轨道的要求,又根据空气动力学原理和桥梁抗风研究经验对四种不同位置的检修轨道进行了气动优化(表14-11),确定成桥状态带 1.2 m 中央稳定板和斜腹板下侧检修轨道为最优形式,

颤振临界风速达到94.6m/s;最后,从安全和经济的角度出发,又对中央稳定板去掉后的节段模型进行风洞试验,并确认成桥状态带斜腹板下侧检修轨道的横断面具有最低90.2m/s的颤振临界风速,高于要求的颤振检验风速84.5m/s,因而成为最终推荐方案。10种不同形式的节段模型在各种风攻角下的颤振临界风速风洞试验结果如表14-11所示。

东海大桥主航道桥主梁各种结构形式的颤振临界风速(m/s) 表14-11

主梁结构形式	-3°风攻角	0°风攻角	+3°风攻角	限值
原断面施工阶段	132.2	150.8	104.9	>84.5
原断面成桥状态	>176	145.0	81.4	<84.5
成桥状态带0.8m中央稳定板	>176	151.8	85.8	>84.5
成桥状态带1.0m中央稳定板	>176	151.8	85.8	>84.5
成桥状态带1.2m中央稳定板	>176	154.0	90.2	>84.5
成桥状态带1.2m中央稳定板和斜腹板下侧检修轨道	>176	162.8	94.6	>84.5
成桥状态带1.2m中央稳定板和斜腹板上侧检修轨道	>176	151.8	88.0	>84.5
成桥状态带1.2m中央稳定板和底板边缘检修轨道	>176	121.0	79.2	<84.5
成桥状态带1.2m中央稳定板和底板中部检修轨道	>176	154.0	90.2	>84.5
成桥状态带斜腹板下侧检修轨道	>176	154.0	90.2	>84.5

2) 涡振锁定风速

节段模型涡振风洞试验检验了表14-9中的所有10种主梁结构形式,只有原断面成桥状态[图14-9(b)]在+3°风攻角下出现了竖弯和扭转涡振,其余主梁结构形式均未出现涡振,因此不影响最后选择的原断面施工阶段[图14-9(a)]和成桥状态带斜腹板下侧检修轨道断面[图14-9(h)]。原断面成桥状态出现涡振的试验工况和涡振锁定风速如表14-12所示。

东海大桥主航道桥主梁涡振工况和锁定风速 表14-12

桥梁结构形式	流场	风攻角	涡振形式	锁定风速(m/s)
原断面成桥状态	均匀流场	+3°	竖弯	20~32
	均匀流场	+3°	扭转	25-30

节段模型测振风洞试验还识别了颤振导数,可用于颤振和抖振分析。

14.6 静风稳定性数值分析

东海大桥主航道桥静风稳定性数值分析考虑三种结构状态,即施工过程中的最大双悬臂状态、最大单悬臂状态和施工完成后的全桥成桥状态。本书的主要内容是采用计入三分力效应的非线性有限元分析方法,通过全过程跟踪计算出三种结构状态在结构恒载和静力风荷载共同作用下的最大竖向位移、最大侧向位移和最大扭转变形随风速的变化规律。

静风稳定性数值分析是在大型有限元分析软件ANSYS的基础上完成的。为了计入三分力效应,对ANSYS软件进行了二次开发,使其具有分析结构静风稳定性的功能。

14.6.1 静风稳定性数值分析模型

东海大桥主航道桥静风稳定性数值分析采用离散结构的有限元方法,主梁、桥塔和桥墩结构离散为空间梁单元,斜拉索采用空间杆单元模拟。由于采用倒 Y 形桥塔、单索面以及主梁为带悬臂的闭口箱形断面,其约束扭转刚度相比自由扭转刚度而言较小,因此主梁采用单脊梁式力学模型,并通过刚性横梁同双排索面相连形成"鱼骨式"模型。

东海大桥主航道桥全桥成桥状态下的三维有限元静风稳定性数值分析模型如图 14-11 所示。

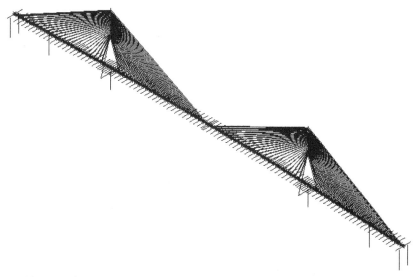

图 14-11 东海大桥主航道桥全桥成桥状态下的三维有限元静风稳定性数值分析模型

14.6.2 静风稳定性数值分析结果

东海大桥主航道桥全桥成桥状态和施工阶段主梁最大单悬臂状态及最大双悬臂状态的静风稳定性数值分析结果汇总如下。

东海大桥主航道桥全桥成桥状态的静风稳定性数值分析以风速为零,结构只承受恒载为初始状态,以 5 m/s 为级差逐级增大风速,计算各级风速下桥梁结构在静风力和恒载共同作用下的竖向、侧向和扭转位移。全桥成桥状态主梁跨中竖向位移、侧向位移和扭转位移随风速变化的规律如图 14-12 所示。

从图 14-12 中可以看到,当风速较低时,主梁各方向的位移都较小,随着风速的增大,主梁跨中的侧向和扭转位移都逐渐增大,而竖向位移的增加仍非常缓慢;当风速增大到 140 m/s 后,跨中竖向位移开始加速增长,直到风速增大到 280 m/s,竖向位移出现发散,表明结构已经在静风力和恒载共同作用下丧失稳定性,此时结构侧向位移也有发散的趋势。分析结果表明结构的静风稳定性安全储备很大。

从上述静风稳定性数值分析结果可以看到,东海大桥主航道桥无论是在施工阶段还是在全桥成桥状态,其静风失稳临界风速都远大于相应状态的颤振临界风速。因此,东海大桥主航道桥的静风稳定性很高。

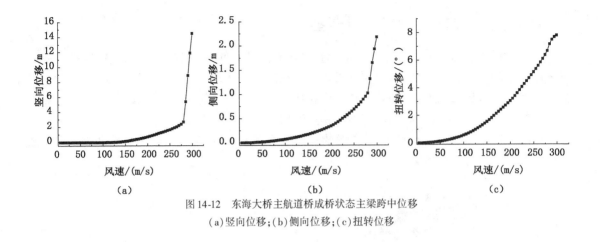

图 14-12 东海大桥主航道桥成桥状态主梁跨中位移
(a)竖向位移;(b)侧向位移;(c)扭转位移

14.7 全桥气动弹性模型风洞试验

东海大桥主航道桥全桥气动弹性模型风洞试验主要有两个目的:一是通过全桥气动弹性模型风洞试验精确确认节段模型风洞试验所确定的颤振临界风速值;二是测定不同工况下桥梁结构主要节点的抖振位移随风速的变化规律,并由此作为等效风荷载计算的依据。为此,全桥气动弹性模型模拟了全桥成桥状态、最大单悬臂状态、最大双悬臂状态和桥塔自立状态4种结构状态;风洞试验共完成了4种状态下的29个吹风试验工况,其中包括0°和+3°风攻角,0°、5°、10°、25°和45°等风偏角,均匀流场和紊流风场等风洞试验流场;试验实测内容包括各级试验风速下的中跨主梁跨中和四分点位移以及桥塔塔顶位移。

14.7.1 全桥气动弹性模型设计

东海大桥主航道桥全桥气动弹性模型设计完全参照设计图纸和前述结构动力特性分析结果。

1) 相似性要求

在全桥气动弹性模型风洞试验中,不仅要模拟几何尺寸和风场特性,而且还要模拟气动弹性特性。一般说来,气动弹性相似性包括结构的长度、密度、弹性和内摩擦的相似条件,以及气流的密度和黏性、速度和重力加速度等的相似条件,这些物理量可以用几个无量纲参数来表示,如 Reynolds 数、Froude 数、Strouhal 数、Cauchy 数、密度比、阻尼比等。考虑到同济大学 TJ-3 边界层风洞的宽度(15 m)和高度(2 m),以及尽可能模拟出桥面结构的细部形状,本书的全桥气动弹性模型采用 1:100 的几何缩尺比。除了 Reynolds 数以外,其余 5 个无量纲参数在该全桥气动弹性模型风洞试验中得到了严格模拟。表 14-13 列出了全桥气动弹性模型的主要参数相似比关系。

东海大桥主航道桥全桥气动弹性模型相似比　　表 14-13

参数	符号	单位	相似比	相似性要求
长度	L	m	$\lambda_L = 1:100$	几何相似比
速度	U, u, w	m/s	$\lambda_v = 1/\sqrt{\lambda_L} = 1:10$	Froude 数相似

续上表

参数	符号	单位	相似比	相似性要求
重力加速度	g	m/s²	$\lambda_g = 1:1$	重力加速度不变
频率	f	Hz	$\lambda_f = \lambda_v/\lambda_L = 10:1$	Strouhal 数相似
时间	t	s	$\lambda_t = 1/\lambda_f = 1:10$	Strouhal 数相似
密度	ρ	kg/m³	$\lambda_\rho = 1:1$	材料密度不变
单位长度质量	m	kg/m	$\lambda_m = \lambda_\rho \cdot \lambda_L^2 = \lambda_L^2 = 1:10^4$	量纲不变
单位长度质量惯性矩	J_m	kg·m²/m	$\lambda_J = \lambda_\rho \cdot \lambda_L^4 = \lambda_L^4 = 1:10^8$	量纲不变
弯曲刚度	EI	N·m	$\lambda_{EI} = \lambda_E \cdot \lambda_L^4 = \lambda_L^5 = 1:10^{10}$	量纲不变
扭转刚度	GJ_d	N·m²	$\lambda_{GJ} = \lambda_G \cdot \lambda_L^4 = \lambda_L^5 = 1:10^{10}$	量纲不变
轴向刚度	EA	N	$\lambda_{EA} = \lambda_E \cdot \lambda_L^2 = \lambda_L^3 = 1:10^6$	量纲不变
阻尼比	ζ	—	$\lambda_\zeta = 1$	阻尼比不变

2) 模型设计

为了同时满足以上无量纲参数的相似要求,全桥气动弹性模型设计主要从三个方面进行模拟,即弹性刚度、几何外形和质量系统。

(1) 弹性刚度模拟。

桥梁结构气动弹性模型的刚度完全由模型骨架提供,选用普通 A3 钢作为骨架用材。对于主梁结构,根据弯曲刚度和扭转刚度的相似比要求,设计符合竖弯、侧弯和扭转刚度要求的 T 形截面钢骨架,钢骨架的轴线与实际主梁轴线一致。对于桥塔结构,根据弯曲刚度的相似比要求,设计符合竖弯和侧弯刚度要求的矩形截面钢骨架,钢骨架的轴线与实际桥塔轴线一致。对于拉索结构,根据轴向刚度的相似比要求,设计符合轴向刚度要求的拉伸弹簧,悬挂在塔端拉索上,而其余长度的拉索均采用轴向刚度相对很大的细康铜丝。

(2) 几何外形模拟。

按照几何相似比的要求,采用形状相似的模型外衣模拟实际结构的外形。外衣采用 ABS 板材经电脑雕刻后手工黏结而成,为了避免外衣刚度与钢骨架一起参与受力,外衣需按一定的间隔分段,段与段之间留有 1mm 左右的空隙。

(3) 质量系统模拟。

除满足弹性刚度和几何外形的相似性要求之外,桥梁气动弹性模型还需要对结构的质量系统进行严格模拟,以确保结构动力特性的相似性。根据质量系统相似比的要求,扣除钢骨架和外衣所提供的实际质量和质量惯性矩,采用铜片为配重来补充不足部分的质量,将铜片质量块对称粘贴在外衣的内侧,并通过调节铜片与断面形心的距离来满足质量惯性矩相似比的要求。

东海大桥主航道桥全桥气动弹性模型主要参数如表 14-14 所示。

东海大桥主航道桥全桥气动弹性模型主要参数　　表 14-14

参数	符号	单位	实桥值	相似比	模型值
长度	L	m	73 + 132 + 420 + 132 + 73	$\lambda_L = 1:100$	0.73 + 1.32 + 4.2 + 1.32 + 0.73

续上表

参数	符号	单位	实桥值		相似比	模型值	
宽度	B	m	主梁	33.0	$\lambda_L = 1:100$	主梁	0.330
			桥塔	4.2~37.0		桥塔	0.042~0.370
高度	H	m	主梁	4.0	$\lambda_L = 1:100$	主梁	0.040
			桥塔	8.0		桥塔	0.080
单位长度质量	m	kg/m	主梁	38000~50000	$\lambda_m = 1:100^2$	主梁	3.8~5.0
			桥塔	61100~240199		桥塔	6.11~24.02
单位长度质量惯性矩	J_m	kg·m²/m	主梁	2908000~4000000	$\lambda_J = 1:100^4$	主梁	0.029~0.040
			桥塔	516520~37914000		桥塔	0.00517~0.37914
竖弯刚度	EI_z	N·m²	主梁	1.249×10^{12}	$\lambda_{EI} = 1:100^5$	主梁	124.9
			桥塔	5.602×10^{12}~34.356×10^{12}		桥塔	560.2~3435.6
侧弯刚度	EI_y	N·m²	主梁	48.476×10^{12}	$\lambda_{EI} = 1:100^5$	主梁	4847.6
			桥塔	1.630×10^{12}~496.44×10^{12}		桥塔	163~49644
扭转刚度	GJ_d	N·m²	主梁	0.9785×10^{12}	$\lambda_{GJ} = 1:100^5$	主梁	97.85
			桥塔	1.54×10^{12}~46.148×10^{12}		桥塔	154~4614.8
竖弯频率	f_p	Hz	0.358		$\lambda_f = \sqrt{100}:1$	3.58	
侧弯频率	f_h	Hz	0.439		$\lambda_f = \sqrt{100}:1$	4.39	
扭转频率	f_t	Hz	0.590		$\lambda_f = \sqrt{100}:1$	5.90	
阻尼比	ζ	—	0.01		$\lambda_\zeta = 1$	0.01	

同济大学 TJ-3 边界层风洞中的全桥成桥状态以及施工阶段最大单悬臂状态、最大双悬臂状态和桥塔自立状态的气动弹性模型如图 14-13 ~ 图 14-16 所示。

图 14-13 东海大桥全桥成桥状态气动弹性模型

图 14-14 东海大桥最大单悬臂状态气动弹性模型

图 14-15 东海大桥最大双悬臂状态气动弹性模型

图 14-16 东海大桥桥塔自立状态气动弹性模型

14.7.2 风洞试验流场调试

全桥气动弹性模型风洞试验流场主要包括两大类,即均匀流场和紊流风场。同济大学 TJ-3 边界层风洞的均匀流场和紊流风场调试情况介绍如下。

1) 均匀流场

具体见 13.7.2 节。

2) 紊流风场

实际桥位处边界层风环境可以近似采用 I 类场地来描述,相应桥位处的风环境特性定义如表 14-15 所示。

东海大桥主航道桥桥位风环境特性　　　表 14-15

风环境特性	数值指标
粗糙度类别	I 类
风剖面指数	$\alpha = 0.10$
标准桥面高度	$Z_d = 54$ m
桥面高度风速	$U_d = 56.9$ m/s
桥面高度紊流强度	$I_u = 0.08$；$I_w = 0.04$

同济大学 TJ-3 边界层风洞中的紊流风场采用尖塔+粗糙元方法来实现。其中,尖塔高度为 1.8 m,共有 11 个,以 1.2 m 的等间距排列,尖塔底边为 0.295 m,下游分流板底边为 0.40 m;粗糙元高 0.074 m,宽 0.058 m,厚 0.043 m,间距 0.5 m,分 12 行排列。同济大学 TJ-3 边界层风洞中尖塔、粗糙元和模型相对平面位置如图 14-17 所示。

该紊流风场实测平均风速剖面和紊流强度剖面结果如图 14-18 所示。

14.7.3 全桥气动弹性模型风洞试验

全桥气动弹性模型风洞试验是在同济大学 TJ-3 边界层风洞中进行的。

1) 风洞试验设备

全桥气动弹性模型风洞试验主要设备如下:

(1) 同济大学 TJ-3 边界层风洞:高 2.0 m,宽 15 m,长 14 m,可调风速 1~17 m/s;

(2) Dantec StreamLine 热线风速仪:二维探头;

(3) 皮托管和补偿式微压计;

(4) MEW-Matsuchita 激光位移计:MLS-LM10;

(5) 微型加速度传感器;

(6) YE5866 电荷放大器:六通道;

(7) HP35670A 动态信号分析仪:四通道 FFT 信号分析仪;

(8) 计算机采样系统:模拟式信号采样板、P-Ⅲ微机以及相应软件。

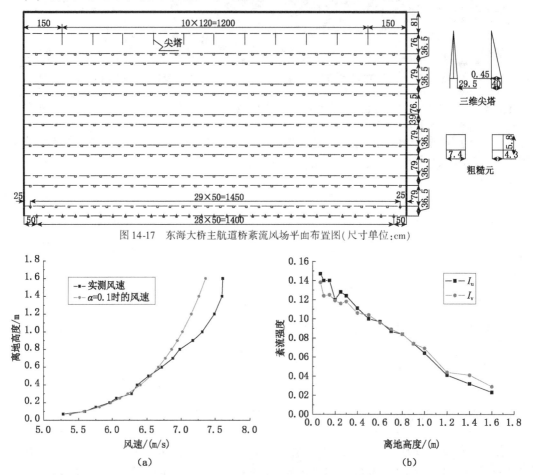

图 14-17 东海大桥主航道桥紊流风场平面布置图(尺寸单位:cm)

图 14-18 东海大桥主航道桥紊流风场平均风速剖面和紊流强度剖面
(a)平均风速剖面;(b)紊流强度剖面

2) 测量仪器布置

在全桥气动弹性模型风洞试验中,主要测量对象有两个,即风速和位移。流场测量采用 Dantec 公司生产的 55P61 热线风速仪和 StreamLine X 探头,主要布置在气动弹性模型中心处,探头离开风洞底面的高度可自由调整。参考风速采用皮托管和补偿式微压计测量,布置在桥轴线的延长线上,测点高度与桥面高度一致,即 0.54 m。

风洞试验中的结构位移响应测量采用 MEW-Matsuchita 公司生产的 MLS-LM10 激光位移计,该位移计量程为 ±50 mm,精度 ±0.01 mm。在主梁中跨的跨中和两个四分点截面上分别布置 2~3 个位移计,可以同时测量竖向、侧向和扭转位移;此外,还在桥塔塔顶设置 1 个顺桥向变形测点位移计和 1 个横桥向变形测点位移计;共布置激光位移计 10 个。为了便于校核,还在主梁中跨的激光位移计测点处布置了相应的加速度传感器,经对比分析加速度传感器和激光位移计测量结果误差很小,因此最后试验结果采用激光位移计实测信号,同时用HP35670A动态信号分析仪进行监视和用计算机数据采集系统软件进行采样和处理。

3)模型动力特性测试

气动弹性模型安装并调试完毕之后,首先必须进行动力特性测试,以确认气动弹性模型动力特性是否满足风洞试验的要求。

针对该桥梁结构施工及成桥阶段的各主要试验状态,用位移计进行了气动弹性模型的自振频率测试,分别测试了气动弹性模型前3~6阶模态的自振特性。基于动力特性测试的位移信号,分析了各阶固有模态的结构阻尼比,以检验气动弹性模型的阻尼特性。

风洞试验模拟的各种试验状态——最大单悬臂状态、最大双悬臂状态、桥塔自立状态和全桥成桥状态的气动弹性模型自振频率都进行了检验,并与设计期望值进行了比较。表14-16为东海大桥主航道桥全桥成桥状态气动弹性模型动力特性检验结果,表中同时给出了结构固有模态的阻尼比。表14-16中,自振频率数据表明,除了个别振型之外,绝大多数自振频率的模型实测值与期望值之间的相对误差不超过±4%,可以满足风洞试验的精度要求;阻尼比数据表明绝大多数振型的阻尼比在0.4%~1.0%之间,可以满足模拟结合梁斜拉桥的要求。

东海大桥主航道桥全桥成桥状态气动弹性模型动力特性检验结果　　　　表14-16

阶次	自振频率期望值（Hz）	自振频率实测值（Hz）	误差	阻尼比	振型特征
1	3.578	3.563	-0.4%	0.48%	一阶竖弯
2	4.394	4.375	-0.4%	0.39%	一阶侧弯
3	5.113	5.000	-2.2%	0.52%	二阶竖弯
4	5.897	5.813	-1.4%	0.69%	一阶扭转
5	7.700	7.500	-2.6%		三阶竖弯
6	9.720	9.625	-1.0%		四阶竖弯

14.7.4 气动弹性模型试验结果

针对桥梁结构成桥及施工阶段的各种结构状态,根据不同的流场、不同的风攻角和风偏角,共进行了如表14-17所列的29个不同工况的全桥气动弹性模型风洞试验,其主要结果汇总如下。

东海大桥主航道桥气动弹性模型风洞试验工况　　　　表14-17

试验工况	结构状态	流场	风攻角	风偏角	气动措施
FM-1	全桥成桥状态	均匀流场	0°	0°	无
FM-2	全桥成桥状态	均匀流场	0°	5°	无
FM-3	全桥成桥状态	均匀流场	0°	10°	无
FM-4	全桥成桥状态	均匀流场	0°	25°	无
FM-5	全桥成桥状态	均匀流场	0°	45°	无
FM-6	全桥成桥状态	紊流风场	0°	45°	无
FM-7	全桥成桥状态	紊流风场	0°	25°	无
FM-8	全桥成桥状态	紊流风场	0°	10°	无
FM-9	全桥成桥状态	紊流风场	0°	5°	无
FM-10	全桥成桥状态	紊流风场	0°	0°	无

续上表

试验工况	结构状态	流场	风攻角	风偏角	气动措施
FM-11	全桥成桥状态	均匀流场	+3°	0°	无
FM-12	最大单悬臂状态	紊流风场	0°	0°	无
FM-13	最大单悬臂状态	均匀流场	0°	0°	无
FM-14	最大双悬臂状态	均匀流场	0°	0°	无
FM-15	最大双悬臂状态	均匀流场	0°	5°	无
FM-16	最大双悬臂状态	均匀流场	0°	10°	无
FM-17	最大双悬臂状态	均匀流场	0°	25°	无
FM-18	最大双悬臂状态	均匀流场	0°	45°	无
FM-19	最大双悬臂状态	均匀流场	0°	90°	无
FM-20	最大双悬臂状态	紊流风场	0°	90°	无
FM-21	最大双悬臂状态	紊流风场	0°	45°	无
FM-22	最大双悬臂状态	紊流风场	0°	25°	无
FM-23	最大双悬臂状态	紊流风场	0°	10°	无
FM-24	最大双悬臂状态	紊流风场	0°	5°	无
FM-25	最大双悬臂状态	紊流风场	0°	0°	无
FM-26	桥塔自立状态	紊流风场	0°	0°	无
FM-27	桥塔自立状态	紊流风场	0°	90°	无
FM-28	桥塔自立状态	均匀流场	0°	90°	无
FM-29	桥塔自立状态	均匀流场	0°	0°	无

1) 全桥成桥状态

全桥成桥状态下的风洞试验主要比较了不同的流场、不同的风偏角、不同的风攻角等 11 个工况。

为了确认节段模型颤振临界风速试验结果,针对均匀流场中的风偏角 $\beta = 0°$,首先比较风攻角 $\alpha = 0°$(FM-1 工况)和 $\alpha = +3°$(FM-11 工况)的风洞试验结果,主梁中跨的跨中和四分点位置竖向、侧向和扭转位移实测结果如图 14-19 所示,不难发现,风攻角 $\alpha = 0°$ 工况下在试验风速 100 m/s 以下均未出现颤振发散,而风攻角 $\alpha = +3°$ 工况下在试验风速 82.6 m/s 处发生了颤振发散,这一颤振临界风速与节段模型试验结果 $U_{cr} = 81.4$ m/s 仅有 1.5% 的误差,因此可以偏于安全地确认风攻角 $\alpha = +3°$ 时结构的颤振临界风速为 81.4 m/s。

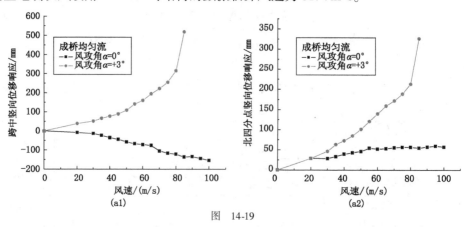

图 14-19

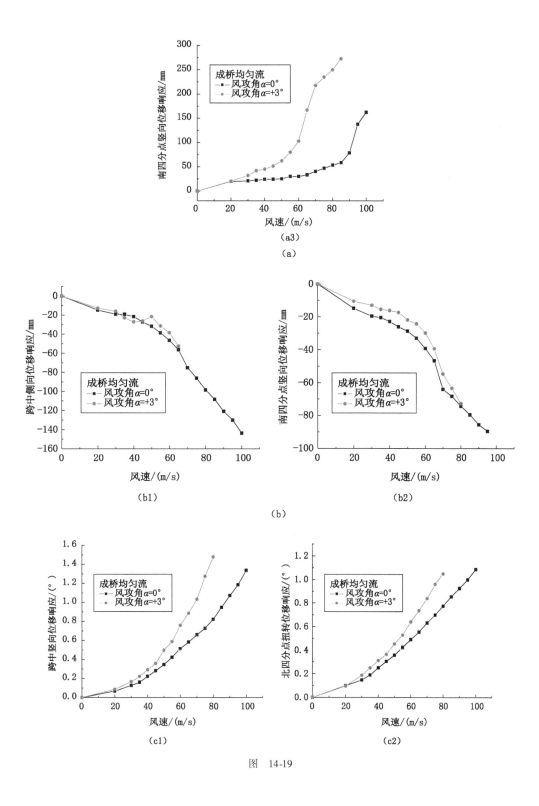

图 14-19

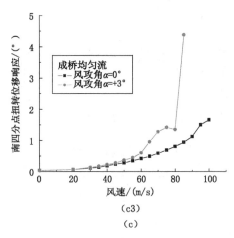

(c3)

(c)

图 14-19 东海大桥主航道桥成桥状态均匀流场主梁位移
(a)最大竖向位移试验结果;(b)最大侧向位移试验结果;(c)最大扭转位移试验结果

均匀流场和紊流风场中风偏角分别为 $\beta=0°$、$\beta=5°$、$\beta=10°$、$\beta=25°$、$\beta=45°$ 等 10 种工况下,主梁中跨跨中和四分点竖向位移如图 14-20 所示。其中,跨中向下竖向位移均匀流和紊流均由风偏角 $\beta=0°$ 工况控制,设计基准风速 56.9 m/s 时的最大向下竖向位移分别为均匀流 -0.070 m 和紊流 -0.400 m;跨中向上竖向位移均匀流由风偏角 $\beta=45°$ 工况控制,最大向上竖向位移为 $+0.070$ m,紊流则由风偏角 $\beta=10°$ 工况控制,相应最大位移为 $+0.350$ m;北四分点向下竖向位移均匀流由风偏角 $\beta=5°$ 工况控制,最大向下竖向位移为 -0.040 m,紊流场中的竖向位移一致向上;北四分点向上竖向位移均匀流由风偏角 $\beta=25°$ 工况控制,最大向上竖向位移为 $+0.150$ m,紊流则由风偏角 $\beta=0°$ 工况控制,相应最大位移为 $+0.250$ m;南四分点竖向位移均一致向上,均匀流由风偏角 $\beta=45°$ 工况控制,最大向上竖向位移为 $+0.070$ m,紊流各风偏角工况很接近,以风偏角 $\beta=0°$ 工况稍大,相应最大位移为 $+0.200$ m。

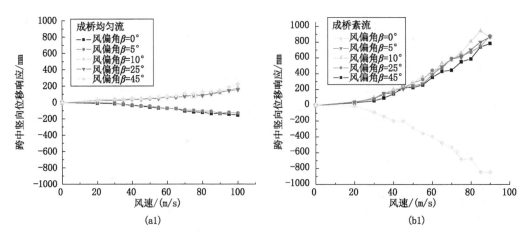

图 14-20

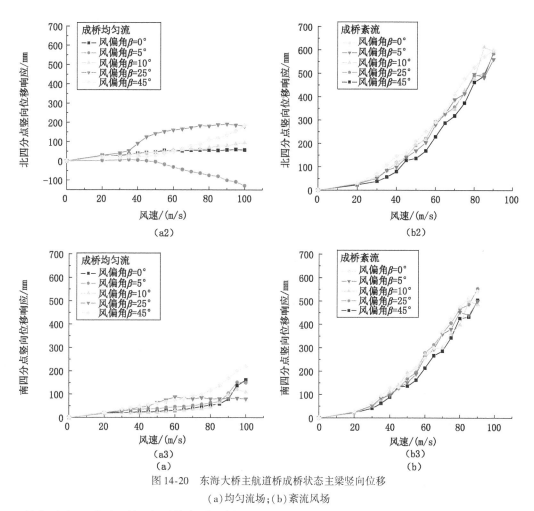

图 14-20 东海大桥主航道桥成桥状态主梁竖向位移
(a)均匀流场;(b)紊流风场

均匀流场和紊流风场中风偏角分别为 $\beta=0°$、$\beta=5°$、$\beta=10°$、$\beta=25°$、$\beta=45°$ 等 10 种工况下,主梁中跨跨中和四分点侧向位移如图 14-21 所示。其中,跨中侧向位移均匀流由风偏角 $\beta=10°$ 工况控制,设计基准风速 56.9 m/s 时的最大侧向位移为 0.085 m,紊流由风偏角 $\beta=25°$ 工况控制,最大位移为 0.150 m;南四分点侧向位移均匀流和紊流均由风偏角 $\beta=10°$ 工况控制,最大侧向位移分别为均匀流 0.050 m 和紊流 0.100 m。

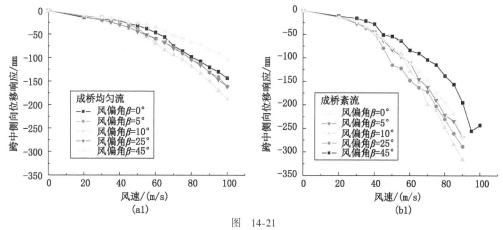

图 14-21

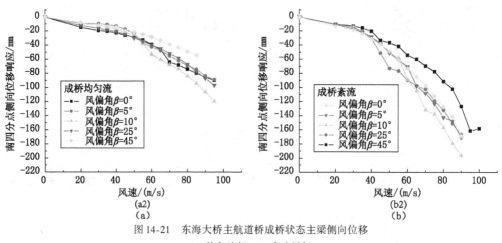

图 14-21 东海大桥主航道桥成桥状态主梁侧向位移
(a)均匀流场；(b)紊流风场

均匀流场和紊流风场中风偏角分别为 $\beta=0°$、$\beta=5°$、$\beta=10°$、$\beta=25°$、$\beta=45°$ 等 10 种工况下，主梁中跨跨中和四分点扭转位移如图 14-22 所示。其中，跨中扭转位移均匀流和紊流均由风偏角 $\beta=10°$ 工况控制，设计基准风速 56.9m/s 时的最大扭转位移分别为均匀流 0.4° 和紊流 1.1°；北四分点扭转位移均匀流由风偏角 $\beta=25°$ 工况控制，最大扭转位移为 0.7°，紊流由风偏角 $\beta=0°$ 工况控制，相应最大位移为 0.8°；南四分点扭转位移均匀流由风偏角 $\beta=25°$ 工况控制，最大扭转位移为 0.5°，紊流由风偏角 $\beta=10°$ 工况控制，相应最大位移为 1.0°。

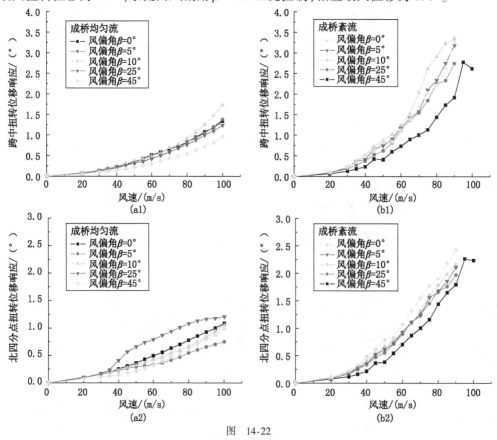

图 14-22

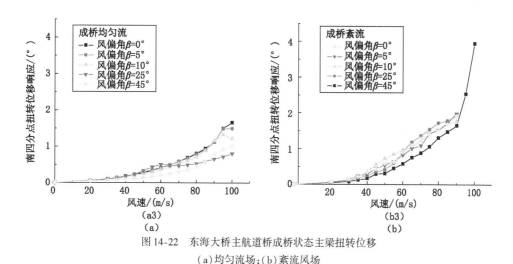

图 14-22 东海大桥主航道桥成桥状态主梁扭转位移
(a)均匀流场;(b)紊流风场

均匀流场和紊流风场中风偏角分别为 $\beta=0°$、$\beta=5°$、$\beta=10°$、$\beta=25°$、$\beta=45°$ 等 10 种工况下,桥塔塔顶纵向和侧向位移如图 14-23 所示。其中,桥塔塔顶相向纵向位移均匀流和紊流均由风偏角 $\beta=45°$ 工况控制,设计基准风速 56.9 m/s 时的最大相向纵向位移分别为均匀流 0.150 m 和紊流 0.150 m;桥塔塔顶相背纵向位移均匀流由风偏角 $\beta=5°$ 工况控制,最大相背纵向位移为 0.045 m,紊流由风偏角 $\beta=0°$ 工况控制,相应最大位移为 0.100 m;桥塔塔顶侧向位移均匀流和紊流均由风偏角 $\beta=5°$ 工况控制,最大侧向位移分别为均匀流 0.090 m 和紊流 0.080 m。

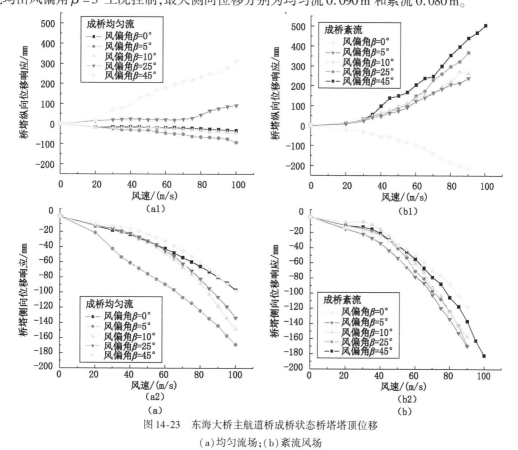

图 14-23 东海大桥主航道桥成桥状态桥塔塔顶位移
(a)均匀流场;(b)紊流风场

2) 桥塔自立状态

桥塔自立状态下的风洞试验主要比较了不同的流场和不同的风偏角等 4 个工况。

均匀流场和紊流风场中风偏角分别为 $\beta=0°$ 和 $\beta=90°$ 等 4 种工况下,桥塔塔顶、桥塔塔中和桥塔塔底的纵向位移如图 14-24 所示。桥塔纵向位移均匀流和紊流均由风偏角 $\beta=0°$ 工况控制,其中,设计基准风速 56.9 m/s 时,桥塔塔顶纵向位移分别为均匀流 0.140 m 和紊流 0.500 m;桥塔塔中纵向位移分别为均匀流 0.075 m 和紊流 0.200 m;桥塔塔底纵向位移分别为均匀流 0.040 m 和紊流 0.060 m。

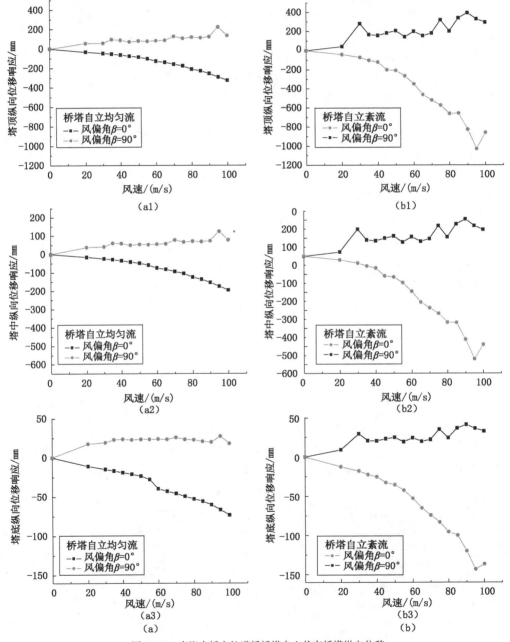

图 14-24 东海大桥主航道桥桥塔自立状态桥塔纵向位移
(a)均匀流场;(b)紊流风场

均匀流场和紊流风场中风偏角分别为 $\beta=0°$ 和 $\beta=90°$ 等 4 种工况下,桥塔塔顶、桥塔塔中和桥塔塔底的侧向位移如图 14-25 所示。桥塔侧向位移均匀流和紊流均由风偏角 $\beta=90°$ 工况控制,其中,设计基准风速 56.9 m/s 时,桥塔塔顶侧向位移分别为均匀流 0.030 m 和紊流 0.110 m;桥塔塔中侧向位移分别为均匀流 0.024 m 和紊流 0.070 m;桥塔塔底侧向位移分别为均匀流 0.015 m 和紊流 0.025 m。

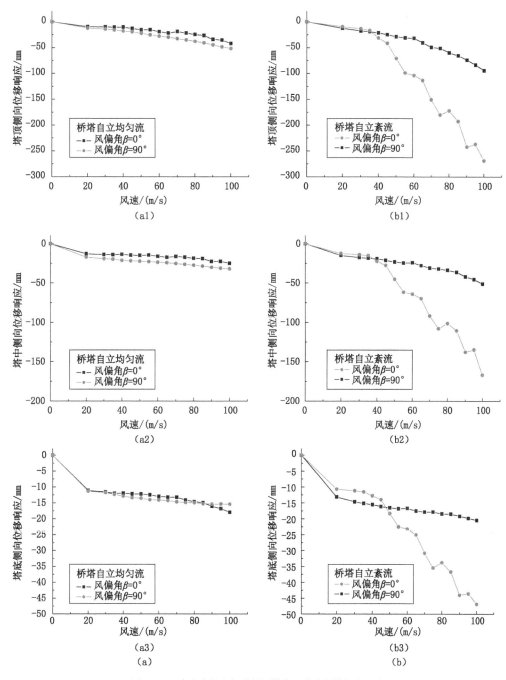

图 14-25　东海大桥主航道桥桥塔自立状态桥塔侧向位移
(a)均匀流场;(b)紊流风场

根据上述全桥气动弹性模型风洞试验实测结果,可以确定出全桥成桥状态、最大单悬臂状态、最大双悬臂状态和桥塔自立状态等结构形式在设计基准风速作用下的最大位移值,现将主梁中跨跨中和四分点的竖向、侧向和扭转位移,以及桥塔塔顶纵向和侧向位移实测最大值汇总,如表14-18所示。

全桥气动弹性模型位移响应最大值　　　　　　表14-18

结构状态	流场	主梁跨中(悬臂端)位移			主梁四分点位移			桥塔塔顶位移	
		竖向(m)	侧向(m)	扭转(°)	竖向(m)	侧向(m)	扭转(°)	纵向(m)	侧向(m)
全桥成桥状态	均匀流	0.070	0.085	0.4	0.150	0.050	0.7	0.150	0.090
	紊流	0.400	0.150	1.1	0.250	0.100	1.0	0.150	0.080
最大单悬臂状态	均匀流	0.070	0.200	0.8	0.030	0.050	0.3	0.040	0.045
	紊流	0.600	0.350	1.2	0.200	0.150	0.7	0.150	0.060
最大双悬臂状态	均匀流	0.250	0.041	0.28	0.110	0.025	0.22	0.210	0.046
	紊流	0.710	0.085	0.40	0.280	0.041	0.48	0.600	0.100
桥塔自立状态	均匀流	—	—	—	—	—	—	0.140	0.030
	紊流	—	—	—	—	—	—	0.500	0.110

14.8 等效风荷载组合分析

当桥梁结构的刚度较大时,结构基本保持静止不动,风对结构的作用只相当于静力作用,相应的风荷载可以用阵风风速引起的阵风等效静力风荷载来表示;而当桥梁结构的刚度较小时,结构振动很容易被激发,这种风对结构的作用不仅具有静力作用,而且具有动力特性或动力风荷载,动力风荷载可以采用抖振位移响应等效的方法用抖振等效静力风荷载来代替实际动力风荷载,而抖振等效静力风荷载近似采用一阶对称模态荷载和一阶反对称模态荷载来表示。由于静力计算方法和手段已经比较成熟,根据两种最不利等效风荷载组合——阵风等效静力风荷载和抖振等效静力风荷载,可以对成桥状态和施工阶段的结构内力进行分析计算。

14.8.1 静力风荷载分析计算

浸没在气流中的任何物体,都会受到气流的作用,气流在绕过具有非流线型或钝体截面的桥梁结构时,会产生静力风荷载的三个分量,即静风升力、静风阻力和静风力矩。

1)设计风速确定

采用桥位附近两个气象站(大戢山海洋站和小洋山海岛站)的风速观测记录资料,可以确定出桥位10m高度处、100年一遇、10min平均时距的设计基本风速为42.2m/s;按《公路桥涵设计通用规范》(JTG D60—2015)全国基本风压分布图结合海面上幂指数取$\alpha=0.10$,可计算得到的相应风速为48.1m/s。安全起见,采用上述规范规定的设计基本风速$U_{10}=48.1$m/s,相应桥面高度处的设计基准风速$U_c=56.9$m/s;施工阶段的设计风速按10年重现期考虑,折减系数取0.84,设计基本风速和设计基准风速分别为40.4m/s和47.8m/s。

2) 三分力系数

为了得到主梁的静力三分力系数,对主梁进行了节段模型测力风洞试验。1:70 主梁测力节段模型分别模拟了结合箱梁施工阶段(无桥面栏杆)和成桥状态(有桥面栏杆)共两种截面形式。主梁的三分力系数试验结果可以参见节段模型测力风洞试验;为了简化,成桥状态桥塔断面平面内和平面外的阻力系数均取 $C_D = C_L = 1.5$,施工阶段取 $C_D = C_L = 2.0$;成桥状态和施工阶段拉索的阻力系数均取 $C_D = 0.7$。用于静力风荷载分析计算的主梁、桥塔和拉索断面的静力三分力系数如表 14-19 所示。

东海大桥主航道桥主梁三分力系数主要试验结果 表 14-19

结构构件	阻力系数		升力系数		升力矩系数	
	成桥状态	施工阶段	成桥状态	施工阶段	成桥状态	施工阶段
主梁	0.931	0.661	−0.043	0.006	0.054	0.076
桥塔	1.5	2.0	1.5	2.0	0	0
拉索	0.7	0.7	0	0	0	0

3) 静力风荷载计算

静力风荷载表达式中有 3 个变量,即平均风速、三分力系数和截面尺寸。全桥成桥状态主梁静力风荷载 3 个分量,即静风竖向力、静风水平力和静风扭矩分别表示如下:

$$\overline{W}_y^d(x) = \overline{W}_{y0}^d \alpha_{y0}^d(x) = \frac{1}{2}\rho U_c^2 B C_y = -2.814 \text{kN/m} \quad (14\text{-}11\text{a})$$

$$\overline{W}_z^d(x) = \overline{W}_{z0}^d \alpha_{z0}^d(x) = \frac{1}{2}\rho U_c^2 H C_z = 7.385 \text{kN/m} \quad (14\text{-}11\text{b})$$

$$\overline{W}_\theta^d(x) = W_{\theta 0}^d \alpha_{\theta 0}^d(x) = \frac{1}{2}\rho U_c^2 B^2 C_M = 116.614 \text{kN} \cdot \text{m/m} \quad (14\text{-}11\text{c})$$

施工阶段包括最大单悬臂状态和最大双悬臂状态的主梁静力风荷载三个分量可以表示如下:

$$\overline{W}_y^d(x) = \overline{W}_{y0}^d \alpha_{y0}^d(x) = \frac{1}{2}\rho U_c^2 B C_y = 0.277 \text{kN/m} \quad (14\text{-}12\text{a})$$

$$\overline{W}_z^d(x) = \overline{W}_{z0}^d \alpha_{z0}^d(x) = \frac{1}{2}\rho U_c^2 H C_z = 3.700 \text{kN/m} \quad (14\text{-}12\text{b})$$

$$\overline{W}_\theta^d(x) = \overline{W}_{\theta 0}^d \alpha_{\theta 0}^d(x) = \frac{1}{2}\rho U_c^2 B^2 C_M = 115.825 \text{kN} \cdot \text{m/m} \quad (14\text{-}12\text{c})$$

式中,$\overline{W}_{y0}^d$、$\overline{W}_{z0}^d$、$\overline{W}_{\theta 0}^d$ 分别表示主梁静力风荷载的竖向、水平和扭转分量的最大值;α_{y0}^d、α_{z0}^d、$\alpha_{\theta 0}^d$ 分别表示主梁静力风荷载的竖向、水平和扭转分量的分布形式,且 $\alpha_{y0}^d \equiv \alpha_{z0}^d \equiv \alpha_{\theta 0}^d \equiv 1$;$C_y$、$C_z$、$C_M$ 分别表示体轴方向的主梁断面三分力系数,0°风攻角下的数值与风轴方向的一致。

平均风速和桥塔断面沿高度方向是变化的,因此采用塔顶高度的平均风速 U_t 以及断面尺寸 B_D 和 B_L 来表示桥塔静力风荷载两个分量,即平面内阻力分量 $\overline{W}_z(y)$ 和平面外阻力分量 $\overline{W}_x(y)$,全桥成桥状态桥塔静力风荷载表示如下:

$$\overline{W}_z^p(z) = \overline{W}_{z0}^p \alpha_{z0}^p(z) = \frac{1}{2}\rho U_t^2 B_D C_D \left(\frac{z}{z_t}\right)^{2\alpha} \frac{B_D(z)}{B_D} = 29.45 \left(\frac{z}{z_t}\right)^{0.2} \frac{B_D(z)}{B_D} \quad (\text{kN/m})$$

$$(14\text{-}13\text{a})$$

$$\overline{W}_x^p(z) = \overline{W}_{x0}^p \alpha_{x0}^p(z) = \frac{1}{2}\rho U_t^2 B_L C_L \left(\frac{z}{z_t}\right)^{2\alpha} \frac{B_L(z)}{B_L} = 25.77 \left(\frac{z}{z_t}\right)^{0.2} \frac{B_L(z)}{B_L} \quad (\text{kN/m})$$

$$(14\text{-}13\text{b})$$

施工阶段包括最大单悬臂状态、最大双悬臂状态和桥塔自立状态的桥塔静力风荷载表示如下：

$$\overline{W}_z^p(z) = \overline{W}_{z0}^p \alpha_{z0}^p(z) = \frac{1}{2}\rho U_t^2 B_D C_D \left(\frac{z}{z_t}\right)^{2\alpha} \frac{B_D(z)}{B_D} = 39.27 \left(\frac{z}{z_t}\right)^{0.2} \frac{B_D(z)}{B_D} \quad (\text{kN/m})$$

(14-14a)

$$\overline{W}_x^p(z) = \overline{W}_{x0}^p \alpha_{x0}^p(z) = \frac{1}{2}\rho U_t^2 B_L C_L \left(\frac{z}{z_t}\right)^{2\alpha} \frac{B_L(z)}{B_L} = 34.36 \left(\frac{z}{z_t}\right)^{0.2} \frac{B_L(z)}{B_L} \quad (\text{kN/m})$$

(14-14b)

式中，$\overline{W}_{z0}^p$、$\overline{W}_{x0}^p$ 分别表示桥塔静力风荷载两个分量的塔顶值；α_{z0}^p、α_{x0}^p 分别表示桥塔静力风荷载两个分量的分布形式，且

$$\alpha_{z0}^p(z) = \left(\frac{z}{z_t}\right)^{0.2} \frac{B_D(z)}{B_D}; \quad \alpha_{x0}^p(z) = \left(\frac{z}{z_t}\right)^{0.2} \frac{B_L(z)}{B_L}$$

式中，C_D、C_L 分别表示桥塔平面内和平面外阻力系数。

在拉索静力风荷载计算中，为了简化平均风速沿高度变化的影响，采用桥面高度与塔顶高度的平均值 $H = 0.5 \times (54 + 155) = 104.5(\text{m})$，作为拉索平均风速计算的基准高度，由此可以确定全桥成桥状态拉索静力风荷载如下：

$$\overline{W}_z^c(z) = \overline{W}_{z0}^c \alpha_{z0}^c(z) = \frac{1}{2}\rho U_H^2 D_m C_D \frac{D_c}{D_m} = 0.167 \frac{D_c}{D_m} \quad (\text{kN/m})$$

(14-15)

施工阶段包括最大单悬臂状态和最大双悬臂状态的拉索静力风荷载如下：

$$\overline{W}_z^c(z) = \overline{W}_{z0}^c \alpha_{z0}^c(z) = \frac{1}{2}\rho U_H^2 D_m C_D \frac{D_c}{D_m} = 0.167 \frac{D_c}{D_m} \quad (\text{kN/m})$$

(14-16)

式中，$\overline{W}_{z0}^c$ 表示拉索静力风荷载的最大值；α_{z0}^c 表示拉索静力风荷载的修正系数，且 $\alpha_{z0}^c(z) = \frac{D_c}{D_m}$；$C_D$ 表示拉索阻力系数；D_m 和 D_c 分别表示最大拉索外径和计算拉索外径。

14.8.2 阵风等效静力风荷载

当结构刚度或阻尼很大时，脉动风荷载引起的结构振动将十分微弱，因而结构振动效应可忽略不计。此时，可用阵风荷载来代替等效静力风荷载。阵风等效静力风荷载是指平均时距为 1~3s 时的阵风风速引起的风荷载。在设计基准风速的基础上，考虑平均风速因时距缩小而增大的阵风风速系数，可按下式计算：

$$U_g = G_u U_c \quad (14\text{-}17)$$

式中，G_u 表示阵风风速系数，取为 1.38；U_g 表示阵风风速。

以阻力为例，由阵风引起的等效风荷载计算如下：

$$\begin{aligned}
F_D &= \frac{1}{2}\rho (G_u U)^2 B C_D \\
&= \frac{1}{2}\rho [U + (G_u - 1)U]^2 B C_D \\
&= \frac{1}{2}\rho U^2 B C_D + \left[\frac{1}{2}\rho \cdot 2U^2 \cdot (G_u - 1) B C_D + \frac{1}{2}\rho U^2 (G_u - 1)^2 B C_D\right] \\
&= \overline{P} + P_e
\end{aligned}$$

(14-18)

式中，$\overline{P}$ 表示静力风荷载，即平均风荷载；P_e 表示阵风引起的等效静力风荷载。

通常情况下，一般直接给出桥梁结构的阵风等效静力风荷载，而没有必要求出阵风引起的

等效静力风荷载后再与静力风荷载叠加,得到阵风等效静力风荷载。

全桥成桥状态主梁、桥塔和拉索等主要构件的阵风等效静力风荷载如图 14-26 所示,最大单悬臂状态的阵风等效静力风荷载如图 14-27 所示,最大双悬臂状态和桥塔自立状态的主梁、桥塔和拉索的阵风等效静力风荷载可以参考最大单悬臂状态的阵风等效静力风荷载。

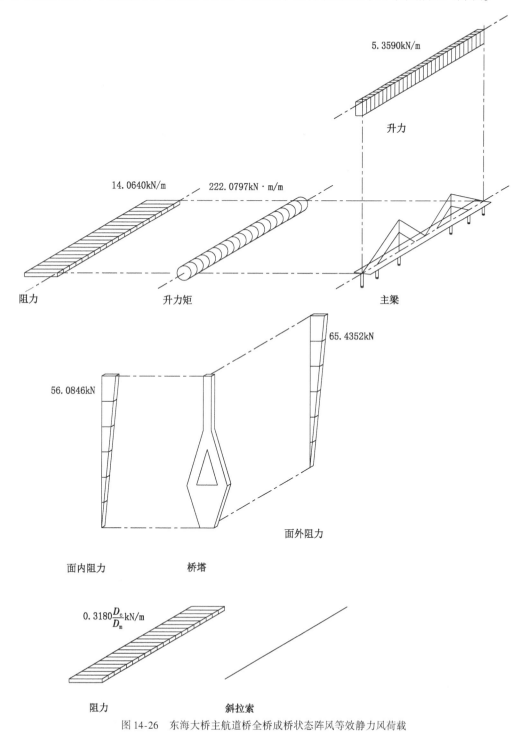

图 14-26　东海大桥主航道桥全桥成桥状态阵风等效静力风荷载

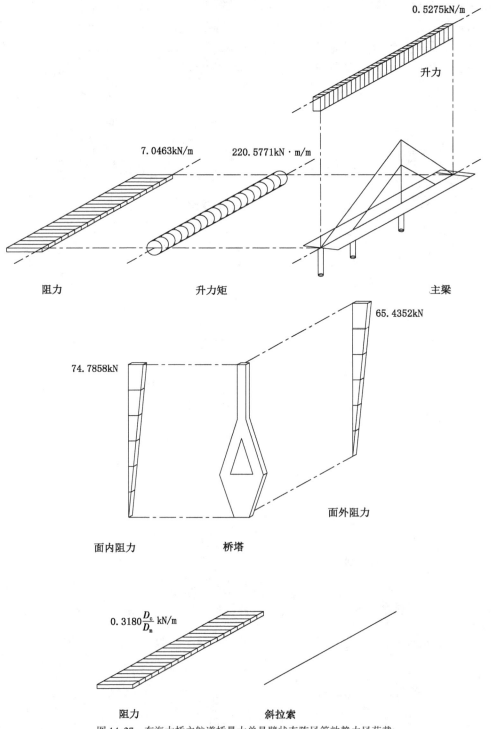

图 14-27 东海大桥主航道桥最大单悬臂状态阵风等效静力风荷载

14.8.3 抖振等效静力风荷载

当结构刚度较小时,结构振动很容易被激发,这种风对结构的作用不仅具有静力荷载特性,而且具有动力荷载特性,即抖振惯性力。抖振惯性力一般可以采用模态荷载方法用等效风荷载来表示,并近似采用一阶和二阶模态荷载,因此,抖振等效静力风荷载可以表示如下:

$$W_y(s) = \overline{W}_y(s) + \widetilde{W}_y(s) \approx \overline{W}_{y0}\alpha_{y0}(s) + \widetilde{W}_{y1}\alpha_{y1}(s) + \widetilde{W}_{y2}\alpha_{y2}(s) \tag{14-19a}$$

$$W_z(s) = \overline{W}_z(s) + \widetilde{W}_z(s) \approx \overline{W}_{z0}\alpha_{z0}(s) + \widetilde{W}_{z1}\alpha_{z1}(s) + \widetilde{W}_{z2}\alpha_{z2}(s) \tag{14-19b}$$

$$W_\theta(s) = \overline{W}_\theta(s) + \widetilde{W}_\theta(s) \approx \overline{W}_{\theta0}\alpha_{\theta0}(s) + \widetilde{W}_{\theta1}\alpha_{\theta1}(s) + \widetilde{W}_{\theta2}\alpha_{\theta2}(s) \tag{14-19c}$$

式中,$\overline{W}_y$、$\overline{W}_z$、$\overline{W}_\theta$ 分别表示静力风荷载的竖向、水平和扭转分量,可以采用前述方法计算;$\widetilde{W}_y$、$\widetilde{W}_z$、$\widetilde{W}_\theta$ 表示抖振惯性力的竖向、水平和扭转分量;$\widetilde{W}_{y1}$、$\widetilde{W}_{z1}$、$\widetilde{W}_{\theta1}$ 分别表示一阶模态等效静力风荷载的竖向、水平和扭转分量的峰值;$\widetilde{W}_{y2}$、$\widetilde{W}_{z2}$、$\widetilde{W}_{\theta2}$ 分别表示二阶模态等效静力风荷载的竖向、水平和扭转分量的峰值;$\alpha_{y1}(s)$、$\alpha_{z1}(s)$、$\alpha_{\theta1}(s)$ 分别表示一阶模态等效静力风荷载的竖向、水平和扭转分量的分布函数;$\alpha_{y2}(s)$、$\alpha_{z2}(s)$、$\alpha_{\theta2}(s)$ 分别表示二阶模态等效静力风荷载的竖向、水平和扭转分量的分布函数。

根据全桥气动弹性模型风洞试验实测的主梁和桥塔抖振位移响应,各实测点的抖振等效惯性力可以表示如下:

$$\widetilde{W}_{ri}\alpha_{ri}(s_k) = (2\pi f_i)^2 g_{\sigma i}\sigma_{ri}(s_k)m_r(s_k) \quad r = y,z,\theta; \quad i = 1,2 \tag{14-20}$$

式中,f_i 表示第 i 阶振型的频率;$g_{\sigma i}$ 表示第 i 阶振型抖振位移响应峰值因子;$\sigma_{ri}(s_k)$ 表示第 i 阶振型在实测点 s_k 的抖振位移响应均方值(root-mean-square);$m_r(s_k)$ 表示实测点 s_k 单位长度结构(主梁或桥塔)质量或质量惯性矩。

全桥气动弹性模型风洞试验中不可能实测主梁或桥塔上的所有点,因此,必须采用结构动力特性分析得到的振型函数推算所有非实测点的等效抖振惯性力,如下:

$$\widetilde{W}_{ri}\alpha_{ri}(s_l) = (2\pi f_i)^2 g_{\sigma i}\sigma_{rim}m_r(s_l)\varphi_{ri}(s_l) \quad r = y,z,\theta; \quad i = 1,2 \tag{14-21}$$

式中,σ_{rim} 表示第 i 阶振型在振型函数最大点处的抖振位移响应均方值;$m_r(s_l)$ 表示非实测点 s_l 单位长度结构(主梁或桥塔)质量或质量惯性矩;$\varphi_{ri}(s_l)$ 表示第 i 阶归一化振型函数在非实测点 s_l 的振型值。

1)全桥成桥状态

根据全桥气动弹性模型在紊流场中风偏角和风攻角均为 0° 的工况(FM-10)下的主梁实测位移响应,可以得到全桥成桥状态设计基准风速 $U_c = 56.9$ m/s 时,主梁各控制截面各阶振型的相应抖振位移响应分量如表 14-20 所示。

东海大桥主航道桥成桥状态主梁抖振位移响应 表 14-20

控制截面	一阶竖弯 (mm)	二阶竖弯 (mm)	一阶侧弯 (mm)	二阶侧弯 (mm)	一阶扭转 (°)	二阶扭转 (°)
锚固墩顶	0	0	-0.75	-0.19	0	0
锚固跨中	-1.06	-0.02	-1.65	-0.23	0.0000	0.0000
辅助墩顶	0	0	-2.41	-0.24	0	0
辅助跨中	-11.96	-6.18	-2.76	-0.18	0.0001	0.0000
桥塔处	0	0	0	0	0	0

续上表

控制截面	一阶竖弯（mm）	二阶竖弯（mm）	一阶侧弯（mm）	二阶侧弯（mm）	一阶扭转（°）	二阶扭转（°）
1/8 跨	16.44	10.41	5.36	0.15	0.0692	0.0323
1/4 跨	43.58	23.52	11.49	0.22	0.1282	0.0461
5/16 跨	62.66	26.68	14.34	0.20	0.1526	0.0424
3/8 跨	81.31	23.20	16.51	0.15	0.1703	0.0314
跨中	98.29	0.00	18.12	0.00	0.1832	0.0000

根据表 14-20 中主梁各阶振型的抖振位移响应及抖振等效惯性力计算式式（14-20）和式（14-21），可以得到对应各阶振型的主梁抖振等效惯性力，其中沿跨径方向各控制截面的抖振等效惯性力值如表 14-21 所示。

东海大桥主航道桥成桥状态主梁抖振等效惯性力 表 14-21

控制截面	一阶竖弯（kN/m）	二阶竖弯（kN/m）	一阶侧弯（kN/m）	二阶侧弯（kN/m）	一阶扭转（kN·m/m）	二阶扭转（kN·m/m）
锚固墩顶	0	0	-1.00	-1.62	0	0
锚固跨中	-0.93	-0.03	-2.20	-1.91	0.05	0.15
辅助墩顶	0	0	-3.21	-2.01	0	0
辅助跨中	-10.58	-11.16	-3.69	-1.46	0.25	0.64
桥塔处	0	0	0	0	0	0
1/8 跨	14.54	18.80	7.15	1.27	232.28	426.95
1/4 跨	38.54	42.48	15.33	1.83	430.10	609.48
5/16 跨	55.41	48.18	19.13	1.69	511.74	561.11
3/8 跨	71.90	41.89	22.02	1.25	571.23	415.37
跨中	86.91	0.00	24.16	0.00	614.52	0.03

根据全桥气动弹性模型在紊流场中风偏角和风攻角均为 0°的工况（FM-10）下的桥塔塔顶实测位移响应，可以得到全桥成桥状态设计基准风速 $U_c = 56.9$ m/s 时，桥塔各控制截面面内和面外一阶弯曲振型的相应抖振位移响应分量如表 14-22 所示，根据式（14-20）和式（14-21）计算得到的沿桥塔高度各控制截面的抖振等效惯性力值一并列入表 14-22 中。

东海大桥主航道桥成桥状态桥塔抖振位移响应和抖振等效惯性力 表 14-22

控制截面	面外一阶弯曲		面内一阶弯曲	
	抖振位移响应（mm）	抖振等效惯性力（kN/m）	抖振位移响应（mm）	抖振等效惯性力（kN/m）
桥塔塔顶	24.75	36.25	5.21	54.73
桥塔塔中	11.39	16.67	0.26	2.73
桥塔塔底	1.00	4.64	0.07	2.31

全桥成桥状态主梁和桥塔的抖振等效惯性力如图 14-28 所示。由于拉索振动特性在全桥气动弹性模型风洞试验中未作模拟，因此，全桥成桥状态和施工阶段拉索的抖振等效静力风荷载无法定义，可以采用阵风等效风荷载数值。

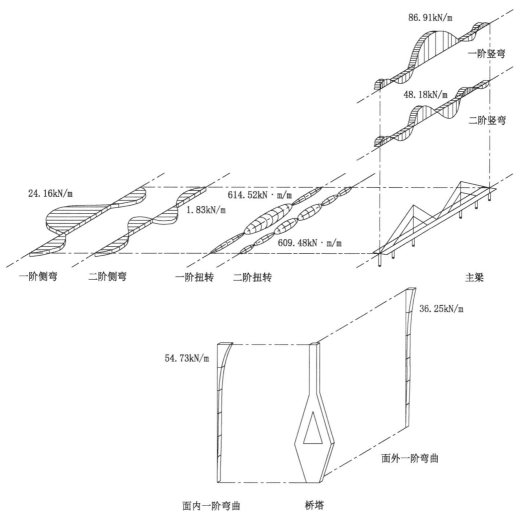

图 14-28 东海大桥主航道桥成桥状态抖振等效惯性力

2) 桥塔自立状态

根据桥塔气动弹性模型在紊流风场中风偏角和风攻角均为 0° 的工况（FM-26）下的桥塔实测位移响应,可以得到桥塔自立状态设计基准风速 $U_c = 47.8 \text{ m/s}$ 时,桥塔各控制截面各阶振型的相应抖振位移响应分量如表 14-23 所示。

东海大桥主航道桥桥塔自立状态抖振位移响应　　　　表 14-23

控制截面	一阶纵弯(mm)	一阶侧弯(mm)	二阶侧弯(mm)
塔根	0.00	0	0
中塔柱底	2.03	0.03	-0.40
中塔柱中	9.24	-0.10	-4.38
桥塔塔中	23.04	0.11	-3.52
上塔柱中	36.41	1.07	-1.19
塔顶	50.08	2.29	1.17

根据表 14-23 中桥塔各阶振型的抖振位移响应及抖振等效惯性力计算式式(14-20)和式(14-21),可以得到对应各阶振型的桥塔抖振等效惯性力,其中沿桥塔高度各控制截面的抖振等效惯性力值如表 14-24 所示。

东海大桥主航道桥桥塔自立状态抖振等效惯性力　　　　　表 14-24

控制截面	一阶纵弯(kN/m)	一阶侧弯(kN/m)	二阶侧弯(kN/m)
塔根	0.00	0.00	0.00
中塔柱底	9.38	1.01	−46.77
中塔柱中	10.85	−0.87	−130.16
桥塔塔中	33.74	1.20	−130.37
上塔柱中	53.32	11.30	−44.13
塔顶	73.34	24.07	43.37

桥塔自立状态抖振等效惯性力如图 14-29 所示。

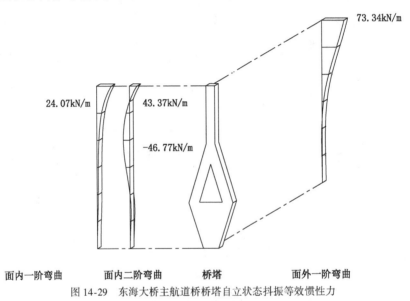

面内一阶弯曲　　面内二阶弯曲　　桥塔　　面外一阶弯曲

图 14-29　东海大桥主航道桥桥塔自立状态抖振等效惯性力

14.9　颤振失稳概率性评价

东海大桥主航道桥颤振临界风速是衡量桥梁颤振稳定性的重要指标,而颤振临界风速既可通过风洞试验直接测定,例如节段模型或全桥模型风洞试验,也可采用基于节段模型试验参数的理论计算来确定。由于在确定颤振临界风速过程中所用的理论假设、试验条件等有其局限性或不确定性,有些是在缺乏完整资料背景下主观假定的经验值,所以采用概率可靠性分析方法来确定桥梁颤振失效概率比仅给出一个颤振临界风速更为合理。

14.9.1　设计风速荷载模型

桥梁颤振可靠性分析模型可以用一个超越极限状态问题来表达,当在给定重现期内桥址处期望风速超过桥梁颤振临界风速时发生颤振失效。在这个极限状态问题中期望风速显然是随机变量,根据桥梁颤振分析中最大风速的定义,设计风速概率模型可以表达为

$$U_\mathrm{m} = G_\mathrm{s} U_\mathrm{b} \tag{14-22}$$

式中,U_b 是桥址处位于桥面高程的 10 min 时距基准风速,可根据现有的风速记录来确定;G_s 是考虑了风速脉动和水平相关性影响的阵风因子。二者都是随机变量,必须采用概率分布函数来描述。

1)基准风速

基准风速确定主要选用桥位相邻测站——大戢山海洋站和小洋山海岛站风速统计资料及按规范方法确定的设计基本风速。由于大戢山海洋站和小洋山海岛站均提供了 10 m 高度处 16 个风向的最大平均风速,因此,可以按下式确定 100 年一遇、10 min 平均时距、10 m 桥面高度处的基准风速:

$$U_\mathrm{b}^{100} = \frac{U_\mathrm{c}^{100}}{U_\mathrm{c}^\mathrm{m}} \cdot U_{ci} \left(\frac{Z_\mathrm{d}}{Z_\mathrm{c}}\right)^\alpha = \begin{cases} \dfrac{48.1}{28.4} \times U_{ci} \times \left(\dfrac{54}{10}\right)^{0.1} = 2.00 U_{ci} & (大戢山) \\ \dfrac{48.1}{24.8} \times U_{ci} \times \left(\dfrac{54}{10}\right)^{0.1} = 2.30 U_{ci} & (小洋山) \end{cases} \tag{14-23}$$

式中,U_c^{100} 表示 10 m 高度处桥位设计基本风速,且 $U_\mathrm{c}^{100} = 48.1$ m/s;U_c^m 表示 10 m 高度处 16 个风向中的最大风速,其中大戢山海洋站 $U_\mathrm{c}^\mathrm{m} = 28.4$ m/s(NNE),小洋山海岛站 $U_\mathrm{c}^\mathrm{m} = 24.8$ m/s(WNW);Z_d 表示桥面离开水面高度,取 $Z_\mathrm{d} = 54$ m;Z_c 表示测站风仪高度,且 $Z_\mathrm{c} = 10$ m;U_{ci} 表示最大风速统计结果,见表 14-1。

由于大戢山海洋站和小洋山海岛站的风速分布与规范规定的分布形式一致,均为极值 I 型,其概率分布函数可以表示为

$$F(U) = \exp\left[-\exp\left(-\frac{U-b}{a}\right)\right] \tag{14-24}$$

式中,a 和 b 分别表示尺度参数和位置参数,可用均值 μ 和方差 σ 表示为

$$a = \frac{\sqrt{b}}{\pi}\sigma = 0.7797\sigma \tag{14-25}$$

$$b = \mu - a\gamma = \mu - \frac{\sqrt{b}}{\pi}\gamma\sigma = \mu - 0.45\sigma \tag{14-26}$$

将 100 年一遇基准风速值 U_b^{100} 及相应的保证率 $P = F(U_\mathrm{b}^{100}) = 0.99$ 代入极值 I 型分布函数,可得

$$U_\mathrm{b}^{100} = 4.60a + b = 3.14\sigma + \mu = \left(3.14\frac{\sigma}{\mu} + 1\right) \cdot \mu \tag{14-27}$$

假定风速方差 σ 和均值 μ 的比值——风速偏差系数 $\delta = \sigma/\mu = 0.3$,则可求得均值 μ 和方差 σ:

$$\mu = 0.515 U_\mathrm{b}^{100} \tag{14-28}$$

$$\sigma = 0.3\mu = 0.155 U_\mathrm{b}^{100} \tag{14-29}$$

按照上述计算步骤和计算公式,可以计算出大戢山海洋站和小洋山海岛站用于东海大桥主航道桥桥面高度基准风速计算的极值 I 型分布参数 a 和 b、均值 μ 和方差 σ、100 年重现期的期望风速 U_b^{100},以及各风向相对发生频度 P,其结果如表 14-25 和表 14-26 所示。

大戢山海洋站基准风速统计参数 表14-25

序号	风向	a(m/s)	b(m/s)	μ(m/s)	σ(m/s)	U_b^{100}(m/s)	P
1	N	6.79	25.02	28.94	8.71	56.2	0.070
2	NNE	6.86	25.29	29.25	8.80	56.8	0.160
3	NE	5.75	21.19	24.51	7.38	47.6	0.115
4	ENE	6.21	22.89	26.47	7.97	51.4	0.050
5	E	5.63	20.75	24.00	7.22	46.6	0.030
6	ESE	5.25	19.32	22.35	6.73	43.4	0.080
7	SE	5.49	20.21	23.38	7.04	45.4	0.095
8	SSE	5.10	18.79	21.73	6.54	42.2	0.100
9	S	4.91	18.08	20.91	6.29	40.6	0.075
10	SSW	4.91	18.08	20.91	6.29	40.6	0.045
11	SW	4.18	15.41	17.82	5.36	34.6	0.020
12	WSW	4.91	18.08	20.91	6.29	40.6	0.010
13	W	5.68	20.93	24.21	7.29	47.0	0.020
14	WNW	5.63	20.75	24.00	7.22	46.6	0.020
15	NW	6.07	22.35	25.85	7.78	50.2	0.035
16	NNW	6.41	23.60	27.30	8.22	53.0	0.065

小洋山海岛站基准风速统计参数 表14-26

序号	风向	a(m/s)	b(m/s)	μ(m/s)	σ(m/s)	U_b^{100}(m/s)	P
1	N	6.28	23.14	26.77	8.06	52.0	0.166
2	NNE	4.45	16.39	18.95	5.70	36.8	0.086
3	NE	5.03	18.54	21.44	6.45	41.6	0.043
4	ENE	2.36	8.70	10.07	3.03	19.6	0.008
5	E	4.70	17.31	20.02	6.02	38.9	0.108
6	ESE	4.86	17.92	20.73	6.24	40.3	0.077
7	SE	5.34	19.66	22.74	6.84	44.2	0.161
8	SSE	5.06	18.64	21.56	6.49	41.9	0.065
9	S	6.34	23.35	27.01	8.13	52.4	0.079
10	SSW	5.73	21.10	24.40	7.34	47.4	0.019
11	SW	5.20	19.15	22.15	6.67	43.0	0.018
12	WSW	4.28	15.77	18.24	5.49	35.4	0.010
13	W	6.09	22.43	25.94	7.81	50.4	0.034
14	WNW	6.89	25.40	29.38	8.84	57.0	0.018
15	NW	6.62	24.37	28.19	8.48	54.7	0.047
16	NNW	5.61	20.69	23.93	7.20	46.5	0.059

2)阵风因子

弹性系统的线性响应一般可以表述为

$$R(t) = \bar{R} + g(t)\sigma_R \tag{14-30}$$

式中,$\bar{R}$ 和 σ_R 分别是平均响应和均方根响应;$g(t)$ 是随时间变化的无量纲系数。根据这个通式可将风压峰值 p_{max} 表示为

$$p_{max} = \bar{p} + g\sigma_p = (1 + g\sigma_p/\bar{p})\bar{p} \tag{14-31}$$

式中,g 和 σ_p 由下列公式确定:

$$g = \sqrt{2\ln(n_oT)} + \frac{0.5772}{\sqrt{2\ln(n_oT)}} \tag{14-32}$$

$$\sigma_p = \left[\int_0^\infty S_p(f)df\right]^{1/2} \tag{14-33}$$

其中:

$$n_o = \left[\int_0^\infty f^2 S_p(f)df\right]^{1/2} \Big/ \sigma_p \tag{14-34}$$

$$S_p(f) = \left(\frac{2\bar{p}}{U_b}\right)^2 S_u(f) \int_0^l\int_0^l e^{-\frac{\lambda f}{U_b}|x_1-x_2|}dx_1dx_2 \tag{14-35}$$

式中,$S_u(f)$ 是顺风向脉动风谱;λ 为顺风向脉动风沿跨径方向的互相关系数。

可定义阵风风压系数为

$$G_p = 1 + g\sigma_p/\bar{p} \tag{14-36}$$

又根据风速 U 和动压 p 的关系,$p = \rho U^2/2$,可得阵风因子 G_s 表示如下:

$$G_s = \sqrt{G_p} = \sqrt{1 + g\sigma_p/\bar{p}} \tag{14-37}$$

从以上式子可以看出,阵风因子与很多变量相关,如平均风速、脉动风的风谱和相关性、地表粗糙度、桥面高程和跨径等,因此其统计特性非常复杂。表 14-27 列出了日本和中国适用于最小粗糙度地区的阵风因子,这些数值都是在假定桥梁高度为 40 m、$U = 40$ m/s 和 $\lambda = 7$ 的前提下获得的,不过日本采用了 Hino 风谱而中国采用了 Kaimal 风谱。

阵风因子计算结果 表 14-27

跨径(m)	200	300	400	500	650	800	1000
日本《本州四国联络桥抗风设计指南》	1.21	1.19	1.18	1.17	1.16	1.15	1.14
中国《公路桥梁抗风设计指南》	1.27	1.25	1.24	1.23	1.22	1.21	1.20
相对误差	5.0%	5.0%	5.1%	5.1%	5.2%	5.2%	5.3%

根据以上的比较结果和一般经验,并参照中国《公路桥梁抗风设计指南》的规定,可以把阵风因子表达为一个正态分布的随机变量 G_s,其统计特性为

$$E[G_s] = \mu_G = 1.238 \tag{14-38}$$

$$\sigma[G_s] = \sigma_G = 0.06\mu_G = 0.074 \tag{14-39}$$

14.9.2 临界风速抗力模型

在桥梁颤振概率分析的极限状态方程中,结构抗力变量就是实际结构的颤振临界风速,实桥颤振临界风速的不确定性主要来自结构特性和风场特性,因此,实桥的颤振临界风速 U_{cr} 可

用两个独立的随机变量来表示：

$$U_{cr} = C_w U_e \tag{14-40}$$

式中，U_e是计入了结构特性中不确定因素的基本临界风速；C_w是计入了风场特性中不确定因素的临界风速修正系数。

1) 基本临界风速

基本临界风速是指通过节段模型风洞试验或全桥模型风洞试验确定的颤振临界风速，由于结构特性中不确定因素的存在，基本临界风速是一个随机变量，必须用概率分布函数来表示。结构特性中的不确定因素包括质量、刚度、阻尼和气动外形等，可能来源于材料性能、制造工艺和数学抽象等各个方面，并且对结构的动力特性和临界风速都会产生影响。动力特性本身可以在风洞试验或理论计算中进行调整，因此本书着重考虑这些不确定因素对临界风速的影响。

为了简化，基本临界风速选用一个对数正态分布随机变量来表示，其统计特性可偏于安全地取为

$$E[U_e] = \mu_{ue} \tag{14-41}$$

$$\sigma[U_e] = \sigma_{ue} = 0.10\mu_{ue} \tag{14-42}$$

2) 风速修正系数

风速修正系数是用来修正实桥风环境模拟中的各种不确定性。这些需要模拟的风环境特性既包括平均风特性又包括脉动风特性，比如平均风剖面、紊流强度、紊流积分尺度、脉动风谱和紊流空间相关性等。所有这些风特性都有自己的随机特征，在统计特性上既可能相互独立，也可能相关性很强。

模型试验和实桥测试的比较结果表明，由模型到实桥的风速修正系数变化较大，且没有一个明确的结果。为了简化计算，假定风速修正系数的均值为1.0、方差为均值的5%，并且服从最基本的正态分布，即

$$E[C_w] = \mu_C = 1.0 \tag{14-43}$$

$$\sigma[C_w] = \sigma_C = 0.05 \tag{14-44}$$

14.9.3 颤振失效概率计算

由于结构可靠性理论的分析方法已发展得相当成熟，所以一旦相关参数的随机性或不确定性的模型建立起来以后，相应的可靠性指标计算就非常直接了。

在随机风速作用下的桥梁颤振可靠性分析中，实桥的极限状态函数可以表示成临界风速U_{cr}减去期望风速U_m，即

$$f(U_{cr}, U_m) = U_{cr} - U_m \tag{14-45}$$

将式(14-22)和式(14-40)代入式(14-45)，就可发现安全域度函数M(本身也是一个随机变量)依赖于基本变量$X = (C_w, U_e, G_s, U_b)$的统计特性，即

$$M = f(X) = C_w U_e - G_s U_b \tag{14-46}$$

桥梁颤振失效概率可按下式计算：

$$P_F = P\{M \leq 0\} = \int_{M \leq 0} f_x(x) \mathrm{d}x \tag{14-47}$$

式中，$f_x(x)$是基本变量的联合概率密度函数。因为直接通过这个积分公式来计算失效概率比

较困难,所以这里将应用基于一次二阶矩理论的方法来计算失效概率,其中包括中心点法、验算点法以及推广验算点法。

1)中心点法

对于线性安全域度 M 和正态分布的基本变量,失效概率 P_F 和可靠性指标 β_R 之间存在着下列对应关系:

$$P_F = \Phi(-\beta_R) \Leftrightarrow \beta_R = -\Phi^{-1}(P_F) \tag{14-48}$$

$$\beta_R = \frac{\mu_M}{\sigma_M} \tag{14-49}$$

式中,μ_M 和 σ_M 分别是 M 的均值和均方差;而 $\Phi(\cdot)$ 为标准正态分布函数。

当考虑任意基本变量 $X = (X_1, X_2, \cdots, X_n)$ 时,结构安全域度 M 及其在 $(X_1, X_2, \cdots, X_n) = (\mu_1, \mu_2, \cdots, \mu_n)$ 处的线性展开式可以表示为

$$M = f(X) = f(X_1, X_2, \cdots, X_n) \cong f(\mu_1, \mu_2, \cdots, \mu_n) + \sum_{i=1}^{n} \frac{\partial f}{\partial X_i}(X_i - \mu_i) \tag{14-50}$$

式中,$\partial f/\partial X_i$ 在 $(\mu_1, \mu_2, \cdots, \mu_n)$ 点取值。从上式可得到 μ_M 和 σ_M 的近似值:

$$\mu_M \cong f(\mu_1, \mu_2, \cdots, \mu_n) \tag{14-51}$$

$$\sigma_M^2 \cong \sum_{i=1}^{n}\sum_{j=1}^{n} \frac{\partial f}{\partial X_i}\frac{\partial f}{\partial X_j}\mathrm{Cov}[X_i, X_j] \tag{14-52}$$

如果假定基本变量 $X = (C_w, U_e, G_s, U_b)$ 是相互独立的,那么基于中心点法的桥梁颤振可靠性指标 β 就可用下式表示:

$$\beta_R = \frac{\mu_C \mu_{ue} - \mu_G \mu_{ub}}{\sqrt{(\mu_{ue}\sigma_C)^2 + (\mu_C\sigma_{ue})^2 + (\mu_{ub}\sigma_G)^2 + (\mu_G\sigma_{ub})^2}} \tag{14-53}$$

2)验算点法

当讨论的是非线性安全域度时,按式(14-49)那样在线性化基础上进行可靠性指标的计算就依赖于线性化点的选择。上述中心点法选取的是均值点 $(\mu_1, \mu_2, \cdots, \mu_n)$,但 Hasofer 和 Lind 认为,取失效面上的点即所谓的验算点进行级数展开则更为合理。在验算点法中,可靠性指标 β 可通过迭代求解以下 $n+1$ 个方程得到:

$$\alpha_i = \frac{-\frac{\partial f}{\partial Z_i}(\beta_R \boldsymbol{\alpha})}{\sqrt{\sum_{k=1}^{n}\left[\frac{\partial f}{\partial Z_k}(\beta_R \boldsymbol{\alpha})\right]^2}} \tag{14-54}$$

$$f(\beta_R \alpha_1, \beta_R \alpha_2, \cdots, \beta_R \alpha_n) = 0 \tag{14-55}$$

式中,$\boldsymbol{\alpha} = (\alpha_1, \alpha_2, \cdots, \alpha_n)$ 为单位向量;$Z = (Z_1, Z_2, \cdots, Z_n)$ 是正交化的基本变量,且

$$Z_i = \frac{X_i - \mu_{X_i}}{\sigma_{X_i}} \quad \mu_{Z_i} = 0, \sigma_{Z_i} = 1; \quad i = 1, 2, \cdots, n \tag{14-56}$$

3)推广验算点法

当基本变量不满足正态分布时,式(14-48)中 P_F 和 β_R 的一一对应关系就不复存在了。为了把这一关系推广到基本变量为非正态分布的情况,可以把非正态变量转化为等效正态变量,并取验算点 $X' = (X'_1, X'_2, \cdots, X'_n)$ 进行计算,则等效正态变量的均值和均方差为

$$\mu'_{X_i} = X'_i - \Phi^{-1}[F_{X_i}(X'_i)]\sigma'_{X_i} \tag{14-57}$$

$$\sigma'_{X_i} = \frac{\varphi\{\Phi^{-1}[F_{X_i}(X'_i)]\}}{f_{X_i}(X'_i)} \tag{14-58}$$

式中,$\varphi(\cdot)$ 是标准正态分布密度函数;$f_{X_i}(\cdot)$、$F_{X_i}(\cdot)$ 是基本变量的概率密度函数和分布函数。由于引入了变量的转换,验算点法中计算可靠性指标 β 的迭代方法必须作适当的修正。

14.9.4 概率性评价结果

表 14-28 列出了东海大桥主航道桥颤振失稳概率性评价中用到的 4 个基本变量的统计特性,由于桥梁基本为南北走向,因此分别采用大戢山海洋站和小洋山海岛站偏西(W)和偏东(E)风向的基准风速变量的相关参数。采用中心点法和推广验算点法进行可靠性数值分析,可以得到颤振可靠性指标 β_R 和颤振失效概率 P_F,如表 14-29 所示,不难发现,推广验算点法的分析结果最为精确和安全,而中心点法的结果则较为粗略,并偏于危险,因而不应在桥梁颤振可靠性分析中使用。

东海大桥主航道桥基本随机变量的均值和均方差 表 14-28

风况	μ_C	σ_C	μ_{ue}	σ_{ue}	μ_G	σ_G	μ_{ub}	σ_{ub}
大戢山偏西	1.00	0.05	90.2	9.02	1.238	0.074	24.21	7.29
大戢山偏东	1.00	0.05	90.2	9.02	1.238	0.074	24.00	7.22
小洋山偏西	1.00	0.05	90.2	9.02	1.238	0.074	25.94	7.81
小洋山偏东	1.00	0.05	90.2	9.02	1.238	0.074	20.02	6.02

东海大桥主航道桥概率性评价数值计算结果 表 14-29

风况	中心点法		推广验算点法	
	β_R	P_F	β_R	P_F
大戢山偏西	5.324	5.09×10^{-8}	4.036	2.72×10^{-5}
大戢山偏东	5.354	4.31×10^{-8}	4.053	2.53×10^{-5}
小洋山偏西	5.079	1.90×10^{-7}	3.909	4.64×10^{-5}
小洋山偏东	5.980	1.12×10^{-9}	4.426	4.81×10^{-6}

表 14-29 中的分析结果仅考虑了垂直于桥轴线方向(南北方向)的偏西和偏东风向,如果计入全部 16 个方向上的设计基准风速及其相对发生频率的影响,则东海大桥主航道桥颤振失效概率应按下式计算:

$$P_F = \sum_{i=1}^{16} p_i P_{fi} = \sum_{i=1}^{16} p_i P_F\{U_b = U_{bi}\cos\theta_i\} \tag{14-59}$$

式中,P_{fi} 表示风向 i 对应基准风速 $U_{bi}\cos\theta_i$ 的失效概率;p_i 表示风向 i 发生最大风速的频率;θ_i 表示风向同正交于桥梁轴线方向的水平锐角。基于大戢山海洋站和小洋山海岛站风速统计结果,计入全部 16 个风向上的设计基准风速及其相对发生频率影响后,东海大桥主航道桥的颤振概率性评价计算结果如下:

大戢山海洋站:$P_F = 3.82 \times 10^{-6}$/年,$\beta = 4.475$;

小洋山海岛站:$P_F = 3.79 \times 10^{-6}$/年,$\beta = 4.477$。

14.10 斜拉桥抗风设计研究结论与建议

14.10.1 抗风设计研究结论

经过较为完善的风洞试验、数值计算和理论分析,本章主要试验研究发现与结论可以归纳为下列10个方面:

(1)设计风速研究结论:采用桥位附近两个气象站(大戟山海洋站和小洋山海岛站)风速观测记录资料,可以确定出桥位10 m高度处、100年一遇、10 min平均时距的设计基本风速为42.16 m/s;按《公路桥梁抗风设计规范》(JTG/T 3360-01—2018)全国基本风速分布图结合海面上幂指数取 $\alpha = 0.10$,可计算得到的相应风速为 48.1 m/s。安全起见,采用上述规范规定的设计基本风速 $U_{10} = 48.1$ m/s,施工阶段设计风速折减系数取 0.84。

(2)风特性参数定义:桥位设计基准风速为 $U_d = U_{10}(z/z_{10})^\alpha$,其中 z 为离水面高度,幂指数 $\alpha = 0.10$;桥位阵风风速 $U_g = G_u U_d$,其中阵风因子 $G_u = 1.38$;桥面高度紊流强度 $I_u = 0.08$,取 $I_v = 0.88 I_u = 0.07$ 和 $I_w = 0.5 I_u = 0.04$;顺风向脉动风谱 $S_u(n)$ 可取 Simiu 谱,竖向脉动风谱 $S_w(n)$ 可取 Panofsky 谱,脉动风空间相关函数采用 Davenport 相关函数。

(3)结构动力特性分析结果:全桥成桥状态、最大单悬臂状态、最大双悬臂状态和桥塔自立状态等4种桥梁结构的一阶自振频率计算结果如表14-30所示。

东海大桥主航道桥结构动力特性分析结果 表14-30

结构状态	一阶竖弯频率(Hz)		一阶侧弯频率(Hz)		一阶扭转频率(Hz)	
	对称	反对称	对称	反对称	对称	反对称
全桥成桥状态	0.358	0.511	0.439	1.097	0.590	1.171
最大单悬臂状态	0.389	0.755	0.303	1.363	0.696	1.773
最大双悬臂状态	0.257	0.750	0.618	0.728	1.097	1.707
桥塔自立状态	0.373	—	0.999	—	3.377	—

(4)三分力系数试验结果:主梁截面成桥状态和施工阶段的三分力系数风洞试验实测结果如表14-31所示。

东海大桥主航道桥主梁三分力系数实测结果 表14-31

结构状态	风攻角	阻力系数		升力系数		升力矩系数	
		C_D	dC_D/C_α	C_L	dC_L/C_α	C_M	dC_M/C_α
成桥	-3°	0.983	-0.019	-0.239	0.059	-0.012	0.022
	0°	0.931	-0.004	-0.043	0.067	0.054	0.020
	+3°	1.009	0.079	0.207	0.062	0.086	0.003
施工	-3°	0.782	-0.085	-0.217	0.053	0.031	0.009
	0°	0.661	-0.016	0.006	0.082	0.076	0.017
	+3°	0.707	0.066	0.271	0.099	0.132	0.014

(5) 颤振临界风速试验结果:原断面施工阶段,原断面成桥状态,成桥状态附加 0.8 m、1.0 m 和 1.2 m 中央稳定板和成桥状态附加下角隅检修轨道等 10 种桥梁结构形式的颤振临界风速节段模型风洞试验实测结果如表 14-11 所示,成桥状态和施工阶段的颤振检验风速分别为 84.6 m/s 和 71.1 m/s。原断面成桥状态和成桥状态带 1.2 m 中央稳定板且底板边缘设检修轨道的两个方案不满足颤振稳定性要求。

(6) 涡激共振试验结果:节段模型涡激共振试验仅在原断面成桥状态观察到竖弯和扭转涡振,其余 8 种断面形式的节段模型均没有观察到涡激共振,因此,可以认为最终推荐的施工阶段断面和成桥状态带斜腹板下侧检修轨道断面发生涡激共振的可能性不大。

(7) 静风稳定性研究结论:静风稳定性数值分析表明,东海大桥主航道桥无论是在全桥成桥状态还是在最大单悬臂状态和最大双悬臂状态都具有很高的静风稳定性安全储备,不会发生静风失稳。

(8) 全桥气动弹性模型位移试验结果:全桥成桥状态、最大单悬臂状态、最大双悬臂状态和桥塔自立状态下,主梁跨中截面和四分点截面以及桥塔塔顶截面在设计风速下的风洞试验最大位移实测结果如表 14-18 所示。

(9) 等效风荷载分析结果:斜拉桥结构强度验算时的风荷载必须考虑两种最不利组合,即由阵风效应引起的阵风等效风荷载组合和由抖振效应引起的抖振等效风荷载组合,等效风荷载组合分析得到了全桥成桥状态、最大单悬臂状态、最大双悬臂状态和桥塔自立状态等 4 种结构形式的两组等效风荷载组合。

(10) 颤振失稳概率性评价:不计桥位风速风向发生频率时,按大戢山海洋站和小洋山海岛站风速统计结果计算的颤振可靠性指标为 4.036 和 3.909,相应的颤振失稳概率分别为 2.72×10^{-5}/年和 4.64×10^{-5}/年;当计入桥位风速风向发生频率,并按 16 个风向统计资料计算时,按大戢山海洋站和小洋山海岛站风速统计结果计算的颤振可靠性指标分别为 4.475 和 4.477,相应的颤振失稳概率分别为 3.82×10^{-6}/年和 3.79×10^{-6}/年。

14.10.2 抗风设计研究建议

结合大跨度斜拉桥抗风特点和上述主要试验研究结论,提出下列四点斜拉桥抗风建议:

(1) 合理安排主梁施工工期。鉴于施工阶段特别是最大单悬臂状态和最大双悬臂状态设计风速下的抖振竖向和侧向振动位移较大,为了确保施工阶段的稳定性和安全性,必须合理安排主梁施工工期,务必保证在台风季节到来之前完成中跨合龙。

(2) 颤振控制措施的必要性。鉴于成桥状态原设计断面的颤振临界风速小于颤振检验风速,为了确保成桥状态的稳定性,建议采用合理的颤振控制措施,其中包括在桥面中央增设高度超过 0.8 m 的稳定板;当考虑附加检修轨道时,应采用经风洞试验优化的箱梁下角隅区导流形检修轨道,既满足检修行车的要求,又达到提高颤振临界风速的目的。

(3) 拉索振动控制措施建议。鉴于斜拉桥拉索风振和雨振机理及其振动控制研究现状,在未做拉索风振研究的前提下,拉索振动控制建议采取下列三种措施:首先,建议采用平行钢丝拉索,以便减小拉索直径,从而降低作用在拉索上的空气作用力;其次,建议对拉索表面进行处理,以便阻碍雨线的形成和振动,从而抑制拉索雨振;最后,一旦发现拉索剧烈振动,可以采用安装索端阻尼器的方法,控制拉索振动。

(4) 车-桥-风耦合振动研究。鉴于全桥成桥状态在设计风速下的竖向和扭转风振位移较大,而桥面上通行的集装箱卡车重量大、迎风面更大,因此,有必要对车-桥-风耦合振动进行研究,从而确保桥梁结构在车-桥-风耦合振动下的强度和刚度要求,以及集装箱卡车在桥面行驶过程中的安全性和舒适性。

本章参考文献

[1] DAVENPORT A G. A statistical approach to the treatment of wind loading of tall masks and suspension bridges [M]. Bristol：University of Bristol,1961.

[2] SIMIU E,SCANLAN R H. Wind effects on structure [M]. 2nd ed. New York：John Willy and Sons,1996.

[3] TANAKA H. Wind engineering [A]. Prepared for CVG 5153,University of Ottawa,1998.

[4] 中华人民共和国交通运输部.公路桥涵设计通用规范：JTG D60—2015[S].北京:人民交通出版社股份有限公司,2015.

[5] 项海帆.公路桥梁抗风设计指南[M].北京:人民交通出版社,1996.

[6] 葛耀君.桥梁结构风振可靠性理论及其应用研究[D].上海:同济大学,1997.

[7] 葛耀君.大跨度斜拉桥抗风[M].北京:人民交通出版社股份有限公司,2019.

第15章
悬索桥抗风设计研究

悬索桥抗风设计主要采用理论分析、风洞试验和数值模型方法对大跨度桥梁结构抗风性能进行设计或验算,其中,风洞试验是目前最为有效和可靠的方法,并带有试验研究性质。本章悬索桥抗风设计研究以深中通道伶仃洋大桥为工程背景,介绍桥位风特性参数分析、结构动力特性分析、常规尺度节段模型颤振风洞试验、大尺度节段模型涡振风洞试验、节段模型测力风洞试验、静风稳定性计算与三维非线性颤振分析、全桥气动弹性模型风洞试验、施工阶段抗风稳定性计算分析和悬索桥主要研究结论等。

15.1 深中通道伶仃洋大桥抗风设计

广东省深中通道伶仃洋大桥主桥是在台风多发区建造的大跨度悬索桥,其抗风设计研究具有典型性。伶仃洋大桥位于珠江口外伶仃洋海域,大桥区域北靠亚洲大陆,南临热带海洋(南海),气候温暖潮湿,属南亚热带海洋性季风气候区。受欧亚大陆季风和热带海洋台风的影响,大桥所在区域气候复杂多变,灾害性天气频繁。桥位区处于台风路径上,登陆和影响桥位的台风很多,对桥位区造成较大影响。伶仃洋大桥成桥状态和主梁架设阶段的抗风稳定性是其设计的控制性因素,成桥状态主梁的涡激振动是关乎大桥正常运营的重要因素。此外,桥梁结构在紊流风作用下的抖振响应是影响设计风荷载的主要因素之一。为确保伶仃洋大桥结构抗风安全性和日常运营舒适性,需要借助风洞试验和理论计算,对其开展系统的结构抗风性能研究。

深中通道伶仃洋大桥为双塔平行索面钢箱梁悬索桥,跨径布置为500m+1666m+500m,如图15-1所示;主梁采用整体式钢箱梁,宽度为49.7m,高度为4.0m,如图15-2所示;桥塔为钢筋混凝土门形塔。

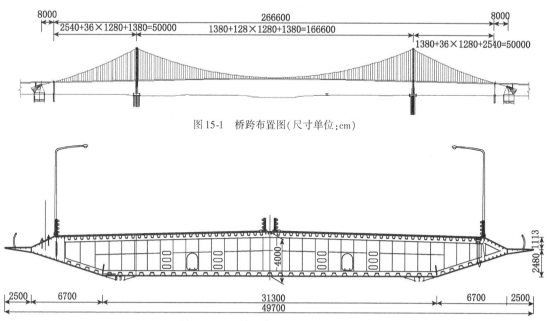

图15-1 桥跨布置图(尺寸单位:cm)

图15-2 主梁标准断面图(尺寸单位:mm)

1)抗风稳定性

大跨度悬索桥的抗风稳定性是其抗风安全性的最主要方面,因此也是抗风设计中的首要研究内容。悬索桥的抗风稳定性包括空气动力稳定性(主要指颤振)和空气静力稳定性(也称静风稳定性或静力扭转发散)。抗风设计中一般通过风洞试验和理论计算确定桥梁的颤振临界风速和静风失稳临界风速,然后按照规范规定进行检验。由于伶仃洋大桥地处我国台风多发区,颤振检验风速高,尽管采用了气动性能较好的整体式钢箱梁,根据经验和初步估算,主梁抗风稳定性与规范要求仍有较大差距,需要对设计进行气动优化以提升颤振稳定性,然后采用多种方法对优化方案的颤振、涡振、静风稳定性等进行检验。

2)使用舒适性

除了抗风稳定性之外,大跨度钢箱梁悬索桥抗风设计中需要着重研究的另一个问题是主梁涡激振动。当气流流经主梁周围时,会产生周期性交替脱落的旋涡。当旋涡脱落频率与结构某一固有振动频率接近或相等时,会引起主梁产生一种共振与自激振动并存的风致振动现象——涡激振动。涡激振动仅在与结构固有频率相关的特定风速区间(称为锁定风速区间)内发生,其振幅有限,通常不影响悬索桥结构安全,但过大的振幅会影响桥梁的使用舒适性。涡激振动对结构阻尼敏感,可能在不同模态频率对应的不同风速下发生,在常遇风速下发生频度较高,因而在抗风设计时必须对其加以限制或抑制。抗风研究中关心的涡激振动主要指标是涡振振幅(及加速度)及涡振锁定风速区间。

3)研究内容

深中通道伶仃洋大桥抗风性能研究的主要内容包括8个方面:桥位风特性参数分析、结构动力特性分析、常规尺度节段模型颤振风洞试验、大尺度节段模型涡振风洞试验、节段模型测力风洞试验、静风稳定性计算与三维非线性颤振分析、全桥气动弹性模型风洞试验、施工阶段抗风稳定性计算分析。

15.2 桥位风特性参数分析

15.2.1 设计基本风速

本小节通过两种方法获取深中通道伶仃洋大桥桥位处的设计基本风速:一是基于气象观测资料及风参数研究报告获取;二是基于《公路桥梁抗风设计规范》(JTG/T D60-1—2004)中附表 A 全国各气象台站的基本风速值直接获取。

根据业主方提供的《深圳至中山跨江通道工程可行性研究节段桥位气象观测及风参数研究总报告》,确定深中通道伶仃洋大桥桥位处的基本风速,即离地面或水面 10 m 高度、10 min 平均、100 年重现期的年最大风速为 $U_{10} = 39.1$ m/s,如表 15-1 所示。

不同高度各重现期内的 10 min 平均年最大风速(m/s)　　　　表 15-1

高度(m)	重现期(年)							
	10	20	30	50	100	120	200	500
10	28.6	31.8	33.7	35.9	39.1	39.9	42.2	46.3
50	34.2	38.0	40.3	43.0	46.8	47.8	50.5	55.5
63	35.1	39.0	41.4	44.1	48.1	49.1	51.8	56.9
80	36.1	40.1	42.5	45.3	49.4	50.4	53.3	58.5
91	36.6	40.7	43.1	46.0	50.1	51.1	54.0	59.3
100	37.0	41.1	43.6	46.5	50.6	51.7	54.6	60.0
200	39.9	44.4	47.1	50.2	54.7	55.9	59.0	64.8
300	41.8	46.5	49.3	52.6	57.2	58.5	61.7	67.8

考虑到航道中央处风速与岸边风观测塔处风速可能存在差异,为此根据"深中通道伶仃洋大桥抗风专题专家研讨会纪要"和"广东省交通运输厅关于印发深中通道风参数研究专题成果审查会议专家组意见的通知",确定伶仃洋大桥的设计基本风速较岸边测风塔处基本风速提高 10%,即大桥桥位处的设计基本风速为:

$$U_{10} = 39.1 \times 1.10 = 43.0 \text{ (m/s)} \tag{15-1}$$

与之对应的,参考港珠澳大桥三角岛测风塔观测的风切变系数为 $\alpha = 0.098 \approx 0.1$,大桥桥位平均风剖面指数可取为 $\alpha = 0.1$。

此外,根据《公路桥梁抗风设计规范》(JTG/T D60-01—2004)中附表 A 全国各气象台站的基本风速值和第 3.2.5 条规定,参考与桥位相邻的深圳市气象台、香港气象台和澳门气象台数值,确定的桥位设计基本风速为:$U_{10} = 45.1$ m/s,与之对应的地表类别为 A 类,平均风剖面指数为 0.12。

15.2.2 桥面高度处的设计基准风速

根据上述基于气象资料得到的基本风速及其风速剖面,另取桥位处常水位为 $h_0 = 0.52$ m

(设计单位提供),主梁跨中桥面标高为 $Z_{主梁}=90.77\text{m}$,则桥面高度处的设计基准风速可按下式计算得到:

$$U_{\text{d}} = \left(\frac{90.77 - 0.52}{10.0}\right)^{0.1} \times 43.0 = 53.6(\text{m/s}) \quad (15\text{-}2)$$

根据上述基于规范获得的基本风速及风速剖面,可推算得到桥面高度处的设计基准风速为:

$$U_{\text{d}} = \left(\frac{90.77 - 0.52}{10.0}\right)^{0.12} \times 45.1 = 58.5(\text{m/s}) \quad (15\text{-}3)$$

对比这两种方法获得的结果,为了确保桥梁的抗风安全,桥面高度处的设计基准风速偏安全地取为 $U_{\text{d}} = 58.5\text{m/s}$。

施工阶段取重现期为30年,则对应的施工阶段设计基准风速为:

$$U_{\text{d}}^{\text{s}} = \eta U_{\text{d}} = 0.92 \times 58.5 = 53.8(\text{m/s}) \quad (15\text{-}4)$$

15.2.3 颤振检验风速

根据《公路桥梁抗风设计规范》(JTG/T D60-01—2004),深中通道伶仃洋大桥成桥状态 $-3°\sim+3°$ 风攻角下的颤振检验风速为:

$$U_{\text{cr}} = 1.2\mu_{\text{f}} U_{\text{d}} = 1.2 \times 1.19 \times 58.5 = 83.5(\text{m/s}) \quad (15\text{-}5)$$

式中,μ_{f} 为风速脉动修正系数。根据大桥主跨1666m,取风速脉动修正系数为 $\mu_{\text{f}} = 1.19$。

相应的施工阶段颤振检验风速为:

$$U_{\text{cr}}^{\text{s}} = 1.2 \times 1.19 \times 53.8 = 76.8(\text{m/s}) \quad (15\text{-}6)$$

15.2.4 静风稳定性检验风速

根据《公路桥梁抗风设计规范》(JTG/T D61-01—2004)条文说明,并参考《公路桥梁抗风设计规范》(修订版)(征求意见稿),当考虑了几何非线性和气动力非线性时,深中通道伶仃洋大桥成桥状态的静风失稳临界风速 V_{td} 应满足:

$$U_{\text{td}} \geqslant 1.6 \times U_{\text{d}} = 1.6 \times 58.5 = 93.6(\text{m/s}) \quad (15\text{-}7)$$

相应地,施工阶段静风失稳临界风速须满足如下条件:

$$U_{\text{td}}^{\text{s}} \geqslant 1.6 \times U_{\text{d}}^{\text{s}} = 1.6 \times 53.8 = 86.1(\text{m/s}) \quad (15\text{-}8)$$

15.3 结构动力特性分析

桥梁结构动力特性是进行动力模型风洞试验研究和风振计算分析的基础。本节将根据桥梁设计确定的结构参数,采用有限元方法对伶仃洋大桥主桥成桥状态进行结构动力特性计算分析,给出模型试验和风振计算所需的主要模态的频率、振型特征和等效质量等结构动力特性参数。

15.3.1 有限元计算模型

基于ANSYS软件平台,采用传统的鱼骨梁方式构建深中通道伶仃洋大桥有限元分析模型,如图 15-3 所示。主梁及刚臂采用空间梁单元 beam 4 模拟,主梁质量和质量惯性矩采用质量点单元 mass 21 模拟,主缆和吊杆采用空间杆单元 link 8 模拟,主塔各构件均采用空间梁单元 beam 4 模拟。计算模型中不考虑支座弹性。

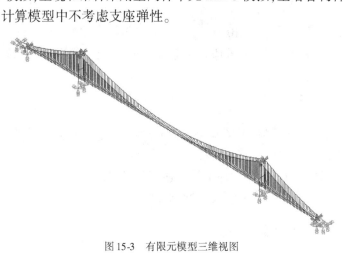

图 15-3 有限元模型三维视图

有限元模型的主塔塔底、边墩墩底和主缆端部均为固结约束条件,主塔和主梁之间横向抗风支座采用横向主从约束,主梁端部和边墩顶部之间为主从约束条件,即在主梁横向、竖向和扭转方向进行主从约束。整体模型约束体系如表 15-2 所示。

有限元模型约束条件 表 15-2

位置	自由度					
	x	y	z	θ_x	θ_y	θ_z
主塔塔底(墩底)、主缆地锚	√	√	√	√	√	√
主塔和主梁间			√			
边墩墩底	√	√	√	√	√	√
主梁和边墩		√	√	√		

深中通道伶仃洋大桥主梁原设计断面的截面特性如表 15-3 所示。

深中通道伶仃洋大桥主梁标准段截面特性 表 15-3

面积(m^2)	竖弯惯性矩(m^4)	横弯惯性矩(m^4)	扭转常数(m^4)
1.799	4.950	291.097	13.680

15.3.2 成桥状态动力特性

基于上述有限元模型,采用 block Lanczos 方法对深中通道伶仃洋大桥成桥状态的动力特性进行计算,获得的主要模态计算结果如表 15-4 所示。

成桥状态结构动力特性 表 15-4

阶次	频率(Hz)	主梁等效质量及质量惯性矩				振型特点
		纵向(t/m)	竖向(t/m)	横向(t/m)	扭转(t·m^2/m)	
1	0.056	—	—	40.00	—	L-S-1
2	0.076	45.73	116.68	—	—	主梁纵漂 + V-A-1

续上表

阶次	频率(Hz)	主梁等效质量及质量惯性矩				振型特点
		纵向(t/m)	竖向(t/m)	横向(t/m)	扭转(t·m²/m)	
3	0.100	76.60	67.72	—	—	V-A-1
4	0.101	—	42.16	—	—	V-S-1
5	0.134	—	—	37.08	—	L-A-1
6	0.135	—	42.62	—	—	V-S-2
7	0.151	—	—	—	—	—
8	0.173	—	—	—	—	—
9	0.179	—	42.27	—	—	V-A-2
10	0.184	—	—	—	—	—
11	0.188	—	—	—	—	—
12	0.189	—	—	—	—	—
13	0.205	—	43.45	—	—	V-S-3
14	0.207	—	—	—	—	—
15	0.211	—	—	—	—	—
16	0.220	—	—	—	10007.34	T-S-1
17	0.226	—	—	—	10776.52	T-A-1
18	0.234	—	—	—	—	V-S-4

注:1.表中L-横弯,V-竖弯,T-扭转,S-正对称,A-反对称,如V-S-1表示第一阶正对称竖弯振型;
2.—表示数值较大或非主梁振型。

15.4 常规尺度节段模型颤振风洞试验

深中通道伶仃洋大桥主梁常规尺度节段模型颤振风洞试验的目的是,通过节段模型风洞试验直接测定实桥颤振临界风速的近似值,并进行颤振性能的气动优化。

常规尺度主梁节段模型模拟了原设计断面成桥状态,以及设有不同气动措施、不同梁高的成桥状态断面等10余种结构状态。限于篇幅,本节只针对原设计断面和最终采用的优化断面的节段模型试验进行介绍。

15.4.1 颤振节段模型设计

1)相似性要求

根据风洞试验段以及主梁断面尺寸,将节段模型几何缩尺比取为 $\lambda_L = 1:70$。根据动力节段模型试验相似准则,可以确定颤振节段模型试验参数的相似比,如表15-5所示。

颤振节段模型试验相似比 表15-5

参数名称	符号	单位	相似比	相似性要求
长度	L	m	$\lambda_L = 1:70$	几何相似比

续上表

参数名称	符号	单位	相似比	相似性要求
速度	U,u,w	m/s	$\lambda_v = \lambda_L \lambda_f$	Strouhal 数相似
密度	ρ	kg/m³	$\lambda_\rho = 1$	材料密度不变
单位长度质量	m	kg/m	$\lambda_m = \lambda_\rho \lambda_L^2 = \lambda_L^2 = 1:70^2$	量纲不变
单位长度质量惯性矩	J_m	kg·m²/m	$\lambda_J = \lambda_m \lambda_L^2 = \lambda_L^4 = 1:70^4$	量纲不变
时间	t	s	$\lambda_t = \lambda_L / \lambda_v$	Strouhal 数相似
阻尼比	ζ	—	$\lambda_\zeta = 1$	阻尼比不变

2) 节段模型设计

根据大跨度桥梁颤振机理,通过对结构动力特性计算结果的分析可知:伶仃洋大桥成桥状态可能的颤振形态由一阶对称竖弯模态和一阶对称扭转模态控制,因此节段模型颤振试验根据这两阶模态的频率和等效质量(及等效质量惯性矩)进行设计。颤振节段模型主要参数值如表 15-6 所示。主梁节段模型外形严格按几何缩尺比模拟实桥主梁的几何外形,梁体采用优质木材制作,栏杆、检修轨道、导流板等附属设施采用 ABS 材料用电脑雕刻机雕刻而成,模型栏杆按透风率等效原则进行了适当简化。

颤振节段模型主要参数　　　　表 15-6

	参数名称	单位	实桥值	相似比	模型值
质量	单位长度质量 m	kg/m	4.216×10^4	$\lambda_m = 1:70^2$	8.600
	单位长度质量惯性矩 J_m	kg·m²/m	10.007×10^6	$\lambda_J = 1:70^4$	0.417
频率	对称竖弯 f_h	Hz	0.101	11.307:1	1.142
	对称扭转 f_t	Hz	0.220	11.307:1	2.466
阻尼	竖弯阻尼比 ζ_h	—	0.5	$\lambda_\zeta = 1$	0.5
	扭转阻尼比 ζ_t	—	0.5	$\lambda_\zeta = 1$	0.5

3) 测振系统

主梁节段模型颤振试验在西南交通大学 XNJD-1 工业风洞第二试验段中进行,该试验段断面为 2.4m(宽)×2.0m(高)的矩形,最大来流风速为 45m/s,最小来流风速为 0.5m/s。为避免干扰试验流场,在试验段外设有专门进行桥梁节段模型测振的悬挂系统,即节段模型由 8 根拉伸弹簧悬挂在支架上,形成可竖向运动和绕模型轴线转动的二自由度振动系统。同时,在模型两端安装端板,以消除端部三维流动干扰。安装在试验段中的测振节段模型如图 15-4 所示。

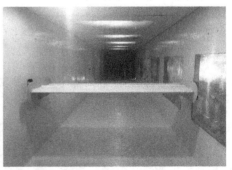

图 15-4　XNJD-1 工业风洞及测振节段模型

测振试验主要仪器设备包括皮托管和电子微压差计、非接触式激光位移传感器、CRAS 动态信号采集分析系统。

15.4.2 节段模型颤振试验及主要结果

通过直接测量法测定主梁节段模型在不同工况下的颤振临界风速,再通过风速比(模型试验风速与实桥风速之比)换算至实桥的颤振临界风速。由表 15-7 可见,原设计断面成桥状态在 $\alpha = -3° \sim +3°$ 风攻角范围内的颤振临界风速均未达到颤振检验风速 83.5 m/s,其中 0°风攻角下的颤振临界风速只有 72.7 m/s,与颤振检验风速差距较大。因此,必须采取有效的气动控制措施来提高结构的颤振稳定性。本研究采取的气动措施主要有:设置上中央稳定板、调整检修车轨道位置、设置内侧或双侧检修车轨道导流板,以及增大检修道栏杆透风率,如图 15-5 所示。

节段模型颤振试验结果　　　　　表 15-7

工况	断面形式	风攻角(°)	颤振临界风速(m/s)
SF-1	原设计断面	-3	79.2
		0	72.7
		+3	82.9
SF-2	1.2 m 上中央稳定板 + 检修车轨道位置距底板边缘 1/10 底板宽度 + 双侧导流板	-3	81.5
		0	81.3
		+3	80.8

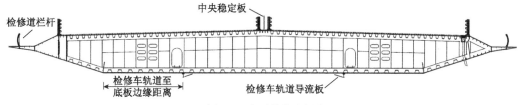

图 15-5　气动措施示意图

通过节段模型颤振试验发现,设置 1.2 m、1.4 m(全封闭和打孔两种)和 1.6 m 高度的上中央稳定板均能有效地提高颤振稳定性,其中 1.6 m 上中央稳定板具有更好的增稳效果。为满足行车交通安全和桥梁美观的需要,上中央稳定板不宜太高,因此进一步的气动优化试验围绕 1.2 m 中央稳定板方案开展。将检修车轨道向底板中心移动和设置检修车轨道导流板均有助于提升颤振临界风速。经多种方案的试验比选,获得优化的推荐方案为(工况 SF-2):在桥面中心设置 1.2 m 中央稳定板,将检修轨道移至距底板边缘 1/10 底板宽度处并设置双侧导流板。从表 15-7 可见,该工况主梁在 -3°、0°和 +3°风攻角下的颤振临界风速分别为 81.5 m/s、81.3 m/s 和 80.8 m/s,其中最低颤振临界风速较原设计方案大幅度提升。

图 15-6 示出了优化断面(SF-2)在不同风攻角下扭转振幅随风速的变化情况。由图 15-6 可见,在风速超过颤振临界风速后,扭转振幅急剧增大,出现颤振发散现象。图 15-7 和图 15-8 分别示出了优化断面在 0°风攻角、81.8 m/s 风速下的扭转位移时程和对应的频谱图,振动频率为 2.063 Hz(相当于实桥频率 0.183 Hz),介于一阶正对称扭转固有频率和一阶正对称竖弯固有频率之间,表明颤振形态为弯扭耦合颤振。

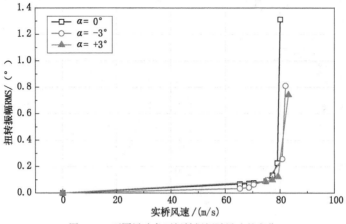

图 15-6　不同风攻角下扭转振幅随风速的变化

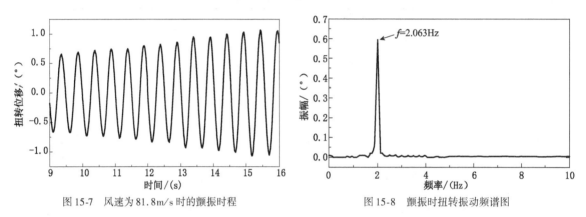

图 15-7　风速为 81.8m/s 时的颤振时程　　　　图 15-8　颤振时扭转振动频谱图

优化方案在试验比选的全部方案中虽然在气动性能上不是最优的,但兼顾了抗风、行车安全、检修车轨道设计、美观等多方面的需求。然而,节段模型颤振试验获得的优化方案颤振临界风速仍略低于颤振检验风速 83.5 m/s。根据桥梁颤振理论和悬索桥抗风设计经验,由于节段模型颤振试验并不能充分模拟实桥颤振的三维特性,其获得的颤振临界风速通常偏于保守。因此,需要通过三维颤振计算分析和全桥气动弹性模型试验获得更为准确的实桥颤振临界风速,作为检验实桥抗风稳定性的依据。同时,还需要通过大尺度节段模型涡振风洞试验检验优化断面的涡激振动性能。

15.5　大尺度节段模型涡振风洞试验

深中通道伶仃洋大桥主梁大尺度节段模型涡振试验的目的是在较高雷诺数且更精确地模拟主梁构造细节的情况下,研究主梁原设计断面、优化断面(SF-2 对应的主梁断面)的涡振性能,以获得更接近实际的涡振锁定风速和振幅。

大尺度节段模型涡振试验在西南交通大学 XNJD-3 风洞中进行。该风洞是大型回流式风洞,试验段长 36 m,宽 22.5 m,高 4.5 m,风洞空置时的风速范围为 0～16.5 m/s,纵向紊流强度 1.0% 以下。

15.5.1 测振节段模型设计

1）相似性要求

根据风洞尺寸和断面构造,确定大尺度节段模型的几何缩尺比为 $\lambda_L = 1:25$。根据动力节段模型风洞试验相似准则,确定涡振节段模型试验各主要参数的相似比如表 15-8 所示。实桥结构主要参数与大尺度节段模型主要参数之间的对应关系如表 15-9 所示。

大尺度节段模型涡振试验相似比　　　　表 15-8

参数名称	符号	单位	相似比	相似性要求
长度	L	m	$\lambda_L = 1:25$	几何相似比
风速	U	m/s	$\lambda_U = \lambda_L \lambda_f$	Strouhal 数相等
密度	ρ	kg/m³	$\lambda_\rho = 1$	材料密度不变
单位长度质量	m	kg/m	$\lambda_m = \lambda_\rho \lambda_L^2 = \lambda_L^2 = 1:25^2$	量纲不变
单位长度质量惯性矩	J_m	kg·m²/m	$\lambda_J = \lambda_m \lambda_L^2 = \lambda_L^4 = 1:25^4$	量纲不变
时间	t	s	$\lambda_t = \lambda_L/\lambda_v$	Strouhal 数相似
阻尼比	ζ	—	$\lambda_\zeta = 1$	阻尼比相等

大尺度节段模型涡振试验参数　　　　表 15-9

参数名称	单位	实桥	模型
一阶正对称竖弯频率	Hz	0.101	1.410
一阶正对称扭转频率	Hz	0.220	2.310
单位长度质量	kg/m	4.216×10^4	263.0
等效单位长度质量惯性矩	kg·m²/m	10.007×10^6	99.9
模型长度	m	97.5	3.9
竖弯风速比	—	—	1.790
扭转风速比	—	—	2.376
竖向阻尼比	—	0.30%	0.24%
扭转阻尼比	—	0.30%	0.09%

2）节段模型设计

按照深中通道伶仃洋大桥主梁断面的尺寸和形状,确定大尺度节段模型长 3.9 m,宽 1.988 m,高 0.16 m。为控制模型的单位长度质量及单位长度质量惯性矩,并保证模型自身具有足够刚度,模型外衣采用优质木材制作,并内置刚性骨架;栏杆、检修轨道均采用塑料板经机器雕刻而成。节段模型由 8 根拉伸弹簧悬挂在支架侧壁上,形成二自由度振动系统。模型端部距支架侧壁较近,能够保证二元流动,因而未再设置端板。置于风洞中的大尺度节段模型如图 15-9 所示。由于涡激振动不依赖于弯扭耦合作用,节段模型的竖向频率和扭转频率可分别取不同的相似比,从而导致不同的风速比。节段模型的阻尼比均小于评价涡振规定的阻尼比 0.3%,是为了在试验中获得更为显著的涡振响应,避免遗漏较小的涡振现象。

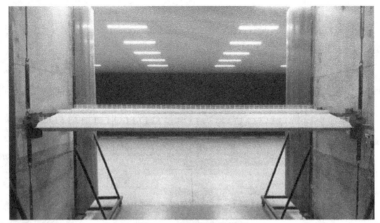

图 15-9 大尺度节段模型

15.5.2 节段模型涡振试验

1)试验采用的仪器

主要测振试验仪器设备如下:

(1)皮托管和电子微压差计;

(2)非接触式激光位移传感器;

(3)CRAS 动态信号采集分析系统。

2)试验工况

深中通道大尺度节段模型涡振试验针对主梁原设计断面和优化断面(即在桥面中心设置 1.2m 中央稳定板,将检修轨道移至距底板边缘 1/10 底板宽度处并设置双侧导流板,如图 15-10 所示),考察主梁在 −5°、−3°、0°、+3°和 +5°风攻角下的涡振振幅和锁定风速区间。

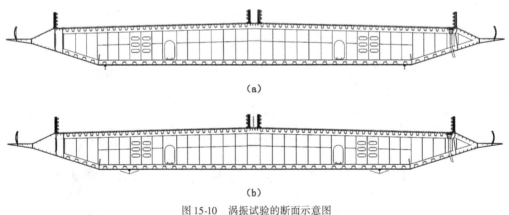

图 15-10 涡振试验的断面示意图
(a)原设计断面;(b)优化断面

15.5.3 涡振试验结果

深中通道伶仃洋大桥成桥状态一阶正对称竖弯频率为 0.101 Hz,一阶正对称扭转频率为 0.220 Hz。按照《公路桥梁抗风设计规范》(JTG/T D60-1—2004)的规定,确定该桥对应模态竖向涡振最大振幅的限值为：
$$h_c = 0.04/f_b = 0.04/0.101 = 396(\text{mm}) \quad (15\text{-}9)$$
对应模态扭转涡振最大振幅的限值为：
$$\theta_\alpha = \frac{4.56}{B \cdot f_t} = \frac{4.56}{49.7 \times 0.220} = 0.42(°) \quad (15\text{-}10)$$

试验结果如图15-11所示，在竖向阻尼比为0.24%的条件下，原设计断面在+5°风攻角下出现了较为明显的竖向涡振，最大振幅为174 mm，风速锁定区间为4.7～7.0 m/s；其他风攻角下未出现明显的竖向涡激振动。在扭转阻尼比为0.09%的条件下，原设计断面在0°和+5°风攻角下均出现了显著的扭转涡振，在-3°风攻角下可以观察到微弱的扭转涡振；进一步试验表明，当扭转阻尼比增加到0.3%时，扭转涡振振幅显著减小，但仍未消除。

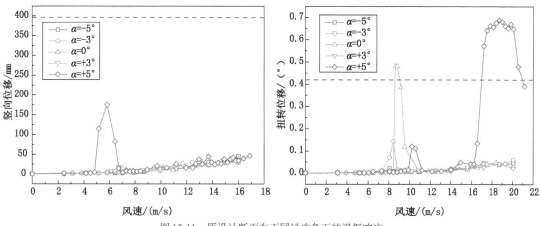

图15-11　原设计断面在不同风攻角下的涡振响应

由于大跨度悬索桥模态频率密集，因此在25 m/s以下的运营风速范围内还可能会在多个锁定风速范围内发生高阶模态的涡振，其涡振风速锁定区间及涡振振幅可根据一阶模态的试验结果，按照涡振理论进行推算。

优化断面试验结果如图15-12所示，在竖向阻尼比为0.24%、扭转阻尼比为0.09%的偏于保守的条件下，主梁在-5°、-3°、0°、+3°和+5°5种风攻角下均没有出现竖向涡振和扭转涡振。可见，优化断面不仅具有良好的颤振稳定性，同时也具有优良的涡振性能。

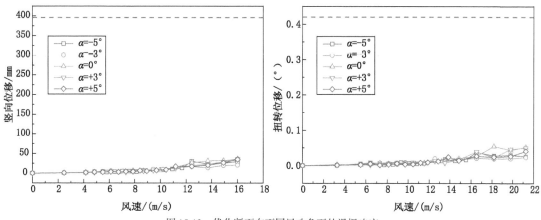

图15-12　优化断面在不同风攻角下的涡振响应

15.6 节段模型测力风洞试验

测力试验包括两方面内容:主梁优化断面静力三分力系数测试和主梁优化断面颤振导数测试。静力三分力试验的目的是通过试验测量出主梁在不同风攻角下的静力三分力系数,为静风稳定性计算和考虑静风效应的三维颤振分析提供静气动力参数。采用三维颤振计算方法预测实桥颤振临界风速,其准确性主要依赖于主梁颤振导数测试的精度。为此,我们采用强迫振动法获取主梁在不同风攻角下的颤振导数。

15.6.1 静力节段模型及试验设置

静力三分力测力节段模型采用的几何相似比为 $\lambda_L = 1:70$,模型尺寸为:长 $L = 2095\ \text{mm}$,宽 $B = 0.710\ \text{mm}$,高 $H = 56\ \text{mm}$。模型两端设置端板,以减少端部三维流动干扰。试验在西南交通大学 XNJD-1 风洞第二试验段中进行,具体试验条件如下:

(1) 来流:均匀流;
(2) 试验风速:12 m/s、15 m/s。

主要测量仪器和设备包括:

(1) 皮托管和电子微压差计;
(2) 三分量应变式天平;
(3) CRAS 动态信号采集分析系统。

测力试验工况安排如下:

(1) 主梁断面:优化断面的成桥状态;
(2) 风攻角:$\alpha = -12° \sim +12°$,变化步长为 $\Delta\alpha = 1°$。

15.6.2 静力三分力测力试验结果

通过主梁节段模型的测力试验,获得优化断面成桥状态的静力三分力系数,包括阻力系数、升力系数和升力矩系数。风轴坐标系下静力三分力系数按照下式计算获得:

$$C_D(\alpha) = \frac{F_D}{0.5\rho U^2 HL}, \quad C_L(\alpha) = \frac{F_L}{0.5\rho U^2 BL}, \quad C_M(\alpha) = \frac{F_M}{0.5\rho U^2 B^2 L} \quad (15-11)$$

式中,F_D、F_L、F_M 分别为风轴坐标系下的阻力、升力、升力矩;α 为来流风攻角;$0.5\rho U^2$ 为气流动压力;H、B、L 分别为节段模型的高度、宽度和长度。

图 15-13 给出了不同风攻角下优化断面成桥状态在风轴坐标中的静力三分力系数,将风攻角为 $-3°$、$0°$ 和 $+3°$ 时的静力三分力系数及其导数汇总于表 15-10。

15.6.3 颤振导数测量试验

1) 强迫振动测试颤振导数的方法

颤振导数强迫振动试验在西南交通大学 XNJD-1 风洞进行,模型采用 1:100 的几何缩尺比,模型尺寸为:长 $L = 1100\ \text{mm}$,宽 $B = 497\ \text{mm}$,高 $H = 40\ \text{mm}$,图 15-14 所示为安装在风洞中的强迫振动装置及模型。强迫振动测量颤振导数的工作原理是,通过计算机控制的 4 个作动器驱动节段模型分别做单自由度竖向振动和单自由度扭转振动,从4个力传感器和位移传感器获得的模型力信号和运动信号中求解识别出8个颤振导数。本次试验测量了伶仃洋大桥成桥状态主梁优化断面在 $-5°\sim+5°$ 风攻角范围内的颤振导数,强迫振动的主要参数为:竖向振幅为10mm,扭转振幅为2°,振动频率均为2.5Hz,通过改变试验风速使折算风速在 $0\sim18$ m/s 范围内变化。

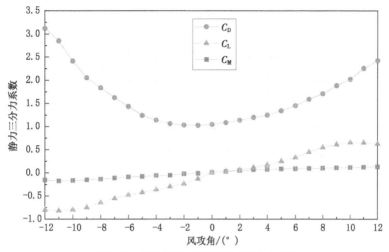

图15-13　优化断面成桥状态静力三分力系数

静力三分力系数主要试验结果 表15-10

结构状态	风攻角(°)	阻力系数		升力系数		升力矩系数	
		C_D	dC_D/C_α	C_L	dC_L/C_α	C_M	dC_M/C_α
成桥	-3	1.062	-0.054	-0.294	0.064	-0.048	0.018
	0	1.043	0.030	0.006	0.081	0.012	0.020
	+3	1.201	0.056	0.115	0.054	0.069	0.018

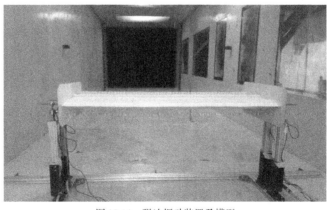

图15-14　强迫振动装置及模型

利用强迫振动装置驱动节段模型分别做下式表达的单自由度竖向运动和单自由度扭转运动:

$$h(t)=h_0\sin(\omega_h t)$$

$$\alpha(t) = \alpha_0 \sin(\omega_p t) \tag{15-12}$$

式中,h_0 为竖向运动最大振幅;w_h 为竖向运动圆频率;α_0 为扭转运动最大振幅;ω_p 为扭转运动圆频率。

升力和升力矩可表示为:

$$\begin{cases} L_{se}(t) = \dfrac{1}{2}\rho U^2 (2b) \left(kH_1^* \dfrac{\dot{h}}{U} + kH_2^* \dfrac{b\dot\alpha}{U} + k^2 H_3^* \alpha + k^2 H_4^* \dfrac{h}{U} \right) \\ M_{se}(t) = \dfrac{1}{2}\rho U^2 (2b^2) \left(kA_1^* \dfrac{\dot{h}}{U} + kA_2^* \dfrac{b\dot\alpha}{U} + k^2 A_3^* \alpha + k^2 A_4^* \dfrac{h}{U} \right) \end{cases} \tag{15-13}$$

式中,折算频率 $k = \omega b / U$,b 为节段模型宽 B 的一半;H_i^*、A_i^*($i = 1 \sim 4$)为主梁断面颤振导数。

利用气动力和运动表达式,推导得到单自由度运动条件下识别 8 个颤振导数 H_i^* 和 A_i^* 的表达式如下:

$$\begin{cases} H_1^* = \dfrac{C_{LH}}{h_{r0} k^2} \sin(\phi_{LH} - \varphi_H); \quad H_2^* = \dfrac{C_{LP}}{\alpha_0 k^2} \sin(\phi_{LP} - \varphi_P) \\ H_3^* = \dfrac{C_{LP}}{\alpha_0 k^2} \cos(\phi_{LP} - \varphi_P); \quad H_4^* = \dfrac{C_{LH}}{h_{r0} k^2} \cos(\phi_{LH} - \varphi_H) \\ A_1^* = \dfrac{C_{MH}}{h_{r0} k^2} \sin(\psi_{MH} - \varphi_H); \quad A_2^* = \dfrac{C_{MP}}{\alpha_0 k^2} \sin(\psi_{MP} - \varphi_P) \\ A_3^* = \dfrac{C_{MP}}{\alpha_0 k^2} \cos(\psi_{MP} - \varphi_P); \quad A_4^* = \dfrac{C_{MH}}{h_{r0} k^2} \cos(\psi_{MH} - \varphi_H) \end{cases} \tag{15-14}$$

式中,C_{LH}、C_{MH} 分别为竖向运动产生的升力系数和力矩系数;ϕ_{LH}、ϕ_{LP}、φ_H、φ_P、ψ_{MH}、ψ_{MP} 分别为对应的相位角;C_{LP}、C_{MP} 分别为扭转运动产生的升力系数和力矩系数;$h_{r0} = h_0/b$ 为竖向运动无量纲振幅;α_0 为扭转运动振幅。

为了用于桥梁三维颤振分析,还需要对上述颤振导数进行如下关系转换:

$$\begin{cases} A_1 = A_1^*/8; \quad A_2 = A_2^*/16; \quad A_3 = A_3^*/16; \quad A_4 = A_4^*/8 \\ H_1 = H_1^*/4; \quad H_2 = H_2^*/8; \quad H_3 = H_3^*/8; \quad H_4 = H_4^*/4 \end{cases} \tag{15-15}$$

2) 颤振导数测试结果

通过强迫振动试验识别出的伶仃洋大桥主梁成桥状态在不同风攻角下的颤振导数曲线如图 15-15 所示。

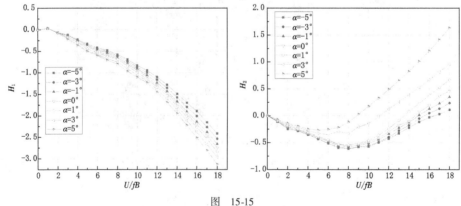

图 15-15

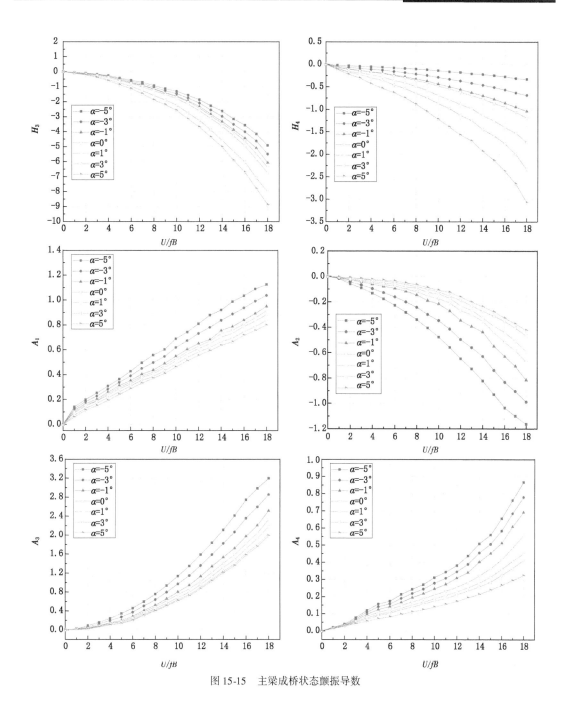

图 15-15 主梁成桥状态颤振导数

15.7 静风稳定性计算与三维非线性颤振分析

15.7.1 悬索桥静风荷载与静风位移的非线性

悬索桥作为柔性悬吊结构,在静力风荷载作用下会产生显著位移,主梁、主缆的位移与静力风荷载之间呈现为非线性关系,这种非线性属于结构非线性(也称几何非线性)。另外,由于主梁静力三分力是风攻角的函数,风荷载产生的主梁扭转位移会引起有效风攻角发生变化,进而导致静力三分力改变。这种因结构位移导致的风荷载变化,属载非线性。上述两类非线性对大跨度悬索桥的影响主要体现在两方面:一是导致主梁在一定风速下扭转静位移急剧增大,结构无法维持静力平衡而失稳,这种现象称为静风失稳或静力扭转发散;二是导致结构位形和结构内力发生显著改变,从而引起结构动力特性以及主梁自激气动力改变,进而影响桥梁的颤振特性。在悬索桥抗风设计中,静风失稳临界风速往往不易通过全桥气动弹性模型试验来测定,采用非线性有限元方法进行静风稳定性计算分析可获得较为准确的静风失稳临界风速。由于大跨度悬索桥结构的风致位移较大,将静风位移非线性计算与三维颤振计算相结合,可获得比初始位形下的三维颤振分析更为准确的实桥颤振临界风速预测值。

15.7.2 非线性静风稳定分析方法

为了同时考虑几何非线性与静风荷载非线性对悬索桥位移的影响,采用内外增量和双重迭代相结合的方法对如下平衡方程进行求解计算:

$$[K_{e_{j-1}}(\mu_{j-1}) + K_{g_{j-1}}^{G+W}(\mu_{j-1})]\{\Delta\mu_j\} = \{P_j(\alpha_j) - P_{j-1}(\alpha_{j-1})\} \tag{15-16}$$

式中,$K_{e_{j-1}}(\mu_{j-1})$ 为第 $j-1$ 个荷载增量下的弹性刚度矩阵;$K_{g_{j-1}}^{G+W}(\mu_{j-1})$ 为第 $j-1$ 个荷载增量下的几何刚度矩阵;$\{\Delta\mu_j\}$ 为第 j 个荷载增量下的位移增量向量;$P_j(\alpha_j)$ 为第 j 个荷载增量下的有效风攻角为 α_j 时的静风荷载;$P_{j-1}(\alpha_{j-1})$ 为第 $j-1$ 个荷载增量下的有效风攻角为 α_{j-1} 时的静风荷载。

采用内外增量和双重迭代结合法进行悬索桥非线性静风响应分析的步骤为:

(1)假定初始风速,计算给定风速下悬索桥所受的静风荷载。

(2)形成加载截面所在处的初始扭转角向量。

$$\{\theta\}_0 = \{\theta_1, \theta_2, \cdots, \theta_n\}^{\mathrm{T}} = \{\theta_0, \theta_0, \cdots, \theta_0\}^{\mathrm{T}}$$

将扭转角增量向量初始化为零:

$$\{\Delta\theta\}_0 = \{\Delta\theta_1, \Delta\theta_2, \cdots, \Delta\theta_n\}^{\mathrm{T}} = \{0, 0, \cdots, 0\}^{\mathrm{T}}$$

(3)采用 N-R 法进行非线性求解。

(4)求得扭转角位移向量 $\{\theta\}_1 = \{\theta_{11}, \theta_{21}, \cdots, \theta_{n1}\}^{\mathrm{T}}$,与上一级做差值得到扭转角位移增量向量 $\{\Delta\theta\}_1 = \{\Delta\theta_{11}, \Delta\theta_{21}, \cdots, \Delta\theta_{n1}\}^{\mathrm{T}}$,其中 $\Delta\theta_{mi} = \theta_{mi} - \theta_{m(i-1)} - \Psi\Delta\theta_{m(i-1)}$。

(5)判断静力三分力系数的欧几里得范数是否小于允许值,如下式:

$$\left\{ \frac{\sum_{i=1}^{N_a}[C_k(\alpha_j) - C_k(\alpha_{j-1})]^2}{\sum_{i=1}^{N_a}[C_k(\alpha_{j-1})]^2} \right\} \leq \varepsilon_k \tag{15-17}$$

式中,N_a 为受静风荷载作用的节点数;C_k 为静力三分力系数;ε_k 为静力三分力系数的允许误差。

(6)若满足上式条件,则以设定风速增量重复进行步骤(2)~(5);若不满足上式条件,则修正此时静力三分力系数,重复(3)~(5)。

利用有限元软件 ANSYS 将上述计算过程程序化,相应的计算流程如图 15-16 所示。

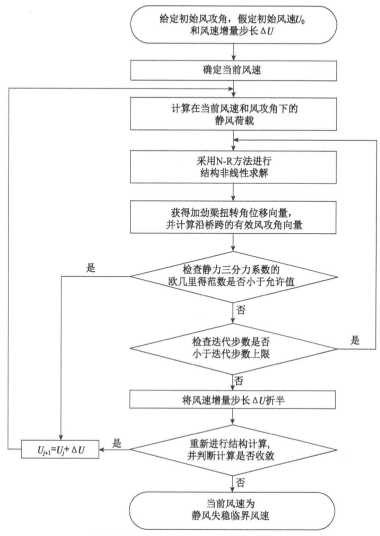

图 15-16 悬索桥非线性静风响应分析流程

15.7.3 成桥状态静风稳定性计算结果

利用试验获得的静力三分力系数,采用编制的桥梁非线性静风响应计算程序,计算伶仃洋大桥成桥状态在不同初始风攻角($-3°$、$0°$ 和 $+3°$)下的静风位移,获得的主梁跨中侧向位移、竖向位移和扭转角随风速的变化情况如图 15-17 所示。由图中曲线可见,在较低风速范围内,位移增长缓慢;当风速增大到一定程度后,位移增长迅速,呈现出显著的非线性。

计算得到 $-3°$、$0°$ 和 $+3°$ 初始风攻角下结构静风失稳临界风速分别为 160.0 m/s、121 m/s 和 110 m/s,均大于成桥状态静风稳定性检验风速 $[U_{td}] = 93.6$ m/s,表明桥梁的静风稳定性满足规范要求。

此外,从图 15-17(c)可见,在 90 m/s 风速下,初始风攻角为 3°时主梁跨中的附加风攻角高达 2.1°,且附加风攻角随着初始风攻角的增大而增大。

不同初始风攻角在 90 m/s 风速下,伶仃洋大桥主梁沿桥跨方向各点的扭转角(即主梁附加风攻角)如图 15-18 所示。由图可见,跨中处扭转角最大,从跨中到两侧桥塔方向,扭转角逐渐变小。主梁各截面具有不同的附加风攻角,导致各截面的有效风攻角也不同,进而导致各截面所受自激气动力不同。对于大跨度悬索桥,其对颤振计算的影响是不可忽略的。

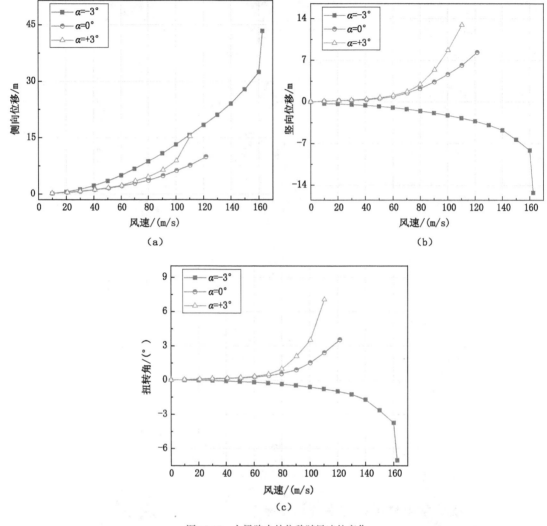

图 15-17　主梁跨中处位移随风速的变化
(a)侧向位移;(b)竖向位移;(c)扭转角

悬索桥结构位形及静风内力随风速改变,导致结构动力特性随风速增长而变化,进而影响颤振计算结果。在非线性静风响应计算基础上进行结构动力特性计算分析获得的不同风速下伶仃洋大桥各基阶模态固有频率随风速的变化情况如图 15-19 所示。由图 15-19 中曲线可见,在 0°和 +3°初始风攻角条件下,基阶模态频率均随风速增长而呈现下降趋势,频率的下降将导致颤振临界风速下降,其影响将在随后的三维颤振计算分析中考虑。正风攻角下结构频率下降,是伶仃洋大桥主梁静力三分力特性所决定的。由图 15-13 可知,当风攻角大于 0°时,主梁升力系数为正值,这会使主梁所受向上的升力随风速增长不断增大,导致主缆内力减小而削弱重力刚度,从而导致结构频率下降。同理,该桥在负风攻角下,结构频率随风速增长而升高。

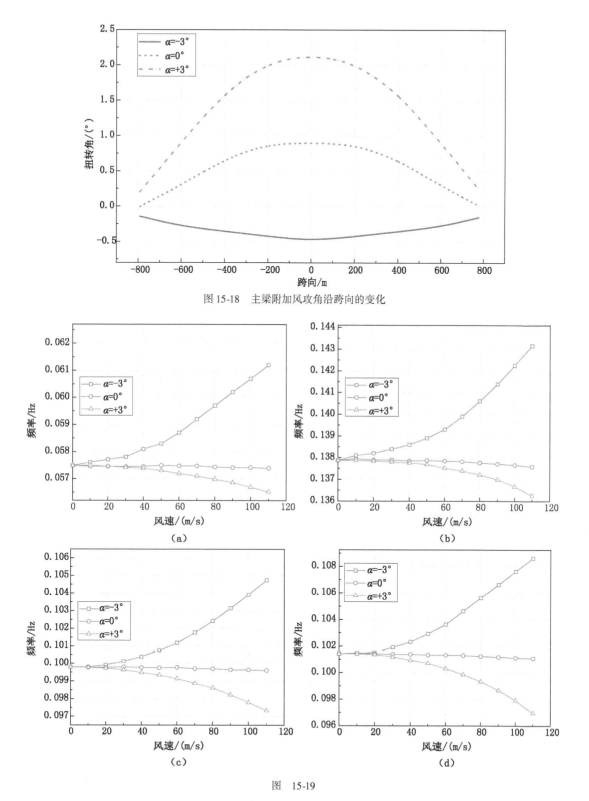

图 15-18　主梁附加风攻角沿跨向的变化

图　15-19

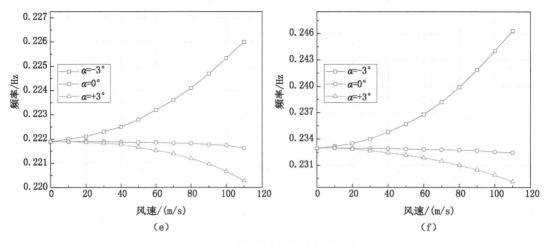

图 15-19 基阶模态频率随风速的变化

(a)一阶正对称侧弯；(b)一阶反对称侧弯；(c)一阶反对称竖弯；(d)一阶正对称竖弯；(e)一阶正对称扭转；(f)一阶反对称扭转

15.7.4 考虑静风效应的多模态颤振频域分析流程

静风非线性效应对颤振的影响，一部分来源于结构动力特性的改变，更主要来源于因有效风攻角(初始风攻角+附加风攻角)变化而引起的自激气动力变化。根据以往研究，考虑静风非线性效应影响之后，桥梁颤振临界风速的计算值通常比不考虑静风效应影响时低。伶仃洋大桥作为静风非线性效应显著的大跨度悬索桥，其三维颤振计算分析中更有必要考虑静风非线性效应的影响，下面给出具体的计算步骤：

(1)在无风的初始位形下进行三维颤振分析，得到初始颤振临界风速 U_1；

(2) U_1 风速作用下进行三维非线性静风响应计算和结构动力特性计算；

(3)提取桥跨各点附加风攻角 $[\theta_1]$ 以及频率振型，更新结构矩阵和气动力矩阵，并计算获得颤振临界风速 U_2；

(4) $U_3 = (U_1 + U_2)/2$，在 U_3 风速作用下进行三维非线性静风响应计算和结构动力特性计算；

(5)更新桥跨各点处结构矩阵和气动力矩阵，计算获得颤振临界风速 U_4；

(6)重复上述步骤，直到 $|\theta_i - \theta_{i-1}| \leqslant \zeta$ 或 $|U_i - U_{i-1}| \leqslant \zeta$，得到最终的颤振临界风速 $U_{cr} = U_i$。根据上述计算步骤，图 15-20 示出了三维颤振分析流程图。

上述计算在更新自激气动力矩阵时，可对试验数据插值获得所需任意风攻角下的颤振导数。

15.7.5 考虑静风效应的三维颤振频域分析结果

利用编制的三维颤振分析程序对优化主梁断面的伶仃洋大桥进行考虑及不考虑静风非线性效应的三维颤振分析，获得的颤振临界风速计算结果如表 15-11 所示。由表 15-11 可见，仅考虑主梁附加风攻角影响的颤振临界风速比完全不考虑静风非线性影响的颤振临界风速低；而考虑全部静风非线性效应(结构动力特性的改变和主梁附加风攻角的影响)分析得到的颤振临界风速相较于前两者更低，其数值能够更准确地反映实际桥梁颤振临界风速。当有初始风攻角时，静风效应对颤振计算结果的影响大于0°风攻角的情形。伶仃洋大桥三维颤振计算分析的结果表明,在 $-3° \sim +3°$ 风攻角范围内,实桥颤振临界风速预测值均高于伶仃洋大桥成桥颤振检验风速(83.5 m/s),满足抗风设计要求。

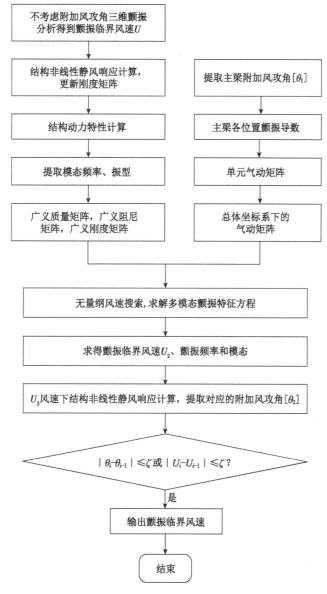

图 15-20 考虑静风非线性影响的三维颤振分析流程图

伶仃洋大桥成桥状态三维颤振分析结果　　　　　　　　　　　　　　表 15-11

方法	0°初始风攻角		+3°初始风攻角		-3°初始风攻角	
	颤振临界风速(m/s)	颤振模态	颤振临界风速(m/s)	颤振模态	颤振临界风速(m/s)	颤振模态
不考虑	107.3	正对称	102.2	正对称	96.7	正对称
仅考虑附加风攻角	104.8	正对称	96.1	反对称	93.5	正对称
考虑附加风攻角+结构动力特性改变	103.7	正对称	94.5	反对称	91.2	正对称

在大跨度悬索桥抗风设计中，在节段模型风洞试验无法提供颤振临界风速可靠预测值的情况下，可在开展全桥气动弹性模型风洞试验之前通过三维颤振计算分析对实桥颤振性能作出较为准确的预测，从而为桥梁抗风设计提供更为可靠的依据。对于由颤振控制设计的大跨度桥梁，宜通过采用三维颤振分析和全桥气动弹性模型试验多措并举的方式为抗风设计提供可靠的评估。

15.8 全桥气动弹性模型风洞试验

伶仃洋大桥全桥气动弹性模型风洞试验针对成桥状态优化断面开展，其主要目的有两个：一是通过均匀流场下的风洞试验获得比节段模型颤振试验和三维颤振计算分析更为可靠的颤振临界风速预测值，同时检验桥梁的静风稳定性，作为评估实桥抗风稳定性的最终依据；二是在紊流条件下测定桥梁结构的抖振位移，从而为计算抖振内力提供数据，并检验实桥在紊流下的抗风稳定性。

15.8.1 全桥气动弹性模型设计

1）相似性要求

在全桥气动弹性模型风洞试验中，不仅要模拟几何外形和风场特性，还要模拟气动弹性特性。全桥气动弹性模型风洞试验遵循的相似准则如表 15-12 所示。表中参数 ρ 表示空气密度，一般可取 $\rho = 1.225 \text{ kg/m}^3$；$U$ 表示平均风速；B 表示结构特征尺寸，一般取桥面宽度；μ 表示空气运动黏性系数；g 表示重力加速度；f 表示结构振动频率；E 表示结构材料弹性模量；ρ_s 表示结构材料密度；δ 表示结构阻尼对数衰减率。

桥梁气动弹性模型试验相似准则　　　表 15-12

无量纲参数	表达式	物理意义	相似性要求
Reynolds 数	$\rho UB/\mu$	气动惯性力/空气黏性力	可不模拟
Froude 数	gB/U^2	结构物重力/气动惯性力	严格相似
Strouhal 数	fB/U	时间尺度	严格相似
Cauchy 数	$E/\rho U^2$	结构物弹性力/气动惯性力	严格相似
密度比	ρ_s/ρ	结构物惯性力/气动惯性力	严格相似
阻尼比	δ	每个周期耗能/振动总能量	严格相似

考虑到伶仃洋大桥主桥全长以及 XNJD-3 风洞试验段尺寸（宽 22.5 m，高 4.5 m），为尽量准确地模拟实桥主梁几何外形及细部尺寸，减小尺度效应的影响，将伶仃洋大桥全桥气动弹性模型的几何缩尺比取为 $\lambda_L = 1:134$，则模型主跨长度为 12.43 m，全长为 19.90 m。安装模型后风洞中的空气阻塞率小于 3%（一般要求风洞试验的阻塞率应小于 5%）。

除了 Reynolds 数相似性条件无法满足之外，其余 5 个相似准则在模型设计中须严格满足。根据上述相似准则，导出伶仃洋大桥全桥气动弹性模型的主要参数相似比，如表 15-13 所示。

伶仃洋大桥全桥气动弹性模型相似比　　　表 15-13

参数名称	符号	单位	相似比	相似性要求
长度	L	m	$\lambda_L = 1:100$	几何相似比
速度	U, u, w	m/s	$\lambda_V = 1/\sqrt{\lambda_L} = 1:11.6$	Froude 数相似

续上表

参数名称	符号	单位	相似比	相似性要求
重力加速度	g	m/s^2	$\lambda_g = 1$	重力加速度不变
频率	f	Hz	$\lambda_f = \lambda_v/\lambda_L = 11.6:1$	Strouhal 数相似
时间	t	s	$\lambda_t = 1/\lambda_f = 1:11.6$	Strouhal 数相似
空气密度	ρ	kg/m^3	$\lambda_\rho = 1$	空气密度不变
单位长度质量	m	kg/m	$\lambda_m = \lambda_\rho \cdot \lambda_L^2 = \lambda_L^2 = 1:11.6^4$	量纲不变
单位长度质量惯性矩	J_m	$kg \cdot m^2/m$	$\lambda_J = \lambda_\rho \cdot \lambda_L^4 = \lambda_L^4 = 1:11.6^8$	量纲不变
弯曲刚度	EI	$N \cdot m$	$\lambda_{EI} = \lambda_E \cdot \lambda_L^4 = \lambda_L^5 = 1:11.6^{10}$	量纲不变
扭转刚度	GJ_d	$N \cdot m^2$	$\lambda_{GJ} = \lambda_G \cdot \lambda_L^4 = \lambda_L^5 = 1:11.6^{10}$	量纲不变
轴向刚度	EA	N	$\lambda_{EA} = \lambda_E \cdot \lambda_L^2 = \lambda_L^3 = 1:11.6^6$	量纲不变
阻尼比	ζ	—	$\lambda_\zeta = 1$	阻尼比不变

2) 全桥气动弹性模型设计与制作

(1) 主缆及吊杆。

主缆模拟的基本原则是气动力相似、质量相似和拉伸刚度相似。根据全桥气动弹性模型设计参数相似比,主缆拉伸刚度相似比为 $\lambda_{EA} = 1:11.6^6$,据此计算得到模型主缆的横截面积,进而确定模型主缆采用 39 根 $d = 0.1\,mm$ 的钢丝组成。满足拉伸刚度相似条件得到的钢丝组,其单位长度质量远小于质量相似条件要求的质量,且钢丝组外径也未达到气动力相似的外径要求。因此,在钢丝组外部套上铜质套筒和硬质塑料套筒,以满足质量和气动力的相似性要求。经计算,铜质套筒和塑料套筒外径为 8.0 mm,内径为 3 mm,且铜质套筒与塑料套筒的数量之比为 11:1,如图 15-21 所示。

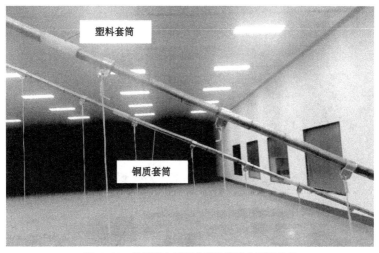

图 15-21 伶仃洋大桥气动弹性模型主缆及吊杆

吊杆的质量及气动力对全桥影响甚微,仅保证具有足够拉伸刚度即可,故采用直径为 1 mm 的铜线。

(2) 主梁。

为了满足主梁的几何外形相似和竖弯、横弯以及扭转刚度相似条件,主梁外模采用优质发泡塑料和玻璃钢劲性骨架制作成梁段,如图 15-22 所示,确保足够刚度和外形相似;在主梁的扭转中心用"凹"字形钢芯梁(图15-23)提供主梁的竖弯、横弯和扭转刚度,"凹"字形钢芯梁的截面尺寸按表15-13要求的相似比进行设计;芯梁与外模通过刚性吊臂连接,形成类似于有限元模型的"鱼刺梁"。主梁模型质量由芯梁、外模、附属构件及配重组成,并在测定芯梁和外模的单位长度质量及单位长度质量惯性矩之后,根据单位长度质量和单位长度质量惯性矩的相似性要求确定配重质量大小及放置位置。为消除外模对主梁整体刚度的影响,并能准确模拟结构的模态振型,将全桥主梁外模分为105个梁段,相邻梁段之间留2 mm缝隙。风嘴导流板采用ABS板材经电脑雕刻后粘在外模上。

图 15-22 主梁梁段及其外模

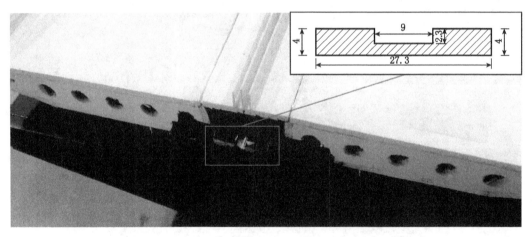

图 15-23 "凹"字形钢芯梁(尺寸单位:mm)

(3)附属构件。

根据设计资料,伶仃洋大桥的附属构件主要包括检修道栏杆、下检修轨道、桥面系的边防撞栏杆、中央防撞栏杆和中央稳定板。附属构件模型采用ABS板材经电脑雕刻后粘在外模上,如图15-24所示。需要指出的是,附属构件提供了一部分单位长度质量和单位长度质量惯性矩,但不参与刚度模拟。由于全桥模型的缩尺比一般较小,若栏杆等附属设施完全按照实际设计图纸缩尺,可能会给加工带来很大困难。为此,可按照"透风率相等"的原则对栏杆等构件进行适当简化。

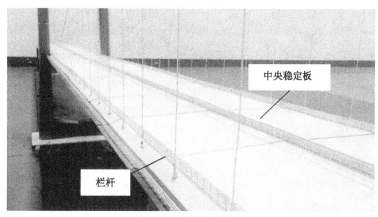

图 15-24　附属构件模型

（4）桥塔。

桥塔的气动外形由优质木材制作的外模提供，其构造原则与主梁模型相同，如图 15-25 所示。采用铅配重调整各段的质量，使之满足质量相似要求。桥塔的弯曲刚度由 A3 钢制成的芯梁提供，芯梁截面为矩形，使塔柱、横梁在面内外的弯曲刚度满足相似关系。由于桥塔在横桥向是一超静定框架结构，必须对桥塔的刚度进行整体考虑，才能使得横向刚度符合要求，从而达到结构动力特性相似。

图 15-25　桥塔模型

将上述各部分构件进行组装形成伶仃洋大桥全桥气动弹性模型，图 15-26 为在 XNJD-3 风洞内处于组装过程中的全桥气动弹性模型。

图 15-26 处于组装过程中的全桥气动弹性模型

15.8.2 全桥气动弹性模型动力特性测试

气动弹性模型结构动力特性与原型(实桥)之间满足相似性要求,是开展风洞试验的前提条件。为此,需要在无风情况下,通过模态试验测定全桥气动弹性模型的结构动力特性并与计算值比较,以确定模型动力特性是否满足相似准则要求。

模态试验采用两种方法进行,第一种是采用人工激励的方法获取模型自由振动实测信号,再利用 CRAS 采集程序滤波并进行 FFT 处理,获取模型各基阶模态的频率及阻尼比;第二种是在强迫随机激励条件下,测量结构振动位移响应,从中识别出模型各阶重要模态的频率及阻尼比。随机激振系统由信号发生器、功率放大器和激振器组成,位移测量系统由激光位移传感器、随机信号及振动分析系统 CRAS 组成。对于悬索桥气动弹性模型,上述第二种方法能更好地识别出高阶模态的动力特性参数。

由于悬索桥在发生颤振时,基阶模态起主要控制作用,因此在调试模型动力特性过程中,优先考虑了竖向、扭转和横向三个方向的基频以及相应的阻尼比。通过对上述两种方法得到的结果进行对比,发现两者得到的主要模态参数具有较好的一致性。表 15-14 给出了全桥气动弹性模型结构动力特性测试结果。由表 15-14 可见,除了一阶正对称竖弯模态频率误差略超出 5% 之外,其余各模态频率均与目标值十分接近,各模态阻尼比均控制在 0.5% 以内,表明该气动弹性模型设计、制作及动力特性模拟精度达到了令人较为满意的程度,满足全桥气动弹性模型风洞试验的要求。

伶仃洋大桥成桥状态气动弹性模型动力特性测试结果　　　表 15-14

阶次	实桥频率(Hz)	模型频率要求值(Hz)	模型频率(Hz)	频率误差	阻尼比	振型
1	0.0564	0.661	0.660	1.5%	0.23%	L-S-1
3	0.100	1.157	1.121	3.1%	0.32%	V-A-1
4	0.101	1.169	1.092	5.7%	0.34%	V-S-1

续上表

阶次	实桥频率（Hz）	模型频率要求值(Hz)	模型频率（Hz）	频率误差	阻尼比	振型
5	0.134	1.557	1.562	1.5%	0.28%	L-A-1
16	0.220	2.542	2.570	2.3%	0.34%	T-S-1
17	0.226	2.620	2.632	1.8%	0.40%	T-A-1

15.8.3 均匀流场试验

1）来流风攻角模拟

为开展不同风攻角条件下的全桥气动弹性模型试验，采用在风洞地面设置坡度板的方法形成来流风攻角。坡度板由贴近地面的曲线段和直线段组成，如图 15-27 所示。曲线段在背风侧时形成正风攻角来流，曲线段在迎风侧时形成负风攻角来流。首先利用 CFD 对设置不同尺寸坡度板的风洞流场进行数值模拟，确定坡度板直线段长度 2.51 m，曲线段半径 2.38 m，弧长 1.032 m。同时根据 CFD 计算结果（图 15-28 和图 15-29），确定坡度板支撑高度，使得气动弹性模型主梁处于 -3°～+3°风攻角范围内，且主梁模型宽度范围内的风攻角较为一致。为进一步确保风场来流风攻角的准确性，利用眼镜蛇风速仪测量了设置坡度板后主梁位置处的风速和风攻角。结果表明 CFD 数值计算结果与试验值吻合良好，因此可采用该坡度板实现来流风攻角模拟。图 15-30(a) 和 (b) 分别为在风洞中设置坡度板模拟 +3°和 -3°的来流风攻角情况。

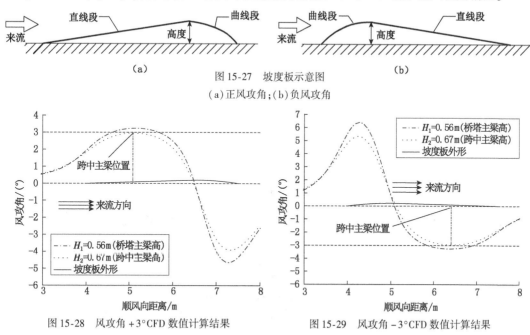

图 15-27 坡度板示意图
(a)正风攻角；(b)负风攻角

图 15-28 风攻角 +3°CFD 数值计算结果 图 15-29 风攻角 -3°CFD 数值计算结果

2）试验仪器

主要测振试验仪器设备如下：
(1) 皮托管和电子微压差计；
(2) 非接触式激光位移传感器；
(3) CRAS 动态信号采集分析系统。

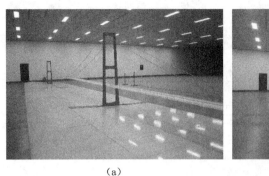
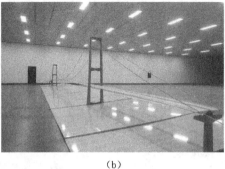

图 15-30 坡度板模拟来流风攻角
(a) +3°来流风攻角;(b) -3°来流风攻角

3) 试验工况

均匀流场的全桥气动弹性模型试验主要考察 $\alpha = -3° \sim +3°$ 风攻角范围内桥梁的颤振稳定性,以及一定风偏角下 ($\beta = 0°、5°、10°、15°$) 的颤振稳定性,试验工况如表 15-15 所示。

气动弹性模型在均匀流中的试验工况　　　　表 15-15

工况	结构状态			流场	风偏角	风攻角
FF-1	1.2m 中央稳定板	风嘴导流板栏杆透风率 95%	检修车轨道位置距底板边缘 1/10 底板宽度	双侧设置导流板	0°	-3°
FF-2						-2°
FF-3						-1°
FF-4					均匀流		0°
FF-5							+1°
FF-6							+2°
FF-7							+3°
FF-8						0°	0°
FF-9						5°	
FF-10						10°	

图 15-31 ~ 图 15-34 示出了均匀流场中部分试验工况下安装在风洞中的气动弹性模型。

图 15-31 均匀流场气动弹性模型试验(0°风偏角,0°风攻角)

图 15-32 均匀流场气动弹性模型试验(0°风偏角,-3°风攻角)

图 15-33 均匀流场气动弹性模型试验(5°风偏角,0°风攻角)

图 15-34 均匀流场气动弹性模型试验(10°风偏角,0°风攻角)

4) 试验结果

针对深中通道伶仃洋大桥成桥状态进行颤振试验测试，试验结果汇总于表15-16。表15-17对比了0°风偏角下三维颤振分析结果与全桥气动弹性模型试验结果，可见在0°、+3°和-3°初始风攻角下两者的结果较为一致。

颤振试验结果　　　　　　　　　　　　　　　表 15-16

工况	模型颤振临界风速(m/s)	实桥颤振临界风速(m/s)	颤振控制振型
FF-1	7.66	88.7	正对称振型
FF-2	8.29	96.0	正对称振型
FF-3	8.62	99.8	正对称振型
FF-4	8.70	100.7	正对称振型
FF-5	8.91	103.1	正对称振型
FF-6	8.83	102.2	正对称振型
FF-7	8.05	93.2	反对称振型
FF-8	>8.70	>100.7	—
FF-9	>8.85	>102.5	—
FF-10	>8.70	>100.7	—

全桥气动弹性模型试验结果与三维颤振分析结果的对比　　　　表 15-17

方法	0°初始风攻角		+3°初始风攻角		-3°初始风攻角	
	颤振临界风速(m/s)	颤振模态	颤振临界风速(m/s)	颤振模态	颤振临界风速(m/s)	颤振模态
考虑附加风攻角+结构动力特性改变	103.7	正对称	94.5	反对称	84.9	正对称
全桥气动弹性模型试验	100.7	正对称	93.2	反对称	88.7	正对称

图15-35给出了FF-5工况(0°风攻角)主梁跨中扭转位移RMS值随风速的变化情况，可见在实桥风速超过100.7m/s之后，主梁扭转位移迅速增大，表明发生了颤振。

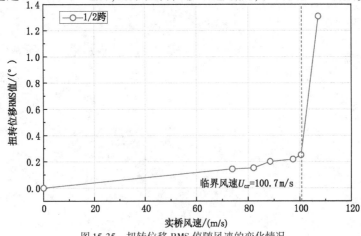

图 15-35　扭转位移 RMS 值随风速的变化情况

图 15-36 给出了试验风速为 9.44 m/s(相当于实桥 109.5 m/s)时,FF-4 工况下主梁跨中扭转位移时程和频谱图。由图 15-36 可见,在风速 109.5 m/s 下,主梁出现明显颤振发散现象,对应的模型振动频率为 2.188 Hz(相当于实桥频率 0.189 Hz)。

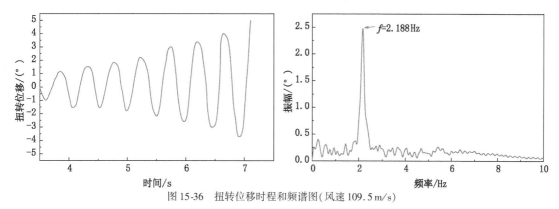

图 15-36 扭转位移时程和频谱图(风速 109.5 m/s)

均匀流场试验结果小结:

(1)全桥气动弹性模型试验表明,在 +3° ~ -3°风攻角范围内,实桥颤振临界风速高于颤振检验风速 83.5 m/s,深中通道伶仃洋大桥颤振稳定性满足抗风设计要求。

(2)+3°风攻角下的主梁颤振由反对称振型控制,其余风攻角条件下的颤振均由正对称振型控制。

(3)深中通道伶仃洋大桥颤振先于静风失稳发生。

此外,在 0~93.6 m/s(静风失稳检验风速)风速区间内,伶仃洋大桥在来流风攻角为 α = -3° ~ +3°范围内未出现静风失稳现象。

15.8.4 紊流风场试验

利用西南交通大学 XNJD-3 边界层风洞,在模拟桥位紊流风场特性的条件下进行伶仃洋大桥成桥状态气动弹性模型试验,试验的主要目的为测量结构在不同风速下的抖振位移响应,从而为抖振内力反演计算提供数据。

1)大气边界层风场模拟

边界层紊流风场按 A 类地表类别进行模拟,平均风速剖面幂指数为 0.12。在 XNJD-3 风洞中采用尖塔+粗糙元的方法来实现紊流风场模拟,如图 15-37 所示。

图 15-37 A 类大气边界层风场的模拟设施

利用 Cobra 探头对空风洞紊流场进行测试,获得了全桥气动弹性模型位置不同高度处的风速时程,进而分析得到了试验位置处的平均风速剖面、紊流强度剖面和顺风向脉动风速功率谱,如图 15-38 ~ 图 15-40 所示。由这三图可见,风洞模拟得到的平均风速剖面、紊流强度剖面和顺风向脉动风速功率谱均与规范值吻合良好,满足紊流试验要求。

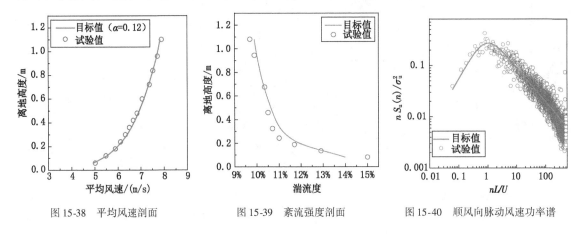

图 15-38　平均风速剖面　　　图 15-39　紊流强度剖面　　　图 15-40　顺风向脉动风速功率谱

2) 试验工况

抖振试验测试了全桥气动弹性模型主梁的位移响应,试验工况如表 15-18 所示。

紊流场试验工况　　　　　　　　　　　表 15-18

状态	编号	工况综合描述	检修车轨道导流板布置	风攻角	风偏角
成桥状态	FB-1	A 类风场; 1.2m 高稳定板; 风嘴导流板栏杆透风率 95%; 检修车轨道位置距底板边缘 1/10 底板宽度	双侧布置导流板	0°	0°
	FB-2			0°	5°
	FB-3			0°	10°

图 15-41、图 15-42 示出了置于 A 类边界层风场中的全桥气动弹性模型。

图 15-41　全桥气动弹性模型(0°风偏角,0°风攻角)

图 15-42　全桥气动弹性模型(5°风偏角,0°风攻角)

3) 试验结果

经对各工况试验数据进行分析处理,得到主梁气动弹性模型在紊流风作用下的位移响应,按相似关系换算至实桥抖振位移值,主要结果如图 15-43～图 15-45 所示。

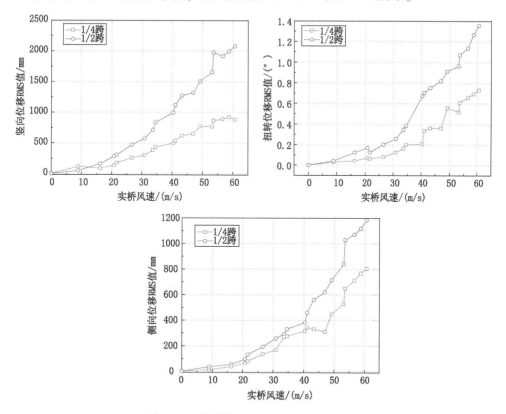

图 15-43　主梁抖振响应(0°风攻角,0°风偏角)

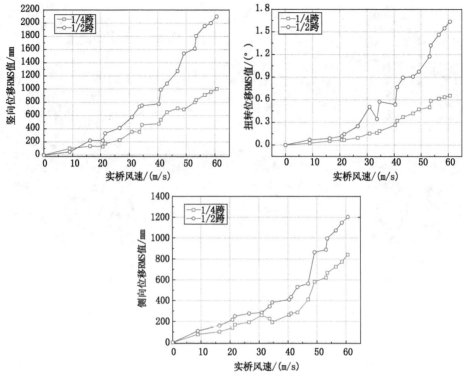

图 15-44　主梁抖振响应(0°风攻角,5°风偏角)

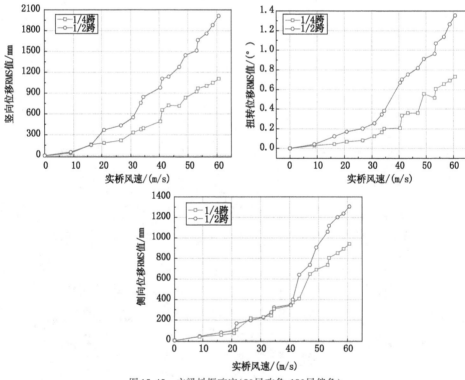

图 15-45　主梁抖振响应(0°风攻角,10°风偏角)

15.9 施工阶段抗风稳定性计算分析

15.9.1 典型施工阶段的结构动力特性分析

大跨度悬索桥施工架设阶段是抗风稳定性较为薄弱的阶段,需对施工过程中抗风稳定性的演化规律进行研究。伶仃洋大桥主梁架设采用从主跨跨中向两侧桥塔对称吊装,同时两侧边跨从锚定端向桥塔吊装的对称施工法。施工期主梁分段及主要施工阶段有限元模型分别如表15-19和图15-46所示。

施工期主梁分段　　　　表15-19

施工阶段	1	2	3	4	5	6	7	8	9
拼装率	13%	23%	34%	45%	55%	66%	77%	87%	100%
中跨梁段数	16	30	44	58	72	86	100	114	130
边跨梁段数	5	9	13	17	21	25	29	33	38

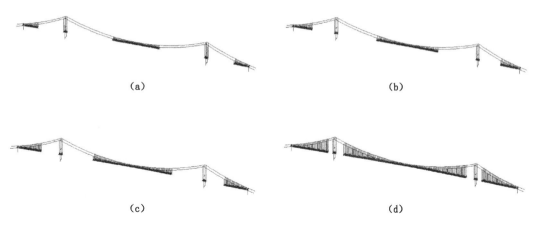

图15-46　主要施工阶段有限元模型
(a)拼装率34%;(b)拼装率55%;(c)拼装率66%;(d)拼装率87%

各典型施工阶段主要模态的频率如表15-20所示。由表15-20可见,正对称和反对称竖向基频在架设过程中变化范围不大,而正对称和反对称扭转基频则随着拼装率的上升而显著增大,且反对称扭转基频在架设初期增幅更大。

各典型施工阶段主要模态的频率(Hz)　　　　表15-20

施工态	V-S-1	V-S-2	V-S-3	V-A-1	V-A-2	T-S-1	T-A-1
13%	0.090	0.135	0.226	0.091	0.185	0.122	0.111
23%	0.088	0.146	0.249	0.094	0.142	0.133	0.136
34%	0.089	0.141	0.233	0.092	0.185	0.149	0.164
45%	0.091	0.150	0.216	0.087	0.137	0.170	0.188

续上表

施工态	V-S-1	V-S-2	V-S-3	V-A-1	V-A-2	T-S-1	T-A-1
55%	0.093	0.145	0.209	0.084	0.134	0.189	0.199
66%	0.095	0.139	0.208	0.081	0.131	0.205	0.195
77%	0.097	0.135	0.209	0.080	0.129	0.213	0.189
87%	0.098	0.133	0.209	0.079	0.126	0.220	0.191
100%	0.103	0.103	0.211	0.095	0.180	0.233	0.236
成桥	0.100	0.134	0.201	0.096	0.179	0.222	0.233

15.9.2 节段模型测力试验

采用与 15.6 节中相同的方法获取主梁施工阶段静力三分力系数。图 15-47 给出了不同风攻角下施工阶段主梁在风轴坐标中的静力三分力系数曲线,风攻角 $-3°$、$0°$ 和 $+3°$ 时的静力三分力系数及其导数的风洞试验实测结果汇总如表 15-21 所示。

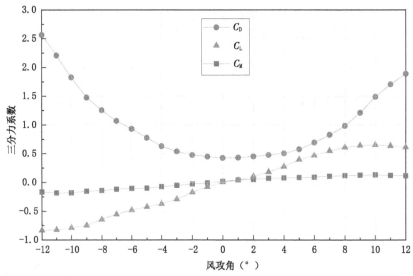

图 15-47 施工阶段主梁静力三分力系数

施工阶段主梁静力三分力系数主要试验结果　　表 15-21

结构状态	风攻角(°)	阻力系数		升力系数		升力矩系数	
		C_D	dC_D/C_α	C_L	dC_L/C_α	C_M	dC_M/C_α
施工	-3	0.539	-0.077	-0.290	0.100	-0.051	0.024
	0	0.425	-0.009	0.007	0.058	0.018	0.026
	+3	0.479	0.027	0.185	0.084	0.072	0.014

15.9.3 静风稳定性分析

采用非线性有限元方法计算伶仃洋大桥各典型施工阶段在初始风攻角为 $0°$ 和 $3°$ 下的静风位移及静风失稳临界风速。表 15-22 给出了典型施工阶段主梁静风失稳临界风速的计算值,图 15-48 显示了施工阶段主梁静风失稳临界风速随架设拼装率的变化。

伶仃洋大桥施工阶段静风失稳临界风速(m/s) 表15-22

初始风攻角	架设拼装率									最小风速
	13%	23%	34%	45%	55%	66%	77%	88%	100%	
0°	90	92	93	95	96	97	97	100	108	90
3°	87	90	91	92	92	93	95	96	100	87

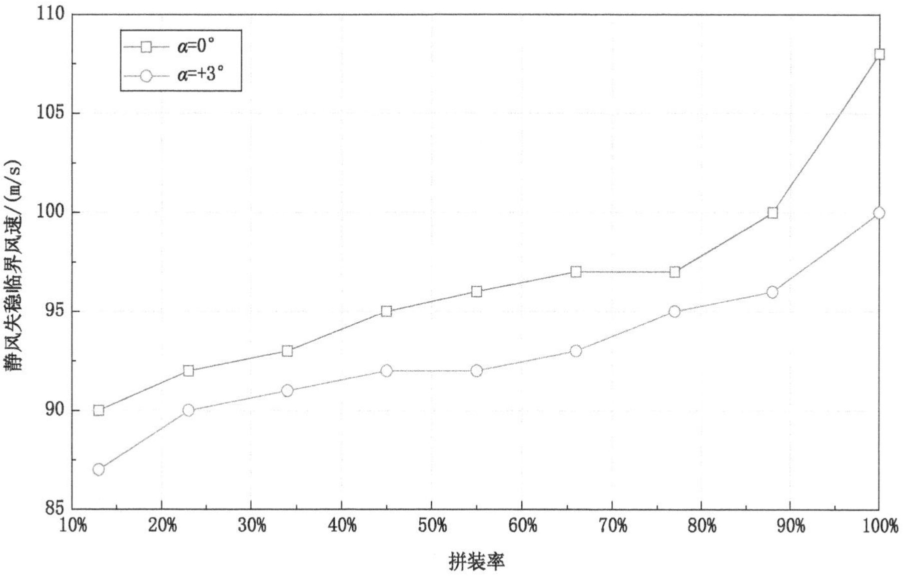

图15-48 施工阶段静风失稳临界风速随主梁拼装率的变化

从图15-48可见,施工阶段静风失稳临界风速随架设拼装率总体呈上升趋势,前期缓慢上升,直至100%合龙阶段由于结构的整体刚度变大而迅速上升。

图15-49示出了拼装率100%的主梁架设合龙阶段跨中主梁位移随风速变化过程,以及90m/s风速下主梁附加风攻角沿主梁跨向的变化情况。可见,与成桥状态一样,主梁架设100%合龙阶段,低风速下,位移响应增长缓慢,而随着来流风速的增大,结构的位移响应增长迅速,并呈现非线性的增长;较高风速下,施工阶段主梁由于静力风荷载作用会产生显著位移及附加风攻角,这将对施工阶段主梁的颤振性能产生不容忽视的影响。

15.9.4 二维非线性颤振分析

为了开展考虑静风非线性效应的三维颤振计算分析,首先采用强迫振动法获得不同风攻角下施工阶段主梁断面的颤振导数,颤振导数曲线如图15-50所示。

采用前述方法对伶仃洋大桥典型施工阶段进行三维颤振稳定性计算分析,得到各典型施工阶段的颤振临界风速。表15-23给出了0°和+3°初始风攻角下,同时考虑附加风攻角以及结构动力特性改变影响后计算获得的颤振临界风速,图15-51和图15-52示出了两种初始风攻角下颤振临界风速随主梁拼装率的演变情况。

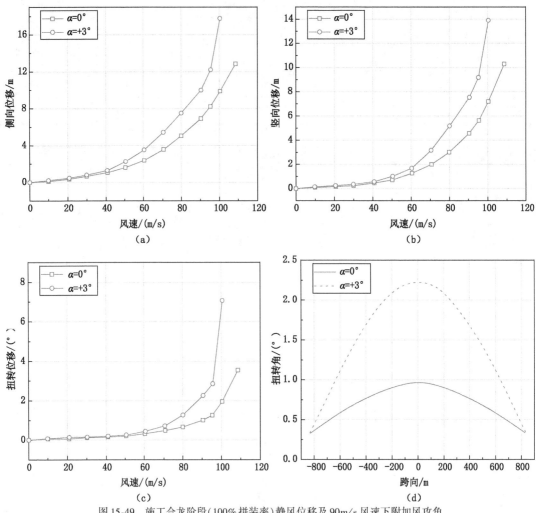

图 15-49 施工合龙阶段(100%拼装率)静风位移及 90m/s 风速下附加风攻角
(a)侧向位移;(b)竖向位移;(c)扭转位移;(d)附加风攻角沿跨向的变化

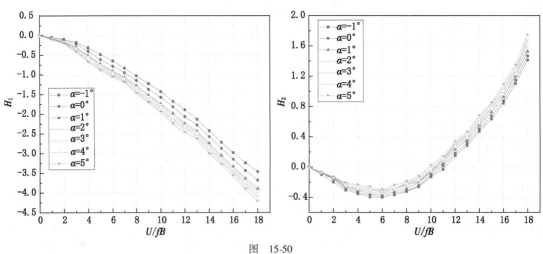

图 15-50

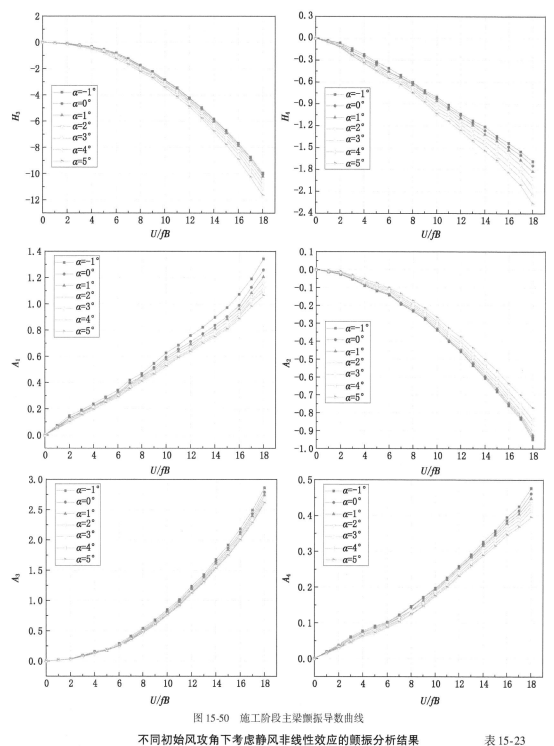

图 15-50 施工阶段主梁颤振导数曲线

不同初始风攻角下考虑静风非线性效应的颤振分析结果　　表 15-23

施工阶段	0°初始风攻角		+3°初始风攻角	
	颤振临界风速（m/s）	颤振模态	颤振临界风速（m/s）	颤振模态
13%	62.4	V-S-1,2,T-S-1	55.2	V-S-1,2,T-S-1

续上表

施工阶段	0°初始风攻角		+3°初始风攻角	
	颤振临界风速(m/s)	颤振模态	颤振临界风速(m/s)	颤振模态
23%	66.7	V-S-1,2,T-S-1	62.8	V-S-1,2,T-S-1
34%	74.1	V-S-1,2,T-S-1	70.4	V-S-1,2,T-S-1
45%	79.0	V-S-1,2,3,T-S-1	74.3	V-S-1,2,3,T-S-1
55%	85.4	V-S-1,2,3,4,T-S-1	82.2	V-S-1,2,3,4,T-S-1
66%	87.6	V-A-1,2,3,4,T-A-1	87.4	V-A-1,2,3,4,T-A-1
77%	83.9	V-A-1,2,3,T-A-1	78.3	V-A-1,2,3,T-A-1
88%	85.9	V-A-1,2,3,T-A-1	80.5	V-A-1,2,3,T-A-1
100%	97.7	V-S-1,2,3,4,T-S-1	86.7	V-A-1,2,T-A-1

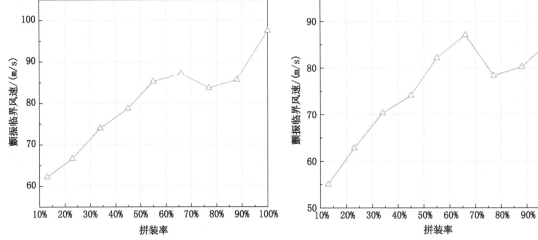

图 15-51　0°初始风攻角施工阶段颤振临界风速变化曲线　　图 15-52　+3°初始风攻角施工阶段颤振临界风速变化曲线

由图 15-51、图 15-52 可见，在主梁拼装率 66% 之前，伶仃洋大桥施工阶段的颤振临界风速随着拼装率的上升而增大，在主梁拼装率 77% 附近存在颤振临界风速的低谷。当主梁拼装率较低（<45%）时，颤振临界风速低于颤振检验风速（76.9 m/s）。因此，为确保施工阶段的抗风稳定性，需根据施工期间颤振临界风速变化情况，优化架梁方案和合理安排架梁工期。

15.10　悬索桥主要研究结论

通过深中通道伶仃洋大桥常规尺度节段模型颤振试验、大尺度节段模型涡振试验、全桥气动弹性模型风洞试验、静风稳定性计算与三维非线性颤振分析等，可得出如下几点结论：

（1）风特性参数研究结论。分别依据桥位附近气象观测资料和《公路桥梁抗风设计规范》（JTG/T D60-1—2004），确定桥位处 10 m 高度处、100 年一遇、10 min 平均时距的设计基本风速，安全起见采用规范规定的设计基本风速 $V_{10} = 45.1$ m/s，平均风剖面幂指数为 $\alpha = 0.12$；桥面高度处的设计基准风速为 58.5 m/s，并据此计算得到大桥成桥状态的颤振检验风速和静风稳定性检验风速分别为 83.5 m/s 和 93.6 m/s;施工阶段风速折减系数偏安全地取 0.92。

(2)结构动力特性分析结论。全桥成桥状态和施工合龙状态下的各基阶自振频率计算结果如表 15-24 所示。

结构动力特性分析结果   表 15-24

结构状态	一阶竖弯频率(Hz)		一阶侧弯频率(Hz)		一阶扭转频率(Hz)	
	对称	反对称	对称	反对称	对称	反对称
全桥成桥状态	0.101	0.100	0.056	0.134	0.220	0.226
施工合龙状态	0.103	0.095	—	—	0.233	0.236

(3)常规尺度节段模型颤振试验结论。主梁原设计断面成桥状态在 $-3°\sim +3°$ 风攻角下的颤振临界风速低于颤振检验风速,与规范对颤振稳定性检验要求的差距较大;在原设计主梁断面基础上,增加 1.2 m 上中央稳定板、将检修车轨道移至底板 1/10 宽度处、安装双侧轨道导流板等优化措施可显著提高颤振稳定性,但节段模型风洞试验给出的优化方案成桥状态在 $-3°\sim +3°$ 风攻角下的颤振临界风速仍略低于颤振检验风速,如表 15-25 所示。

节段模型风洞试验获得的成桥状态颤振临界风速   表 15-25

断面形式	风攻角(°)	颤振临界风速(m/s)
原设计断面	-3	79.2
	0	72.7
	+3	82.9
优化断面	-3	81.5
	0	81.3
	+3	80.8

(4)大尺度节段模型涡振试验结论。当竖向阻尼比为 0.24%、扭转阻尼比为 0.09% 时,主梁原设计断面成桥状态在 $+5°$ 风攻角下出现了较为明显的涡振,振幅小于规范限值;在 $0°$ 和 $+5°$ 风攻角下出现了扭转涡振,振幅高于规范限值;优化断面成桥状态在 $-5°\sim +5°$ 风攻角范围内均没有观察到涡振,如表 15-26 所示。

原设计断面和优化断面成桥状态的涡振响应   表 15-26

断面形式	竖向涡振			扭转涡振		
	风攻角(°)	最大振幅(mm)	风速区间(m/s)	风攻角(°)	最大振幅(°)	风速区间(m/s)
原设计断面	+5	174	4.7~7.0	0	0.48	8.8~11.3
				+5	0.12	10.3~11.6
					0.69	16.8~21.8
优化断面	无			无		

(5)静力三分力系数试验结论。主梁优化断面成桥状态和施工阶段的静力三分力系数风洞试验实测结果如表 15-27 所示。

(6)三维颤振分析结论。在 $-3°\sim +3°$ 初始风攻角下,考虑静风非线性效应(结构动力特性的改变和主梁附加风攻角的影响)分析得到的成桥状态颤振临界风速均高于颤振检验风速(83.5 m/s),表明成桥状态颤振稳定性满足规范要求,如表 15-28 所示。

静力三分力系数主要试验结果 表15-27

结构状态	风攻角(°)	阻力系数 C_D	dC_D/C_α	升力系数 C_L	dC_L/C_α	升力矩系数 C_M	dC_M/C_α
成桥	−3	1.062	−0.054	−0.294	0.064	−0.048	0.018
	0	1.043	0.030	0.006	0.081	0.012	0.020
	+3	1.201	0.056	0.115	0.054	0.069	0.018
施工	−3	0.539	−0.077	−0.290	0.100	−0.051	0.024
	0	0.425	−0.009	0.007	0.058	0.018	0.026
	+3	0.479	0.027	0.185	0.084	0.072	0.014

成桥状态的三维颤振分析结果(m/s) 表15-28

方法	0°初始风攻角	+3°初始风攻角	−3°初始风攻角
考虑附加风攻角+结构动力特性改变	103.7	94.5	91.2

(7) 全桥气动弹性模型颤振试验结论。在 −3°~+3°风攻角、0°风偏角下主梁采用优化断面的深中通道伶仃洋大桥成桥状态的颤振临界风速均高于颤振检验风速,在0°风攻角,0°、5°和10°三种风偏角下的颤振临界风速也均高于颤振检验风速,如表15-29所示,表明深中通道伶仃洋大桥成桥状态的颤振稳定性满足规范要求。

全桥气动弹性模型颤振试验结果 表15-29

风攻角(°)	风偏角(°)	颤振临界风速(m/s)
−3	0	88.7
−2		96.0
−1		99.8
0		100.7
+1		103.1
+2		102.2
+3		93.2
0	0	>100.7
	5	>102.5
	15	>99.6

(8) 静风稳定性研究结论。静风稳定性计算分析和全桥气动弹性模型风洞试验均表明,优化主梁断面的深中通道伶仃洋大桥成桥状态的静风临界风速高于检验风速,表明静风稳定性满足规范要求。

(9) 全桥气动弹性模型抖振试验结论。在设计基准风速下,10°风偏角时主梁跨中最大侧向位移均值为3.263m,最大侧向抖振响应均方根值为1.307m;最大竖向位移均值为0.737m,最大竖向抖振响应均方根值为2.014m;最大扭转位移均值为0.937°,扭转抖振响应均方根值为1.636°。

(10) 施工阶段抗风性能研究结论。三维非线性静风稳定性计算分析表明,深中通道伶仃洋大桥施工阶段的静风稳定性满足规范要求;三维非线性颤振分析表明,大桥施工阶段的颤振临界风速随着主梁拼装率的增长而增加,但当主梁拼装率较低时,颤振临界风速低于颤振检验风速(76.9 m/s),因此需根据施工期间颤振临界风速变化情况,优化架梁方案和合理安排架梁工期,确保施工阶段的抗风安全。

本章参考文献

[1] 项海帆.现代桥梁抗风理论与实践[M].北京:人民交通出版社,2005.

[2] 陈政清.桥梁风工程[M].北京:人民交通出版社,2005.

[3] 中华人民共和国交通部.公路桥梁抗风设计规范:JTG/T D60-01—2004[S].北京:人民交通出版社,2004.

[4] SCANLAN R H,TOMKO J J. Airfoil and bridge deck flutter derivatives [J]. Journal of Engineering Mechanics,1971,97(6): 1717-1733.

[5] 熊龙.考虑静风效应及自激气动力跨向相关性的大跨度悬索桥精细化颤振分析方法[D].成都:西南交通大学,2017.

[6] 刘幸.大跨度悬索桥施工过程考虑静风非线性效应的频域颤振分析[D].成都:西南交通大学,2019.

[7] 深中通道伶仃洋大桥结构抗风性能研究报告[R].成都:西南交通大学,2018.